U0064636

大人

（六）

沈葦窗與《大人》雜誌

蔡登山

已故香港邵氏電影公司在台分公司總經理馬芳踪說：「文化事業出版界，我最欽佩兩個人，一是台北《傳記文學》的社長劉紹唐兄，以單槍匹馬一個人的精力，把中國近代史的資料蒐集成庫，且絕不遜於此地的『歷史博物館』與大陸的『文史檔案館』。另一位就是香港《大成》的沈葦窗，《大成》是專門刊載藝文界的掌故與訊息，目前海峽兩岸包括海外，似乎還找不出第二本類似的刊物。」其實《大成》還有個前身就是《大人》雜誌，它創刊於一九七〇年五月十五日，至一九七三年十月十五日停刊，前後出了四十二期。一九七三年十二月一日《大成》緊接著創刊，至一九九五年九月沈葦窗病逝終刊，出了二百六十二期。兩個刊物合起來共三百零四期，前後有二十五年之久。它也是「一人公司」，香港作家古蒼梧說：「《大成》的業務，從編輯、校對到聯絡作者、郵寄訂戶，幾乎都由沈老一人包辦。每次我到龍記樓上《大成》編輯室送稿，總見到他孤單地在一堆堆雜誌與書刊中埋首工作，見我來了，便露出燦爛的笑容，跟我閒聊幾句，臉上毫無倦容。……」。當然可想見更早的《大人》的情況，亦是如此。

關於沈葦窗的生平資料不多，他是一九一八年十二月三十日出生，浙江省桐鄉烏鎮人。正如他自己說的：「我寫作至今，從未提過自己的家世。」只在〈記從兄沈泊塵〉一文中，他透露一些蛛絲馬跡：「祖父右亭公生子女九人，泊塵是三房長子，能毅、叔敖是他的胞弟。我父季璜公行九，娶我母徐太夫人，婚後居上海之台灣路，姪輩到上海求學，多住我家。我家兄弟都以『學』字排行，泊塵名學明，家兄吉誠名學謙，我名學孚。我生在台灣路，大約我出世未久，這位『明哥哥』便去世了！」沈泊塵卒於一九一九年，得年僅三十一歲。沈泊塵兄弟三人曾合辦《上海潑克》畫報，為中國漫畫報刊的始創者。作家陳定山就說：「上海報紙之有漫畫，始於沈泊塵。若黃文農、葉淺予、張光宇正宇兄弟，皆為後輩矣。」

沈葦窗畢業於上海中國醫學院，據香港的翁靈文說沈葦窗自滬來港後，雖投身出版事業，但也常應稔友們之請，望聞切問開個藥方，多能藥到病除。沈葦窗曾任香港麗的呼聲廣播有限公司金色電臺編導、電視國劇顧問。他的夫人莊元庸也一直在「麗的呼聲」工作，莊女士其實早在上海名氣就很大了，每天擁有十萬以上的聽眾，她口才好，聲音悅耳，有「電台之鶯」的雅號。後來在台灣的華視也工作過，我還看過她演出《星星知我心》的連續劇。

沈葦窗是崑曲大師徐凌雲的外甥，徐凌雲曾對寧波、永嘉、金華、北方諸崑劇，甚至京劇、灘簧、紹興大班等悉心研究，博採眾長。十八歲登臺，堅持長期練功不輟，生、旦、淨、末、丑各行兼演，「文武崑亂不擋」。後來又與俞粟盧、穆藕初等興辦蘇州崑劇傳習所，培養「傳」字輩一代崑劇藝人有功。沈葦窗說他自己：「少年時即好讀書，有集藏癖，年事漸長，更愛上了戲曲。其時崑曲日漸式微，但因我的舅父徐凌雲先生是崑曲大家，總算略窺門徑；還是和平劇接近的機會多，凡是夠得上年齡的名角，都締結了相當的友誼，搜羅有關平劇書籍更不遺餘力。」他後來將這些重要史料收藏，如《富連成三十年史》、《京戲近百年瑣記》、《清代燕都梨園史料》、《菊部叢譚》、《大戲考》等十二部珍貴或絕版史料，以「平劇史料叢刊」由劉紹唐的傳記文學社出版，嘉惠後學。

沈葦窗在上海時期，就在小報上寫文章。一九四〇年金雄白在上海創辦一份小型四開報紙，名為《海報》，當時寫稿的人可說是極一時之選，長期在《海報》撰稿的有陳定山、唐大郎、平襟亞、王小逸、包天笑、蔡夷白、吳綺緣、徐卓呆、鄭過宜、范煙橋、謝啼紅、朱鳳蔚、盧一方、沈葦窗、陳蝶衣、馮鳳三、柳絮、惲逸群等，女作家中，更有周錬霞、陳小翠諸人。沈葦窗當年曾是金雄白辦報時的作者，沒想到幾十年後金雄白變成了是沈葦窗的作者。《大人》初創時期，就有一個非常壯觀堅強的撰稿人隊伍，這些人大多是大陸鼎革後，流寓在香港和臺灣的南下文人、名流和藝術家，大都是沈葦窗的舊識，也可見他在舊文化圈中人脈的廣博。

《大人》雜誌給這些人提供了一個發表文章的重要平臺，刊載了大量有價值的文章和重要的第一手史料。其中像被稱為「中醫才子」的陳存仁的兩本回憶錄《銀元時代生活史》、《抗戰時代生活史》，都先後在《大人》及《大成》上連載，而後才集結出書的。《銀元時代生活史》後來在一九七三年三月，由香港吳興記書報社出版，張大千題耑，沈葦窗撰序云：「一九七〇年五月，《大人》雜誌創刊，我承乏輯務，初時集稿不易，因而想到陳存仁兄，他經歷既豐，閱人亦多，能寫一手動人的文章，於是請他在百忙之中為《大人》撰稿，第一期他寫了一篇記章太炎老師，果然文筆生動，情趣盎然，大受讀者歡迎。存仁兄的文章，別具風格，而且都是一手資料，許多事情經他一寫，躍然紙上，如歷其境，如見其人，無形之中成為我們《大人》雜誌的一員大將。《銀元時代生活史》刊載以後，更是遐邇遍傳，每一段都富有人情味和親切感，存仁兄向有考證癖，凡是追本究源，文筆輕鬆，尤其餘事。綜觀全篇，包含著處世哲學、創業方法、心理衛生、生財之道，對讀者有很大的啟發性和鼓勵性，實在是老少咸宜的良好讀物。今當單行本問世，讀之更有一氣呵成之妙，存仁兄囑書數言，因誌所感，豈敢云序。」

再者在《大人》甚至後來的《大成》上，占有相當份量的，莫過於「掌故大家」高伯雨（高貞白、林熙）的文章了。一般說起「掌故」，無非是「名流之燕談，稗官之記錄」。但掌故大家瞿兌之對掌故學卻這麼認為：「通掌故之學者是能透徹歷史上各時期之政治內容，與夫政治社會各種制度之原委因果，以及其實際運用情狀。」而一個對掌故深有研究者，「則必須對於各時期之活動人物熟知其世襲淵源師友親族的各族關係與其活動之事實經過，而又有最重要之先決條件，就是對於許多重複參錯之瑣屑資料具有綜核之能力，存真去偽，由偽得真……」。能符合這個條件的掌故大家，可說是寥寥無幾，而高伯雨卻可當之無愧。高氏文章或長篇大論，或雋永隨筆，筆底波瀾，令人嘆服！難怪香港老報人羅孚（柳蘇）稱讚說：「對晚清及民國史事掌故甚熟，在南天不作第二人想。」而編輯家林道群也讚曰：「高伯雨一生為文自成一家，他的『隨筆』偏偏不如英國的essay，承繼的是中國的傳統，溶文史於一，人情練達，信筆寫人記事，俱是文學，文筆之中史識俯拾皆是。」這是高伯雨的高妙處，也是他獨步前人之處。

資深報人金雄白筆名「朱子家」，曾在《春秋》雜誌上連載《汪政權的開場與收場》而聞名。沈葦窗邀他在《大人》再寫了〈「海報」的開場與收場〉、〈委員長代表蔣伯誠〉、〈梁鴻志死前兩恨事〉、〈「入地獄」的陳彬龢〉、〈倚病榻，悼亡友〉、〈梁鴻志獄中遺書與遺詩〉等文，因大都是作者所親歷親聞，極具史料價值。一九七四年他的《記者生涯五十年》開始在《大成》雜誌第十期連載，迄於一九七七年六月的第四十三期為止，前後達兩年又十個月之久，共六十八章，幾近三十萬字。金雄白說：「七十餘年的歲月，一彈指耳，回念生平，真是如幻如夢如塵，在世變頻仍中，連建家毀家，且已記不清有多少次了，俱往矣！留此殘篇，用以自哀而自悼，笑罵自是由人，固不必待至身後。」

還有早期的老報人，著名雜誌《萬象》的第一任主編陳蝶衣，他後來來到香港，還是著名的電影編劇、流行歌曲之王。六十多年來，陳蝶衣光是歌詞的創作就有三千多首。人們尊稱他為「三千首」。周璇、鄧麗君、蔡琴、張惠妹……，中國流行音樂史上一代又一代的歌后們，都演唱過他寫的歌。他在《大人》除寫了〈一身去國八千里〉、〈舉家四遷記〉、〈我的編劇史〉、〈花窠素描〉等自身的回憶文章外，還有《銀海滄桑錄》的專欄，寫了有關張善琨、李祖永、林黛、王元龍、陳厚、胡蝶、阮玲玉、李麗華、周璇等人，所記多是外間少人知的資料。後來以《香港影壇秘錄》為名出版了。

曾經在上海淪陷時期，創刊《古今》雜誌，網羅諸多文人名士撰稿，使《古今》成為當時最暢銷也最具有份量的文史刊物的朱樸，一九四七年到了香港，早已成為一名書畫鑑賞家了，並以「省齋」為筆名撰文。沈葦窗說：「我草創《大人》雜誌，省齋每期為我寫稿，更提供許多書畫資料。那時，省齋在王寬誠的寫字樓供職，薪水甚少，但有一間寫字間卻很大，他每天下午到那裡去轉一轉，看看西報，主要的工作是為王寬誠鑑定書畫。」

當時已渡海來台的陳定山，是名小說家兼實業家天虛我生（陳蝶仙）的長子，他早年也寫小說，二十餘歲已在上海文壇成名了，他工書，擅畫，善詩文，有「江南才子」之譽。來台後長時期在報紙副刊及雜誌上寫稿，筆耕不輟，同時也為《大人》寫稿，陳定山因長居滬上，嫻熟上海灘中外掌故逸聞，一代人事興廢，古今梨園傳奇，信手拈來，皆成文章，乃開筆記小說之新局，老少咸宜，雅俗共賞。這些文章後來成為《春申舊聞》的部分篇章。

詩人易順鼎（實甫）之子，寫有《閒話揚州》引起揚州閒話的易君左，在一九四九年冬抵香江時，曾在鑽石山住過，當時那裡住有不少是國內逃避戰禍而抵港的知識份子，因此他寫有〈鑽石山頭小士多〉、〈記香港幾次文酒之會〉等文。更值得重視的是他寫的「文壇憶舊」，包括：〈我與郁達夫〉、〈曾琦與左舜生〉、〈詞人盧冀野〉、〈田漢和郭沫若〉。這些文章所寫的人物皆作者有過深交的文友，寫來自不同於一般的泛泛之論。可惜的是一九七二年易君左病逝台北，一九七二年四月十五日出版的《大人》刊出的〈田漢和郭沫若〉已註明是「遺作」了。

國民黨政要雷嘯岑，歷任南昌行營機要秘書、安徽省政府委員兼教育廳廳長、鄂豫皖三省總司令部秘書、湖北省第七區行政督察專員、重慶市教育局局長、《和平日報》社總主筆、《中央日報》社主筆。一九四九年七月去香港、任《香港時報》社總主筆。一九六〇年在港創辦《自由報》並受聘為香港德明書院新聞學系主任。他在《大人》以筆名「馬五」，寫有「政海人物面面觀」一系列文章。

他如，老報人胡憨珠長篇連載的〈申報與史量才〉，及當年曾在上海中文《大美晚報》供職的張志韓，所寫的〈血淚當年話報壇〉長文，都有珍貴的一手資料。

而沈葦窗自己也寫有〈葦窗談藝錄〉，談得較多的是京劇，這是他的本行。甚至《大人》每期有關京劇崑曲的文章，都佔有一定的比重，這也是這個雜誌的特色，同時也成為喜好京劇崑曲的讀者的重要收藏。沈葦窗的哥哥沈吉誠，在香港電影戲劇界、文化新聞界都相當吃得開，他在《大人》以「老吉」筆名，從第二期起寫有〈馬場三十年〉至第三十八期連載完畢，講的是香港的賽馬。在上世紀五〇年代，老吉的《馬經大全》，曾經風行一時。

《大人》每期約一百二十頁，用紙為重磅新聞，樸素大方。內頁和封底為名家畫作、法書或手跡，畫家有齊白石、吳湖帆、黃賓虹、張大千、溥心畬、傅抱石、關良、陳定山、黃君璧、吳作人、李可染、周鍊霞、梅蘭芳、宋美齡等。從第三期開始，每期都有四開彩色精印的銅版名家畫作或法書的插頁，精美絕倫。這些插頁除已列的上述部分畫家外，還有：邊壽民的蘆雁，新羅山人、虛谷的花鳥，沈石田、陸廉夫、吳伯滔、金拱北的山水，鄧石如、劉石庵、王文治的法書等。但由於這些插頁開本極大，採折疊方式，裝訂在雜誌的正中間，常為舊書店老闆取下，另外販售。此次復刻本，多期就沒有這些插頁，但在目錄中編有該插頁的頁碼，有時會有八頁之多，其實它是一張大畫折疊的頁碼，如今畫雖不見，但不影響內文，因該畫和內文是完全不相關的。在此聲明，希望讀者明瞭，不要以為雜誌有所「缺頁」是好。

這次能輯全整套雜誌而復刻，首先要感謝熱心協助，並提供收藏的師長好友：資深報人鑑賞家黃天才先生、收藏家董良彥（君博）先生、史料家秦賢次先生及香港的文史家方寬烈先生、學者作家盧瑋鑾（小思）女士。《大人》在臺灣流通極少，甚至國家圖書館都沒有收藏，筆者首先見到的是秦賢次兄已捐贈給中央研究院文哲研究所的部分雜誌，驚嘆之餘，才興起要收藏這份雜誌的念頭。但談何容易，歷經數載，找遍舊書攤才得不到四分之一之數。後經黃天才先生提供他的收藏，並熱心找到收藏家董良彥先生的收藏，董先生的十幾本雜誌品相極佳。在整理蒐集到手的四十二期雜誌，發現其中兩期有脫頁，於是藉著到香港開學術研討會之便，我和賢次兄又找到方寬烈先生及小思老師，經他們協助影印，補全了全套雜誌的內容。

我曾在二〇一〇年十月十七日香港的《蘋果日報》副刊寫有〈遲來的懷念〉一文，開頭說：「今年九月底，我到香港參加張愛玲誕辰九十週年國際學術研討會。十五年前的九月八日張愛玲被發現死在洛杉磯公寓，無人知曉，據推測她的死亡時間應該是九月二日或三日。而幾天之後的九月六日沈葦窗因食道癌在香港病逝。之所以將兩人並提，是他們都是『寂寞的告別』人世。正如作家穆欣欣所說的：『張愛玲走得孤寂而熱鬧。說孤寂，到底是她自己選擇的一種方式，待世人知曉，已是六七天之後；說熱鬧，是世人不甘，憐她愛她。她像中秋的月亮，走了之後，人間還得追望。比起張愛玲，另一個人走得更寂寞。起碼，他連最後的繁華都沒有。他是《大成》雜誌的主編沈葦窗先生。』是的，早在一九九三年，我籌拍張愛玲的紀錄片，次年還收到張愛玲的傳真信函。她故去之後《作家身影》紀錄片播出，之後我又寫了兩本關於她的書，並推薦李安導演拍她的〈色，戒〉。而對沈葦窗我至今無一字提及，這篇小文就算是遲來的懷念吧！」現在把這段文字轉錄於此，依舊是對他的懷念！

目錄

序

第二十二期（一九七二年二月十五日）：

第二十三期（一九七二年三月十五日）：

第二十四期（一九七二年四月十五日）：

大人

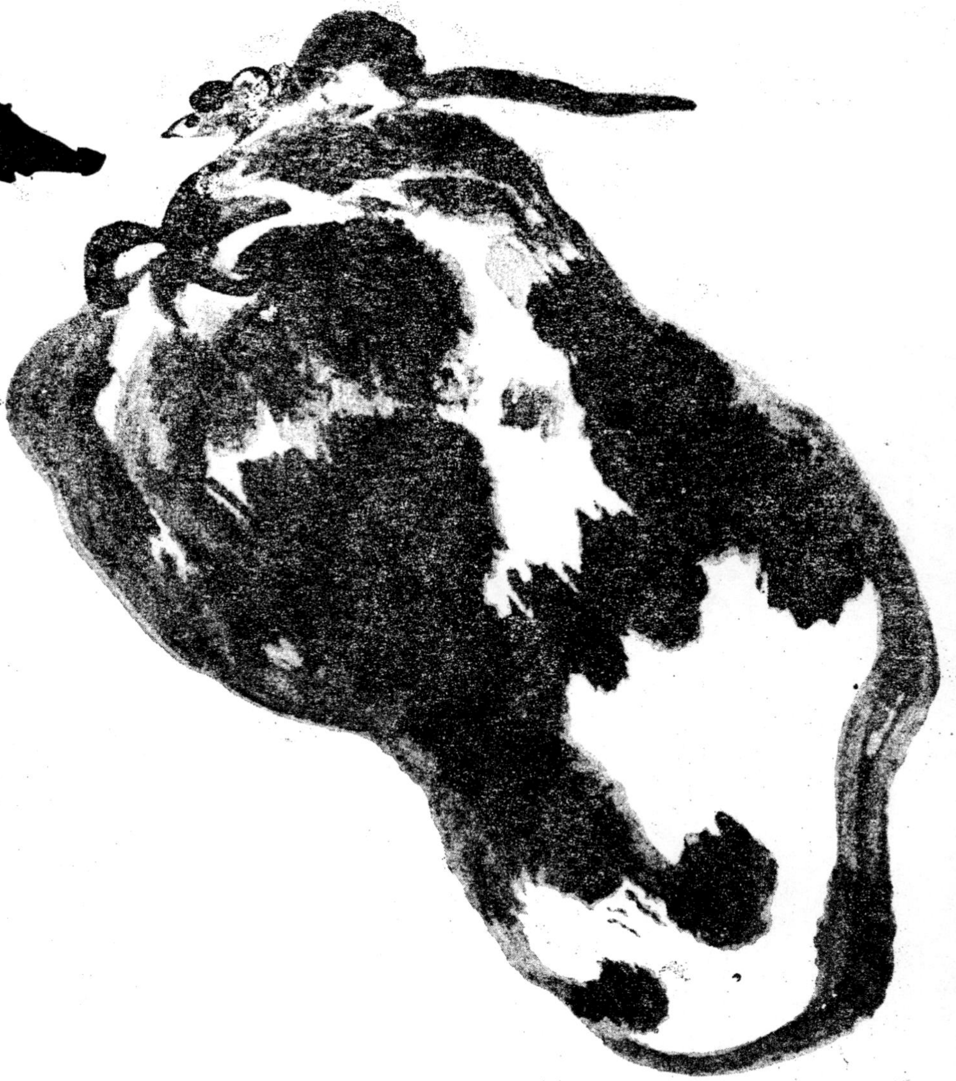

論天下大事
談古今人物

第廿二期

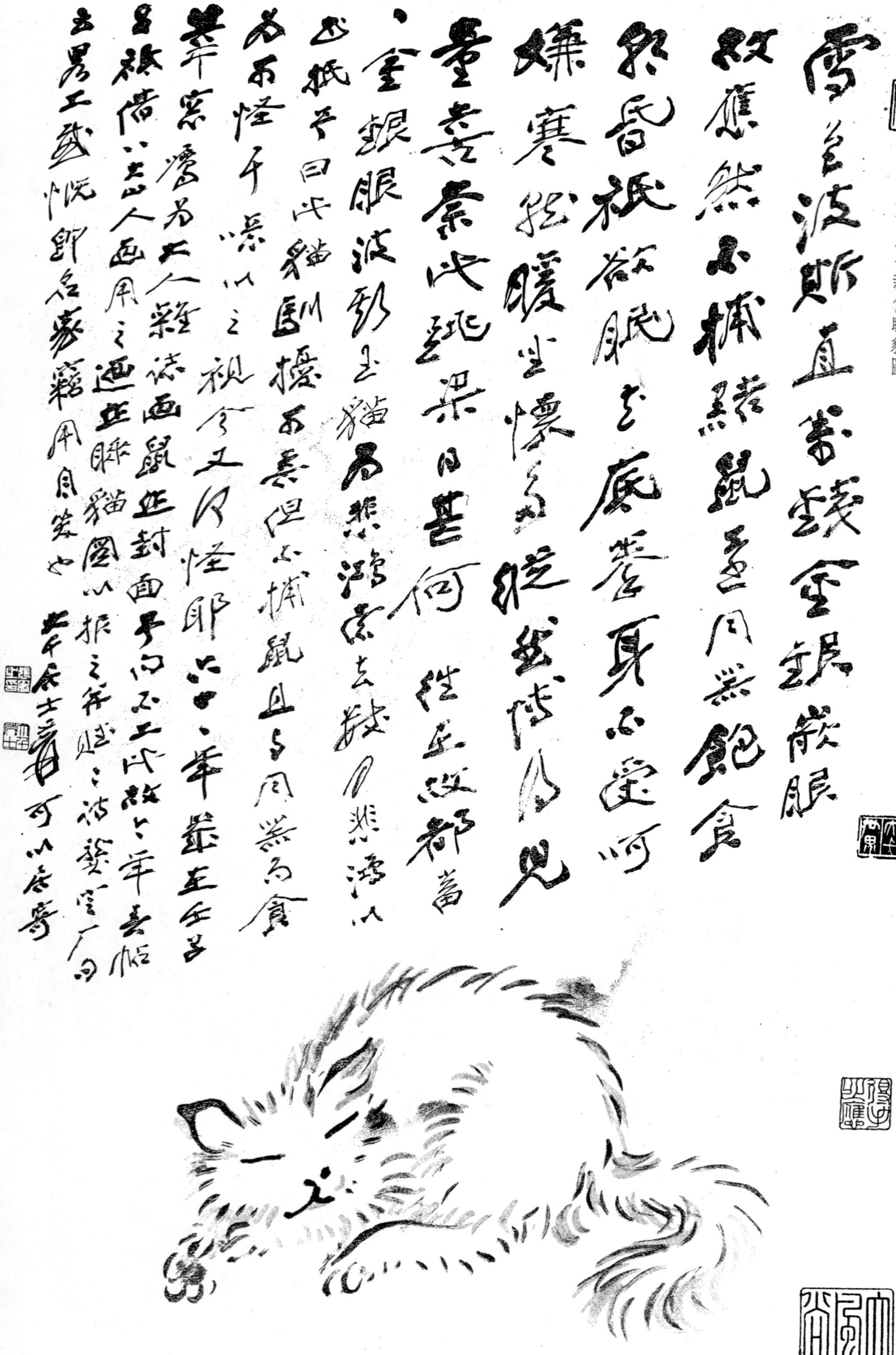

大千居士新作睡貓圖

封面：八大山人瓜鼠圖　封面內頁：大千居士畫睡貓圖
彩色鉅幅插頁：潘恭壽畫王文治題大地春回圖（定齋藏）

大人　每逢月之十五日出版

出版及發行者：大人出版社有限公司
督印人：王朝平
編輯者：大人雜誌編輯委員會
總編輯：沈葦窗
社址：九龍西洋菜街三號A 即彌敦道六一〇號後座
電話：K八五五七三〇
印刷者：立信印刷公司 九龍新蒲崗伍芳街綽綸大廈十一樓
總代理：吳興記書報社 香港租庇利街十一號二樓 電話：H四五〇五六一 H四五〇七六六
星馬代理：遠東文化事業有限公司 新加坡廈門街十九號 檳城杏田仔街一七一號
泰國代理：集成圖書公司 曼谷耀華力路二三三號
越南代理：聯興書報社 越南堤岸新行街二十二號
其他地區代理：
澳門：可大文具店　漢城：汎亞書籍公司
亞庇：利民公司　寮國：永珍圖書公司
千里達：中華公司　斗湖：光明書店
菲律賓：華安書局　菲律賓：玲瓏書局
倫敦：東寶公司　紐約：友聯圖書公司
芝加哥：杏林春　紐約：大方圖書公司
波士頓：中西公司　洛杉磯：永安堂
三藩市：新生圖書公司　檀香山：大元公司
三藩市：益智圖書公司　三藩市：文化商店
加拿大：香港商店　加拿大：新國華公司

八大山人瓜鼠圖

王紀千

王紀千先生爲當代著名書畫鑑賞家，原名季遷，一字己千，江蘇吳縣人，爲「三吳一馮」吳湖帆門下弟子之長。遠在民國二十六年，卽與德籍孔德女士合編「明淸畫家印鑑」，爲海內外鑑定書畫重點要證。近年定居紐約，世界研究中國畫學者，無不識C.C.WANG。美國哈佛大學羅越教授有言曰：「王教授爲名畫家，但其畫家之名，轉爲收藏鑑賞所掩。」是眞知王先生者。近茲王君道出香港，應編者之請，撰文解釋本期封面畫瓜鼠圖，此後並將陸續以其研究書畫經驗，刋諸「大人」，特此介紹。

本文作者王紀千（季遷）近影

在八大山人傳世作品中，最著名的就是「安晚册」，原爲吾吳過雲樓所藏。過雲樓主人顧子山（文彬）收藏書畫，始於道光年間，百餘年來，名重江南。樓在蘇州閶門內鐵瓶巷，後園卽名怡園。其孫顧鶴逸（麟士）亦擅繪事，媲美四王，是我的表舅父。安晚册計收山水、花果、魚鳥等廿二幅，無論水墨或設色，莫不精絕。不知何時流往日本，現爲日本住友寬一家藏之寶。住友昆季二人，一愛書畫，一收銅器，各適其適。顧氏書畫記中記此册云：

「改革之際，賢士君子，相率飛遯，往往皈心竺乾，寄跡芻草，以遂其志節。間或粗筆淡瀋，寫其伊鬱悲涼之況，不得以尋常繩尺拘之也。山人此册，合題跋廿二幀，作山水者二，餘皆寫花果魚鳥，水墨設色，信筆點染，意到而已；然神氣溢出，姿態橫生，可謂奇而法、醇而肆矣。署款有類鐘鼎，有類章草者，諦視之，一是「三月十九日」，乃思陵殉國諱日，一是「個相如吃」四字。……引首置「安晚」二字，云甲戌夏至，退翁先生屬書，自跋謂始於是夏五月六日，而册中有甲戌重陽及壬子一陽之月諸款，先後參差，甚或相距九年，當是追題者。退翁姓李氏，名洪儲，字繼起，揚之興化人；早歲出家，師事三峰爲高弟，吳中高士徐坊歎爲眞心忠孝作佛事者，見埼亭集。南嶽退翁和尙第二碑，蓋卽居易堂集退翁哀辭所謂……所賴此册長存，俾後世作明遺民錄，或國朝高僧傳觀也。」

是册繫年中有甲戌重陽之欵，按甲戌爲康熙卅三年。有人考査退翁卽爲蘇州靈巖弘儲禪師，據傳平日常素服焚香，北面渾涕，所謂以忠孝作佛事者。居易堂集中有詩云：「天上靈巖一退翁，蔚然忠孝開宗風。瀰空慈雲覆世界，亙古正氣蟠心胸」。當與八大同爲明遺民之流。又傳「安晚册」係退翁逝世後，八大寫以追思，故署款自甲戌至壬子，相距廿二年之久。

本年壬子鼠年，大人雜誌採用此册中之瓜鼠圖爲封面，此圖雖着墨不多，而神采躍然，鼠與瓜之比例，有增之一分則太長，減之一分則太短的藝術手法，敢不拜服。

封面說明

翁同龢張蔭桓之間

·高伯雨·

翁同龢（叔平）致張蔭桓（樵野）的信札，現在所保存下來的近二百通，是光緒廿一年至廿四年前後四年中的函件，也就是簽訂馬關條約，割讓台灣、澎湖諸島，康有爲創强學會，梁啓超發刊强學報於上海，大清郵政總局成立，中俄訂立密約，嚴復譯天演論等，中國情勢處在「山雨欲來風滿樓」的時期中。

其時，翁同龢的職銜是戶部尚書、軍機處行走，協辦大學士，張蔭桓的職銜是戶部左侍郎，翁張均兼總理各國事務衙門事務，故多數信札是與當時的內政外交有所關連的。

曾在懷來縣接駕獲慈禧太后賞識屢作不次擢升的「庚子西狩叢談」口述者吳永，曾在張蔭桓辦理中日商約時，由張奏調任文案委員，這許多信札就是由吳永所庋藏，分成三函。吳永之女公子芷青女士，後嬪翁氏，吳永即以此爲愛女粧奩，因此翁同龢致張蔭桓的信札，得以重歸常熟翁氏收藏。

翁張信札，經於一九四七年攜至海外，研究近代史諸學者名流得寓目者，咸認這是研究近代史的珍貴第一手資料，盼能早日整理付印，充實晚清史料的剔尋研究。

最近，美國某大學東方歷史研究院，極望促成這項史料的影印出版，正在計劃洽談中。本刊爲着優先向讀者報導，特請歷史掌故家高伯雨先生撰寫翁叔平張樵野之間的事跡及交往，並自翁氏後人翁靈文先生處獲得部份信札，鑄版刊出，以嚮同好。

·編者·

清代光緒末年，戶部、總理各國事務衙門同僚中，有翁同龢、張蔭垣兩人，他們的交情很好，但張蔭垣是捐班出身，而翁同龢則是玉堂金馬人物（咸豐六年丙辰科狀元），兩人皆能文事，又工書畫，可說是志同道合了。當光緒廿二、廿三、廿四年之間，翁、張主持外交（總理各國事務衙門，設於咸豐初年，辦理對外通商及外交事宜。光緒廿七年辛丑和約成立，有一條規定設外務部，居各部之首，遂撤銷總理衙門），他們時有通信，今藏翁氏後人手上者尚有一百九十餘通，據聞今在整理中，準備和美國某大學的東方歷史系合作，在美影印出版。這批可貴的歷史文獻如能面世，對於研究近代史的人提供了很好的參考材料。

吳永曾在張蔭垣幕中，不知怎樣，他會保存有這批翁同龢給張蔭垣的信札；其中也有些是張給翁的。一九三七年抗日戰爭前，吳永在北平逝世，這批信札由吳永的女兒帶回給翁氏，這便是這批信札三十年來流傳的經過。其中有一頁張蔭垣親筆所起的電稿是他和翁同龢兩人具名致駐德俄出使大臣許景澄的，有吳永跋語，今錄於左，文云：

『密。先電悉。前日與海訂定，教案、膠澳作兩起辦。海允明晚送閱照會稿，初五再會，如無參差，初六互換，教案作結，祈告巴，並謝關切。巴正月喜事，乞代備賀物，約二百銀。龢、垣，冬戍。電許大臣。』

『此南海張樵野尚書手稿，張公時爲總理衙門大臣，翁尚書尚未入閣，凡事涉外交，必諮商南海而後取決，蓋深服其才識過人也。永識。』

「教案」、「膠澳」交涉，是指光緒廿二年（一八九六年）德國傳教士在山東被殺，及德國藉口索膠州海口爲賠償事。「海」是德國駐華公使海靖。「巴」是德國前任駐華公使巴蘭德，他是光緒元年到任，十九年二月卸任。下一年張蔭垣奉派赴英爲祝賀女王維多利亞登位六十周年慶典，而翁同龢亦於是年八月任協辦大學士，入閣辦事，爲名實相符之宰相了。

翁同龢的名頭比張蔭垣大，他的生平知者較多，在這裏不必要詳細介紹，但張蔭垣就少人知了，摘錄「清史稿」本傳，供讀者參考。

『張蔭垣，字樵野，廣東南海人。性通達，納貲爲知縣，銓山東。巡撫閻敬銘、丁寶楨先後器異之，數薦至道員。光緒二年，權登萊青道，時英國請關烟台租界，議倡碼頭捐以斂厚貲，蔭垣持不可。又義塚一區爲人資售，有司已鈐契矣，復與力爭，卒返其地。七年

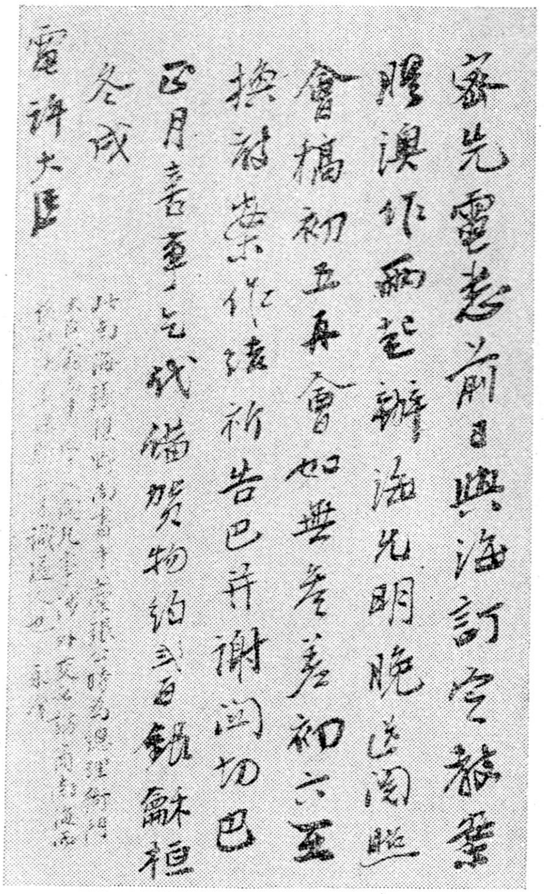

張蔭桓手稿致許景澄電文　吳永跋

，授安徽徽寧池太廣道。……明年，遷按察使，徽還，賞三品京堂，命直總理各國事務衙門。十年，除太常寺少卿。蔭桓精敏，號知外務，驟躋巍官，務攬權，爲同列所忌。給事中孔憲穀摭其致蘇松太道邵友濂私函爲洩朝旨，劾之，詔出總署。……左遷直隸大順廣道。十一年，命充出使美、日（此「日」乃指西班牙，非日本。——引注）秘三國大臣，踰歲赴美……十三年，奏設古巴學堂，並籌建金山學堂、醫院。後三年還國，仍直總署，歷遷戶部左侍郎。二十年，中日議和，命偕邵友濂爲全權大臣東渡，日人弗納。……變法議起，主事康有爲與往還甚密，有爲獲譴，遂褫蔭桓職，謫戍新疆。越二年，拳亂作，用事者矯詔僇己異，蔭桓論斬戍所，二十七年復故官。』

蔭桓生平大致如此，官方修史的列傳，平鋪直叙，有如賬簿，讀之乏味，要想從中知道張蔭桓爲人及其性格，是辦不到的，只有從私人的記載。蔭桓非科甲出身，他在山東候補，怎樣爲閻敬銘、丁寶楨賞識，這一段經過，「正史」是不肯寫出來的，即使寫，也是平平淡淡，沒有絲毫趣味的，那就不如求諸野史了。

記得我佛山人吳沃堯的「二十年目睹之怪現狀」（吳氏南海佛山人，張亦佛山人，其鄉先輩也）有一回寫張蔭桓出身的事情，寫來很是生動。據說張少年無賴，不容於鄉里，乃走往山東省城依其舅父，想找點事情做。他的舅父是一個紅紅的候補道台，知道他在家鄉的醜事，也不大理他，只養在公館裏。一日，山東巡撫有一件重要文件要上奏朝廷，親自起草幾次都覺不合意，就請那位紅道台替他執筆。這個道台就是「焦侍郎」的舅父（小說中，以「焦侍郎」影射張蔭桓，以其字樵野也），他帶回家裏構思，寫好後，也覺得不合意，就擱在書案上，留待明日再辦。焦侍郎窺出舅父有煩亂的神情，便自告奮勇，要爲舅父起草。舅父冷笑一聲，但一想，姑且給他試試，亦無妨礙。焦侍郎拿舅父所作的文字回到房裏，不到半天寫好了，請舅父過目。舅父一看，覺得文字雖不算怎樣好，但條理清楚，很有說服力，能動人，不妨就拿去塞責。怎知巡撫看後，大爲贊許，並說：「看行文筆法，不像老哥平日的筆墨。」舅父不敢不以實情對，便說是一個舍親焦某人代擬的。撫台很高興，說，我正想要一個能談談的人，令親既然能文，請他到兄弟衙門裏陪我談談天好嗎？從此焦侍郎就成爲撫台的淸客。撫台喜歡談八股文，他也能念出開國時幾篇著名的文字。撫台作詩，他亦能步元韻恭和。撫台要下棋，他也能很有分寸的輸給他，有時也贏撫台一盤，而又能使撫台不覺得怎樣難以下台。因此大得撫台歡心，一日不可無焦侍郎在左右，索性叫他搬到衙門居住。不久，撫台就給他舅父署了一任實缺，一年期滿，撈了不少。他回省城向撫台謝委，撫台問他道：「你知道我給你這個缺的用意嗎？」他說：「這是大人栽培的恩典。」撫台說：「非也，你這一年，入息也不算錯了。我給你署缺，就是想你給令親捐個官，讓他有機會出身。」他的舅父倒也刁鑽，只給他捐了一個不入流的小官兒，撫台雖然不高興，但也不便發作。從此焦侍郎就官運亨通，一路做到侍郎。

這雖然是小說家言，但多少還有些事實。張蔭桓的舅父名李宗岱，字山農，南海人，道光廿九年副榜貢生，山東候補道員，署山東鹽運使、布政使，能寫山水，筆氣甚蒼勁，亦頗有收藏。（見「嶺南畫徵畧」）張之出身，雖不由山農之提携，但其進身而受知閻敬銘，則由山農的關係。

蔭桓自入總理衙門後，自光緒二十年至廿四年這五年間，皆與政局極有關係，且爲幕後人物，翁同龢推崇他，佩服他並非偶然的。因爲翁是當時一個未明世界情形的大官，而張則兩次出國，周游歐美，見聞較翁爲廣，其通信中有時竟稱之爲「吾師」（見吳永「庚子西狩叢譚」），非無因也。

祁景頤「鞠谷亭隨筆」述張蔭桓生平頗詳，可資參考。

『南海張樵野侍郎蔭桓，起家小吏，同光時，隨其舅氏李山農觀察宗岱於濟南，落寞無聊。時朝邑閻文介（敬銘謚文介。——引注）爲山東巡撫，勵精圖治，留意人才，丰采凜然，屬吏皆嚴憚之。一日，有應奏之事，屬幕府起稿，凡數易，皆不愜意，公自爲之，亦覺未當，因以囑李山農觀察。李歸，爲張言之，張固工文詞，請於李，試爲之。稿成，李以呈文介，意不過塞責。文介閱竟，見其敘事明通，悉中肯綮，深爲嘉許，蓋奏章重在明顯簡要，上見之，或交軍機或交部，大抵無不准之理，不必文采紛綸也。文介問李，何人屬稿，李以張對。遂令進見，與談大洽。文介剛傲不易相處，張乃因勢利導，倍加倚重。時各省傳教之士驕縱不守繩檢，張承撫台命，遇事操縱得宜，是爲侍郎外交之發端。繼文介撫東爲寧遠丁文誠公（按：丁寶楨謚文誠），亦激賞之，累保至候補道，分發湖北。（張在湖北任上時，與施山通函極多，皆討論文藝時政之言，一九五九年，故友李祖佑醫生，購得一冊，我曾爲之考證一部分。一年後，李君又說買到施給張的信札二三十件，尚未裝成。後來李君作古，這些信札我竟未寓目。——引注）漢口華洋雜處，交涉繁多，頗善處理。旋以軍機處存記，特簡安徽徽寧池太廣道。光緒甲申（光緒十年，一八八四年），文介入樞府，薦其堪任洋務大臣，乃開缺，以三品卿銜，在總理各國事務衙門學習行走。正值法越事起，文介與錢唐許恭愼公（按：許庚身，謚恭愼）同兼總署，朝命與侍郎會同辦理定約劃界事，外有李文忠公折衝，我以諒山大勝，法乃遷就議和。時侍郎躬操權柄，銳意任事，又恃樞援，意氣不免驕矜，爲人側目。當時風尚，京朝九列清班，除滿蒙外，漢則居恒科甲出身，少則亦由門廕，罕有雜流厠入。侍郎以外職崛起，至於卿貳，即不露鋒鋩，亦難久安於位，況機鋒四露，過事任性耶？故被劾四次，給事中孔憲穀參其私致書上海道，次日醇邸承旨，撤總署崑岡、周德潤、陳蘭彬、周家楣、吳廷芬、張蔭桓差使（按：蔭桓於光緒十年五月十六日在總署學習行走，十月十四日罷值。——引注）。已而授直隸大順廣道，復以三四品京堂候補，出使美日秘，蓋李文忠所薦也。海外使還，超擢侍郎，辛卯（光緒十七年）冬，錢侍郎應溥赴河南查辦事件，命張署其禮部右侍郎。故事禮、吏二部尚、侍漢缺，非翰林進士不可，拔貢朝考用部，反能補署，舉人亦且不能。昔年曾忠襄公，以功勳重臣，曾署禮尚，起自優貢，人雖未敢明言，然期期以爲不合舊制。（按：曾國荃謚忠襄，光緒十年正月，禮部尚書徐桐奉派出差，由國荃署理，不過數日，正月二十日，即命署理兩江總督，七月實授，十六年十月十一日死於任上。——引注）時高陽李文正方爲禮部尚書，嘗與其門下一二翰林言之，以張署侍郎爲不當。（按：鴻藻直隸高陽縣人，謚文正，李石曾之父。——引注）。迨侍郎二次入朝，貢獻不貲，揮灑巨萬，兩宮時有供奉，結納內侍，所用尤鉅，吳漁川觀察（永）庚子記事謂其於中官不甚理論，殊不盡然。甲午日本事起，曾命偕邵撫部友濂往議和，日本忽拒之，謂其位望不足，乃改命文忠。次年丙申，和議成，言者蠭起，劾其與海鹽徐尚書用儀，納賄辱國。李文忠留京入總署，翁文恭亦得兼職，凡遇交涉，必使侍郎同爲處理，文恭尤爲推重。其籠絡手段，每日函牘交馳，侍郎亦殷勤納交，款接益密，即庚子記事中所言者也。（按：所謂「庚子記事」即吳永口述、劉焜筆錄成書之「庚子西狩叢譚」。——引注）侍郎在朝，資用豪侈，饌食豐美，又好收藏書畫，同列無與倫比，李文忠以舊輔再出，眷注甚隆，在總署亦惟侍郎之言是從。常熟有時利用侍郎以排同官，表面無間，心亦不洽，如總署考滿章京，侍郎出題閱卷，翁言：「樵野閱卷，余收卷點數而已，四十年老于典校，當此一歎。」次日考漢章京（按：章京是滿洲語的秘書），翁言：「樵野欲一人專主，余不自量，看六十本，而樵仍覆閱，伊加圈頗濫，余笑頷之而已。恭邸託一人，余曰某已擯之矣，因不覺力斥其妄，不歎而罷。比通校一過，樵既加圈，不能不儘前，大爲所苦。」不滿之意，溢于言表。（按：上文翁同龢所言，蓋祁君摭自翁氏日記之語。）德

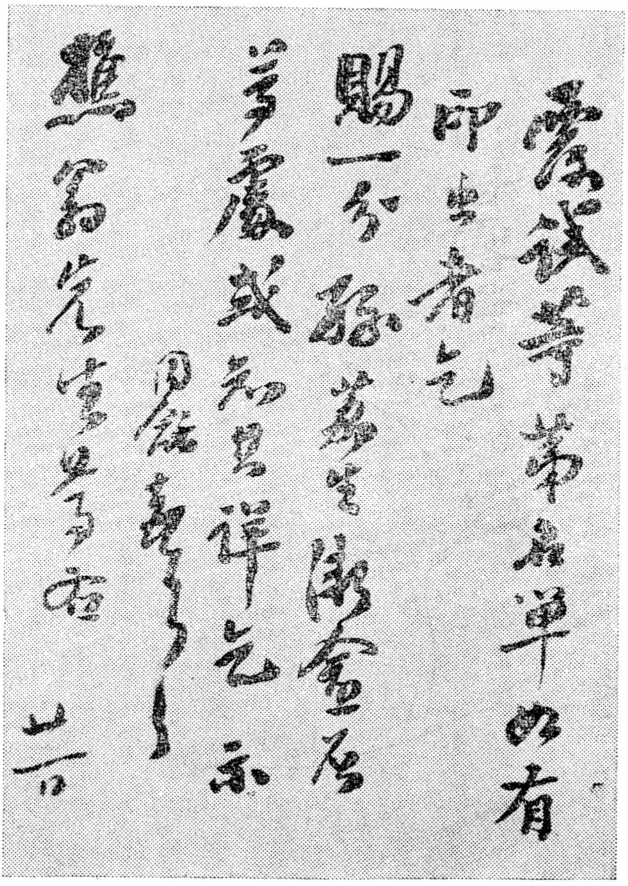

翁同龢致張蔭桓函問覆試等第名單

宗立意維新，孝欽久生疑忌，宵小內豎，從而構之，嫌怨日深。侍郎翁熱功名，又恃兩宮俱有援系，德宗召見時，私有所陳，兼進新學書藉，如康南海之進身，外傳翁文恭所保，其實由於侍郎密奏也。戊戌四月，常熟被放，侍郎詣之，告以軍機同見，上以胡孚宸參摺示之，摺仍言得二百六十萬，與翁平分，上諭以極力當差。又言：是日軍機見東朝，極嚴責，以爲當辦，軍機大臣廖尚書壽恆力求始罷。更傳有旨張某拘拏，已而無事。此即庚子記事中所記，侍郎被傳無事後有新疆之命，所記小誤，蓋前事爲本月初，侍郎發遣在八月嚴辦康梁以後也。使侍郎不以他途進，遇德宗召時，剴切陳言外交大事，各國情勢，徐圖更張，未始不能見功，不使昏愚妄測正人，激成庚子奉亂，清社以屋，國家亦隨之一蹶不振，則侍郎一生宦蹟，于中國不無關係也。侍郎豐頤廣額，言論亢爽，乙丙之際（「乙丙」指乙未、丙申兩年，爲光緒廿一、廿二年），楊文敬公士驤官翰林時，與侍郎交密，余時於文敬坐上見之，遇人亦和平實厚，而心計甚工，文章雅飭才瞻，與當時名流如盛伯羲祭酒、王文敏公（王文敏是山東福山翰林王懿榮，庚子八國聯軍入北京時，王氏舉家自殺殉國）諸公，以時往還。不意庚子秋，竟遭奇禍於萬里外，可謂慘矣。尤奇者，其子仲宅，於民國後爲强有力者以黨案鉤斃獄中，父子皆不善終，是爲可怪。』

祁景頤是見過張蔭桓的，他所說的可見張蔭桓生平。張是一個有才氣，而又驕矜帶有些霸道的人，他雖然結納西太后，其實是暗中要幫助光緒帝，以備將來光緒帝有機會掌握政權，那時候，他和翁同龢兩人就可以左右輔政，得行其志了。所以康有爲入京上書變法，即住在蔭桓家中，他們一定有討論過如果變法成功，也把康有爲拉進去做一個功臣，幫助皇帝處理國政的。可惜現在沒有資料可以說明這件事，康有爲自訂的年譜也沒有說到此節。左舜生「記張蔭桓」一文說：「本來，張蔭桓之爲人，充其量也不過是當時一個比較能幹的新官僚而已，其目的在做官，對慈禧光緒，原無所謂左右袒。」這幾句話說得有一半對。其實張是要做「帝黨」的，他對慈禧不得不貌爲恭順忠貞，以取信取悅於握實權的統治者，但暗地裏則認爲慈禧是頑固不可救藥的，對她常存輕視之心。不過，在當日道德倫常的勢力之下，他絕對不敢發揮出來的。他只是期待變法能成功，中國富强起來，西太后見了也認爲新派到底有本領，加以年紀大了，權勢之欲稍淡，於是把大部分政權交給光緒帝，那時候，他就可以大顯身手，助皇帝行其志了。

翁同龢是一個守舊派，本來沒有什麼新思想的，但因爲常和張蔭桓接近，常常聽他談論外國的風俗政教，其富國强兵之道在什麼地方，于是對於泰西的「新潮」也發生興趣，由興趣而有信心。張蔭桓是個有野心的人，他雖然想向光緒帝說些心腹的話，到底自己並非是近臣，不敢隨便進言。翁同龢就不同了，他是師傅，每天必在毓慶宮教書，君臣談話可以很隨便，就是說錯了一兩句，也不妨更正。所以張蔭桓一定要拉攏翁師傅才可以達成他的目標。翁同龢在未和張蔭桓深交之前，一點世界知識都沒有的，一旦得聆張氏把外國那一套「文明」搬過來，不禁佩服到五體投地。（張對翁所說的西洋文明，除注重民權，言論自由，人民參政，有議會限制統治者權力等外，「吃洋菜」、「電氣匣治臂病」、「看燈影戲」等等皆是。所謂電氣匣，恐怕是用電力發動的按摩器，燈影戲大概是活動電影或幻燈片之類。此等事皆見翁氏日記。）一八九七年（光緒廿三年）十二月十日，上海的「字林報」西報登北京記者通信，謂清廷的柄政大臣如恭親王奕訢、慶親王奕劻、翁同龢、剛毅、錢應溥諸人，皆盲目中之盲目者。總理衙門主外交衆大臣中，只有李鴻章與張蔭桓尚知外事，而鴻章受制於大多數。翁張二人與鴻章爲敵，故鴻章無可發抒。這些話是相當準確的。（按：光緒廿三年之軍機大臣爲奕訢、世鐸、翁同龢、李鴻藻、剛毅、錢應溥，奕劻時尚未有大權也。）

翁氏既然佩服張蔭桓，又要籠絡他，故此常有信件給他通情愫，而在稱謂上特別親熱，如「樵野仁兄大人」、「樵公先生閣下」、「樵翁先生尊右」、「芋龕先生」，甚至「樵野吾師」也有。（此說根據吳永「庚子

翁同龢致張蔭桓函稱張為芋龕先生

西狩叢譚」）蔭桓自號紅棉老人，其在佛山的故居，有紅棉書屋，四十年前尚存在。他刻有「紅棉老人」私印，凡得意文字或書畫則蓋之。今見同龢稱他爲「芋盦先生」一函，則此尙爲筆者初見。他稱芋盦，不知是否買得程瑤田所畫的芋花立軸。此畫似乎後來爲辛耀文所得，故耀文亦自號芋花盦主。光緒廿三四年間，耀文挾十萬金，入京搜購書畫，曾以八百金與蔭桓爭購王石谷畫。易哭庵的「宣南集」有一首「送辛仿蘇還粵東詩」，有句云：「君以八百金與張侍郞爭購石谷仿荆關之立軸」，可見辛氏之豪侈。（耀文字仿蘇，順德人，先人在香港以經營糖業致富，他與張氏爭買石谷畫時，不過廿五六歲的少年耳。）

關於蔭桓自號紅棉主人、紅棉老人，他的親戚李文田就寫過一首紅棉詩「幽默」他。這首詩在當時膾炙人口，而蔭桓見之不悅。詩云：從來槐棘喩三公，誰識紅棉位少農。半世英雄標獨絕；一條光棍起平空。繁華畢竟歸搖落；衣被何曾及困窮。莫道欲彈彈不得，二槌終日撼長弓。

「少農」是指他做戶部侍郞。「一條光棍」，謂其出身寒微。「二槌」指徐桐、徐用儀（廣州語「槌」、「徐」同音），兩人皆頑固派也。繁華一句，好像預先知道張後來的悲慘下塲，亦可謂「語讖」了。文田死於光緒廿一年，蔭桓輓以聯云：「謬託昏姻，每聞偉論皆譙語」，於其歿後猶憤憤不平也。（按：「譙語」，譏誚之語也。譙亦可作誚，亦可作譙讓，謂以辭相責也。）

從前很多私人筆記都說張蔭桓生活奢侈，又好收藏書畫，「孽海花」小說就有一章寫他的兒子不惜用卑鄙手段去弄到一幅王石谷山水獻給老子。據說，張氏喜歡王石谷的畫，收藏至一百件之多，故又號百石齋。「春冰室野乘」中有蔭桓一詩云：「無限艱危一紙書，二千里外話京居。覆巢幾見能完卵；解網何曾竟漏魚。百石齋隨黃葉散；兩家春作綠楊虛。灞橋不爲尋詩去，每憶高情淚引裾。」題爲「九月晦，渭南道中得廉生祭酒書，述斂居及塏兒蹤跡，奉答一詩」。

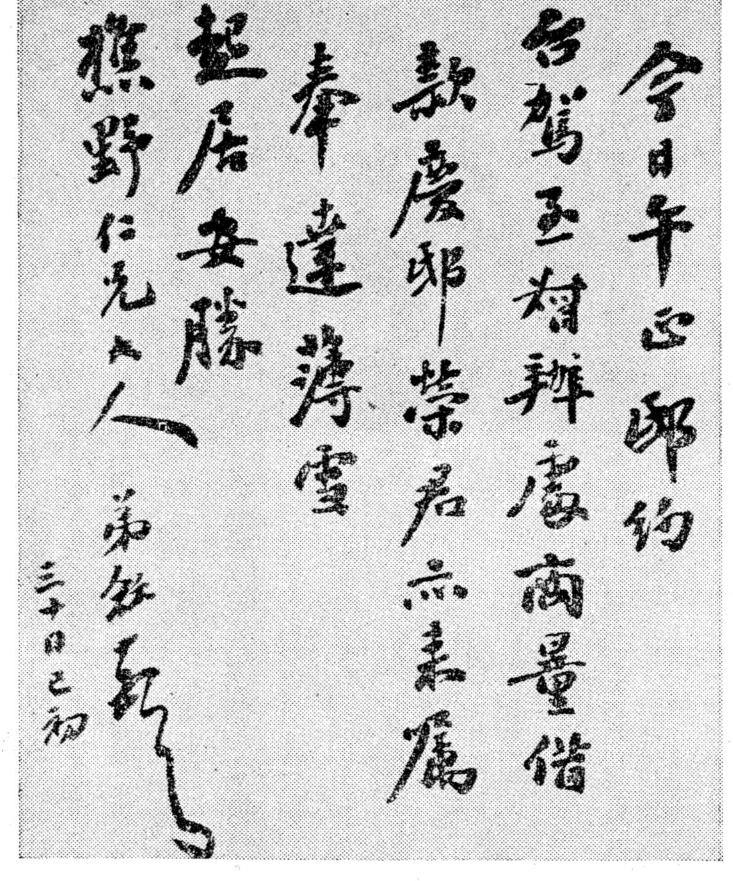
今日午正邸約
台駕至對辦處商量借
款慶邸榮君亦來屬
奉達講雪
起居安勝
樵野仁兄大人　弟龢頓首
三十日巳初

翁同龢致張蔭桓函傳達軍機商量借款事

這是戊戌八月蔭桓充軍在途中之作，廉生即王懿榮，上文祁景頤所謂常與盛伯羲祭酒、王文敏公唱和者也。此詩不知是否錄自「荷戈集」或「畫鐵樓集」，這兩部書我都未見過，但根據葉恭綽先生說，張氏的遺著多散失，雖有印成專集，而流傳甚少，恐已歸湮滅了。

關於翁同龢與張蔭桓蹤跡之密，交誼之深，可從「庚子西狩叢譚」見之。光緒廿二年張蔭桓辦理日本商約時，邀吳永入幕助理。吳永記云：『當主辦日約時，余曾從事左右，相處逾歲，其精强敏瞻，殊出意表。在總署多年，尤練達外勢。翁常熟當國時，倚之直如左右手，凡事必諮而後行。每日手函往復，動至三五次。翁名輩遠在張上，而函中乃署稱吾兄，我兄，有時竟稱吾師，其推崇傾倒，殆已臻於極地。今張氏裒輯此項手札，多至數十巨册，現尙有八册存余處，其當時之親密可想。每至晚間，則以專足送一巨封來，凡是日經辦奏疏文牘，均在其內，必一一經其寓目審定，而後發布。張公好爲押寶之戲，每晚間飯罷，則招集親知僚幕，圍坐合局，而自爲囊主，置匣於案，聽人下注，人占一門，視其內之向背以爲勝負。翁宅包封，往往以此時送達。有時寶匣已出，則以手作勢令勿開，即就案角啓封檢閱。封中文件雜沓，多或至數十通，一家人秉燭侍其左，一人自右進濡筆，隨閱隨改，塗抹勾勒，有原稿數千字而僅存百餘字者，亦有添改至數十百字者，如疾風掃葉，頃刻都盡，亟推付左右曰：「開寶！開寶！」檢視各注，輸贏出入，仍一一親自核計，錙銖不爽。於適才處分如許大事，似毫不置之胸中。然次日常熟每有手函致謝，謂某事一言破的，某字點鐵成金，感佩之詞，淋漓滿紙，足見其倉猝塗竄，固大有精思偉識，足以决謀定計，絕非草草搪塞者，而當時衆目環視，但見其手揮目送，意到筆隨，毫不覺其有慘淡經營之迹，此眞所謂舉重若輕，才大心細者，宜常熟之服膺不置也。』

寫翁同龢對他如此傾佩及張蔭垣如此才大精敏，容有過分渲染之處，但亦可見兩人關係之深，張自得翁在光緒帝面前吹噓後，已漸爲帝信任，也許他會對光緒說「張蔭垣之才勝臣十倍」。（光緒廿一年十月六日翁氏日記有「張樵野長談，此人才調究勝于吾。」廿三年十二月十七日記：「觀樵野和樊雲門詩，眞絕才也。」可見其推許之極。）于是光緒講西學，習英文，也許受到張的影响的，戊戌四月二十四日，翁氏日記云：

『是日見起，上欲于宮內見外使，臣以爲不可，頗被詰責。又以張蔭垣被劾（按：閏三月初九日，御史王鵬運疏劾翁張朋比納賄，殆指此），疑臣與彼有隙，欲臣推重力保之。臣據理力陳，不敢阿附也。語特長，不悉記。……散時先傳旨告奕劻，又赴張蔭垣處商宮內進見事，臣期期知其不可也，歸後頹然。』

二十六日日記云：

『奏對畢，因將張侍郎請給寶星語代奏，聲明只代奏，不敢代請。上曰，張某可賞一等第三寶星，又曰，李某亦可賞。』（按：蓋指張蔭垣，李鴻章。）這時候，皇帝已「洋化」，對講洋務有心得的張蔭垣、李鴻章漸見寵信了。

翁張兩人納賄，當時北京政界盛傳，不脛而走，那是指清廷批准俄羅斯租借旅順大連之約，李鴻章、張蔭垣、翁同龢都有收受俄國賄金之事。這件案的經過頗有趣。帝俄時代一個負責與李鴻章在俄京簽訂中俄密約的財政大臣維特（Witte）伯爵，下台以後著有回憶錄，一九二八年王光祈從德文節譯一部分名「李鴻章游俄紀事」，由上海中華書局出版。其中一章記俄國强租旅大有云：

『其時我們駐華公使 Pawlow……乃將我們要求條件，遞交中國。其內容係要求中國，將關東區域以及旅順大連，租與我們，以三十六年爲期。……中國政府對于此項要求，係取拒絕態度

我們戰艦泊于旅順海灣之前，軍隊尚未登陸。……中國攝政皇太后與其幼年皇帝，移居京城附近別墅（頤和園）之內。并在該處接見大臣。伊因爲受了英日外交方面影响之故，對于我們要求，一點也不讓步。

現在余看見（中國）太后陛下不願讓步，而且如和平調解不能辦到，我們軍隊勢將上陸；倘遇抵抗之舉，必將（開戰）流血。至是余乃不能袖手旁觀，特電我們財部代表 Pokotilow （原注：此君其後被任駐華公使），請彼往訪李鴻章以及另一大臣張蔭垣。用余名義，勸告彼等盡力設法接受我們條件；而且事成余願送彼兩人重大禮物，對李贈送五十萬盧布，對張贈送二十五萬盧布云云。余與華人交涉，而乞靈于賄賂之舉，生平實僅此一回也。

彼兩人現在看見，割讓關東區域與俄一事，實已無可避免；而且彼等又知，我們戰艦泊在中國海岸，動員既已備就，軍隊更爲不少；于是決計往謁太后，勸其接受俄國條件。

會議多次，太后乃肯讓步，余接 Pokotilow 來電，略謂條約當可簽字云云。余遂將此電上奏陛下。因爲陛下對于余之前次（行賄）舉動并不知道之故，于是彼乃在奏札上批道：「朕實不能了解，其故安在？」其後余乃向彼說明，此次中國政府之所以允許簽字者，由余運動使然，現在我們所得成績，乃係我們公使費時數星期之久，費盡勞力而未能辦到者。于是皇上乃在電上批道：「眞是太好，好得出人意外！」

該約係于一八九八年三月二十七日，由李鴻章張蔭桓與我們代表共同簽字。』（按：本書譯者叙言中有云：「關于旅順大連條約，維氏向李鴻章張蔭桓行賄一事，至今眞相不明。惟據友人中之研究當時史事者，則謂李鴻章似未收受此欵；歐戰以後，清理華俄道勝銀行，其中曾有華人存欵，而姓名不可查考，或即係此項欵子。但是此外又有人疑此項欵子，係爲太后所得云云。至于張蔭桓遣戍新疆之際，聞出京時，有向俄使索欵之說，則跡近嫌疑矣」）

根據翁氏日記，清廷君臣上下對俄國之侵畧，已無法應付，兵臨城下，不答應條件，侵畧軍就要登陸。翁氏對光緒說：「現在危迫情形，請作各海口已失想，庶幾策厲力圖自立，旅大事無可挽回矣。」其實即使俄國不以金錢賄賂張李，清廷遲早也會屈服的，俄國倒可以省回一大筆錢呢。

張李兩人有沒有接受俄國送給他那筆欵項，我們沒有材料可以證實，但俄國人寫的材料則言之鑿鑿，說是以五十萬兩送李鴻章，又以五十萬兩送張蔭桓，與維特言一個是五十萬盧布，一個二十五萬盧布顯有不同。

張蔭桓的下場相當悲慘，據吳永說，如果新疆巡撫饒應祺接到將張正法的電旨後能稍爲稽延數日，辯明眞僞，其時義和團已失勢，張或不致寃死了。吳永記其事云：

『……一日忽下嚴旨，戶部侍郎張蔭桓，着發往新疆効力贖罪。照例大員得罪發遣，即日須出投城外夕照庵，再候兵部派員押解，向之請數日期限，摒擋行李。侍郎雖敭歷中外，而揮霍亦巨，故殊無甚積蓄，治裝頗拮据。余時已奉補懷來缺，尚未到任，百計張羅，勉集五百金，趕至天津途次，爲之贐別，相見慘惻。謂君此時亦正須用錢，安有餘力，乃尚顧念及我，語咽已不復成聲。……

最可異者，侍郎雖身受重戮，而始終未嘗革職，故臨刑時猶被二品官服。聞廷旨到後，相知中致意家屬，有勸其自盡者。侍郎慨然曰：「既奉有明旨，即自盡以後，照章仍須執行斬決，與其二死，孰與

一死？大臣爲國受法，寧復有所逃避？安心順受，亦正命之一道也。」于此足見其襟胸磊落，臨難守正，不圖苟免，眞不愧大臣骨梗。獨念公抱此異才絕識，乘時得位，又得當軸有大力者爲之知己，而迄不獲一竟其用，區區以不得于奄豎之故，遂致竄身絕域，投老荒邊，甚乃授首于倉皇亂命之中。……」

後來張蔭桓是開復原官的，辛丑和議時，英美兩國使臣請奕劻代奏，即下上諭云：「已故戶部左侍郎張蔭桓，着加恩開復原官，以昭睦誼。」據聞美國因張曾任駐美公使，英則以其曾爲賀使，且獲得英廷勳章之贈，無辜被戮，兩國甚爲惋惜，故上諭中有「以昭睦誼」之字樣。

張蔭桓臨刑前一些軼事，並可一述。「庚子西狩叢譚」記云：

『漁川逃公遺事，尚有一事未及。謂公在戍所時，忽于門前構造一亭，以此處地勢稍高，足資登覽。亭成請名，一時思索不得，因適在牆角，遂以角亭名之。後來即于此亭行刑，說者謂角字爲刀下用，讖兆無端而適合。……

漁川又言公臨刑之前數時，已自知之，忽告其從子，謂爾常索我作畫，終以他冗不果，今日當了此夙願。即出扇面二頁畫之，從容染翰，模山範水，異常縝密，盎然有靜穆之氣，畫畢就刑，即此便爲絕筆，此眞可謂鎮定，蓋公得之于道者深矣！』

蔭桓的畫，我從未見過，若據李岳瑞所說，則山水人物，皆擅場，李氏的「春冰室野乘」記其事云：

『南海張樵野侍郎，起家簿尉，粗識字，中歲始力學，四十後即出持使節，入贊總署，而駢散文詩，皆能卓然成家，餘力作畫，亦超逸絕塵，眞奇材也。生平作事，不拘繩尺，且以流外官，致身卿貳，輦下諸貴人尤疾之，以故毀多于譽，然幹局實遠出諸公上。……嘗見其爲人所畫便面，濕雲滃鬱，作欲雨狀，雲氣中露紙鳶一角，一童子牽其線，立一危石上，自題詩其上曰：「天邊任爾風雲變，握定絲綸總不驚」。蓋即此數日中所作也。』

李岳瑞是光緒廿一年進士，戊戌政變亦被革職者，其記張氏事，尚翔實。他又說：「侍郎詩筆清蒼深重，接武少陵、眉山，視高達夫之五十爲詩，蓋有過之。」推許甚至。（岳瑞咸陽人，工詩詞，有「郢雲詞」一種，一九二六年逝世。上海「新聞報」總編輯李浩然，其子也。）

翁君所藏其先人致張蔭桓信札，我只獲見數札，未能鉤稽其事，以證歷史，只好以待將來得窺全豹，始爲一試。葉遐庵先生致潘伯鷹函，有云：「原札三冊，乞交還翁君。」又云：「吳漁翁（按：吳永字漁川）欽服樵野，絕非阿好，蓋其人實非同時諸人所及，乃夭枉非命，遺文蕩然，可歎之至！」

葉恭綽（遐翁）致潘伯鷹手函談翁張各札

翁文翁（恭）致張樵野各札，皆光緒廿二三四年時事。廿四年夏，文恭被逐，繼以庚子，國脈遂椓。愚頗欲將各札逐一考證其本事而加以評騭，惜精力與資料兩皆不給，祇可中止，然甚望有人爲之也。吳漁翁欽服樵野，絕非阿好，蓋其人實非同時諸人所及，乃夭枉非命，遺文蕩然，可歎之至！……。（下畧）

尼克遜訪問中共大陸透視

·萬念健·

一九七二年二月二十一日，星期一，陰歷正月初七。古老相傳，是日爲「人日」，也就是所謂「衆人生日」，據「壬子年通書」所載，是日「宜祭祀伐木」，但是尼克遜却選於是日中午時分，專機着陸北平，訪問中共大陸。

美國爲尼克遜訪問中共，籌備已達半年之久，一切準備工作，可謂無微不止，小自一瓶可口可樂，均係自備，大至必要時投擲核彈，亦已指定專人負責。此話如何說法，且聽我慢慢道來。

可口可樂爲美國之寶，許多美國人日常生活之中，都有一日不可無此君之感。中共大陸向無可口可樂，屆時大批美國人員到來，如果要喝可口可樂，供應便成問題。另一方面，即使中共經已設法，由香港等處躉購了大批可口可樂以供嘉賓，美國人即使天眞，也不肯輕於嚐試，所以爲了小心起見，他們的可口可樂都由自己運來，加以特別標誌，配給飲用，以策安全。尼克遜本人向來不大喝可口可樂，他的經常飲料是蒸溜水，該項食水，也一律均由美國帶來，準備在爲期八天的中共訪問之中，一滴大陸食水也決不沾唇。至於中共官方邀宴，則席面上所供應之酒水湯羹，均由中共當局負責嚴密檢查，藉以保證萬無一失。

美國投擲核彈之權，向操總統一人手中，尼克遜早經鄭重決定，並面授機宜，將必要時按鈕投擲核彈之權力責任，交於國防部長賴德。美政府高級人員，對尼克遜不將該一權力，交於副總統而交於國防部長之手，頗感意外。一般揣測，尼克遜必然以爲副總統艾格紐之性格較賴德易於衝動，而對於軍事方面之估計，不若賴德熟慮週詳，所以作此決定。

一九五〇年以來，中共與美國間之敵對相持，世所共知，此次尼克遜訪問中共大陸，誠爲美國方面所主動，但若非中共方面妾心有意，一切進行當無此順利。但若干年來，叫人民對美國如何仇視，其普遍深入，已成國民教育之一部份，一旦對此勢不兩立之敵人，忽然一變而爲友好且歡迎其前來訪問，如何向人民解釋交代，殊非易易，所以對其本國人民，對尼克遜到訪之熱烈歡迎，在最初一段時間內，始終採取保留態度，竭力隱藏，甚至於報刊文字之間，不惜惺惺作態，加以諷嘲，藉以表示美國方面之態度乃爲一相情願，各種條件若非盡合中共理想，隨時有拒之於千里之外的可能。

事實上，中共對於美國對其媚眼屢拋，早已心中暗許，只因爲國內外炯炯注目，屢曾作欲迎還拒不欲輕易失身之狀，但時歲流轉，年華易逝，未便再行蹉跎歲月，浪費青春，終於揭開面巾，露出了郎固多情，妾非無意的眞面目，對尼克遜之東來訪問，毫不掩飾的露出了由衷歡迎之意，而其所表達的歡迎之熱，準備之週，儀式之隆，期望之甚亦爲歷來對任何其他國家所從來未有。

今者尼克遜抵達北平之期，迫在眉睫，雙方準備，亦已先後完成。遠於一月底時，尼克遜訪問中共大陸的兩個先頭部隊，已自華盛頓、洛杉磯兩地分別起飛。

從華盛頓出發的先頭部隊，係由海格准將率領，他是尼克遜的外交事務顧問，飛行航程經夏威夷關島，在中共大陸停留共四天，他的主要任務是與中共商談接待隨同尼克遜前往中共大陸的西方記者。

白宮新聞秘書齊格勒說：隨同尼克遜訪問中共大陸的記者代表團約爲八十人，他們已獲准免予新聞檢查及行動自由。

他說：這是大量西方記者集體訪問中國大陸的第一次，他已要求保證，他們可以自由報導尼克遜遊覽中共大陸三大城市的情形。

齊氏說：中國人民相信美國記者能認識中共人民與領袖的唯一方法是能與之自由及直接談話，在此期間，一切新聞報導將可立即由中共大陸發出。他又說，美國人員已安排在北平機場設地面通訊站，該站將可使電視、電報，與無線電廣播及電傳打字，經由太平洋衛星直接拍往美國，尼克遜專機抵達北京機場時，世界各地人士將可從電視機中看到尼克遜的現場彩色電視轉播。

中共爲了歡迎及尼克遜一行人士的到來，早在一個月前，以數十萬美元的欵項，經由香港購買了大批資本主義社會人士習慣享用的烟酒水菓、糖食、肉類及各種食物，這些都是二十年來中共海關奉令不准進口的，此次獲得第一次的開放，用以招待美帝國主義的領袖、下屬及其人民。北平、上海，杭州三大城市，凡屬尼克遜及其隨行者所可能到達之處也已粉刷一新。有些旅館房間且換鋪了新的地氈、新的傢俬，重要的餐廳也已換了新的杯盤碗碟，大批的象牙筷箸被搜集，以備作爲紀念禮物。幾張精緻絕倫的桌球枱，都油漆一新，以備萬一需要舉行一兩場友誼比賽來，紀念美國與中共雙方的「乒乓外交」。

北平熱鬧市區的購物中心地帶，商店的門口均煥然一新，並且新髹了傳統性的中國顏色。天安門前的大廣場上，兩個月前即已種植新樹，行人道也同時美化起來，文化大革命時紅衛兵總部所在的天壇，漆上了藍色與金色，顯得十分鮮明與觸目。

為了向全世界表現新面目，電報局等公用事業機構的建築物也均加粉一新，因為記者派發電報，每日必見。北平街頭於一月初旬起即已加派交通警察，指揮交通，他們被訓練得態度溫婉，十分有禮。人民大會堂本為招待外國貴賓之所，那裏的男女侍應生，招待外賓已有豐富經驗，但最近還在研究如何上菜。

一月一日起，「反帝醫院」已被正式改名為首都醫院，該醫院於一九一六年由紐約洛基菲勒基金會欵捐建，原名「協和醫院」，一九六六年文化大革命時，改名「反帝醫院」，後又曾改稱為「反修醫院」，但不算正式命名，這次改名為「首都醫院」纔算正式，「首都醫院」的白色招牌，係於改名五天後之一月六日方行懸出，目的是在鬆弛政治氣氛，也是免得被「美國朋友」所見而有觸目驚心之感。

尼克遜訪問中共所預定到達的三個城市是北平、上海、杭州，這三大城市。一個是政治中心，一個是工業中心，一個是著名的風景區。在北平，尼克遜將訪問故宮、天壇、頤和園、北海，並將在天安門頭留影。

北平地下避難室規模之大，傳為世界之最，一個曾經於去年十月間隨同「中日友好協會」人員訪問北平的日本某大學教授曾於十月二十三日之東京「朝日新聞」發表其參觀後的印象，他說：『我們所到達的地下室是在北京前門區附近某街的下面。』

他說：『這條街道寬達二百七十公尺，兩邊有商店，戲院，餐室等等，每家各有通路直達地下防空室。防空室深入地下至少八公尺，與防空室之間有寬從一公尺到二·五公尺之隧道相連，我們所到的防空室，係於一九六九年開建，大部份工程竣工未久。地下室內燈光明亮，有公衆傳話設施，電動通風器，燃料儲藏室，中央操縱室，厠所，厨房，下水道等，一應俱全。』

尼克遜對於這段記載深感興趣，他曾說過，『若到北平，我倒要去看看』，但是屆時能否看到，尚難預言。

上海現有人口一千二百萬，可能還多，它在中共工業中長期担任着重要地位，一九六〇年時，它的工業產量，仍佔中共全國五分之一。但中共對分散工業區抱有決心，堅持上海總產量不超過全國百分之十五，目前仍舊保持着這個尺度。尼克遜至上海時，預料將參觀上海工業展覽堂，該堂佔地一萬平方公尺，展覽着五千種貨物，由電腦、化學品、機器、冶金等樣樣俱全，顯示出上海在工業方面的各方面的發展。

為了尼克遜之到來，上海的市容亦經大加整頓，南京路上的主要建築物，均已粉飾一新，各大百貨公司的櫥窗琳瑯滿目，平日難得一見的貨品也出現了。文革時期在市區遺留下來的巨型標語都已塗去，賸下來的只有些「共產黨萬歲」，「毛澤東萬歲」，「我們的朋友滿天下」之類，大部份集中於外灘一帶。上海居民最近盛傳，中共當局今年春節前決定增配糧布，他們認為這是大陸人民因尼克遜來訪的間接受惠。

杭州以西湖著名，尼克遜將泛舟湖上並參觀當地工業建設，去上海，杭州兩地，周恩來都答應陪伴同行。

尼克遜隨員之中，當然以其夫人派廸·尼克遜為第一號，近數月來，他已請了一位中國太太學習中國話，她所學的中國是標準國語，但經她口中說出，一一均成藍青官話，目的是想學會一百句，可以應付普通對答，但據說由於她底方言天才不高，可以靈活運用的，大致不可能超過五十句。

至於尼克遜自己，他已決定不說「毛主席萬歲」，但已學會了說「毛主席你好！」「我們是朋友」，以及如何在招待席會上使用筷子。

尼克遜此行，將與大部中共領袖相見，但其談話主要對象，將非毛澤東而為周恩來。此外他又可能與少數外國政要會晤，包括北越政治局委員黎德壽，與高棉的施漢諾親王等。

尼克遜之訪問中共大陸，與中共歡迎尼克遜到訪，當然是心中各有所圖，也有人認為尼克遜以自由世界領導地位，不惜降尊紆貴，遠往北平，而且時值陰曆春節，尤有向毛澤東拜年之嫌，未免有失體統，但尼克遜究竟亦非愚人，而且此次訪問中共，他還居於主動地位，對於一切可能發生的問題，早已深謀熟慮，擬定應付之策，即使一無所得，也不至於大有所失，不致於如一般悲觀主義者所想的有百弊而無一利。

並且，尼克遜訪問中共大陸，預定時間僅八天，而且大部份的時間將耗於官式酧酢和參觀，要在短短的八天之內有何具體收穫，事無可能。反之，經過這次尼毛會晤，雙方各派一個代表團，選一個適當的地點——當然不在美國，也不在中共大陸，協商一切問題，非但大有可能，而且也的確較為實際，好在不久事實即將揭曉，我們等着瞧吧！

猛學中國話的尼克遜夫婦

大人小語

新歲大吉

本期「大人」問世之日，適值壬子新正初一。

尼克遜定於初七「人日」前往北平向毛澤東拜年，上官大夫即於今日在此向各位作揖拜年。恭祝新春大吉，萬事如意。

新年的問題

陽曆新年過後，開支票時，「一九七二」年，每仍變成「一九七一」，以致「須與出票人接洽」。

陰曆新年後，太太小姐在自述年齡時，因為要報多一歲，往往也覺得不大順口。

今年紅包

港澳某名流新年紅包，今年已決定改港幣為美鈔。

但是且慢高興——蓋年常舊規，紅包之內，港幣廿元，今年決定改為美鈔兩元——折實港幣十一元兩角。

新春賽馬

新春期間，接連賽馬三天。

有人已與兒女談妥，借兒女所得「利是」，作孤注三擲；贏則三天內加倍奉還，輸則半年內分期清償。

黃大仙勁敵

星光邨設「月下老人祠」，內有靈籤，供有情人求問終身大事。

今年新春，黃大仙生意將被搶去一半，蓋可預言。

寄語有情人

辛亥除夕，適逢情人節，有人對於這頓年夜飯如何吃法，深感分身為難。

正月十五元宵，是為中國情人節，有情人事前須預作安排，弗再等閒錯過。

歡迎尼克遜

大陸人民對尼克遜之將往訪問，其反應已由最初之大惑不解而逐漸變成熱烈歡迎。

原因甚為簡單，今年春節，中共已放寬糧布配給，讓人民吃得好些，穿得好些，給尼克遜看看。

美國的贈品

尼克遜夫婦訪毛澤東，携有私人珍貴禮物不少。

中共新聞局人員正在竊竊私議，希望這次運往北平的電視廣播等一切新聞發佈設備，也都永遠留在大陸，作為「贈品」。

不可不知

法國星相家預測尼克遜訪毛，「星球位置對毛澤東有利」，所以尼克遜將不免緊張，而毛澤東將極為鎮定。

誠然，此次尼克遜訪中國大陸，毛澤東有以逸待勞之勢，但我們不可不知，二十年來中共與美國尖銳對峙，這是第一次主動權操於美國人的手中。

金門所見

三年未去台灣，此次重臨，所見所聞，耳目為之一新。

印象最深者首推金門：以前在地面上看到的，現在已經全部轉入了地下。

電影與文化

行政院座談會上，香港文化界訪問團對文化局大大的開了一砲。

別的不說，我以為文化局如果專管電影，亟應正名為電影局。如果認為電影是「文化」之一項，那末電影之外，似乎也應該有點別的文化。

藥中甘草

城市清潔運動，三月起開始舉行。

交通警察如果督導有功，可升衛生幫辦。

進步仰退步？

曼谷的士有痰盂，台北銀行有痰盂。

香港家庭之有痰盂者日少一日，這是進步還是退步？

訓練有素

本屆奧運，八月間在慕尼黑舉行。

香港無牌小販平日訓練有素，可以參加百米短跑。

年夜飯與春茗

江南人重視「年夜飯」，香港人重視「春茗」。

我喜歡「年夜飯」甚於「春茗」，只因為前者目的僅在親友聯歡，而後者商業色彩未免太濃。

關於雙糧

年底雙糧，家有女傭者無法避免。

精明的主婦，對那一個月的「加薪」要過正月月半方發，為了防她們拿了雙糧和新年利是之後，一到年初五便辭工而去。

春茗所知

從酒樓預定酒席看來，明春的春茗，約較今春少二成。

至於明春的菜價，則早已比較去年漲了三成有餘。

·上官大夫·

袁世凱段祺瑞曹汝霖

李北濤

一　各國正式承認中華民國

各國公使呈遞國書

距今六十年前，歲次辛亥，中華民國成立，由孫中山先生推讓袁世凱爲總統。歷時三載，國事粗定。外交方面，雖與各國時有折衝，尚不能算是正式接觸。各國堅持前清條約，繼續有效。幾經商談，直至民國三年春，始行議定，各國一同承認，各國公使（其時尚未設大使）定期呈遞國書，舉行隆重儀式，一改清朝舊規，全照國際通例。袁總統戎裝禮服，立於居仁堂中間，文武官員，分立左右，各國公使，由外交總長介紹引見，呈遞國書。繼由領銜公使致頌詞，袁總統致答詞。禮成，由大禮官引導到春耦齋，設宴招待。領銜公使舉杯，祝中華民國及袁大總統萬歲，袁總統亦舉杯，祝各國及其元首萬歲。賓主盡歡，氣象和穆。從此，中華民國，乃得列於國際之林。

當此之時，惟有日本公使，躬與其盛，心懷嫉妒，回使館後，即忙電告本國注意。日本一直盼望中國內亂，彼可乘機侵畧。尤其對於袁世凱夙懷戒懼。因當其併吞朝鮮時，中國亦有駐軍在韓，袁在吳長慶幕中，隨軍供職，年少氣盛，日人每爲所窘。日本「征韓別記」一書中，載有『清國駐軍，有青年軍官袁世凱，智勇兼備……』等語，故日本極不願袁氏當權，恐中國富强，非彼之福。

日本早稻田大學創辦人大隈重信

日本政府大隈組閣

再按此時日本內閣，政友會已下台，由進步黨組閣，黨魁大隈重信伯爵，任總理大臣。此人漢學甚深，早游歐美，對於中國，素抱野心。筆者幼年在日本成城中學肄業，某星期日，與同學數人，出外遊玩，經過一巨宅花園，我等入內，攝影野餐，詎有人出來干涉，彼此爭吵，忽有一着和服之老紳士出來，一問知爲清國留學生，反而和顏延入，茶點招待，詢問中國風土習俗之事，我等均在童年，莫名其妙，後來僅知其爲大隈伯爵而已。逾年，清廷派載濤貝勒來日觀操，公使館令我等留學生，到車站排班迎候，日本閣員，羣來迎接，忽見大隈伯爵，身着西裝禮服，跛一足，亦由人扶掖而來。濤貝勒專車抵站，車頭上懸兩面國旗，一爲中國黃色龍旗，一爲日本太陽旗。濤貝勒翎頂輝煌，長袍黃馬褂，後垂髮辮，儀表修偉，頗具氣派。由中國公使楊樞，介紹日本各要人相見，對於大隈伯爵，似更恭敬。濤貝勒走過我等留學生隊伍時，楊公使向我等點頭爲禮，彼亦向我等含笑點頭，跟着，學生亦舉手行軍禮。後來與使館中人，談述來迎之日本各要人，原來大隈伯爵，彼時已有首相之呼聲矣。

大隈在東京早稻田，創辦一大學校，即名早稻田大學，規模甚大，爲私立大學之佼佼者，收容中國留學生甚多，歷年來，中國政海顯要，各界名流，日本早大出身者，比比皆是。

二　對日二十一條交涉之眞相

日本覺書二十一條

次年民四，各國已全承認，中國全國統一，正謀發展經濟，整頓內政。日本駐華公使日置益，聲稱奉其內閣總理大隈伯爵之命，請見袁總統。寒暄後，說本國政府，爲謀兩國永久親善起見，備有覺書一通，希望貴總統重視兩國關係之切，速予裁決施行等語。袁氏見其神色，已知不懷好意，乃將來書置於一旁，並不展閱，正式答言，中日兩國親善，本爲我方夙望，惟關於交涉，應由外交部專責辦理，當命外交總長與貴公使接洽。日使討了沒趣，便即告退。

日使行後，袁氏方將覺書，展開細閱，計分五項，共二十一條，其所要求，權利由建鐵路、開鑛，以至開商埠內地雜居，地域由東北內蒙以至閩浙等處。尤其最甚者，為第五項中之各條，日文原注明為「希望條件」，內開（一）聘用日本人為軍事顧問；（二）合辦兵工廠；（三）聘日人為主要城市警察教官；（四）小學校僱用日本教員；（五）日本僧人可在內地傳教等。

袁氏閱後，氣憤異常，即語秘書長梁士詒、外交總長孫寶琦、次長曹汝霖等說這分明是日本人眼見我們安定，心懷嫉妒，欲乘歐戰中各國無暇東顧，來相要挾，尤其第五項，簡直當中國是朝鮮，如一承認，即是亡國，中國未亡於大清，而亡在我袁某之手；我何以對國人，此事不可馬虎，待我再細細看看，好讓你們逐條應付。

翌日，日使到外交部，見總長孫寶琦，面遞二十一條覺書。孫根據袁氏昨日之言，亦對日使大發議論。照例外交總長與各國公使談話，皆有筆錄，此筆錄送到總統府，不料袁氏一見，怒云尚未研究詳盡，何得籠統發表議論，立免孫寶琦職，改派陸徵祥繼任外交總長。按孫寶琦為袁氏至親，清末為山東巡撫，光復時，烟台民軍起義，孫亦投機獨立，豎起白旗，自稱山東都督。迨袁氏再出，由彰德抵京，對孫大加申斥，孫又取消獨立，仍做山東巡撫，為士林所不齒。陸徵祥為老外交家，歷使各國，在國際間，甚有聲望。袁氏此次更迭外長之迅速，西報頗予以贊揚，日報則大感驚異。（日文報紙京滬皆有）

二十一條 中日開議

覺書由袁總統逐條硃批，交下外交部，遂與日方在外交部大樓開會集議。列席者，我方為外交總長陸徵祥、次長曹汝霖及秘書某，日方為公使日置益、一等書記官小幡酉吉，（書記官即係參贊，小幡以後曾代理公使，回國之後又將被任為駐華公使，照例先徵求出使國之同意，我國以小幡態度，素不友善，加以拒絕，此人後竟未能得意。）及通譯官某。陸總長久居英法，嫻於外交，出言愼重，義正辭嚴。曹次長才大心細（徐世昌保舉曹之語），熟悉各地及東三省日僑情形，對於覺書，逐條辯駁。袁總統對此案，異常重視，此時袁氏神智緊張，肝火極旺，有時早晨即有電話邀曹次長，速去共進早餐，商談此案。（曾聞曹氏說，袁早點食量甚大，吃鷄蛋十個，饅頭三四個，尚能進一碗粥。）每次開議前後，陸曹皆須事前請示及事後報告。開議歷時四月，議有頭緒者僅及其半，其餘各案，有暫擱者，有尚須再請示者。及談到第五項，中國堅持取消，日方必欲付議，每次僵持，最後日方請先交換意見，於是陸總長乃正色說「本人出使各國多年，未見過似此希望條件之條文，毫無對平等國家之禮貌，應請貴公使即予撤回，以免損害兩國友誼」，乃不歡而散。由此延會多日，開議無期，各報登載，瀕於決裂。（以上參考「六十年來中日外交史」及「陸徵祥傳」）

曹次獻議 釜底抽薪

此時交涉無期停頓，日使頻來催逼，內外人心不安，曹次長想得一策，欲取消第五項各條，不如釜底抽薪，向東京設法，乃向袁總統獻議，可請公府顧問有賀長雄博士赴東京一行，有賀博士在日本資望甚高，與各元老多相契，托其向元老陳說，除去第五項或可有效。袁氏亦以為然，於是由袁總統請有賀博士赴東京，盛宴餞行，鄭重面托。有賀博士抵東京後，竟告成功，外務大臣某頗受元老申斥。據聞其曾辯稱中國如不就範，則派兵前往，不出三個月，可將中國征服。某元老怒言，你知中國多大，打三年亦勝不了，外務大臣諾諾連聲，始遵命將第五項取消。

日本外相，受元老申斥後，老羞成怒，乃下最後通牒，除第五項容後再議外，餘項一無通融，承認與否，限時答覆。於是謠言四起，人心皇皇，各地報紙，反日激烈，上海各界紛電政府，不可屈伏，誓為後盾。旋聞日方在關外調動軍隊，渤海軍艦游弋，又聞其令日僑作撤退準備，形勢已極緊張，袁總統沉思不決，對於是否接受，事關重大，決於次日召集百官開大會決定。

英使勸告 忍痛屈服

次日由袁總統召集文武各機關首長開會，決定生死關頭。外交部陸總長將要赴會時，英國公使朱爾典忽來會晤，原來即為今日開會事。據云，中國此時只好委曲求全，萬萬不可鹵莽從事，他得到密報，陸軍總長段祺瑞不肯屈服，已密令動員，晚間運兵，徹夜不停，明明意在備戰，萬一決裂，吃虧的必是中國，我深愛中國，又與袁總統三十年好友，特來掬誠相勸，只要此後中國自強，還怕不能對付日本嗎？其言至為懇切，陸遂趕即赴會，據以報告。其時會場，正在辯論激烈，陸軍總長段祺瑞力言寧為玉碎，毋為瓦全。又有人責外交部曹次長向來親日，何以不能善為交涉，以致弄出最後通牒。陸總長到後，將英公使之言詳細報告。袁總統點頭說，英使確是一番好意，這次交涉，全是我自己主持辦理，外交部陸曹兩長，都盡了最大努力，我看現在只好聽英國公使之勸告，暫時屈服。段總長仍發强硬之言，袁總統勸其忍耐，說我詳細想過，現在孤注一擲，太無把握，只要以後大家振作，合力把國家弄好，則終可以雪今日之恥。聞袁氏發言，至為沉痛，聲淚俱下，衆皆俯首，默然良久始散會。

午後，陸曹二氏預備覆文，袁總統憤言，不必多所辯論，祇在末尾稱：「除第五項外餘照允」就是了。當晚由陸曹將覆文親送往日使館，面交日使日置益，是日為五月九日，遂定此日為國恥紀念日。

至二十一條條約，遂日，由外交部陸總長與日使日置益簽字，此案乃告一段落。

袁氏發憤力圖自强

自此之後，袁氏認爲是民國成立後之國恥，且亦爲其自己畢生之奇恥大辱。痛定思痛，發奮圖强，發表長文「告誡百僚書」，力行新政，銳意建設，內外務須振作，不得苟安。報紙亦載袁總統處理政務，事必躬親。對於財政，發行國內公債，整頓稅收，改革幣制，廢兩爲元。對於外交，敦睦修好，各國允退還庚子賠欵，專辦學校，及派遣留學生。尤其注重軍事，如創設鞏縣兵工廠，籌辦煉鋼廠，及新練各混成旅等，皆在此時。全國內外，頗能振作，一時頗有朝氣，中興可待。

不意好景不常，日久玩生，關於二十一條交涉，日本國內，元老重臣，（重臣係做過內閣總理之老臣，其時以近衛公爵爲首，即近衛文麿之父，內閣更迭，日皇例須將新總理大臣之名，諮詢重臣通過。）多不直大隈內閣之所爲。西報亦有稱譽袁氏能將第五項屈辱條件，抗拒成功，可算勝利等語。外賓常來對袁面諛，袁氏遂漸生自滿之心，加以左右佞臣，逢迎煽惑，僞造民意，勸進稱帝。袁氏居在深宮，日受包圍，信以爲眞，政事漸懈，曾幾何時，朝氣又成暮氣，夢想帝制，袁氏且因此一蹶不振矣。

三 洪憲帝制之興滅

籌安會與研究帝制

民國四年，對日二十一條交涉之後，上下銳意圖强，頗有振興氣象。袁氏心滿意得，以爲中國一人，名雖總統，實似帝王。左右皆係前清官僚，頭腦封建，一初設施，多效帝王時代體制，美其名爲復古，實則揣摩逢迎。內閣制先經取消，任徐世昌爲國務卿，即以前之總理大臣，後且改稱爲相國。修新華宮，設政事堂，封各省督軍爲將軍。又定郊天禮，祭孔禮，內政部制定祭服，冕旒玄冠，方頭靴，日本報紙登載圖樣，稱其非明非清，不倫不類。凡斯種種，可見步步趨仿王朝制度。於是研究君主立憲與共和政體孰合於中國之聲，遂有所聞。乃有政客楊度，發起籌安會，研究政體，文人薛大可，辦一報紙，提倡帝制。其實內幕有一主謀人，乃袁氏之大公子克定，字芸臺，早年留學德國陸軍，墮馬傷腿，不良於行，居家不出，熱中之徒奔走其門，楊度等即是。楊度字晳子，湘人，負文名，爲日本留學生之健者，初係康梁一派，後又脫離，此時發起籌安會，無人附和，乃强邀得孫毓筠、胡瑛、李燮和、劉師培、嚴復五人，連其自己共六人爲發起人。此五人皆過氣分子，孫毓筠在光復時，自任安慶都督，胡瑛爲烟台都督，劉師培初名光漢，江蘇儀徵人，長於訓詁考據，與餘杭章太炎（炳麟）齊名，惟胸無主宰，悉聽其妻何氏支配，清末逃亡在日本，與章太炎、汪精衛、陳璧君、胡漢民等同住一屋，章劉書癡，汚穢不講衛生，（章太炎穿和服，齷齪滿身，坐東洋車，隨處吐痰，常遭警察干涉，演講時，無人能懂其語。）汪胡粵人，言語習慣隔閡，大家都是同盟會，而常相吵罵，鄰舍不安，筆者亦居近鄰，常被召去拉勸，尤其陳何兩位太太，喧鬧更不成話，彼時我眞不信此輩革命黨能成功。嗣後劉竟改名回國，做江督端方之門客，至民國閒在北大教書。此五人中，惟嚴復負清望，被逼列名，士林惜之。嚴復字又陵，福建侯官人，初留英學海軍，學校考試成績，在同學日本學生東鄉平八郎之上。

後來東鄉於日俄戰爭時，趁黎明大霧中，擊敗俄國之波羅的海艦隊，成爲世界偉人。而嚴復則回國後，未被重用，無所事事，乃發憤攻讀中文，竟成通儒。於是繙譯泰西新書，如「原富」、「赫胥黎天演論」…等，彼時中國民智未開，嚴譯各書，成爲開通風氣灌輸新學之名著。嚴氏後來染上芙蓉癖，鬱鬱以終，中國人才似此埋沒，不知凡幾，可爲浩嘆！

日本海軍大將東鄉平八郎

此時帝制聲中，忽有美國顧問古德諾氏，在西報發表一文，言民主政制，中國行之尙早，此乃西方學者之言，受人重視，籌安會提倡君主，乃更振振有辭，其實一查此文來源，聞係受楊度之慫恿而作。

籌安會之氣燄日盛，聞有一日，內務總長朱啓鈐、司法總長章宗祥言，籌安會鬧得不像話，淆惑人心，牴觸刑法，袁總統即令兩總長前去警告，只可研究理論，不可逾越範圍，兩人去告楊度，楊大笑說，這是奉命而行，若欲制止，請去問芸臺（即袁克定）吧，兩人無言，而朱啓鈐反而轉向擁護帝制矣。

時袁系紅人薛大可所辦報紙，專載帝制運動新聞，僞造各省勸進文字，揭發反對帝制者之言論，加以攻擊。財政總長熊希齡，對於此輩，向不假以顏色，於是該報爲文中傷，僞云肅政使對財長舞弊將有參案。果然財政次長張弧，停職查辦，熊氏喟然長歎，留書出京而去。熊氏湖南鳳凰人，爲研究系之領袖，號稱清流，頗負時望，後來熊一度組閣，網羅當時俊彥，以人才內閣爲號召，世稱爲鳳凰內閣，今因不熱心帝制而去官，輿論對於帝制，更爲不滿。

變更國體內外反對

一日，英日法等五國公使，到外交部訪陸總長，詢問帝制究竟，陸含糊以對。日本代理公使小幡即發言，此時中國改變國體，治安有無影響？陸云中央實力，可以控制全局，小幡竟言，中國政府，須確保境內治安，以後我等各國，當取監視態度。陸惡其出言恫嚇，正色答稱，深望各國尊重中國主權。（參閱陸徵祥傳）

此消息爲薛大可所辦之報所聞，乃淆亂黑白，謂外部陸曹兩長，附和外人，不擁護帝制。陸請曹次長向袁陳說，曹乃見袁，先將陸總長與五國公使之問答報告。並勸袁云，外人既如此，上海鎮守使鄭汝成新被刺，國內亦未安定，帝制似可稍緩，此時不如在歐戰中，加入協約國參戰，將來在國際上，我國即有發言權，那時變更國體，各國便不會反對。袁說：帝制非我本意，至於參戰問題，反對之人甚多，我看德國不會竟一敗塗地，看看再說吧。曹氏退後，次日，統率辦事處廳長唐在禮，以勸進名冊兩大厚本，送與曹看，說是上頭命交你看看，原來皆係各省團體勸進之名冊，曹氏以後不敢多言。

曹府壽慶名伶堂會

曹次長汝霖，字潤田，江蘇上海人，弱冠入泮，自費赴日留學，入中央大學習法政，其時中國留學生之中文佳者，多受校中師長特別禮遇，凡大學教授，皆是地位崇高之博士學士，曹氏因此得與日本知名之士往來訂交。筆者本係陸軍學生，因驗身體不及格，改習文科。在江蘇同鄉會中，乃與曹常相聚晤。有一次，在中國留學生大會中，見曹與張溥泉（繼）先生，爭辯甚烈，張主張激烈，必須排滿革命，實行民主共和，曹主溫和，不如君主立憲，免傷國家元氣，彼此爭得面紅耳赤，各不相下，旋有第三者拉往中國料理店而去。曹潤老畢業回國，青雲直上，年未四十，已任外務部左侍郎。曹氏自言，彼時各部堂官，類皆年高德劭，鬚髮斑白，遂亦曲背留鬚，學作老態，以便隨班進退。民國成立，曹氏罷官，時正由國民政府新頒律師條例，曹乃申請，領得第一號律師証書，執行律師業務，生涯甚盛。後袁世凱任總統，經其勹邀，方出任外次。

當曹氏初學成回國時，正值兩宮回鑾，欲行新政，曹氏與汪榮寶、章宗祥、陸宗輿四人，爲日本留學生之優秀分子，成爲新政專家，（彼時尚無日本通名目）凡有籌議設施、草擬章制，莫不有四人參加。時東三省自日俄戰爭後，日本商民浪人，橫行不法，交涉困難。外務部派曹往東三省調查，曹將調查所得，作成報告，並條陳辦法。東三省總督徐世昌，大爲器重，欲調其在東省任用，外部不允，徐乃專摺保舉曹某才大心細，堪當重任。曹回京後，奉旨召見。袁世凱時任軍機大臣，兼外務部尚書，命曹先往見，詳細指示進宮儀注，如何進殿，如何跪對等過節，若問話多，則跪久腿痳，起立恐要失儀，可用一對護膝蓋，琉璃廠有售。曹氏得此指示，果然一切順利，應對稱旨，不次擢陞，故曹氏對於袁徐深感知遇。

民國四年秋，曹氏尊翁六十壽辰，潤老事親至孝，在府宴客娛親。時袁總統對於曹氏正深倚畀，特賜匾額及隆重壽禮。於是各部長官，自段祺瑞、陸徵祥以次，羣來祝賀，壽幛屏聯，琳瑯滿目，熱鬧非凡，不在話下。又有難得之名伶堂會，正投我之所好。壽堂係借那家花園，有現成戲台可用，戲提調爲同鄉張繆子兄（名厚載，又號聊止）。張對戲極在行，本在北大攻讀，因喜平劇，爲北大教授之新派冬烘所不滿，彼等以爲此不過是地方戲，詞句俚俗，何能與莎士比亞等相比，不配稱爲中國文化。張遂不見容於校，改入交通銀行，暇寫戲評，深得內外行推重。愚每至京，均蒙招待，並介各名伶往還。惟獨譚鑫培家，我不願去，因聞其架子甚大，友人往往自滬北上，輦重金，送厚禮，祗向譚學得一二句戲腔，便自得其樂，傲視儕輩。直至民國五年，老譚末次在滬演出，因其壻夏月潤之介，我始與譚相見，則譚已衰老瘦削，而談吐甚爲謙恭，並不如所傳之倨傲，反覺自己主觀太甚。

是晚堂會之戲，精彩非凡，戲碼甚多，不能全記，聞戲碼本不多，因有名伶如龔雲甫等打電話來，願來報効，所以演至黎明才散。今記得有九陣風之「蟠桃會」，劉鴻聲之「上天台」，陳德霖、王鳳卿、梅蘭芳、龔雲甫、姜妙香之「四郎探母」，譚鑫培、王長林、錢金福之「打棍出箱」等。梅蘭芳時年尚幼，由馮幼偉（耿光，中國銀行總裁。）領其到壽堂來，向老壽星及曹潤老請安，粉嫩的小臉蛋，答話柔媚，看上去好似一小閨女男裝打扮，稍坐即去，往戲房上裝。「四郎探母」上場，已在午夜，陳德霖之蕭太后，手拎絲巾，緩步而出，旗裝華貴，儀態萬千。聞陳伶在宮中當差時，即專留心西太后之神態，故演蕭太后頗爲神似。「探母」演完，已在深夜，女賓多半星散。大軸譚鑫培登場，自問樵起至出箱止，錢金福之煞神，王長林之樵夫及差人。譚氏究竟比兩年前，老了許多，惟因聽客多係要人，且多知音，演來不敢鬆懈，出場踢鞋落頭，照例得滿堂彩，低身坐下時，用手在頭上按住，問樵及出箱時，與王長林搭檔，身段或高或矮，或前或後，出箱之眼神手足，二人緊密湊合，眞堪叫絕，足見其腰腿工夫，老而不衰。惟嗓音較以前稍細，年將古稀，亦無足怪，然其行腔之美，運用之妙，無法形容，後無來者。其在滬末次演出時，愚曾語夏月潤，欲點此戲，老譚同說，錢王二人，未曾同來，沒法演出。牡丹而無綠葉，竟好不來，可惜可惜。

英使一言 袁氏登極

帝制運動，如火如荼，而袁世凱本人，似尚在游移不定。因國內國外，尚有反對之聲，袁氏幾位心腹老友，如徐世昌、段祺瑞、馮國璋等，均曾直言諫阻無效，同時袁氏看見南方報紙，頻有歌頌帝制之新聞，各地勸進之書表，似又怦然心動。其實乃是大公子袁克定及薛大可等，將上海報紙內容更換，假造新聞，重行印刷。袁氏見之，信以爲眞，以爲天下果已歸心。惟覺日前五國公使對陸總長之言，顯係反對我國變更國體，不無顧慮。

忽有一日，英國公使朱爾典由蔡廷幹陪同，謁見袁氏，密談良久。俟其行後，袁喜形於色，遍告左右云，朱公使前曾同五國公使，到外交部反對，現在來勸我早定帝制，奇怪奇怪，大笑不已。究竟朱使所說何語，外交部陸曹兩長，均無所知。後來仍由袁氏自己向人露出，大意是說你最好照老百姓意思做，各國不會反對的，老百姓要你做總統，你就做總統，老百姓要你做皇帝，你就做皇帝好了。袁氏聞之，大爲高興，迭召各員商議，興奮異常，以爲中外皆已贊成，於是稱帝之心遂決。

此時徐世昌相國，首先引退，派由王士珍代理。陸軍總長段祺瑞稱病告假，避往西山。江蘇督軍馮國璋，則早先曾有密電詢問眞意，袁覆電決無此意，不爲自己，亦要爲兒孫設想等語，馮乃放心。不意今聞實行稱帝，乃大怒曰：「對我都不說眞話，太對不起人了。」由此遂懷貳心。於是參議院議長梁士詒進呈各省勸進表，擁戴袁氏爲中華帝國大皇帝。即在國務會議時，袁氏宣布接受民意，變更國體，實行帝制。自明年起，改爲洪憲元年，定於十二月十日，先即帝位。

至十二月十日，新皇帝行登極典禮。文武百官，齊集大禮堂，惟國務卿王士珍病假未到。袁氏御新製戎裝，受百官祝賀，儀式簡單隆重。袁新皇帝演說一番，各報登載，有「順從民意，跳入火坑」之語，京中人士，相傳以爲不祥。

濡筆至此，蒙老友周志輔兄，以袁氏小站練兵時照片及袁徐二公手扎之影印惠贈，世所罕見，彌足珍貴，特載於此，光我篇幅。書中仲遠即常熟言敦源先生。照片係清光緒三十一年，在直隸陸軍秋操時所攝，由陸軍部尚書鐵良主

中段刪繁提綱請
仲兄按全書要義酌改務期數字
無多以包括爲妥此上
仲遠兄 [illegible]

袁世凱致言敦源便條

袁世凱小站練兵時照片，自右至左爲王士珍、馮國璋、袁世凱、鐵良、曹錕、言敦源，立袁後者爲段祺瑞。

其事，故與直隷總督袁世凱並肩中立。

北江第二圖題拙詩二帋請先擲下無事時過我一談至前鐙孫坐與參羅也仲兄左右 弟制昌頓首

徐世昌致言敦源函札

霹靂一聲 雲南起義

洪憲新朝，興高彩烈，攀龍附鳳之徒，正在彈冠相慶，不意霹靂一聲，雲南起義，蔡鍔、唐繼堯等組織護國軍，通電各省，聲討帝制，京中人士大爲震驚。時陸徵祥兼代國務卿，急捧電文入見。袁皇帝頗爲鎮定，說此事不必驚慌，蔡松坡這人，小有才幹，而有陰謀，但面有反骨，壽必不長，我早防備他，故調其來京，現在川邊有曹錕、張敬堯駐守，廣東龍濟光對我忠心，廣西陸榮廷不敢妄動，新近又派陳二庵（宧）帶新兵入川，料可鎮壓得住。

提起陳宧奉派入川，當時報載其辭行一幕，頗值得在此補述。陳係鄂人，武人而具政客技倆，與袁大公子換帖弟兄，故得袁氏信任，當其奉派赴川時，袁曾關照他好好的幹，一抵川，即發表爲川省督軍。陳宧諾諾連聲，感激涕零，及將出發，向袁辭行，竟行三跪九叩首大禮，袁說何必如此，陳口稱陛下登極大典，不能趕來參加，故預先慶賀，袁大悅，說即改國體，跪拜亦須廢止的。此爲當時爭傳之一段珍聞。

蔡鍔字松坡，湘人，梁任公（啓超）在湘講學，蔡受其教，師生甚相得。蔡後奉派赴日學陸軍，先入振武，後入士官。振武爲成城學校分出，兩校有門可通，兩邊學生，雖文武各分，而朝夕相見。我在成城肄業，湖南同學極多，時見蔡鍔，不大與人談笑，惟甚用功讀書，人亦不多加注意。同時陸軍學生，另有一人，情形與蔡相似者爲黃郛，字膺白，亦不多言，而好讀書沉思，常有病容，後來未能進入士官學校。二人在校，人祗知其中文佳而好學，其他未見有過人之處，又誰知其後來，皆爲國家建立非常之功業。膺白先生囘國後，適與余同船，彼時尚無飛機，由横濱到上海，船行須四天多，承以所譯「肉彈」一書，請代校正。此書爲日本名著，歐譯甚多，敘廣瀨中佐（即中校）於日俄戰役壯烈犧牲事。在旅順俄軍佈置險要甚多，日軍以武士道之精神，奮不顧身，前仆後繼，多爲衝破克復，但傷亡甚重，後方不斷補充，日本國內每逢壯丁出發，其家族及鄉鎮人士，均以「祈戰死」之標語，揮旗送行。此時旅順口有一處險要，俄軍埋伏水雷，無法渡過。主帥乃木大將，見犧牲日多，幾欲自殺。廣瀨中佐偕一軍曹，窃於夜間私乘一小型兵船，開往險處，觸雷炸沉，而險要以破。日軍急行渡過，以一當十，向俄營衝鋒急進，俄軍猝不及防，紛紛潰退，日軍乃告大捷。廣瀨後被封爲軍神，在東京小石川立有銅像，同死之軍曹某，亦含笑坐在其身旁，其處爲行人必經之路，每日經過之人，總向之行禮，筆者亦時與焉。此外教科書中，均有廣瀨中佐事績，電影話劇，亦常演出，有某文學名家，乃著「肉彈」一書，文筆酣暢淋漓，銷遍全國，家有一冊。今見膺白先生所譯，文字清新，筆筆可使國人讀之，激發尚武精神，喚起愛國信念。校之擬交商務印書館出版，不知銷行如何。今述蔡黃二公往事，忽連帶想到又有二位與此相反之陸軍學生，爲吳祿貞與良弼，俱係才氣縱横，胆識過人，惟吳倡言排滿，加入同盟會，良弼係旗人，或云係滿清宗室，與吳氏積不相能。囘國之後，吳在東三省爲軍官，從日軍手中，收回間島，建立奇功。間島本係中國屬地，因近朝鮮，日本人說是屬於朝鮮，駐兵開發。東京中國留學生乃電告清廷速予交涉，詎清廷遍查宗卷，無案可稽，又無地圖可資佐証。（今之釣魚台及西沙羣島情形恐即似此）幸有同盟會宋教仁先生在東京，買通日本參謀本部之人，盜得地圖文件，送交使館轉京。按：宋教仁先生，字漁父，湘人，才智俱全，實爲有數之政治家，惜爲袁世凱所忌，派人暗殺身死，此乃中國之大損失。清廷得此地圖後，即發交東三省總督，令速交涉，遂由吳祿貞主辦此事。吳先探得間島日將，乃係其士官學校之教官，又預先將島上土匪買通，乃往謁見其師，極爲恭敬，先禮後兵，卒使日將退出，收回該島。於此一端，已可見吳之才智過人，清末已陞任署理山西巡撫。當時吳手握重兵，與南方民黨聯繫，又有灤州藍天蔚等呼應，不意即在此時，爲良弼派人暗殺，死於石家莊。良弼其時任軍諮府要職，軍權在其手中。袁世凱被起用，自彰德囘京，被任爲總理大臣，良弼往謁，在途中亦被民黨炸斃。良弼死後，滿人王公大臣，俱是尸居餘氣，不亡何待。倘使吳祿貞不死，則南北呼應，革命可以早日成功。倘使良弼不死，則清廷亦可多延時日，一幕一幕，冥冥中豈眞有氣數之說存在耶？

蔡鍔畢業囘國之後，在雲南教練新軍，光復後，被推爲雲南都督。袁世凱忌之，調其來京，時與接談，任爲經界局督辦，暗中派人監視其行動，蔡亦佯爲不知。梁任公時在清華大學教書，師生秘密來往。自籌安會發生，蔡即蓄意離京，於是終日花天酒地，假與夫人吵鬧離婚，每天住在北妓小鳳仙家，竟得化裝逃往天津，一切情形，宛如做戲。後來電影話劇所演，雖有穿插附會，却與事實不離。其間蔡鍔構思之精，用心之苦，可說百密而無一疏，否則袁之爪牙，豈能瞞過。然蔡公因此體力大傷，回滇興兵，更復心力交瘁，不治之症，早伏於此矣。

梁任公知蔡離京，乃亦由日本使館之人，陪其赴津。俟蔡赴滇後，任公即發表一文，題為「異哉所謂國體問題者」。此文一出，傳遍天下，中外報章，競相轉載，成為歷史上之文獻，對於討伐帝制，實具有千斤之威力。梁任公旋即乘輪赴滬，與蘇督馮國璋時通函電，馮早已不滿於袁，乃亦與西南各省聯絡。蔡鍔、唐繼堯舉兵不利，初與北軍張敬堯師交鋒，滇軍大敗，餉械俱成問題，蔡公苦慮焦思，鬪在軍中咯血，仍不肯休息。幸梁任公親往西南，說得廣西陸榮廷宣布獨立，各省響應，龍濟光獨力不支，餘省皆惟馮國璋之馬首是瞻，曾幾何時，形勢大變，一般興高采烈彈冠相慶之徒，此時噤若寒蟬，一籌莫展，至是袁氏知大勢已去，悔之晚矣。

不意此時，忽接川督陳宧來電，亦勸袁皇帝退位，順從民意。袁氏大怒，想起他辭行跪拜之情形，愈加火冒，自恨糊塗，現在無法挽救，由此憤鬱成病，日進湯藥。以前英使朱爾典之勸進，可說是洪憲帝制之催生符，現在陳宧來請退位之一電，可說是袁皇帝之送命湯矣。

取消帝制　新皇駕崩

袁氏病中，仍勉强治事，惟衆叛親離，徐世昌、段祺瑞，固已久不見面，王士珍亦早稱病辭職，國務卿由外交部總長陸徵祥兼代，開會方畢，陸氏即遞辭呈，辭去本職各職，隨即偕其洋太太，往北戴河而去。袁嘆曰：到此時還不肯與我共患難，隨即批准，面命曹次長代理外交總長。隨又親繕兩函，派曹氏赴天津，召徐世昌，派唐在禮到山西，召段祺瑞，詎皆以病不來。袁氏見此情形，長歎一聲，毅然自決，下罪己詔，取消帝制，以謝國人，自洪憲稱帝以來，僅八十餘日耳。

帝制取消之後，段祺瑞即來京相見，據傳二人握手而泣。隨即恢復國務院，任段氏為國務院總理，通電各省。西南尚有主張袁氏去位懲辦禍首者，經馮國璋之調停，始告無事。

蔡鍔護國軍，大功告成，功成不居，盡推讓於唐繼堯以及諸將領。旋舊病復發，赴日就醫而竟不治，天喪斯人，亦國家之不幸，袁世凱謂其不能長命之言竟驗。

袁氏之病，亦日漸沉重，竟至危篤。徐世昌、段祺瑞等各舊人，均到榻前，袁已昏迷，不能言語。徐世昌就其耳邊問道，有什麽吩咐嗎？袁以手向空亂抓，喉間彷彿有泥字之音，徐問，是黎元洪吧？袁似微點首，徐段二人即高聲說，知道了，放心吧。不逾時，袁即一瞑不視，一代梟雄，惑於僉壬，飲恨以歿，徒供後人慨歎！

百年好合　大展鴻圖　早生貴子

韋千里

許多位記者先生，都要我談談壬子年的「香港情形」。抱歉得很，我只會算「個人」的命運，因爲有了「八字」作題材，才可以判斷吉凶。至於預言「天下大勢」，應當是另一種學問；西方國家，很多此種人材，我們時常在報刊上，可以看到他們的宏論。現在我就「星」和「命」的範圍之內，立表作出詳細的分析，敍述壬子年結婚宜那幾天？開市宜那幾天？那幾天新生的嬰孩，是上好之命？一得之愚，也算我對於「大人」讀者小小的貢獻。這三張圖表，完全根據舊書的記載，而且合乎邏輯的。三十年前，于右任院長曾題贈我「語不離經」四字，我至今感謝，也自認我是確實做到這四個字的。

壬子年結婚吉期一覽表

農曆	幹枝	陽曆	星期	時辰	註一	註二
正月初四日	己卯	二月十八日	五	未時吉	新郎或新娘屬雞者忌	堂上有翁避之
正月十六日	辛卯	三月一日	三	巳時吉	新郎或新娘屬雞者忌	
正月廿九日	甲辰	三月十四日	二	未時吉	新郎或新娘屬狗者忌	
二月廿一日	乙丑	四月四日	二	申時吉	新郎或新娘屬羊者忌	
二月廿九日	癸酉	四月十二日	三	巳申時吉	新郎或新娘屬兔者忌	
三月初二日	丙子	四月十五日	六	巳酉時吉	新郎或新娘屬馬者忌	
三月初四日	戊寅	四月十七日	一	巳未時吉	新郎或新娘屬猴者忌	堂上有翁避之
三月十一日	乙酉	四月廿四日	一	申酉時吉	新郎或新娘屬兔者忌	
三月十四日	戊子	四月廿七日	四	申酉時吉	新郎或新娘屬馬者忌	堂上有姑避之
三月廿六日	庚子	五月九日	二	未申酉時吉	新郎或新娘屬馬者忌	
三月廿七日	辛丑	五月十日	三	巳申時吉	新郎或新娘屬羊者忌	
四月初二日	乙巳	五月十四日	日	申酉時吉	新郎或新娘屬豬者忌	
四月初六日	己酉	五月十八日	四	巳未申時吉	新郎或新娘屬兔者忌	堂上有姑避之
四月十二日	乙卯	五月廿四日	三	未申時吉	新郎或新娘屬雞者忌	堂上有翁避之
四月十八日	辛酉	五月卅日	二	巳時吉	新郎或新娘屬兔者忌	
四月廿二日	乙丑	六月三日	六	申酉時吉	新郎或新娘屬羊者忌	堂上有姑避之
四月廿八日	辛未	六月九日	五	巳申時吉	新郎或新娘屬牛者忌	堂上有翁避之
五月初二日	甲戌	六月十二日	一	巳未時吉	新郎或新娘屬龍者忌	堂上有姑避之
五月初六日	戊寅	六月十六日	五	巳未時吉	新郎或新娘屬猴者忌	
五月初八日	庚辰	六月十八日	日	巳未申時吉	新郎或新娘屬狗者忌	

農曆	幹枝	陽曆	星期	時辰	註一	註二
五月十二日	甲申	六月廿二日	四	未申酉時吉	新郎或新娘屬虎者忌	堂上有翁避之
五月十四日	丙戌	六月廿四日	六	申酉時吉	新郎或新娘屬龍者忌	
五月十八日	庚寅	六月廿八日	三	未時吉	新郎或新娘屬猴者忌	堂上有姑避之
五月廿六日	戊戌	七月六日	四	未申時吉	新郎或新娘屬龍者忌	堂上有姑避之
六月初二日	甲辰	七月十二日	三	未酉時吉	新郎或新娘屬狗者忌	
六月十二日	甲寅	七月廿二日	六	未酉時吉	新郎或新娘屬猴者忌	堂上有翁避之
六月十九日	辛酉	七月廿九日	六	巳時吉	新郎或新娘屬兎者忌	
六月廿二日	甲子	八月一日	二	未申時吉	新郎或新娘屬馬者忌	堂上有姑避之
六月廿四日	丙寅	八月三日	四	酉時吉	新郎或新娘屬猴者忌	
七月初五日	丙子	八月十三日	日	巳時吉	新郎或新娘屬馬者忌	
七月初六日	丁丑	八月十四日	一	巳酉時吉	新郎或新娘屬羊者忌	
七月廿七日	戊戌	九月四日	一	未申時吉	新郎或新娘屬龍者忌	
八月初四日	乙巳	九月十一日	一	申酉時吉	新郎或新娘屬豬者忌	堂上有翁避之
八月廿四日	乙丑	十月一日	日	申酉時吉	新郎或新娘屬羊者忌	
八月廿七日	戊辰	十月四日	三	未申酉時吉	新郎或新娘屬狗者忌	

農曆	幹枝	陽曆	星期	時辰	註一	註二
八月廿八日	己巳	十月五日	四	未申時吉	新郎或新娘屬豬者忌	堂上有翁避之
九月初六日	丙子	十月十二日	四	巳時吉	新郎或新娘屬馬者忌	
九月十一日	辛巳	十月十七日	二	巳未時吉	新郎或新娘屬豬者忌	
九月廿一日	辛卯	十月廿七日	五	巳時吉	新郎或新娘屬雞者忌	
九月廿六日	丙申	十一月一日	三	巳未申時吉	新郎或新娘屬虎者忌	堂上有姑避之
十月廿四日	甲子	十一月廿九	三	未申時吉	新郎或新娘屬馬者忌	堂上有翁避之
十一月初八	戊寅	十二月十三	三	巳未時吉	新郎或新娘屬猴者忌	
十一月十四	甲申	十二月十九	二	未申酉時吉	新郎或新娘屬虎者忌	堂上有姑避之
十一月十九	己丑	十二月廿四	日	巳申酉時吉	新郎或新娘屬羊者忌	
十一月廿二	壬辰	十二月廿七	三	巳酉時吉	新郎或新娘屬狗者忌	堂上有姑避之
十一月廿六	丙申	十二月卅一	日	未申酉時吉	新郎或新娘屬虎者忌	
十二月初六	乙巳	一月九日	二	申酉時吉	新郎或新娘屬豬者忌	
十二月初十	己酉	一月十三日	六	申時吉	新郎或新娘屬兎者忌	
十二月十六	乙卯	一月十九日	五	申時吉	新郎或新娘屬雞者忌	
十二月廿二	辛酉	一月廿五日	四	巳時吉	新郎或新娘屬兎者忌	

壬子年開市吉期一覽表

農曆	幹枝	陽曆	星期	時辰	註一	註二
正月初八日	癸未	二月廿二日	二	巳時吉	主人或負責人屬牛者忌	次吉之日
正月十一日	丙戌	二月廿五日	五	巳時吉	主人或負責人屬龍者忌	
正月十三日	戊子	二月廿七日	日	巳時吉	主人或負責人屬馬者忌	次吉之日
正月十七日	壬辰	三月二日	四	巳時吉	主人或負責人屬狗者忌	
正月廿四日	己亥	三月九日	四	未申時吉	主人或負責人屬蛇者忌	
二月初一日	乙巳	三月十五日	三	申時吉	主人或負責人屬豬者忌	
二月初十日	甲寅	三月廿四日	五	未時吉	主人或負責人屬猴者忌	次吉之日
二月十三日	丁巳	三月廿七日	一	未時吉	主人或負責人屬豬者忌	次吉之日
二月十五日	己未	三月廿九日	三	未申時吉	主人或負責人屬牛者忌	
三月初四日	戊寅	四月十七日	一	巳未時吉	主人或負責人屬猴者忌	
三月初五日	己卯	四月十八日	二	未時吉	主人或負責人屬雞者忌	次吉之日
三月初七日	辛巳	四月二十日	四	巳未時吉	主人或負責人屬豬者忌	
三月十一日	乙酉	四月廿四日	一	申酉時吉	主人或負責人屬兎者忌	
三月十四日	戊子	四月廿七日	四	巳申時吉	主人或負責人屬馬者忌	
三月十六日	庚寅	四月廿九日	六	辰未時吉	主人或負責人屬猴者忌	
三月廿三日	丁酉	五月六日	六	未酉時吉	主人或負責人屬兎者忌	
三月廿七日	辛丑	五月十日	三	巳申時吉	主人或負責人屬羊者忌	
四月初六日	己酉	五月十八日	四	未申時吉	主人或負責人屬兎者忌	
四月十二日	乙卯	五月廿四日	三	未申時吉	主人或負責人屬雞者忌	

農曆	幹枝	陽曆	星期	時辰	註一	註二
四月十七日	庚申	五月廿九日	一	未申時吉	主人或負責人屬虎者忌	
四月廿二日	乙丑	六月三日	六	申時吉	主人或負責人屬羊者忌	
四月廿五日	戊辰	六月六日	五	未申時吉	主人或負責人屬狗者忌	次吉之日
四月廿八日	辛未	六月九日	五	巳申時吉	主人或負責人屬牛者忌	
五月初六日	戊寅	六月十六日	五	巳未時吉	主人或負責人屬猴者忌	
五月十二日	甲申	六月廿二日	四	未申時吉	主人或負責人屬虎者忌	次吉之日
五月十八日	庚寅	六月廿八日	三	巳未時吉	主人或負責人屬猴者忌	
五月廿四日	丙申	七月四日	二	未申時吉	主人或負責人屬虎者忌	次吉之日
五月卅日	壬寅	七月十日	一	未時吉	主人或負責人屬猴者忌	
六月初七日	己酉	七月十七日	一	申時吉	主人或負責人屬兎者忌	
六月十二日	甲寅	七月廿二日	六	未時吉	主人或負責人屬猴者忌	
六月十三日	乙卯	七月廿三日	日	未申時吉	主人或負責人屬雞者忌	次吉之日
六月十五日	丁巳	七月廿五日	二	未時吉	主人或負責人屬豬者忌	次吉之日
六月十七日	己未	七月廿七日	四	未時吉	主人或負責人屬牛者忌	
六月十九日	辛酉	七月廿九日	六	辰巳時吉	主人或負責人屬兎者忌	
六月廿四日	丙寅	八月三日	四	酉時吉	主人或負責人屬猴者忌	
六月廿五日	丁卯	八月四日	五	未時吉	主人或負責人屬雞者忌	
七月初一日	壬申	八月九日	三	巳時吉	主人或負責人屬虎者忌	
七月初五日	丙子	八月十三日	日	巳時吉	主人或負責人屬馬者忌	

農曆	幹枝	陽曆	星期	時辰	註一	註二
七月初八日	己卯	八月十六日	三	未時吉	主人或負責人屬雞者忌	次吉之日
七月初九日	庚辰	八月十七日	四	巳未時吉	主人或負責人屬狗者忌	次吉之日
七月初十日	辛巳	八月十八日	五	巳未時吉	主人或負責人屬豬者忌	次吉之日
七月十七日	戊子	八月廿五日	五	申時吉	主人或負責人屬馬者忌	
七月廿一日	壬辰	八月廿九日	二	巳時吉	主人或負責人屬狗者忌	
七月廿九日	庚子	九月六日	三	未申時吉	主人或負責人屬馬者忌	
八月初四日	乙巳	九月十一日	一	申酉時吉	主人或負責人屬豬者忌	
八月十二日	癸丑	九月十九日	二	巳時吉	主人或負責人屬羊者忌	
八月廿四日	乙丑	十月一日	日	申時吉	主人或負責人屬羊者忌	
八月廿八日	己巳	十月五日	四	申時吉	主人或負責人屬豬者忌	
九月初五日	乙亥	十月十一日	三	未時吉	主人或負責人屬蛇者忌	次吉之日
九月初六日	丙子	十月十二日	四	巳時吉	主人或負責人屬馬者忌	
九月十四日	甲申	十月二十日	五	未時吉	主人或負責人屬虎者忌	
九月十六日	丙戌	十月廿二日	日	巳申時吉	主人或負責人屬龍者忌	次吉之日
九月廿一日	辛卯	十月廿七日	五	巳時吉	主人或負責人屬雞者忌	
九月廿六日	丙申	十一月一日	三	未申時吉	主人或負責人屬虎者忌	
九月卅日	庚子	十一月五日	日	未申時吉	主人或負責人屬馬者忌	次吉之日
十月初七日	丁未	十一月十二	日	未酉時吉	主人或負責人屬牛者忌	
十月初九日	己酉	十一月十四	二	申時吉	主人或負責人屬兎者忌	
十月十二日	壬子	十一月十七	五	未時吉	主人或負責人屬馬者忌	
十月十四日	甲寅	十一月十九	日	未時吉	主人或負責人屬猴者忌	次吉之日
十月十五日	乙卯	十一月二十	一	申時吉	主人或負責人屬雞者忌	
十月二十日	庚申	十一月廿五	六	未申時吉	主人或負責人屬虎者忌	次吉之日
十月廿四日	甲子	十一月廿九	三	未時吉	主人或負責人屬馬者忌	
十月廿六日	丙寅	十二月一日	五	酉時吉	主人或負責人屬猴者忌	次吉之日
十一月初一	辛未	十二月六日	三	申時吉	主人或負責人屬牛者忌	
十一月初四	甲戌	十二月九日	六	巳未時吉	主人或負責人屬龍者忌	次吉之日
十一月初七	丁丑	十二月十二	二	酉時吉	主人或負責人屬羊者忌	
十一月初八	戊寅	十二月十三	三	巳未時吉	主人或負責人屬猴者忌	
十一月十四	甲申	十二月十九	二	未時吉	主人或負責人屬虎者忌	
十一月十九	己丑	十二月廿四	日	申酉時吉	主人或負責人屬羊者忌	次吉之日
十一月二十	庚寅	十二月廿五	一	辰時吉	主人或負責人屬猴者忌	次吉之日
十一月廿二	壬辰	十二月廿七	三	巳時吉	主人或負責人屬狗者忌	
十二月初四	癸卯	一月七日	日	卯時吉	主人或負責人屬雞者忌	次吉之日
十二月初十	己酉	一月十三日	六	申時吉	主人或負責人屬兎者忌	
十二月十六	乙卯	一月十九日	五	申時吉	主人或負責人屬雞者忌	次吉之日
十二月廿一	庚申	一月廿四日	三	巳申時吉	主人或負責人屬虎者忌	
十二月廿二	辛酉	一月廿五日	四	巳時吉	主人或負責人屬兎者忌	

壬子年新生嬰孩上好命造一覽表

農曆年月日	陽曆年月日	時	八字
辛亥年十二月廿二日	一九七二年二月六日	辰	壬子 壬寅 丁卯 甲辰
辛亥年十二月廿二日	一九七二年二月六日	未	壬子 壬寅 丁卯 丁未
辛亥年十二月廿三日	一九七二年二月七日	午	壬子 壬寅 戊辰 戊午
辛亥年十二月廿四日	一九七二年二月八日	寅	壬子 壬寅 己巳 丙寅
辛亥年十二月廿六日	一九七二年二月十日	戌	壬子 壬寅 辛未 戊戌
壬子年正月初六日	一九七二年二月二十日	戌	壬子 壬寅 辛巳 戊戌
壬子年正月初七日	一九七二年二月廿一日	午	壬子 壬寅 壬午 丙午
壬子年正月十四日	一九七二年二月廿八日	戌	壬子 壬寅 己丑 甲戌
壬子年正月十五日	一九七二年二月廿九日	戌	壬子 壬寅 庚寅 丙戌
壬子年正月十七日	一九七二年三月二日	卯	壬子 壬寅 壬辰 癸卯
壬子年正月十八日	一九七二年三月三日	寅	壬子 壬寅 癸巳 甲寅
壬子年正月十八日	一九七二年三月三日	巳	壬子 壬寅 癸巳 丁巳
壬子年正月十九日	一九七二年三月四日	戌	壬子 壬寅 甲午 甲戌

農曆年月日	陽曆年月日	時	八字
壬子年正月廿七日	一九七二年三月十二日	寅	壬子 癸卯 壬寅 壬寅
壬子年正月廿八日	一九七二年三月十三日	卯	壬子 癸卯 癸卯 乙卯
壬子年正月廿九日	一九七二年三月十四日	寅	壬子 癸卯 甲辰 丙寅
壬子年二月初一日	一九七二年三月十五日	子	壬子 癸卯 乙巳 丙子
壬子年二月廿二日	一九七二年四月五日	寅	壬子 甲辰 丙寅 庚寅
壬子年二月廿三日	一九七二年四月六日	申	壬子 甲辰 丁卯 戊申
壬子年三月初三日	一九七二年四月十六日	子	壬子 甲辰 丁丑 庚子
壬子年三月初四日	一九七二年四月十七日	午	壬子 甲辰 戊寅 戊午
壬子年三月初五日	一九七二年四月十八日	寅	壬子 甲辰 己卯 丙寅
壬子年三月十三日	一九七二年四月廿六日	戌	壬子 甲辰 丁亥 庚戌
壬子年三月十四日	一九七二年四月廿七日	巳	壬子 甲辰 戊子 丁巳
壬子年三月十五日	一九七二年四月廿八日	寅	壬子 甲辰 己丑 丙寅
壬子年三月十八日	一九七二年五月一日	午	壬子 甲辰 壬辰 丙午

農曆年月日	陽曆年月日	時	八字
壬子年三月十九日	一九七二年五月二日	寅	壬子 甲辰 癸巳 甲寅
壬子年三月廿二日	一九七二年五月五日	酉	壬子 乙巳 丙申 丁酉
壬子年三月廿三日	一九七二年五月六日	丑	壬子 乙巳 丁酉 辛丑
壬子年三月廿四日	一九七二年五月七日	申	壬子 乙巳 戊戌 庚申
壬子年三月廿七日	一九七二年五月十日	酉	壬子 乙巳 辛丑 丁酉
壬子年四月初二日	一九七二年五月十四日	辰	壬子 乙巳 乙巳 庚辰
壬子年四月初五日	一九七二年五月十七日	卯	壬子 乙巳 戊申 乙卯
壬子年四月初五日	一九七二年五月十七日	申	壬子 乙巳 戊申 庚申
壬子年四月初六日	一九七二年五月十八日	夜子時	壬子 乙巳 己酉 丙子
壬子年四月初九日	一九七二年五月廿一日	巳	壬子 乙巳 壬子 乙巳
壬子年四月十三日	一九七二年五月廿五日	申	壬子 乙巳 丙辰 丙申
壬子年四月十七日	一九七二年五月廿九日	夜子時	壬子 乙巳 庚申 戊子
壬子年四月十八日	一九七二年五月三十日	夜子時	壬子 乙巳 辛酉 庚子
壬子年五月初三日	一九七二年六月十三日	丑	壬子 丙午 乙亥 丁丑
壬子年五月十五日	一九七二年六月廿五日	酉	壬子 丙午 丁亥 己酉

農曆年月日	陽曆年月日	時	八字
壬子年五月十六日	一九七二年六月廿六日	申	壬子 丙午 戊子 庚申
壬子年五月十七日	一九七二年六月廿七日	申	壬子 丙午 己丑 壬申
壬子年五月廿一日	一九七二年七月一日	申	壬子 丙午 癸巳 庚申
壬子年五月廿四日	一九七二年七月四日	申	壬子 丙午 丙申 丙申
壬子年五月廿五日	一九七二年七月五日	亥	壬子 丙午 丁酉 辛亥
壬子年五月廿七日	一九七二年七月七日	申	壬子 丁未 己亥 壬申
壬子年六月初五日	一九七二年七月十五日	酉	壬子 丁未 丁未 己酉
壬子年六月初六日	一九七二年七月十六日	子	壬子 丁未 戊申 壬子
壬子年六月初七日	一九七二年七月十七日	酉	壬子 丁未 己酉 癸酉
壬子年六月初十日	一九七二年七月二十日	未	壬子 丁未 壬子 丁未
壬子年六月十六日	一九七二年七月廿六日	申	壬子 丁未 戊午 庚申
壬子年六月十七日	一九七二年七月廿七日	申	壬子 丁未 己未 壬申
壬子年六月廿二日	一九七二年八月一日	辰	壬子 丁未 甲子 戊辰
壬子年六月廿三日	一九七二年八月二日	辰	壬子 丁未 乙丑 庚辰
壬子年六月廿六日	一九七二年八月五日	申	壬子 丁未 戊辰 庚申

農曆年月日	陽曆年月日	時	八字
壬子年六月廿七日	一九七二年八月六日	申	壬子 丁未 己巳 壬申
壬子年七月初三日	一九七二年八月十一日	午	壬子 戊申 甲戌 庚午
壬子年七月初四日	一九七二年八月十二日	戌	壬子 戊申 乙亥 丙戌
壬子年七月初五日	一九七二年八月十三日	寅	壬子 戊申 丙子 庚寅
壬子年七月初八日	一九七二年八月十六日	夜子時	壬子 戊申 己卯 丙子
壬子年七月初九日	一九七二年八月十七日	申	壬子 戊申 庚辰 甲申
壬子年七月十一日	一九七二年八月十九日	未	壬子 戊申 壬午 丁未
壬子年七月十二日	一九七二年八月二十日	巳	壬子 戊申 癸未 丁巳
壬子年七月十五日	一九七二年八月廿三日	寅	壬子 戊申 丙戌 庚寅
壬子年七月十七日	一九七二年八月廿五日	巳	壬子 戊申 戊子 丁己
壬子年七月十九日	一九七二年八月廿七日	亥	壬子 戊申 庚寅 丁亥
壬子年七月廿二日	一九七二年八月三十日	巳	壬子 戊申 癸巳 丁巳
壬子年七月廿六日	一九七二年九月三日	戌	壬子 戊申 丁酉 庚戌
壬子年七月廿七日	一九七二年九月四日	辰	壬子 戊申 戊戌 丙辰
壬子年七月廿八日	一九七二年九月五日	午	壬子 戊申 己亥 庚午

農曆年月日	陽曆年月日	時	八字
壬子年八月初四日	一九七二年九月十一日	巳	壬子 己酉 乙巳 辛巳
壬子年八月初八日	一九七二年九月十五日	酉	壬子 己酉 己酉 癸酉
壬子年八月初十日	一九七二年九月十七日	午	壬子 己酉 辛亥 甲午
壬子年八月十六日	一九七二年九月廿三日	丑	壬子 己酉 丁巳 辛丑
壬子年八月廿七日	一九七二年十月四日	巳	壬子 己酉 戊辰 丁巳
壬子年九月十二日	一九七二年十月十八日	寅	壬子 庚戌 壬午 壬寅
壬子年九月十四日	一九七二年十月二十日	辰	壬子 庚戌 甲申 戊辰
壬子年九月十七日	一九七二年十月廿三日	辰	壬子 庚戌 丁亥 甲辰
壬子年九月十八日	一九七二年十月廿四日	巳	壬子 庚戌 戊子 丁巳
壬子年九月廿四日	一九七二年十月三十日	寅	壬子 庚戌 甲午 丙寅
壬子年九月廿五日	一九七二年十月卅一日	卯	壬子 庚戌 乙未 己卯
壬子年九月廿七日	一九七二年十一月二日	辰	壬子 庚戌 丁酉 甲辰
壬子年九月廿八日	一九七二年十一月三日	申	壬子 庚戌 戊戌 庚申
壬子年十月初二日	一九七二年十一月七日	午	壬子 庚戌 壬寅 丙午
壬子年十月初六日	一九七二年十一月十一	午	壬子 辛亥 丙午 甲午

農曆年月日	陽曆年月日	時	八字
壬子年十月初七日	一九七二年十一月十二	辰	壬子 辛亥 丁未 甲辰
壬子年十月初九日	一九七二年十一月十四	戌	壬子 辛亥 己酉 甲戌
壬子年十月十一日	一九七二年十一月十六	午	壬子 辛亥 辛亥 甲午
壬子年十月十二日	一九七二年十一月十七	丑	壬子 辛亥 壬子 辛丑
壬子年十月十二日	一九七二年十一月十七	亥	壬子 辛亥 壬子 辛亥
壬子年十月十二日	一九七二年十一月十七	子夜時	壬子 辛亥 壬子 壬子
壬子年十月十三日	一九七二年十一月十八	子	壬子 辛亥 癸丑 壬子
壬子年十月十三日	一九七二年十一月十八	巳	壬子 辛亥 癸丑 丁巳
壬子年十月十三日	一九七二年十一月十八	亥	壬子 辛亥 癸丑 癸亥
壬子年十月十八日	一九七二年十一月廿三	巳	壬子 辛亥 戊午 丁巳
壬子年十月十九日	一九七二年十一月廿四	卯	壬子 辛亥 己未 丁卯
壬子年十月廿三日	一九七二年十一月廿八	子	壬子 辛亥 癸亥 壬子
壬子年十月廿三日	一九七二年十一月廿八	丑	壬子 辛亥 癸亥 癸丑
壬子年十月廿三日	一九七二年十一月廿八	亥	壬子 辛亥 癸亥 癸亥
壬子年十月廿八日	一九七二年十二月三日	巳	壬子 辛亥 戊辰 丁巳

農曆年月日	陽曆年月日	時	八字
壬子年十一月初二	一九七二年十二月七日	辰	壬子 壬子 壬申 甲辰
壬子年十一月初二	一九七二年十二月七日	亥	壬子 壬子 壬申 辛亥
壬子年十一月初二	一九七二年十二月七日	子夜時	壬子 壬子 壬申 壬子
壬子年十一月初三	一九七二年十二月八日	亥	壬子 壬子 癸酉 癸亥
壬子年十一月初六	一九七二年十二月十一	辰	壬子 壬子 丙子 壬辰
壬子年十一月初六	一九七二年十二月十一	子夜時	壬子 壬子 丙子 庚子
壬子年十一月初十	一九七二年十二月十五	申	壬子 壬子 庚辰 甲申
壬子年十一月十六	一九七二年十二月廿一	午	壬子 壬子 丙戌 甲午
壬子年十一月十七	一九七二年十二月廿二	子	壬子 壬子 丁亥 庚子
壬子年十一月十七	一九七二年十二月廿二	亥	壬子 壬子 丁亥 辛亥
壬子年十一月十七	一九七二年十二月廿二	子夜時	壬子 壬子 丁亥 壬子
壬子年十一月十八	一九七二年十二月廿三	子	壬子 壬子 戊子 壬子
壬子年十一月十八	一九七二年十二月廿三	申	壬子 壬子 戊子 庚申
壬子年十一月十八	一九七二年十二月廿三	酉	壬子 壬子 戊子 辛酉
壬子年十一月十八	一九七二年十二月廿三	亥	壬子 壬子 戊子 癸亥

農曆年月日	陽曆年月日	時	八字
壬子年十一月十九	一九七二年十二月廿四日	亥	壬子 壬子 己丑 乙亥
壬子年十一月廿二	一九七二年十二月廿七日	子	壬子 壬子 壬辰 庚子
壬子年十一月廿二	一九七二年十二月廿七日	亥	壬子 壬子 壬辰 辛亥
壬子年十一月廿二	一九七二年十二月廿七日	夜子時	壬子 壬子 壬辰 壬子
壬子年十一月廿三	一九七二年十二月廿八	寅	壬子 壬子 癸巳 甲寅
壬子年十一月廿六	一九七二年十二月卅一	辰	壬子 壬子 丙申 壬辰
壬子年十一月廿七	一九七三年一月一日	子	壬子 壬子 丁酉 庚子
壬子年十一月廿七	一九七三年一月一日	亥	壬子 壬子 丁酉 辛亥
壬子年十一月廿七	一九七三年一月一日	夜子時	壬子 壬子 丁酉 壬子
壬子年十一月廿八	一九七三年一月二日	巳	壬子 壬子 戊戌 丁巳
壬子年十一月廿九	一九七三年一月三日	申	壬子 壬子 己亥 壬申
壬子年十一月廿九	一九七三年一月三日	酉	壬子 壬子 己亥 癸酉
壬子年十二月初三	一九七三年一月六日	午	壬子 癸丑 壬寅 丙午
壬子年十二月初六	一九七三年一月九日	戌	壬子 癸丑 乙巳 丙戌
壬子年十二月初九	一九七三年一月十二日	午	壬子 癸丑 戊申 戊午

農曆年月日	陽曆年月日	時	八字
壬子年十二月初十	一九七三年一月十三日	寅	壬子 癸丑 己酉 丙寅
壬子年十二月十一	一九七三年一月十四日	寅	壬子 癸丑 庚戌 戊寅
壬子年十二月十二	一九七三年一月十五日	辰	壬子 癸丑 辛亥 壬辰
壬子年十二月十三	一九七三年一月十六日	亥	壬子 癸丑 壬子 辛亥
壬子年十二月十三	一九七三年一月十六日	夜子時	壬子 癸丑 壬子 壬子
壬子年十二月十九	一九七三年一月廿二日	巳	壬子 癸丑 戊午 丁巳
壬子年十二月廿三	一九七三年一月廿六日	午	壬子 癸丑 壬戌 丙午
壬子年十二月廿四	一九七三年一月廿七日	子	壬子 癸丑 癸亥 壬子
壬子年十二月廿四	一九七三年一月廿七日	申	壬子 癸丑 癸亥 庚申
壬子年十二月廿四	一九七三年一月廿七日	酉	壬子 癸丑 癸亥 辛酉
壬子年十二月廿四	一九七三年一月廿七日	亥	壬子 癸丑 癸亥 癸亥
壬子年十二月廿七	一九七三年一月三十日	午	壬子 癸丑 丙寅 甲午
壬子年十二月廿九	一九七三年二月一日	申	壬子 癸丑 戊辰 庚申
壬子年十二月卅日	一九七三年二月二日	寅	壬子 癸丑 己巳 丙寅
癸丑年正月初一日	一九七三年二月三日	寅	壬子 癸丑 庚午 戊寅

「飛星」來路童裝皮鞋

大人公司　平價市塲　人人百貨　大方公司　來路鞋公司有售

非常時期非常事件

馬五先生

民國十五年（一九二六年）到十七年的國民革命之役，民國廿六年（一九三七年）到卅四年的抗日戰爭，是吾國現代史過程中的非常時期，筆者皆身歷其境，參預其役。戰時的社會情況，由於人心浮動，生活失常，而倫理道德觀念亦發生變化之故，表現着形形色色，比平時多采多姿，特別是軍事與政治界的創聞奇跡，迥異平時。有若干特殊事件，迄今記憶猶新，不妨逐一叙次，聊供讀者作茶餘酒後之談。

憲兵營長顧濬謀叛案

顧濬四川人，黃埔軍校第一期畢業生，民十六年任國民革命軍憲兵團第一營營長，駐在南昌，歸革命軍總司令南昌行營指揮。是年三月間，蔣總司令已東下督師，行營職務由江西省主席李烈鈞兼代，所轄部隊，計有杭毅的憲兵團、（杭團長乞假東下，由顧濬代理），廖士翘的工兵營、蔣鼎文的警衛團、蔡忠笏的砲兵旅。此外有朱培德的滇軍第三軍王鈞一師（王兼南昌警備司令）教導團朱德一團（朱兼南昌公安局長）。朱培德全軍此時遵奉武漢政府節制，暗中對蔣總司令携貳，祇以朱培德、王鈞係李烈鈞在雲南講武堂當提調時的學生，表面對李尚示敷衍。至四月間，武漢政府免去李的贛省主席職，由朱培德繼任，南昌共黨份子大爲梟張，竟將江西教育廳長程天放捕去，李主席寫信交我帶致警備司令王鈞營救，王說是朱德幹的，即領我赴公安局晤朱，王將李主席的信給朱看，朱謂：「軍閥李烈鈞的信，不必理他」。我聞之即馳回報告李協公，主張從速離贛東行爲佳，乃分別密令行營直屬部隊準備出發。唯顧營長忽不晤面，據報他與滇軍王師長勾搭，王鈞許他作正式團長，即以他所領的憲兵團改編成立之。憲兵團實力以顧的第一營最强，其餘二三兩營多缺額，不足以資對抗。一夕深更，第二營的連長饒吉甫（湖南人）來李主席公館叩門找我，說顧營長與滇軍人員正在某處協商謀叛，請李代總司令下手令交饒帶隊去掩捕，以遏逆謀。我告以李公已就寢，未便驚擾，他請我代寫手令，加蓋總司令小官章即可。我想茲事體大，顧又係黃埔學生，萬一弄出差錯，責任很大，婉却未許，饒甚沮喪而去。越兩日，李協公督率部隊向贛東前進，顧營長果不奉命，第三營亦被刧持不發，僅第二營張、饒兩連長率衆偕行而已。

李協公到達上饒後，患咯血症，暫住當地耶穌教堂休養約一月，某天下午，顧營長突來上饒尋訪我，聲稱他是被王鈞扣留不放，把部隊刧收改編後，纔許他離開南昌的。說罷袖出他代擬李主席致蔣總司令電稿一通，內容是保証他，亦即是顧營長忠貞不貳，决無異圖，現即赴南京報到，請予從優叙用，以示激勵云云，堅囑我把行營密電碼本和官電紙給他馬上譯發。當時他形勢洶洶，坐着不走，我已似秀才遇着兵，有理說不清，無法拒却，只好照辦。他拿着電稿親自送到電報局（行營官電紙的電報，免費拍發），即匆匆馳赴杭州，轉往南京了。我深惡其確有謀叛行爲，不能聽其利用李協公名義，替他說謊，旋命上饒電報局將原電停止拍發而繳還銷毀之。

軍委會正副委員長 蔣中正（中）閻錫山（右）馮玉祥（左）

迨五月下旬，李主席已行抵杭州，先派我携同行營印信與重要文件，赴南京總司令部交代，晤及總參議張岳軍先生，他問我：「顧濬在南昌是否眞有謀叛行爲？許多從南昌來的黃埔學生，都指証他是叛徒，軍法處已判決他的死刑，但總司令躊躇一星期尚未畫行。你是過來人，又非黃埔學生，希望你憑良心說句公道話，藉供總司令參考以核處本案。」我心裏認定顧確有叛迹，若由我來証明他是忠貞分子，未免違背良心，但亦不忍因我一言而送掉一條人命。於是，我答稱：「在南昌的黃埔同學，對顧營長的事，比我瞭解得更清楚，我不敢說甚末。」張亦未再詢問了。

過了兩星期後，蔣總司令與馮玉祥約晤於徐州，因我曾在西北軍作過事，派我先赴徐州打前站，蔣馮在徐州聚會兩天，我先回京。行抵下關，僱乘一輛馬車入城，馳至外交部附近曠地間，迎面有憲兵一排，押着一名穿着白色襯衫的青年人坐在洋車上，兩手反綁車座後邊，緩緩而來，迨接近審視，知係顧營長押赴刑塲執行死刑。他瞥見我，大聲呼號「雷秘書救我」，其聲凄厲不忍聞，但我有何法可以營救他呢？急囑車伕策馬疾行，另飭勤務兵趨赴刑塲看看有無人料理顧的身後？若沒有人爲之收屍，我自然義不容辭，予以收殮，旋據勤務兵回報，已有人在塲董理了。這件事使我內心上大受震動，永難忘懷，假如我在總司令部對總參議張岳軍先生的垂詢，昧着良心爲顧作証，說他并無逆謀，或許可貸其一死。然當時我以青年革命黨人的氣質，正義感十足，疾惡殊甚，乃不願替他說好話，倘在久經世變後的今日，或不致那末守正不阿吧？這亦可以說明世俗之所謂「老成練達」，不過是老奸巨猾的代名詞而已。

我被囚禁在南昌行營

江西教育廳長程天放被暴民拘捕之次日，李協和以省主席兼代行營主任職權，未能營救，深感局勢危急，而憲兵團又有不穩消息，乃決計從速離贛，不待新任省主席朱培德來交接了。第三天下午，李公與我在行營主任辦公室中的大桌上，攤開地圖，研究東下路線，李笑謂：「現在我是假總司令，你就作我的假參謀長罷！」最後決定由贛東赴浙江再轉南京，因此時革命軍已佔領金陵了。旋命我將行營印信和重要文件，收拾裝在一小箱內，準備携回南昌城內狀元井李公館，時已午後六時，而南昌警備司令王鈞適來行營叩謁李公。我提着小箱擬先回李公館，行至中門，有操雲南口音的哨兵教我站住！說是要檢查，我以胸襟間掛着行營特別出入証，認爲行營的衛兵不應禁止我的行動，擬予申斥。但憶及原有的衛兵并非滇軍，今乃有此變態，而王鈞又匆匆來見李協公，諒他已將行營的警衛任務，改由滇軍担任了。我祇好告以「我是行營秘書，小箱裏的文件，每天都由我保管着，下班時必須帶至寓所，以防遺失。」哨兵答謂：「我不知道你是甚末人，只奉命令行事。」說罷，拉着我往後院走，經過主任辦公室旁，聽到李協公正與王鈞談話聲音，我擬趨前報告，哨兵不許我去，并不許我開腔，急忙把我趕進後苑一間黑暗的房間內，給我一張小方櫈坐，門外有兩名士兵守衛着，連小便亦不許出來，更不准搖電話，形同囚犯了。我問衛兵因何拘禁我，答言「不曉得。」

從下午六時到十二時，被囚了六句鐘，既無人來訊問，也不給茶水，更不必談吃飯的話，我飢腸轆轆，餓得渾身出冷汗，亦無可如何。挨到深宵三時左右，實在難以支持了，站在窗前張望外面情形，只見穿軍服的人出出進進，形色緊張，我心裏料想南昌城內秩序一定發生了變化，如果共黨得勢，我就必無倖理。正在惶遽中，覩一穿中山裝的青年人從窗前走過，我試向他搖手招呼道：「這位同志請進來坐坐」，他應聲步入我的暗室，在電燈光下，見其胸前綴有白布橫條，上書「連黨代表張某」字樣，攀談之下知道他是貴州人。我告訴他籍屬湖南，民國二年曾在湖南省立第一師範與毛澤東、夏曦同過兩個月的學，嗣後我改入第一中學了，但彼此尚有往來等情，他態度很和藹，跟我對坐談話。我問他以拘囚我的原因，他說：「沒有別的，因連日來行營的人員紛紛自由散走，上面恐怕有許多重要公物將被竊去，所以改換衛兵，禁止職員自由行動。」我說：「我每天只携帶着應由秘書保管的印信和密電本回家，第二天仍帶來上班，經常如此，應無被囚禁之必要。」他一面表示「誤會」，即改變話題，向我高談革命理論，提起當時流行着的戴季陶所寫「國民革命與C·P」那本小冊子，問我感想如何？我憬悟這是要測驗我的思想路線，乃故作激昂語氣答道：「那是反革命思想的寫作，我素來不看的。」於是，他以極親熱的表情，對我暢述今後國民革命運動應採取左傾政策的種種理論，認爲汪精衛不愧是革命領袖，我當然隨聲附和。旋即謂我肚子餓得難以支持了，如果沒有其他的事情，可否讓我回家去？否則請給我一餐飯食罷！他很客氣地起身給我握手，說是「我送你出至行營大門口，你走回去好了。」我連聲感謝，他領我走到大門前，又問我知道今夜的特別口令否？這時已是下半夜四時後，如無特別口令，在街上走不通的。仗着這位連黨代表的照顧，我於深宵飢餓不堪之中，蹣跚走回李公館，叩門進去，李協公尚未安眠，聞聲走出臥房來說道：「我以爲你被暴民捉去了，四向打聽消息，皆不知道，好躭心呀！」急忙教我吃了一盤西點後，無暇睡眠，收拾行李，於次晨天剛曙，李公裝成病人，坐着轎子出城，我步行隨後，走到城外的江邊，憲兵第二營兩連人已僱好若干木船等候着，我與李公暨隨員五六人，雜在軍中向贛東前進了。

這是有生以來被拘囚的一次意外事件，若不是冒充左傾份子，勢必不能脫身，恐怕還要受些折磨，甚至遇害亦不稀奇，亂世的生命是毫無保障的啊！

重慶行營公路處案件

蘆溝橋事變發作，中日戰爭序幕揭開後，中樞爲着長期抗戰計，積極發展西南重鎮的川康公路建設——即由成都到西昌之線，而由軍事委員會「重慶行營公路處」負責進行。築路工作需要地方民衆相助爲理，保甲長襄贊之力特多。這條路相當遼濶，公路處職員與技師等，經常流居工程地段的鄉鎮間，與保甲長暨聯保主任們朝夕交往，情誼融洽，沿途運輸器材的大小車輛甚多，保甲長們因事出門時，常就便免費搭乘公路處車輛往還，迨全線通車後，運輸頻繁而便利。

西康境內盛產罌粟，尤以西昌接近滇省的苗族地區產品特佳。這些鴉片烟都以川省成都一帶爲傾銷市場，在川康公路未修築以前，每由地方駐軍夥同當地袍哥——十九都担任保甲長——以走私方式，遞相接運，利潤朋分。公路初通，地方保甲人員即憑藉平日與公路處人員的深厚交情，密謀勾串，合夥求財，將鴉片大量的載由公路處材料車運到新津、成都各地銷售。這些車輛外面皆漆有「重慶行營公路處」銜名，屬於軍用交通工具，沿途軍警對這種車輛幷不檢查，所運鴉片決無發覺之虞，利潤亦較前優厚多了。或許是當事人之間，由於分贓不勻的緣故，乃有人向重慶行營秘密告發。這時候中央政府已遷移巴蜀，蔣委員長亦蒞臨渝市，聞訊大爲震怒，即令飭行營主任將公路處長彭霞浦（江西人）連同參加築路工作的職員共計十餘人，一併送交軍法總監部嚴究具報。經過月餘的偵查審訊，認定彭處長尙無共同犯罪的事實，只負失於督察之責，其餘各員，則分別情節重輕，或判處死刑，或處有期徒刑不等。旋由總監部撰成判決書，依式先將被告一干人犯的姓名籍貫年齡與職守，錄列首頁，附以判決主文，繼述犯罪事實與理由，彭處長名列第一，呈報蔣委員長核示。蔣公痛惡自己的直屬員司，竟敢昧良瀆職，幹出這等犯法的醜事來，實屬罪不容誅，未暇細閱全篇讞詞，即用紅鉛筆將一干人犯的姓名劃一大圈，旁註「一律槍決」字樣，是則僅負失察之咎的彭處長，亦在伏法之列。軍法總監何成濬（雪竹）素性慈和，不忍執行，然又不敢據情回報，祇好暫行擱置，靜待設法轉圜。不久，適江西省府主席熊式輝來渝述職，何知道委員長對封疆大吏來首都覲見後，必約宴諮詢公務，乃將詳情告知熊式輝，乞於晋謁蔣公談話時，便中提起此案，說明彭處長原無共同犯罪事實，可否曲加宥恕。熊如囑行事，奉諭可將原案送呈復核。何成濬急將判決書重繕一份呈上，奉批「如擬」。於是，不特彭霞浦逃出生天，其餘判處徒刑的亦免於死罪了。當時我對何總監稱說他的功德無量，他却認爲應歸功於熊主席的口角春風。彭霞浦與我同在行營共事，綽號「彭痲哥」，他素以精於人相術自詡，事後我笑問「痲哥」作何感想？他說從今後再不作公務員了，性命交關，危乎殆哉！我却相信死生早已命裏註定，冥冥中自有主宰，否則縱得大力者援救，亦不濟事，如兵役署長陳沛民之死，即其明証也。

兵役署長陳沛民舞弊

陳沛民川省籍，畢業保定軍校暨中央陸大特訓班，歷任軍職，素著能聲，頗爲當道所賞識，對日抗戰軍興後，兵役關係重要，中樞特簡拔他担任兵役署長。唯此人雖口辯捷給，却不實心任事，而日常生活亦頗奢靡。他在任數年，對於役政之弊竇叢生，未能加以整飭改進，如地方保甲長不按法規而隨便强拉壯丁，或購買流氓地痞冒名頂替，任意勒索民財，壯丁解交各地區設置的收容所後，由於缺乏照顧，衣食惡劣，或病死，或逃亡，時有所聞。當時中央「國民參政會」嘖有煩言，女參政員兼主席團主席吳貽芳（南京金陵女子大學校長），指摘尤力。然陳署長認爲幷非事實，一般反動份子造謠惑衆，企圖破壞抗戰建國而然，言之成理，持之有故，上峯亦相信他的說法不致太離譜。蓋川省人口有七千萬，應徵壯丁特多，陳在桑梓服務，假使役政果如外間所述的黑暗情形，他豈肯漠然置之嗎？所以，國民參政員的攻訐議論，對他尙無不良影响。

陳曾倡議在重慶首都斥公帑購地，建造一座「役政公所」，作爲隨時舉行兵役會議暨外區各役政人員來渝公幹時的下榻處，徵求各個師、團管區及補訓處負責人的意見，大家自然贊成，且按照比例攤派地價與建築費用。陳對於所需建築材料，亦另有妙計，他就川東距離渝市較近的各縣份，分別派徵磚瓦木材與石灰等，各縣人士敢怒不敢言，在衆擎易舉之下，役政公所很快就落成了。社會上多稱贊他的才幹非凡，難能可貴。但據賣方的業主傳出消息，這役政公所的地皮所有權，是屬於陳的私人產業，因契約上寫的買主是陳的個人名義。

重慶市內機房街設有壯丁收容所，所佔房屋係民間新築的一座樓房。原來替業主繪圖設計監工的工程師某（江蘇人，東吳大學畢業），於新屋造成後，取得業主同意，無償住在樓上一間房中，作爲工程師辦公室，俾便接洽生意。迨壯丁收容所徵用此屋後，該工程師即被驅逐出去，他祇好在同街另租一屋掛牌營業。對於壯丁收容所的一切情況，他朝夕省察，得悉眞象，壯丁的生活待遇甚惡劣，首夏尙穿着棉衣，每餐皆食粥，病者、死者隨時發生。該工程師原與政府某顯要的子弟在東吳同學，常常往還的，他念於被逐之辱，且同情壯丁枉受虐待的痛苦，乃將實際情況，寫成書面交與那位貴人子弟的同學，希望他轉報當道，予以查究，此民國卅二年初夏事也。

某日清晨九時，我到機房街訪友，驀見沿街住戶門前，有人紛紛打掃街道，甚爲起勁，平時這條街很骯髒，大家安之若素，忽然羣起掃除污穢，表示清潔之象，心知必係最高當局將要經過此地。未逾十分鐘，果有三四輛汽車魚貫進入機房街，我在街口友家陽台上注意觀察，第一輛是壓道警衛車，次爲蔣委員長座車，再次爲軍政部長何敬公的車，而兵役署長陳沛民乘車殿後，是同來視察壯丁收容所的。據說，蔣公在收容所門前下車時，即見門內置有開水幾桶，壯丁們身穿破舊棉衣，相率持碗爭取開水飲用，蔣公詢問他們：「每餐吃得飽嗎？」這些壯丁平日看慣了蔣公的相片，都知道這便是委員長，認爲救星到了，大家乃齊聲答道：「我們每天只吃兩頓稀飯，飢餓不堪」。再行至後進一間房屋前，地面滿鋪着稻草，若干患病的壯丁，氣息奄奄，呻吟僵臥於其中，蔣公爲之黯然憂傷，即詰陳署長以時值夏令，壯丁何以尙着棉衣呢？陳謂未奉軍需署發下，沒有辦法，蔣公震怒斥之曰：「你是在幹甚麽事的？豈有此理！」隨即命何部長將陳革職，即刻拘送軍法總監部嚴加訊究具報。是日適爲陳的五十歲生辰，住宅正懸弧慶壽，邀約了許多親朋舉行壽筵，并召來善唱滑稽大鼓的山藥旦和演蹦蹦戲的鈺靈芝在陳宅獻藝娛賓，排塲十分熱烈。而陳本人已在縲絏之中，他的太太固已知道消息，但秘而不宣，賓客們聚集陳公館，候至黃昏尙不見壽星公出現，又覩壽星婆愁容滿面，鬱鬱寡歡，料想必有意外事情發生，旋有人暗傳情報，衆賓客無心歡樂，紛紛散去，梨花大鼓與蹦蹦戲亦唱不成了。

陳被捕查辦的消息，在報紙上傳播後，許多關於役政弊端的檢舉狀，紛向軍法總監部呈遞，而陳利用職權派徵欵項與建築材料以建造「役政公所」，而實際歸諸私有產業這回事，亦有人舉証控告，偵查不虛，依法非判處極刑不可！然總監何雪竹與陳素有交誼，尙想貸其一死，加以成全，因而託詞尙在偵訊中，遲遲未將判决書上呈。他密語陳的夫人，此事別難尋得營救之方，唯一希望即赴成都恭請川省議會議長向育仁來渝，由他懇邀考試院長戴季陶先生偕向蔣公求情——因戴向二人交情極厚——或許尙有一線生機。陳夫人當然如命行事，旋接成都電話，謂向二哥（育仁行二）答應來渝了，何總監纔將判决書呈核。越兩日，向二哥於午前乘飛機抵達重慶，尙未跟戴院長晤面，而何總監已奉蔣委員長電話，命其即將陳沛民執行死刑，并限令是日午後須將行刑後的照片呈閱，毋得違誤。這樣，向二哥亦就沒有說情的餘地了，這不是死生有命嗎？

警備司令蔡繼倫瀆職

蔡繼倫別號隆三，湖北漢川人氏，出身軍旅，亦曾畢業中央陸大特訓班，體格偉岸而實大聲宏，交際言談間口沒遮攔，任情放肆。對日抗戰之前，曾任湖北第十區行政督察專員，兼保安司令，駐在鄂西的山區鄖陽縣，以交通閉塞，竟使民衆於山地遍種鴉片漁利。適鄂省府保安處長范熙績率團隊到鄖陽清鄉，見遍地罌粟花盛開，大不謂然，即督令民團實行剷除，而蔡專員抗拒不許，范、蔡原係老友，乃因此大起衝突，交情破裂，彼此不歡而散，未幾，蔡亦去職了。

迨抗戰軍興，武漢保衛戰役將發作之際，軍部爲鞏固巴蜀門戶，急須加强宜昌地區的防禦力量，特設置宜昌警備司令，負責强化國防工程建設，派蔡繼倫承乏司令之職。詎蔡對國防工程建設計劃固極完備，預算亦浩大，然實際偸工減料，僅做表面。繼而武漢撤守，長江流域的人民大量逃難入川，宜昌乃必經之地。蔡知其然也，乃頒訂法令，凡難民過境，每名須繳納「國防費」若干，否則禁止購買船票離境，難民自皆遵從，這項收入爲數不貲，蔡并未報繳國庫，輿論譁然。旋軍部派員視察宜昌的防禦工程，發覺漏洞甚多，虛有其表，認爲該警備司令不無瀆職誤國之嫌，予以撤職查辦處分。蔡交卸職務來到重慶，隨帶私人汽車，生活濶綽，經常出入於軍政顯要之門，對於「撤職查辦」的功令，視若無覩。友輩勸他稍加檢點，藉防後患，他大聲謂：「我有甚末不對的事，聽其查辦好了，何怕之有呢！」照樣地奔走於當代顯貴門第，意氣飛揚，却不知軍部正秘密地蒐集他在宜昌的瀆職非法証據，俾便究處，而一般顯貴人物之凡與蔡相識者，對他皆避之若浼，即私宅亦對他饗以閉門羹。於是蔡感覺無聊，但不省悟此中道理。乃携家前往成都居住，仍不改其豪華生活。他恃有軍委會成都行轅主任賀國光係同鄉老友，更加肆無忌憚，大言不慚，每天約朋友玩牌取樂。這時筆者亦住家成都，原與蔡相識，他常常邀我參加牌局，我以爲他的撤職查辦案已告無事了。

一夕，蔡與我輩三數朋友在某宅內竹戰方酣之際，川康綏靖公署稽查處長何龍慶，帶領中央軍統局特派員陳仙洲（二君均在台灣）破門而入，很客氣地詢問那位是蔡司令隆三先生？蔡泰然答言「我就是」。陳乃取出奉命前來逮捕蔡司令的正式公文，請蔡一同走出，這纔知道東窗事發了！蔡當時要求暫赴成都行轅，陳認可，比達目的地，蔡急乞行轅主任賀國光作保，准其自行赴渝投案，免予押解。賀以情不可却，慨然應允，陳仙洲亦以賀主任既出面担保，當然同意，即請賀寫一張保狀，携回重慶交差。

事情既已如此嚴重，但蔡故態依然，不知檢束，亦不作投案準備。有人認爲他的後果必不容樂觀，暗示他不妨潛去西安躲避一下，徐圖補救，他夷然謂：「何軍政部長是老長官，何軍法總監是同鄉老友，沒有關係。」某日，我與賀主任談到蔡案，賀笑謂：「隆三如果逃走了，我祇好代他受過，聽候處分而已。」我把賀主任的話轉告蔡，意在諷其遠走，他還是滿不在乎的表情。經過了一星期後，重慶軍委會電令賀主任尅日將蔡繼倫解渝歸案，不得延誤。賀乃代蔡購置了飛機票，派一行轅職員陪同蔡飛赴重慶，另又致函軍事參議院長陳調元，請向軍法總監何雪竹說情，仍准蔡交保候訊，不必拘押，亦獲允許。

不料蔡粗魯成性，漫不經心，竟常常前往謁見陳院長、何總監與何部長等，罔知避嫌，陳調元且託人轉語蔡，請他少來見面，否則不便幫忙了。一日，軍政部次長曹浩森、參謀次長熊斌在何部長公館跟何夫人談話時，蔡隆三忽然走進來，侃侃而談，且主張玩牌取樂，曹、熊大感尷尬，而何部長適歸，覩蔡在座，以其爲犯法的軍人，來此何爲？表示很不愉快。蔡知道自己失態，垂首趨出，第三天即由軍法總監部將他收押訊究了。審訊結果，因爲証據確鑿，無可抵賴，依法判處極刑，呈奉最高當局核准，立即執行，一代狂人，乃與草木同腐了。

第十軍軍長徐源泉案

第十軍軍長徐源泉在抗戰前，統率第四十一與四十八兩個師，頗以善戰著稱。對日抗戰後，馳騾戰場，部隊是否擴充，不得而知。迨保衛大武漢之役，他的全軍在長江南岸前線作戰，武漢撤守後，軍部重新佈署各戰區的戰鬥序列，徐部編入第五戰區李宗仁司令長官的指麾系統。李長官令飭徐軍仍在南岸從事游擊戰，牽制敵軍前進，然徐抗不從命，擅將所部撤至北岸，以期避免重大犧牲，所持理由亦非完全不切實際。但李長官以職責所在，而指揮不靈，如果置之不問，將何以悋盡作戰任務呢？乃據情報告最高統帥，俾明責任，這是民國廿九年間的事。

此時中樞新頒佈「戰時軍律」，犯之者决無倖免。某日最高統帥在西安召集軍事會議，各戰區司令長官、各個高級軍事將領，以及中樞軍政大員皆參加。當會議將告完畢時，最高統帥指出第十軍長徐源泉違抗命令，擅將部隊自由撤退，顯悖戰時軍律，應予撤職懲辦，即席將徐扣押待究。按照新頒軍律，必處死刑無疑，而最高當局爲着奠立戰時軍律的威信，振作民心士氣，亦有懲一儆百以昭烱戒的必要，情勢殊爲嚴重。預會人士惴惴不安，雖欲加以營救，但誰也不敢出面晋言，怕遭嚴譴。

維時軍事參議院長陳調元亦在西安，大家請求他乘機緩頰，或許有效。然陳亦害怕碰釘子，不敢隨便說話。於是，他心生一計，先找軍令部長白崇禧商量，約同白往晤第五戰區司令長官李宗仁，說是解鈴還是繫鈴人，救人一命，勝造七尺浮屠，請李與陳一起去見最高統帥，并且要李首先發言。李宗仁謂：「事情原係由我告發的，焉能出爾反爾，萬一領袖見責，不特無詞以對，亦覺無地自容」，表示不敢造次。陳說：「要挨罵，我也在內，看在咱們哥兒倆的情份上，希望你給我一次面子罷！」陳住在南京時，當代文武要人對他都有好感，過去各戰區發生任何問題，只要陳從中調處，莫不迎刃而解，因而陳院長常常奉命到各戰區視察，消弭了不少的是非糾紛。這次李宗仁亦礙於陳調元的面子，未便峻拒，而白崇禧又稱陳爲老師，——陳會在保定軍校教過地理課程——亦從旁勸李長官不妨一起去試試看。李無奈，乃與陳同謁最高統帥，爲徐源泉委婉說情。結果，徐所屬第十軍番號撤消，所屬部隊改爲甲種整編師一師，另派丁治磐爲師長，須俟部隊改編完竣，丁師長就職後，方許徐恢復自由，免予懲處。若不是陳調元的人緣甚佳，李宗仁素性忠厚，而最高統帥平日對陳、李的印象亦不壞，徐的生命殊不容易保全啦！

曾聞張向華（發奎）將軍在抗戰初期，亦有過上述的類似事情，那是民國廿七年保衛大武漢之役的事。當時在漢綜持全局戰役的總司令是陳誠，張將軍率部防守武穴前線，某夕獲得確訊，大部敵軍正向武穴方面進展，張爲縮短防線，避免兵力分散，便於迎擊敵寇起見，乃將陣前的防禦兵力稍予移後，但以事機急迫，不及報請上峯核示，然對作戰計劃并無貽誤之處。事後最高統帥在武漢舉行軍事會議中，亦指謂張將軍擅將部隊後撤，違背軍紀，幸總司令陳誠應聲答道：「報告委員長，乃是經我核准了的！」這樣纔得免議。此時陳、張二人尚少往還，并無私交可言，然陳誠能自動替張發奎承担責任，殊堪感佩。後來張對人說笑云：「我這腦袋是陳辭修保持住的！」而陳、張的交誼從此日趨深厚了。

四川教育廳長楊廉案

楊廉四川人，北大畢業後，留學西洋，是蔡元培的得意門生，回國後由蔡校長提携，于役文教界，見重於時。對日抗戰之前，受任爲安徽教育廳長，娶妻係江南名媛，家庭生活亦和諧。楊氏外表樸實無華，布衣布鞋，藹然學者，對人亦雍和有禮。

抗戰軍興後，滬寧陸續撤守，安徽省府急向後方疏散，未幾，楊轉任爲四川教育廳長，筆者在成都纔跟他初次見面的。不到一年，忽聞他因案撤職，據說是安徽省府指控他當年由安慶撤退時，所領疏散經費的報銷不實不盡，而皖教廳原有的若干貴重儀器，亦已無存，認爲楊有侵蝕嫌疑。旋經中樞明令免去其川省委兼教長職務，飭其赴渝聽候查究，內容如何，外間沒人知道。但在對外戰爭的兵荒馬亂之中，地方疆吏倉皇疏散，有些手續欠完備，或者偶爾遺失若干公物，亦屬意料中事，縱使於法不合，亦復情有可原。所以，楊雖不孚吏議，去職追究，世人亦不覺得爲特別嚴重事件。詎料楊赴渝候訊不久，竟以槍斃聞，亦未見有罪狀宣佈，聞者殊感惶惑。

楊死後，社會流言他致死之由，并非貪財，實係死於貪色。緣楊早有糟糠之妻，居住故里，過去楊在省外顯達一時，然其鄉愚式的配偶，并無出外與良人共享榮華之意。迨楊衣錦還鄉，貴爲廳長後，鄉婦即來成都要求團聚，事爲江南名媛所知，赫然震怒，指楊停妻再娶，侮辱良家婦女，人情國法，皆所不容。據聞江南名媛乃大家閨秀，亦有親屬高居政治要津，對楊這種不道德的行爲，當然深惡痛絕，乃藉其在安徽教長任內侵蝕公帑，遺失重要儀器的控案，繩以貪汚罪刑，置之大辟。事實是否如此，固難論斷，然自楊被逮問，以迄判處極刑，他那位已經生兒育女的江南夫人，從未露過面，楊死後的一切喪葬事宜，亦係親友們悄悄料理，這就難怪社會上訛言朋興，飛短流長了！筆者曾將此案眞象如何，叩詢當時的四川省政府秘書長鄧漢祥，他只答言「不甚清楚」，更增加疑竇，至今仍未釋然於懷呢！

成都市長楊全宇囤麥

楊全宇是筆者在內政部的老同事。他籍隸四川西充縣，曾留學法國，在本國政治上屬於汪兆銘的改組派。他之得任成都市長，乃緣於抗戰初期的四川省主席王纘緒。王亦西充人士，他在主持省政時，視楊爲智囊，遇事必以諮之，因而任之爲成都市長，朝夕不離左右。

民國廿七年川省主席劉湘在武漢病逝後，省內頓失中心，表現動蕩情勢。中樞以巴蜀大後方安定第一，王纘緒原屬劉湘麾下的軍長，他所統率的部隊，業已掃數出川抗戰，留守川中的兵力，尚有潘文華所屬的兩個師，鄧錫侯的一個師。潘染有甚深的不良嗜好，精神欠振作，鄧已位居綏靖主任，而王纘緒出師抗戰最早，中樞乃以王繼任川省主席，俾免人心浮動，亦寓有對他熱心出師抗戰，表示酬庸之意。

詎王闇於爲政之道，未能仰體中央對大後方安定第一的意旨，背道而馳。就任後即聲言四川有三大毒害：軍閥、土劣、鴉片烟是也，必須予以剷除，其說固未可厚非。但潘文華、鄧錫侯等即深覺刺耳，而著名的大紳耆張瀾（表方）曾叩訪王主席，亦被拒却。於是，王主席不特與潘、鄧這些軍事鉅頭，隔膜日深，時起齟齬，亦跟一般紳耆不相投洽。楊全宇不知勸諫其居停改變作風，且隨聲附和，遇事硬來，即對重慶中央方面，亦鮮作人事上的聯絡，甚或對某要人發生誤會，似此情徑行事，罔顧輕重利害，當然談不到安定之說，相激相盪，潘、鄧與劉文輝暨駐川各師長，乃聯名電達中樞，反對王主席，請另簡賢能主持川政，而楊全宇亦爲各方所側目，認定他是在王主席面前搖鵝毛扇的人物。

王纘緒担任川省主席一年有零，各方攻訐之聲日甚，再難撑持下去了。中央命其赴前線抗戰，留着主席名義，而由蔣委員長兼理川政，使王不受免職處置，得以保全顏面。王去職後，楊全宇的成都市長亦就不安於位，經過不久的時間，他自請辭職告退，閒居成都，不復作從政之想。我曾勸他赴前線主席幕中玩玩，他表示不願長途跋涉，要在後方學習做生意，藉以消遣歲月，發抒精神。究竟他作何生意，我無所悉，只知他的家室幷不愁衣食而已。

越民國卅年夏間，忽見報載消息，楊忽以囤聚居奇，操縱糧食價格的罪名，在重慶明正典刑了！我聞之駭怪莫名，急從各方探詢內容，據說楊曾在合川縣購存着七十石麥子，待價而沽，違犯了糧食管制條例，此外幷無其他的犯罪証據。然區區七十石麥子殊無操縱糧價的能力，當時在川省境內積存數百石至千石糧食的紳商巨戶以期趨時出售高價者，所在多有，不勝核計，而乃竊鈎者誅，竊國者侯，很顯然這是有人藉題發揮以置楊全宇於死地，政治因素大過法令作用，利用數十石麥子問題，報怨尋仇耳。政治生活之卑鄙殘酷，豈勝言哉！

重慶中央日報社論案

記得那是在抗戰中期某一年間，吾國最高當局爲着駐華美軍司令兼中國戰區參謀長史迪威爾不稱職守，要求美國總統羅斯福撤換問題，尚未解決之際，雙方正弄得很不愉快。適宋子文在華府貸得五億美元，作爲穩定吾國財政金融之需，消息傳來，人心大悅。重慶中央日報即對此事發表社論，標題「向羅斯福總統致敬」，表示感謝的忱悃。次日該報社長陶百川奉召晉謁最高當局，面語陶云：「中央日報是代表本黨發言的，事關外交大計，我幷未教你們向羅斯福總統致敬，爲甚末自由刋出這種文字，殊屬違背紀律，有忝職責」，究竟此文係何人所撰，飭陶查明具報，以憑核辦。陶對曰：「事情如有錯誤，應該歸社長負責，該社論不管是誰寫的，請總裁處分社長好了，不必查究。」總裁當時未置可否，陶即敬禮辭出，回至報社將情形告知編輯部同人，自己表示靜候處分，大家認爲他很有責任感，頗爲欣慰。

越日奉到命令，着將該報社長、總編輯暨各個主筆等，一律交由軍法執行總監部究處。於是，陶等一干人犯遵令偕往軍法總監部投案，總監何雪竹對這些人犯却很客氣，請他們進入總監辦公室談話，說明本案既係最高當局令飭辦理的，自應依法偵查，但諸君不必羈身法曹，可返報社照常工作，聽候吩咐，幷以茶點香烟，欵待這羣無冕之王。可是，陶等不敢疏忽，害怕重增咎戾，情願住在總監部守法，何總監說沒有拘留之處，仍囑各人回去爲是。

及後，陶等每隔一二天，即集體赴軍法總監部報到，而何總監必招待如儀，但案件迄未進行。一夕在友人家遇見何雪公，他歡然道：「你來得正好，我有椿事要拜託你！」答以「雪公有何見教，一定効勞」。他說：「中央日報的案件你是曉得的，現在陶社長和主筆總編輯等人，隨時來總監部報到，我須招待他們的茶烟，而且用的香烟都是舶來品『三砲台』，有時候還須請他們吃頓飯。我的辦公費有限，實在招待不起了，請你轉告陶社長，希望他們不必再來報到，減少我一些賠累好不好？」我謂：「既然如此，雪公依法訊理，從速結案好了。」他大笑道：「我是管軍法的，憑何法權以審判新聞記者呢？假使我眞要審判的話，你們這般無冕之王豈不要罵死我？我怎末惹得起呀！」我說：「這樣本案終難了結，萬一上頭問及，雪公又如何對答呢？」他謂：「領袖日理萬機，時間久了，這類小事情亦就容易忘懷的。他若不提，就算了，萬一提起，即以尚在偵查對。」我乃瞭解何雪公的意旨，本案是採取不了了之的方針，以後經過數月，果然沒事了。

這可見何雪公不失其爲老成謀國的風範，遇事遵循法度，顧全大體，亦不使最高當局的威望有所損傷，深堪敬佩。此事倘教一些不識大體的好事之徒，處於何的地位，決沒有這樣息事寧人的作風吧？

行營辦公廳主任受屈

對日抗戰初期，重慶行營主任是顧祝同（墨三）將軍，他的辦公廳主任盧旭（覺華），文書組長曹振飛（露予），秘書嚴昌武（賓杜），都是恪慎從公的樸實之士。祇有總務科長龐秉訓擅長交際，他的夫人在社交場中亦很活躍，曾結識一位四川籍的女子，說是從事新聞業務的，即讓她借住在龐宅，食宿皆不花錢。這位女記者交遊甚廣，早晚常有客來訪晤，甚至深宵尚有男客來密談，龐家傭工不勝開關門戶之苦，嘖有煩言，久之，龐夫婦亦不堪其擾，藉詞有親人逃難入川，房子不夠住，婉請女記者喬遷，她亦欣然同意搬走，且仍來龐宅過從，表示久要不忘的友誼。

某日，龐科長生辰，在家裏邀約行營辦公廳主任和秘書、組長等宴會，客人於下午三時畢集，先行玩牌消遣。未幾，該女記者聞風而至，入門聲言龐科長生日竟不通知她，太見外了，特備微儀表示賀忱。說着取下掛在肩上的照相機，先給壽星夫婦拍照，然後對玩牌諸公言道：「今天機會難得，我要給諸公好好地拍張照片，藉留紀念」。大家知道她是龐夫婦的好友，又曾在龐家住過，欣然同意，她連續攝取了幾個鏡頭，大家對她再三道謝，她在龐宅吃過壽酒纔辭去的，賓主皆大歡喜，這是民國廿七年（一九三八年）間的事。

未幾，蔣委員長蒞臨重慶，在紀念週會講演嚴肅戰時生活的道理，教軍委會職員先要以身作則，樹立楷模，如有腐化行爲，必加懲處不貸。過了一星期後，重慶行營辦公廳主任盧旭，秘書嚴昌武奉委員長命令，着即拘押軍法處究辦。各方人士聞訊甚詫異，良以盧、嚴二人平日生活很規矩，既不腐化，更無惡化情形，何致遭受嚴譴呢？但沒人敢於查詢犯罪眞象。旋由顧主任拜託委員長侍從室主任陳布雷，便中向委座請示盧君犯罪事實，謂盧等聚賭腐化，并有照片爲証，非懲處不可。迨該項照片發到軍法處，經行營同事仔細觀察，乃知就是上述那位女記者在龐科長家裏祝壽時攝影的。原來該女記者是個特工份子，藉記者作掩飾工作的護身符，她懷恨龐秉訓夫婦對她下逐客令，乃乘機報怨。唯龐夫婦雖在照片之內，但係旁觀，此外尚有行營組長曹振飛亦然，既未坐在牌桌上，自不能加罪。女記者的用意是要作踐龐的，結果雖殃及盧嚴二君，她以爲盧等必因此遷怒於龐科長，免其職務，計亦良得。

案情經軍法處偵查明白後，認爲同事的朋友過生日，賓客在壽誕之家玩玩麻將牌，原係積習難免的事情，簽呈委座，從寬處禁閉十天示儆，亦就如擬辦理了。盧、嚴枉遭官非，祇好自認晦氣，但龐科長深感不安，覺得對不起這兩位長官，很埋怨太太濫交損友，指爲引狼入室，夫婦間爲之大起勃谿。嗣是龐秉訓即決計改行經商，他太太又跟大名鼎鼎的孔二小姐結成密友，對其良人經營商業，甚有幫助，到抗戰結束時，龐已成富戶，專作外洋生意了。老子說「禍兮福所倚」，於龐有焉。然盧、嚴則徒受委屈，無從申訴，事情雖不嚴重，總是生活史迹中不能釋然忘懷的殘痕。

生死有命楊永泰被刺

從民國廿一年初夏起，至廿四年秋間止，粵省名人楊永泰歷「豫鄂皖三省剿總」暨軍事委員長南昌行營秘書長兩個職務，對於所轄區域內——共計十省——的政治、經濟、文教、黨務諸事業，多所獻替，亦著績效，深受蔣委員長知遇，特加倚畀。顧樹大招風，理有固然，而楊霸才橫溢，睥睨當代，對人處事，每以直道相向，缺乏涵容氣度，因而大遭時忌，被目爲「權臣」，然楊泰然自若。嗣中樞決計將原有剿總所設置的「農村金融救濟處」，改爲農民銀行，楊對於農民銀行的人事問題，又與某方爭持不下，負謗更甚。

民國廿四年冬，蔣公兼任行政院長後，國府任命楊爲湖北省政府主席，楊堅辭不就，並向蔣公示意，如必欲以省政相驅策，則願爲桑梓服務，舍鄂而就粵。然是時中央以各種關係，殊不宜更張粵省常局，仍囑楊赴鄂，蔣公且謂：「我就任行政院長兼職的第一道關於人事任免令，即係改組湖北省府，君如不奉命，烏乎可呢？」楊不敢堅執己意，徜徉京滬，遲遲不行，似預知其爲不祥的任務。

既而戍屯鄂境的國軍將領蕭之楚、徐源泉、上官雲相等，由湖北綏靖主任何成濬（雪竹）領銜，聯名致電中樞，反對楊永泰主持省政，楊聞之竊竊自喜，認爲正中下懷。唯楊之政敵却大爲着慌，急電請何主任迅赴南京，洽商要事，何到達金陵，即往謁某要人，某謂：「我們費盡九牛二虎之力，把權臣外放，讓他離開君側，少預廟堂密勿，而閣下乃聯合駐軍表示擋駕，無異爲楊說項，而使吾輩枉費心機也。」何氏聲明原電並不知情，係部屬代爲列名者。旋即親自訪晤楊，懇切勸駕，說明蕭之楚等通電事前未徵得本人同意，擅列名字，殊屬非是，今後保證彼決不致再有干政行爲。越日，蕭等亦來電聲稱前電出於一時誤會，希望楊主席不必介懷，早日蒞漢云云。如此這般，楊祇好勉强拜命出發赴鄂，終乃死於非命！

楊就職後，作風亦告丕變，不若往時之嶙峋自負氣概，而與何雪竹寖成肺腑之交，遇事皆能和衷共濟，互信互助。楊又與川省主席劉湘友誼彌篤，劉倚楊爲溝通中樞與地方意志的唯一核心人物，川省每有興革事宜，必先諮商於楊，楊如不被刺殞命，後來對日抗戰初期，以及劉湘逝世後的政局形勢，又將不同也。

西德喜高牌皮喼

大人公司有售

曾琦與左舜生

易君左

五十餘年櫻花夢

幾十年來，我的腦海裏，常常浮出一位老朋友的影子。在青年時期，我和他同時留學東京，住在一起，心性相投，肝膽相照，彼此以「國士」相期。回國以後，他創建了一個政黨，替國家民族盡了不少的力量，而我則一事無成，雙鬢漸斑，愧對老友。

這位老友就是曾琦（慕韓）。十餘年前，我在香港聽到曾琦病逝美國的消息，不勝悲悼。一代愛國男兒，風雲人物，悲憤國難，遠適異邦，賫志以歿，實在是他的最大遺憾，同時也是國家民族的損失。

曾琦（一八九二——一九五一）

「曾慕韓先生遺著」一巨冊，在台北出版，我得到一本，細讀一遍，更使我感慨萬端。書中有關於我們青年時期住在東京的記載，是一份最足珍貴的資料。五十餘年前的櫻花夢，忽幻現於眼前。我現在僅擇其與我有關係的地方，摘要記錄，以存心影，並就我個人的記憶，畧抒懷感，也可作為研究中國近代史之一助。

原書第六編為日記。最初一編為戊午日記。下注：中華民國七年，東京、北京、上海。這一年開始，曾琦和我們幾個朋友在東京組織了一個「華瀛通訊社」，主要任務在報導日本國情於國內，同時宣揚中國國情於海外。這是一羣中華青年愛國志士的結合，當時不含有任何政治或黨派的氣氛，純粹站在愛護國家民族的立場，從事文化宣傳工作，最先揭發日本帝國主義侵畧中國的陰謀，向全世界呼籲。

以下摘錄原日記中有關我個人和華瀛通訊社的記載：

一月九日，晴。午後赴早稻田訪易君左君，坐談移時。

二月二十六日，晴。晨訪季則，約同訪其鄉人周宏業君，商議組織通訊社事。

二月二十七日，陰。飯後，訪易君左，坐談少頃。

三月二日，晴。飯後，莊仲舒趙阿難二君約同往訪湘人李邦藩君，邀渠組織通訊社事。

三月六日，雨。飯後，赴君左處議通訊社事，約同訪丘仰飛君不遇。

三月十日，雨。午後，李君石岑、蕭君陔、張君奎光先後來約同赴君左處開會，商議組織華瀛通訊社，到會者共十八人，討論至晚始散。予與數友留君左處便飯，九點鐘始歸。

三月十三日，晴。午後偕夢九移居戶塚町大字諏訪一七三鈴木方。晚布置畧備，偕夢九歷訪易君左邱天羽。

三月十六日，晴。午後二鐘，赴大森訪周伯勛君，適季則已先在，相與商議通訊社進行事。

三月二十一日，晴，晨赴丘天羽君處，與周伯勛、丘引夫、羅季則諸人商議通訊社進行事。午歸，偕夢九赴神田中華第一樓讌康心之、羅季則及丘天羽、易君左諸友。

三月二十五日，雨。晚歸，飯後赴君左處，與瞿君仲彌縱談至九鐘。

三月二十七日，晴。午後約同易君左、丘天羽、瞿仲彌諸人赴大塚周君宏業處，開華瀛通訊社成立大會，討論章程，選舉理事，到會者共二十餘人，由予報告籌備經過情形及應討論之要件。五鐘散會，約張奎光、易君左來寓便飯，閒談至晚九鐘。

三月二十八日，晴。飯後赴君左處，會同丘天羽、唐有壬、莊仲舒、黃嘯崖諸人，商議通訊社進行事，至十鐘始回寓寢。

三月三十日，雨。晨赴丘天羽處，會同唐有壬商議通訊社進行事。旋往大塚訪周伯勛君，索渠所擬之宣言書。晚赴君左處，適馮若飛新自北京來，晤談良久。

四月一日，晴。晨赴增田方，與丘唐二君商刻章程。旋赴喬木方，易瞿馮黃諸友閒談移時。午後黃君嘯巖來同佈置事務所。晚復赴喬木方，與易馮諸友談至十點鐘，始歸寢。

四月五日，晴。午歸，丘唐莊三君及其他社友數人來開編輯會議，約二小時散會。

四月七日，晴。午後赴喬木方，同馮若飛分發通訊社章程，寄國內各報館數十份。

四月九日，陰。晚，赴喬木方與諸友商議明日開會事。

四月十三日，雨。午後赴喬木方，約易君左來寓印刷稿件。晚，馮若飛黃嘯崖諸友亦來幫同印刷稿件。九鐘客去，旋倦就寢。

四月十四日，陰。若飛來寓繕稿。

四月十六日，陰。封發第一次社稿數十份，寄國內各報。

四月十七日，陰。自晨至午，校正通訊社第二次稿，封寄國內報館數十份。

四月十九日，晴。往大塚訪周伯勛，交章程數十份，託轉范源濂君赴美洲散給華僑也。

四月二十日，晴。晚約諸友來寓，封發稿件，十鐘始去，旋倦就寢。思予近因組織通訊社事，荒於功課，未閱一書，德之不修，業之不進，每一念及，輒疚神明，徒以茲事雖有損於私，而不無補於公，予既倡議，不得不勉為其難耳。

四月二十三日，陰。晨起校對社稿，並寫封面。

四月二十五日，晴。晨起封發稿件。

四月二十七日，晴。午後通訊社諸友來開會，討論對於日本警廳干涉事如何應付及此後繼續辦理之方法。議決後，復改選職員，六鐘散會。晚，仲彌同劉泗英來談至九鐘，去後封發稿件。

四月二十九日，晴。午後訪劉泗英，即將稿件交渠繕寫。

五月五日，雨。易君左、黃嘯崖、唐有壬先後來談。

五月六日，晴。君左諸友來談良久，因留便飯。

五月七日，晴。通訊社社友十餘人來寓，議決即日停辦，改赴上海組織外交新聞，餘欵暫交予存管。

五月九日，晴。將通訊社同人捐助留日學生救國團欵項廿元，交楊梓林轉達王宏實。晚封發稿件。

綜上所記，關於華瀛通訊社使我們得着幾個清晰的觀念：一、這個通訊社的宗旨已如我所述明，正因帶有反日的色彩，所以很快就被日本當局注意，由日本警察廳出來干涉了，我們幾個人的後面常常跟隨密探，遂使編印及寄發稿件發生困難。二、這個通訊社從一月份開始籌備起，經過兩個多月開始發稿，發稿不到兩個月，就因情勢的逆轉而停辦。三、從倡議、發起、籌備、組織、成立、到工作的支配、開展，都以曾琦為核心，因為他比我們的年紀都大一點，我們以「老大哥」尊之，而他也真能刻苦自勵，負責到底，且有領袖的天才與修養。四、我是最初倡辦這個通訊社之一人，被分配的工作偏重於繕寫和印刷，那時是用油印。五、當時參加通訊工作的朋友很多，在原日記上可見一斑。這些朋友，到現在健存的還不少。六、這個通訊社是純粹由朋友們私人醵資創辦的，沒有受到也決不會要任何方面的津貼，賬目清楚，交代明白，表現了愛國青年治事的眞精神。

留日學生在民五六七幾年罷課陸續歸國的抗日救國運動是民八「五四」運動的先導，影響國內青年學生的心理與精神最大。華瀛通訊社被迫停辦後，我和許多朋友都先後回國了。當日親日派的中國學生也不止唐有壬一個，而唐有壬却是參加華瀛通訊社之一人；千葉醫專的幾個中國留學生也是一樣，曾琦等都曾往勸同回國，見原日記五月二十日所記。當時參加通訊工作的朋友們很多，到今天還留在台灣的，除我以外尚有劉泗英、張夢九、莊仲舒，確知已死的是唐有壬，其餘多在大陸，生死莫卜。

在「曾慕韓先生遺著」第五編中有兩首詩，為曾琦遺作：一首是「次韻答易君左」，我却把自己的原詩散佚了；另一首是「答易君左。」

次韻答易君左　曾琦

飄然島國一相逢，傾蓋還期靖塞烽。
射虎有心兼祭鱷，斬蛟無術漫屠龍。
山林啓路披荆棘，江海尋芳采玉蓉。
自擬下愚君莫笑，會看黎庶變時雍。

答易君左　曾琦

洛庭南望托微波，蓬島西歸別恨多。
感舊勞君詩代柬，哀時累我淚成河。
儒冠亂世同芻狗，國運中興待枕戈。
楚澤故人憑寄語，遺風應共繼曾羅。

原註二十幾年前，予在東京，贈羅季則詩有云：曾羅有作空千古，那屑儀秦小丈夫，君左當猶憶其狂奴故態也。

第二首詩當然是回國以後所作。第一首詩有「自擬下愚」之語，因曾琦慕愚公移山之志，自號「愚公」。兩詩皆足表示曾琦是一個憂時愛國的志士。在後一首後並附我在抗戰初期的原作：

寄曾琦　易君左

慕韓兄，君憶否？二十年前一老友。少年豪氣吐長虹，氣吞富士摩蒼穹。首創華瀛通訊社，密以敵情透回國，我寫鋼版兄審閱，油印張夢九，發行羅季則。少年影事夢一場，軒然大波掀重洋，憤

然聯袂返宗邦。君留滬，我赴燕，少年中國學會立，欲致中國成少年。諸子英越皆卓立，政見紛紛判同異：惲（代英）劉（仁靜）毛（澤東）李（大釗）多左傾，君乃昂然樹一幟，二三好友幟另張（指何公敢等），孤軍奮鬥春申旁，我時養病臥湖上，萬言救國神飛揚。近十年事尤寥廓，君等奔波氣未挫，聊將白髮兩三莖，換取丹心千萬顆。同舟共濟此其時，駭浪驚濤仗舵師，一旦精誠大團結，曾琦到底好男兒！去年避難江之汜，市樓小晤陳（啓天）和李（璜），君方高臥未敢驚，長沙又遇左舜生。二十年前皆老友，相逢二十餘年後，二十餘年一刹那，各有雄心撼星斗。昨宵忽接慕韓詩，知君萬里騁滇池，更刊母氏劬勞集，閨閣詩人今數誰？方今惟有抗戰急，國家民族居第一，一黨開成主義花，雙蓮共結同心蒂。衡嶽嵯峨七二峯，巫山雲氣吐神龍，重申二十年前志，不滅倭奴不再逢！

我這首詩確實烙着有關於時代和國運的印痕。因爲我們囘國以後，便集中各方面的青年有志的朋友，成立了一個「少年中國學會。」可以說：中國近五六十年思想的演變，從這個「少年中國學會」（以下簡稱少中）開端。當時這個學會的發起人，後來許多分別成爲中國國民黨、中國青年黨、中國共產黨、以及其他各黨各派的重要黨員，但必須注意：在組織這個學會的當時，是絕對沒有什麼黨派的影子的，分化和演變乃是後來的事情。

我認識左舜生在曾琦之後，因爲我和曾琦同時留學日本，左舜生則在國內，直到曾琦囘國後創辦「醒獅報」時，左舜生在這個小型報服務，却挑着大樑，地點仍在上海，我因與曾琦友善的關係，才由曾琦介紹而開始結識。關於「少中」成立的時期，我記得是在民九左右，而在左舜生的「記少年中國學會」一文上說「少中」是民七成立的，然則比民八的「五四」運動更早，我想不會是這樣。近年據張夢九告訴我：「少中」成立在民國八年七月一日，地點在北京。那麼，至早是民八，此其一。左舜生又說這個學會「好像一開始政治意義便相當濃厚」，但就我所知，這個學會一開始就沒有政治意義，而仍然是「五四」精神的擴展，確是一羣愛國青年自由組合的學術團體，所以名爲「學會」是學術性兼社會性的，有如「少中」的簡明的宗旨所說：「本科學的精神，爲社會的活動，以創造少年中國。」信條更只有八個字：「奮鬥、實踐、堅忍、儉樸」，又似乎帶有道德性。總之，離政治性尚遠，即會有也很輕微，好在左舜生只說「好像」兩個字，此其二。當時「少中」會員是不是有左舜生所說像梁山泊英雄好漢一百零八人之多，也有問題，我看最多也不過像他所能舉出的八十名左右，此其三。也許我的記憶力不夠强，但無論如何，「少中」在近代中國思想史中實在寫下了重要的一頁。我又記得另外一位老友曾發表文字，把當年「少中」會員分成幾個黨派，我也難於同意，因爲發起「少中」的這班青年人，在當時實在還談不上什麼黨派，而只是國家意識和科學精神的重新配合，也誠如左舜生所說，等到漸漸醞釀着黨派觀念時，「少中」便因此而解體了。

我是「少中」發起人之一，發起人名單上的「易家鉞」，當然就是我，這是我的學名。我應該告訴大家：中國國民黨、中國青年黨、中國共產黨、以及後來許多所謂民主黨派的重要份子，都曾爲「少中」的發起人或會員。我認爲這是「五四」運動直接孕育出來的一個「怪胎」。從這個學會裏，產生了多少與時代有關的人才，產生了各種各樣的風雲人物，也產生了無數的無名英雄。

在「少中」會員裏，如果把他們漸漸蛻變的痕迹分類起來，倒也蠻有趣味，就是，以後第一部分與孫中山思想體系發生淵源的就加入了中國國民黨。第二部分未加入國民黨或僅在名義上加入國民黨，而因受了蘇俄共產主義的刺激就創立或參加了中國共產黨。第三部分則標榜「國家主義」自起爐灶創建了一個新的黨派，被世人稱做「國家主義派」，而成爲中國青年黨。第四部分則可目爲當時自由主義人士或已加入國民黨而後來又分別創立或參加其他民主黨派。試舉一二個實例：如段錫朋、易克嶷、羅家倫、周炳琳、熊夢飛、吳俊升、孟壽椿等即屬於第一部分。如李大釗、惲代英、張國燾、毛澤東、劉仁靜、黃日葵、張聞天、田漢、沈澤民、楊賢江、周佛海等即屬於第二部分。如曾琦、李璜、左家舜（舜生）、何魯之、王光祈、余家菊、陳啓天、劉正江（泗英）、魏嗣鑾、張尙齡（夢九）等即屬於第三部分。如李希賢、何公敢、阮湘、涂開輿等即屬於第四部分。其中也有由共產黨再轉入國民黨的，如周佛海、張國燾等。但無論有黨無黨，有派無派，在當時都是有爲的中國新青年，而大家的共同目標在建設少年的新中國。還有一點，在當時「少中」的會員中，以北大學生爲最多，除上舉段錫朋、易克嶷、羅家倫、周炳琳、吳俊升、孟壽椿、張國燾、黃日葵等外，尚有許德珩、康白情、袁同禮等和我。李大釗是當時北大圖書館主任，毛澤東是當時北大圖書館職員，也可以歸併於北大。因此，當時北大教授的胡適也很支持「少中」的成立。而在當時，「少中」在東南方面的負責聯絡人就是左舜生，會友中如黃仲蘇、方東美、陳啓天、余家菊等都是在上海加入「少中」的。

至於我個人呢，坦率的說：我在當時是一個接近孫中山思想體系的新青年，所以在民十三就加入了國民黨，但在「五四」前後，我只有新思想，沒有黨派思想；只有學術興趣，沒有政治興趣。我以一個出名的北大學生參加「少中」而為發起人之一員，我的學名常在這個學會出版的刊物「少年中國」上面出現，最初見面的是在創刊號上的一個長篇翻譯的「野犬呼聲」，一篇革命性的世界文學名著。那時，李石岑在上海辦「民鐸」雜誌，約我寫稿，我的每一篇文章被人驚奇的愛讀。李石岑寫信給我，說是每讀我文後必拍案歡呼，有一次竟把桌上的墨水瓶打翻了。張東蓀那時主編上海時事新報「學燈」副刊，約我寫稿更多，「丘九」、「開倒車」等新名詞就是我當時製造出來的。

「少中」時期的新青年，思想還沒有定型，然而從這時期開始以後，由於每個人自己的研究興趣和志向抱負的選擇，逐漸使思想型態明朗化而趨向一種定型，而這種演變是極其錯綜複雜，有時甚至於矛盾。近幾十年來的一部中國血淚史，「少中」同人是要多少負一部分責任的。

今天尚健全的「少中」老朋友，在台灣尚有方東美、雷寶華、湯元吉、劉泗英、陳啓天、余家菊、張夢九和我，僑居海外的在香港有李璜和吳俊升，在西德的有沈怡，原居香港的何魯之已去世，左舜生也由香港來台灣去世了。其他在大陸的尚多，消息隔閡，已死的當不少。

藏書買書又賣書

從民十到十五六這幾年間，我國青年人的思想好像吹着一陣無定向的風，忽東忽西，忽南忽北。除原有的國民黨外，新起來的有共產黨，還有曾琦左舜生等在上海創辦的「醒獅報」，口號是「內除國賊、外抗强權」，世人叫他們做「醒獅派」，或「國家主義派」，也就是中國青年黨的前身。另外，何公敢一班人在上海創辦了「孤軍雜誌」，政治主張介于三民主義與國家主義之間，世人叫他們做「孤軍派」。孤軍雜誌不久改名為獨立青年雜誌社，何公敢確有創立「獨立青年黨」的企圖，並沒有實現。我那時正在上海，我認識的朋友很多，所謂醒獅派的朋友，曾琦不用說了，其他後來稱為青年黨元老級的人物如左舜生、李璜、陳啓天、余家菊、魏嗣鑾、常燕生、周太玄、王光祈、劉泗英、張夢九等，許多都是遠在東京留學和在北京讀書時期的老友；而所謂孤軍派，何公敢外，還有阮湘、周佛海、陶希聖、薩孟武、劉光華、涂開輿、羅益增、彭維基等也都是多年的老朋友，不過後來他們多已成為國民黨員。我由於他們友誼的請求，有時在他們的刊物上也寫寫文字，在一個思想吹着無定向風的階段，初時尚沒有膠着固定的政治型態，重點不過在鼓吹愛國救國而已。

民十六寧漢分裂時，南京有一個總政治部，武漢也有一個總政治部。南京總司令部的總政治部，主任陳銘樞，副主任是劉文島。何公敢本來同陳銘樞友好，被任為總政治部宣傳處長，阮湘任科長。當時國民黨同志間，有人指摘何公敢為國家主義派，反對他主持總政治部的宣傳工作。這樣一來，凡是何公敢的朋友，都犯了國家主義派的嫌疑，而在被打倒之列。南京市上，已發現公開張貼「打倒國家主義派！」「驅逐國家主義派！」等標語，和「打倒共產黨！」一樣的響亮。何公敢之所以被指為國家主義派，大概就因為辦孤軍雜誌的關係。當時國民黨一部分同志，也許由於黨的意識强烈，鑒於共產分子那一套的滲透破壞，又怕另有一套來箝住，于是乎左右開弓。好在我個人早已在三年前加入了國民黨，我又不要加入總政治部，我有自己的革命崗位，那時我正任國民革命軍第四十軍政治部主任。何公敢就任宣傳處後，為表明他本人和他的朋友們的態度，把獨立青年雜誌社解散了，正式宣言全體社員加入國民黨，一場風波才告平息。

左舜生于民九服務上海中華書局編輯所任新書部主任，曾陸續出版新文化叢書、少年中國學會叢書，並主編「少年中國」月刊，我在這個月刊上開始寫稿已如上述，因此與左舜生加深了志同道合的友誼。從民九起，左舜生即致力於中國近代史的研究，到民十五止，出版了好幾種史學專著，最受人稱讚的是他的「中國近百年史料」初編及續編，以後他一生治學的方向都向這方面努力。到民十五，才由中華書局資助，赴法國留學，民十六返國。我有三個老友都先後在中華書局工作：左舜生、舒新城和錢歌川。

以後一大段時期，左舜生和曾琦等為他們的政黨盡了最大的努力，同時又遭受了許多的頓挫，但在思想上、言論上和行動上已顯然與共產黨對立起來，而與國民黨漸漸接近，所以一到對日抗戰開始，左舜生即代表青年黨與國民黨當局接洽後，兩黨開始精誠合作，反日反共。

抗戰開始後第二年即民廿七，我和左舜生及他的堂侄左幹忱等回到長沙，那時有一部分青年黨人流亡到了湖南，由於我回湘後即主辦湖南國民日報，對於這班青年黨朋友多少照料了一番，例如我聘請了左幹忱担任編輯。那時我的表妹兼小姨子黃學儀也在報社中工作。我這個表妹才高眼高，以前阮湘、涂開輿到漢壽來都追求她，都沒有成功，而獨對左幹忱垂青眼。當左幹忱隨他的叔叔由湘入川之後，學儀留下一封長信給我，隻身追踪前往重慶，便在成都和左幹忱結了婚。所以我和左幹忱是「連襟」，對左舜生似乎降了一級，總之，我們已成為親戚了。

在抗戰的陪都重慶，由於敵機轟炸，朋友們見面的機會不多，我和左舜生自不例外。有一次，我因事到朝天門，忽然警報長號，我正匆匆找防空洞，穿過人潮汹湧的街上，迎面碰着一個人，一撮頭髮披在有皺紋的前額，穿着一件陰丹士林長布袍，手裏還拿一本書，一看，就是左舜生。他急促的問我：「君左！你到那裏去？」我答：「躲警報。」他便一邊拉着我，一邊急走一邊說：「我們黨部附近就有一個很好的防空洞，你跟我來吧！快走快走！」不遠果然有一個防空洞，我們倉皇擠進，剛入洞門，轟隆一巨響，炸彈開花。舜生還笑着說：「躭誤了我買書的時間，可惡！」原來他手上拿的一本有關中國史料的舊書是剛才在朝天門書攤上買來的，當時青年黨重慶總部就在朝天門信義街二十九號。

我們不常會面，由於左舜生一家住在很遠的巴縣鄉下叫做什麽「溪」的一處偏僻地方，而我一家住在重慶南岸的黃桷椏山頂，交通太不方便，加以敵機狂轟濫炸，出門常懷戒心。雖說如此，一年總有好幾次見面的機會，大半在公共集會上。從前杜甫夢見李白寫下了幾首名詩，我在重慶也夢見過左舜生一次，有下面一詩爲證：

臥病南郊，忽夢舜生慰問近狀，醒後得二絕句，即寄奉謝。

信義街頭破屋楹，頂天立地數書生，
廿年交誼清如水，戰角同吹第一聲。
臥病荒郊百事變，故人飛入夢中來，
蒼天不閉興華眼，赤膽忠肝仗楚材。

抗戰勝利第二年即民三十六年春，我們的書生學者政治家的左舜生受任爲農林部部長，在任一年又八個月。我那時正在西北辦報，一度回南京會到農林部看過了他，仍然是一派書生本色，不像一個「位列三台」的「大官」。直到民三十八上海撤退前夕，我比他遲幾天由上海飛台北，一次在街上邂逅，是在羅斯福路二段的路上，我看見前面一輛三輪車上坐着一個長袍的長者，我向我的太太說：「很像左先生。」於是叫我們的三輪車趕前一步，果然是他。各自下車，他向我打拱道賀，說：「你們兩個人全來了，我一家十口還在上海呢！」匆匆各留了通訊地址，相約再會。我當時想：這就是一度曾做過農林部長的學者，也像我們一樣爲國難家愁的生活鞭子猛笞着，一樣坐着一輛破三輪車躑躅在這天涯海角的街頭。

左舜生是民國三十八年九月由台灣赴香港，我是十一月間去的。我一到香港，就去拜訪左舜生，他已在九龍郊外鑽石山正街頂了一層小樓，看見我和太太來非常歡喜，經我當面情商之下，他願將木板隔着的尾房一小間租給我們住，言定月租港幣一百元，一百元在當時不算小數；如果不是「老友記」（粵語：老朋友），可能要二百元。他和他的太太黃竹生以及兩兒一女擠在前面一間正房。這時，他已在所居附近的正街邊租了一間門面，開了一家小士多（小雜貨店），邀我也加入做股東，我和太太商量之後便接納了。關于這一件事的經過詳情，我已在本刊寫了兩篇專題報導，在本文裏不再複述了。

鑽石山的小士多關門大吉後，左舜生一家搬入鑽石山裏面的大觀路惠和園門牌第三號，入山愈深，路也更難走，以後便一直住在這裏，沒有再搬。我一家則搬到鑽石山附近的牛池灣，後來又搬進鑽石山麓自己修建的一座石屋，因所居與左家甚近，常相往來。牛池灣另一處荒僻的園野，住着一二十家，全是流亡來香港的青年黨朋友，我們有時到他們那裏打打小麻將或打打湖南紙牌的「跑胡子」，來盡量冲淡逃難的氣氛，但是越想冲淡而氣氛越濃。這些朋友們的艱苦生涯和其他大多數的「難民」一樣，幸而後來天不絕人得到了一筆「美援」而創立了一個「自由出版社」，解了他們之厄，出版了「自由陣線」月刊和大量叢書，也約我寫了兩三本書，因此我的困難也減少了一部分。這時，左舜生以青年黨元老身份，成爲這個新興出版機構的最高顧問和指導者，他自己的著作也出版了好幾種。在這一二十家中，有一家便是左幹忱，上面說過的我的那個表妹早已在抗戰期間不幸死于成都，現在左幹忱的太太是原配鄒恩澍，抗戰勝利以後才重聚一起的，想不到左幹忱也于幾年前死于台灣。左舜生的原配劉名璧，我們稱爲「左老太太」的也住在牛池灣。還有一家以種菜爲生，也是湖南同鄉，在牛池灣居然種活了湖南的特產東莧菜，送我一把，在我看來，比龍肝鳳髓還珍貴。

那時的鑽石山，除左舜生一家和我一家外，還有劉伯閔、成舍我、李中襄等幾家，因爲大家都是老朋友，往來尚不寂寞。誠如程滄波在一篇文章裏說：「我和左先生晤聚最多的時期，要算民國三十八年從大陸撤退到香港，左先生住在九龍鑽石山，那是九龍變相的難民區。當時劉百閔住在那裏養鷄，成舍我、李中襄、易君左幾位先生也住在那裏。一到鑽石山，東家西家一走，可以消磨整天時間。」有一位自由作家吳文蔚記述在鑽石山會見左舜生和我的情形：「記得那天是易君左先生邀我談話，易先生跟左先生住在一個房間裏，見了易先生，自然也見了左先生。易先生當時給我介紹說：『認識嗎？這就是左舜生先生。』我隨口便說：『我認識左先生，左先生不認識我。』……當時易先生穿的一件黃色的麻呢西裝，而左先生穿的是一件藍色緞面的皮袍。我隨便打趣着向易先生說：『左先生眞有辦法，還有這件皮袍子沒被共產黨共掉。』易先生說：『左先生的東西，統統被共產黨共掉了，就剩下這件皮袍子。』說着，他也指着自己：『我也就只剩下這套西裝了！』當時左先生打趣的問我：『我和易先生還有很多財產沒被共產黨共掉，你猜是什麽呢？』他不待我回答便自己先說：『是我們的思想！』……」

在同住九龍相當長的十幾年期間，我對這位被阮毅成稱爲「中國典型的亂世書生」和被李璜稱爲「書生畧帶名士派」的政治家、政論家、歷史學者、文學家的老友左舜生，認識愈加深刻，生活愈加體驗，而自己認爲萬萬分趕不上他，趕不上他的地方太多太多，放開天下國家的大事不說，只說一些身邊生活上的小事，至少有四點可以談談：第一是買書，第二是健談，第三是打麻將，第四是收乾女兒。

鑽石山惠和園三號，誰也知道是左舜生的住宅。由鑽石山正街的聯誼路七彎八拐的進去，踏入亂石子鋪成的泥濘的路面，那就是大觀路，右手邊一座大門掛着「惠和園」三個字，走進去左邊有一座小門，門外小園雜植着從來沒有整理過的花木，進入一座平房，進門即是一間長形小客廳，光線黯淡，客廳左旁和後面有幾間小房，左旁最前有一間就是左舜生的書房，是他朝夕相依治學治事的唯一處所。在這間小小書齋裏，三面堆滿了玻璃書架，裏面陳列整整齊齊的大部頭的線裝書和洋版書，編有詳明書目，一查便知，等于一座小圖書館。這些圖書都是他經常翻來翻去的，作為寫作的參考資料。這一點，我就不如遠甚。我沒有藏書的習慣，更沒有整理書籍的本領。有時架上無一本書，而自覺胸中有萬卷；有時架上堆滿了書，而胸中卻空無一物。再說：左舜生不但會藏書，而且會買書，又會賣書。自己和一家省吃節用，有錢就買書，只要是適用的，再貴的書也一定買入。可是到了實在沒錢的時候，連最心愛的孤本也只得忍心割讓了。我所知道的，他買買賣賣不知若干次，一直臨到離開人間的前夕，為救窮還打算傾架賣去，在他逝世後就由政府全部買下來，把一筆較大的書價作為他的遺族養育金。他逝世後，引起了多少人的懷念。有一位作家胡國偉追述左舜生買書賣書的事，畧說：「左先生一到香港就鬧窮，他從宦海中所贏得的只有兩袖清風，此外別無長物。他生平最大的財產，就是藏書。從書房到客廳，四壁都是書櫥。坐擁書城，治學不倦，這便是他旅港十餘年來的生活寫照。然而，有時窮起來，就連他自己愛的書，也不能不賣。大約是十年前的事，左先生賣掉一部原版古書，價值港幣二千元，買主是美國某大學，原因是屋租到期，不願失信。我對他說：『賣掉這樣珍本的古籍，未免太可惜了！』他用兩句譬喻言詞作答：『英雄賣馬，壯士賣劍。』說完搖頭一笑。」

惠和園書齋裏，陳設簡單，幾張普通沙發，兩三個茶几，一張籐椅，一張小書棹和一張皮椅，會客並不在客廳而在書房，來五六人便有人滿之患。因為書架多，壁間的空隙有限，所以只掛了主人所最愛以前徐悲鴻畫給他的一匹奔馬，另外在書棹旁邊壁上掛了我寫贈他的一首詞。到深冬嚴寒，書房裏擺一個小電爐取煖，如是而已。

但是客人源源不斷的來訪。這些客人，包括學者、專家、教授、教師、作家、記者、攝影家、大專學生、知識婦女等等，男女老少、外籍人士均有，而以青年們為最多。主人對于來者一概接見，從來不會擋駕，而且開門的常常就是主人自己。遇着陌生者來見，問：「你找誰？」答：找左先生。」接着是：「就是我，請進。」生張熟魏，來者不拒，這是左舜生的寬容大度處。但是有兩三次卻碰着麻煩，來訪的陌生人不是旁人，正是共產黨的同路人，三言兩語，談得不投機，便舉杯送客。遇着純粹的青年和自由人士，或者，他心裏所歡喜的人，特別是美麗而聰明的孩子，他便大談特談，畧無倦意。他雖操着一口微帶長沙土音的官話，但咬字清楚，吐辭幽默，說話的技巧正像他寫文章，十分流暢、乾脆而漂亮。

打牌本來是一種消遣排悶，偶然打打或打得次數少一點便無所謂，或者輸贏都小一點是最好娛樂。可惜是我們這位「書生畧帶名士派」的輝煌人物，卻最喜歡打麻將，有些時候甚至打到通宵，輸贏也相當的大，打來打去雖只限于那幾個熟朋友，並不逢人便找「三缺一」，但是年紀大的人，又是看書寫作最忙的人，體力精神消耗在「方城」之上的，也就太浪費了。而且有時甚至渡海遠征香港去打，深夜輪渡停止，便坐渡海小汽艇的「嘩拉嘩拉」回九龍，弄得精疲力竭。有些一向關心他的朋友便試行探問：「左公，您為什麼這樣喜歡打麻將？」微笑的答覆是「打麻將就一切皆忘了！一切輕鬆了」！再追問一聲：「打麻將又有什麼好處呢？」于是聽到一個大哈哈：「你沒有聽過于右老的名言嗎？如果中國五萬萬人都打麻將，中國早就太平了！」關心的人也只好黯然而退。本來，憂時憤世，去國懷鄉，寄身異域，飄泊天涯，眞是萬感交集，竹林之遊，並不足為盛德之累，但是這些話似乎只能適用于一般流亡而感到痛苦的普通人士，何能用于大才磐磐的左舜生？就由于常常打牌的影響，體重漸漸減輕，面色漸漸蒼白。還有一點，即生活欠正常：起居是早一晚、遲一晚，飲食是飽一頓、餓一頓，吸烟是左一枝、右一枝，看病是中也好、西也好。所患胃潰瘍即平素營養不良的徵候，去美國時本來一割了事，老友李璜勸他割去，而始終未割，回港後日積月累，竟至病入膏肓，無術回天。天之生才實不容易，以他的精神精力，如果在日常生活及保健上好好照料，是一定克享遐齡的，可惜可惜！

再則，我們不必為賢者諱，左舜生一生風趣，最喜歡談女人。在香港名作家岳騫的一篇紀念左舜生先生文中，說到「左先生喜歡談國家世界大事，喜歡談近代史料，也喜歡談女人。」不過，「左先生只是愛談女人，其私生活卻是相當嚴謹的。」岳騫的話一點不錯。我所深知，左舜生不但愛談女人，而且談的多半是現代的名女人，包括貴婦和交際花交際草等，談得有憑有據，有聲有色，把他歷來所談的話記錄下來，眞可編成一本人人愛讀的「名女人外傳」。除談名女人外，就是收乾女兒。他數度赴日本，訪問日本外交元老專家學者，盡了國民外交的責任，一有閑暇，便去看看在東京的一個年青貌美的乾女兒，我曾讀過他贈日本乾女兒的小詩，清靈可喜。有一年，不知由誰介紹，在九龍又收了一個義女，芳齡已近三十，望之如二十許人，相當美麗。那乾女兒送了乾爹一套名貴的西裝衣料及其他用品，乾爹也還送禮品，收乾女兒那夜，只有我們幾個朋友參加晚餐。乾爹坐在沙發上，談笑風生，乾女兒侍立在後，拍了幾張紀念照片。在事實上，他

一幅富有紀念性的合影：坐者左舜生（右）李璜（左）。立者四人右至左：左幹忱、易君左、王世昭、劉泗英。圖中爲本文作者所繪山水堂幅，攝于九龍易氏海濱書屋。

劉泗英題詩：踏遍蓬山一萬重，中興辛苦廿年中；紅棉花好香江煖，亂柳絲搖塞北濃！喬木閒雲藏野鶴，鯉門躍浪起真龍！今宵只可論詩句，異國歸來畫更工。

收義女不過一時高興而已，或者藉此以稍減晚年的寂寞，多少獲得一點精神上的温馨，絕不會影响到家庭，所以收的義女，同時也正式拜見義母，像家人一般親切的往來，從來沒有出過什麼毛病。

左舜生在香港的家庭，尚有一事可談。他的太太黃竹生和兩子一女都是虔誠的基督徒，黃竹生且爲鑽石山教堂的女執事，大兒子也是執事並負責青年團契，只有左舜生本人決不信教，但也決不反對妻子們信教，這是他的開明的風度。他是一個自由主義人士，自然應該尊重個人的信仰自由。我在九龍另有一位朋友，也是左舜生的朋友，情形與左家同，妻子們完全信教，但丈夫却極端反對，甚至因此而辱罵妻子，把聖經丟進陰溝裏，一直到死時才由牧師在醫院病牀上受洗。

此外，我同左舜生一直是國際筆會香港分會的委員，每屆年會改選，我兩人的得票總是佔最大多數。在筆會常會及郊遊會上，我兩人因爲年紀大一點，常常受着會友的尊敬；與其說是尊敬，不如說是親切。筆會是純粹文人的集團，文人氣質是隨隨便便的，談談笑笑，吃吃喝喝，毫無拘束。在郊遊會上，有猜謎一項餘興節目，往往請我主持。記得有一次我出了許多有趣的新謎語，如「龜兎賽跑」射筆會會友兼名作家一，即「徐速」。「事無不可對人言」射現代名影星一，即「白光」。我當時指出一條特別請左舜生猜。我笑說：「這一條也只有舜老才可以猜到啦。」謎面是：「一樹梨花壓海棠」，猜香港一家菜館招牌。左舜生想了一想，笑道：「君左！也虧你想得起。哈哈哈。」猜謎的會友便問：「舜老，你猜中了吧？」左舜生笑道：「老正興！妙極！妙極！」

這些天涯海角的花花絮絮，如夢影，如曇花，如烟雲，到如今，全都消散了。哲人其萎，樑木其頹，使我何等悲悼。我還記起我的一首詩：

丙申新春訪舜生郊居

世事籠輕霧，春來意正繁。故人雲外宅，疎木雨中園。
平野多清思，危時憶戰痕。吾儕垂老矣，尚欲起黃魂！

在另一次郊遊後，左舜生寫了一首新詞：

踏莎行　　左舜生

軟水溫山，丹楓白露，漁舟點點神州路。誰言遊子竟忘歸？歸帆總被秋風誤。
濁酒休停，閒愁休訴，歡娛共把頹顏駐。從頭收拾好家居，思量未必他人錯。

我和了他一首：

前調　步舜生原韻　　易君左

病鶴舞風，秋蟲咽露，小紅低唱松陵路。江山到處有情絲，牽情終被聰明誤。
靜是花飛，寂無人訴，夢回難使朱顏駐。哀猿啼盡斷崖邊，憑誰鑄就神州錯。

左舜生是最富于中國古典文學修養的，雖不常做詩詞，但偶然興之所及，小詩小詞，極盡清新的神韻。白話文和文言文寫得都好，在當世老一輩的作家中，不可多得。李璜在「回憶左舜生兄」一篇文章中，曾舉出左舜生往年遊揚州時的兩句詩：「春盡江南又江北，我來猶及杜鵑紅」，有王漁洋龔定盦一流詩人風格。而且他會寫新體白話詩，例如在「少年中國」一卷九期上的「南京」那三首。

左舜生去世於民五十八年（一九六九）十月十六日上午八時二十分，在台北榮民醫院，享壽七十七歲。又李璜先生的「回憶左舜生兄」文裏，有一段記載非常有趣，可以看出早年一般文藝界朋友的生活情形，原文如後：

『……等到我於民十六年（一九二七）以國家主義反革命派的罪名而被通緝，在國立四川大學不能再教下去，於是年秋間闖逃到上海；則慕韓早幾月在上海被捕一次，由王亮疇先生設法保釋，而避往日本；至舜生則由中華書局資助他去了法國。上海也成恐怖世界，友朋星散，我爲支撑中國青年黨總部這個地下組織，以便暗中與各地支部發號令、通消息，晝伏夜動，相當辛苦。幸而「清黨」以後，上海漸漸安定下來，舜生也於民十八年（一九二九）春從法國仍回到上海，在上海中華書局編輯所仍舊作事，而且地位更見重要。因爲中華書局總經理陸費伯鴻鑒於商務印書館搜古版書，在出涵芬樓叢書，而他要起而與商務競爭，特請舜生爲之搜買舊書。舜生一向本爲中華編輯新書，並出版新文化一類的叢書，所以他曾拉「少中」會友田漢、張聞天等當過一時中華的助理編輯，啓天除專爲中華編輯「中華教育界」雜誌外，也有時幫助舜生拉新文化叢書一類的稿子，我在法及回國後所寫的書近七八種，都交與上海中華書局印行，也是這個原因。這一搜買舊書工作，以舜生既好讀書，又辦事認眞，乃一部一部的細看，把舜生的中國近代史的學問工夫助長得與日俱增了，而養成舜生以一窮書生的買書之癖，也在這一個好與舊書商打交道的機緣上。

這時起，舜生大概已是中華書局總編輯的地位，月薪較前畧豐，於是他把老父母都迎養到上海與之同居了。但以上海的生活日高，收入所得，對於仰事俯蓄，只得省吃儉用。舜生住的仍是一個一樓一底的弄堂房子。這種房子，進大門一小天井，前進一樓一底多半只是十尺乘十尺方，後面則又一更小的天井，背後即是一個小廚房，廚房頂上一小屋，稱爲「亭子間」。（廚房例通後巷，可以進出，故這種房舍的構造，雖小而光線並不錯，每房都有前後窗，空氣流通。）舜生夫婦帶着小女住前進樓上，看書作事都在其中；其老父母則住在亭子間，前進樓下當然非作客廳不可。但是這個小客廳，常常被我們少數窮朋友霸佔爲臨時打舖夜睡之用！

有一個時期，中青的黨務較忙，我要隨時奔走於南北之間，連在上海教幾點鐘書的工作都放下了。回到上海，則往往弄一個行軍牀，夜間便在舜生的客廳擺開，作爲臨時客棧。本來客廳裏還有一張長籐椅，也可以用來過夜，但每爲張夢九兄所獨據；跑進來，倒下去便已呼呼大睡；我只好自備一個行軍牀；擺地舖，在客廳磚地上不大相宜。要吃飯，則交錢與左大嫂與我們這班惡客做，舜生一早向老父母問安後，則從廚房後門溜去辦公，怕驚醒我們惡客之夢。

這大概在民十八之冬至十九之秋，有近一年時期的中間，地點記得是靜安寺路底右側一個叫「隨雲里」的弄堂裏。其時他的老父還在，已不大健康，老母則甚健，也愛打幾圈麻將牌。其老父所最重視的，是他從家鄉帶出來的一個長形立座木盒裝的「左氏堂上祖先神位」木牌，他把這神位牌供奉在前面小客廳裏靠壁的一個長卷几上，每早必來燒香作揖。他每一拿着三根香，咳上一聲，進小客廳，就不啻我們這少數惡客的起床鈴響了，大家趕快爬起來跑到廚房裏去洗臉！

舜生既喜歡戲劇，當時他有兩位湖南同鄉好朋友，田漢與唐槐秋，都在搞新劇，各有各有劇團組織，各唱各的拿手好戲，我不大能欣賞，舜生則特別起勁，常與周旋。田漢的南國劇團人馬尤多，男女青年不少，有時候免不了要到舜生的小客廳來玩玩。舜生既白日有定時的工作，而田漢或唐槐秋帶着他們各認爲自己的名脚兒便多半是晚飯後來舜生家坐坐，談得甚爲高興，深夜才散。這一來，把舜生的老太爺對於他所供的祖先神位，引起恐懼心理來了！他老人家夜裏九點鐘便睡了，不知道這班朋友至遲也要玩到十點後才走。老人家平日對於我與夢九在神位前高臥不起，覺得這是男人尚無所謂。及至看見少男少女，嘻笑聚談，至於深宵，在這小客廳裏究竟有無異動，汚及神位，那就有點不大放心。因之，有一天，他忽然將這個木盒神座搬往廚房間的高碗櫃上面去放着，早晚在廚房燒香。從此，我有時在小客廳裏可以睡一次懶覺。……』

新歲憶童年

宋郁文

除了特殊情形外，大抵每個人最快樂的時候就是童年，童年天眞無邪，百憂不感其心，萬事不勞其形，所以每個人對自己的童年，都是值得回憶的。而童年最快樂的時節，要算是新年了。我生長於廣州，而且生長在一個小康之家，對於過年，就特別感覺愉快。

臘鴨蟲的快活

我童年讀的是私塾，廣州雖有學校，但就讀於私塾的很多。私塾一到十二月初旬，便先後解館了，解館之後，學童就閑在家中，父兄開設商店的，都走到商店做「臘鴨蟲」了。我父親開了一家西土藥行，簡稱爲「西土行」，這似乎和「南北行」是對稱，南北行是辦南北藥材的，西土行是辦廣西和廣東土藥的。西土行和南北行一樣，除了本銷，還辦出口的，規模很大。那藥行是兩進深，三邊過，兩層高的大屋。所以我和哥哥解館後也到那西土行做「臘鴨蟲」。曩時廣州大行莊，一到臘月，就買進大量的臘味，臘鴨、臘肉、臘腸等等，都在當風的樓上掛滿了，每日兩餐，除例常菜式外，必有臘味，商店的小開走到商店裏住，天天都吃臘鴨，就好像「臘鴨蟲」一般，專吃臘鴨的，一般人就替此輩起一個渾號爲「臘鴨蟲」。

臘鴨蟲在店裏，無事可做，一心就想着過年，大概十二月中旬，街上叫賣的，都是過年的物品。如藤絲、葵尾、掃把之類，這是供店戶作大掃除之用的，家無論貧富，屋無論大小，都大大掃除一番，大掃除之時，家私什物都堆滿門外，家家如是。此外叫賣的，就是神紅布和新「通勝」（通書），因爲大掃除後，所有陳舊的揮春（春帖子）金花、紅布，都撤除了，然後換上新的。有叫賣慈菇、桔、柚子的，又有叫賣爆穀的、粘米粉、糯米粉、片糖的，還有賣荔浦芋、賣蘿蔔的。這些東西，是用來煑煎堆、油角、芋蝦、蒸芋頭糕、蘿蔔糕、打餅的。有一句諺語，至今香港尚流行，是「年晚煎堆，人有我有」，幾乎每家都不可缺少，是作新年茶點之用，親友間也用以互相餽贈，即街坊鄰里間也有餽贈的。這表示了彼此和平共處的精神。不像現在，人們嘴裏喊着「和平共處」的口號，心裏就謀度着人家。根據明人屈大均「廣東新語」，煑煎堆、造茶泡、製糕餅的風氣，在當時已經有了，所以至少有三幾百年歷史。

由於這許多的叫賣聲，大部分都是過年時所特有的，在我們「臘鴨蟲」聽來，就覺得很悅耳，因爲這些市聲在告訴人們：「新年快到了！」大行莊在掃舖（大掃除）之後，接着就收舖了，收了舖就不做買賣，店中陳設一新，以便過年。所忙的，就是交收，行莊收賬，有月賬，有節賬，有年賬。月賬可以推延一些，節賬就不容易推了，年賬就非結了不可，商場中一時都忙於交收，有到年三十晚（除夕）深夜，還點起燈籠去收賬的，但一到除夕拜年，燒了爆仗之後，就不能再催收了。

在殘年中，不但行莊停止營業，連來往四鄉的輪渡，也歇水（停止開行）了。由於這一關係，報紙的小說版，也要完全改變，刊登中篇、短篇了。廣州的報紙，都有長篇小說的，而報紙的銷行，大多到四鄉去，輪渡停航，報紙不能向四鄉運送，四鄉讀者，就會中斷了長篇小說。有此原因，就索性把長篇的暫停，臨時刊登中、短篇，大概輪渡停航的時間，約有七八天。

尾牙·祀灶·團年

現時香港過年，只不過熱鬧三五天，但曩時廣州，剛好有一個月的秩序。由十二月十六尾牙，直至到正月十五元宵，其間大吃大喝的，有還神，祀灶（廣州話訛爲謝灶），團年（年夜飯），開年，人日等等，連起尾牙和元宵就有六七餐之多。所以我以爲廣州過年秩序，是從尾牙開始的。

牙祭之風，不知起自何時，但在宋人的筆記中就有著錄。當時節度使牙門，每逢朔望的次日，就在藏節的廳堂上祭祀，祭罷的肉，例必分與各吏員吃，現在我們通稱官署爲衙門，其實「衙」字爲「牙」字之訛。牙是牙旗，大旗上飾以象牙之故。軍營的門前，例必豎着高牙大纛，故稱牙門。唐朝時候風俗尚武，所以文事的官署，也稱牙門了。但不知如何，牙字訛爲「衙」，於是「衙門」通行了，「牙門」反爲不大爲人所知。

節度使的牙祭，傳入了民間，於是工商界和大的農家，都有了牙祭，稱爲「做牙」，仍於初二、十六行之。不過近年香港的工商界，也有些用新曆做牙的，在平時新舊曆做牙無大問題，但做尾牙，就不知怎樣安排了。

牙祭的酒肴比較豐富，尾牙因爲是一年中最後的一個牙祭，酒肴就特別豐富，有些更大排筵席。尾牙過後，就要擇個吉日還神。還神者，酬謝神恩也。店中一年的盈餘，人口一年的平安，據說全是神的庇祐，所以到最後就要還神，有些吝嗇的老板，把還神和祀灶合併起來舉行，所以諺語就有說：「還神兼謝灶，事頭算得到！」但由於流行這種諺語，幾乎沒有人敢於甘受這種譏諷的。

廣州祀灶，有「官三、民四、蛋家五」之說，更有說「發瘋（痲瘋病）六」的，就是官宦之家是十二月二十三日，老百姓是二十四日，水上人家是二十五日，生痲瘋的是二十六日祀灶的。不過，普通人家，也有在二十三日舉行的。臘月祀灶之風，起於後漢陰子方，後來人們傳說灶神於二十三日升天，奏報人間善惡，也有說是二十四日升天的，在宋朝是用二十四日，明朝也一樣，到清朝就二十三、二十四都有。據清人的筆記，乾嘉時候，廣東有在小除夕祀灶的。

廣州祀灶，以酒、肴、活生生的鯉魚、片糖、甘蔗、桔等食品，但鯉魚例不烹，祀灶之後，蓄之水缸中。故在二十三、二十四兩天中，又有叫賣「謝灶鯉魚仔」之聲。

祀灶以鯉魚，不知是何取意，用酒是古代「醉司令」之意，用糖是藉以膠其口，使在玉皇大帝之前不能言人之惡。還有一事，就是要填一紙「灶君疏」（是奏疏的疏），把一店或一家人口、姓名、年籍、性別等等都填上去，好像填報戶口一般。

祀灶那一餐，酒肴也是特別豐富的。至於團年，要一家一店團叙，大大小小，例必共吃的，只有那些「一年將盡夜，千里未歸人」，不免有些傷感。

有些富有人家，三妻四妾而不同住的，那可煩惱了，預先就要安排好幾個妻妾的團年時間，到這裏吃吃，又到那裏吃吃，每一位住家，都要去吃吃團年飯，那種苦惱，和平時「享齊人之樂」的趣味，大不相同。

除夕花市之盛

我以為過年的最高潮，就是除夕。除夕有兩樣忙：其一是交收忙，上文已說過，有在除夕深夜還去催賬的，更有在人家店裏坐着不走，直到收了賬才走，假如收不到，就要人家子夜拜了神，燒過爆仗才走的，其二是買花忙。廣州有兩個年宵花市：一個在城裏雙門底，禺山市，規模較小；一個是城外槳欄街、打銅街，除了這兩條大街外，附近的一些橫街，也都成為花市的範圍。伸展到十八甫，亦成古董肆。大概尾牙過後，花市就逐漸開始。那時，買花的人很少，到年二十八、九，逐漸旺盛，三十晚就人如潮湧，有時候捲入了人潮中，被人擠逼，足不履地，而可以浮行數十步的，直至凌晨四時許始散。

花市分盆花和枝頭的花，盆花以金橘、牡丹、芍藥、茶花、桂花為多；枝頭花以吊鐘、梅花為多，桃花則甚少。此外，還有水仙，水仙分企頭與蟹爪兩種：企頭是讓它自由發展的，蟹爪是經過人工雕削的，使其枝葉曲如蟹爪而不直伸。

吊鐘為灌木，嶺南處處有之，而以肇慶鼎湖（又名頂湖）為佳。高四五尺，先花後葉，未開花時，花蕾如毛筆筆頭，顆顆向上，及開花，作紅白色，顆顆如小銀鈴，每蕾約八九花，皆下垂，沒有仰天的。惟鼎湖山的，每蕾開十二花，人家遇此，視為祥瑞，必為之簪花掛紅，店戶多插之，以驗一年之好運。

自來詩人詠及吊鐘的不多，順德張玉峯（名琳，嘉慶貢生）「冬日即事」云：

閒烹雪水洗春芽，石葉焚香繞障紗；
讀罷楞嚴清晝淨，瓷瓶初放吊鐘花。

汪精衛亦有二絕云：

月華的皪滿樓臺，照取繁花爛熳開；
想見瑤池王母宴，衆仙同覆紫霞杯。
蕊珠和露浥微馨，風味清淳似酥醒；
我與衆生同一醉，千鍾撞罷不曾醒。

我亦有句云：

鼎湖異卉舊名傳，十萬金鈴一樹懸；
歲歲春風開爛熳，屠蘇欣對秀娟娟。

現時新界和港島各處山野的吊鐘花已開得很爛熳了，但格於禁例，不許採伐，因此，香港人多插桃花過年，取「大展鴻圖（紅桃）」之義，而少人插吊鐘，廣州人則以為桃花命薄。

廣東不產牡丹花，廣州的牡丹花，是由河南省運來的。「廣東新語」說：「廣州牡丹，每歲河南花沽持根而至，二三月大開，多粉紅。亦有重疊樓子，惟花頭頗小，花止一年，次年則不花，必以河南之土種之，乃得歲歲有花。予詩『緜來南海上，未有雒陽花。』又云：『香教天早煖，紅使露多華。』又云：『花估枝來遠，兼金買幾枝。』又云：『地煖重樓少，天晴淡粉滋。』」都是詠牡丹的。

買牡丹，以頭計，一朶為一頭，每盆最少四頭，價值不菲。我父親最喜歡，每年例買六盆，四盆陳設店中，兩盆陳設家中，有時候寧願不買新鞋過年，也要不惜重金購買牡丹。除夕買了，到人日還要到花地去再買，以供元宵擺設。有「花地竹枝詞」云：

共道今年好歲華，園林沽盡牡丹花；
嶺南自是饒春色，不數東洋日本茶。

大概那時人們憤恨日本侵華，抵制日貨，故有此語。

水仙不產於廣東，據「廣東新語」說：「水仙頭秋盡從吳門而至，以沙水種之，輒作六出花。隔歲則不再花，必歲歲買之，牡丹亦然。予詩：『冬盡人人爭買花，水仙頭共牡丹芽。』」然水仙之鄉，原為福建漳州，不知屈大均何以說是從吳門而至。現在台灣也有水仙頭了，起初我還以為從大陸運至香港，又從香港轉運台灣的，但現在台灣物產公司也有出售，顯然是我所想的不對了。

水仙有單托與雙托之分，也即是單瓣和雙瓣，雙瓣也有稱為千葉者。任何花卉，都以雙瓣的為勝，但水仙則以單瓣為勝，單瓣者有「金盞銀臺」之美，蓋花瓣是白色的，花心黃色，作酒杯形，很好看。雙瓣的但見花瓣結密，譬如茉莉，不見花心，其香味也遜於單瓣的。

「羣芳譜」裏說單瓣的爲水仙，雙瓣的爲「玉玲瓏」，我以爲水仙是總名，玉玲瓏不過是類別的名稱。我自幼就不喜雙瓣的，因此，幼年就學會了從花蕾上分別雙單瓣，輕輕以指揑之，較鬆者爲單瓣，較實的爲雙瓣。

在新年裏，父親的西土行裏大廳，就佈置成羣芳滿室。廣州屋宇廳堂的佈置，大概是這樣的：正中的牆邊，是一張八仙枱，兩邊是宮座椅，還有一張橋枱橫跨於八仙枱後來之上。至於左右兩邊牆壁，就是每邊四張宮座椅，兩張茶几與宮座椅相間。過年時候，椅桌都套上了顧綉的枱圍椅褡，椅上還有軟的椅墊，而父親的西土行，橋枱的一端，是一隻大瓷瓶，插上吊鐘或梅花。然後陳列幾盆牡丹，另一端則是鏡屏。八仙桌上，則放兩盆水仙，兩盆蟹爪，中間還放一隻金漆攢盒，攢盒是載瓜子、糖果用的。兩邊牆壁宮座椅間的四張茶几，就分別擺設芍藥和金橘。兩邊牆壁，都有名家字畫，正中橋枱之後，則是沈周寫的山水大中堂，伴以名家對聯。我父親雖讀書不多，但對書畫的鑒識力相當高，所以所藏的書畫都是精品，我還記得側面壁間的四幅花鳥冊頁，是居廉寫的，可惜我當時就不懂欣賞。

這佈置，差不多大的行莊都大致如此。

太平更與賣懶

年三十晚除了收賬、買花一片繁忙之外，還有一些是值得一寫的，第一就是打太平更。打更一則用以警夜，一則用以報時。廣州打更有兩種方式，一種是擊鼓敲鑼的，一種是擊柝的。前者以鼓聲報幾更，以鑼聲報幾點，如「鼕鼕，鐺鐺，鐺，」那是二更三點了。後者只擊柝報幾更，而不報幾點。每當年三十晚，打更的就沿街叫：「年近歲晚，小心燈燭！」然後擊鼓敲鑼以報時，這叫太平更。我家鄉鶴山，除夕村巷裏也有類似太平更之類的，由平時賣卜賣唱的盲人，沿巷叫：「謹愼火燭，謹愼門楄；孝順父母，教導子孫！」我沒有在家鄉裏過過年，這是我二姊告訴我的，二姊不幸早世了，到現在我執筆爲文時，耳畔彷彿猶聞吾姊學盲人傳唱之聲，不禁淚承於睫，此情此景，何日忘之？我寫此文之日，也正是母親的忌辰，童年的回憶，本來滿腦子興奮，却想到了姊姊，想到了父母，變了心酸酸的。

我幼年時，是父母雙全，兄弟無故，每到過年，例必特高興，尤其在髫齡之時，點起燈籠跟隨羣兒沿街賣懶，口呼曰：「賣懶，賣懶，賣到年三十晚，人懶我唔懶！」噫！此俗亦可怪，不自奮發，而圖賣懶於人，何其愚也？予初見清人李調元「粵東筆記」，書曰：「賣冷」，不禁可笑，蓋「懶」「冷」爲雙聲字，而音亦相近，其殆外省人（李爲四川人，來粵作考官）誤聽廣東話乎？後讀屈大均「廣東新語」，亦作「賣冷」，屈爲番禺人，南（海）番（禺）人可稱廣東骨，何以亦有此誤呢？廣東屬南疆，非寒冷之地，「冷」不必賣也。而賣懶者，亦猶賣癡獃賣懞懂耳，宋時已有此俗。「歲時雜記」云：「元旦五更初，猛呼他人，他人應之，告之曰：『賣與爾懞懂』，賣口吃亦然。」胡漢民民國二十二年「元旦」詩說：「癡騃賣盡過新年，我信兒曹自此賢。語愛吉祥誰則異，事如時序或能遷……」，所謂「癡騃賣盡」與「賣懶」之意較近，與「賣冷」相去則甚遠矣，我以爲古俗未必盡善，不將懶與癡獃、懞懂之類消除，而將之賣與他人，尤可惡者，則是呼人之名而賣之。雖然並不就此可以賣去，然其心術亦壞也。今人動輒謂「人心不古」，不知古人亦有心術不佳者。即此小小風俗，亦可見之。

除夕古有守歲之俗，據宋人「東京夢粱錄」云：「除夕，禁中爆竹山呼，聲聞於外；士庶之家，圍爐團坐，達旦不寐，謂之守歲。」在我的童年，廣州尚有此風，子夜拜神燒爆竹後，便關起門來，不再開門了，一家老少，圍爐守歲。在商店中，平時舖規甚嚴，不許賭博，一到除夕，便開禁了。所以商店裏守歲，多作牌局，以至翌晨。

拜神後有一禁忌，就是不再掃地，掃帚也收藏起來，對於零碎廢物，都特別細心檢拾，以免弄污地方。因爲直到年初二開年之後，才許掃地的。

小孩子對新年之所以最開心，就是有很多歡樂的節目，而且見了人家，說一聲恭喜，長輩就給以「利市」。新年利市，顧名思義，是新年才有。實則在除夕夜深之時，家長就例以「責（壓也）年利市」給兒女輩，不直接給與，而是放在兒女的枕旁，還有桔，以示吉利之意。古代就說這是壓歲錢。

所謂「桃符萬戶更新」，實際上除夕已有這樣的景象，家家戶戶，都貼上新的對聯，住家如此，商店也如此。住家的門聯，有寫家風世德的，有寫應時吉祥語的；商店也就切合其行字，且有把店名嵌入的，一時成爲春聯大觀。春聯有用紅紙寫成，也有用木刻的，商店門外，例懸燈籠，兩邊是長而圓的，寫上商店的名號，中間一隻是圓的，寫上「敬神」二字，「敬」字較小，而「神」字特大，謂之「敬神燈籠」。家家戶戶如此，也有些用玻璃嵌紅木的宮燈的，造成一番新年氣象。

初二開始拜年

年初二日是開年，開年多在凌晨天未亮的時候，擇個好的時辰拜神，拜神之後，全店的人都圍坐起來，吃開年飯。這一頓飯，有些人吃得很暢快，但亦有些人惴惴不安的，因爲吃過這一頓飯之後，店老板就宣佈店員的去留。據傳說，在開年飯中，老板親自用箸夾一塊鷄肉給店員，就表示請他另謀高就了，也有一說，上菜的時候，鷄頭對着誰人，誰就要另謀高就。所以開年的鷄，俗呼為「無情鷄」，但我以為鷄頭對着誰人之說最不可靠，因為有時候辭退店伴，不止一人，假如辭退兩人以上，那麽，何來兩個鷄頭？而且，不一定辭退店伴的，可能全體店伴都保留下來，這樣一來，鷄頭又對着誰呢？

照我個人習見店中的情形是這樣：年初二吃過了開年飯，父親就進賬房去，然後把店伴逐一請進賬房，這顯然是宣佈去留的。我父親出身時，是在大行莊做事的，到他自己開店時，所開的也是有規模的行莊，所以我以為他所行的規矩，就是商場中的習慣，辭退店伴，並不是夾一塊鷄肉那麽簡單。但是「無情鷄」這名詞却廣泛地流行，照我想像，所謂「無情鷄」者，是吃過這開年鷄之後，就要定去留之意了。

在年初一那天，是吃齋的，到初二開年才吃葷，其中有兩個菜式是不可缺少的：其一是炒蜆，用大蒜和醋、糖、醬，來打糊，和蜆同炒，很美味。除夕之前，就有小販沿街叫賣「黃沙大蜆」、「發財大蜆」，「蜆」和「顯」是同音，新年食蜆，大概是取這個意思。

另有一個不可缺少的菜，就是蠔豉煑髮菜，它的諧音是「好市發財」。現在香港的商店，新年也例必用這個菜。

開年所燒的爆竹，商人們是很重視的，要響亮，要長，要紅紙滿地，這是在拜神之後燃燒的，所以一到初二的零晨，到處都是爆竹之中。大概商人們認為燒這串爆竹，和一年的好運很有關係。

吃過了開年飯，就分發若干店伴到各處去投遞賀年柬，每到一戶，就從門縫中把賀柬投入。當然，投入的，都是親友，或是與商業有關的，我父親所開的西土行，每年就要派出三幾名店伴去派賀年柬，由天未亮就出發，有些要過午之後才派送完畢回來。這情形，頗有類於現在的聖誕卡。

新年來，各行莊都虛掩着大門，大門之後放一隻載白銀用的竹籮，留下一條門縫，以承受各方面投來的賀年柬。這似乎是沒有大用意的，其實，這在來往商號方面頂重要，假如發覺某一家店號沒有賀年柬到來，就會認為那店號的存在有問題。這種投遞年柬的風氣，至少在明代就有了。文徵明有這樣的一首詩：

不求見面惟通謁，名紙朝來滿敝廬。
我亦隨人投數紙，世情嫌簡不嫌虛。

其實，這也不是完全虛偽的，一年開頭，大家通個消息，也是好的；假如一一踵門拜年，那將會不勝其煩。

拜年，也大都在年初二才開始的，原因是除夕忙了一天，而且除夕還要守歲，直到天亮才睡，初一日彼此都睡到近午的時候才起來了。

人日逢人逸興催

正月初三，據說是：「赤口」，大衆都不拜年，否則恐怕會惹來口舌。初四、初五，又恢復拜年了。但從初四、五，以至初七，人們就有遊花地之舉。

花地是在廣州珠江的西南岸，那裏有很多規模宏大的花園，一座接着一座，最著名的有「醉觀」、「紉香」、「羣芳」等等。以「醉觀」為例，走了進去，衆芳競秀，曲徑通幽，水榭樓臺，極其雅緻，至少要一個小時，才可以飽覽而歸。唐人詩裏說：「春風得意馬蹄疾，一日看遍長安花」，但在花地，恐怕盡一天的時光，也看不盡萬紫千紅。

花地除了花園之外，還有許多爆竹烟花店，就在醉觀園的隔壁，一列二三十家，都是賣爆竹烟花的。

花地口外，有一個大通港，從前廣州對外通商，就是在大通港的。在那裏，有大通古寺，寺裏有一口井，雲氣從井口上騰，如烟雨一般，謂之烟雨井。「大通烟雨」，就是羊城八景之一。

當新年期間，西濠口以至大新公司這一段珠堤，就有很多珠娘（珠江的水上婦女）嬌滴滴地招攬遊客泛舟去遊花地。

遊花地的小艇有兩種：一種是孖艙艇，整隻船艇的構造，都是流線型的，好像欖核一般，船頭船尾都是尖的。靠搖櫓而行，由於它是流線型不礙風，所以舟行迅速。一種則是「四柱大艇」，是平底的船打雙槳而行，要瀏覽沿海的景物，以此為佳。

大概遊花地以人日為最盛。幼年時，父親就每年都携同我兄弟倆前去，多數僱用一隻四柱大艇，到了花地，必在醉觀園外泊船。父親除了開設西土藥行之外，還辦礦務，還辦爆竹出口的。所以，登岸之後，例必先到各爆竹店拜年，然後去遊花園，再選購牡丹花、茶花、芍藥等過新十五。當囘航之時，踏下艇中，艙裏已堆滿爆竹烟花，如金錢炮、電光炮、火箭、金龍吐珠、銀龍吐珠、金盤起月、銀盤起月等等，不勝其數，都是那些爆竹店送給我們兄弟玩的。這些爆竹，不但足供我兄弟倆新年之玩，而且中秋節也夠玩了。船上既有爆竹烟花，也有一盆盆的名花異卉，正是滿載而歸。

清朝嘉慶時候廣州名士張南山，就有一首「人日遊花埭」詩：

珠江新綠泛新醅，人日逢人逸興催。
世自亂離春自好，花仍開放我仍來。
烽烟慣見如無事，雲水相報似有媒。
千里鼠姑重邂逅，不妨傾國共銜杯。

花地有一座黃大仙祠，規模很大。現在九龍的黃大仙祠，也就是從花地的祠堂伸延一脈而來的；而花地的祠堂，則是從浙江金華伸延而來的，黃大仙就是黃初成，據說能叱石成羊，後來黃大仙祠改為孤兒院，收養了很多男女孤兒，每年必舉行一次展覽會，吸引看花的人去看展覽，也是新春一景。

環華廬訪張大千

周士心

八月下旬，我與妻兒第一次遊三藩市，就想到卡密爾（CARMEL）訪問張大千先生。我們打了一個國內長途電話，在獲悉張大師到紐約去檢查眼睛之後，就臨時改變了遊程，等待以後有機會再去。不過很多朋友來信，都問我們有沒有見到他，總以爲我們住得這樣近，一定很容易見面，實際上却不然，因爲美國地大人忙，有時還要看機緣。

十一月中旬我們又到了三藩市，爲了籌備一個畫展，有一段比較長的時間在此逗留，等到諸事有了一個頭緒，作好事先安排，決定前往訪問這位前輩。

十一月廿九日，起了一個大清早，衝着晨寒，乘的士到達第七街灰狗長途汽車公司，搭上八時十五分的車，一路倒也平穩，由於最近時常東奔西跑，過慣了隨遇而安的生活，處處可以打瞌睡，等到一覺醒來，已經兩個多小時過去，途中如何景色，了無印象，行行復行行，有話則長，無話則短，不多幾時，蒙特里（MONTEREY）却已在望了。

長途汽車到蒙特里爲止，進入卡密爾還有十分鐘車程，要坐私家車進去，所幸張先生的公子心一兄已在等候，於是轉車繼續前行，叢林夾道，不少建築物隱沒其中，這裏住宅以西班牙型式爲多，地方清幽潔靜，畫慣了「巖壑幽居」或是「萬木蒼翠」等題材的圖畫，如此環境，好似極爲面熟，以前雖未曾到過，究竟是江山如畫，還是畫似江山，一時也弄不清楚。我想古代畫家的感染與構思，總是受到秀麗山川的影響，彼此有着連帶關係。一開始我就對這個地方有了好感，也想到張先生所以走遍天下之後，會選擇這裏定居，定有他的理由。

地勢迴環曲折，車行轉彎抹角，心一兄告訴我們特爲多走些路，好讓我們外來的人對當地風光有個概念，車子進入十七哩公園，閘口每輛車要收買路錢美金三元，才准進入，但是屬於園內住客的車，則通行無阻。此一路程，初如原始樹林，極富自然之美，遠近散置住宅，覺得並無奇處，不過心一兄隨手一指，只見一所古老大屋，佔地甚多，屋外裝飾陳舊，院落沉沉，毫無生氣，心一兄說，美國人因爲歷史短，時興保存古物，這間大屋，外觀木門木窗，台階斑駁，樹木陰森，却是價值不菲，至少美金百萬也，不過內部陳設據說是美輪美奐，全部現代化設備。過此大屋，車行轉速，畧一瀏覽，就到了目的地。

搬下行李雜物，定定眼神，但見花園洋房一列，曲徑通至門前，四圍草木扶疏，右首置一巨石，高與人齊，寬可三抱，兀兀突突，有崔巍巖壑之氣；右首近門置一大樹根，畧高於人，玲瓏剔透，風姿不凡，有江南湖石趣味，這兩件鎮宅之寶，都從遠處搬來，左右對峙，使得外來訪客，一望而知此宅主人之雅懷非凡也。

我們進入穿堂，兩壁高懸巨幀山水，豪氣激盪，震人心弦，正在神遊之際，主人聽說我們來到，從左側畫室出迎，相違七載，一朝相見，自是歡喜無量。步入畫室，與張夫人相見，互道契濶，復蒙介紹我國駐日本大使館領事蔡孟堅，張先生一再爲我夫婦揄揚，愧不敢當。大千先生精神矍爍，談鋒如昔，面色紅潤，長髯如銀，一種瀟灑態度，頗有畫意，不過所帶水晶眼鏡，外突如半圓球形，却是不大經見，此時相距約三尺，我詢先生看我清晰否？張先生答稱：「如你不講話，突然來到，我不知道你就是士心兄，看時只有一團人形，熟悉朋友大家一起講話，自能分別清楚，去年在台灣，就因此得罪不少朋友，別人對我點頭招呼，還以爲我架子大，不理會，硬是誤會，對不起人。」他還謝我每年在香港參加祝壽和迭次爲其畫展所作文章，不意區區小事，亦能注意及此。

張先生目前畫室不大，畫桌則極爲寬濶，案頭正畫一墨荷扇面，尚未完工，畫具筆墨之外，一帙來自世界各地的函電，尚有大人雜誌，先生很喜歡這一份刊物，因爲內中所叙人物，頗多相識，極有親切之感，所以新書一到，即由夫人或小女公子爲之誦讀，因而平添不少生活情趣。畫室內進爲客廳，正壁有自書詩軸分懸左右，線裝書充滿書架，各式清供巖石如千層、靈壁之類，對壁則懸有近作青綠潑墨山水，左面爲落地玻璃大窗，可向外望見花園景色，光線至佳，先生伉儷即於此接待舊雨新知，座上客常滿也。

我們從美國地大物博談起，到居住在美國太太們的辛苦。先生說老年人在這裏亦有二難，那是有口難言，有脚難行，年青人個個忙碌，他們家

大千居士（右）與作者夫婦在環蓽盦園中合影

最多時有六架車，有時還是不夠用。在美國人工最貴，即使有錢亦難雇工人，先生的新居花園連住宅佔地有五畝半，單是種花鋤草，裏外打掃一次，就夠忙了，一位日本花王，每週只肯做二次，每次四小時，每小時工資美金十元，但是此人兼理不少花園，要求增加工時都不成。

這個園，尚在建設階段，先生將在園中另建一大畫室，大約有二千呎面積，向南一列大窗之外，三面墻壁，以備懸掛新舊名作。藍圖已經決定，等待批准興工，爲了建此畫室，必須砍去一大批樹，在卡密爾這塊地方，有它自己的法律，莫說活樹不可砍伐，例有週密保護；就是倒在地上的枯木樹根，亦不可隨便移動，以保持這個地方特色，讓詩人畫家在此尋覓靈感；讓生活在不見天日、摩天大厦底下的人們，重拾自然界的幽夢。不過像先生那樣的大藝術家，由他來經營一個園林，相信只會平添景色，說不定成爲八德園第二，管理當局最後終於破例准許，這些樹砍下搬去，又化了一筆貴的費用。最近沿園待地邊種了一批名貴茶花，將來的計劃是：鑿池，鋪草，砌路和補種樹木，工程不小，我問是否再做一個「靈池」？不禁逗得先生撫髯大笑，他說「靈池眞靈，最近漲過一次池水，恰是香港開畫展的時候。」我心中想，這個新園，許多工程待做，不知在巴西的靈池之水現在又漲了沒有？

我們在窗外平台前拍了一張照片，背景正對將來建造新畫室的角度，大概再過數月，如果再站在這裏拍照的話，就可以見到這間新屋了。

張先生這天特別高興，要我看看他的大畫，命家人取出慢慢將之鋪在客廳的地板上，這幅畫已經裱托過，大約縱五呎橫六呎，好似一幅四方的畫，那是去年年尾的近作，寫杜詩「疏松隔水奏笙簧」的意思，烟巒雲峰，細縕繚繞，着三數蒼松於隔岸巖阿之上，益以硃砂紅葉，於濛朧變幻莫測的筆墨中畧加點染，全畫賴以貫穿，畫龍點睛，妙造毫巔……。我看看這幅畫，又看看張先生半球形的眼鏡，心中有些不能解決的問題，於是我再問他眼睛的情形，張先生說：「近來身體甚好，飲食俱豐，除了過份油膩和糖製品外，其餘一概進食，故此體重畧爲增加，也不覺疲倦，不過眼睛則沒有進步，九月初曾去紐約檢查，也沒有什麽新的辦法，現在戴的眼鏡，看一幅畫，大約可以看到二方吋的範圍，我最喜觀畫的仕女和工筆畫，是決不可能再畫的了……」他搖搖頭，言下不勝唏噓，他說到這裏，一定很多美女的畫面在他記憶中活躍起來，順手理理鬍子，繼續說：「我三十年前畫的美女，她們的髮式，直到現在才流行。」我應着說：「藝術家對於美的發現，常常是站在時代前面的。」他點頭同意並接着說：「現在畫圖靠經驗，大部位決不會弄錯，也不費眼力，細節目則不免交待錯了，不過看畫的人知道我的眼睛不好，一定會瞭解的，我現在寫畫是用心畫，而不是用眼處處看着畫，所以最近刻了一個圖章，名爲『得心應手』。……」

我默默地浸沉在這幅畫中，有時索性閉上眼睛依着畫路比劃比劃，摹擬用心來畫這幅畫的過程，發現他心的境界是如此的浩大和縝密，也證明了換過另一位畫家，即使整天碌大對眼，恐怕也是難於達到這個地步。像這樣至少靜默了十分鐘，蔡領事當年是蘭州市長，派了兵保護大千居士到敦煌畫壁畫的就是他，突然打破了這份美的沉寂，問大千先生這幅畫賣不賣？他指指壁上的幾幅山水畫說：「這些畫是不能賣的，都是太太和幾個兒子女兒的，太太對我說：你的畫儘是給人拿去，家裏一幅都不留下，你將來老了，不能畫了，怎麽辦？我說：我的人都是你的，何况畫，所以那許多幅都是給他們留下了。至於這幅畫呢？少說些也值個二三萬美金，少了不賣。我從前不賣畫，現在開支太大，一定要賣畫，所以只好請朋友原諒了。」畫家要生活，還要搬樹根石頭，砍樹種花，賣畫是天經地義的事。我在將畫幫忙捲起來的時候，偶然見到書架上擱着個鏡框，我還以爲是什麽詩篇，細看內容，却原來是大千居士自訂的書畫潤例。這讓我想起一九五零年，大千先生剛從印度大吉嶺到香港，住在九龍界限街楊宅，俞振飛黃蔓耘夫婦向張先生代朋友求畫，婉婉轉轉問先生的潤筆，我記得大千先生說：「我平時是不賣畫的，也沒有訂下潤例，朋友喜歡呢，我就送。」現在大千先生改變作風，有其苦衷，實在希望得到他畫的人太多了，平時有往來有交情的朋友固不必說，還有些毫不相干的遊客，慕名往訪，也希望能得他的字畫，使得大風堂其門如市，疲於應付。心一兄說：有些素不相識之人，除了要字要畫之外，居然虧他們想得出說：「聽說你們家的飲食非常講究，可否請我們吃一餐？」就是這樣令人啼笑皆非。

這裏我將大千居士自訂潤例錄下，以饗讀者，看看你們擁有張先生的名畫，究竟價值多少，如有相宜字畫，不妨早爲收藏，此時此地，可得謹防「漲風」啊！

張大千鬻畫值例

投荒居夷，忽焉七十有二，筋力年衰，目瞖日甚，老去丹青，漸漸拂拭，索者坌積，酬應爲艱，不有定值，寧無菀枯，爰書此例，亮不見嗤於痂癖也。

中華民國五十九年庚戌夏蜀人張爰大千父訂

畫例

花卉

堂幅　每方尺一百五十元
屏條　每方尺二百元
橫幅　每方尺一百五十元窄至一尺以內同卷値
冊頁　每頁六百元
卷子　每方尺四百元

山水人物

堂幅　每方尺二百元
屏條　每方尺三百元
橫幅　每方尺二百元
冊頁　每方尺八百元
卷子　每方尺八百元

花卉人物山水皆粗筆寫意。
點景加倍　金箋加倍
疊扇不應　工細不應
劣紙不應　劣絹不應
尺度過一寸作一尺論
定值以美金計
磨墨費加二成
潤金先惠約期取件
至遠六個月後立索不應
作圖及破墨其值面議

書例　眞行同值　隸分倍於眞行　篆書倍於隸分

堂幅每方尺五十元
屏條每方尺六十元
橫幅每方尺五十元窄至一尺以內同卷值
楹聯三尺一百廿元四尺一百六十元
五尺二百元六尺二百四十元
七尺二百八十元八尺三百二十元
一丈三百六十元丈二四百元
冊頁每方尺一百元
卷子每方尺一百元
書扇題簽每件一百元
疊扇不應名刺不應
市招不應劣紙不應
來文不書金箋加倍
堂匾面議
碑銘墓誌面議

書畫鑒定

口頭鑒定每件一百元
題跋與鈐章每件五百元跋語不超過一百字
贗品不題

當下心一兄說：昨天接到電話後，聽說你們當天要回三藩市，大家商量怎樣招待你們，爸爸說不如陪你們去看趙大年的青綠山水，和卡密爾最好的地方，勝過在家費很多時間吃一餐飯。我說客聽主便，就照主人安排的計劃吧！

我將禮物贈與張先生伉儷，聊表寸心，另外有一冊我的畫集，其中有廿年前，我們合作和大千先生題字的作品，作爲紀念，張先生換過一付特製的眼鏡，但仍需湊近到相距三、四寸左右才能看得清楚。他的記憶力眞好，某時某地畫的題的，都能一一說出，他最喜歡我在一九六四年畫的四幅潑墨山水，他連聲說：「清得很，清得很，近時的畫家中，算你最用功了。」還是我請他以後慢慢看，因爲所有的人都準備好，去看宋代趙大年的山水畫。

由心一兄駕車，大千伉儷，蔡領事和一位梁夫人，我們一行七人，到達當地一家著名酒店附設的餐廳，它的外觀像一所住宅，它的名字是：DELMONTA LODGE，原來大千先生早已在這間餐廳最好的位置定了坐，侍者引領入座，是時已經全廳客滿，許多度假士女見到大千先生的風儀，無不行以注目禮，他的裝束和特有的美髯，確有很大的吸引力。

大千先生定要我夫婦坐正位，面對大窗，眼前呈現一大片綠油油的草地，隨着地勢伸展，幅度至廣，右首有百年古松四五幹，具干霄凌雲之勢，意態尤似古畫；左首極遠處，始見雜樹爲林，雖時屆仲冬，仍是青葱秀發，視野所及，直至遙遠海邊，海中岩石嶙峋，波濤起伏，浪花捲雪，極爲壯觀，再向前望，峯巒明滅，雲烟縈繞，景物之美，竟至忘却身在餐廳中矣，至此我恍然大悟對張先生說：「此爲大年眞蹟無異。」他拈髯微笑說：「我早知你會喜歡這裏的風景的。」面對這樣一幅天然趙大年青綠山水畫，一方面感到古人寫畫觀察自然之精到，竟有如此吻合處，一方面也深覺卡密爾這個小城市，所以能吸引世界遊客和無數的藝術家到此，確有其魅力。

我們目觀勝景，口進佳肴，還有不時聽到大千先生講笑話，眞是眼福、口福、耳福俱已兼得，賞心樂事，際此亂世，也算極爲難得了。他談劉德銘、郭有守，關心高嶺梅的心病，也談到蔣夫人畫山水，吳子深老師請他寫序文，不斷讚美吳先生山水蘭竹功力之深，繼續談齊白石請客的故事，又稱齊爲最懂得生意經的畫家，他講齊老先生平時賣畫的情形，十分精彩，也是現代名畫家一段頗爲有趣的資料。

『齊白石一聽到外面打門，就走到門口在小洞洞中看來客。

齊問：「外邊貴客是那位呀？」

客答：「請問齊白石老先生在家嗎？」

齊看個清楚，也許不喜歡這位來客，就說：

「齊先生不在家哩！」

客再問：「我是專程來訪齊老先生的，想要買幾幅他老人家的大作。」

齊聽人要買畫，他就改口答道：「那我就是齊先生呀，請貴客進來吧。」

於是齊就從腰帶上取下大門匙，開門延之入座。不過他家墻上四壁掛的不是作品，而是貼滿了標語，諸如：「潤筆先惠，點景加倍」，「主人無暇閒談，貴客自重。」之類。

來客恭維數語之後，坐定說：「齊老先生的草虫，最出名，可否割愛一冊。」

齊答：「年紀老了，眼光不好，工筆草虫不畫了。眞是對不起，沒有了。」

來客再請。

齊看其有誠意，半晌才說：「有是有一部，不過是太太藏起的，不知她肯不肯出賣。」

來客求之尤急。齊就拉直了嗓門：「太太，有位貴客要看看你那部草虫冊頁哩。」

齊夫人在房中回說：「噯，這部冊頁不賣的！」

齊又大聲說：「貴客看得中意，能出大價哩。」

於是就在一問一答中，高價成交了，來客興辭而出。』

環華盦中大千居士指點古木奇石，自左至右：本文作者周士心、大千居士、蔡孟堅、張夫人、周夫人。

聽完這個故事，幾乎在座的人都一致認爲這是齊老先生夫婦預先商量好的辦法，也許還有不少部冊頁等待「貴客」來割愛。蔡領事問張夫人：「你那部冊頁怎麽樣？」這個問題由張先生代答了：「那是眞的不賣的。」大家笑了。

最後張先生說，今天沒有人喝酒，如果岳軍先生在座，必定會記得一個笑話：

『朋友一起吃飯，要各人輪流以一種動物爲題吟詩一首，輪到岳軍先生，他吟的是狗，句子是：「我本一條狗，只懂守門口，一日飽三餐，吃飯不喝酒。」那次的宴會，只有他一個人喝酒。』

大家又一次哄笑，在笑聲中結束了這次歡樂的午餐。

然後出發去看古樹、石頭，大千夫人在餐廳入口處買了一冊介紹卡密爾地方的彩色畫集，送給我們作爲此行的紀念。一路上大千先生告訴我，卡密爾有人口一千餘，但是畫廊却有七十餘家，我問：「這末多畫廊，有無生意？」他反問我：「如果沒有生意，他們開在這裏做什麽？」他繼續說：「專爲女遊客們做頭髮美容的店就有五十多家，仍要預約時間，臨時恕不接待。不要以爲來此美容的必屬妙齡美女，她們之間大都是年老寡居之老婦人，到此消磨時間，閒談閒談而已。酒店房間房租昂貴，有一間專供國王階級暫作居停，每天單是房租美金五百七十元，（約合港幣三千五百元）普通遊客即使有錢還不招待，專供新婚度蜜月的房，亦須美金二百餘元一天。」卡密爾爲一海邊小鎮，但其消費程度竟然如此之高昂。

在此七十餘家畫廊中，只有一家中國畫廊，那是前新亞書院藝術系同事鄭月波教授所開設，他們夫婦兩人勤勞誠篤，過着優游自由的生活，除了出售自己的作品之外，還賣些古畫古玩工藝品，以往幾年收入不俗，今年則美國不景氣受點影響。大千先生對我說：「你也可以搬來此處設一畫廊，暇中靜心創作，卡密爾地方雖小，却有國際市場，對於畫家而言，應該是適宜不過的了。」我給他說得有些動心。

車抵海邊，有塊木牌上寫：「觀賞樹木區域」，但見松柏青翠，蒼秀高華，或聳直挺拔，岸偉奇拙；或盤錯伏臥，狀如地行虬龍。大千先生說這些樹至少有四百年歷史，都是從前西班牙人移植過來，也只有這塊地方的氣候，適宜生長的條件，所以其他地方，就沒有生得如此雄壯。張先生平生熱愛怪石奇樹，我看這裏的風光，也看張先生的神情，覺得他此時才眞的流露了他的喜悅，內心的懽愉，使他的眼睛轉爲明亮，他的美髯在微風中飄拂，金色的陽光在樹林中照在他的身上，閃閃發光，一切塵俗思慮一起洗滌個乾淨，是我從認識到現在最美的張大千，雍穆和熙兼而有之，他看看雲山海濤，他聽聽松風鳥聲，眞是一幅絕妙宋人畫。看至奇處，大千捉住我的手問：「士心兄，此景如何？」我毫無猶豫地答道：「直是黃山縮影。」他說：「眞是，眞是。」此時突然風勢轉勁，大千夫人催着上車，深恐大千先生給風吹壞了，可稱呵護備至，於是大家從命繼續前進。

心一兄一路開慢車，以便大家就算走馬看花，也可畧爲仔細點。我對大千先生說：「近來常見先生所作大樹，近根下截特別巨大，在香港的觀客，似覺比例不稱，我只知道畫家有變形一法，今見此間樹木，不少確有此種情形，先生可是受了影響？」他答稱：「我們初時見八大畫的樹木，根部突然收細，亦不敢信，認是八大不拘形似隨意之作，在此亦隨處可以見到者也。」我內心盤算，天下之大，必尚有極多不經見之事物，容待發現，如遽下斷語，妄加月旦，對作者無損，却顯示了自己的短處，可不愼哉。

車往東行，大千先生說：「此處柏樹形態，較之貴鄉蘇州司徒廟希奇古怪四棵漢柏尤爲古怪，以前在巴西，爲了畫古柏，特托友人尋找此四棵漢柏的照片，費了很大的力氣才找到，現在可不用了，隨處皆是天然粉本，士心兄下次你來，我同你租好旅館，住上十天八天，好好看個痛快，今天如此匆忙，只能畧得印象而已。」

路經一次海邊，只見三、四海島橫亙海中，那些島上，住滿了黃皮海狗，呼嘯坐臥其間，潮水挾着波濤重重地拍上這些海島，擊成幾丈高的雪白浪花，在藍色天空的陪襯下，壯濶偉大，令人激奮。大千居士說：「不久之後，我將有這一類題材的畫，不過到現在爲止，還沒有想出一個最好的法子出來。外地的人來遊歷卡密爾，都希望買些有關本地風光的藝術品回去，好讓以後回憶回憶，不過本地畫家雖多，還沒有一位能用最好的法子創造出如此波瀾壯濶不朽的圖畫來。」我聽了默不作聲，但却給我一種極爲强烈的啓示，一位眞正的畫家，眞是人閒心忙，無時無刻隨處隨地都在注意寫畫的題材、意境與技法。我猜想大千先生的創作方法，不久之後又將有新的成就了。

時間過得很快，一瞬眼就是下午四時，從上午十一時到現在一路把臂同遊，眞是快慰平生，且聽他講講說說，不久日晷西移，冬天日短，再過一小時太陽落山，我們要趕路，先生今天破例沒有睡午覺，可是大家覺得，沒有官式客套，也沒有面目可憎言語乏味的人在一起，十分難得，也很快樂。

及至回到大千的新居，我問他現在住宅是否仍叫「可以居」抑叫它「大可以居」以表示擴而充之的意思？他說都不是，而是名爲「環蓽盦」。因此我這篇訪問記是訪問過後才知道它的名字，而並不是先知道然後作訪問的。

當我們握別時，大千先生全家一直送我們到門口大樹根的地方，在門口檐沿底下，他指指一只坐椅，說每天早晨就一個人獨自坐在這裏，看看門前風景，那個老樹根就伴着他。我忽然想起大千先生常常畫的「讀書秋樹根」那幅畫，他的生活眞有畫意，同時也深刻體會到，士人畫家所以不惜離鄉背井，投荒居夷，就是怎樣尋找一個適合自己生活方式的地方，依着自己的理想，重建家園。我們實在捨不得走，但是又非走不可，張先生最瞭解我的意思，他說：「下次來多住些日子，談個痛快吧，這次時間太匆忙了，不過我們很快就要重叙，我一定要來看你的畫展。」車子開了，快將轉彎，我回頭投以一瞥，這位慈祥的老人，臉上堆上微笑，還站在斜陽淺照裏

一九七一年聖誕節記於洛杉磯

題睡貓圖

·張大千·

雪色波斯直萬錢，金銀嵌眼故應然；
不捕黠鼠還同器，飽食朝昏祗欲眠。
花底拳身不受呵，嫌寒就煖坐懷多，
縱然博得兒童喜，奈此跳梁日甚何！

往在故都，蓄一金銀眼波斯玉貓，爲悲鴻索去數月，悲鴻以書抵予曰：「此貓馴擾可喜，但不捕鼠，且與同器而食，爲可怪耳！」噫，以之視今，又何怪耶！六十一年歲在壬子，葦窗囑爲大人雜誌畫封面，予向不工此，故今年春帖子祗借八大山人畫用之，迺作睡貓圖以報，並賦二詩。龔定庵句云：「署工感慨即名家，」竊用自笑也。

原稿
缺頁

原稿
缺頁

原稿
缺頁

原稿
缺頁

原稿
缺頁

原稿
缺頁

原稿缺頁

原稿
缺頁

潘畫王題大地春回圖

·道載文·

在中國繪畫史上，「潘畫王題」也是一個專門名詞。據朱省齋著「藝苑談往」中述及：『潘恭壽號蓮巢，畫法文徵明，深得雅澹之趣。王文治號夢樓，以書法名，他的字雖宗董其昌，但亦能臨摹唐伯虎的書法，瀟灑與沉厚兼備，不特十分形似，並且深得它的神髓，眞是十分可貴。原來潘王二人是好朋友，潘的得意之作，大多由王代題，所謂「潘畫王題」這四個字，在歷代的畫史上幾已成爲一個專門名詞，並且足以說明凡是「潘畫王題」的作品，一定是精品無疑。』

秦祖永著「桐陰論畫」中將王題潘畫均列入逸品。其讚潘畫山水規模文氏，花卉取法甌香，向藏山水花卉數種，均夢樓先生署欵，可稱雙絕；兼工寫生，濯濯如倚風凝露，善人物士女，秀韻而饒古意，佛像亦工。王夢樓以雍正八年生（一七三〇），嘉慶七年卒（一八〇二），年七十三。潘蓮巢以乾隆六年生（一七四一），乾隆五十九年卒（一七九四），年五十四。王長於潘者十一歲，「大地春回圖」成於乾隆癸丑春王正月元旦之吉，仿北宋畫院本，是年爲乾隆五十八年（一七九三），潘蓮巢五十三歲，王夢樓六十四歲，距今且一百八十年矣。

王文治字禹卿，江蘇丹徒人，他和潘蓮巢是同鄉，「清代學者象傳」中稱他：「……二十九年補授雲南臨安府知府，在任數年，以失察屬吏事，鐫級去任，其後當復職矣，而先生厭吏事，遂不復就官。時隨園先生壯年引退，以詩鳴江浙間，先生應之，聲華與相上下。高宗南巡，幸錢塘僧寺，見先生所書碑，大賞愛之，內廷臣有告之先生招使出者，亦不應。自滇歸，買僮教之度曲，行無遠近，必以歌伶一部自隨。其辨論音律，窮極要渺，客至張樂共聽，窮朝暮不倦。海內求書者，餽遺至數萬金，率費於聲伎，人或諫之不聽，好之彌甚。然至客去樂散，默然禪定，持佛戒，日食蔬果而已，如是數十年，其不可測如此。爲文尚瑰麗，至老一歸平澹，其詩與書皆能盡古今之變而自成體，嘗自言：吾詩與字，皆禪理也。」可見得王夢樓不但是一位書家、詩家，還是一位顧曲家、佛學家，足以和並時的隨園老人袁子才比美。

「大地春回」圖曾歸武進盛氏留園，其右下角蓋有「曾藏盛氏留園」鈐記。更難得的是有俞曲園（樾）、費西蠡（念慈）、顧鶴逸（麟士）、高邕（邕之）同觀的題跋，署欵赤岸山民，即是高邕的別號，他們四位的年歲次序應爲：

俞曲園（一八二一——一九〇六）
高邕之（一八五〇——一九二一）
費西蠡（一八五五——一九〇五）
顧鶴逸（一八六五——一九三〇）

觀畫時在光緒十九年（一八九三），適逢此圖一百歲。當時俞曲園已七十三歲，高邕之四十四歲，費西蠡三十九歲，顧鶴逸才二十九歲；但早已成爲吳中書畫名家。高邕之時客盛氏，又以書法鳴於時，因此此一題跋的執筆人，紀此畫百齡之盛，便非高聾公莫屬了！

關於潘畫王題，尚有一事可記。台灣故宮博物院最近獲得蘭千山館主人林柏壽以其所藏書畫寄存該院，其中即有一件「潘畫王題」的作品，而且爲一件藝壇佳話。其事經過具載該畫題跋，今錄如次：清潘蓮巢臨趙孟頫中峰和尚像軸，王夢樓跋曰：「趙文敏寫中峰禪師像眞蹟，余嘗與潘君蓮巢共觀，蓮巢戲臨一本，竟可亂眞，余因爲臨趙贊其上，皆不自署名，笑謂蓮巢曰：聊作狡獪伎倆，以俟後之善鑒者。蓮巢又臨一二本，其贊皆蓮巢自書，印章亦蓮巢所摹，流轉而至京師，翁覃溪（方綱）先生果以爲眞蹟而題識之，後又歸高旻禪寺。頃如長老邀余住寺中之篔簹清夢齋，出以相示，余遂代蓮巢發露欺誑之過，並自爲發露云。時嘉慶辛酉清明後二日，七十二叟王文治。」王夢樓跋此畫時，潘蓮巢已逝去六七年，故王坦率揭發其事，同時也表示了他們潘畫王題合作之足以假亂眞，連當時的金石書畫考據大家翁方綱都被他們瞞過，亦可以算得神乎其技了！

翁方綱題曰：「截斷紅塵石萬尋，衝開碧落松千尺，巖花朵朵水冷冷，楊柳一瓶甘露滴。此中峯自贊也，中峯名明，本錢塘人，所居曰幻住庵，少於趙文敏九歲，此像文敏系以贊在至大二年，時中峯年四十七也。乾隆辛亥正月人日北平翁方綱。」

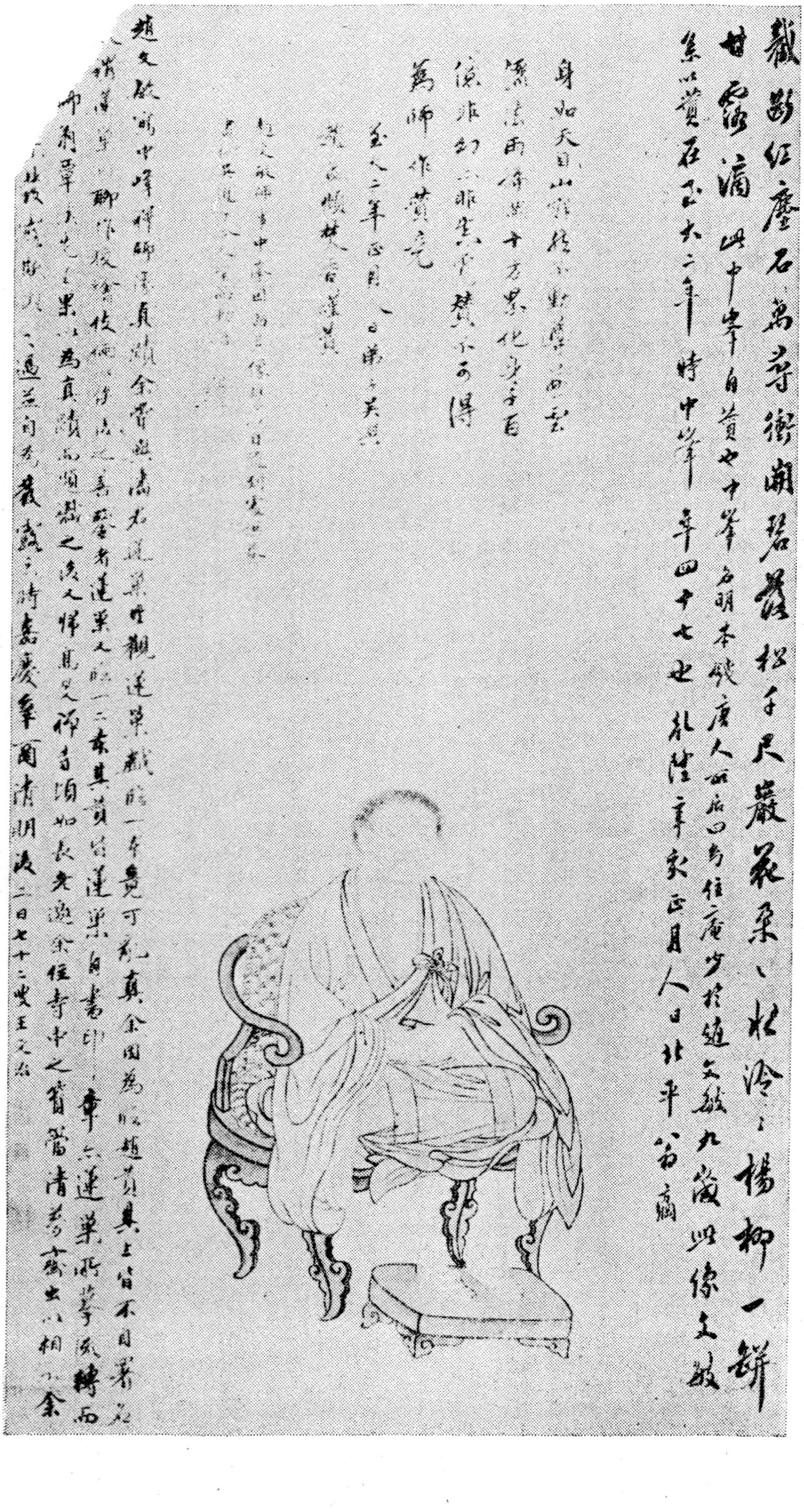

潘恭壽仿趙孟頫畫中峯禪師像翁方綱題王文治跋

（故宮博物院贈刊）

農曆新年憶廣州

·呂大呂·

二十二期的大人出版之期，剛好是農曆年初一。農曆年在香港，總算還有些保存下來；只是比起了舊日的「省佛陳龍」，（廣州、佛山、陳村、龍江的簡稱）自然相差很遠。尤其是一九六七年後，一直禁燃炮竹，更使這農曆的新年氣氛大大的減少。固然沒有「炮竹一聲除舊」的氣氛，也由於香港的建築物，大部份是洋樓，家家戶戶的門前，並沒有可以貼春聯的餘地，因而「桃符萬戶更新」也沒有了。在香港過舊曆年而又適逢「大人」廿二期在元旦出版，不免想起了舊日在廣州和鄰近廣州的佛山過一個舊曆年的熱鬧。就記憶所及，寫點出來，也算得是點綴點綴一下新年景色。說是慰情聊勝也好，發思古之情也好，總之這是一篇應時的文章。

本是殘年急景·已見新年氣氛

省佛陳龍過一個農曆新年，眞的是太「多事」了。一到十二月的尾禡過後，無論貧賤富貴也都開始忙。這時候本是殘年急景，但已見到新年氣氛，誰也準備着過年，至少是擺出個「過年前日」樣，顯然一切也不同。商店交收開始繁忙了，年貨紛紛上市了。不可無花無朶過新年，藝花的花園，發水仙，發牡丹的都已忙，一面要準備種種時花、年花以應花市，一面又要在這時候應付人們來定花，買花。而一般人家的辦年貨之外，還有稱爲「掃屋」的大掃除，謝灶，還神，開油鑊，和團年幾個大日子。總之十二月十六尾禡以後，已成爲完全籌備過年的日子。

在這天以後，街頭已見到有人寫「揮春」。有句俗語是「紅紙仔也要貼張」，這是指即使貧窮人家過年，揮春可少不得。揮春是用紅紙寫的，貴的大張，還要在下面裱上一張白紙，使四面露出白邊來烘托起紅色。平價的就用一張小小的紅紙來寫，因之便有「紅紙仔也要貼張」這句話，省佛寫揮春檔口之多，倒是數不盡的。

在十二月，有例是家家戶戶也得來個大掃除。一經大掃除之後，舊的揮春掃除下來，新的揮春便要在這時候貼起。一貼起了揮春，跟着便換「神紅」，換祖先位。揮春是包括了寫祖先位的，換揮春，也得換祖先位。祖先位上面的金花和「神紅」，也跟着換了。萬象維新，顯然在十二月裏便見到新年氣象。

揮春也有皇帝·筆潤收入數千

揮春的種類很多，春聯，諸天神佛，祖先神位，吉利的詞句。這些詞句，多到數之不盡。最普遍的是「萬事勝意」，「得心應手」，「四季亨通」，「一本萬利」，「老少平安」，以及貼在一隻單門上面的「單門發財」，貼在橫門上面的「橫財就手」，貼在米缸的「常滿」。另外有些俗不可耐的是把「招財進寶」、「黃金萬両」四個字砌叠成一個字來寫就一張揮春。自然這樣的寫法，可就一點書法也沒有，字固然俗不可耐，貼這揮春的地方也是俗不可耐了。但大多數寫揮春人，他們很少講究什麼書法的。

幫趁寫揮春的人，有些是即買，有些是定購，甚至有些却把尺寸度數列明，讓揮春先生裁好了紙才寫。當然後者是大生意了。擺檔寫揮春的，他們大都寫備了種種式式的揮春，以備人客即選即購。甚至祖先位也可先寫定，寫的是「×門歷代祖先」，門字上留回一個字位，以便買祖先位的人報上他們的姓，隨報隨寫上去。

不要小看這些揮春先生，過一個年，他們的一筆收入倒也可觀。廣州市就曾經發了一個「揮春皇帝」。這位揮春皇帝一到十二月，便來租了一間舖子替人寫揮春，寫到了除夕前，在四十年前的幣制來說，這幾十天時間，他可以寫到三千多銀，眞是個驚人的數目。

這揮春皇帝姓龔，名毅伯，順德人，一向居住在順德，每年十二月，他從順德出到廣州，事先已經由人替他租好了一間空舖子，他一出便掛起個「龔毅伯揮春寫字」的招牌，立刻便手不停揮了。龔毅伯的字不很好，但入俗眼，一般人都說他好字。除了這個外，人們對他還會存着一樣迷信的心理，這是去年由他寫揮春，寫春聯，很順境，這一年便非由他寫不可。但他每年由順德出廣州，最大宗的收入是替人寫招牌。廣州市內不少商店招牌都是出自龔毅伯之手的。新開張的固然叫他寫，有些却會把舊招牌不要，而由他另外從新寫過去雕刻。他替人寫招牌的筆潤訂得很高，這便使到他每年一定從廣州拿了三千多元的銀子回順德去。這是他的運氣好，一般人認爲龔毅伯寫招牌的，都會成爲「賺錢舖頭」。這又是迷信的心理。就因此而使他成爲當時的「揮春皇帝」。本來寫招牌和揮春無關。但他平日在順德，寫揮春的時間才從順德出來廣州，因此寫招牌也要等到他這時候。他這筆大收入，也就打在揮春上面了。

街頭揮春擋寫好待沽的揮春

年貨種類繁多·辦年貨是大事

凡是過一個年，必須要買備許多過年用的東西。這些東西，不管是吃的，看的，拜神用的，一律稱為年貨。新年元旦，半由於街市不開市，半由於元旦日不拿錢出外買東西，因之就必須預先買備種種副食品。富有的人家，他們是幾天也不會到街市買蔬菜魚肉的。但吃得的東西，並不單是副食品，有些是在新年吃喝的，像糖果，鮮果這些都是。另外又要自製糕點，油器，這些作料，也得列為年貨去辦。舊社會是少不得拜神的，單是買拜神的東西，足夠得你買了，因之辦年貨是一件大事。

年貨中，臘味佔着重要地位。臘味中，臘鴨又是佔着重要的地位。有錢人家，他們是要用幾枝晾衣裳的竹來穿着一隻隻的臘鴨的。即使歲暮送禮，不少人有臘鴨送來，已經掛到滿了，照例自己也得要買，不可以為了臘鴨「存貨」已多，便無須再買，這是一種迷信，人家已經送了來是一件事，自己必須要買臘鴨，也是一件事。除了臘鴨外，凡是臘味有的又要買齊，情願堆到滿，掛到滿，吃到新正十五也吃不完而拿來送給人家也要。

除了臘味，便到海味。蠔豉是最最少不得的，發菜也少不得，以便製作「發財好市」或是「發財就手」。冬菇也佔重要地位。其餘是一切用作煲湯用的海味。蝦米、魷魚，這也不可少。團年開年，好些人家無論有幾多肉食吃，那一味齋也要有。在辦年貨中，一些叫做齋料的，包括雲耳、金針、粉絲、甜竹等等。

臘味和海味，品種有貴賤之分，在一種品種之中也有多等價錢。臘味中的臘鴨、封鵝、臘乳豬，海味中的鮑魚、北菇、江瑤柱，這些都是名貴品種。但好些品種中，也會有平貴。各適其適，總之除非是個「過年如過日」的人，否則辦年貨這件事就無可避免。

作為拜神用的物品，由於一個新年，拜的神太多了，而且要比起平時拜神還要多陳物品，多焚鏹寶，因而辦年貨要辦拜神品物，大戶人家，往往就非要一個小房子可放它不下。大小蠟燭，要用一個架來掛着，幾乎是掛了個滿。元寶金銀更是多不勝數，其次便是炮竹。大戶人家對這些拜神物品，要特別用一間房子來安置的原故，固然為了多，主要還是為了有上這許多大大小小的炮竹，他們要對這大量存貯炮竹，非加意謹慎不可。放在小房子中，關上了門，這便不會有意外的危險了。

過年少不免是瓜子、糖瓜，大戶人家是個大全盒，小戶人家也有個小全盒，再其次的也得分載幾隻小碟。客來拜年，大有大的招待，小有小的招待。廣府人稱這個為「痳銀」。「痳」字不可解，寫起來，有人寫優，有人寫休，只要不是用憂愁的「憂」字便是了，辦年貨辦這些糖果瓜子，也都少不免費一番功夫。

欖欄街雙門底·西關老城花市

瑣碎密麻的年貨辦齊了，便得買花。買花是一件大事。廣州市種花賣花的花園，集中在花地。花地遠離市區，乘船可達。大戶人家，他們會在尾禡後便到花地去，在這許多花園中來挑選盆花，插瓶的大桃花、吊鐘花、梅花。大都是先來定下，讓他到時送到。其中的水仙花尤其不可少。而盆花中的牡丹，是這些花園在兩月前，便從洛陽僱了花匠，帶同了花種到來種植的。廣東無牡丹，但牡丹稱富貴花，大戶人家大商店不可或缺，因而這筆生意就在年花中佔了最大的收入。買牡丹不是以盆、以株計，而是以每一朵花計。稱為「頭」。每個頭若干元，已開和花蕾也一樣計。起碼買兩盆，「頭」數不少，價也不少。稱為「富貴花」，買了富不富，還不可知，至少買的時候就已經夠「貴」了。

到花地去買花，大都是大商號大戶人家才會。為的這不是年宵花市。年宵花市是在近除夕一連三天開設。一般人都在這時候才來買花。有些更要等也等到除夕子夜，在四下裏炮竹聲中才去買，雖然是「賣剩貨」，但一定平，花販多多少少也賣了去，省得搬走的一點人力。因之花市的旺盛，總是一連三天直到除夕子夜後還是一路也維持着。

廣州市的花市有三處，一處是西關的欖欄街，一處是老城的雙門底，另一處却屬於對海的河南地方，花市的所在是大基頭。好些人買花，往往會走遍三處地方來選擇。如何疲於奔命，倒非所計。西關的人先到槳欄街，作逛花市，然後轉入老城的雙門底，又逛一會，再過海到河南去。逛上了三處地方，這才來買。老城和河南的人也會這樣子，這才做成了花市的熱鬧。

所謂花市，這簡直是年宵市場。每個花市，都有臨時租了店來賣古董、字畫的。好些人爲了揷花沒有瓶，他們要買了，也有人想佈置一下，古玩和字畫也要買了。因而古董字畫也會成爲年貨，成爲辦年貨者所要採辦之列。

在花地中待沽的四季橘

這些和花市一起出現的古董字畫店，以雙門底這個花市爲最多，而且喧賓奪主，人人也懂得說着「雙門底賣古玩」這一句話，沒有人說「雙門底賣花」。而雙門底平日是沒有古董店，這句話可以說是完全由於年宵花市而起。說「雙門底賣古玩」這句話的意思，凡是形容生意交易的開天撒價，只要還價便成交的便用得着。原來屬於可應年貨而開設的古玩店，大都是充頭貨，因而開出了價錢的時候也是充頭，而你還上多少價也好，既是膺品，自然便賣了。不過由此可知過年時候，雙門底賣古玩的是何等之多。

官三民四謝灶・開油鑊與蒸糕

一個急景殘年的臘月，廣東精華地方的省佛陳龍，眞的是多姿多采。他們的程序是排期很密的。辦年貨、買揮春、掃屋、花地定花或是花市買花，另外還有的是謝灶、還神、開油鑊和蒸糕。上項程序完了，便是大除夕。大除夕的最後一個程序是吃團年飯，點老鼠燈，兒童賣懶。現在先來輪着次序說。

十二月的廿三四日是謝灶的日子。有人在廿三，有人在廿四。從前，衙門裏也有謝灶的，衙門的謝灶日子是廿三日，民間是一律廿四日。稱爲官三民四。到了民國，官沒有謝灶，也就無所謂官三民四了，因一般人的謝灶便有兩天選擇。

在先幾天前，市上有小鯉魚出售，上街叫賣，街市魚檔也有。這些小鯉魚，稱爲「謝灶鯉魚」。通常是二三兩重一條，平時沒有這樣小的鯉魚賣，只有謝灶這幾天才會有。原來這是謝灶品物之一。用小盆載着，在謝灶拜灶君的時候，雜在其他物品中。謝灶後養起來，直至過了年才拿去放生，取義如何，却已不可考了！

謝灶的物品中，小鯉魚以外，例有蔗，有片糖。謝灶的取義如何也沒有攷據，片糖據說是用來使灶君得到點甜頭，上天奏事時隱瞞隱瞞的。拜過了灶君，謝過了灶，那餐晚飯便有拜過灶君的一隻鷄，一方火肉和煲豬肉湯。換言之，倒是一個豐富的晚餐，是做時做節的菜。

在謝灶這一天，家家戶戶也有一張稱爲「灶君疏」的焚燒。焚燒前，要把一家之主的姓名填上。疏是木板刻的，衣紙店有售。填上了姓名年歲籍貫，這一項工作，家有讀書的兒子，便有這個責任。

廿三廿四過了，通通都謝過了灶。那還有一個節目，這便是還神。還神是酬神的意思，也是劏鷄殺鴨煲湯的先拜神，後吃一頓。還神是酬謝一年來菩薩庇佑，人口平安和順境的。這個節目，如果家中在這一年有人口損折，可不會來這個還神。否則即使這一年實在並非順境，習慣還是要在謝灶後來舉行的。

在這段時期中還有一件大事，這是「開油鑊」來炸過年的食品。當然這些油器食品市上是有得賣的。但省佛陳龍的人家，習慣還是以自己開油鑊來炸的多。除非人口不多，家境又不大好的人才會在辦年貨時一起去買妥。

開油鑊所炸的東西，計有煎堆、油角、芋蝦、酥角酥盒、蛋散、茶泡。茶泡是芋頭、番薯，切成薄薄的長三角形，還有的是花生、蠶豆，用幾樣東西炸好，拌勻，吃的時候至少有四五樣不同的東西在一起吃。

由於有這許多東西炸，一開油鑊便除了小孩子外，什麽人也得動手。小孩子不特無須工作，還不許他們在開油鑊的時候置身其間，第一怕他們玩起來打翻油鑊，第二怕小孩子口沒遮攔，在說話中會帶有不吉利。原來開油鑊這件大事是禁忌多多的。一開始大家要說些好兆頭的說話。炸煎必須保持它不爆裂。因之大家到了開油鑊這天，婦女們無不事事也都小心翼翼的。

大戶人家的開油鑊，要一連三天，是平常事，爲的他們炸的油器物品太多了。普通人家也會在整整一天才炸起。如果開油鑊半天便可畢事的，這些人家，他們可能不開而去買了。

除了開油鑊作種種油器外，蒸糕也會接踵而至。他們蒸的是蘿蔔糕為多，但也有芋頭糕，九層糕，年糕。蘿蔔糕和芋頭糕都是鹹的，九層糕有鹹有甜，年糕却是甜的多，但在廣東來說，並不注重。他們大都去買。蘿蔔糕的製法，有些用的材料特別豐富，糕粉也很有研究，他們不會買市上的米粉，而要自己用石磨來磨米漿，又用土鯪魚、江瑤柱來熬湯加入，而臘味和安蝦更是多得很。普通人家却減少了江瑤柱和土鯪魚熬湯汁這一下，依然少不了臘肉粒和蝦米。無論什麽糕也好，蒸好後，到元旦客人到來拜年，煎糕奉客，倒是一定的禮節，這些糕煎了才吃是一絕的。

開油鑊，蒸糕，這一下，往往會使到籌備過年的人，忙上了三四天。但這是最後一個節目了。開了油鑊，蒸好了糕，一心一意等着除夕團年，等着過年了。

團年一家齊全·除夕兒童賣懶

過年的一切都準備好了，大軸戲的一個節目是團年。這天的晚飯，照例是很豐富，除了劏雞殺鴨外，還把買到來的副食品年貨，作幾個海味的菜式，像紅燒鮑魚、炒吊片、炆冬菇之類。另外又必須作一個齋，冬筍、紹菜、蠔豉、髮菜，加上了又是作為年貨之一的南乳來做大大一盤齋菜。富有人家固然豐富，中下人家大都也會劏一隻雞，為的團年是這一年最後的大軸戲，總是很重視的。

這一餐團年飯，最要緊的是無論店裏的交收如何忙，什麽必須應酬的事也都要一概謝絕，必須一家團叙，在家裏吃團年飯。當然在未吃團年飯前是拜神，朝着新換上的神位，祖先位拜了個遍，這才把供奉過神的幾度菜來作為一家團聚的團年飯。

飯吃過了，在家裏每一個角落也用瓦盞來點着燈，這叫做「老鼠嫁女」，也叫「點老鼠燈」。年年如是，並不是屬鼠的一年才會這樣，究竟何所取義，也無從考據。

小孩子在這一晚最為開心，他們有一個節目，叫做「賣懶」。一個個燃點着一個燈籠，拿到街上去遊行一番，一面行一面說着：「賣懶賣懶，人懶我唔懶！」大大小小的孩子一樣，年齡過小的便由大人拖着他，甚至是抱着他走，他那隻小手還是有一個小燈籠。

這些都是有溫暖家庭的小孩子，另外有些貧苦人家的孩子却在半夜裏交了子時，炮竹聲喧的時候去「送財神」。他們用一張小小的紅紙寫上「財神」二字，拍門大叫「財神到」！財神到了，你敢不接麽？於是這邊接了一張寫上「財神」二字的小紅紙，那邊就遞上一張包着個銅元的紅包，交易而退。

接到了財神的人家，有例是拿來貼起在牆上。但財神多得很，一個孩子才「叫關」，第二個以至於連續多個也來了。一般人總會接了又接。而接到認為不可能再接了，他們便用一句很好的話來答覆這些孩子，這是「財神都來齊了！」眞的有趣。

另一方面是好些做生意的人要忙着交收賬項。年卅晚追數，是傳統的商業行為。往往由於這個晚上應付不來，便只有關門逃走。這叫做「唔過得年卅晚」。即使不至出於一逃，可能在新年過後，由於信用破產，也不能在一個新年休息後重張旗鼓了，因此除夕這一晚，倒是年關中最難過的一關。

炮竹一聲除舊·桃符萬户更新

除夕過了，這便是元旦。到了這一天，只有歡樂，什麽年關也總算過了，便算你欠人十萬九千七，也不會有人敢在大年初一向你開聲討債，相逢一片揖讓，連聲恭喜！

由除夕晚上一交子時，便聽到一大串一連串的炮竹聲直至到元旦也無休無止。在街上無論大小店舖也關上了店門休息，只有些人在街邊擺賣炮竹、小烟花、地雷炮和金錢炮，來向小孩子的利是錢打主意。路上的行人都是出門去向人家拜年的，老的少的，嬌的俏的，沒有一個人不穿得光光鮮鮮。

在家裏，一家人先來拜年，拜過了年，便吃煎糕，油器。由小輩向長輩奉過了茶，長輩給小輩給過了利是封。吃過了煎糕後不久，有人來拜年了，說了些吉利的話，又來煎糕招待。可能又到自己去人家那裏拜年了。

早上的一餐飯，吃的全是在辦年貨買回來的東西，主要是臘味、海味和炆齋。有一味菜是炒蜆，名稱是「雙合利錢」。這又是預先買下來，用盤養着的。這個「雙合利錢」，不只是商店視為必備新年菜饌之一，即住戶人家也要。蜆連壳炒，熟了便雙壳打開。打上一個酸甜「獻」，吃時取出壳裏的蜆肉吃，味頗鮮。奇怪的是除了元旦、開年這些日子外，平時絕對不會有人吃這個「雙合利錢」黃沙大蜆。

這天在街上，最使人感到有新年景色的便是所有商店無不關上了門休假，街上的人穿的盡是鮮衣華服，見到的是打恭作揖，聽到的是「恭喜多賀」！而大孩子小孩子都會在街上來燃放炮竹。除此之外，你會見到家家戶戶都滿貼上春聯，眞的是「桃符萬戶更新」。

春聯的種類多得很：有些是常見的，由揮春先生寫的，不外是「天增歲月人增壽，春滿乾坤福滿門」這一類。有些却自己寫，字會比較的好，對文還是一般。也有些却自撰自寫，懂得自撰自寫的，當然是既可誦又可觀一類了。有許多行的生意，他們必須要年年不同，而年年的新作也都把他的店號嵌在聯首，往往因此而使人注意、稱道。

從前對於春聯很重視，什麽人家也少不得。便是上年曾居喪的，到了新年，他們也得用粉紅粉綠色的紙來寫上一副「吾門尚素；天下皆春」的春聯，來點綴點綴一下新年景色。處處地方，都表示了春聯的重要性。

初二開年老早·初三赤口不出

初二這天是開年，開年也是要來吃一頓極其豐裕榮式的，它和團年一樣重要。團年是在晚飯舉行，開年却在早飯。而且特別的早。主要開年是在天未明便拜神開年的，一拜過了神，便得吃這開年飯了。

團年和開年，除了一切相同外，只有早晚的時間不同，其餘拜的是什麽神，吃的什麽菜式也差不多。另外有一樣不同的是「雙合利錢」這一個炒黃沙大蜆，團年沒有，開年可一定有。

開年要早，主要還是拜神。也由於拜年。習慣早上開了年便四下裏去拜年了。爲的初一初二是最好拜年的日子，尤其是初二。初三不拜年，便要等到初四才可以了。原因初三這天，叫做「赤口」。據說「赤口」拜年會口舌招尤。容易會彼此口角相爭。在這天，誰也不會去拜年的。另一個原因，這是商號的開年，更非早不可，爲了這天是定這一年度的夥計。

初一那晚，擇好了時辰，天未光便來開年拜神。身爲司理的穿起了長袍褂子，拜過土地關帝，便和夥記一起吃開年飯。這頓開年飯一定是吃鷄。吃過了開年飯，那個夥記應留職，加薪不加薪，那一個夥記請另謀高就，便在這時候宣佈出來。因之習俗便對開年飯吃的這隻鷄，有一個名堂，這便是「無情鷄」。意思是說這天老板可以開除夥計，不必補薪。不過，無情之中畢竟有情，爲的店號的開年飯，是很早的，可使被開除的夥計能夠早爲之所，不至徬徨無處投奔。

元旦例穿皮裘·商店要開賭局

在禮儀上說，新年服裝的關係很大。廣州的西關，是富庶之區。他們在新年中，元旦那天，有例必要穿皮裘、長袍和馬褂。不管那天是冷是暖，冷穿大毛，暖穿細毛。這是指富有的人家，大商行的司理階級來說，此風後來漸替，但一件長袍之上，加上一件馬褂，這都是免無可免了。到了時尚洋服，此風便又稍稍的改變。不過，女性的服裝，可沒有一定，但她們就定一爭妍鬥麗的。

由於所有大小商店，無不休假，習慣要在初六七才會開張。而在休假期中，商店的夥伴唯一的消遣便是賭。可以說，沒有一間店號不是設有設有賭局的，什麽賭各適其適。一間商號，幾種賭開齊並不奇。自己的同事賭之外，到來拜年而變了「拜賭」的比比皆是。在這幾天裏，即使平日店規最嚴的，也得大開賭禁。

舊社會的商號，上了店門，這店門上面必有一個高不過七八寸的小門，以便在夜間必要時的交易買賣。新年休假期內，這小門是永遠開着的，爲的在新年裏不少店號的賀年咭都紛至沓來，互相派送。因之大門是虛掩，而這小門却開着。另外小門下邊，他們放着一樣東西來接載着從外邊投進來的賀年咭，每天總是堆了個滿，也可見在那時候的「禮多」了。

說起禮多，商號每年休息了幾天年假後，擇日開張。開張那天，除了拜神和盛設餚饌，一舖吃喝外，還得買十多頭鷄，在這天分送鄰店，彼此都是這樣，互相饋贈。

遊花地最熱鬧·人日吃及第粥

廣州有一個最雅而又最熱鬧的新年節目，這便是遊花地。花地又名花埭。那裏有十多間大花園，都是以花樹爲營業的。所有年花時花，都是由這些花園供應。除了這些花園，便是炮竹店。年初二以後直到人日，好些人都會有遊花地之舉。他們僱艇前去，春日尋花問柳，何只是遊春，簡直是雅興。

在小艇中，大約總要差不多一個鐘頭才可到達。這些小艇，俗稱「孖舥艇」，船娘大都慇懃待客，例出「全盒」，載糖果和瓜子。而客人們不論吃不吃，也都給予一封利是放在「全盒」上面。如果是熟的船娘，那封利是會比船錢多若干倍。

去到了花地，遊着那裏的花園，花園也有附設茶座的，看花過後，在園裏吃點東西，有些還到那裏的孤兒院一遊。

花地有一個孤兒院，有例在新年開一個一連幾天的遊藝會。由孤兒的音樂隊演奏，還有百戲雜陳，一般人爲遊花地少不免一遊的節目。他們歷年也設有一個燈謎壇，聘宿儒爲燈伯，聚集了不少射虎人士。這是廣州市出名的謎壇，好此道的，往往專爲射虎猜燈謎而去。

到了人日那天，新年的景色漸漸淡了。好些商店都已開張營業。在這天，商號和人家都會在早上吃及第粥。就憑這及第粥結束了一個新年的種種熱鬧。爲的這是新年最後的一個節目了，人日以後，一切回復了正常了。

上面所說，都是舊日廣州過年的傳統風俗和熱鬧。廣州以外，佛山這一個重鎮也對過年有着許多熱鬧之處，除了一般都和廣州差不多外，佛山更有幾樣事情是比廣州爲熱鬧的。

其一是普君圩的「年宵」，這個所謂「年宵」是在元旦日才開始的，攤位賣的全是小孩玩具，攤位佔了普君圩的幾條街，由初一至人日都擠滿了人，謂之「巡年宵」。

其二是「遊臨海廟」。這個廟會由初一到十五，好些人坐了紫洞艇去進香。廟前一里內都開設了許多骰子檔，下注的規定一角錢，要連贏開檔的五六次骰子，便得到一頭肥鵝。到臨海廟「捧鵝」這件事就最引人入勝。

其三是「遊通濟橋。」這是一度古色古香的橋，有「行過通濟行好運」之稱，這也是士女如雲的遊春所在。

不管是廣州佛山，陳村龍江，過一個年都是既熱鬧又消費的，撫今追昔，草此蕪文，用一句時代曲名，也可以算得是「往事祗堪回味」了！

中國人在美國過舊曆年

美國通訊

許多美國人很羨慕中國人，因爲他們只過一次年，而我們却過兩次。換句話說，他們一年只有一次大吃大喝的機會，而我們中國人却有兩次吃喝玩樂的藉口。不用說像我們這些從中國來的人，每到舊曆年時，要慶祝一番，就是在這裏土生土長的華裔，也要借這機會大家來熱鬧熱鬧。

在美國的中國人，有幾種不同的慶祝法：

（一）聚餐——這是最普通的方法。大家自己出錢，找上三五個或十來個好朋友，一起去吃一頓好中國飯。有些住在離中國城很遠的人，平常沒有藉口，不好意思開車到數十哩或一百多哩以外的大城去解饞，到了「過年」，却可以名正言順的飽餐一頓了。因此舊曆年時，中國飯館的生意都非常興隆。

（二）請客——凡是請客的，多半是已有家眷的人。彼此在家請客，自然比在外面吃便宜，而且各人有各人的拿手好菜，平常因爲生活太忙，不能常常請客，到了一年一度的陰曆年，互相觀摩一下別人的烹調之術，或顯顯自己新學的作菜訣竅，豈不正是時機？況且吃完以後，如有工夫，也許還能湊上四圈或八圈，這不是光明正大的理由嗎？「過年」那有不打牌的道理？在美國不像在香港或台灣，在這裏，人人都忙，打麻將不是太容易的事，但是到了「過年」，多半的人，都會自己原諒自己，因此朋友們互相慰勞，你請我，我請你，大家輪流的慶祝，因此，這可能熱鬧好幾個週末。

（三）私人團體的舞會、游藝會等等——中國人多的地方，除以上兩種慶祝法外，還可以組織舞會、游藝會等等，當然也是先聚餐，然後再跳或玩。人才濟濟的紐約、洛杉磯和舊金山，有些組織，除聚餐和跳舞外，還有些會唱京戲的同胞，常常會藉此機會，登台一顯身手（也許應當說「大展歌喉」。）有時候如果籌備不及，那麼至少也要清唱幾段，自己過癮，同時也可令別人一享耳福。最近洛杉磯的一個國劇社，聽說即將舉行演唱。舊金山的名票洪娉和蕭永淑二位，都是舊金山國劇界的紅人，每次舊金山灣區有京戲或淸唱，都會聽到這兩位小姐的金嗓子。（按洪娉即鄭寧權夫人）。

（四）正式的慶祝會——所謂「正式」的慶祝會，當然是指由華僑商會等機關所主持的。他們不但有各種熱鬧節目，而且常常請市長參加呢。

美國華僑最多，慶祝最熱烈的地方，當然是舊金山。他們每到舊曆年，都是整整慶祝一個禮拜。不過日期多半是在過了年以後好多天才開始。因爲眞正的除夕和元旦，人們都要在自己家中過年。

今年的慶祝，是從二月十九號開始，至二十七號才閉幕。節目計包括：選拔全美華埠小姐遊行，室外及室內遊藝表演……等等。最熱鬧的兩天是二十六、二十七兩天晚上，因爲這兩天正是週末。

聽說這次的節目中，有各種純粹中國風味的表演，例如：歌唱、舞蹈、戲劇、雜技、國術、國樂……等。任何中國同胞都可以報名參加。

此次參加競選華埠小姐者，據說向舊金山方面報名的已有十七八位之多。開始報名日期是去年十二月一日，先由美國各大城市選完後，再向舊金山的中華總商會報名參加最後的競選。她們除長得必需美麗，身材必需漂亮外，還得有特殊技能表演。

舊金山市最有希望的一位小姐是林美美小姐。她今年芳齡二十二歲，於一九四九年四月一日出生於福建省厦門市。體重一百一十五磅，三圍是卅三，廿三，卅三。高中畢業後，曾攻讀「電子計算機資料處理原理」一年半。她擅長鋼琴及歌唱，喜愛室外運動，又具語言天才。除會說流利英語外，並會說國語、廣州話和閩南語。此次競選時，她將以演奏鋼琴爲她的才藝表演。華埠小姐選出後，多半有到台灣和香港一遊的機會，這是她的奬品之一。

留美最大的學人組織，是中華聯誼會。今年該會「慶祝農曆年」的節目，也是近幾年來最大的一次。（至少是自從我加入該會後最大的一次。）

一月二十二日——星期六——晚上，舊金山灣區，有三四百學人參加這一年一度的盛大慶祝會。六點聚餐，地點是在離舊金山三四十哩的漢星餐廳，漢星的經理朱海濤先生也是聯誼會的會員。

那天晚上我們吃的是中國佈菲，吃完後，有電影「白蛇傳」，猜燈謎，國劇淸唱，跳舞，及抽奬等。抽奬的奬券是五角錢一張，所有的收入，全部捐給祖國作奬學金。

這次捐贈奬品的機關和個人，非常踴躍，而且大方。計有中華航空公司所捐的由舊金山到台灣的往返飛機票一張，價値九百餘元美金。台灣大同電器公司所贈的落地式彩色電視機和電唱機各一架。舊金山總領事段昌智所捐的洋酒一箱，……大小贈品一共約數十件。可惜他們定於十一時開奬，而筆者因爲家在百哩以外，得早點囘去，因此沒有等開奬，就把奬券送給別人，先同家人一起離開那裏了，因此也不知道誰中的頭奬。

那天晚上參加的人，計有名女作家謝冰瑩，舊金山國畫家吳以政，聯誼會主持人陶鵬飛夫婦，青年女作家蔡玲，段總領事夫婦，名教授侯北人夫婦，名會計師鄭寧權夫婦，名工程師夏道師夫婦……等等。

聽說那天晚上的慶祝會，一直到深夜兩點鐘，大家才盡歡而散。

辛亥年十二月初十日寄自美國加州

·林慰君·

饋贈夢花鶴絨被給雙親—
無限溫暖在心頭·

flower-dream
— every night!

夢花鶴絨被

特別輕暖·舒適無比

全部採用鳥類天然羽毛精工製成，輕軟舒適，特別保暖。
羽毛本身雖不會產生熱力，但科學証明：
鳥類羽毛乃是世界上最理想的保暖物質。
要每晚享受舒適的睡眠，請選購丹麥著名出品
夢花鶴絨被。

各種顏色均備並配同色枕頭以供選擇
各大百貨公司均有出售

northern feather works ltd. Copenhagen.
大北毛廠，哥本哈根，丹麥
香港渣打銀行大廈1302室 電話：H-237175

「通勝」與「百庫全書」

·司馬小·

每年新舊交替，我們照例必在案頭換上一個新的日曆，以便隨時翻閱未來一年間的月日星期，而每天一張的日曆紙上留有空白，則可作爲摘記要事約會以供備忘之用。

在未有新式的「日曆」以前，我們便老早有了「曆書」，俗稱「通書」。那是民間暢銷書之一，每年一本，幾乎家家必備。以前上海歲暮時節，里弄之間便有人高聲叫賣「老法新曆本」；所謂「老法」，是說裏面祇有陰曆，沒有陽曆，所謂「新」，是指年份却是「新」的。

「通書」粵語叫作「通勝」，相傳部份好賭的廣東人，他們不喜歡「通書」的「書」字與「輸」字同音，乃改其名爲「通勝」，外省人初來香港時，聞粵語稱「通書」爲「通勝」頗以爲奇，現在已慣，所以我們也就稱之爲「通勝」吧！

我國編纂「通勝」，有一定方法，首先將廿四節氣立定，即立春，雨水，驚蟄，春分，清明，穀雨，立夏，小滿，芒種，夏至，小暑，大暑，立秋，處暑，白露，秋分，寒露，霜降，立冬，小雪，大雪，冬至，小寒和大寒。合二十四節氣共爲周天，三百六十度爲四時，合四時而成歲，每歲以前一個冬至，距後一個冬至爲一歲。

每一本通勝都有喜神，財神，芒神，春牛，吉神，凶神，「宜」和「忌」等記載，而通勝對於人們最大的用途，便是宜忌的註釋。以前通勝刊載的宜忌，分皇帝及民間兩種，皇帝用者六十七事，民間用者三十七事，但現在通勝中所刊之宜忌，則爲六十種，即：祭祀、祈福、求嗣、上冊、受封、上表章、襲爵、會親友、入學、冠帶、出行、上官、赴任、臨政親民、結婚完姻、納采、問名、嫁娶、人口移徙遠行、安床、解除、沐浴、剃頭、整手足指甲、求醫療病、療目、針刺、裁衣、築堤、修造動土、豎立上樑、修倉庫、鼓鑄、加蓋、經絡、開市、立券、交易納財、開倉庫、出貨財、修置產室、開渠、穿井、安鎧、補垣塞穴、掃舍宇、修飾墻垣、平治道路、破屋壞垣、伐木、捕捉、狩獵、取魚、乘船渡水、栽種、收養、納畜、破土、安葬和珞攢等，而干支方位配合，是每年不同的。

翻開「通勝」第一頁，乃是「春牛圖」和「芒神」。古代春牛與芒神的製作，向有一定形式，作爲「通勝」所載，乃是縮形。春牛原是用桑柘木作爲牛身的骨骼，牛身高四尺，象徵四時；身長八尺，象徵農耕八節；尾長一尺二寸，象徵一年十二個月（以上俱爲中國尺）。頭角頸腹各部分配各種顏色，以干支而定，例如甲乙寅卯屬木是青色，丙丁已午屬火是赤色，戊己丑未辰戌屬土是黃色，庚辛申酉屬金是白色，壬癸亥子屬水是黑色。頭部視年干定色，身部視年支定色，腹部視年納音定色，兩角一耳一尾視立春干定色，頸部視立春日支定色。春牛陽年開口，陰年合口，陽年牛尾靡左，陰年牛尾靡右，這一切都可以在每年的春牛圖中看到。

至於芒神，身高三尺六寸，象徵一年三百六十日。芒神手執之鞭，長二尺四寸，象徵二十四個節氣。芒神的年齡老幼，視年支而定。衣服及繫帶之顏色，視立春之日支而定，衣色用日支相尅之日，帶色則用相生之日，芒神頂上的髻，視立春日納音定其位置，金音髻在耳前，木音髻在耳後，水音左髻在前，右髻在後，火音右髻在前，左髻在後，土音髻在頂直上。

春牛的鼻用桑柘木爲枸，枸繫以繩，芒神手中之鞭爲柳枝，其下縛以絲或蔴苧，則視立春日的日支而定，凡寅己申亥日用蔴，子卯午酉日用苧，丑辰戌未日用絲。春牛與芒神所距位置亦有一定，芒神之絲立於牛前者，於是前五日外立春，立於牛後者，於是後五日外立春，與牛並立者，則爲是前後五日內立春，陽年芒神立春牛之左，陰年立春牛之右。

根據今年壬子通勝之春牛圖，今年壬子年，「太歲」乃赤足者，相傳「太歲」之裝備原屬反拗，赤足示意天旱。春牛圖之題意曰：「壬子年來不似前，豐凶隆煞有頗偏，齊吳縱令登三瑞，燕魯終難獲十全。祇爲交秋無喜雨，猶欣入夏得甘泉，田蠶欲養宜從早，免使求桑太費錢。」

文字說明「春牛身高四尺，長八尺，尾長一尺二寸，頭黑，身黑，腹青，角耳尾紅，脛青蹄紅，尾左繳口開，籠頭索用黑蔴繩，枸子桑柘木踏板，縣門左扇。芒神高三尺六寸五分，如少壯，像白衣，紅腰帶，平梳兩髻，右在耳前，左在耳後，罨耳全戴行纏，鞋袴俱無。鞭杖用柳枝，長二尺四寸，五色蔴結。芒神早忙，立於牛前左邊。

「地母經」曰：「旱涸耕夫苦，早禾一半空，秋後無甘雨，豆麥熟齊吳，飢荒及燕魯。桑柘貴中賣，絲棉滿箱貯，百物無定價，一物五商倍。」

照「春牛圖」的示意，今年壬子年春夏有雨，入秋將旱，農穫南方尚佳，北方歉收。

明年癸丑年的春牛圖，亦已附於壬子年通勝末頁，題意曰：「輪親癸丑遇蝗虫，野老週年枉用工，桑葉既嫌無喜雨，苗禾終患盡成空。農來陌上難施耒，女到田中少滿籠，幸得從前倉廩實，民間猶免歎途窮。」照它的說法，亦非豐年。

新年裏面，翻閱通勝是一種絕佳消遣，因爲裏面蒐集材料之多，不下於一部百科全書，不但富於實用價值，而且頗多妙趣。例如也許你對五行之理有點好奇或興趣，就可以利用書中「橫推直看」的簡單方法，查查自己當年的「小限」，算算自己的流年。看到「立命在此，年內財喜臨門，福德幷至，可喜可賀」之言，不免與家人傳觀，彼此高興；橫豎它最多也不過說：「立命在此，吉凶交集，修德為善可也」，那就信其吉不信其凶，亦可自慰，相信多數人只是一笑置之，今日再也不會有認眞過其如此遑遑終日寢食不安的愚人了。

書中也有着供人隨時翻檢的實用性資料，例如當年的「百歲圖」，誰都可以在這一頁裏找出自己出生的一年，歲次的干支是甚麽？公曆是甚麽年份？在十二生肖裏屬的是甚麽？

「通勝」常附有「近二百年中西紀年對照表」，也是一項相當有用的參考資料，常見報紙的「讀者服務版」裏，有人寫信去問，自己在什麽年出生，究竟算幾歲？或者問某某年出生，公曆是什麽年份？有了這表和上述的「百歲圖」，這類問題便可以不必求人得到解答。

此外實用性的資料，還有中文電報碼，應用柬帖式，公衆假期表，中醫驗方等。

有些「通勝」裏面，且刊出整本「孝經」，並附圖畫。三字經，千字文也有時整本刊載，亦附插圖的，千字文的每個字還註明了平上去入四聲。朱栢廬的「治家格言」、繪圖的「增廣賢文」，亦為多數「通勝」中所常有的，這些都是前代兒童啓蒙之書。舊時即可利用「通勝」，教育兒童。

醫卜星相，更是此大雜薈式刊物的「精彩」部份。屬於「醫」者，除驗方外，還有專門詳述胎產的「達生篇」，但所說都是古老常識、古老藥方，在此時此地已經站不住脚，恐怕不會有人費神去看了。屬於「卜」者，有「諸葛神數」金錢卦，有「稱骨歌」，若是作為數字遊戲之類來處理，那玩起來會比數字遊戲更有趣味。事實上，這也是前代的數字遊戲吧？現在已不會有人相信那些預先擬好的問題的答案，當眞能夠解答瞬息萬變的世間大事了。

古人非常相信徵兆，「羅帶解」，「蟢子飛」，「喜鵲噪」，「燈花結」，都認為是好的兆頭；噴嚏，心驚，肉跳，眼跳……都認為是凶兆，因而生出種種預測兆頭的方法。通書裏也記載了各種預測方法，也該歸入「卜」這一類。

舊小說裏常常說起有道術之人會「掐指一算」，或「袖占一課」，書中的「李淳風時課」和「天罡時」都屬此類。餘如「眼跳法」，「面熱法」，「肉顫法」，「心驚法」，「噴嚏法」，「釜鳴法」，「犬吠法」，「鵲噪法」……共有十餘種，各列時辰吉凶，觀之可發一噱。

占夢之說，外國也有專書述析，中國古代也很着重，通勝裏有所謂「周公解夢吉凶書」，正文前有幾句是：「夜有紛紛夢，神魂預吉兇。莊周虛幻蝶，呂望兆飛熊。丁固松生貴，江淹得筆聰。黃粱巫峽事，非此莫能窮。」詩句似通非通，列舉古人的「名夢」，該屬於「信不信由你」這一類。

屬於星命之學的內容，書中記有當年諸星行度，二十八宿圖錄，小兒關煞，吉凶神方位等，「百中經」是星命家的根據，「諏吉時辰」是每事都要擇過日者所宗奉，各佔重要篇幅。

看相算命，書中更是圖文並茂，面相部位，流年氣色，甚麽「十二宮」，「五星」，「六曜」，「五嶽」，「四瀆」，「二十八宿」，「二十六關煞」，「花甲相冲及吉凶神方位表」，「土地杯」，「金錢卦」，「稱骨歌」，「算命不求人」以及怎樣辨別吉紋凶紋，吉痣凶痣，指掌之形，都有圖說，並有相法歌訣。

於此之外，還有「孔門弟子名表」，「孔子問答」，「日用常識」，「嬰兒受胎圖式」，教人看風水的「地理千金賦」，「張天師靈符」：：林林總總，不可勝數，總之上自天文，下至地理，包羅萬象，應有盡有，稱之為「家庭百科全書」，實無不當。

曆書原是中國農業社會下的產物，所記以節氣歲時為主，以便農家參考。「春牛圖」的詩句多係天氣預測，預測範圍包括全國各省，對象包括耕種育蠶兩業。

市上出版的「通勝」，可厚可薄，要以附錄多少而定，「通勝」本身的基本部份，却只有薄薄二十四頁，詳記年中每一天的吉凶時辰，五行所屬，氣節及天象的變化（像立春，日蝕），各項事情的「宜」和「忌」等等。

例如壬子年正月初一為春節，「通勝」上對於這一天的記載便如下列

美國也有一本中國通勝式的「老農曆書」，出版至今已有一百七十餘年之歷史，售價每冊美金三角半，年銷近二百萬冊，曆書內容，包羅萬象，不但適合「老農」應用，可供農作參考，即城市中人亦應人手一冊，諸如憑它而預知天氣之類。

該書創辦人早已去世，但其神秘的天氣預測方法，現在却已傳到了排行第十的「老農曆書」編輯沙根道夫手中。

沙根道夫為紐英倫州人，今年六十八歲，他由一九三九年起買下「老農曆書」的出版權，多方設法，經之營之，使得這一本「老農曆書」聲譽日隆，銷數大增。

這本書，的確和中國的「通勝」有點相像。那是一本奇怪的出版物，內容包括一年三百六十五天的天氣預測，天象，奇聞軼事，歷史性的日曆表，十二宮星辰變化，假期表，動物家畜交尾期表，播種節日，美國各州的婚姻法律，日蝕月蝕和其他多至不勝枚舉的有趣與有用的材料，用三角半的美金，去買這本書的人，沒有人會覺得是不合算的。

申報與史量才

望平街憶舊

胡憨珠

史量才的爲人，於恃才傲物、崖岸自高以外，還生有一種固執的偏見。例如一代人傑杜月笙，在民國十六年國民黨清黨以後，早已成爲風雲人物，偏偏史量才對於杜月笙懷有很深的成見。民國二十年，浦東高橋杜祠落成，史量才雖然致送了份薄禮，本人却並未到場，終於由黃炎培從中撮合，使這兩位豪傑在杜氏私宅作了歷史性的會晤。

史量才目中的杜月笙

如所衆知一代人傑的杜月笙，若說其生平，指點其出處，固屬於市井之輩，草莽之儔。但以其能奮發自强，力爭上游，終乃躋身成爲國際知名人物。如果論其一生的行徑施爲，作風氣概，那是從阮囊羞澀，身邊不名一文，濶綽到萬金輕擲，揮金如土。他的三言兩語，即能使對方爲之心悅誠服，低首輸誠。他一呼百諾，亦不教人們覺得他頤氣指使，凌厲難忍。準此而論，是他苟非本質天生，智慧過人，曷克臻此地步。此杜月笙之所以爲杜月笙也。是以由此而在他的一生過程中，便有若干的所謂斗方名士、薄海文豪，明知其胸無點墨，非但對他樂與交遊，而且願爲之用。點綴其間，穿插左右，越加烘托出他那種文質彬彬樣子。同時，更有不少的達官顯宦，富賈鉅商，鑒於他的輕財重諾豪邁爽快，也無不與之深相結納，交成知己。尤其在民國十六年的上海，自經國民黨的清黨運動以後，觀望中杜月笙的地位與聲勢，若就以直覺的一個角度裏看來，已不失爲風雲人物、時代寵兒。諒以一介草莽英雄，突然崛起泥塗，當時爲之貌儀而腹誹其過的大有人在。但不過在一般「花花轎子人抬人」的世情之下，任誰也不願在表面上，故予以輕蔑相視而貶抑之聲。

不料在此茫茫人海潮中，竟有一人的心目中，獨對杜月笙並不加以重視。其人非他，那就是另一個的一代人傑史量才。要知史量才的爲人，於恃才傲物、崖岸自高以外，還生有一種固執的偏見。所謂偏見，也就是他心目中對杜月笙固執地認定是個市井之徒，可是他却遺忘古人的「衛青爲牧豬奴，樊噲係屠狗之輩」那兩句所流傳的名言。這說明了「英雄不怕出身低」的世俗語彙之詞，不錯，杜月笙於童年時代，的確在十六舖鴻元盛水菓行做過學徒。

不過杜月笙後來便做了水菓店的老闆，那是在民國五年，黃金榮老闆接辦法租界共舞台京戲館的時候。他的水菓店就開設在戲館的前門裏邊，這便是杜月笙與黃老闆、桂蓀姐兩夫婦結交成爲親近朋友的發軔之初。實因他心靈機巧，鑒貌辨色，辦事能幹，氣派大方，是以極受黃氏夫婦的重視。因此，桂蓀姐就派遣他到東新橋街公興里的「公興枱子」，任做代表黃老闆的監察人。及民國七年，法租界的三鑫公司（俗稱大公司）成立，就做了主持該公司運銷業務的經理人。從此，起家發迹，竿頭直上，名成利就，青雲平步，這便是史量才心目中杜月笙的發達史實。

就因爲史量才一向以來，對於當時被上海全社會人們所稱道的「法租界三大亨」，都無什麽深厚好感。比較上祇有對黃金榮一人，似乎在他心目中，還存有一點淡淡的重視意向，和敬畏心念。這該說是史量才本人關於歷史上的關係之故，原來黃氏於遜清光緒末葉年間，他的「麻皮金榮」名號，已經滿掛人口。而以在法租界方面享名爲尤盛，其原因在於他的出生和長成地方，就是在城裏的張家弄與城隍廟後花園。及進入法租界巡捕房任做「包打聽」，又被派在小東門外的十六舖巡捕房裏辦事，所以南市城廂內外的人們多認識他。只因此間管轄地區的形勢特殊，環境複雜，每天所發生竊盜案件之多，逾於刺蝟身上之刺。可是他經辦案事的破案率高而且速到令人難於置信的地步，這更是他獲享盛名的另一因素。但也因享名的越盛，從而他在法巡捕房的職權越高，潛勢力也越大。是以當時各階層社會間比較有身份地位的著名人物，多願與之締結友好和時通欵曲，史量才也不例外，尤其他當拋棄了教育界的清苦生活，跨入於商業社會經濟的優裕途徑以後，他的寓處，總是在法租界的區域之內，便覺得黃金榮這個人，正是像供祀在弄頭巷尾傍牆脚畔的小屋中所塑造的那尊土地神一樣。人們每逢朔望之日，對土地神的香燭元寶，例不能不爲之點燃焚化，表示敬意，縱不想迎庥邀福，亦當可驅凶消災，此所以聊結香火因緣而已。

當年史量才就是憑這點心理觀念，和當前的環境形勢，所以和黃老闆交成朋友。至於他們二人友誼感情的等級尺度如何呢？考實說只是雙方通慶弔而已，但比之點頭朋友總算高升了一個等級。若究其實際，這無非在史量才一方面，看在他是操有法總巡捕房現任總督察長的職權，在黃金榮一方面，看在他却便是申報館現任報館老闆的地位。只因爲史量才過於崖岸自高，對涇渭清濁之分，十分認眞。試想他對黃老闆本人尚且毫不引起若何重視心意，當然對他手下的張嘯林和杜月笙，不屑予以作正視的一盼。大概當時史量才可能還不知道杜月笙在社會上的身份地位，聲譽勢力的眞正巨大力量。那裏知道杜月笙於十餘年的「道行」所修，早非吳下阿蒙，蓋已冒上，經高竄在他「金榮哥」的前邊。（按：杜月笙一生對黃氏的稱謂，若是對外人必稱金榮哥，若是對自己人，就叫老闆）但是在史量才的心目中，總把杜月笙停留在以烟賭起家的特殊人物之中，這實在是一件大錯特錯之事，而且還因此幾乎造成一件十分不愉快的事情。

原來時當民國二十年，杜月笙在他浦東的高橋故鄉，建築一座杜氏祠堂，作爲奉祀祖宗昭穆之所，於祠堂落成以後，舉行栗主奉安大典之日，分發請帖，招待親朋。其排場的偉大濶綽，其佈置的富麗堂皇，在上海確爲破天荒的創舉，在全國亦屬轟動遐邇的大新聞。於是，各方軍政大員紛遣其代表，以及南北梨園界的男女名伶，無不遠道趕來，聯翩踵賀。可是近在咫尺的滬濱地方之史量才，而且又曾接到請帖，他却全不加以理會。此在人情上而言，既非所宜，即站在報館需要公共關係的立場來說，怕也說不過去。須知道當時杜公館的分發請帖，就抱定了揀佛燒香的政策。凡非第一等級的軍政大員，社會名流，概不寄發，非經人送去禮物，才回以謝帖式的一紙請簡。但對史量才却於事前預發請帖，已經以一尊大佛菩薩相敬視，他的不加理會，於情於理，兩皆錯誤。後經多人勸告，史量才方才畧備禮品，着人送去，作爲人情上的點綴。不過他在三天杜氏的稱慶受賀之日，既不前去作賀客，對盛大空前的堂會戲場座上，也不去作看客。當時這條車水馬龍的浦東高橋道上，始終未見史量才的踪跡，此足以覘知他的固執之一斑。

黃炎培口中的杜月笙

史量才對杜月笙的輕視如此，但杜月笙的心目中，對史量才的觀感如何呢？說來他們二人却有大不相同的觀點。尤其是杜月笙對史量才的重視和應付，也正有令人難以置信的一種豪放冲天的氣概，和虛懷若谷的行爲。是他非但對史量才沒有一點「禮輕人不到」那種世俗觀念，反而低首下心，向之多方謀求親近。原來當此時期的杜月笙，並不以他當前現有的場面，認以爲自滿足夠，還須努力作更進一步，更上一層的爭取上游，此蓋於事後設置盛筵專讌史氏一事揣測得之。據說當日杜月笙希望史量才前去作賀客，藉增光寵之心，其屬望的情致相當殷切。所以一再關照從市輪渡的高橋碼頭起，到杜氏的新祠堂門前爲止的招待人員，對於申報館史量才老闆到來時，要招接得特別週到，並且在禮堂裏還邀請了幾位與史量才相斷熟的朋友，如黃炎培之流，作爲貴賓的招待員，以便居間作雙方的介紹人。因爲杜氏從未與史量才有過直接的接觸，亦未曾交談一言，這就是沒有人替他們作曹邱之故。

相信他們二人各於發迹以來成爲社會聞人之後，在公共大場合中，總有碰頭見面的機緣。也許他們可能早已目逆於心，或者是心儀其人，所以造成這種「相見爭如不見」的尷尬局面和陌生情形。其種因都在於他們二人各被驕矜之色，與傲慢之氣所籠罩而間隔了，是以一般尋常的友誼情感也凝結不起來。這自然，史量才所患這種驕傲氣色的病因和病象，遠較杜月笙爲深厚沉重，因爲他本來是個讀書人的緣故。要知道每個讀書人就有孤傲矜恃的品性，好似生與之俱來的一模一樣，史量才亦不例外，所以他一向對人的言態舉止，總是目無餘子。尤以自從主辦申報成功以後，他所被的驕傲病因越深，他所表現的驕傲病象越顯。按之當時一般上海人的觀念中，認爲在現代社會裏有三個種類之人最爲可畏，遠之則吉，近之不祥。這三種人計爲（一）是以無理辯成爲有理的律師。（二）是不事生產而能優遊生活的白相人。（三）是好管閒事幹做新聞報導事業的報人。現在且不談一兩種的可畏之人，先談第三個種類可畏之人的新聞記者。

申報正是全中國牌子最老的一家報館，在中國「鄉黨莫如齒」的古老傳統定例來說，當然這望平街報館的受人尊重，莫如出版年期最早，牌子名號最老的申報。準是以言，那申報館老闆的史量才，實不啻爲第三類可畏之人中的一個頭兒腦兒了。說眞話的，在當年那時期裏要開辦一家報館，確實非輕容易經營的一門事業，倘若主辦人沒有一點特殊的手腕本領，沒有一種巧妙的應付辦法，休想把業務的局面發展得開，也莫望對本身的基礎站穩得住。史量才就是個有本領，有辦法的人，歷次所經難關，都能安然闖過，卒使他的事業成功，只因勝利的果實巨大，成功的年日快速，直把他造成有高置其身在雲端霧裏的錯覺。從而他的眼界越高曠，驕氣越盛張，所以對後於他而興起的人傑杜月笙，哪放在心眼裏。是他總以爲你杜月笙在上海灘上，這幾年來是夠狠的了，可是我史某人比你還要狠。人家要買你杜月笙的賬，我史某却偏視你如無物，看你其奈我何。就因他的好高逞强，對杜月笙有意鬥勁，有心爭狠，遂致有「禮輕人不到」的情況演出。

世人自有一種怪異莫明的愛欲，對心愛欲得的事物，以不獲得而力求其必欲獲得，對心喜欲交的朋友，以不交成而苦思其必欲交成。原來杜月笙欲納交於史量才在當時就是有這種愛欲的心理意念。因此，事後不久的有一天，偶與黃炎培談話之間，於有意無意中，吐露出他欲與史量才交成朋友的心意。這大概在平素日子裏，黃炎培常於杜月笙面前，自誇其說話如何能見信於史量才的力量。所以杜月笙對他畧爲有此心意的吐露，但亦不便作明顯的表示，要請託他幹做這件拉攏工作，因爲杜月笙向來對黃炎培却是尊敬而不親近的。其原因有二：（一）是當杜月笙冒上出道的時候，黃炎培早已成爲南市的著名紳士，老西門的社會聞人。（按：指他被人稱爲老西門破靴黨首領一詞而言。過去杜氏在鈞培里黃公館裏，眼見黃老闆叫他爲任之先生而不名，且頗有相當敬意，便亦因之認爲他是高不可攀的浦東同鄉中的頭面人物。（二）是替杜月笙和黃炎培二人拉攏關係的那是沈葆義，（按：沈小名阿妹，奉賢人，壯歲與林得勝爲黃浦江上著名大流氓范篙頭的左右手。光緒中葉受上海道台旗人瑞瀓招撫，歷任緝私、水警等隊長。國民革命成功，鈕永建主席江蘇省時，任沈爲江蘇水警廳長，）時在民國八年，杜氏任當三鑫公司的出面經理人以後，力爭上游，志切高望，欲結好於上海地方幾位老紳士，藉作依附。曾託沈葆義致送五百元給閔行鄉紳黃譜蘅，（按：黃字蘅村，時任江蘇省議員，即崑亂不擋、由票友下海的名小生俞振飛的岳父。），黃則婉拒不受，沈葆義即將該欵代老杜轉送給了黃炎培受用。不過沈葆義還是一再關照杜月笙，說明這兩位黃先生都是有名的上海紳士，曾這樣的說：論氣派純正，當然是黃蘅村先生，論活動力强，却算任之先生，月笙哥，請你對這兩位黃先生要留意在心云云。

從此黃炎培便按月吃定了「大公司」的長俸祿，遂亦做了杜公館裏時來時去的座上客，但因十二年來每月五百元的長俸祿收受，却使他對之實在覺得感念有心，效勞無路之概。現在聽得杜月笙說出要想和史量才結交朋友之話，黃炎培認爲這正是小丈夫食祿報德的大好機會，所以他立即慨然自承，願效犬馬奔走之勞，負責替雙方任做牽引的拉攏工作。並且自誇地說：定必有以報命，保證在三天之內，當伴同量才先生到這裏公館來和你月笙哥見面，黃炎培說得蠻有把握似的神氣。須知道上海的白相人有句口語說：「光棍玲瓏心。」杜月笙在上海白相人地界三數十年來的道行所修，早已修成一條玲瓏透剔的光棍了。一聽黃炎培說話，他即暗暗就心想到史量才恐怕不是你黃炎培所能左右他心向的隨和易與之人，諒以他的脾氣驕矜，他的意旨堅强，但看他始終不來祠堂做賀客，這是最現實的定例證明。所以杜月笙便忙向黃炎培攔阻着說：「任之先生，請你慢慢來，想想看，倘若邀請史量才先生到我這裏來的步驟辦法，我們還須商討一下，總該要想出有個冠冕名堂。因爲我曉得他這個人非常難弄，不是隨隨便便一請即來的人物，他對朋友講交情時極講交情，若不講時，一點也不肯賣賬，自有他一副要打太極拳的敷衍辦法。要讓他來得堂皇，去得自然，所以我想準定備席酒筵專誠請他，這可以說是我對他補情的回情酒。但不過爲了愼重起見，就請任之先生同他預先做個接洽。以便講定日子，再送帖子，這樣的禮數齊全，那他便再不能託詞假故，推辭不來赴約飲酒的了。

黃炎培就遵照杜月笙所說之話，前去申報館與史量才接洽，其結果却是一說即成，恰恰如他所願。傳說中他向史量才的進言接洽，還是化過了一番審察心意，乘機說話的揣測工夫。原來史量才與他於相見面時，免不得對杜氏祠堂落成典禮一事，作爲雙方談話的開場白。黃炎培當然把三天來熱鬧盛況情形，誇說一輪，但他還是湊趣地說出幾件較爲有趣味的小事，以博取史量才的哈哈一笑。於是，他說據傳說中有一位奉軍方面張學良少帥代表送禮祝賀的賀客，只因他瞧看盛大的堂會戲，已到了出神入迷的程度。可是天氣酷熱，口渴難忍，爲要確保座位，不願離去進飲茶水，祗有强自忍受一法。後來在比鄰的座椅底下，發見一瓶汽水，却盛裝得滿滿的似已開瓶塞，而尚未飲過的原裝。他也不告訴坐在椅上的座客，把一瓶汽水悄悄取得在手，張口就喝。實因他口渴過甚，一口氣就喝嚥了半瓶，一經停止在換氣辨味的時候。發覺其滋味却是鹹津津的像一瓶鹽湯，不像汽水滋味的甜蜜可口。更其是瓶中所發出來的一股臭騷之氣，冲鼻難聞，引人欲嘔。事情演變至此，這位賀客方始意味到喝嚥下肚的半瓶變質汽水，那是人家內急所遺留的小便。於是，大爲憤怒向傍坐之客聲勢洶洶的責問，還大罵缺德，甚至操呀操的禍延其祖奶奶。這位被責罵的賀客，却是退職軍人身份，據說他是過去直軍領袖，現今躭在天津做寓公的曹錕代表。這兩人恰象徵代表直奉兩軍，正可說是不是寃家不聚頭，雙方在堂會戲台下由罵戰到揎袖摩拳，幸有塲中的招待人員，竭力勸導，方始罷休，否則幾乎要演出另一次新的直奉之戰云云。因爲黃炎培講說這段笑話時，倒像王旡能在演唱獨脚戲，他的一口浦東官話，邊說邊做，却博得史量才一陣子的哈哈大笑。

史量才聽黃炎培談笑

接着黃炎培續講另一則的小趣事。那是張嘯林摑打上海警備司令部李德釗參謀的一記耳光，其闖造禍事的起因，爲的是李參謀要吸食一枝雪茄烟，偏偏張嘯林靳而不予。本來招待處備有大批的中外各類烟枝，專供賀客們的選取吸食，李參謀的吸食雪茄，原無問題之可言，不知如何張嘯林的眼中，對李參謀這位賀客好像不配吸雪茄烟似的，他氣呼呼地把他選取在手，正待燃火吸食的一枝雪茄烟，伸手搶了過去，這實是一種侮辱賀客的行爲。究竟李參謀是個武官文職的軍人，軍人的本質是剛强不屈，認爲是而可忍，孰不可忍。所以他挺身而前責問張嘯林搶去他手上雪茄烟的理由。這時張嘯林實被責問得無語可答。祇有他常掛口邊的幾句杭州國駡，暫爲應付以外，隨後總算給他想出兩句話來作爲對付。那是他說：「你吸一枝雪茄烟怕不夠，索性賞你五枝雪茄烟罷」。於是手起掌落，「拍」的一聲，擲在李參謀的面上，他正是個天生闖禍坯子，就無緣無故的闖出這場意想不到的禍事來。

原來這位李德釗參謀是江西人，與上海警備司令熊式輝是同鄉。據說他出身於日本的帝國大學，攻讀文科，所以他的中日文學都有精深造詣，也寫得一手好字。爲人脾氣，生得非常隨和。當學成回國，恰巧熊式輝在上海出任警備司令。旋以何應欽將軍的參謀長劉秉粹舉薦進入熊氏麾下，任當秘書，參與密勿，翊贊戎機。只因他常佐參謀處長賴偉英處理地方治安軍事關係，故兼職參謀，因此部中的兵士們都祇識他爲李參謀，而不知他爲李秘書。此次杜氏新祠堂落成，料定往賀的賓客，人數定必衆多，且皆爲有身價，有地位的著名人物。對於全祠堂的警衛之責，雖由閘北保衛團團長王彬彥承担，但終覺地方團隊的武力，猶欠充實。是以熊式輝司令允准了該新祠慶典籌備委員會的公函申請，特派警備部特務營一連兵士。令由連長率領馳赴浦東高橋的杜家祠堂，參加他們的警衛工作；增厚防範力量。實因慶典中三天日夜的堂會戲碼，在戲提調的太於美好到，難得有見的程度，以戲碼所列的無一戲不是名劇，扮演登場的沒一角不是名伶。偏偏李參謀是個京劇的酷愛者，對於這場堂會戲有刻骨相思的迷戀，所以他請准了熊司令長官的允許，偕同特務連長率領所部，前往高橋杜氏祠堂報到，執行指揮佈置警衛哨崗的任務。

因爲李參謀沒有穿着軍服，隨身所着的那是一套淡灰色的西裝，而西裝的式樣和色澤，亦是不大光鮮時新。所以在慶典總監張嘯林的勢利眼中，望之不似高貴等級的賀客，滿眼一副寒倉窘迫之相。但是他見他如此寠人相的人物偏要選吸高貴品級的雪茄烟，這就是他對李參謀瞧不順眼之處，終於導致伸手奪烟的錯誤行爲。只因他的品性格調，實在生得鹵莽滅裂，橫蠻躁急，一點沒有社會聞人的氣質修養。尤其是他自從被人公稱爲「法租界的三大亨」以來，他神態的意氣風發；一舉一動，正有一發而不可遏止之概。俗諺有「秀才碰着兵，有理說弗淸」的那兩句例言，現在上海警備司令部的堂堂軍官碰着了杭州白相人，也變成爲有理說弗淸了。此時担任警衛站在堂會戲場四周的兵士，眼見他們的長官李參謀被人摑打耳光，遭受重大侮辱。是以不待他長官的呼喚命令，紛紛自發地趨步上前，拔出所佩的盒子炮，指住張嘯林叫他舉手。同時，守衛在祠堂門外的兵士，把他們所架的那枝機關鎗，也搬了進來架設在大廳前的廊軒下。而鎗口却對準張嘯林所站立的禮堂中央，他們要在鎗口上邊評理性，這樣形勢情況，確屬非常緊張。幸而杜月笙得訊快速，親自從裏邊趕出來向李參謀打招呼，賠不是，還連說稍停幾天，定必對李參謀有滿意的交代。就在此時，站在傍邊的連長向他參謀請示，要不要集合本連弟兄，拉隊回去。誰知李參謀反而對該連長婉言勸阻，不許他拉隊回去，說是且過了三天的任務完成以後再說。一般的說者謂這位李參謀，所以有如此能忍辱挨吃耳光的雍雍大量，大約還是看在堂會戲的份上，你說戲迷的魔力偉大不偉大？

史量才不待黃炎培再說下去，便接口連連着說：「煞風景、煞風景，眞正的是件大煞風景事。大概他們的籌備工作，還嫌做得不夠完備到家，所以會有這種煞風景事的亂子闖出來，險些兒難爲了身爲主人的杜月笙了。」黃炎培道：「這次他們的籌備工作，却不能說有些差；一切佈置設想，尚稱縝密。萬想不到會鬧出這樣亂子，那張嘯林的性子太急、脾氣忒壞，實該要由他負責的。他們知道此次杜氏新祠堂的落成典禮舉行，本外各地前來道賀的賀客必多，大部份爲了三天的堂會戲而來。所以對發帖子一事，研究出一個定例，就是非特客身份的不發請簡；非收到禮物不發請簡。但是對所送禮物的價值必須分出貴賤品質以外，首先要對送禮人的身份、地位、名氣勢力、一一加以審察查考，隨後再發賀客的請簡佩章。所以章分三色，一目了然，客別兩樣，等級儼然，在祠堂內所欵待招接的盡是一班特客嘉賓，他們吃的筵席是精饌細膾，出自名厨，看的戲劇是名角好戲，來自京朝。但在祠堂外邊的蓆棚下所宴請的來賓，都是當地親朋，鄰村故舊。所吃的是滿碗滿盆的肥魚大肉，烹調得油濃醬赤，全屬浦東風味。所看的是海派伶人演出的京戲，這種情形大有漢劉邦的置酒沛宮，悉召他故鄉的父老子弟縱酒高歌之概。

黃炎培說到這裏，故意對史量才問說：「量才兄，你爲什麽不到高橋去看戲呀？這次杜家祠堂的堂會確實難得之極，大概除了余叔岩一人因病不來以外，所有幾位現存出名的京朝派老年角兒，差不多已經全部南下來作演出了。量才兄，難道你沒有收到請簡和証章麽？可是你所送的禮物，月笙却非常重視，特別掛置在禮堂中最明顯的地方。似乎他要使來賓們知道他有你這位朋友，却要引以爲榮呢。」史量才對他所說之話，並不感覺驚異，却淡然地答說：「這點我倒未曾留意及此，總認以爲送禮所回來的必然是一份謝帖。所以報館茶房送禮回來，就把它放在寫字枱上的鐵絲信籃裏，我懶得拿取瞧看。是以毫不知道這隻紅封袋裏的謝帖之外，還有什麽請簡証章啊。」黃炎培含笑說道：「這份請簡倒不是什麽的大塊文章，那是只有百數十字短短的一則小啓。不過出之於楊度（哲子）的手筆，便使人感到有點份量了。」在當時黃炎培講這幾句話，不知他是有心的呢？還是無意的呢？原來楊度與史量才却是極相熟的要好朋友，他們的結識還遠在淸代末葉年間，而居間介紹的那是熊希齡。尤其在民國元年的南北和議時期，楊度曾任北方議和代表唐紹儀的隨員，雖下榻在滄洲飯店。但這班人天天在南陽路趙竹君家裏吃飯，可說是日常見面，遊讌一起的極知己朋友。

其實楊度的參加革命，爲期頗早，而認識孫中山先生的年日也較長，試想黃克强氏在日留學時期欲晋見孫中山，這引見人就是楊度。僅此一事可以想知，誰知入民國後，楊度却一面倒式的依附了袁世凱，而且成爲洪憲六君子之一。當袁世凱想做皇帝時期，籌安會要在上海收買一家宣傳機關的報館，他們便看中了申報。是以特派薛大可南來上海，就是拿了楊度的介紹信，首先與史量才作接洽的。因遭史量才的嚴詞拒絕，薛大可於無可奈何，只得在大馬路與二馬路之間的望平街上覓屋創辦一家旭報館。旭報出版不久，就挨吃了革命黨人所投的一顆炸彈完事，而史量才和楊度的友誼交情，也從此無形中宣告斷絕。但不過人是有感情的動物，凡屬相交有年的朋友，不管在現時已經絕交或未經絕交。只要聽說某篇文章爲朋友某某所撰作，都會有一覩爲快之感。所以史量才聽黃炎培說出杜氏新祠落成的請簡文字，係出於楊度的手筆之話以後。他便立即向寫字枱上的鐵絲信籃裏，檢取那隻紅紙封袋，抽出袋中所函的兩張印刷品，一爲謝帖，一爲請簡，却都是排印精美，式樣大方。

當下史量才一看請簡上的字句，只見那文句是：「五廟三廟之制，爲禮經之所記已詳，大宗小宗之分，爲禁典之所載必愼。故禮莫重於祀祖，事莫大於敬宗。近爲聚族之謀，爰有建祠之議。但循舊俗，非有新裁。乃荷諸親友之華翰，寵錫嘉言，猥以愚蒙，適叨宏奬。玆擇於國曆六月十日，行新祠落成禮。敬迓高軒，蒞臨江浦，爲吟車馬江干之句，願迎文章海內之賢。惟思軒車枉過，應接不週。凡在知交，當蒙亮察，特陳悃素，敬誌謝忱。」史量才看後，笑對黃炎培說：「任之先生，你看這篇請簡的文字，還多虧得哲子懷此才思，方能搆撰成篇。想來哲子的只此一文之成，那月笙却要多化幾兩雲南大土的淸膏了。」黃炎培也含笑說道：「我國民間流傳有兩句口語，叫做『養兵千日，用在一時』，那月笙對於哲子可以改爲『養士千日，用寫一文』的了。因爲哲子自從南來上海，他的生活之費，他的黑白兩飯，都是由月笙按月負責維持的。」於是，黃炎培接着就把楊度的近況情形，凡有所聞的便作爲話題，與史量才大事談講。他講楊度的在杜公館裏，遠不及章行嚴的吃香走紅，他講楊度的文章也不及章行嚴的受人重視。同時，他還講說出楊度和章行嚴兩人都在杜月笙面前互相攻訐，活現出文人相輕之狀，正使史量才聽得頻頻搖頭嘆息，自然是他在回憶二十多年前的楊度豪情勝慨，而發生了無限的感喟！

海上兩名人杯酒聯誼

黃炎培正是個了不起的天才宣傳家，也是第一流的職業幫閑客。當他在史量才大談楊度與章行嚴二人所產生造成各式各樣的大小故事，往往會把杜月笙牽引進去，輒脚在內，成爲故事的主中之賓，或是賓中之主。而故事的最後結局，都是憑經杜月笙的閑話一句，即告美滿收場。不是爭得勝利，即是和平解決，雖爲當時上海社會間的傳言如此，但事實的確也是事實。實因他慷慨而豪邁的行徑，迥然與一班別的社會聞人有種種不同之處。說他是個輕財的人吧？實則他未必篤於疏財，但能夠應人而施，即所謂懂得化錢的藝術是也。說他是個仗義之徒吧？實則他未必果於尚義，但能夠熱心好勝，不甘後人，即所謂懷有英雄的主義是也。不管他懂得化錢的藝術如何的精明，也不管他懷有英雄的主義如何的宏偉，可是他量度却生得相當寬大，眞實不虛。他的待人接物，是那麽的休休有容，他的力爭上進，是那麽的砥砥不息。從掌握烟賭兩行的實權，與位列法租界三大亨的雄號之日起，他的好名心理更其是與日俱增。凡此種種所形成的事實，現在只不過從黃炎培的口中談談說說，便像水長流式的一樁樁、一件件話說出來。却教史量才聽得時而發生嘔噱的一笑、時而發生嘅喟的一嘆。在他笑或嘆的後邊，必定會綴上一句「這倒難爲月笙有這點能耐」的讚美之詞。

也就因此，一般高層社會人們的話說，黃炎培是個了不起的天才宣傳家。這所指說他的了不起地方，就是他對人對事絕不作正面的宣傳工作，只做側擊傍敲的宣傳方法來賺人聽信。可是所得到反應的效果力量，反而比之正面宣傳，遠較有巨大無比的收獲。現在他在史量才面前宣傳杜月笙橫好豎好的種種好事，就是他以楊度與章行嚴二人的故事作爲假設主體，所運用側面宣傳的策畧。眼看一向史量才固執地對杜月笙的輕視觀念，已經漸漸發生動搖，因爲他善於鑒貌辨色的。覺得今天史量才的心目中，對杜月笙已產生了好感的印象，就想着趁此打鐵要趁熱鐵的機會。於是黃炎培便對史量才說：「這幾年來，月笙對你量才兄實在傾心仰慕之極，渴求謀取接近，總是沒有上好機緣，祇得自嘆緣嗇。這次他家新祠堂落成，却有三天空前絕後的盛大堂會戲，是他認爲你量才兄可能會去欣賞幾位碩果僅存的老伶工們的劇藝，頗欲藉此得遂他的渴慕心願，但結果還是失望，因爲他左盼右望，却盼望不到你大駕惠然光臨。是以他深深地自悔於事前未曾親踵申報館之門，作當面的至誠邀請，覺得惶惶難安。他爲了想要補過贖愆，爲了爭取舒適自在，經已決定在他自己家裏專誠請你量才兄過去飲杯水酒。只是他不知道在最近幾天裏，那一天晚上是你比較稍有閑空日子，本來他想親自拜訪，又怕冒昧不見，所以要我前來向你請示，但望日子一經確定，便即送上請客帖子。量才兄，請你感念月笙要想結交你這位朋友的一片誠意，就賞他個情面罷。」

史量才此時的心念，完全與過去兩樣，竟然大異其趣。以前他總以為你杜月笙是夠狠了，我史某比你還要狠，人家要賣你杜月笙的賬，我史某偏不賣你的賬。他的好高逞强，他的有意鬥勁，始終對杜月笙站於輕視漠視的敵對地位。現經聽了黃炎培婉婉委委的細說，覺得杜月笙的確是現代社會中的傑出人才，縱然，論其出身的身世，只是一個敗落家庭的窮小子而已。但若推想他從小在窮困清寒的環境之中，打熬掙扎，度其悽苦生活。及至年事稍長，進入社會，且在數十年來，純憑赤手空拳，打開一片天地。可說在他一朝發跡以後，居然氣度不凡，自成風格，這一切殊非常人所能企及的了。終於史量才的推度他人，聯想自己，便也感到此生奮鬥半世辛勞。自己眼前所有的一種局面與一點風光，實同杜月笙一樣的純憑赤手空拳打出來的。這倒像販馬記戲中「彼此一樣，一樣彼此」的那兩句戲轍兒，自己比他佔得一些些的便宜和便利，只不過多受一點教育，多認識點字罷了。

當史量才的情緒思想，激發奔放，接觸到這些問題上時。覺得自己對目下杜月笙的燦爛事業和煊赫聲勢，不該有嫉妒憎惡的敵視之意，應予以身世共憐的同情之心。因此在他的心向意念，驀然間立即作了這樣的一個大轉變，所以此時他的觀感與過去完全成了兩樣。再加上黃炎培一片詞卑而言甘，禮周而意誠的話語，說明杜月笙要與自己相交成友，置酒聯誼。於是毫不加以猶豫思考，欣然的表示接受，而且隨口決定了請客的日期。他對黃炎培的答覆，却是這樣的說：「任之先生，就請你去回復杜先生說我們吃飯的日子，就定在明天的晚上罷。若要選定我的空閒日子，可以說一年三百六十五日，實是沒有一日沒有人請吃飯的。這樣應酬的請客場面，每夜多則五六處，少則二三家，這是我近幾年來最大的煩惱。現在作了明天晚上的決定，就是我對明天所有的請客帖子，一概不理的表示，索性應酬杜月笙一個人了。」

史量才就是有這種不願屈居人下的驕矜脾氣，可是這次他的驕矜脾氣却被杜月笙征服了。本來他對杜月笙已經產生了好感，再聽了黃炎培的一番話後更發展到昇華了一種敬愛感。在他意識上認為杜月笙對我的崇視維謹，執禮甚周，的確是個通情達理之人。便也自己思忖，覺得那我亦當報之以禮貌上的敬愛之意，所以他今天不再以驕矜自恃，就很快速的接受了杜月笙的邀請。並且自動而自發的選擇一個最迫近的明天日子，立刻話說出來作了明快肯定的答覆。史量才這種的言行舉動，在黃炎培眼中看來，他欣喜情況，為向來所未見，感覺杜月笙和史量才二人倒是真正在表演「花花轎子人抬人」了。所以他離開申報館之後，便趕到杜公館去回報月笙，作為「不辱使命」的交代。就在黃炎培主持一切的安排之下，於第二天的晚上，使史量才與杜月笙這兩位現代社會的人傑，就在華格臬路的杜公館裏，雙方作了第一次歷史性的會面。為要增高賓主間談話的氣氛熱鬧，還請了陳陶遺、黃蘅村、姚紫若、顧馨一、黃金榮、沈葆義、姚慕蓮等作陪。因為這班人都是上海城南有名的地方紳士，也是洋場中著名的社會聞人。不但他們對史量才、對杜月笙雙方皆為極要好的朋友，而且在眼高於頂的史量才眼中，對這班人亦盡為心折納交的相知。

在這天杜公館所設的筵席，正的是饈饌的品種非常豐富，滋味也非常精美，而筵席的代價則自然相當高貴。承辦這次筵席的酒菜館，那是開設在愛多亞路小木橋畔的陶樂春，這也是黃炎培所指定的。傳說中當大家入席的時候，據說他像「丑表功」戲中的王八，向鴇兒萬人迷表功一樣。他說：「上海中西菜館、酒樓的市招牌號，無不題取得庸俗淺薄，有欠風雅，若論題名最佳妙的莫過於這一家陶樂春。好不容易昨晚在床上搜索枯腸，盡半夜之思索力，纔給我搜索出來。覺得陶樂春菜館的這塊招牌的題取，實含有『陶然共樂、滿座皆春』的祝頌意義。真正的是字面題得太美好，意情也題得太切貼了。所以杜先生今天要用陶樂春的酒菜來與量才先生以及諸位先生共謀一醉。」事實也果然，這夜的一場歡讌，確屬使主人和來賓都盡了陶然共醉之樂。尤其最特出一點，竟把史量才與杜月笙友誼感情的距離，拉攏得非常的親近而密切。從此以後，杜月笙有時有事，就常到申報館去探訪史量才作商談。要知世間交結朋友，時日越長，友誼越深，而相逢談話自然會說多話多的了。是以前人詩句，曾有「交到忘言始見真」之說，蓋所謂「忘言」，即是忘却了避忌隱諱之言。

因為世人們凡屬交成了真相知、真莫逆的真要好朋友以後，自會有話儘說，無語不談。非但會忘却忌諱的言詞，而且會忘却談說的時間，杜月笙與史量才就有這種忘言的情形。據說他們二人在相識交友的初期，總是閉門掩戶作長談，往往會談上幾小時，足見二人忘言的一斑。

據說在杜月笙與史量才締交成功之後，曾有人向他進言力說史量才不是個「夠朋友」的人物，何必與他結交。於是，其人歷歷的舉說他如何的驕氣盈面，眼高於頂，如何的慳吝成性，重視金錢。最有趣的是說他胸襟如何的窄狹，手面如何的緊仄，殊與其强烈擴大的領袖慾，實屬大不相稱。其人這一番批判的說詞，直把史量才這人的才幹能力，評騭得一無是處。

好在杜月笙是個自有其主張和定見之人，怎能游說得動搖其意旨。只因其人喋喋不休的說着，是以杜月笙幽默地回說一句話：「老兄，你知不知道史量才是申報館的老闆啊！」要知此一向杜月笙進言攻擊史量才的是誰？原來就是三大亨之一張嘯林，但杜月笙那裏肯聽，以後還由黃炎培從中牽引，使杜月笙和史量才都參加了上海市地方協會，着實合作了一番事業。（廿二）

面巾·浴巾·床單·床毯·毛氈

美國大炮嘜最受歡迎

大人公司

一身去國八千里

——流亡旅程回憶錄（上）

陳蝶衣

西曆一九五二年的八月，亦即是農曆壬辰年的七月杪，我帶着一肩行李離開了上海，踏上了「一身去國八千里」的流亡之途。屈指迄今，已超過了十九個年頭。現在我還能夠偷生人間，寫出『此世猶存我，思量亦一奇；身能逃曠刧，居竟雜諸夷。』這樣的詩篇，完全是拜上海市「文化局」一位主管人員之賜。回憶流亡過程，眞該謝謝這位先生的好意。

我決定與上海告別之前，恰當「三反」未了，「五反」又起的時期。在上海負責廣播電台指導工作的李之華，過去是一位劇作家，我與他相識有年，份屬知交。「五反」開始後，「文化局」的一位主管人員，我記得很清楚，他的姓名是陳蕩，有一天接到通知，要我到「文化局」去見他。

在一間辦公室中，這位陳蕩「同志」示意我坐下，然後說出召見的原因，是要我寫一份認識李之華經過的「自白書」；由於李之華也是「文化局」之一員，「五反」運動展開，他亦在被打的「老虎」之列。

當時，我看到案頭早已擺好了紙筆，知道非「錄供」不可，只得搜索枯腸，將記憶所及作了一番筆下的敍述。就在「錄供」之際，這位陳蕩「同志」對我說了兩句話，給了我極大的啓發，這兩句話是：

『我們對知識份子，現在還是客氣的！』

就是這兩句話提醒了我，我走出「文化局」之後心裏想：「現在還是客氣的，不就等於說：將來就要不客氣。」

我可以對上帝發誓：當時的情形確是如此；陳蕩的告誡與我的聯想，百份之百是眞實的。這兩句簡單的話，洩漏了「來日大難」的機密，已使我提高了警惕。同時，我與朋友合辦的一項文化事業，恰亦瀕臨無法維持，只得結束的階段；於是我經歷了一個時期的考慮之後，決定作「去而之他」之計，目的地只有一個：——香港。

結束業務　申請路條

謝天謝地！我在斷絃之後，續娶了一位原籍廣東而生長上海的繼室，她有親戚在香港，這給了我「去國計劃」極大的便利。我先讓她申請來港探親，居然很快就獲得了「公安局」的批准，領到了一份「通行證」。

太太先走，我留在上海，一方面儘快結束業務，一方面耐心等候。不久接得了太太平安抵達香港的來信，信中告訴我：不會講粵語很難在深圳順利過關，授意我取道澳門，然後再託人接我來香港。

非常幸運的是：我也終於獲得了「公安局」派出所留用人員的協助，從開始申請到取得「通行證」，只費了將近一個月的時間。事先，我早已向派出所報告了「失業」，而我又一生從不與「政治」沾邊，因之經過幾次調查之後，對我並無疑難問題。至於我申請來港的理由，則是「接內子回滬」，所以申請的「通行證」也是雙程的；大概就是憑了這一點掩眼法，纔會獲得「公安局」總局的批准。事實上，派出所的經辦人員早已心知肚明，我一走就決不會再回頭的了。

「路條」既已到手，我就可以遠走高飛了！當時，我採取了兩項步驟，首先是賣掉了部份器物如無線電收音機及藏書之類，以所得的「人民幣」之半數買了一些「甘旨之奉」，留下一半作爲路費，然後悄悄地又作「拜別高堂」之行。

回到故里　拜別高堂

經過了火車、長途汽車的載送，我回到了江南故里，童年時的游釣之鄉。

父親已是六十餘歲的高年，老人家一生經歷了無數次的變亂，艱苦的歲月已使他添上了滿臉皺紋，鬚髮也全都花白了！

突然見到遊子歸來，老人家又是驚，又是喜，顫抖的聲音從口中吐出，叫喚着我的乳名。我則急急的呈上了「甘旨之奉」，把小額的一疊「人民幣」塞到老人家的手裏。

侍奉父親多年的後母，聽到老人家的喊聲之後，匆匆從廚房裏跑了出來，一面抹着額汗，一面喘着氣說：『啊呀！大少爺，你回來了！怎不先寫封信來，告訴我們一聲呀！』

後母是浙江省鄞縣人，嫁了我父親之後居鄉多年，已學會了一口鄉音。她話纔說完，眼淚已止不住奪眶而出。我呢？在走下長途汽車踏上村路，將要行近家門的時候，早已淚承於睫，拭不一拭了。

我在鄉間逗留了五天，儘可能忍住辛酸之淚，踏遍童年時期跳跟嬉戲的所在；村前，村後，橋上，樹下，籬落之旁，隴畝之間，我徘徊又徘徊，流連又流連。我仰望着每一棵濃陰密佈的大樹，幻想着母親在世之日，用了叉捲了蜘蛛網，爲我做成了黏竿，我曾擊着它捕捉棲息在樹上的鳴蟬。而此時此際，我所要捕捉的則是失去的童年之夢。

歲月已逝，舊夢難尋，所得的僅是夕照與晚涼帶來的陣陣寒意。

去國計劃　臨別透露

在逗留故鄉的五天裏，我祭掃了先母的塋地，也訪晤了親戚故舊。悲喜的情緒交錯於我之心頭，沒有一刻能夠寧靜。尤其是身將去國，重會無期，在父親與後母的面前，我還要隱瞞一初眞相，揀好說的說，不好說的則絕口不提。這一份痛苦，也是我有生以來所未有。

嫁在鄰村的三妹，得知我回鄉之訊後，與夫婿相偕來會，手足之情，使我胸膈間又添多了一層悵惘。

三妹出世不久，家母即因病棄養。三妹自幼失去母愛，在鄉間吮吸乳娘的奶汁長大。記得她纔兩歲的那一年，我從上海回鄉，爲亡母做週忌，曾抱着最苦命的三妹，悄悄地繞村屋而行，爲喪母之痛而飲泣，流掉了我不少眼淚。如今三妹長大了！嫁了！夫婿是樸實的青年農民，農民忙於農務，不能有太多的閒話家常時間，匆匆一晤，吃了一餐晚飯就帶着三妹回去了！我送他們出門口，走上村道，望着他們漸漸遠去的背影，默默地爲他們祝福，但願他們能夠一輩子過着太平日子，不會有什麼厄運降臨到他們的身上。

另一嫁在較遠市鎮的二妹，得訊後也趕來探望。

我臨動身的一天，在家拜別了父親後母，由二妹送我到長途汽車站，我這纔把準備去國的計劃，在路上對二妹作了一番透露，說明我不能不走的原因，並叮囑她千萬不要告訴父親。二妹一路走，一路聽我說，陪着我暗暗灑淚。她的最後一句話，是：『早一點寫信來！』

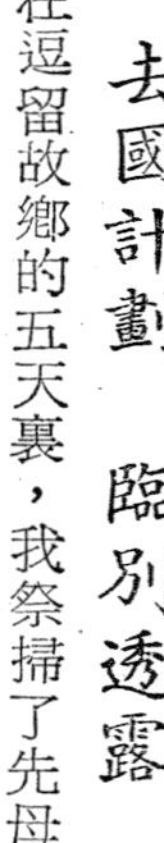
上海北火車站的外貌

外家老屋　劫後重訪

長途汽車開動，我身在車廂中，又成了離鄉的遊子。從此一別，父親，後母，同胞的妹妹，何日再能見面？已成了無從想象的事。古有明訓：親在堂，人子不遠遊。而我則違背了古訓，未能盡人子之道。未來的日子裏，我不僅將要遠遊，並且還是出國門，去海外；誰實爲之？孰令致之？此一隱痛，將終我之生，永銘心版，分毫不可磨滅。

故鄉的村屋，隴樹，愈離愈遠了！童年時期雞犬相聞的承平景象，守望相助的淳樸風氣，都蕩然無存了！有悲歌鯁塞在我的喉頭，但無法唱出。環顧同車的人，也大都口緘不語，眉鎖未開；「翻身」以後的心情，看來也和我差不了多少，並沒有什麼愉快。

到了城裏，訪外家的故居老屋於北後街。外祖父在世之日，開過一爿漕坊；先母是驕生慣養的八小姐，外祖父母的唯一掌上珠。外祖父去世後，由於戰爭的影響，漕坊不能維持而歇業，家道也由此中落。我出世遲，沒有見過外祖父，只見到白髮如銀的外祖母。

外祖母非常寶貝我這個外甥，童年時期的我，曾在外家一住半年，在我記憶中的有院子裏的鳳仙花，瓦盤裏的萬年青，以及鄰家的小女孩。劫後重來，鳳仙花、萬年青都不見了！小女孩當然也沒有了影踪，僅剩下葱綠衫子的幻象，彷彿還在眼前幌動而已！

外祖母早已仙逝；最年輕的舅父也作了古人了！老屋裏只剩下舅母一個，她與舅父結婚時，我曾跟着雙親上城喝喜酒；舅母是位才女，纔做新娘子沒幾天，便聽到她對着舅父談論「紅樓夢」的故事，背誦海棠社的詩句。這時，表弟妹們都于役於外，她見到了我這個濶別多年的外甥少爺，也只有訴說家常，慨歎世變的份兒，再也沒有心情閒話榮寧，惦記寶黛了。

拋家別子　踏上征途

故國、故鄉，舊曾經歷之處一一告別；留下了長子樊，交與他的外家照管；次子濟，第三子留，交與他們的大姨媽撫養，我孑然一身，在一個「已涼天氣」的早晨，帶了行李坐上三輪車，趕到北火車站，買好了臥舖票，登上了南駛的特別快車，開始我的流亡旅程。

在車中，我臨風雪涕，在胸次醞釀着「默禱」，寫出了我的去國之行第一首詩：

北站早發

悄離滬瀆覓蓬瀛，行李無多一篋輕。
塵鞅脫身家再棄，車廂寄跡客孤征。
已揮別淚仍回首，未卜前途亦計程。
此去關山應萬里，臥聽汽笛累飛聲。

屈原去郢，作「離騷」，有『時繽紛其變易兮，又何可以淹留？』之吟。我的旅途心情，亦彷彿似之。「離騷」又有另一歎息曰：『已矣哉！國人莫我知兮，又何懷乎故鄉？既莫足以爲美政兮，吾將從彭咸之所居。』屈原以「國人莫我知」爲恨，我則適得其反，以此爲幸。只要「莫我知」，我之「一身去國八千里」，就可以獲得平安。感歎之餘，因復成絕句四首，默記如下：

南征

登車竟作斷然行，萬感橫胸愴不聲；
門外略知天地窄，請將足繭視南征。
因風到處有驚飛，不獨行人願望違；
自揣心胸成慰藉，齊民生死本輕微。
荒村原樹背人移，故國臨秋萬籟悲；
此日河山輕瞥眼，重來祇欲諱無期。
北來虎吻說天驕，奕世淳風徹底消；
刮目三年存一悔，當時我亦看今朝。

車過樂昌　回憶往事

抗日戰爭初起的一年，我曾離滬遠行，止於漢口，那是我第一次棄家；因而「北站早發」詩中，有「家再棄」之語。漢口羈旅，歷時一載，其後在武昌登上粵漢通車，繞道廣州、香港，回到了上海。

這一次再度流亡，在枕木潛移、梯田疾轉的過程中，又經歷了十四年前映入眼簾的一個個車站，看到了似曾相識的沿途景色。

進入廣東省境後，有一個縣份叫樂昌，十四年前乘粵漢通車經過時，前途遇上日本飛機投彈轟炸，路軌損壞，車行有阻，全部列車只得退回到樂昌。我隨着許多旅客下了車，在此邑住宿了一宵。

次日上午，還曾稍事遊覽，去往距離旅館不遠的中山公園，兜了一個圈子。

廣州鎮海樓又名五層樓

到了下午，得悉路軌修復，這纔收拾行裝，重上征途。

在車中回憶往事，想起了樂昌公主「破鏡重圓」的傳說，因復有如下一詩之作：

車過樂昌感舊

野店風霜記在亡，當年兵禍避倉皇；
客途曾笑輪生角，旅枕難忘月墜芒。
破鏡幾家歸半照？斷蓬一例散遐荒；
不圖海宇重光後，又附征車過樂昌。

『願得雙車輪，一夜生四角。』這是陸龜蒙的詩句。我借用其語，形容避兵時期的車行有阻，是百份之百的寫實。

至於「破鏡半照」，則又是與清輝玉臂之吟，屬於同一意境的寄慨了。

轉軸催眠　夢境酣適

在車廂裏，睡在我臥舖對面上下舖的，是兩個行商，他們的目的地是廣州。從交談中獲悉：他們也知道廣州的一切商務，正像上海一樣，多已歸於公營，但仍想試探一下，看看是否還有什麼買賣可做。

就我所知：當時「五反」尚未結束，仍在雷厲風行階段，一切投機倒把，俱在不容許之列；他們在此當口還想做自由買賣，似乎不怎麼可能。不過，這兩人一口上海話，當然也不像是負有何項使命；好在他們並沒有盤問我什麼，我也就樂得趁着他們的口氣，探問一下去往澳門，該是如何的走法？

結果，終於問出了一些端倪，其中一人告訴我：有一種航船叫「花尾渡」，是往來於廣州澳門之間的，船公司就在廣州的長堤附近。

說起長堤，給我的印象倒十分深刻；因爲抗戰次年我從武昌到廣州，下榻於新亞酒店，未動身來香港之前，就曾在長堤一帶多次躑躅。長堤，可說是我的舊遊之地。

於是，我牢牢地記下了「花尾渡」的名字，作了問津桃源的心理準備。

在車廂裏度過了兩個晚上；白天，偶爾有駐在車上的「解放軍」梭巡而過，但對旅客並無若何騷擾。入夜後伏枕酣睡，把車輪聲當作催眠曲，夢境倒也十分香甜。

第三天下午抵達廣州，提着行李下了車，經過收票閘後走出車站，我已獲得了一半的自由，頓時有「如釋重負」的感覺。

廣州重來　再到長堤

人，多少總有一點念舊之情。走出車站之後，我就逕直趨車至新亞酒店。

不湊巧的是：廣州正在舉行什麼會議，各地代表雲集，不但新亞酒店早已宣告客滿，其他較具規模的旅館，也都沒有空房間。我提着行李一家一家的問，一家一家的碰壁。

最後，總算在一條陋巷裏，勉强找到了一家小客棧，管事的把我引進一個房間裏，房間倒不小，只是霉氣撲鼻，很不好受。而且桌上椅上，都塵灰堆積，似乎已好久沒有打掃。爲了下榻之處找尋不易，兩腿已跑得有些痠痛；無可奈何，只得權且留下。

我退出房間，付了租金，在店堂裏躭了好一會，夥計纔把椅桌拭抹乾淨，牀上也舖就了蓆子和被褥。我把行李提進了房間安放好，夥計送了一壺茶進來。我一摸茶壺，茶是冷的；再看看壺嘴的骯髒程度，雖感口渴也不敢喝。只好再走出房間，對櫃上管事的交代了兩句，便走出了這家小客棧，置我之閉身於鬧市。

舊地重遊，第一次「食在廣州」，我找了一家規模較小的館子，胡亂喫了一些餐點，然後走向江岸，緩步於長堤之上。

後來，我補作了一首七律，記雪泥鴻爪之跡，原詩如下：

長堤

跫然自聽足音過，江水回廛拍岸波。
此日身患傷屐校，何時世變罷人痾？
渡頭尋喚珠娘杳，道上聞訶虎士多。
舊是牖閭迎笑地，空令妙轉憶酣歌。

在江邊，使我爲之一喜的事是：我已看到了心目中的貫月槎——花尾渡。

原來這種航船，尾部髹漆着大片的龍鱗之形，故有「花尾」之名。

看到了船，當下更不怠慢，立即拔起脚步，一路問訊，找到了船公司的售票處，叩詢之下，纔知船期在三天之後，這正配合了我的胃口，於是取出「路條」，作爲憑証，訂購了一張去往澳門的臥舖票。

不能遊山　且謀裏腹

暮色蒼茫中回到客棧，趕着寫信通知內子，說明了我的啓程之期，告訴她大約什麼日子可以抵達澳門。

估計這一封信寄到香港，遞入內子之手，最快也得兩天時間；我在三日之後動身，內子得信後託人到澳門接我，時間恰巧可以啣接得上。

信寫好，當天來不及付郵；次日一清早就起身，趕到郵局把信寄出，頓時又鬆了一口氣。於是篤定泰山，買了一份廣州出版的日報，步上大同酒家的二樓，一面看報，一面歎其一盅兩件。

大同酒家不用點心妹，托盤者都是男性，一個個都赤足不襪，踏着木屐，往來叫賣；腰間束着「飯單」，也都汚糟不堪；好在時勢推移，觀念改變，勞動人民裝扮越是骯髒，越是顯得威水。我呢？心裏默誦着「吃得辣撻，做得菩薩。」一盅喝完，兩件下肚，居然津津有味。

南國氣候，七月尾八月初，還是十分悶熱。客中考究不得，回到客棧要了盆水，抹了抹身就算是「洗塵」，然後又睡了一覺。由於房間裏霉塵氣並未盡掃，晚上不能酣眠，所以要找補。

等到一覺醒來，已是午後，起身再畧事盥洗，然後外出，在附近幾條街道上蹓了一回，要想去往越秀山，探一下呼鑾道及鎮海樓之勝，無奈僱不到車輛，只得打消遊興，且謀裏腹；這一次是跑進新亞酒店的餐廳，吃了一客叉燒包，一客馬蹄糕，一客蝦餃燒賣，當時有詩記之曰：

蒞廣州第二日茗座小憩作

路隔東吳萬里賒，去從容易昧端涯。
身爲行者憐居者，家已無家恤有家。
磴道登游荒疊石，箏歌伴唱失粘花。
輭盤遞炙差如舊，綠泛重嘗午盞茶。

新亞酒店的餐廳，十四年前作客寄寓之時曾數度到過，托盤者倒還是僱了點心妹，衣着算是比較整潔。一連幾天在火車上吃例牌客飯，胃口已是不佳；此後遠出國門，迢迢長途，還得繼續捱苦。食慾，不能不稍稍顧及；而這裏的茶具杯碟，也乾淨得多；即使不免小資產階級思想作祟，亦在所不計，只好敬請原諒了。

裏腹之後，有的是時間，於是我又走完一條街又一條街，欣賞商店的招牌也成了消遣之一法。十四年前初蒞廣州時，恰當夏令，曾於道上見到好多售賣素馨花的担子。現在舊地重臨，素馨花担不見了！記戀中的那種清幽的花香，當然也聞不到了！因之，我又信口吟哦，湊成了一首七言絕句：

憶素馨花擔

強支別意睠天涯，閒認街招趁日斜。
刦後九門風貌改，擔頭不見素馨花。

懷舊，也許是文人的通病吧？爲了幻想往日的花色花香，一種畧帶悵惘的天涯遊子之感，又在我的胸次盪漾起來了。

——未完、待續

馬場三十年

老吉

上期由當年三馬王「空中霸王」、「螢火」與「博落」而談到了第四匹好馬已故孫麟方兄（前香港麵粉廠創辦人亦即現在該廠經理孫麒方兄的令兄，麟方是現在第一班馬「金像」的馬主）的「金谷鈴」，因爲越講越遠，所以今期將「博落」部份寫過之後，要先談一下香港光復之後，關於賽馬開始的一場，因爲香港賽馬會恢復賽馬，並不是光復後第一個恢復賽馬者也。

「博落」是一九五二年度新馬，由贏第一次新馬「希望賽」一哩之後，便連贏「打比」賽、「新馬冠軍」賽、「聖立治」賽。當年「打比」是跑一哩半路程，而「聖立治」則是跑一哩七五路程，不像現在「打比」路程縮短至一哩一七一碼，而「聖立治」則完全取消，因爲馬匹愈高愈大，賽跑的時間是愈跑愈快，而賽跑的路程反而愈縮愈短了。

「博落」在新馬未編班前，確乎稱雄一時，但牠一與「螢火」同場，便輸給了「螢火」，這是一九五二年十二月十三日的事，「香港秋季冠軍賽」一哩二五，大家負一四七磅，「博落」大熱門跑第二，敗於次熱門「螢火」三馬位，當時的時間是快地二分十秒三，等於現在第四、五班馬跑此長程的工夫。

「博落」因爲跑得太勤，第二季中，祗能上陣一次，那是編入第一班後與「螢火」、「快的盧」等同場跑一哩，二熱門跑到不知去向，此後便全季休息。

在一九五四至五五年度，「博落」因爲休息了八個多月，第一次上陣，時間是五四年十一月十三日，那一天賽馬是延期舉行的，因爲原定的十一月六日，在它前兩天，大風不止，馬場成爲澤國，所以延期開賽，場地慢爛，牠在第一班跑半哩一七〇碼短途，「螢火」、「快的盧」等，全不報名，「博落」總算因是爛地馬而贏了這一仗，因爲牠長久不出，成爲冷馬，獨贏派彩竟有六十九元四角之多。

至後，因第一班馬中，又多了一匹「金谷鈴」，「博落」便每況愈下，其實，歸根結底，還是在新馬時期，逢出必拼，元氣一傷，便恢復爲難了。

現在，我要講到香港戰後賽馬的一切了。

當年三大馬王之一博落

一九四七年一月十三日，香港賽馬會舉行戰後重光第一次賽馬，一連三天，日期是一月十三、十四與十八三天，當時因爲馬會未籌備妥善，陸軍部曾將一批可以出賽的軍馬，在新界石崗每兩星期的星期日，跑過幾次馬；所以馬會當局，爲對軍部表示好感起見，每天的第一場，由軍馬出賽一場；由第二場起，纔由香港馬會的馬正式上陣。

講起新界石崗跑軍馬，一共跑了約有兩個月四至五次，石崗的賽馬跑道，滑稽得很，原來祗有半個沙圈，路程最長祗有六化郎，如果拿現在香港馬場來作比率，則是從體育路附近起，沙地跑道一直到過終點出馬的B沙圈那裏爲止，這半條沙地跑道，是動用了一百多名工兵費了一個多星期時間所築成的。

當時約有三十多匹軍馬可以賽跑，所以石崗跑軍馬就在香港馬會籌備恢復期間先行開賽。

一樣有獨贏和位置票出售，華人買辦是戰前粉嶺賽馬會的郭顯宏君（已故）。

後來香港馬會恢復賽馬，便用軍馬打頭陣。

當年第一天的賽馬，軍馬跑一場、馬會馬跑八場，共賽九場。

軍馬第一場，售票數目是獨贏票五千七百卅四張，位置票三千三百五十五張，兩共九千零八十九張，這一場賽事的抽稅與抽佣，完全送給軍部，作爲酬勞。

香港賽馬會正式的收入，由第二場起算，獨贏票售出七千〇六十四張，位置票售出五千四百五十九張，兩共一萬二千五百二十三張，每張五元計算，共收六萬二千六百十五元正（搖彩票不計在內）。

這一場賽事，政府娛樂稅與馬會抽佣十二點五，一共抽出了七千八百卅三元八毫八仙。（尾數原本是八毫七仙半，馬會是逢五及以上進一的，所以變爲八毫八仙——也即是上海話八角八分）。政府與馬會，各佔一半，兩個單位，各得三千九百十六元九毫四仙。

獨贏票售出七千〇六十四張，每張五元，共為三萬五千三百二十元，扣佣十二點五，四千四百十五元正，餘數為三萬〇九百〇五元正。

這一場賽事，頭馬跑出了冷門，獨贏票祇售出五百七十八張，每張派彩五十三元三角；其實，以三萬〇九百〇五元來分給五百七十八張獨票，總數是三萬〇八百〇八元四仙，因為小數難算，馬會也不做蝕本生意，多下來的一百元不到，也就撥歸馬會所有了。

至於位置票的計算法，與獨贏票又不同了，因為位置有三匹馬。第一要除稅、抽佣，餘數再要除去這頭、二、三馬本身的本銀，餘下來的，再分為三份，然後由頭、二、三馬的負票，各歸各分三份再加上本銀，位置票售出少，當然派彩多，售出一多，當然派彩少，萬一三匹馬都是大熱門各派五元一角，馬會雖然不蝕本，也蝕了佣金。（外界以為馬會蝕本了，其實，馬會決不會蝕本，祇是收少一些佣金而已）。

譬如四七年一月十三日的第二場位置票總數售出五千四百五十九張，每張五元，共得銀二萬七千二百九十五元正，扣去政府娛樂稅十二點五，實得二萬三千八百六十三元正，再減去頭馬位置票五百六十二張（二千八百一十元），二馬位置票一千三百二十六張（六千六百三十元），三馬位置票二千〇四十三張（一萬〇二百十五元正），三共一萬九千六百五十五元正，實數四千二百〇八元正。分開三份，由頭、二、三馬的票數每分一份，所得即是頭馬冷門得七元五角，二馬二熱門得六元正，三馬大熱門得五元七角，因為這一場賽，十一匹上陣，頭、二、三馬皆在熱門之列，跑出來剛巧頭馬是第三熱門，二馬是第二熱門，而三馬則是第一熱門，但因頭馬票數太少，雖是三熱却也變成冷門了。

這一場賽馬，頭馬中文名為「捷利」（騎師鶴臣）、二馬「玫瑰艷」（騎師阿圖茂）、三馬「香港小姐」（騎師徐啓初），現在，祇有阿圖茂君還在香港大酒店公司担任高級職員，而鶴臣及徐啓初兩位，早已逝世多年了。

香港馬會在一九五一年至五二年度起，第一次起用電算機，在此以前是一直用的古老方法，獨贏和位置票用專人撕票出售。這古老方法，祇能知道這一場賽事，在某一具櫃枱買某號票人多的地方，總是熱門，尤其是紅燈一亮之後，可是，有的時候買的人太多，而且爭先恐後，你推我擠，加上了並無排隊制度，所以買得多或買得少（也即是少給了錢撕票者撕多了票，或是多給了錢而撕少了票者），或者買不到，以致你吵我鬧，當然，馬會辦事人不勝頭痛，而且，每一櫃枱祇能售一匹馬的票子，賣票人也苦樂不均，忙的忙煞，閒的閒煞，這是想當然不可避免之事。

世界各國的賽馬場，在五一年前早已裝置了種種式式的電算機，唯獨香港沒有，根據馬會方面透露，在一九三二年（卅八年前），早已有人建議，在馬場看台對面裝置電算機，可是當年馬會財政不充裕，看賽馬的人不多（因為在一九四七年以前，馬會的馬名與騎師名字，全部用的英文）香港多的是喜歡賭馬而不識英文者，要他們記英文馬名，難上加難，記不到這麼多，便索性不往馬場，因而馬場生意不好。（如果戰後不接納我的建議，中、英文馬名騎師名等並用，正不知到幾時才能令馬會發達）。生意不好便沒有多餘的存欵，沒有多餘的存欵，當然便買不起電算機了。

等到一九四〇年，馬會生意好了一些，當局們又想向英倫詢問裝置電算機，而且預備有分期付欵辦法，可是歐洲戰禍慘烈，英倫各工廠忙於製造軍火對本港詢問電算機事宜，未能答復，應於何時可以交貨，不要說分期付欵了。

直到馬會在一九四七年日本投降之後恢復賽馬，而且又有了中、英文一切名字，加上了上海各地人士，紛紛南下，香港人口日日增加，馬會生意，次次增進，於是乎再向英倫定購電算機，急輪運港，匆匆裝置，預備在一九五〇年前加以使用，却不料因地底線路裝錯，電算機亂跳一通，於是不得不拆去已裝好的電線，從新再裝過。直到一九五〇年年底，方才全部裝好，試機多次，馬會當局認為滿意，乃於一九五一年二月廿四日週年大賽第一天，宣佈正式使用電算機。這一座電算機，對獨贏票與位置票售出票數（每票五元），以及售票總數，指示得非常清楚，可是在「孖寶」與「連贏位」則無法指出，實實在在，馬會新裝的是一具古老電算機。

既來之則安之，化了鉅大財力人力，裝錯了又有甚麼辦法，祇得將錯就錯，用了再說。當然，我們當時也會估到，馬會將來一定會另換新機，就不知幾時換機耳。

等到一九六三年澳門賽狗，用的是新式有連贏位的電算機，於是香港馬會當局，對「拆舊換新」這四個字，已下定決心了。

直到六九至七〇年度，馬會方才成功地完成了「拆舊換新」的計劃，這便是現在使用的新電算機。

這種電算機，因體型較小，所以分為兩部分，一部份的一具是專指示獨贏銀數，另一部份一具則是專指示「孖寶」或「連贏位」銀數（從前老電算機是指示五元一票的票數，而現在新電算機則是指示單位一元的銀數），公衆席高的一具是「連贏位」電算機，而低的一具則是「獨贏」電算機，會員席的兩具則剛剛調轉來。不過却仍未達到十全十美的地步，因為並沒有「位置」票售出的銀數，令想買「位置票」的馬迷們，臨場「烏懵懵」耳。

但這樣却也有一個好處，即是位置票有時會派出很和味的數字來，如果有三個派彩而屆時有兩匹大熱門打進，位置派彩這兩大熱門仍有七元至八元左右位置派彩，不會令人覺得有淡而無味的感覺。何以故，這就是位置票售出銀數因沒有電算機字碼打出，大家不知道之故。這與以前用老電算機時沒有「孖寶」及「連贏位」的票數顯示，是同一原因。

在七年前，馬會當局將抽佣辦法，增加了二厘半，也即是由抽一百份之十二點五變爲一百份之十五，而馬會與政府，各得一半，也即是大家都有七點五厘，於是乎我們的派彩也減爲百份之八十五了。

舊電算機是顯示售票數目的，而現在的新電算機則是顯示派彩賠率的，所以，如果你想知道某一駒派彩多少，舊電算機時，你可以將售票總數打一個八五折，餘數再將你買的這匹馬的售出票來分除，所得的答數再乘一個五（即是每票五元正），便是這一匹馬的派彩數字。但，現在改了銀碼倍數，對賠率祇能知道一個約數，譬如電算機顯示的倍數是「5」，獨贏票5乘每張5元等於廿五元，可是到派彩的時候，有時會廿八、九元，不比看了舊電算機你可以硬性算得出派廿五元或廿八、九元（當然，零數就不必去自己算到一定要知道廿五元六角或廿八元七角的）。這是因爲新電算機是用電腦管理的關係，所以你看了倍數可以知道一個大約派彩多少，也就不必一定要知道究竟派彩有多少了。

至於搖彩票的抽稅與抽佣，和「獨贏」、「位置」及「孖寶」、「連贏位」完全不同。

「獨贏」、「位置」與「孖寶」、「連贏位」馬會抽佣與政府抽博彩稅祇有一成半，也即是以百份之八十五派彩，這是很公道的。但，搖彩票因爲大家以兩元區區之數能博到一筆巨欵，因而馬會與政府不客氣了，原來，一共要抽去總數的四成六，幾乎達到一半之多，也可算得是犀利了。

這百分之抽四十六的馬會佣金與政府博彩稅是這樣抽法的。

那是將每張二元的搖彩票的總收入，由政府先抽去百份之廿五博彩稅，餘數再由馬會抽百份之廿八，餘下來的再作派彩之用。

其實政府抽了百份之廿五，餘數馬會抽百份之廿八，也即是政府抽百份之廿五與馬會抽百份之廿一。共成抽百份之四十六，兩種抽稅法是一而二，二而一的。

譬如有一次搖彩票售出五十萬張，每張兩元等於一百萬元。這一百萬元，政府抽博彩稅廿五萬元而馬會抽廿一萬元，餘下來的五十四萬元作爲派彩之用，如果我不在這裏詳細講給你聽，恐怕你就不會知道，等我在這裏寫出而你在這裏看見，你一定大叫一聲：「抽得咁多？」

無論小搖彩票，鉅獎尾場小搖彩票與大搖彩票，政府抽稅與馬會抽佣都是百份之四十六，完全一樣的。

這裏，我將七〇年十一月十四日第二次賽馬第一天的第三場，「廣東讓賽」大搖彩票的馬會派彩表，製版列在後面，以便各位參閱，其中的中文是我加注的。

各位須知，凡是辦一個機構或做一件事的開支，如果進益少而賺不到錢甚而至於虧本，那末樣樣都必定要斤斤較量，反之，如果年年賺錢而愈賺愈多，你無論怎樣做法，當然無人會來顧問你，即是馬會與政府抽佣和抽稅，生意好了，不怕你不來，便做到我中意如何便如何，誰人能講多一句話？

總而言之，你如果看他們抽佣抽得太多，看不入眼，你可以不進馬會，因爲今日的馬會，不同往日，往日要登廣告恭請光臨，現在則不請自來，所謂「客大欺店」與「店大欺客」這句老古話，是一些兒都不會錯的。

（二十一）

香港賽馬會大搖彩票馬會派彩表

THE ROYAL HONG KONG JOCKEY CLUB

SPECIAL CASH SWEEP ON THE

KWANGTUNG HANDICAP

SECOND RACE MEETING — SEASON 1970/71

1st Day — 3rd Race — 14th November, 1970

(All Tickets are dated 7th November, 1970)

POSITION	HORSE	TICKET NUMBER
First	Casino Royale（娛樂之冠）	2275622
Second	Shining Moon（明……月）	1147353
Third	Prince Charming（英俊王子）	979496

3,157,000 Chances at $2.00 each 三百十五万七千張（每張二元）			$6,314,000
Betting Tax（政府抽稅）	25%	$1,578,500	
Commission（馬會抽佣）46%	28%	1,325,940	−2,904,440
尚存			$3,409,560
133 Unplaced Qualified Horses (Starters or not)（每個）$10,254.32 each（減133入圍馬4成）			1,363,824
Balance divided as under（餘數）			$2,045,736
1st Prize: 60 Per Cent 头奬六成			$1,227,442
2nd Prize: 15 Per Cent 二奬一成半			306,860
3rd Prize: 7½ Per Cent 三奬七厘半			153,430
272 Consolation Prizes 17½ Per Cent（每個）$1,316.19 each 安慰奬十七厘半			358,004
（総數）			$2,045,736

Last Ticket Sold No. 3,157,000（最後售出票号）

三十年目睹怪現象

·江之寧·

這一回：洋媳婦入鄉隨俗　老家翁運轉鴻鈞

送走辛亥年後，壬子年來了，本期大人出版的日期，欣逢新春，現在來講一件有關過年的趣事，洋媳婦拜年，不祇有趣，而且頗有人情味，因為洋媳婦過年叩一個頭，就扭轉了香港一個富翁家族的命運，正是：

莫道天涯無芳草、自有奇逢應早春。

話說香港有一位富翁，就說是賈翁吧，兩老齊全，膝下三個兒子，一個女兒，老大老二都早婚，繼承父業，分別在賈翁開設的公司担任高職，祇有老三不願早婚，寧願去外國讀書，賈翁也不反對，起程的前夕，設家宴，父母兄嫂，歡聚一堂，媽媽說：「老三，你去外國讀書，媽不在你身邊，全靠你自己照顧自己了，餐餐要吃足三碗大飯，不可飽一頓餓一頓，天冷要多穿衣服，寧可熱出汗，不可冷傷風，晚上睡覺要蓋被，身體有點兒不舒服，就要看醫生，寧可多花點醫葯費。」

大嫂笑道：「媽把三叔看作小孩子。」

媽媽道：「他不是小孩子嗎？十多年來都在媽身邊，今回是第一次出門，還是獨個兒飄洋過海，怎教我放心得下！」

二嫂道：「你說要三叔每頓吃三碗大飯，我看他將來一頓也不吃，去到外國，飲了洋水，便天天吃西餐了，將來可能還娶個洋太太回來。」

媽媽道：「老三，二嫂的話你聽到了？將來你天天改吃西餐都行，就是不准娶外國姑娘，我不要有個洋媳婦。」

老三道：「二嫂最愛開玩笑，我去外國讀書，又不是去外國娶親，怎會討個外國姑娘，我就是西餐也不吃，聽媽媽的話，每頓都要吃他三大碗白米飯。」

媽媽道：「這才是乖孩子，讀完書早點回。」

爸爸道：「我也是這句話，讀完書早點回來，我們不想你離開我們太久。」

賈老三去到外國，讀的是機械工程，成績很好，可是，他媽媽最担心的事竟然發生了，一位有中國人血統的英國小姐，名叫嘉芙愛上他，而老三也非常愛嘉芙，因為她有西方美人的身裁，有東方美人的氣質，端莊雜嫵媚，剛健帶溫柔，學問也很好，與老三同班，他們經常爭奪全班的第一二名，幾年來的友誼加上愛情，終於談婚論嫁。

嘉芙的爸爸十分喜歡賈老三，他說：「嘉芙的祖母是中國人，我們都喜愛中國，你們結婚，是再適合沒有了，相信你們一定得到幸福。」

可是老三知道父母都會反對，所以他一直沒有把這件婚事寫信告訴父母，祇是私下與嘉芙訂婚。

老三畢業後要返香港，嘉芙的爸爸說：「那麼你們先在這裏結婚了，讓我們都參加你們的婚禮，將來你們回到香港再行一次中國式的婚禮吧。」

老三答應岳丈大人的建議，在英國註冊結婚，在婚前一星期，才寫封長信給父親，報告他愛上嘉芙，并且準備一週就行婚禮，還附一張他與嘉芙合拍的照片。

賈翁接到這封信時，氣到半死，媽媽道：「什麼事，那是老三的信吧？」

「正是，他說討了一個洋婆子，要結婚了。」

「開玩笑吧？這孩子曾經答應過我不討洋媳婦的。」

「現在變主意了，照片都寄回來，你瞧吧。」

媽媽拿起照片來，看了又看，要看清楚和洋人在一起的，到底是不是老三，結果，看清楚了，是他，媽媽把照片扔在地上道：「快寫封信，或者給他來一個急電，阻止他們舉行婚禮。」

爸爸立刻寫了封急電拍去倫敦，電文曰：「不准舉行婚禮。」可是，這封電報到達時，已經是他們舉行婚禮的第二天了。老三祇有再寫一封長信回去解釋，要求父母原諒，并報告歸期。

賈老三夫婦回到香港來，在機場，見不到家中任何人，祇有幾個同學來歡迎。

老三怕嘉芙傷心，安慰她道：「不要難過，儘管父母不贊成我們的婚事，我們還是深深地相愛的。」

嘉芙笑道：「我知道，目前這種情形，也早在我決心嫁給你之前已經計算在內了，愛是要有勇氣和忍耐的。」

他們先住在酒店，老三把嘉芙安頓好，然後單獨回家，爸爸道：「父母在堂，你不稟命父母就結婚了，媽媽再三吩咐不要爲她娶個洋媳婦，但你偏要和媽媽作對，這個洋女人，你立刻和他離婚，送她回去英國……」

「不行，爸爸，并非我不孝，而是我們相愛，其實嘉芙也是半個中國人，她祖母是我們的同胞。」

「那更不行。」

「爸爸，你有種族歧見，也有偏見。」

「不管什麽見不見，你不把洋女人送走，便不必回家來，我們都不希望見到你的洋婆子。」

媽媽道：「老三，你就聽爸爸話，把那個洋女人送走吧，要多少錢都行，我們送一筆錢給她，祇要她肯離婚，你讀完外國書回來，還怕沒有書香門第的小姐嫁你嗎？」

老三道：「媽，爲什麽一定要書香門第、富貴人家，祇要相愛就幸福了。」

爸爸厲聲道：「你不聽爸媽的話，以後就自立門戶吧，不要回家來了。」

賈老三沒有回家，在舊同學的幫忙下，職業問題，立刻就解決，在一家大工廠担任技師，兩夫婦租了一角小樓，共同生活，小家庭十分愉快，他回港後一年，賈翁旗下的生意，崩敗得厲害，原來老大老二夫婦，掌握各大公司的實權後，生怕老三回來，要分家產，那就少不免更要分給他一份，所以先行拼命貪污，把公欵提取撥入自己的私人戶口，在這情形下，生意那得不崩敗，但老三完全不計較這些，認爲自食其力，比較心安理得。

轉眼過了兩年，賈翁的生意，完全崩潰了，但老大老二都另外經營了生意，自己大展鴻圖了。

賈翁漸漸發覺兩個兒子不夠光明正大，把公欵據爲己有，迫使幾間大公司都關門，這時，長次兒媳，都另立門戶，一個月也不回來見父母一面了。

這年冬天，老三知道爸爸患病，趕回來探視，賈翁覺得還是老三孝順，念到自己年事日高，紅日西沉，指日可待，心中微生歉疚，覺得對不起幼子，因爲自己手上的錢財，都已落在長次子媳手中，老三則分文未得，病榻中，問道：「你們夫婦生活過得好嗎？」

「多謝爸媽關懷，還好。大哥二哥常回來吧？」

賈翁嘆一口氣道：「別提起他們，教人嘔，你媽媽最不開心。」

老三道：「我也很久沒有見大哥大嫂二哥二嫂了。」

賈翁道：「過幾天是新年了，你把媳婦也帶來，我要把老大老二都叫來，要他們把經手的錢，分點兒出來給你。」

「不必，爸爸，你不反對我帶嘉芙回來給爸媽拜年嗎？」

爸爸道：「我和你媽，實在時常都懷念你們。」

新年初一那天，老三夫婦喜氣洋洋的回家來，帶了年禮茶食，嘉芙這時已經可以講廣州話了，穿起絲棉旗袍，一頭烏亮的頭髮，很美，媽媽看來，印象倒也不壞。

老三道：「應該讓嘉芙先拜過祖先。」

媽媽點了香燭，對嘉芙道：「你不慣叩頭，鞠躬禮吧。」

「應該行大禮的，」嘉芙跪下叩三個頭，爸媽十分開心，拜過祖先，老大老二夫婦都回來，看見老三帶了洋太太回來，都覺得驚愕。

老三道：「爸爸媽媽，我們給你倆拜年，」嘉芙親自端了兩張椅子放在廳中，老三扶爸爸坐好，然後兩夫婦給爸媽叩頭，嘉芙道：「恭喜爸媽身壯力健。」媽媽喜得吊下眼淚來，想不到這洋媳婦竟然比較長次兩個媳婦乖得多。

老三又和大哥大嫂二哥二嫂拜了年，也是夫婦倆每人叩一個頭。

賈翁道：「這兩年來，我一直都錯，以爲三嫂不適宜做我們賈家的媳婦，現在証明我和媽媽都是老胡塗，思想落後而且有偏見，可是現在知錯了，還未算遲，老大老二，你們經手的生意……」

老大老二未出聲，大嫂說：「我們經手的生意嗎，蝕光了，我陪嫁的金飾也蝕了一部份。」

媽媽道：「你們現在的生意如何呢？」

大嫂道：「這全是我向外家借回來的。」

爸爸道：「老二，你說。」

二嫂道：「本錢蝕光了，我們的生意不是早就關門了嗎？現在，是朋友借錢給二哥開店的。」

爸爸氣得臉色鐵青，老三道：「爸爸，今天大年初一，我們不要再談那些蝕本生意，快快樂樂的過年吧。」

老大老二十分尷尬，大嫂道：「我們還要去別處拜年，走吧，省得回頭說我們回家來黐飯食。」

賈翁目送長次子媳出門之後，嘆道：「老三，到如今，我們祇得一個兒子一個媳婦了，爸媽對不起你夫婦……」

「說那裏話，爸爸，以後，我們搬回來和爸媽一塊兒居住，現在我是工程師了，可以養得起兩位老人家。」

賈翁道：「我還不至於完全沒有渣，爛船還有幾斤釘嘛，在新界，還有一間布廠，祇是我自己不懂，托人經營不善，今後，你們夫婦來主持吧。」

老三喜道：「我們都是學機械的，也曾經研究過改良紡織機，正好拿我們的工廠來實驗。」

賈老三夫婦合作，增加新機械、改良產品，把一間古老的布廠做得有聲有色，不斷增加設備，不斷擴充，不到三年，已經成爲朝氣蓬勃的大廠，賈翁夫婦，對着佳兒佳婦，好不開心。

最新曼克頓恤衫

大人公司有售

大軍閥

（相聲小說）

郝履仁：文

嚴以敬：圖

本刊在十七、十八期獲得名導演李翰祥、胡金銓二位推荐電影界前輩演員郝履仁先生爲我們撰寫「韓青天」故事，杜撰題名「相聲小說」，想不到這「相聲小說」四個字，風行一時，獲得最佳電影刊物「香港影畫」引用。最近又欣悉李翰祥將以此一故事攝成電影，作爲他重返「邵氏」的獻禮，劇名「大軍閥」，本刊同人引以爲榮，特爲再刊續稿，藉補前文之不足，並博讀者一笑。　·編者·

抗戰期間，在下在廣西的省會——桂林。市區內有條桂北路，新開了一家叫「百樂門」的。每天有唱大鼓的，說相聲的，空襲警報例外。我從幼年就愛聽戲，愛聽相聲，回憶當年在百樂門演唱的是花艷舫，她除了京韻大鼓的「戰長沙」、「李逵奪魚」是拿手而外、八角鼓的「高老莊猪八戒招親」，也是絕活。還有倆位叫大小黑姑娘的，演唱河南墜子，也很不錯。再就是歐少久帶着他的徒弟，藝名叫小地梨的，師徒二人表演對口相聲，頗受歡迎！我常常去聽。

久而久之，歐少久見着我就打招呼，這不過是走江湖、跑碼頭的藝人們，通常應酬的俗例。

有一天我在西園酒家飲茶，歐少久過來告訴我說：「今兒晚上您得來啊！」「啊！怎麽？」「有段兒新玩藝兒，與您有關！」「與我有關？」「晚上請過來，散場，請您宵夜！」「好好！」

奇怪啊！說相聲會說到我頭上來啦？我有什麽可說的？

到了入場時間，「百樂門」擠的水洩不通。幸而賣票的小姐，特地爲我留了一張入場券。因爲她知道我跟歐少久熟識，而她呢，追小地梨追的入了魔！以後是何結果不得而知。當晚歐少久說的單口相聲是「韓青天！」其詞兒如後。

「今天……到會的……是非常……非常的茂盛。本本本主席我呢……也是是……性慾很强！這個今天……今天呢……開的是新……新……新生活……運動大會。這個本本本主席我呢……是九……九……九萬九千九百九十九分的……贊成，那那那還還還有一分……我我我不贊成是……是爲爲爲什麽呢？因爲……我我我不明白。這行人要是都……都……都都靠右走——這……這這馬……路……的左邊兒幹啥用呢？」

當時歐少久結結巴巴，蘑蘑菇菇的說完這一段兒，我肚腸子差點兒沒笑斷。

在抗戰期間，以韓青天爲題材的相聲很多。但是以段子而論，都沒有歐少久說的好。

韓青天的新生活運動，究竟是怎麽樣的？

說起新生活運動的本義，實際是當年爲了對日本作戰而作的民訓工作。試想，爲了爭路，你搶我奪。突然，敵機臨空而至。不必扔炸彈，自己人就把自己人踩的死去活來。所以，新生活運動初初開始。日本浪人在平津一帶，極盡破壞之能事！當時同胞們雖然未必全明白新生活運動的眞意，可是日本人！已經恨的牙癢癢！其窮兇極惡的醜態，在下親眼得見。任憑誰怎麽說，無論如何也不容僞辯！血淚斑斑，我想忘都忘不了！

不要說的離題太遠啦，還是談韓青天的新生活運動吧。韓青天談的新生活運動，應當說是清除張宗昌時代的腐化才正確，因爲他不是按照新生活運動委員會的規定作的，他又有另外一套。

（一）軍警人員，不論官階大小高低，除了騎馬就得步行，雖說准坐汽車，可是整個濟南市未必有十輛房車；連馮總司令都坐大卡車，等而下之的，就可想而知啦。

如有軍警人員，穿着制服，擅敢坐人力車的，執法隊碰上當場開打，不帶賒賬的。

（二）無論任何車輛，遇上「二把手的小車子，」也就是「吱吱妞——吱吱妞——，」推車的漢子，爲了找重心，屁股蛋兒左歪右歪的那種獨輪車。不准催他。誰想坐在包月車上叮噹叮噹的踩脚鈴。不行！執法隊碰上，會問你：「你嫌他慢哪！好呀！下來！下來幫他拉吧！」如果坐車的不服氣，也行。「軍棍伺候——」紳商仕宦，放心！一律平等。

（三）婦女可以剪髮，俗名「二大毛子，」僅僅的不准燙髮。可以擦雪花膏，只是不准抹胭脂口紅，良家婦女如此，窰姐兒也不例外。說也奇怪，在他治下，還是眞沒有那個敢犯的。

（四）他的部隊，包括公安局的警察，天沒亮，就起來跑步出營。等到天色微明。「一——二——三四——」「努力奮鬥——」！唰唰——唰唰的，此起彼落，已經跑步回營啦。老百姓誰想睡懶覺。除非是聾子，否則那位準是有病。

山東是出聖人的地方。一直就勤懇樸素。他這一套，老百姓還是非常贊成！

至於行人讓路？昔年夫子掌會

三月，而魯大治，他倒也有這點能耐。

要談韓青天，不能不談西北軍，要談西北軍，不能不談馮總司令，因爲有些人說馮是西北軍的總司令。至於馮的國民軍的第一軍，背着大砍刀，掛着盒子砲，胳膊上套着「不怕死，不愛錢，不擾民，眞愛民」的袖章，這我確實是親眼得見。

至於馮總司令的練兵，我在韓青天主山東的時候，我也親眼見過，可以說是「馮規韓隨」，是不會錯的。因爲韓是第三路軍總指揮，所以他練兵的情形，也可以談談。

曹操說過：「有文治而無武功，不足畏也。」足見兵之爲用，大矣哉，大矣哉！

何況在多事之秋，那些個胸懷大志，意圖中原的英雄們，豈有不招兵買馬，聚草屯糧的呢。別人招兵，大哥二哥麻子哥，來者不拒，多多益善，但是韓青天是承繼馮的法統，他有幾不要。（一）兵油子營混子不要，（二）洋學生不要，（三）田、日型不要。

（一）兵油子，營混子，吃糧不當兵，一聽開拔他就開溜，馮先生不要。

（二）洋學生！麻煩。雖說沒留過學，只念過兩天三字經、百家姓，學問不怎麽的，理論一大套，招了進來，沒事抬槓玩兒，馮先生軍書傍午，不要。

（三）早年會國藩老先生，把兵的體型，分爲童、田、貫、日，四大類別。說這四種體型的人才適宜當兵。這是聽人說的，余生也晚，沒趕上，因爲那時候我還沒投胎呢，不敢胡說。但是我所看到的韓青天的部隊，雖不敢說個個如此，但是絕大多數是貫字形體格。

他很少招兵，多數是引進的，也就是老鄉帶老鄉，以子弟兵的兵源爲主，因爲這樣，保險。

但是這些新招募來的士兵，百分之百是農民子弟，叫他站着都一溜歪斜，怎麽能衝鋒打仗呢？這就要談到他的練法啦。

韓的練兵，有三操兩講。晨起一操，操完了上講堂，午間一操，操完了上講堂，午後一操，操完了晚上寫字，您別想閒着。

新兵入伍，那滋味兒不好受。晨起一操，這一操是拔慢步。

所謂晨，可不是朱子治家格言上說的：「黎明即起。」離着黎明還差的遠呢。以現在香港的時間來說，也就是四點來鐘不到五點鐘，他的部隊，已經輕手輕脚的起來啦。漱洗完畢，由班長教導整理內務，然後帶至操場。這時候各班歸各排，各排歸各連，各連歸各營，由各營的營長帶着操作，通常時先練跑步。

新兵就由各班的班長帶開，拔慢步。這拔慢步的辦法，滋味甚於體罰。二目平視，口唇閉起，兩臂向後彎，左手握右腕，挺胸部，吸小肚子，撅屁股蛋兒，這是上身。兩腿併攏，膝部用力向後挺，脚根靠緊，脚尖左右分，這是拔慢步分解動作的預備姿勢。

慢步動作一：提左腿，膝與胯成平行線，小腿垂直，綳脚面，脚尖用力向下扎。二：小腿用力向前踢。三：脚掌落地。如此左右循環一點一點的前進，左腿一二三，右腿四五六。這就是拔慢步的六個字分解動作，如果新兵想偷懶，那更慘。班長口令一二一，這三一他偏拖延着不喊，對不起這條腿？……哈哈抬着吧。

若問：這樣拔慢步有什麽用呢？我可以負責說，不消三個月確實能作到動作一致，轉弱爲強，跟在未入伍之前，判若兩人。

上文說過，晨操之後上講堂。新兵多數不識字啊，講什麽呢？他是從小學生啓蒙教育着手，從描紅簿開始，筆墨紙硯之費，全由餉裏扣錢。

午間一操，新兵仍然是拔慢步，入伍已滿期的，要大刀，嚴格說，這種大刀應叫雙手帶。

天氣越熱越練，天氣越冷越練，歐陽德的徒弟，冬練三九，夏練初伏。

午操之後又上講堂，新兵寫大字。入伍期滿的，就誦背典範令，如步兵操典、射擊教範、築城教範、築壘教範、彈道學、兵器學、陣中勤務令、戰術、衛兵守則等等。教官都是軍官出身的。

午後一操，新兵還是拔慢步，入伍滿期的除了排教練、連教練、營教練之外，多數是刺槍。

三操之後應當完了一天的訓練啦？沒完。在這一段空檔期間，趕緊脫上衣，除帽子，解綁腿，由各營的營長帶着，繞着操場跑步一圈。（比香港跑馬場大多啦）然後分配，練習單槓、雙槓、木馬、平台、籃球、自由活動等等。

這時候操場上十分熱鬧。因爲這是游戲時間，不在正眼上，所以有打車輪兒的，有拿倒立的，有跳木馬的，有翻平台的，有打籃球的，營長以上多數打網球，八仙過海，各顯其能；惟有新兵最出洋像，他們由各班班長帶着，練習三套兒。何謂三套兒呢？這是練習單槓的基本動作，首先是對着槓子立正姿勢站好。然後預備—兩腿下蹲，兩臂向斜前上方伸，作抓槓子狀。屈身上—兩腿猛可的一蹤，雙手緊握槓桿兒，挺腰用力。只聽得「哎—的一聲，那位說：「上去啦？」「嘻嘻……扒下啦！」

別說笨手笨脚的新兵啦，不才如我者，練了三年，好歹的玩兒個掛腿兒上，已經是顧盼自豪，以爲自己了不起啦。所以新兵練三套兒，實在是一關。雖說沒上去，差點兒扒下，沒關係。下面有班長保險；一托屁股，上不去也得上！這是一會兒。在槓子上打個翻身，是兩套，然後來個眞下，才算完了三套兒。這玩藝可眞不容易，但是你放心，新兵除了出出洋像，逗的大家一笑之外，絕對踤不着。因爲新兵踤傷了，那位班長的受罰可不輕，可能把多年熬來的班長都玩傍嘍。

待暮色蒼茫，收隊回營，天黑

了上自習。新兵練字，認數，讀單字。都有教官監堂，已滿入伍期的，比較自由些，可以自己選擇各大教程中任何一課，自己小聲誦背。

等到熄燈預備號號音一起，有十分鐘的，眞正自由的去漱洗大小便的時間，然後熄燈就寢。

您這一躺下，正是其甜如蜜的時候，留神！一聲號響。「緊急集合！」久不久的有此可能來個夜間演習。

如果高談自由民主！那您看那兒涼快，他比帝國主義還帝國主義哪！

談了半天練兵，沒談到吃啊，您放心，粉條豆腐大白菜，連湯帶菜每人足足一大海碗。六兩一個的大饅頭，那個小伙子都能連餐四個，面不改容，氣不發喘！所以韓青天的部隊，小伙子個個兒挺棒。除了饅頭我知道是澱粉質之外，至於豆腐粉條大白菜，究竟含有多少個國際單位的熱量，要請專家指教。

至於穿：夏天紫花布汗背心，冬天有棉織的衛生衫袴。整天耍大刀盤槓子，出汗都來不及，决計凍不着，但是這些內衣都得自己化錢，由餉裏扣。

韓部餉最準，每到月底前兩天就點名發餉，誰想吃空缺，很難！

發餉之前，軍需員（實際是事務員）早把伙食賬算好啦。三一卅一，二一添作五，有伙食尾可多，絕對民主，逢年過節多數添菜，平日多數是發還，這名字叫伙食尾。至於鞋襪毛巾牙粉肥皂等物，由班長帶着上街買。自由行動，辦不到。士兵想單獨的溜溜，執法隊碰上，**一個字，慘！**

高蹺，獅子五虎棍，龍燈，旱船扭秧歌，韓部從來不玩這些，偶而有戲看，也規規矩矩的，整隊入座，洗耳恭聽。

韓之練兵，大致如此。可以說，得一個「嚴」字，而韓是承馮的法統，那是絕無疑問的。

有一天，韓青天在濟南市，市區內的體育場，（不是華北運動會的山東省體育場。）召集濟南市內軍警憲聯合大講話。（就是聽他訓話，）把我們王局長弄了個大難堪，說他武裝帶扣的太鬆，罰跪。只聽局長高聲吶喊：「一，二，報告主席，跪下啦！」韓主席不忍叫局長過分受苦，看了看，起來吧。「一，二，報告主席，起來啦！」韓主席這才雄糾糾氣昂昂的登台講話。說實在的，上萬的人，站成了四方陣，韓主席結結巴巴講了半天，**眞聽不見他**……他說些什麽，這也**難怪**，那年頭兒沒有麥克風。韓主**席又**不是郝壽臣，沒調過嗓子，湊**乎着**聽吧。不多時間，號音一起，「的—打—達—」我們趕緊立正。**原**來主席訓話完畢，走啦。

我因爲起的早，腹空空，因此加緊步子趕去省府大門的右方橫巷，路北有一家小舖，買碗穇吃。這種東西很特別，既非麵糊塗，又不是疙瘩湯，更不是粥，離開濟南從未見任何地方有過。有鷄穇，有牛肉穇，弄上一碗再來套火燒，只消幾個銅元，不但價廉物美，果腹擋寒，還可以弄二兩。只是一樣麻煩，過了上午十點，再想吃！「明日請早吧，今兒個……嘻嘻完咧……沒有咧！」生意之好，可想而知。

這天我一進門，咦？氣氛不對！幾張大方桌上都空着？怪！剛要坐下，伙計捏手捏脚的過來，指指雅座，指指他自己的頭，附着我耳朶輕聲的說：「谷良友兒啊……」我心說谷良友關我屁事，他幹他的魯南民團總指揮，我幹我的天大地大無大不大的一品實習員，吃穇，老子給錢，怕誰？犯法啊？剛還沒坐穩呢，只聽得雅座之內傳來一陣狂笑的聲音。

「看看看……你你你怎麽見着我就是這這套呢？」

「向方，說實話，你又是總指揮，又是省主席，誰還敢跟你玩笑呢？除了我谷良友誰還敢叩主席的定溝子？過來，讓我再叩下兒，哈哈哈……」

「我見着你呀，眞眞眞他娘頭頭痛！」

老哥倆在雅座演「三本鐵公鷄」。鐵金翅要走向老帥的旱路。不行您哪，咱這穇，別吃啦，拔腿，鬆人，一鴨子倆鴨子，三鴨子！那位說：「你怎麽走啊？」我不走？萬一撞上……麻煩。回見吧您哪。

嗄—這眞是天下之大，無奇不有啊。

據傳說馮總司令，一向就蘑蘑菇菇的。各位，容我先解釋一下這「蘑菇」，因爲很多珠江流域的讀者，可能不懂。

此菇，出在沙漠地帶，女起解的蘇三，請解差問可有去南京的無有？解差問過，答：「去南京的前三天都走啦。」如今呢？答：「只剩下上巴溝、塔溝、熱河、喇嘛廟，拉駱駝的啦。」

總之，您坐着平綏路火車，出了張家口，越往北走，越近沙漠。所以蘑菇的正確名字，我想應當是漠菇才合實際。

這種菇，生長在天乾地旱的沙漠裏，採了之後曬乾了，堅硬的很，從北地內運，必須經張家口進來，所以又名口蘑。

要想吃牠，先用温水久浸，否則發不開。到了京油子們，形容這人難對付，就會說：「這小子，口外的蘑菇，難泡。」

馮總司令手下的人可不少，像韓青天啦，谷良友啦，都是經他從小兵逐漸的訓練而提拔起來的。

馮先生在吳佩孚的部隊裏，作過旅長、師長。照理說，算是部屬啦。那年吳佩孚打了勝仗，作五十歲的生日，各方的賀禮啦，來賓哪很多。正在興高彩烈的時候，這位馮師長去啦，手上提壺開水，送禮。賬房收不是不收也不是，傳到玉帥的耳裏，恨在玉帥的心裏。日後吳佩孚總想找喳兒殺他，您說此公是不是塊蘑菇哪！

在韓青天昇任第三路軍總指揮，兼山東省主席的時候，是他飛黃騰達，正得意的時候。但是馮先生可正在處逆境的當口。二大爺那兒不能住？偏要住在韓青天治下山東泰山的頂上。

馮先生借着空閒的機會，不時的請些飽學之士，上山給他講書倒也相安無事。但是日子一久，不能老看日出啊，總得下來活動活動。夏天呢，馮二大爺是布衣布褲布鞋布襪，爲了怕曬黑了，頭上戴着一頂「老漢推車的大草帽」。冬天棉褲棉襖棉鞋棉襪之外套件棉砍肩，結上條黑布腰帶，再戴一個趕驢戴的元氈帽，額子上圍條白的洗臉手巾。這種元氈帽，拉開來活像小足球，只是沒打氣，偏的。天氣十分冷呢，可以剪開，護耳。他也是怎麼蹩扭，怎麼難看，怎麼不受瞧，二大爺怎麼玩兒。照理說韓青天是他的部屬，由泰安到濟南，不說掛花車啦。坐頭等總不算過份吧？再不然，二等。最起碼三等吧？不！二大爺愛坐火車頭。這玩藝兒有意思，給勁！

白麵饅頭吃膩了，想吃窩窩頭。照說打個電話給泰安縣，別說馮先生一家人啦，一百家也沒問題。二大爺棒子麵算得了什麼呢？不！二大爺要自己買，沒事背兩斗棒子麵上山去。大概是嫌泰安縣的不受吃。一高興坐着火車頭上濟南買了揹回去。還是來了就買，買了就揹，揹了就去，決不去省府。南苑北苑二大爺都住過，比省府大的多，不稀罕！等到韓青天知道，來不及了。馮先生的火車頭，突突突突！白水灘的青面虎有詞：「回山！」放心，連拜拜都聽不見。

您說逗不逗啊！韓青天遇上這麼一位蘑菇的老官，頭不痛才怪啦。我韓青天沒少孝敬啊！您這是何苦呢！

李廳長：總司令賞我個臉罷！

有一天，谷良友死啦。韓青天頭痛的問題，剛好一點。更慘！馮總司令坐着火車頭，來到濟南，直撲省府。衛兵班長：「立正—敬禮—」馮先生雙目含淚的問：「你們主席呢？」班長回說：「去了谷家吊孝去啦。」馮先生聽完，一聲不言語，向主席辦公廳而去。進門一看，「好！有沙發又有地氈？唉—太好咧—咱先睡一覺兒吧！」一骨轆就躺在地氈上想會一會周公。傳達長緊跟着一進門，吓一跳！回頭就跑，趕緊打電話到谷家。如此如此，這般這般的一報告。喪家的哭聲也吓的咽回去啦！當時韓青天楞了半天，別說一點兒主意，連半點兒也沒有啦。幸而參謀長劉書香腦筋快，他說：「只有李廳長辛苦一趟，才能解圍。」原來民政廳長李樹椿很得馮先生的重視。何以如此，我不清楚。馮先生人高馬大，躺在地氈上撒賴，李廳長五短身材，既拖不起又抱不動，急的沒辦法，乾脆，「男兒膝下有黃金，跪跪何妨。」連跪帶作揖，直求：「總司令得給主席留面子……總司令……總司令賞我個臉。您賞我個臉吧。我負責全省各廳處的地氈，一律都捲起來。啊……總司令賞臉吧！」一場大風暴才算過去啦。

主席夫人親自捧了臉盆，請總司令洗臉擦汗。

「妳得管着他點兒，」總司令以家長身份，面諭主席夫人：「他不應當忘了他當二等兵的時候啊！」「是是！」

馮總司令離了省政府，到了谷良友家吊孝，他從前門進去，韓青天從後門開溜。二大爺嚎了一陣，收住了淚，慰問了谷良友的弟弟谷良民。才遊目四顧：「咦？向方呢？」「報告總司令，他一早到外縣視察去咧。」

「哼！他那兒是視察啊！他見我來了頭痛！他避難去啦。」

馮總司令說的一點也不錯。韓青天帶着衛隊上即墨縣避難去啦。小一個月也沒敢回來。

從此以後，濟南市內雖然有不少白俄揹着毯子，用俄國音的山東嗓：「俄國毯子要不要？頂好的俄國毯子。」那是床上用的。地氈？從此以後，全沒啦。

銀色漫談（卷）

・馬行空・

李翰祥歸「邵」內幕

交進一九七二年，香港電影圈裏出了兩件大事：一是李翰祥的突然投入「邵氏」，二是李小龍的突然飛返美國。這兩件事情，都是大家所未能意料得到的，所以造成了一個元月份內亂糟糟的形勢，連我們寫銀色報道的都不知如何下筆了。

但不管怎麽亂法，稿子還是不能不寫，現在讓我們在這個亂糟糟的形勢裏，理出幾個頭緒來，逐件的加以觀察和分析，作一個綜合性的報道，寫來倒也有老長的一大篇。

李翰祥重返娘家

先說李翰祥「回娘家」的這一檔子吧。關於此事，本港的報章與雜誌，都已經不厭其詳的加以報道過了，我們不必在此重贅。但其中尚有一二極其內幕的消息，也很值得提出來作爲補充。

關於李翰祥「好馬也吃回頭草」的原因，他自己也對記者發表過了，各位「銀色內幕專家」也加以分析過了，好像原因是多方面的。但根據筆者與李導演的一位最接近朋友談起，則所獲得的解答非常簡單，祇是爲了一個「錢」字而已！

據那位朋友談：李翰祥目前的家庭開支，僅房租一項，就得每個月付出港幣二千六百元之多，再加上幾名孩子的教育費，夫人張翠英的零用費，家中日常的伙食費，還有一架汽車，一名司機、兩名女傭的開支等，至少也要一萬五到兩萬元之數。李翰祥的片子叫座，賺錢不少，但自組公司是有許多支出的，有些人員，就是在不拍戲的時候，也得照支月薪，所以在除去一切應付欵項之後，李翰祥每年能不能剩下二十四萬來？到底是一個疑問。那位朋友說：「李翰祥不能不爲自己打算；在『邵氏』裏什麽事都不用管，什麽額外的開支也沒有，祇要導好了片子，每月坐收二萬元，雖然沒得富裕，但目前的生活問題總算解決了。」大導演如李翰祥，也居然還要担心到生活的問題，可見電影事業之難爲矣。

同時，我們可以發現李翰祥的確是當老板當膩了。在他與「邵氏」尚未簽約之前，曾經有過好幾家獨立製片公司找他商談合作的條件，他都不甚感覺興趣。羅維也曾經想拉他參加「嘉禾」，條件自然十分優厚，聽說也是「一半股東」的待遇，與王羽和李小龍等一般無二，按理說是應該可以接納的。但李翰祥還是婉謝了；他情願回到「邵氏」去打工，吃那一碗安逸飯的，也許有人不同意他的做法，但人各有志，勉强不來，他之所以毅然下此決定，其中自有原因與苦衷，旁人也就大可不必參加什麽意見了。

這個事件的發生，使外界最感興趣的問題是：「一山不能藏二虎」；李翰祥開進「影城」之後，張徹的地位又將如何？根據筆者獨得的內幕消息：張徹的地位仍然穩如泰山，一點也沒有受到動搖！

最初外面的傳說，是方逸華力邀李翰祥參加，或有抵制張徹在「邵氏」中擴張勢力之作用在內，而故意去造成一個雙雄對立的局勢。這個說法，完全不可靠，但也有人相信，因爲大家都很自然的回想到十年以前，李翰祥與張徹的那一段恩恩怨怨上去了。

十年前，李翰祥在「邵氏」裏炙手可熱，唯我獨尊，而張徹則不過是一名搖筆桿的朋友，爲了增加收入，不得不兼在「邵氏」裏寫寫劇本而已。他倆那時的地位懸殊，距離甚遠，所以差不多連交談的機會都沒有。某次，那時的兼製片主任鄒文懷交給李大導演一個劇本名叫「一毫錢」，據說確是張徹嘔心瀝血之作，公司方面希望由李翰祥來導演之。不知李翰祥對於這名新進的編劇存有什麽偏見，還是他那天的心境欠佳，肝火旺盛？就在鄒文懷的辦公室裏，很不高興的把劇本翻閱一遍，然後往鄒文懷的辦公桌上一擲，高聲說道：「這叫做什麽劇本？」說完話，扭頭就走了出去。

這當然對於那時的張徹是一個很嚴重的打擊，非但下不

李翰祥重歸「邵」營，方逸華又一大功

來台而已，而且對於他的從影前途都會發生很大的障礙。張徹那時還在一家晚報裏撰稿，爲了這件事，他每天在報上給予李翰祥無情的抨擊，一時鬧得很火爆，好像李翰祥也曾在他報上投稿，加以反擊，結果，還是鄒文懷眼看這個「窩裏造反」的情形實在太不像話，於是挺身出來調停，總算慢慢的把這一場「戰火」給熄滅了。自從那次以後，李翰祥與張徹「結下了寃仇」，在事隔多年後的今日，恐怕雙方多少還存有點舊嫌在胸中。因此，一般人就要胡思亂想起來了：現成放着那麽許多位大導演，「邵氏」爲什麽不請胡金銓，也不請王羽，而偏偏的請來一位與張徹冰炭不能相容的李翰祥，這裏頭莫非有點兒「貓兒尿」乎？

這些猜想，與筆者所探得的情報，完全是個「大翻個兒」；「邵氏」並沒有用李翰祥來與張徹對抗的動機，而張徹到現在對於李翰祥也絲毫沒有敵意的存在了。

據說：約莫在兩個月以前，邵逸夫在辦公室裏突然對張徹說道：「我正計劃和李翰祥談談，你看如何？」好個張徹，不動聲色的從容答道：「此事全憑你老板作主，我完全沒有意見。」由此可見「邵氏」與李翰祥之間的談判，已經是很久以前之事了，祇不過保密工作做得好，所以在簽約之時，大家還以爲是突然發生的變化哩。

過了一個月，邵逸夫又把張徹給召到總裁辦公室裏去，對他說道：「我們與李翰祥的談判，已經談得七七八八了，你看我們和他簽約可妥當否？」張徹還是以淡然的態度置之，隨隨便便的答道：「祇要雙方的條件接近，我認爲也沒有什麽不妥吧？」邵老板一聽，這個「二虎相爭」的危機大概已經可以不必顧慮了，心中自然高興。邵逸夫第三次請張徹到來，說道：「我已經決定和李翰祥簽約了，你再想想看，還有什麽問題沒有？」張徹不加思索，馬上答道：「你六先生的決定，我相信絕對是千妥萬當，不必再研究了！」

「如此看來：張徹此人比起十年前來，到底要「爐火純青」得多了。

由此觀之：張徹在「邵氏」裏仍然「聖眷正隆」，倚畀殊深，不然的話，邵逸夫也不會三番兩次的對他垂詢，徵求意見的了。所以外傳「邵氏」此舉別有用心，那都是「疑心生暗鬼」，不足憑信的了。

李小龍突然返美

筆者在前文裏已經報道過了：李小龍拍完「精武門」之後，決定與鄒文懷合組「協和」，開拍一部自編、自導、自演的新片，並且決定了苗可秀的女主角，好像不日就可以開鏡似的。但天下事往往使人意想不到；正在這個密鑼緊鼓的時期以內，李小龍突然放下寫了一半的劇本，飛回美國去了！「嘉禾」對外宣稱的原因有二：一是料理私務，二是向「華納」商洽，想要把他已經簽約的一部電視片集「武士」，改爲拍成正式的濶銀幕電影。這兩個原因，可能是眞的，也可能是「煙幕」，外人無法曉得其中之眞相。「嘉禾」某高級人員曾經對筆者苦笑道：「我們不是封鎖消息，而祇是因爲我們的決策，往往變化太多，所以非得到了最後的決定關頭，我們是無法報告確實消息的。」在這一番話裏，最值得玩味的就是「變化太多」的那一句，難道說李小龍與「嘉禾」合作的第三部影片也起了「變化」乎？

「嘉禾」中人堅決否認這一點，他們一口咬定：李小龍辦完私務，馬上就可以歸來，而一切原定計劃，還是照常進行，祇不過稍微延遲一些時日而已。但據筆者從側面所探得的消息，則這裏頭似乎又出了小小的問題。問題雖然不大，但到底也是一種阻礙，李小龍的返美，與這個「小問題」是否有關？那就要看他在短期內能不能歸來，始可眞相大白了。

傳說如此：李小龍的「打字機下」（不能說是筆下，因爲他不會寫中文劇本）十分來得，曾在美國各刊物上發表過文章，可見絕不簡單。但又聽說李小龍寫劇本，還是他生平第一次的嘗試，再加上他的生性衝動，寫出的情節來，難免有些過份誇張之處。所以當鄒文懷看到上半部的英文初稿之時，曾經笑道：「此乃是走火入魔之作也！」但鄒文懷的意思也不是說該劇本完全不可用，祇因爲其中渲染過甚，脫離現實，所以正在與負責翻譯中文的那位編劇在商討修潤辦法之中。這一項傳說，使「敏感人士」發生疑問：李小龍的突然返美，會不會與劇本出了問題有連帶的關係呢？

這件事情，好在不久之後就可以揭曉，暫時擱下不談，但「嘉禾」裏的「變化」也實在太多了一點，叫人寫不勝寫，放下李小龍之後，又要談到「嘉禾」的另一位「三百萬導演」羅維。

筆者也曾在前文裏提起過：羅維派出「太座」劉亮華，到美國去安排鄭佩佩與許冠傑合作拍片的一切事宜，而且此地的工作人員也都準備升火待發了。那曉得「變化」來得好快，劉亮華一事無成的回到香港，祇說在美拍片之事，現在已「變」爲第二步了，羅維將要在此地開拍一部衣依與許冠傑主演的時裝打鬥片了。這一個「變化」，其中的問題尤多，最主要的就是鄭佩佩會不會改變初衷。

報上紛紛傳說鄭佩佩已經拒絕復出，而「嘉禾」發表的則是「武后」因爲正在「南加州大學」裏攻讀，所以不到暑假，無法參加工作。根據筆者的看法：拒絕復出，似乎無此可能，而「嘉禾」所稱的學業問題，也彷彿「漏洞」甚多，究竟這裏頭鬧的是什麽玄虛？那可眞正祇有天曉得了！

憑「嘉禾」與鄭佩佩的交情與關係，「武后」是不大可能拒人於千里之外的，但實際上劉亮華的確空手而歸，不容否認。至於鄭佩佩正在「南加州大學」負笈之中的說法，表面上理由充足，而內裏的疑問則還是存在的。

銀色新聞人物大集會：
自右至左：劉亮華、李小龍、羅維、王羽、林翠。

劉亮華在此地曾經說過一句很肯定的話：「鄭佩佩是早已就敲定的了，根本用不着再簽什麽合約！」這一句話，就代表了百分之一百的把握。可奇怪的是：劉亮華此次乘興而去，敗興而歸，在沒有辦法之中而想出來的辦法，也祇好請羅維在此地先拍起另一部來，雖然又屬於「急就章」之類，但也實在無法可想了。

鄭佩佩已經在「南加州大學」上課，此事一點不假，她需要在這一個學期以內，修完二十一個學分，這也是事實。按照這個情形看來，她的確是無法分身去拍戲的了。但此中仍有一個很大的疑團，使外界人士百思而不得其解。

劉亮華在不多日子以前，飛過一次美國，據說與鄭佩佩洽談得殊為圓滿，一切俱無問題，而且「武后」還答應過在三月裏一定為「嘉禾」拍片的。但事隔沒有多少日子，劉亮華二次飛美，情況成為一百八十度的大轉變，以前所談的種種，一概不算數！鄭佩佩說：「如要請我拍戲，祇可等候到六月份再說！」（此乃「嘉禾」之發表）那麽就有人要問了：鄭佩佩的進大學讀書可是突然決定的？上次劉亮華到美國時她怎麽一句也沒有提起？假如她修完了二十一個學分之後，還需要繼續往下修時便怎麽辦？總之：問題太多了，此事看來未可樂觀。

繼劉亮華之後，許冠傑也從美國飛回來了。許小生前幾個月單身飛去，現在則攜同如花美眷雙雙飛返，羨煞圈內一般王老五也。

許冠傑的歸來，註定了他與鄭佩佩合作的「擱淺」，（也可能是「暫時擱淺」）所以「嘉禾」急忙發表了他與衣依將開新片的消息。這幾天，（寫稿之時）羅維一直躲在沙田酒店裏猛寫劇本，把赴美拍片之事暫時放在腦後。據說這將是一部眞正的年青人的影片，而劇本的初稿也是特地請一位青年作家執筆的，看樣子「嘉禾」是準備力捧這名「青年偶像」的了。

據許冠傑對記者的發表：「嘉禾」到美國去拍片的計劃並未受阻，他在香港拍完了這部未定名新片之後，就要到美國去與鄭佩佩拍擋，劇本還是那部宣傳已久的「唐山五虎」，其中還可能有李小龍的客串演出，藉以加强號召力量云云。話雖如此，但電影圈裏的變化太多，幾個月以後的事情很難確定，尤其是「嘉禾」，連他們自己也承認是變化最多的一家公司，所以究竟如何？祇有到時候方知分曉了。

王羽打進荷里活

按下羅維等不表，再要談起「嘉禾」另一位「台柱」——王羽。早在幾個月以前，王羽在台灣就聲明不再接新片了，當時大家還以為他祇是說說而已，因為每部片酬台幣一百二十萬元不是小數目，就這麽隨隨便便的放棄了，豈不太可惜乎？沒想王羽眞的說得到做得到，居然大有視鈔票如糞土的氣慨。舉例來說：不多日子以前，女導演高寶樹的一部「追命槍」（王羽主演）在此地上映，成績雖然祇有幾十萬元，並不十分理想，但高寶樹則已經賺得盤滿缽滿，很發了一票小財。所以她計劃再接再厲，還要到台灣去拍一部王羽的片子。當她上飛機的時候，高寶樹對記者們發表得清清楚楚，並且連片名、劇本等都有了，好像與王羽早有默契似的。但是，高寶樹在台北停留了沒有幾天，就此悄然歸來，從此絕口不提王羽二字，而且還宜稱將要開拍一部紀寶如的小孩戲。由此可見王羽的拒接新片，的確下了很大的決心，否則的話，高寶樹就不會乘興而去，敗興而歸了。

王羽回到香港來爲他的「獨臂拳王」配音剪接，同時和鄒文懷簽約，合組「正明」公司，這是一個很自然的現象，因爲鄒文懷既然已經和李小龍合組了「協和」，那麽當然未便厚彼而薄此；公平待遇，一視同仁，那是一家電影公司老板籠絡人心的主要條件也。其實所謂「合組公司」者，也就是變相的提高片酬；王羽與李小龍是不會拿出資本來的，將來的製作費用，仍由「嘉禾」負担，片成之後，收入之盈餘則與「合作者」對分。羅維的「四維」早有前例，王羽與李小龍祗不過是依樣葫蘆而已。

寫到此處，不免順便的談一談「嘉禾」今年的製片政策。根據一般的觀察：「嘉禾」是決定走上荷里活「聯美」的路子了，那就是聯合許多獨立製片公司，而由「嘉禾」總其大成，出力支持之。「獨臂拳王」雖然尚未上映，但在印就的彩色海報上，已經赫然寫明是「正明出品」了。另一部由黃楓在韓國拍攝的「山東响馬」，海報上的出品公司也不是「嘉禾」，而是一家新公司叫做「嘉聯」，不問可知，黃楓現在也是「合作老板」的地位了。李小龍的新片，公開宣佈是「協和」的出品，羅維將要到美國去拍攝的「唐山五虎」，假如能夠實現的話，當然又是「四維」的出品了。除此之外，還有徐增宏的「苦幹」，與諸葛青雲的「嘉成」等，衆星捧月，羣賢畢至，「嘉禾」豈非儼然成爲獨立製片中的「托辣司」乎？

這且不言，掉轉筆頭再談王羽。這位首席武俠小生既然在台拒接新片，那麽今後的計劃便如何呢？大家都已經曉得了，就是他將以「正明」的名義到美國去拍片。

根據「嘉禾」的宣傳：王羽準備到荷里活去與巨星李察威麥合作！這個消息本來已是石破天驚，十分嚇人了，但「嘉禾」陸續發表的計劃則更爲「巴閉」；除了李察威麥之外，還準備邀請積皮連斯、李馬榮、李雲奇里夫等三位國際紅星參加！假如此一計劃能夠實現，那麽「邵氏」，的聘請丹波哲郎與黑澤年男拍攝「水滸傳」，顯然就變成「小巫見大巫」了。

對於這一個計劃，又有許多人表示懷疑。細數以上所述的四位仁兄，套一句球場上的術語，眞個都是「老波骨」了，論演技之精湛，經驗之豐富，在世界影壇上亦可稱「第一流」。當然，我們的王羽也不差，但是，他將要單身一個人到荷里活去逢上四名勁敵之時，是否招架得住？這是一個嚴重的問題。萬一這四位仁兄發狠「卯上」起來，在鏡頭之前足那麽一耍，會不會把王羽給壓得日月無光的？這一點非常可慮，不能不愼重處理之。

再說：如果把李察威麥、積皮連斯、李馬榮、李雲奇里夫等四人給放在一部影片之中，那麽在荷里活裏一定是千萬鉅鑄無疑。就算香港人到美國去拍片，一切都得比較「從簡」一點，那麽打一個六折，也要美金六百萬元之鉅！「正明」絕對無此能力，「嘉禾」也未必拿得出三千三百六十萬港幣來，除非在美國另有財團支持，否則的話，這部「羣英大會」式的影片又怎能拍得起來？

宣傳稿中又說：這部巨片將由王羽執導。王羽的導演功夫，已經在「龍虎鬥」與「黑白道」裏顯過顏色了，當然無可批評。但到了荷里活，逢上這四名「老波骨」，是否能夠得心應手？也使很多人表示担憂。這又是一個不能不詳加考慮的問題，因爲荷里活的「大牌」們不是那麽容易伺候的也。

鄒文懷環遊歐美，業已歸來，在機場上所發表的談話，內容又畧有變化：第一，他表示王羽到美國去拍那部「就叫我中國人吧」，不會聘請四位巨星助陣，至多不過起用其中的一兩位而已。前言與後語，馬上就打了一個對折外帶拐彎，倒也退縮得好快。第二，他宣稱鄒佩佩決定於本年六月份回來，但不回到香港，而是飛到台北去探望翁姑。鄒文懷又說：鄒佩佩將在台灣爲「嘉禾」拍一部片子。如此說來，原定在美國拍攝的「唐山五虎」怎的又沒有了下文？幸而機場上的記者們並未追問此點，使鄒文懷可以少費一番口舌。

目前的王羽，還在台灣趕戲，一時之間恐怕還結束不了，所以三月份赴美拍片之說，大概又得往後拖些日子。何況鄒文懷在機場上也曾模稜兩可的說道：李察威麥等並沒有完全談妥，美國明星要看過劇本之後始能決定。由種種跡象看來，王羽赴美之期尚遠，一切都要等登上飛機之後始能算數也。

黃楓要拍合氣道

交代過王羽，李小龍，羅維與鄒佩佩之後，少不得又要談到「嘉禾」的另一組人馬——黃楓集團。

現在的黃楓，手中又有另一張「王牌」，就是全世界合氣道的總教頭池漢載。池漢載在韓國，眞可以說是頂天立地，威震八方的英雄人物！他對於合氣道的造詣之深，在韓國被稱爲「金段」，意思就是比最高的九段還要高深。黃楓在韓拍片之時，曾經介紹過三個徒弟給池漢載：一是茅瑛，二是張翼，三是武術指導洪金寶。也趕上這三位可是實在的爭氣，在池漢載的門下苦練了幾個月之後，居然很快的就考取了黑帶一段，並且使池師父大爲高興，因此也對黃楓另眼看待，答應他在三月裏親自來香港，除了視察分館以外，（香港合氣道分館，由池漢載的徒弟七段金振八主持）還要參加黃楓新片裏的演出。這是一個很難獲得的機會，因爲池漢載乃是世界武壇上的有名人物，如能邀得他拍片，則份量好像比李小龍都要重幾分似的。目前黃楓正在家中猛趕劇本，片名就叫做「合氣道」，影迷們將來可以在銀幕上看到「金段」的身手，可說是眼福不淺矣！

obermain

西德製男裝"奧比馬"皮鞋

大人公司 平價市場 人人百貨 大方公司 來路鞋公司有售

從「跳加官」說起

范正儒

中國舊俗相沿，在新春上園子裏聽戲，或在祝壽堂會上觀劇，於正戲開演前，例有「跳加官」之舉。有時，在戲的演出過程中，逢到軍政顯要或社會名流蒞場，戲班的班主或「喜事」的主人，則必令台上停止演出，馬上改演「跳加官」小插曲，以娛嘉賓，表示敬意。而嘉賓亦必賜「跳加官」伶人以賞金，以表慰勞之意。現在這種「跳加官」已發展到街頭上演出，給予貴臨的外國嘉賓以一種隆重的歡迎。

戲班中的「跳加官」例由主角老生擔任，口啣粉白面具，頭戴汾陽金盔，身穿大紅蟒袍，腰圍玉帶，手拿牙笏，當他在「九龍口」亮相時，足登朝靴，先取下面具，在觀衆掌聲中躬身答禮，再戴面具「跳加官」，配合武場的鑼鼓點子，在戲台上表現整冠，抖袖，理髯等手式，不必開口唸唱，純粹是象徵性啞劇。但演員必須將桌上預備好的「招財進寶」、「加官晉爵」、「天官賜福」、「指日高陞」等吉語條幅，在台上走演一過。

探究戲班必以主角老生來「跳加官」的原因，不外乎主角老生是「自古相沿」的梨園行領袖，故由主角演出，表示隆重。猶之乎戲院、酒樓之開幕剪綵，必假當代名流或名媛仕女之手爲之，同樣意味。後來，亦有些旦角挑樑組班的，如由配角擔任「跳加官」，則出台時無摘面具答禮之舉了。

若照字面解釋，「加官」即「加官晉爵」的意思。「加官」而加一「跳」字，顯示行走不規則之謂。跳者躍也，含有「雀躍三百」的意趣。到底，在梨園史上，「跳加官」始於何代？誰人作此「跳加官」的創舉？據清代吏部文選司主事葉德輝觀劇詩註：「凡戲登場，先一人抱笏緩步而出，手持天官賜福、加官晉爵等條幅走演一過，謂之跳加官。然不知其緣始，詢之老伶，云是唐魏徵丞相，又俗傳五代馮道」。

其實，此說不盡可靠。魏徵是唐太宗李世民時代的左光祿大夫，進封鄭國公，前後凡陳二百餘事，造成「貞觀之治」的大功臣。他位極人臣，又加他什麼官？說來似不合理！但有一傳說：擔任「跳加官」的伶人，必須在戲台上歪歪斜斜的走醉步，這因爲當年魏徵宴後酒醉的緣故。而梨園行始於唐玄宗，與魏徵相距三百餘年，也難湊合？至於俗說的五代馮道，歷事四姓六帝，後世鄙之，怎能叫他來歌頌慶典呢？

照說，「跳加官」的古人，既不是魏徵，更不是馮道，究竟是誰呢？據史記所載：「春秋時楚之賢相孫叔敖，性恭儉，上下和合，三得相而不喜，三去相而不悔，施導教民，三月而楚大治，莊王以霸。」又云：「孫叔敖卒，其子貧困負薪，適遇優孟（楚之名優）憫之，着孫叔敖衣冠，假扮孫叔敖，作歌以感莊王，叔敖子遂得封寢丘。」這樣看來，「跳加官」可能是影射春秋時楚之優孟吧？

關於引述優孟之說，尚有按語曰：「後世因而附會，或謂加官當作假官，唐時作參軍。」又段安節樂府雜錄云：「唐開元優人黃幡綽、張野狐善弄參軍。」清王芝祥云：「吳梅村鴛鴦曲有：雪面參軍舞鷓鴣，即謂跳加官。加官所用面具粉白如雪，故云雪面。加官乃俗稱，參軍則典雅矣。加官者，假官也，後人諧其聲以諛頌富貴人耳。」

那麽，「跳加官」可能就是「跳參軍」的別稱，唐明皇創作梨園時已有這種脚色了。加官者，加冠也，亦即假官之謂，於是乎，梨園行中人就有這兩種說法。廖瑩中江行雜錄：「女優有弄假官戲，其綠衣秉簡者謂之參軍樁，古穿綠衣，今則改穿紅袍，即執象笏上場者是也。」可見「跳加官」就是「假官戲」，從前的演員是穿綠衣而秉簡的，現在改穿紅袍而袍笏登場了。

「跳加官」要戴面具出場，面具一稱「假面」，起源於周代的方相氏，戴可畏怖的假面具，用以驅邪祈福。古時候刻木而塗以漆，也叫「木面獸」，一名「假頭」。隋唐嘉話：「高齊蘭陵王長恭，面類美婦人，乃着假面以對敵，與周師戰於金墉下，勇冠三軍。齊人壯之，乃爲舞以效其指麾擊劍之容，今假面是。」宋史狄青傳：「臨敵披髮，帶銅面具。」蓋古時以銅爲貴重，故有銅面具的製作。

而流傳在民間却有一則關於假面具的傳說：宋時，包龍圖和狄青是互易了頭臉出世的，換句話說，就是彼此拿錯了頭臉，這當中有個緣故。原來包龍圖本來是天上的文曲星，狄青是武曲星，他們奉玉皇大帝之命，同時下凡來扶持宋室江山。包公是要做文官的，本該有一張小白臉，狄青則是黑頭，恰像是個武將。他們這二人的臉譜各有天然的本色，原是不能混淆的。

誰知，包公在下凡時，因爲匆遽間拿錯了狄青的頭臉，以至狄青也祇得將錯就錯地戴了包公的頭臉下凡。後來，狄青出戰的時候，爲了要把相貌裝做威武，就得披頭散髮，並且用銅製的假面具遮住一張小白臉。而包公呢，則至今還被呼爲「包黑頭」，倘使爲了愛情起見，那麽包公是要後悔了，但在事實上，小白臉對於狄青也無好處，可知狄青也是吃虧之至。

包公可不然，他之所以贏得「閻羅包老」的名聲，似乎得力於那個「黑頭」處很不少，連笑容都博得「黃河清」的美譽。可見包公一張難看的面孔，在他實在值得。做一個執法不阿的硬官，似乎應該有那麽的「黑頭」，無疑的，包公是佔了便宜了。單是不戴面具這一點說來，他也比狄青舒服得多。所以我有點疑心，包公的拿錯「黑頭」，也許是故意的吧？否則就沒有那張「黑口黑面」的黑頭了。

現在戲台上的面具實未全廢，除「跳加官」要用「加官面具」以外，伶人扮演神佛鬼怪及魯莽烈性之人，均沿用面具，形成伶界的「法定」成規。古之喪家也用面具戴於首，所以存亡者的魂氣，故有「假面具」的名堂。邊疆的野蠻民族，則用面具作防護，藉它來恐嚇敵人。舊俗在過新年時節，兒童們都喜歡戴紙糊的面具，在街上跑跑、跳跳、玩玩。香港的新潮化裝舞會，是用橡皮面具來做娛樂性化裝的。

中國各種戲劇的格調，據說早期的臉譜是使用面具的，以後才改爲直接塗色於面上，最初不過畫兩道粗眉，後因這種做法，實在難以表現出個別人物的特殊性格，於是就在兩眼周圍勾劃眼窩。又後，爲着加强脚色面部的氣氛，逐漸在鼻窩和嘴式上用功夫，甚至額與兩頤之上勾畫花紋。進而發揚光大，而有今日這般多彩多姿、絢爛華麗的國劇臉譜的成就。

由於中國戲劇走向定型的階段，就創造了各種定型的臉譜來。臉譜就是伶人們演劇時，把色彩塗到臉上的圖案，他們所勾畫的圖案都是很有分寸，所用的顏色也很有分寸，其意義乃在表示劇中人的個性和特點。它顯示給觀衆的是，一種人物最簡淺的浮雕描寫，有時不用道白，人們一見就可以分辨出善惡智愚的各種性格。就臉譜藝術上，大概分爲紅黃白黑藍綠紫金銀等多種，茲分述於次：

紅臉表示忠貞義氣，例如關公、姜維、趙匡胤、顥考叔等都是紅臉。這些歷史人物，或則代表王佐之才，或則代表正統帝王。特別是關公的紅臉，最爲純正。至於勾紅臉作年老忠臣表示的有黃蓋與李克用，但所勾的紅色要稍爲淡一些。

黃臉是勇猛和殘暴的表示，例如曹操部下的猛將典韋，隋煬帝的護駕將軍宇文成都等，都是黃臉扮相，並且在眉心上加上紅紋，是指他們雖然力大無窮，但不得善終。理由是，眉心透紅，凶兆之謂。按相書稱：「眉心有兩道霞紅色直透天庭，謂之紫氣盈庭，吉兆也。」

白臉並非代表善良，相反地是代表奸詐陰險的，例如飾演秦朝趙高，漢末董卓、曹操，三國司馬懿，唐朝楊國忠、李林甫，宋朝大奸臣秦檜、賈似道，明朝嚴嵩等，都勾了大粉臉，還加上兩道粗黑的關刀眉。另有一種油白臉，一般都勾在武角臉上，與大白臉勾在文角上不同，是表示橫蠻無理之意。

黑臉並非代表「臉皮厚，心肝黑」的厚黑人物，而是忠正梗直的表示。文如包拯，武如張飛、薛剛、牛皐、李逵，都勾了黑臉走出舞台，一望而知他是好人。包拯在整塊黑臉中，額上還加以月亮門，因爲他有白天審陽，夜間審陰的本領，所以民間稱他爲「黑包拯」。

藍臉是剛强勇猛的表示，例如竇爾墩、馬武等，都勾藍臉。不過在粵劇中，勾藍臉的很少，祇常見於飾演雷公或奎星等角色，雷公還加上兩個獠牙，飾奎星的戴藍面具，不是直接勾臉。至於綠臉和藍臉差不多，祇是性格較爲頑强。例如白水灘的青面虎勾了綠臉，就是指他性格强烈。

紫臉也是好人，因爲紫是紅色的變相，紅臉既表示忠義，則紫臉便不應該是壞東西。例如「二進宮」的徐延昭，「將相和」的廉頗，「狀元印」的徐達，都勾紫臉。還有金臉和銀臉，是神話人物的臉譜，例如水濂洞的東海龍王，勾金臉。水濂洞的西海龍王，勾銀臉。這些角色，都屬於神怪一流。

此外，還有整臉，三塊瓦，花三塊瓦，和歪臉等之分。整臉是指勾時除眉目外，全是一色，端正不破。與此相反的是歪臉，勾劃的形狀歪歪斜斜，形容劇中人的醜陋。三塊瓦是把眼眉部份加潤，把兩頤和額角分作三部分，加些花紋的叫花三塊瓦。總而言之，中國戲劇的臉譜藝術，是以漫畫的格調作成圖案，描寫人物性格的造型方式，實在有很深奧的意義。

舞台上跳加官，你知道他是誰？

但是，中國戲劇臉譜藝術，跟着時代的進化，現在又發展到臉譜面具的形式，大多數是根據舞台臉譜而繪製的。臉譜面具的製作工序：第一步是用石膏印面形模，塑成各種臉坯。第二步，在臉坯上加工着色，像伶人在臉上勾畫圖案一樣。第三步，各種臉譜面具着色完成之後，就可作爲兒童玩物。這種新興的臉譜面具很多種，是老藝人的一種手工藝術品，亦可作爲化裝舞會及室內壁飾之用。

不僅此也，台灣、星嘉坡兩地郵政局俱曾發行一套中國戲劇的「臉譜郵票」。例如是廉頗的臉譜，取其能勇於認錯，以國事爲重的精神。關羽的臉譜，取其對國家之忠勇，對兄弟朋友之信義，誓死不屈的精神。張飛的臉譜，取其勇猛，信守不二，忠厚憨直的精神。如來佛的臉譜，取其超塵脫俗，衆生普渡的寬大精神。這些「臉譜郵票」都出名家手筆，很受大衆歡迎的。

留香室劇話

陳定山

新年舊照

這是民國五十六年在台北雙城街台灣合會招待所，我爲她們拍的一張紀念照，從左起：郭小莊、崔富芝、廖苑芬、蔣桂琴、高蕙蘭、蔣治萍，她們是大鵬劇校傑出的六位弟子。這一天的來賓有高華、章遏雲、陳十雲、黃宣萍、高宜三，都是票界傑出的前後輩，而張目寒和我爲雙主人，文武場齊全，錄音帶充足，殽肴俱佳，賓至如歸，着實過了一個最快樂的新年。後來的還有嚴蘭靜、張安平參加，照片已經拍完，不及加入。說一句老話，歲月如流，人事多變，如今算算已經四個年頭了，而在電視裏却陸續看到她們的精彩演出，使我更回想無窮。

論班輩高蕙蘭、嚴蘭靜較高，所以姐妹淘都稱她倆爲大姊。而郭小莊只是小妹妹。圓圓的臉蛋兒，上起妝來，簡直是天仙化人。現在：她的劇藝猛進，日上竿頭，人兒是瘦了，但丰度却愈美了。

崔富芝，原本隸屬復興戲校，也是復興的當家老生。皮以書女士賞識她，把她過堂到大鵬，論藝她有未來孟小冬的希望，可惜身體吃了虧，永遠長不大，練功甚勤，衷氣不足。最近杜姚谷香夫人收她做了入門弟子，所以也唱「斬黃袍」一類戲，不過，我總覺得她應該拜「冬皇」孟小冬女士纔對。

廖苑芬私底下丰姿甚美，上了妝却稍爲減色，這是貼片子太前的原故，余嘯雲、郭小莊貼片子也太前，我都和她們說過，余嘯雲本來感到兩顴瘦削，現在豐滿多了，有一次碰到余季明提起，季明說：「這是她聽了您的話，琢磨的呀！」如果是眞，嘯雲可謂從善如流。小莊在電視「三鳳曲」裏出現，更瘦了。有一次我在國光散戲出來，有人遠遠的叫「陳公公」，街燈暗淡，我幾乎認不出來，近一看，纔知是小莊。我希望小莊，聽我的話，也把片子貼寬一點，好看。

高蕙蘭的小生，不用說，當爲目前女小生中首席，但是太瘦了一點，不及程燕齡豐滿富態，但論藝，燕齡還是趕不上蕙蘭的。尤甚是「狀元譜」、「紅鸞禧」之類的拖鞋皮小生。最近小生行出了一個孫麗虹，她是外行，在台中拜師季少山，加入干城劇團，扮相好、嗓子衝，已知非池中物，及改隸台北「今日」，便挑大樑，我做麒麟座上客，看小麗和姜竹華的「雌雄鏢」，大爲欣賞，覺得她渾身是馬榮利的玩藝兒，還有點朱世友，

大鵬劇校傑出的六位女弟子合影

趕到後台去看她：「小麗太進步了，是馬朱二位老師教的嗎？」她也高興得跳跳蹦蹦的說：「爺爺，你眞有眼力，」不過，藝無止境，萬萬不可自滿、自驕，小麗勉之。蔣桂琴的青衣有底子，扮相也好，可惜最近因病截了一足，依然愛戲若命，她在截足後曾在私下問人：「我還能在台上演些不重要的角色嗎？」聞之淒然！蔣治萍下頰兒小，片子應該貼方一點，不信，照我做，她的台風當不下於大姊嚴蘭靜的。

我在這裏專提貼片子，是有道理的，第一、唱戲第一講台風，貼片子的妙用，有說不盡的好處。第二、我們現在貼的是軟片子，這是南方馮子和所發明的，而不是京朝派從北方帶過來的。梅蘭芳「舞台生活四十年」中便說過，她第一次到上海，纔看到這種軟片子，認爲奇妙。

復次：我再談到大姊嚴蘭靜，蘭靜可說和我們有世交，她的尊翁嚴行先生，和我的內子十雲都是言派老生，當我初來台灣的第二年，住在新生南路，隔壁便是言派名票唐纘之，而從纘之的座上，得識嚴行。嚴太太也是戲迷，纔把兩位愛女送到大鵬學戲，蘭靜是二妹子，和高蕙蘭同班。（按大鵬的徐露鈕方雨是頭班，蘭靜蕙蘭是二班，郭小莊是三班）她嗓子好，唱張派，扮相稍嫌清瘦，現在豐滿了，嗓子也歸功，最近聽她的「會審」完全用梅腔，字正腔圓，值得嘉獎。

「紅樓夢」戲目

紅樓夢最難排，亦最難演，因爲事本家常，人具個性，演林黛玉尤難體貼討好，所以編排「紅樓夢」劇本者多避去釵黛，但賈寶玉仍爲劇中主要人物，以吃葱蒜的北方泥男子，要演一個儘日在女孩兒家口脂面粉裏打滾的無事忙，見之無不令人作三日嘔。故最聰明而討俏者，當推陳墨香爲荀慧生所排的「紅樓二尤」，和歐陽予倩自編自演的「寶蟾送酒」皆避去寶玉。但予倩生就一副雷公嘴，一千八百度的近視眼，演寶蟾嫌唐突。此劇後仍被慧生收爲己有，並起用李桂芳演薛蝌，極得牡丹綠葉之助，後來坤旦多喜演此。

慧生紅樓戲尙有「晴雯撕扇」、「平兒理粧」、「獃香菱情解石榴裙」三齣，皆不能避免寶玉，當家小生的金仲仁，極盡癡肥，演薛蝌尙嫌顢頇，如何唐突寶玉？故此三劇，即不常演，而「晴雯撕扇」帶「補裘」實爲周信芳所編，荀、周亦嘗合演，信芳能劇不少，一演寶玉就俗不可耐，後亦視爲畏途。伶界所常演者，厥爲梅蘭芳之「黛玉葬花」、「俊襲人」二劇。而「俊襲人」詞句出於樊山老人手筆，以白描唱二六，雅馴柔美，可謂超出其前編「散花」等詞句萬萬。惜乎姜妙香扭頭捏頸，全無半點富貴家公子哥兒氣象，辱沒此脚本不少。蘭芳飾俊襲人，可謂恰如其份，妙到毫巓，若葬花之黛玉則又不夠楚楚可憐，才難之歎，於此盡矣。

劉豁公嘗編全本「大觀園」，從元妃省親起，黛玉焚稿止，以趙君玉飾林黛玉，其時君玉正當盛年，女人美有超過梅蘭芳而無不及，但觀其演出，只合一個薛寶琴身份，於臨死大呼「寶玉」不止，全失黛玉風度。其後劉玉琴嘗演之，玉琴弱冠時，綺年玉貌，楚楚可憐，演黛玉似强人意，惜不久即倒嗓，中年教曲度日。內子十雲嘗從學全本「金玉奴」「花田八錯」，十雲亦病嗓，喜唱老生，然嘗一試粉墨，尙能踩蹻登台，往事如煙，四十年前舊事矣。

八本「雁門關」

八本雁門關據說是王瑤卿秘本。北平戲劇門戶之見本來極深，常常拿京朝派來否定一切戲劇的價值，要不是北平常唱的，便加上一個「外江派」的頭銜。例如「跑城」「追信」「打寇」，從前都是大內列有戲單的。而近四十年來則一例認爲外江。殊不知八本雁門關，倒眞是合外江之大成。蓋此劇源出梆子，名「南北合」（一作和），漢班名八盤山，徽班亦名八盤山，一名八郎哭城。梆子還有個小名兒叫抱枕頭，即是單演八郎被留宋營，思念公主，後來公主探營被擒，蔡秀英吃醋，這一段乃全劇之菁華所在，從前老戲班子裏常演，這是去頭尾的醋魚中段。

徽班與梆子最大的分別，徽班純爲二簧，梆子全爲西皮，故八郎坐宮，徽班唱二簧三眼，梆子唱西皮慢板。漢劇、滇劇皆宗梆子，楊延順坐宮院是悶簾倒板（即四郎探母亦然），故平劇的四郎探母實套自八郎探母，而平劇的四郎坐宮又套自八郎坐宮。尤可噱者，八郎探母名八盤山，四郎探母名四盤山，這座盤山竟爲他們楊家兄弟而拆了家。

現在無論四郎坐宮也好，八郎坐宮也好，都是西皮到底，如果有人說當年也有唱二簧的，一定要笑歪了嘴，說你矇事，但王泊生的八郎坐宮，却是用二簧唱的。後面抱枕頭還有一段入夢，唱「反四平」則非原有格調，爲泊生所增加者。現在空軍供應部康樂隊的名小生金大源，及以前在大鵬搭班的名旦趙原，都是山東戲劇學校出身、泊生的高足，不知還有這個本子沒有？

再說徽、漢、秦、滇，此戲從八郎坐宮，到跪城，哭城皆一日演完。新舞台由潘月樵主演的平劇南北和亦如此。京朝派則初演爲六本，後來又把「洪羊洞」添上而湊成八本，原因是當初戲班，四天一換園子，演唱八本正好一日兩本，專爲賣座着想，對於戲的菁華散失，則不顧也。

在台灣的名伶章遏雲、趙玉菁都擅長此劇，章擅公主，趙擅太后。小一輩的却沒人演，章趙二姐，何不傳授一下呢？

閒話虹霓關

頭二本虹霓關，頭本演東方氏，二本演丫環是梅蘭芳作的倆。程艷秋只演二本丫頭，不演頭本。有一張，梅程尙合攝的照，非常名貴。小雲夫人，艷秋丫頭，蘭芳反串王伯黨，當年梅程尙常在一起，而慧生不預焉。至於四大名旦合灌唱片「四五花洞」，周旋其事者，實爲老友梅花館主鄭子褒兄，長城公司主持人葉庸方不過徒擁虛名而已。

民國十四年，三小一白到上海出演於天蟾舞台，小是小樓、小雲、小培，白是白牡丹（即後來的荀慧生），小雲乃台主許少卿御兒乾殿下，驕氣盈天，白牡丹出科未久，楚楚可憐。陪小雲演二本東方氏，竟搶小雲鏡頭，台下彩聲炸如春雷，小雲當塲開消，罵白搶戲演。一時羣情大憤，乃有捧白團之組織，楊懷白、舒舍予、沙大風爲其中堅。文字在大風報發表，各報響應，小雲爲之鎩羽而歸。四大名旦原定有王蕙芳，沒有荀慧生，至是，慧生乃取蕙芳而代之。梅花館主錄「四五花洞」唱片，排梅尚荀程每人一句，而四大名旦寶座於以大定，後程又侵尚而上之，菊壇乃知有梅程荀尚而不知有王蕙芳了。

辛亥革命前，譚鑫培，王瑤卿搭班同慶，合作演出名貴佳劇，其時梅蘭芳尚藉藉無大名，瑤卿專工青衣，花旦是郭際香，與瑤卿時常合演虹霓關，瑤卿終扮丫環，際香始終扮東方氏，也沒有把頭本丫環二本夫人當做配角，其時小生是德珺如，頭本王伯黨辦不了，對槍的伯黨用老譚的三子嘉祥，他是武旦出身。

初來台灣看復興劇校的頭二本虹霓關，徐復玉始終扮丫環（即徐渝蘭），頭本裏掮大旗，跟定東方氏，一點不覺得委屈，尤其是臉上的脂粉，不作濃塗艷抹，完全做定配角地位，老師教導有方，學生不肯胡來，值得稱譽，現在都看不到了。

從前演二本必帶殺帳，現在久已看不見了。想因二本東方氏是個配角，不讓她再出風頭。

談「鎮潭州」

套一句俗話：「余生也晚」看不到程長庚徐小香的那齣「鎮潭州」，但是我還看到徐慕雲所藏的一張程、徐合作的劇照。此劇老譚和楊小樓合演，亦是名劇，可惜只見到譚小培和楊小樓合演的「洞庭湖」，當中有「鎮潭州」，可是小培是譚叫天的劉景升豚犬之兒，父子天淵之別，當然不能過癮。小樓演此亦如「八大鎚」的陸文龍一樣，不能盡如人意。民初在北平，看余叔岩票過此戲，（時以春陽友社票友演出）票楊再興的是王又荃，你別看他後來在程硯秋劇團裏那樣潦倒，當眞玩票時，却是小生行中一把好手。後來唱「鴛鴦塚」的謝招郎，回頭想想，有誰唱得過他。「鎮潭州」老生北邊王福壽謝春喜，南邊張榮奎都很擅長，小生則推程繼仙出色當行，可惜我看了幾次程繼仙，老生都是雷喜福扮岳武穆，喜福是富連成的前輩弟子，津人稱爲雷瘋子，靠把戲非其所長。倒是勝利以後，看到一次高盛麟、葉盛蘭合演的「鎮潭州」，倒覺得非常滿意。這一天的戲後面還有譚富英的「定軍山」，程硯秋的「紅拂傳」，高葉是倒第三的碼子，可是盛麟一出場，碰頭彩如春雷乍起，下來富英的碰頭彩聲倒沒有他得的多，程硯秋紅拂傳上來，竟爾全場寂然。我第一次看高盛麟，是在富連成坐科，他本是當家老生，盛蘭當家小生，這天戲目是「羣英會」，盛蘭周瑜，盛麟魯肅，袁世海黃蓋，人人在台上都只有二尺半高，戲好，人好，眞是叫人愛煞。及在上海重見盛麟，則高慶奎已物故，盛麟改唱武生，這樣一塊好材料，却那樣地懶憊，每看他戲，便替他可惜。可是這一次的「鎮潭州」眞給他冒上了。可惜「清晨起，打一仗，龍爭虎鬥」一段原板，唱來仍有些怯，那是嗓音限之，無可勉强的。至於楊再興一角，盛蘭恐怕要算當今唯一人才，其扮像，台風、眼神、腰腿，無一不佳，出場大引子，念得有聲有色，起壩的漂亮俐落，可謂：「揚腿則粉靴見底，住手則鑼鼓收音」，承繼仙之絕詣，此人以外更無餘子矣。是日牛臯亦爲袁世海，令我回憶二十年前三人合演之「羣英會」，不覺有嘉榮前輩、何戡舊人之感。劇散徘徊，今日回憶，握筆尤難爲懷。

按鎮潭州如今也有人唱，全不是味而把「潭」州一例寫成「澶」州，地理都搞不清楚，還說什麼戲！

復興新秀孫興珠演「鎮潭州」之岳飛

祥梅寺憶往

包緝庭先生談祥梅寺，使我記起一樁往事，是荀慧生在丹桂第一台初露「釵頭鳳」的那一年。（大約是民國十八九年），我因爲告訴他「宗士誠」是「宗子士誠」，宗子便是皇族的解說，他該姓趙。慧生便約我去瞧他的戲。這一次是有錢金福、王長林一同南下的，我便要求慧生，煩他們二位老伶工合演一回平生傑作「祥梅寺」。

其時錢金福年齡已將近七十，開臉的美，扮相的雄武梟桀，白口的斬釘截鐵，眞可當得「氣足神完，典型模範」八字考語，入廟三次按劍，靴底功夫之帥，面部表情之神，至今如在目前。今人但知錢寶森把式工架之不可及，和乃父相比，也就如關平比關公，差得多了。

錢金福此劇，以後亦不再覩，在滬可

稱絕唱，王長林的楊和尙，撞鐘、擊鼓、添燈油種種身段，身如蝙蝠夜飛，已爲絕技，與黃巢對口脆若哀梨幷剪，連說帶做，種種身段神情，無不妙到毫顚。此劇王長林後傳葉盛章，盛章傳張椿華，可謂愈傳愈小。正如看畫：錢金福、王長林是一幅宋元古畫，葉盛章、袁世海是明清人畫，張椿華只是一幅近代人畫，畧無含蓄了。

是夜劇散，余車囘愚園路，至靜安寺路同和里口，忽與顧掌生兩汽車相撞，我的眼鏡陷入鼻樑，至今疤痕尙在。當時我血流滿面，顧掌生還下車來慰問我：「要不要緊？」我說：「沒關係，您呢？」他說：「我沒什麽，很好」。誰知過不了兩月，掌生竟因傷肺嘔血而死。他的訃聞上還載被「陳小蝶先生汽車所撞」。此一遺憾，和我鼻樑疤痕永留不去。而此一名劇「祥梅寺」亦永留腦海，天上人間，廣陵散絕。

關公戲

平劇合稱皮（西皮）簧（二簧），西皮源出梆子，二簧源出徽腔，而徽腔戲源，以關戲爲主，如程長庚的主要戲目，便是關公，不稱淨角，而稱紅生。按崑曲淨角，本有五紅三黑之專名，而五紅之中，訓弟（古城）訓子（水淹七軍）單刀（過江赴宴）竟佔其三。衍爲徽戲，其流愈廣，沿至今日，乃有只知三麻子（王鴻壽），而不知程長庚，只有皮簧而不知有弋腔者。現在我們把他來詳細的談一談。

三國、岳傳、楊家將、薛家將，多是戲劇的最大來源，而三國資源採取尤廣，例如曹操、劉備、諸葛亮、五虎將都有獨立而出色的本戲，而關羽傳更多，計有：

①斬雄虎（一名宿廟換容），②桃園三結義③斬華雄（一名虎牢關）④斬車冑⑤許田射鹿⑥屯土山⑦秉燭達旦⑧斬貂蟬⑨贈袍賜馬⑩斬顏良⑪封金掛印⑫霸橋挑袍⑬過五關⑭古城會⑮漢津口⑯華容道⑰戰長沙⑱臨江會⑲水淹七軍⑳刮骨療毒㉑威震華夏㉒走麥城㉓西蜀夢㉔活捉潘璋㉕玉泉顯聖。

以上各劇之外，尙有附見於其他戲劇而僅爲配角中之配角者，例如青石山之龕子，皆不贅。

（按：李洪春整理關羽戲集，尙有「造刀投軍」、「關軍教刀」、「破汝南」、「收周倉」、「收關平」、「火燒博望坡」、「取襄陽」等劇目，可補本文之不足。）

附：五虎將的戲。

關羽：關公戲已具見前目，不載。

張飛：桃園結義，怒鞭督郵，（一名芒碭山）蘆花蕩，（三氣周瑜），黃鶴樓，瓦口關，葭萌關，造白袍。

趙雲：戰盤河，一將難求，臥牛山，長坂坡，取桂陽，截江奪斗，陽平關，連營寨，天水關，鳳鳴關。

黃忠：戰長沙，定軍山，陽平關，五界山，伐東吳。

馬超：反西涼，戰渭南，葭萌關，取城都。

銀屏公主

——唱腔場子劇情都有問題
花腔雖佳情理上却說不過去——

張派的銀屏公主在台灣很紅過一陣，以人論戲，李毅青蕭蕙芳都很成功。以戲論戲，這齣金水橋改裝的銀屏公主，很有討論的價值。大凡一齣名劇的成立，都要有他自己的特點，而銀屏公主則是金水橋加頭去尾。點將一場抄戰太平的場子。青衣慢板，却抄了鎖麟囊「淚溼衣襟」的腔。程腔之所以名貴，例如碧玉簪、鴛鴦塚，一樣慢板却沒有一個雷同的重腔。梅腔的「鳳還巢」「生死恨」也沒法扯到別處去用。而張君秋一齣「銀屏公主」却全偷了鎖麟囊兩次。此趙寵所謂「八月中秋桂花香」，有些兒不貫呵。

點兵抄戰太平場子，亦欠妥。第一：戰太平是悲劇，老生唱二簧散板，沉痛凄涼。秦懷玉尙未出師，先奏商音，聽着就非常撇扭。

再說戰太平因老生下場換裝，青衣坐場墊唱，爲的是掐時間，所以青衣的唱不注重，如今靑衣是角兒，一段慢板置「軍情」「戲情」於不顧，大耍長腔，排戲的外行，無可原諒。銀屏出場用小引子，詹妃出場用西皮原板，亦有反客爲主之嫌。又銀屏對駙馬一段快板，亦爲小家氣派，試看「御碑亭」普通人家與宮廷有別，尙用西皮中板以見雍容不迫之狀。那有身爲公主臨到駙馬出師，反而如此沉不住氣者？

全劇精彩在金殿一段二六。但老母在堂，公主竟將詹妃口口聲聲稱爲母后，犯嫌越禮，莫此爲甚，花腔雖佳，情理上却說不過去。而詹妃也只有討得幾聲「母后」，竟把殺父之仇，丟往九霄雲外，舊劇編製以敎忠敎孝爲本，如此收場，欠缺殊甚。

從前上海丹桂第一台，羅筱寶的金水橋（貞觀）幾乎每星期要唱一次。王靈珠（公主）王蘭芳（詹妃）何潤初（長孫皇后）金殿一場，大家一場對唱之後，是沒有結骨眼兒的。皇后、妃子、公主全「陰場」下去了，只賸貞觀一人悶坐金殿。這時候上麒麟童的程老千歲囘朝頒兵，問起「午門外綁的小將是誰？」羅筱寶說明原因，程咬金硬着要保，貞觀不允，老千歲金殿撒賴，逼着貞觀把個「赦」字寫在手心上面，方才赦囘秦英，同去鎖陽關戴罪立功。

三位旦角重新上場歸座，詹妃悲泣，皇后打圓場，公主陪罪，劇情圓滿，而且加上程咬金，更加火熾。

如此唱法，程咬金成爲次要角色，而上面秦懷玉出兵可以省去。第一場由公主引子出場，念白表明駙馬出征公子被鎖書房，深怕闖禍，然後唱起二簧慢板，青衣正角身份方始襯足。下接秦英釣魚（番兵番將，武行，一切可省）。一段二六仍留作金殿最後精彩。此劇只消一個鐘點便可唱完，而且用人可以減少一半。

新年談戲

・葦窗・

新年看戲，樂事也。自來香港，此樂不可復得矣。記憶所及，上海新光大戲院改演京戲，在農曆年初一開幕，忽於年三十晚上獻演一場迎歲戲，由馬連良（王有道）華慧麟（孟月華）葉盛蘭（柳生春）馬富祿（德祿）等演「御碑亭」，開鑼時間在午夜一時，尤之香港、星馬演電影之午夜場，我偷偷的溜去看了一場戲，認為無上享受。到戲院時尚未開鑼，入後台，連良正和葉盛蘭、二朝官排進退之禮，要求整齊劃一，旁立者為演主考申嵩的李洪福。後此在年初一看過的好戲，有程硯秋、譚富英的「武家坡」、麒麟童的「追韓信」等，然印象皆不如此次「御碑亭」之深刻。

第一舞臺　白天

特約桐馨社全班超等名角

全班合演	靈官加官財神
徐春明　全班合演	大賜福
朱玉龍　方洪順	風雲會
王榮山　范福太　程洪承	功臣宴
陳桐雲　張斌文　馮和奎	入侯府
許蔭棠　董鳳岐　劉保云　汪金林	天水關
郝壽臣　慈瑞全　錢俊仙　劉景然	忠孝全
德珺如　楊韻芳　諸如香　錢金福　羅福山	岳家莊
許德義　劉硯芳　謝寶芳　李玉亭　劉硯亭	薛家窩
路三寶　金仲仁　鮑吉祥　王長林　孫燕亭	馬上緣
王鳳卿　姜妙香　姚玉芙　朱幼芬　李順亭　羅福山	打金枝
梅蘭芳　陸杏林　李敬山	彩樓配
楊小樓　茹錫九　遲月亭　陳玉林　趙芝香　傅小山　賈洪林　范寶亭　田春喜	蟠桃會

民國六年新年初一的一張舊戲單

我有集藏文物之好，一九七一年歲暮，華光草堂主人以民國元年至民國四年的舊報紙六張相貽，勝於百朋之錫。現在列出一張年初一的舊戲單，也是我的藏品之一，此頁戲單上並無年號，但我卻斷定其為民國六年，這是有根據的。梅蘭芳「舞台生活四十年」第二集中說：『……民國五年秋天，許少卿又來約我們南下表演……這是我第三次來上海，一口氣連唱四十五天，等我們去杭州唱了一個短期回來，又在天蟾先演四天義務，再給許少卿唱了九天營業戲，這才趕着回家過年的。……朱幼芬正在這時候組織好了一個桐馨社，已經約定的角色有楊小樓等……我們剛下火車，幼芬就來約去參加他的組織。我跟朱家是至親，又是小時候的同學，當然接受了他的邀請……沒有等到過年，就在第一舞台開始演唱夜戲。……』這証明楊小樓、梅蘭芳等都是在民國五年冬天才加入桐馨社的。

至於斷定其為民國六年，尚有一說，因戲單中「蟠桃會」項下，有賈洪林之名字。據周志輔「京戲近百年瑣記」載：「老生賈洪林在民國六年年舊曆九月二十三日卒，年四十四歲。」因此那場戲就不可能在民國七年或以後了。

舊時戲目，重多貴精，每齣戲都掐頭去尾，表演其中最精采的一場，所以每場戲必有十數齣，於是分出了前軸、中軸、大軸種種名目。好比上列戲單中的戲碼，每一齣都是最好的口彩和劇情，幕幕吉祥，全是符合新年中演唱的。

新年吉祥戲中，「青石山」亦是必演之戲，今摘錄老友黃裳「舊戲新談」中一則，以實我文。

『「青石山」王道士捉妖是武旦戲。這戲照例在年初二上演。其原因

尚和玉演「青石山」之關平劇照

楊小樓（關平）錢金福（周倉）合演「青石山」劇照

，大概是裏邊有關聖降壇的一幕，而關聖在北方是久矣夫奉爲財神的了。即看上海大世界附近的北平糕餅店，即可知矣。「青石山」的來源，出自「長生」，即「關聖斬妖」，關聖賓白有云：「三天門下萬神欽，仗劍皈依功德林。淘洗得來唯淨業，消磨不盡是雄心。」這四句原出屠赤水（隆）的「曇花記」，現在皮簧中已無此四句，然而劇情則仍無大出入。

關聖在一般俗信，是所謂「義利分明」者，故奉爲財神，「月令粹編」引「桃園記」：「年初二爲漢昭烈帝生辰，故演此戲」。舊時戲班在台對面設小龕，供奉三位財神，其一爲趙公明，另一位是增福財神，其中間一位則是關帝。舊規在演「青石山」之前，裝關聖者，先設幕供關聖畫像，焚香叩首，撤像後始昇座，這是特例，平常即演玉皇大帝，也無此恭敬，這是戲班中牢不可破的迷信。

我從前曾見楊小樓演此戲，飾關平，周倉則爲錢金福，請神之際，周倉立在高處（天門）仰身屈背，接符受旨，那身段美得很，周倉在淨角中，與張飛李逵同其嫵媚，不過分別所在，一是俗人，一在此戲中則是神，然而神也有人情味，這在研究人神交變的學者們，應該是值得注意的。

小樓的關平是眞實的大將風度，或應稱神將風度了。我覺得有一點是有趣的。他出台之時眼睛總是閉着的。偶一睜眼，遂覺神采飛揚。說到這裏，有一個笑話，在天津時有一位老師最崇拜小樓，私淑有日，偶爾粉墨登場，大家看了，覺得「具體而微」，一位同學批評說：「學楊最神似的是在閉眼。」那位老師以爲批評得當，並不以爲侮。

現在武生漸漸不行，「青石山」遂淪爲武旦正工戲。後輩中只楊盛春尚好。扮相頗英武沉雄，不如一般武生之只顧勇猛而失去了沉着。

老輩演此，宣統辛亥，同慶部在肉市廣和樓元旦開幕，大軸演「青石山」，譚鑫培演呂眞人，楊小樓、錢金福分飾平倉二將，關聖本用李順亭，李病，易以沈全奎。文明園雙慶部亦演此，王瑤卿扮狐女，王鳳卿關聖，賈洪林呂眞人。是日大雪，座客亦滿。

鄙人聽戲三十年，然仍未能趕上聽此好戲，偶見舊記，輒抄戲單，蓋亦如人之抄食譜以當過屠門矣。』

我看過很多次楊小樓，也看過幾次尚和玉，但都沒有趕上他們演的「青石山」。高盛麟曾和我說：「楊老板和尚老板台上的玩藝，代表了天賦和功力，楊老板天賦太好，益以工力，我們怎麽也趕不上。尚老板的工力結實，他站在台上，亮一個相，文風不動，推都推不倒他，但他的工夫，不知道要化幾十年工夫才修煉出來的！」尚和玉外號尚老道，所以高盛麟用「修煉」兩個字來形容他。

一九四八年冬天，上海中國大戲院歲暮反串「拿高登」，馬連良、葉盛蘭分別反串前後高登，葉盛蘭和我說笑，他說：『你瞧，今天的反串「拿高登」，代表了兩個派別，馬老板的高登，是楊派，懶洋洋的，我的後半段高登是結結實實的尚派，完全不同。』原來尚和玉的女兒嫁給葉盛蘭的三哥盛章爲正室，因此「富連成」曾經請尚和玉教過武戲，而「拿高登」正是當年尚和玉在「富連成」所教戲目之一。當時，高盛麟就上過尚和玉的堂，葉盛蘭則是旁聽，因爲他喜歡尚和玉的武戲，耳濡目染，不知不覺也學會了。

「青石山」火熾熱鬧，其中有一場「接劍斬狐」，在平常演出時，都把它刪掉的。這裏面周倉有種種的身段，大半都是從崑曲「火判」、「嫁妹」等戲裏變化來的，再加上跟狐精的各種開打，非常火爆。狐精內行稱之爲「毛嘴子」，由武丑扮演，是武旦所扮狐精的化身，全在翻騰跌撲上顯功夫的。

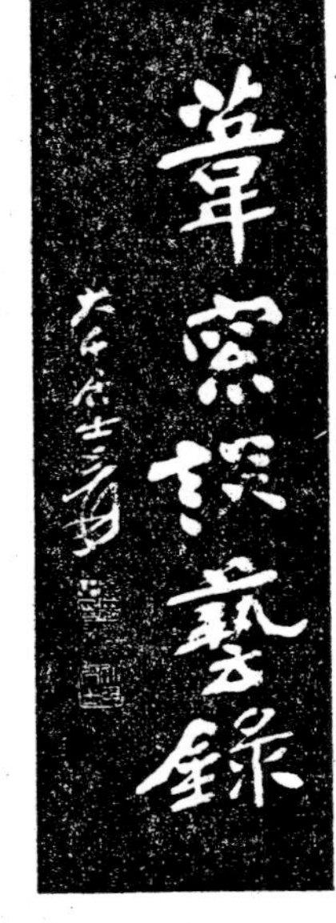

EVER-READY SAFETY RAZORS & BLADES

英國製造

常備

老人頭牌

單面保安剃刀・刀片

鋒利耐用

經濟實惠

ER-2

專載

「銀元時代」生活史

——六十年來的物價追想——

陳存仁

我又追想這一次的患病經過，最大的原因，是由於編書失眠而起，但是有一個近因，却是爲了人家借了我的錢，屢催不還而大生氣惱。病患之後，又要開始醫務工作，金錢上和精神上受到了很多的煩擾。

從前的人，大家都有一種觀念，朋友有通財之義，彼此遇到逆境時，應當互相接濟，所謂『掉頭寸』是極通行的事。

至於親戚之間，又有所謂『通家之好』，通家兩字，不限於互相往來，也包涵着在必要時大家借來借去。要是有錢的一方面，不肯把錢借給對方，人家就會振振有詞的指責你爲『不通人情』，或是『不夠朋友』。

理財之道　真有一套

在我開業的初期，因爲診所的大門是天天開着的，什麼人都可以進來，因此我的門上，每天都有識與不識，或是似曾相識的人，坐下來先寒暄一番，結果無非是借錢，但是數目少得很，借小洋二角的也有，借小洋四角的最多，除非眞正的困難，才借兩塊錢，那時兩塊錢的用處很大，借十塊錢的人極少。

自從我出門歸來之後，情況就不同了，開口的人少則五十元，多的竟要借到一百、二百元，有的寫張借據，有的開出一張遠期支票，這樣借出去的錢，當然是很少人歸還的，但是糾葛多多，口舌頻頻，就有不勝其煩之感。再加上那時我身體健康不曾恢復，商借的時候，弄到我肝火奇旺，借出之後，又使我懊喪非凡。要是到期想向人討還的話，那眞是所謂『跪地討債』，自討沒趣了。

記得有一次，我去拜訪李平書老先生，他是上海革命的老前輩，也是上海著名的老鄉紳，與我家世代相交，往訪時座中正有一位長者向李翁借錢，李翁向來有儒者風度，談話時客氣得很，這天竟堅決的對那位同鄉說：『你雖然是要爲子完婚，但是婚嫁之事，可豐可儉，你既然沒有錢，就應該樣樣事情節省些，你要問我借五百元，我是不能答應的，但是彼此世代深交，我不能不有所表示，平常我送人喜慶的不過二元四元，今天我送你四十元。』那位長者竟然淚盈於眶，說是：『我借不到這個數目，沒有面目回到家鄉，說不定祇好一死以了之。』李翁聽了這話，認爲是恫嚇，他毫不動容的說：『我一生一世，從不借錢給人家，所以你的想法完全是錯誤的。』說罷就拂袖送客。那長者在迫不得已的情況之下，就說：『那末我就接受你的厚禮吧！』說罷稱謝而去。

上海著名鄉紳李平書先生

李翁對我說：『這種同鄉多得很，他同鄉爲子完婚，實際上也用不了多少錢。』我見了這情況，也對李翁說：『我也常時遇到這種困擾，最大的問題就是親戚朋友認爲我這部葯學大辭典賣了一萬多塊錢，所以成爲日常的糾葛之源。』

李翁就說：『借錢的事，是不能開端的，而且自己應該訂出一個規律，否則，耗損金錢事小，精神上的損失事大，有好多人，還會弄出氣來，令到自己病倒，要是將來你眞的有錢時，更要提防被人家牽累到你。』我聽了他的這番話，覺得又是一個理財的教訓，我就問他：『應該怎樣對付，才算是得體。』他說：『一、絕對不要貪利息：任何一個相熟的人，向你出重利，求你抵押、加浮利、換支票、以及一切供會、合夥等等，不管利息多厚，都應該婉言謝絕，因爲利息越大，受損失的機會越多。如果眞正值得幫忙的親友，花了錢，就要下定決心，不希望他歸還；把到期不還當作是意中事，如果到期來還，反而要視爲意外。

二、如何去應付人情：有許多親戚，或是尊長、師友，本來有恩於我，或是眞正的有爲人士，要是缺乏學費，或缺乏經營資本，應該爽爽快快予以援手，但是這種錢拿出去時，該要說明這不是借貸，而是贈予；換句話說，不希望來還，要抱定施惠不望報，那末心中最是安樂，而永無煩惱。

三、若干人不可開端：對於若干青年人，如果有時來向你開口借錢，你應該直截爽快，嚴詞拒絕。借一分錢給他，就是害他一分，養成他借錢的習慣，斷送他一生。所以借給他就等於害了他，這是千萬做不得的。至於有嗜好的人，更是借不得，即使傷極感情，也無所謂。因爲這種人，一借之後，會得再借三借，纏繞不休，總要弄到大傷感情而後已。那末不如抱定宗旨，決不能開端，要他死了這條心。雖說，在這人第一次開口借錢時，就要傷感情，多氣惱，三次五次之後還是要鬧翻的，事實上，只要本人無愧於心，借錢的人，可能口出惡言，你以靜制動，可以付之一笑就沒有事了。

這些方法是我一位老朋友敎我的，其中以「借錢給人，就是害人」這句話，最有卓見，因爲若干人從此失去了自尊心，專以借錢爲業，甚至一世以借錢爲生。這是人生哲學，吾人對此，假使能隨機應變，是很有意義的。』

我聽了李翁的一番大道理，恍然大悟，覺得他對理財之道，眞有一套。

我在南市老宅中養病的那一段時間，初時精神憔悴不堪，體重減輕到九十六磅，後來經過三個月的療養，體重漸漸增加到一百二十磅，同時面色也轉好，我就覺得這一次的病，一則是疲勞過度，一則是情緒不寧所致，那時還沒有心理衛生之說，我祗體會到一個人日常精神修養的重要。如果患上了病，要是心理照常緊張的話，養病是養不好的。

康復之後　謠言平息

本來我對於醫務，每天總是準時而到，準時而退，從來不會遲到或早退，或偷懶的。這次我在病中，替代我的診務的人是丁仲英老師的長子濟華師兄，那時他自己還沒有開業，爲我代診，興趣極濃，診務還有七成人數，一進入了冬季，診務大打折扣，他覺得不好意思，趕到南市來看我，見我精神奕奕，似乎已經復原，他說：『你可以恢復診務了』，我說：『不！我還想休養一個時期，要體重達到一百三十磅時，才重行應診，請老兄勉爲其難，再代一個時期，診務好歹，在所不計。』濟華說：『也好』。

我向來不會打牌，但是有一種叫作『挖花牌』，祗靠運氣，像開獎一般的計數，我倒很有興趣，濟華是老搭子，因此我和他，另找兩個朋友，常常拉開桌子，就打『挖花牌』了。打時照着挖花的習慣，邊打邊唱，唱的詞句，是可以自己杜撰的，我唱你和，你唱我和，相當有趣。

一天，在玩牌中，濟華告訴我：『醫界中人對你有好感的當然不少，但是也有三五個人對你妒忌得很，自從你休息了三個月之後，謠言四起，說你患的是不治之症，所以你應該揀一天到租界去露一露面，那末謠言就可以平息了。』我聽了他的話，覺得很有道理，於是我就選定在中醫界的杏林社大聚餐的那天，翩然入座，談笑如常，好多同業都來向我敬酒，說：『嘩！你比從前更壯健了。』

這次赴宴之後，在心理上大爲安慰，從此每隔兩三天，便去訪問幾位老前輩，或是約幾個朋友打挖花牌，當然一切謠言也就消逝了。

書業奇蹟　一折八扣

有一天，我到世界書局門市部去買書，在醫書部門去閒聊，見到我的葯學大辭典，買的人很多，自己心裏暗自歡喜，順道我還聽到買書人對這部書的批評，這好像自己的兒女，別人讚好，心中最是高興。記得從前國產電影的老前輩鄭正秋，他因爲有嗜好，輕易不與外界接觸，惟有他的新片上映時，一定站在大堂間等候散場時，偷聽觀衆對他的批評，他說：『這情況最是有意思。』我那天也有同樣的感覺。

櫃面上的伙計本來不認識我的，忽然間老友樊劍剛走過來，向我握手說：『聽說你生了一場大病，沈知方覺得很是抱歉，認爲是他累了你，但是你的書極爲暢銷，希望你快快的恢復健康，再爲他編幾部書，今天我要請你到「蜀腴川菜館」吃一頓飯，我有話和你談。』我就應允了他。

兩人一路步行，應該是朝西走的，他却要我朝東，走到四馬路中和里太古渝棧房，這是一間舊式的大屋，向來是租給外埠來的商人作爲客莊辦貨之用，論月租賃，每月房租祗收十八九元，裏面共有房間幾十間。本來這個地方我也常去的，那天祗見到太古渝的招牌已經除下，大門也已關閉，要拍門而入，我對樊劍剛說：『你來這裏做什麼』？他說：『你進去看看再講』，我心中很覺奇怪。

進門一看，原來所有客房已完全拆掉，裏面有白報紙數萬令（一令即此間所謂一拈，每拈計紙五百張），堆積如山，高不可攀，另外還有一包包的書籍，全是三國演義、水滸傳、紅樓夢、七俠五義等，我就問樊劍剛，這樣大規模的堆棧，堆了這麼多的書，不知道何年何月才可以賣得完。』

他說：『這是一門新的生意，本來一部紅樓夢要賣到兩三塊錢；現在大量的付印，用一折八扣的口號來推銷，就是一塊錢的書，一折八扣之後，祗賣八分錢。所以現在銷路大而且速，本埠實銷很多，外銷數量更是龐大，這裏堆着的白報紙和印好的書，大約三個月就會銷得一乾二淨，利潤雖薄，但是賺錢却快，祗是資本很大，常覺週轉不靈，老兄能否投資五千元？』

我聽了他的話，心中爲之一動，可是經過考慮之後，立刻想到李平書翁的話，認爲這些書籍銷到某一個程度，銷數一呆，就會一蹶不振，所以我就很婉轉的拒絕了他的要求。

我看過了太古渝的情況之後，我們就同到「蜀腴」吃飯，點了回鍋肉、乾炒牛肉絲、干燒鯽魚，一隻連鍋湯，我們稍爲飲了一些酒，結賬時竟然要三塊一角半，我就覺得這時物價又已高漲了許多。

我不參加一折八扣書籍的組織，料不到後來，業務果然日益發達，出的書都是翻印舊小說，如鏡花緣、安邦定國志、東周列國誌等七八十種，成爲出版界一大奇蹟。

本來一切書籍，都照定價出售，祇在減價的時節，才有九折，預約書才有七折至六折，這幾乎是多年的舊例。有時商店因爲營業不景，準備歇業，舉行大減價，也不過是『七折八扣』，有些所謂『三鈿不作兩鈿賣』，這都是廉價抛售貨物的口號。所以『一折八扣』四個字，實在具有很大的誘惑力的。

隔了幾年之後，樊劍剛逝世，由他的哥哥主持，後來八一三事變，外銷中斷，最初大受打擊，却料不到本來每令定價二元四角的白報紙，竟然漲到幾百倍，這時銀元絕跡，幣制混亂，所以有這麽大的變動，因此他們又大大的發了一筆財。他們的股東會已經改組，變動很大，個個都被稱爲書業中的『紙老虎』。

我在療養期間，連報紙都不看，到了這時才開始看報，那時上海的大報，以申報的報紙爲最老，新聞報次之，時報、時事新報趣味最豐富，報紙的售價是每份銅元一枚。小型報多數是三日刊，以『晶報』看的人最多，『金鋼鑽報』次之，售價也要銅元一枚。我留意報紙的廣告，見到一折八扣書竟然在報上也大登廣告，宣傳的詞句很動人。

忽獲鉅款　擬遊日本

我和樊劍剛分手之後，隔了三天，他忽然坐了一輛新的皮兒卡房車；即此間所謂標域，當時是上海最華麗的汽車，一輛大型汽車到我南市家中來。車子抵達門口，他一躍而下，我家門口有一家專做紅木傢俬的工場，裏面的小夥計，看見了這架又新又大的汽車，車上下來的人向他探聽我住在那裏？那小夥計起勁得很，就把他領了進來。

這時我正在打挖花牌，見到樊劍剛來，心中一怔，想無非是又要來勸我入股，其實我養病以來，剩餘的現欵已不多，祇得寒喧了幾句，樊劍剛說：『我們的老板沈知方，自從藥學大辭典銷路好，嚐到了甜頭，他口口聲聲說打鐵趁熱，要請你再編一部「皇漢醫學叢書」，所以要我坐了他的新汽車來和你商量。』我就說：『爲了藥學大辭典，不但入不敷出，還弄出一場大病，現在雖已康復，你想想看，我要損失多少？』樊劍剛見我斷然相拒，一味拍我母親的馬屁說：『伯母我今天坐了老板的新汽車來，你老人家要不要坐這輛車子去兜兜風。』我母親笑逐顏開對我說：『阿沅，聽說梅蘭芳已到上海，將演「天女散花」，連崑山的姨姨，蘇州的三阿姨都專程趕到上海，住在惠中飯店，預備看他登台，我倒也想去開開眼界，既然樊先生有新汽車開來，不妨就坐他這架車子去看一次。』樊劍剛聽了，覺得有隙可乘，說：『不但看戲，我還要請老太太和你到一枝香去吃西菜。』他這樣一來，我以高堂之命，無法婉拒，祇能就坐了他的車子到租界去消磨了一個晚上，樊劍剛一共花了二三十元之多。

在一枝香進餐時，我搶着付賬，樊劍剛堅決不肯，我說：『請客是一件事，編書是另一件事，非等兩三年，我是無法再編的』樊劍剛聽了我這話，祇是笑而不言。

次日下午，樊劍剛又來了，他說：『書局老板都是蠟燭，不點不亮，好多窮讀書人把稿子賣給他，總是橫求豎求不肯接受，現在他倒過來向你橫求豎求，並且授意我，你有什麽條件，儘管提出，他一定全部接受。』

我說：『皇漢醫學叢書，是要把日本人研究漢醫的書籍，有系統的分類編譯，我雖已有數十種日本漢醫名著，但是尚嫌資料不夠，等我身體好些，還要到日本去走一次，一俟資料搜集齊全、再行着手。』樊劍剛說：『那再好沒有了，算起來到日本去一次，旅遊之費，至多不過二百元，買書之費也不會超過二百元，除了原來送你的六千元之外，另外叫他再加送你一千元，我看也差不多了，就請你答應他的要求吧！』這時我心中已有些動搖，也很想趁這個機會到日本去玩一次，對身心不爲無益，我就說：『有機會不妨談談』。

誰知道樊劍剛立刻掏出一份用華文打字機打好的合同，其中祇有稿費項下，還空白着未塡數字，他說：『你塡上七千元吧，保証老板不會有異議。』我見事情已到這個地步，無法食言，因此，就在兩份合同上簽了名。樊劍剛覺得不辱使命，開心得很。到第三天一早，他就把旅費一千元及預付稿費二千元，分四張莊票，一共五張，一齊送來。我母親見到這個情形就說：『你不可以要錢不要命，難道你又想趕出一場病來嗎？』

我說：『這回我有了經驗，會輕輕鬆鬆的來處理這件工作，何況合同上沒有限期，我是不會趕出病來的。』我母親仍然期期以爲不可。我當即把五百元的一張莊票送給母親，她不肯接受，並且還要我退還給樊先生，推三推四，總算母親才接受了去。

晚間，嗣父叫我去吃他自己做的『八寶鴨』和『糟鉢頭』，我準時而去，在路上我又想到送了母親五百元，對嗣父一無表示有些不安，因此我決定也送五百元給嗣父。

從前的一千元，是一筆鉅欵，養大一個女兒稱作千金，有千元身價的人，就可以算是小康之家，他們的子弟就叫作『千金之子』。但是想到突然把五百元送給嗣父，他老人家可能感到兀突，不會接受。雖然我自小由他撫養長大，教育成人，可是我該怎樣措詞，倒很費躊躇。

嗣父住在水神閣旁，距離我王信義浜老宅，不過二十多間門面，他老人家精通文墨，人生經驗豐富，祇是有一種習性，就是私底下迷信得很，從早到晚，每一句話，每一件事，都要取一個吉利。我走到他居處，嗣父見了我就說：『你的面色已好得多，祗是今早我起身時，窗外有四隻烏鴉叫聲凄切，幾乎叫了半個小時，我眞不知道主何吉凶？而且昨夜還做了一個夢，夢到一位老友送給我一個玉盤，又不知道是凶還是吉？』當時他老人家就取出一本「解夢蠡言」翻閱了好久，他說：『找不到類似贈玉盤的解釋，是凶是吉？眞教我心中很不舒服。』

迷信觀念，中外都有，不過舊時更甚，我聽了嗣父的話，並未插嘴。進午餐時，嗣父留我同飲竹葉青酒，我見他有說有笑，才表明我的來意，一則是說明我想到日本旅行和買書，一則是說明要送他五百元原由，嗣父聽了我的話，立刻放下杯子，停止飲酒，橫臥到烟舖上，抽了一筒鴉片烟，嘆了一口氣說：『你送母親五百元，是報娘恩，這是你的孝心，頗堪嘉許。你送我的五百元，我也很歡喜，但是今天因爲早晨烏鴉叫過，你送我這五百塊錢，總覺得有些不對。』

我一聽到這句話，意會到老人家認爲出國有風險，臨行贈金，似乎有永別之兆，這一來，我倒有些進退維谷。

他老人家果然說：『坐船遇到風浪，危險得很，我勸你不如放棄這個企圖，否則我是不接受的。』因此，大家好久默不作聲，草草的吃完午餐。

餐後，嗣父本來有午睡的習慣，他說：『今午我不睡了，不如同到海神廟去求一個籤，以定行止。』我覺得老人家既有此意，不可違拗，祗好跟了他到青龍橋海神廟一行。

本來我對這種迷信的事是深痛疾惡的，不過在老人家面前，也祗好唯命是從，我們上香點燭之後，各人叩了三個頭，嗣父就抓起籤筒，搖了好久，跌出一根六十四籤『上上籤』來，籤上說：『此日逢君賦遠遊，濤聲帆影豁吟眸，搊衣拾屐蓬山上，清福塵間第一流』。嗣父看了，高興得很，我更高興，乘機就把五百元莊票塞入他的口袋裏，他說：『這筆錢留待你回來之後再送給我，我一定接受。』

我們走出大殿，外邊廣場上有一個老人家，赤了膊，在練拳舉重，一個仙人担大約有二三百斤重，他似乎毫不費力的輕輕鬆鬆的舉了起來，我看得發呆，那位老人身材瘦得很，兩目烱烱有光，對我嗣父含笑點頭，嗣父命我叫他一聲『石老伯』，並告訴我說：『這是一位傷科醫生，名石孝山，他的父親叫石敬山，他有兩個兒子，一個叫石筱山，一個叫石幼山，從前你小時常常脫骱，都是我領你去請這位老人家同你駁好的。』

石老先生聽了我嗣父的話，笑了起來指着我說：『這是老話了，那時他祗有五六歲，現在大概也在賺錢了吧！』嗣父說：『現在他也在當中醫，名字叫作陳存仁。』石老先生頓時向我拉手說：『你出道不久，已經小有名氣，眞是人才。』說着一定要拉我們到他的醫館中去飲茶，那時醫館中已擠滿了人，都由他的兩個兒子筱山、幼山在處料理一切，經過介紹之後，石筱山對我的印象極好，堅持要同我結爲異姓兄弟，所以我後來和石筱山彼此換了一個蘭帖，之後大家就稱兄道弟。

我和嗣父在回家途中，心中忽然想出一句妙語，就對嗣父說：『你昨晚的一個夢，竟然應了這次我出國的吉兆，因爲你的名字上下是子安，夢中見到的是一個玉盤。現在又見到一位老人家是姓石的，那末合併起來，豈不是出國之行「安如磐石」嗎？』此語一出，嗣父莞爾微笑說：『那末你就到日本去走一次，以了心願吧！』

初次出國　一路順風

從前上海，要是有人離開本土而出國去的話，是一件了不起的大事，因爲上海人有二句俗語，說是「在家千日好，出門一日難。」又有二句俗語叫作「出門一里，不如屋裏」，所謂屋裏，即指家裏而言。認爲離鄉別井，畢竟沒有在家裏來得舒服。

尤其是上海城裏的人，更是保守，要是不爲生活所驅使，很多人一年之內，連租界都很少去，這種自滿苟安的習氣，比起沿海一帶，如浙江定海，廣東四邑，和福建福州等地的人，自小就有向外發展的願望，上海人是遠遠比不上的。

我上次遠遊廣州香港，一般親友已經認爲我有勇氣，竟作千里迢迢的遠遊。這次我要去日本，親友們竟人人感到駭然，老年人且認爲我家有老母，怎能出門，所謂『父母在不遠遊』，是指我不應該的。

那時節，一小部份人到美國去，叫作『鍍金』，到日本去叫作『鍍銀』。雖然我到日本不是讀書，但是能夠到日本走一次，在一般人看來，也有一些鍍銀的光輝，羨慕得很，因此消息傳出之後，親友們紛紛設宴餞行，有幾位城內的老鄉紳，還特地封了紅封袋，裏面放入二塊錢，外面寫着『程儀』兩字，其實那時我辦理出國手續還茫無頭緒，因爲那時要領到一張護照，是一件極困難的事情，沒有人事，沒有『路道』，是拿不到的。

幸虧我有一位叔岳父王爾陶，他是留學生的老前輩，我走去請教他，他說：『在民國十八年之前，世界各國來來往往都不用護照的。你要到那裏？就到那裏。祗有少數外交官員，需要駐在國的保護，才有一張一尺見方的護照紙，平民反而是用不到的。民國十八年之後，情形就轉變了，任何一個國家，凡是入境的人都需要一張「派司」，所謂「派司」，即是指護照而言。上海人要領這種派司，就要到南京外交部去申請領取，你既非商人，又非學生，等一年半載是意料中事！』因爲那時還沒有旅遊的名目，無緣無故到外國去遊玩，不但中國沒有，連日本也是稀見的。所謂旅遊事業，在那時聽都沒有聽過。

我一聽到要向南京外交部去領護照，頭都痛起來，在沒有辦法之中，就去請教姚公鶴老師，

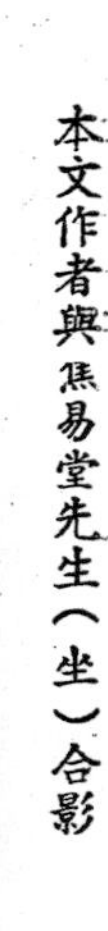
本文作者與焦易堂先生（坐）合影

姚老師說：『我家有一位常來吃烟小叔的朋友，姓焦名易堂，他是國民政府的立法委員，（按：焦易堂後來做到最高法院院長，兼任中央國醫館館長）不如請他寫一封八行書，介紹你到南京外交部去走一次，要便利得多。焦氏每週末一定到上海來一次，來則必然會到我家來。』於是我就很耐心的等着。

果然，幾天之後，在姚老師家中給我碰到了焦易堂先生，經姚師介紹後，焦氏馬上掏出三張卡片來，各寫上幾句話，並且說外交部在上海有一個駐滬辦事處，他有幾個陝西同鄉在裏面當秘書，這件事是沒有問題的，不過公文的傳遞，恐怕時間很久。

我拿到焦氏的三張卡片，先到外交部駐滬辦事處去見一位秘書，他見到焦易堂的名片，就取出三份表格叫我填寫，表格中有一項是去日本的原因，我遲疑很久，秘書便對我說：『你想快，不妨寫留學兩字。』我就依了他的話，將表格填就，並且附照片六張，付工本費銀元四塊。

意料不到，七天之後，已有通知書來了，我很高興的帶了兩瓶白蘭地酒，預備送給那位秘書，作為謝儀。護照拿到了手，我開心得很，正想把洋酒雙手奉上，不料那位秘書，未脫書生本色，對我的禮物堅拒不受，出乎我意料之外。

我領到了護照，就到虹口內山書店，訪問那位名滿上海的日本人內山完造，談了好久，他說：『你去日本，一定要坐日清公司的上海丸，而且要買式等票。』我說：『王一亭先生在船上有一間買辦房，可以讓給我住。』內山說：『這斷斷使不得，因為海關查關很精明，憑一張式等票佔很多便宜，沒有船票是會把你當作偷渡的。』內山很熱忱，他替我排定了一個旅程，先到長崎，即轉神戶，再到名古屋、東京及橫濱四個地方，而且還寫了五張咭片給我說：『你人地生疏，遇到必要時，可以找這幾個人，他們都是書商，對你會照顧的。』

接着我就到日清公司去買票，雙程來回票的叫作『卜夫可』，二等價格是大洋六十二元，我祇買了一張票，因這次去日本，內子並未同行。頭等票多數是官員坐的，三等單程叫作『卡薩卡脫』，每票二十四元，雙程票是四十元。船公司中日本人倒客氣得很，反而同胞的從業員對中國旅客十分歧視，我真不懂為什麼中國人對自己人有這種不禮貌的態度。在輪到我買式等票時，中國籍職員眼珠轉一轉，態度稍稍和婉一些，我就覺得這些人的奴性很深，積習難改。

上船之日，親友們紛紛要來送行。實際上，我知道他們是想乘機拖了大男小女來看看向所未見的『火輪船』。所謂火輪船，是那時上海人對外洋輪的統稱，我見一家家都來要求送行，恐怕到時人數太多會鬧出笑話來，所以我一再辭謝，他們都說：『這是我們的盛意，即使我們不上船，也盡了我們的情誼。』

那時節，日清公司的『上海丸』，船小得很，祇有四千噸重。是停泊在東西華德路『滙山碼頭』，上船時，我的母親和嗣父與我的太太，同乘汽車到了那邊，碼頭上已有親友大大小小四十餘人，他們見到我到碼頭，高興得很，不由分說，浩浩蕩蕩的跟着我一齊上船，幸虧從前外洋船對送船的人數沒有限制，不像現在是要憑送行券才可登輪的。

我也不知道『上海丸』的噸位多少，但是一登船上，覺得地方很寬大，有一個大客廳，裏面舖上了青呢地毯，我就把親友們安排在這個客廳中，自己去找艙位，原來式等艙是二人一間的，當時中國人坐式等艙的比較少，他們特地揀了一個中國人來與我同室，他是一個山東籍的府綢商人，我畧畧招呼一下，即想回到客廳，忽然有一個身穿船主服裝的人，走進艙房來深深的向我們二人鞠了一個躬，並且操着純粹的中國話，問我們『好嗎』？跟着有一個中國侍者拿了兩盒『壽司』來，這是一種日本點心，船主說：『今天你們有沒有人送船，有的話，我準備每人送一盒。』我答說：『有是有的，祇是人數太多，不好意思。』他說：『沒有關係』，說着就走。

等我回到客廳一看，自己覺得真難為情，親友們大大小小一共有四十多人，而且小孩子初次脚踏青呢地毯，開心得了不得，有些翻跟斗，有些躺在地下，有些互相追逐，鬧到不成樣子。我正和幾個老人家話別，見到母親又笑又流淚，我說：『出門要圖吉利，千萬不可流淚，何況這種船是很穩妥的。』正談話時，那船主模樣的人帶了一個侍者，手捧壽司，每人分派一盒，而且說：『歡迎你們都到日本去玩一下，我們有中國侍者招待。』他見到我的親友那麼多，非但不討厭，還很歡喜，要我和親友與他一同拍了一張相片，這也許是他們招徠生意的手法吧！

這樣經過大約兩小時有多，汽笛大鳴，並且通知乘客着送船的人立刻下船，於是我的親友也魚貫而下，大家站在碼頭上，揮手送別。

我在船上，周圍去走了一次，見到有一間小商店，好多乘客都在買一樣東西，名爲『御守』，日本人的讀音叫作『歐麻毛利』，是一種木片製成的護身符。據說帶了這個符，在船上就一路順風，不會遇到切難的，我是具有搜集紀念品癖好的，也隨俗買了一個掛在身上。

三等艙陳設舊得很，有許多日本男女，都是席地坐臥，中間不過隔着一道道木格板，在我們中國人看來，男女雜處，很不雅觀。下邊又有一個大統艙，連木格子窗都沒有，男女混雜，更爲紊亂，其中有幾位中國勞工，竟然在一張矮桌上打起麻將來，日本人也懂得玩，因此有六七桌麻將劈劈拍拍的打得很熱鬧。

頭等艙分洋式、和式兩種，洋式的有床，和式的全是『塌塌米』。進餐時，大家都進餐廳，一律吃日本菜，彼此席地而坐，桌子上有一塊木牌，上面寫着『某某某樣』，看來很有些像神主牌位一般，十分異樣。

二等客進餐，都是一套朱紅色的漆盒，全是中菜，一湯一菜，一件點心。三等客吃一種『便當』，這是木片飯盒，除了白飯之外，祇有一條乾魚和幾片黃色蘿蔔，湯是『味噌』沖的，是一種很普通的醬油湯，氣息很特別。

我在二等餐廳中，也進食過日本餐，是一碟生的魚片，一碟炸蝦（叫作天婦羅），一碗白飯，一碟壽司，祇此而已，我見了這兩樣菜，簡直不想進食，胡亂的吃了一些炸蝦和白飯，就算了事。

但是日本人，個個吃得津津有味，多數還要飲一樽酒，叫作菊正宗（託可里），吃罷之後，高聲擊掌歌唱，醉得橫七豎八。

船開出吳淞口，進入海洋，風浪就漸漸大起來，整艘船顛波不停，我覺得有些受不了，想嘔嘔不出，頭暈胸悶，難過之極，幸虧吃得不多，總算忍住沒有嘔吐。別的客人都走到甲板上吹海風，嘔吐狼籍，全部甲板弄得污糟不堪，原來從前的船隻噸位不大，是經不起風浪的。

那位與我同室的山東商人，却安臥如常，他對我說：『坐這種船，千萬不可吃得太多，也不能吃得太少，否則同樣會暈浪的。』

次日早晨，到餐廳去進早餐，吃的是『玉子』，即是鷄蛋，另外還有一個飯糰和一杯清茶，這一頓，我倒吃得很舒服。但是餐廳中冷落得很，大多數乘客仍在暈浪情況中，所以都不進餐廳吃早餐。

這樣的經過了十六小時，才抵達日本的長崎，先要留船二三小時，才到神戶，驗關時，頭二等客先上岸，看一看護照，連行李都不查。三等客沒有那麼通融，而統艙中幾個勞工模樣的中國人，却受到諸多留難，先看眼睛，如有砂眼，就要他們聚在一處，等候詳細檢驗；面黑肌瘦的還要集中在一起，等待檢查大便，據說拘留在那些地方兩三天是不足爲奇的。因此我心中深深的感謝內山完造要我坐弍等艙的指示。（按從前出入是沒有檢疫（針紙）的，因爲那時防疫針還沒有發明。）

初試風呂　難以爲情

在船上，我先把帶去的銀圓和中國紙幣，兌換日幣。那時節一個銀元可換日幣一元五角。中國紙幣種類繁多，他們祇接受中國銀行和中國通商銀行所出的兩種鈔票。在船上那位山東商人指導我要多兌一些輔幣，所以我也模仿日本人的方式，手裏抓了一個盛輔幣的布袋，隨身祇有一個衣包。在船上已有人照料行李。上碼頭之後，見到幾十輛人力車（按人力車即此間所謂手車，上海人稱它爲東洋車，因爲當時這些車子是來自日本的。），車伕個個身强力壯，頭上都紮了白布，身前背後，都有一個名字，如中川、木下、井上等字樣，看上去真好像强盜模樣，他們看見我穿了長袍馬褂，爭相搶我的衣包，坐上了一輛人力車，我給他看一張紙條，上面寫有『松下御屋』幾個字，就是我準備進住的旅店名字，其實這間旅店距離碼頭極近，一坐上車頃刻就到，我給他一些輔幣，車伕含笑鞠躬，接二連三的說了幾聲『阿里阿篤』。

我在那邊縱目四望，見到遍地皆是一層高的木屋，店舖都小得很，惟有松下御屋是用紅磚砌成的，兩層高的磚屋，在那邊已不多見了。房價是『一宿二餐』，每天收費日幣二元。

踏進松下御屋，即有主人出迎，再三再四的鞠躬，領我到一間塌塌米的房間，那時沒有電鈴，主人擊掌兩下，就有一個很年輕的下女，來爲我收拾東西。

這種房間雖很清潔，但是沒有床，牆上掛着二三軸書畫，祇有一個梳粧台模樣的茶几，那下女在屋角裏取出一條很厚的被，被是五尺正方的形式，我在想這種被褥蓋起來，連脚都遮不住，怎樣能保暖呢？後來才悟會到日本人身材皆短小，所以被褥也不長的。（按那時節日本人的身材矮小的很多，不比現在身材這麼高大的。）

被褥攤好之後，就燃一個圓形的炭爐，是青紫色的窰器，很是古雅，在炭爐上邊有一個鐵架掛着一煲水，飲茶吸烟都取給於是。茶是不要錢的，牛奶六分，咖啡二角，水果三角，而且是招待外國人的價目。

室內最難看的是一隻大木桶，下女取到很多熱水，倒滿一桶，原來這就是浴桶，那時普通租房是沒有浴室的，下女倒好了水，室內已溫暖得很，忽然間她自己脫了和服，祇剩一條底褲。要我脫衣就浴，那下女也不明白我的意思，以爲我祇是搖頭，準備同我擦背。因爲言語不通，我不要這個私家的浴桶，即時取出幾條木籌，上面有『風呂』兩字，指着我要到另外一個公共浴室去，這種浴室就名爲『風呂』，她就重行穿上衣服，倒了杯茶，鞠躬而退。我看看這個房間，缺少廁所設備，於是我巡視各處，才見到一個公共廁所，小便是一個大桶，大便都痾在一個地坑中。

日本男女攜帶衣包進入風呂視爲常事

臭氣薰天，可見得那時日本旅館的設備，還很簡陋。

正在遊目四顧，見到有一間『風呂』，這是一個很大的公共浴室，是男女同浴的，中間祇隔着一重板，而板砌得很狹，上下兩邊，大家都看得到，男女浴客赤身裸體，一目瞭然，浴水熱得很，熱氣瀰漫全室，但是浴室的門是打開的，外面凛凛的寒風，不斷向裏面吹來，我見到這種情况，很是奇怪。（按現在日本洋式大旅館，每房都有厠所浴室，但仍有一個共同入浴的風呂。）

過了一晚，次日我就到老街舊書舖去搜購有關漢醫的書籍，這條街上書舖很多，但都是一些小舖子，內山完造介紹我的一家，書籍比較多，而規模亦較大，雖苦言語不通，我對他們都用中文筆談，居然也很順利。

從前沒有什麽遊覽名勝的旅遊車，所以我也無法參觀神戶各地的名勝，决定買了一天書，就準備再到名古屋。晚上那位下女又來招呼我，可是她並不再倒水在木桶中，所以我不得不到公共風呂去洗澡，眞是有些難爲情！

既然已經進了浴室，也祇好入境隨俗，胡亂的洗了一通，面紅紅的走出浴室，許多老年婦人，見到我這種畏畏縮縮的神情，笑聲四起。

我經書舖主人的指導，到『三宮』車站乘搭鐵道車離開神戶，轉移到名古屋，有一家其中堂書舖，過去我常年用通訊方法向他們購書的，所以主人見到我，歡迎得很，在那裏我買到大批漢醫書籍，主人名木下其中，對我很熱忱，問我要不要去見一見漢醫名家湯本求眞，我說那眞是求之不得的事，他就摒棄了店務陪我同去。

我早就知道湯本求眞是日本復興漢醫界的祭酒，見到了他，那時他年事已高，依然很有禮貌的接待我，談吐之間也很謙虛，他問了我許多問題，我也一一對答，並且由他的夫人跪着奉茶，他們稱爲『茶道』，這是招待來賓最有禮貌的表現，臨別的時候，他送了我兩部絕版的漢醫書，而且約定以後相互通訊。（按通訊不過兩三年，湯本氏就逝世了，我第三次到日本時，曾經到他的墓前去憑弔。）

湯本求眞之墓四時祭祀不絕

我在日本最感到痛苦的，就是吃不慣他們的東西，所以常常到街上去找尋中國菜館，那時比較好的中國菜館，一家都沒有，但是掛着『中華料理』招牌的舖子，却是多得很，所供應的東西，都是以叉燒麵爲主，所謂叉燒，實是一條白肉，塗上一些紅色的顏料，切成薄片，就算是叉燒了。還有一種叫作『五目麵』，是五色雜陳的麵點，包括一片肉、一片魚、一片筍、一隻蝦、一些菜，花色雖美，但是一些也沒有味道；祇有一種炒麵，是加醬油炒的光麵，雖非美味，尚能入口，所以我天天就吃這種炒麵。有若干掛着『西洋料理』招牌的菜館，規模都小得很，做的菜全不像樣，吃了一次再也不想去了。

離開名古屋，就到東京，那邊我有好多朋友，幾天之中玩遍了各處，而且也吃到了較爲高等的中國菜。在新宿遇到老友徐卓呆，卓呆是一位日本通，又是戲劇家兼滑稽小說的作家，他對我說：『日本的中國菜都不像樣，你要不要上我家中嘗試一下我做的蘇州菜，我最拿手的是干貝炒肉絲，是人人讚美的。』我說：『好』。他表示很高興，同時一連霎了幾霎眼（按卓呆一向有霎眼的習慣，越是高興越霎得多），笑着說：『不過，我住的地方很簡陋，而且在日本用的都是平底的鐵鍋，祇有我從國內帶來一隻老式的中國鐵鍋，是我習慣用的，所以炒出來的菜，特別好味。』接着他又笑說：『與我同住的郁達夫等，晚間常將此鍋抹乾淨，作爲洗脚之用，所以更有異味。』我聽了這話，明知他是滑稽家言，並不置信，不過我得到他的指導看戲買票的手續，到過帝國劇場去看了一場戲，覺得場面偉大。本來這家劇場的戲票，已訂到六個月之後，祇要你拿出護照給售票人一看，他就會給你一張留給外國人看戲的座券，因此我坐到一個比較好的位子。

關於購書，在東京有一個神田區，都是一層高的平房，書坊舖一共有五六百家，有些專賣法律書，有些專賣小說書，其中有三四十家是專賣漢方醫書，這回我欣喜若狂，買了大批的漢醫書，他們的書是不二價的，不像上海有碼洋與折扣之分。我選定了書籍，要他們全數用郵寄，打包寄回上海，我為了怕遺失，叫他們掛號寄出，但他們對掛號兩字，弄不清楚，後來託卓呆傳譯，他說這叫作『書留』，於是就完成了我的搜購書籍的工作。

其實東京還有許多漢醫可以拜訪，可是我事前沒有和他們通過信，不能貿然的造訪，不像現在我有很多日本醫友，每月都有人來香港訪問。

離開東京，就到橫濱，橫濱書舖不多，但是有一條中國街，街內商店林立，全是中國華僑開設的，其中也有五六家很大的菜館，做的菜比較好得多，而且那裏還有關帝廟、觀音廟，和一間中華學校，異邦相見，對此似乎更有親切感，我同一個寧波籍的夥計談得很投機，他說：『等我收工之後，帶你去看幾間大的寺院。』那一天玩得很高興，我覺得日本人的居室都小得很，惟有廟宇卻大得異乎尋常。

赴日一行，所費連船費不過二百元左右，買書卻大大的超出了預算，又花了好多時間。購書既畢，已近船期，於是就趕着返回上海。因為從前日本並無觀光事業，對旅客沒有導遊機構，所以我有好多地方未去過。幸虧後來在香港，連續去了五次之多，因此日本一切的名勝古跡，總算玩遍了。

歸來一年　完成叢書

我從日本回來之後，親友們又紛紛設宴為我洗塵，我的同學虞舜臣說：『中醫界同人出國，老哥為第一人，歸來神采煥然，臉上好像飛了金一樣，所以我們都要設宴敬你一杯酒。』我也祇得含笑接受。

本文作者在日本漢方藥肆前留影

熱鬧了一陣之後，我就開始為編書而工作，自己規定每天早晨工作一小時，晚間決不再做，而且抱定不緊張、不馬虎的態度，這一回練出一種不動情緒的功夫，所得到的工作效能反而好。

我首先整理自己舊藏的日本漢醫書籍，再加上隨身帶回以及陸續寄來的漢醫書籍，共計四百多種，先做刪蕪存菁的審閱工作，選定種類，分內科、婦科、兒科、外科、葯物、方劑等項目，再加上了近代日本名醫的新著作，成為完完整整的一部叢書。

其中大部份漢醫書，全部是中國字，文句通順得很，因為他們都是依着漢唐二代的筆調來寫作的，所以祇要加上標點就可以了。

小部份漢醫書，是間夾有日本字母的，我請了一位在同文書院執教的老先生，為我翻譯。倒是許多近代醫論，譯起來比較困難，但我也請到一位自然科學研究所的所員野村上昭先生負責這件事，他翻譯好了之後，我略加潤飾，工作也很順利。

從前能譯日文的人多得很，而且能將中文譯得好的人也不少，這種翻譯稿費是每千字二元五角，在當時代價已算是很高。

世界書局方面，也一再派樊劍剛來催，我陸續交稿，他們就一邊排版，一邊送來給我校正，所以全部叢書，經過一年，就編校完成，開始付印。

將要出版時，我又在姚公鶴老師那邊碰到焦易堂先生，知道我從日本歸來，編成這部叢書，他說：『現在行政院通過張之江當中央國術館館長，我當中央國醫館館長，我就要給你一個名義，是考察日本漢方醫學的專員，不久我會送給你委任狀。』這都是後話了。

年晚習俗　儀式繁多

我的日本之行，啓程是在十一月中，歸來已近臘鼓頻催之時，母親說：『你現在精神大好，不妨過了年才恢復診務，我正忙着過冬至，這回我想請一些親友來吃飯，所謂冬至大似年，體體面面的吃一次。』當時上海人的習俗，認為冬至是一件大事情，無論貧富人家，都要豐豐富富的吃一頓。不過，相傳的風氣，冬至之夜祇限於自己家人團聚，而是不請外人來參加的，要是在冬至前一夜舉行，那就可邀請親友來吃一餐了。我就想到許多親友和醫界同學，在我遊日和返國時，都有過為我餞行或洗塵設宴，正可以借此機會酬謝他們一下。可是住在南市的人有一種風氣喜慶宴客都在南市，這次我便挑在租界上有名的『一品香大禮堂』宴客，這個大禮堂可以排二三十桌酒，富麗堂皇得很。於是南市的老親友，都穿了新衣衫來參加。這一切宴會熱鬧得很，我的嗣父認為是太張揚，母親則認為是很風光，記得這一次的筵席是有排翅的，每席的代價是十四元，菜餚很豐盛，一共吃了十六桌。

過了幾天，就是十二月初八，上海人稱作臘

本文作者繼中國藥學大辭典以後的編著皇漢醫學叢書

八節，照傳統的習慣是要吃『臘八粥』的，所謂臘八粥，是用栗子、棗子、黃豆、白菓、蓮子、芡實、青菜、白米同煑成的。煑好之後，互相分送，雖然原料大致相同，但是上口之後，一家有一家的風味，其實一鍋臘八粥的代價，不過一元左右而已。

到了十二月廿四日，是上海人送灶神的日子，本來家家戶戶的灶間，都供有一個『灶君老爺』神模像，到了那天就要準備許多供品，供品之中，最重要的一種，就是『糖元寶』，是用飴糖來做的，據老人家說：『這種糖元寶，粘性很重，是讓灶君老爺吃了之後，飴糖粘實了咀巴，上天之後可以不說壞話。』送灶之時，有一頂紙轎，上面有一副對聯寫着：『上天奏好事，下界保平安。』意思說：『上天祇能說好話，不可說壞話。』這眞是滑稽極了。

送灶完畢，就要打掃整間屋子了，俗語叫作掃『沿塵』，是除舊更新之意，隨着一邊辦年貨，一邊要籌備『謝年』了，這是農曆年尾最隆重的儀式。

我母親說：『年年謝年，我們都草草了事，今年我想好好的做一次，況且在你生病期間，我到水仙宮去許了願，請天老爺保佑你，如今你已康復，來一個隆重的「謝年」，也是應該的。』我說：『我不懂這一套，你要怎樣做就怎樣做，我是不反對的。』

我母親提起從前分家的時候，嗣父一個現錢都不要，祇分到了一副錫的『事件』，和一套寶石的『戲文』。所謂事件就是錫製的一隻香爐，一對蠟燭台，還有兩隻供筒，是插一對孔雀毛的掌扇，名爲『五事件』。所謂戲文，是八盆之內放着玉石製的象徵性的八齣戲劇，如一盆是一枝拂塵，一頂女道士冠，代表的戲是『孽海記』的思凡；一盆是一把掃帚，一封書信，代表的戲是『琵琶記』的『掃松』；一盆是一根划楫，一頂方巾，代表的戲是『漁家樂』的「藏舟」；一盆是一枝柳條，一根鞭子，代表的戲是『西樓記』的「折柳」等，諸如此類，共有八盆。這八齣戲文，是蘇州製的『小擺設』，用彩色玉石彫刻而成，看上去像珊瑚瑪瑙珍珠翡翠一樣，名貴得很，當時嗣父說：『好的，你們要這般鄭重的謝年，就可以用我這些東西，但是一定要同時舉行一次大規模的「吃年夜飯」，這種大場面，我家已經好久沒有了，借此機會親友歡叙一下，也是好的。』

商議既定，就在嗣父家中舉行，因爲他的家中有一個比較像樣的大客堂，可以擺八桌酒，他說：『要留出一桌，邀請幾位上海有名的鄉紳，他們都很會飲酒，有了他們就比較熱鬧得多。』

我嗣父預先向紙作店，購買了一種『禡張』，所謂禡張，是一種木版黑色印的『神祇』紅紙張；是謝年儀式中供奉的神像。（按這種禡張，全國各地精粗區別極大，而且式樣各有不同。記得香港大會堂曾經舉行過一個展覽會，從門神到謝年的神祇，應有盡有，極爲可觀。）

嗣父先在客堂中掛上了一幅天官賜福圖，是任伯年繪的。兩邊配上一副吳昌碩寫的紅地洒金的對聯，又在兩壁掛了十六條曾熙寫的他六十歲那年，上海鄉紳們合送的壽屛，硃紅綾邊泥金地，煞是好看，所有坐椅茶几都罩上了紅綾綉花的椅披、桌圍，眞是一片『滿堂紅』。

在天官賜福圖下是謝年的神祇，供在中央。前面直排着二張八仙桌，桌上舖了紅布，桌前張着紅緞金花的桌圍，桌間前擺了五事件，後面第一行是供着四盆堆到二尺高的水菓，每盆都用紫銅絲網罩着；第二行是八盆戲文小擺設，第三行是八盆蜜餞凉菓，第四行是一隻『玉如意』，兩旁一對『元寶魚』，所謂元寶魚即是鯉魚，祭神用的必須是活生生的，寓有鯉魚跳龍門之意；第五行是八盆乾果，第六行是一大盤『三牲』，所謂三牲，一是洗得乾乾淨淨的一個豬頭，中間是一頭去了毛的光鷄，旁邊是一條活的青魚，這條

內委任訓令
中華民國二十一年　月　二十八日
右令陳存仁

民國二十一年中央國醫館給本文作者的委任令

魚有七八斤重，兩顆眼珠上各貼了一張紅紙；第七行是十付杯筷，表示請的是『十方神祇』，旁邊一對酒壺，也是用錫製成的。

這般的陳設，由我母親和幾位福壽雙全的老太太，一邊擺設，一邊口中唸唸有詞的對每一樣東西，都有一種好口彩，譬如擺生果時，稱蘋果爲『平平安安』；稱甘蔗爲『節節高，年年高。』稱福橘爲『鴻福齊天』。這樣的唸，直唸到『鯉魚跳龍門、一年四季賺元寶』爲止。我在旁邊聽了很是好笑，很多小孩子也聽到喜氣洋洋。

到了下午六時，嗣父焚香點燭，由他老人家第一個上香叩頭，叩頭之先，先除下眼鏡，再拍下身上的灰塵，然後下跪，連叩了三個頭，接着就依照輩份，男的先叩頭，然後輪到女的叩頭，大家都虔誠得很。

正在這時，親友們也已先先後後的到來，我們預先叫了『茶担』，所謂茶担，是由貰器店承辦的，他們一共來了三個伙計，帶了茶爐和有蓋的茶杯，負責煑茶敬茶，在坐席時，負責燙酒倒酒。（按從前宴客都用黃酒，必須燙熱了飲。一副茶担，三個工人，例費二元四角，臨走再給六角錢小賬，已經稱謝不絕，此等古風，今後見不到了。）

到了七時，親友們差不多已到齊，小孩子十居其四，鄉紳們最早到的是姚子讓，他是有名的酒仙，不醉無歸，所以人們稱他爲『姚天亮』。姚氏坐定就對我嗣父說：『你今天謝年，只請一桌酒友，那是不夠熱鬧的，我已經代你多約了兩桌人，等一下都會來，想來你一定歡迎的。』嗣父聽了他說，臨時多了兩桌，臉上露出啼笑皆非之狀，但是口中還是不斷說：『歡迎！歡迎！』

嗣父一想，這兩桌人一來，至少要多吃四罈黃酒，急忙叫貰器店的伙計，先多排兩張八仙桌，又關照廚師要多添兩桌菜，同時再叫了六罈狀元紅黃酒，每罈是五十斤。那時的家常筵席，每桌是十元，而一罈酒倒要十七元，未免有些肉痛。

安排既定，大批酒仙已經紛紛光臨，都是馳譽南市的士紳，他們唯一的嗜好就是飲酒。彼此寒喧幾句，姚子讓已經嚷着叫茶担燙酒，同時還指揮廚師先上幾隻送酒的冷盆，霎時之間，三桌人已經開始你一杯我一杯的飲起來了，三杯落肚之後，猜拳之聲四起，用飯碗代替酒杯，一飯碗剛好是十杯，由十個人做莊，先各飲一飯碗，這是做莊的規矩，先要『存酒』一百杯，然後開始向各桌挑戰，從這時起，一片『五經魁，六順風，全家福』之聲，響震樑棟。他們對菜倒很隨便，倒是黃酒要一大碗一大碗的吃。

謝年和吃年夜飯的時候，大家開口閉口都要講吉利話，講錯了要受罰的。有一人大醉，像噴花筒般嘔吐起來，大家笑說：『放花筒哉！大吉大利。』旁邊一人說：『死快哉！飲一斤老酒已經受不住了！』此人提到了一個死字，大家都怔起來，認爲出言不吉，姚子讓像家長執法一般，在口袋中取出兩張草紙（即厠紙），說這一句話大不吉利，一定要揩屁股；即時三四人圍着那說錯話的人，用厠紙在他的口唇旁作拭抹狀，大家又是哄堂大笑。（按：舊時厠紙，都是黃色用稻柴做成的方形紙張，每一刀約五十張，計銅元二枚），此一風俗，我在幼時亦經過，年三十晚上，我母親拉我們幾兄弟進厠所，用草紙代我們抹嘴，口中說：「小狗放屁，百無禁忌。」

這般的閙到深夜十一時，送神的儀式開始，炮竹和高升齊放，炮竹之聲越響，他們的拳聲就越高。可是大家都已飲到東倒西歪、七顛八倒。小孩子們吵着要回家，我母親預先準備許多紅封包，叫作『壓歲錢』，點淸了孩子的數目，交給他們的母親，要放在他們枕頭底下，作爲壓歲（按謝年之後，長輩都要給小輩壓歲錢，有時年底沒有見面，到新年見面，稱爲拜年鈿。）這一回，我母親派給每一個小孩一包糖，一個銀元作爲壓歲錢，親友們都認爲很濶氣，母親也展顏大悅。這是上一個時代的風氣，酧神之類的事，跡近迷信，但也是舊時生活上的情趣，我也樂意的依着長輩們的擺佈，全無反感。（九）

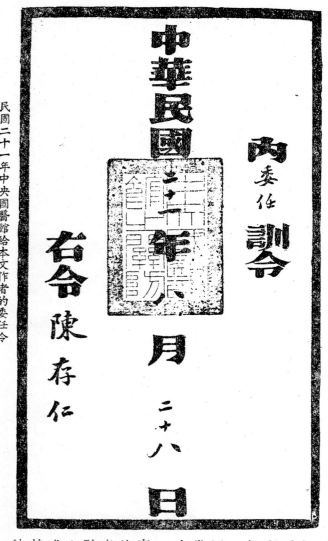

大人公司　平價市場　人人百貨　大方公司　來路鞋公司有售

大人

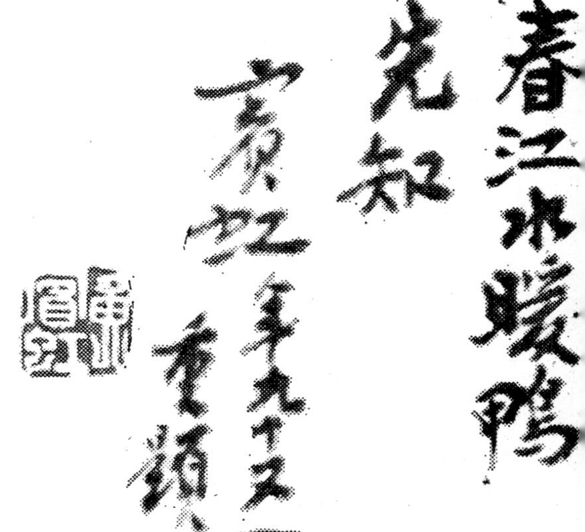

論天下大事
談古今人物

第廿三期

黃賓虹題大千己巳自繪小像

歐陽永叔年方逾冠自稱醉翁今
大千社兄甫三旬而虬髯如戟風雅不讓
古人觀此自寫照尤爲欽佩不已
黃賓虹

封面：黃賓虹畫春江水暖　封面內頁：黃賓虹題大千畫像

彩色插頁：張大千畫澗浦遙山圖　百尺梧桐圖　山居圖（定齋藏）

大人　每逢月之十五日出版

出版及發行者：大人出版社有限公司
督印人：王朝平
編輯者：大人雜誌編輯委員會
總編輯：沈葦窗
社址：九龍西洋菜街三號A 即彌敦道六一〇號後座
電話：K八五五七三〇
印刷者：立信印刷公司 九龍新蒲崗伍芳街緯綸大廈十一樓
總代理：吳興記書報社 香港租庇利街十一號二樓 電話：H四五〇五六一 H四五〇七六六
星馬代理：遠東文化事業有限公司 新加坡厦門街十九號 檳城沓田仔街一七一號
泰國代理：集成圖書公司 曼谷耀華力路二三三號
越南代理：聯興書報社 越南堤岸新行街二十二號

其他地區代理：
澳門：可大文具店　漢城：汎亞書籍公司
亞庇：利民公司　寮國：永珍圖書公司
千里達：中華公司　斗湖：光明書店
菲律賓：華安書局　菲律賓：玲瓏書局
倫敦：東寶公司　紐約：友聯圖書公司
芝加哥：杏林春　紐約：大方圖書公司
波士頓：中西公司　洛杉磯：永安堂
三藩市：新生圖書公司　檀香山：大元公司
三藩市：益智圖書公司　三藩市：文化商店
加拿大：香港商店　加拿大：新國華公司

新聞人物

唐聞生

……尼克遜訪問大陸花絮……

·賈波士·

一九七二年二月廿一日，即壬子年正月初七日（粵人頗爲重視的「人日」）上午十一時許，香港可能有百萬男女，在電視機前注視人造衛星現塲轉播尼克遜訪華實況。

美總統所乘專機最先着陸的五星旗下的疆土，並非北京而是上海。不過停留上海僅四十分鐘，並無何種儀式，因而世人注意的第一站還是北京。

當飛機滑入跑道時，人們以好奇而急不及待的心情在猜：北京會有哪些顯要人物前來接機？周恩來、葉劍英、李先念、姬鵬飛、喬冠華等，自是必不可少的人物。而令人可以作爲「博賽」資料的是：

一、毛澤東是否會「御駕親征」？一般的想法，不露臉的可能性較大。因爲尼克遜既非正式國是訪問（兩國並無邦交），而毛的名義又是黨主席，而且讓周恩來與尼克遜並起並坐，更顯得毛澤東高人一等。

二、國家主席劉少奇因已被絀，則副主席董必武、宋慶齡應否出面相迎呢？一般人預料是可能露面的。

三、「太太團」方面，江青、鄧頴超是否會迎接尼克遜夫人呢？預測不一，也不妨說一般人對北京的政治氣候非常陌生，無從猜起。

十一時廿三分，飛機到達北京機塲。機門開處，人們以爲該由基辛格先下機來，將尼克遜與周恩來作一介紹。而事實並非如此，是尼克遜攙着夫人緩步先下。尼克遜下機時的神情，有人以爲矜持，有人以爲緊張，更有人以爲那一霎那，他大概感到「一切像是上帝安排的」奇妙吧。

人們聽不到尼克遜第一句講的什麽，是自我介紹呢，抑或是「總理先生，你好麽？」而周恩來有否答以「總統先生……」呢？

說時遲，那時快，周恩來以禮貌但並不熱情的，大派但並不傲慢的，莞爾但並不露齒的表情，以一個並不急促的小箭步跨前一脚與之握手。

當時內人說：

「周恩來的手沒有尼克遜伸得又挺又直，是不很高興握手麽？」

內人平日極少留心政要動態，他不知道周恩來的右手經常就是如此。（據並非「內幕專家」而從不胡說八道的朋友告訴我，周恩來的右手，早年於戰役中傷過筋絡，以後便無法伸得直了）

周之後，被介紹的是葉劍英、李先念、郭沫若、姬鵬飛……郭以「人大常委會副委員長」名義前去接機，若當他是「科學院院長」身份，就會覺得奇怪。喬冠華之不出現機塲，原來他是先去上海，陪尼克遜等一行同機到京的。

董必武、宋慶齡二老，一個都未露面。當晚的另一次電視播映時，據說周恩來曾向尼克遜談到董宋二「副」未能接機的原因：董因公去粵未返，宋則健康欠佳，並說自已的政府中老人太多，此點應向美國政府看齊云。我看董、宋未出，「老」的關係較多，否則董必武何必於這節骨眼兒跑一趟廣州。

無論毛澤東、董必武、宋慶齡都是八旬上下或已超過八十的人了，行動蹣跚，在所難免吧。即使周恩來與尼克遜一比，到底也顯得蒼老些。

江青，不以第一夫人而迎第一夫人，並非冷門。電訊說：鄧頴超與于立群於賓館中迎迓遠客。鄧是周恩來夫人，于爲郭沫若夫人，亦即早年從事歌舞的黎明健。

毛澤東·書齋·痰盂

自右起為基辛格、尼克遜、毛澤東，介乎尼、毛之間，下角即為唐聞生。

「太太團」到機場的，是李先念夫人林佳楣及姬鵬飛夫人許寒冰。又：此後一星期中與尼克遜夫婦亦步亦趨的兩位翻譯女同志，我們亦於機場中初次相見。

江青在請尼克遜夫婦看戲的時候，方才出場，由於「紅色娘子軍」是所謂樣板戲，江青正是樣板戲的「祖師奶奶」，也就漏了這麼一次臉。

二月二十八日，香港中文星報有一則花邊新聞：「尼克遜盛讚翻譯唐聞生」，這是尼克遜在杭州的一個酒會中提到的，說唐是「我的中國之聲」。

電視上經常可見的兩位翻譯女同志，一位較矮而戴白邊眼鏡的，亦會出現於毛澤東中南海書齋接見尼克遜的場面中，當時還有周恩來、基辛格。他坐於毛、周之間的沙發上。此後一星期中追隨尼克遜左右爲舌人，她就是唐聞生。她可以算是這次尼克遜訪問大陸的一位新聞人物。

三月六日出版的美國新聞週刊上看到關於她的若干資料：

她是紐約「華僑日報」社長唐明照的女兒，我們都已知道。於一九四三年出生於紐約的曼赫頓區的西十一街。八歲時（一九五一年）隨家人回國。她的英文名字叫 Nancy Tang（回大陸之後，她的「英名」，恐怕早已付流水了吧），今年二十九歲。這些，我們看來是極好的花邊新聞，但在北京方面看來，却是「這不需要的嘛。」

另一位亭亭玉立，至少比唐聞生高七八吋而不戴眼鏡的翻譯女同志，經常追隨尼克遜夫人的又是誰呢？北京飯店廚房中，尼克遜夫人挾着筷子試菜時，也是她作的翻譯。

尼克遜離華前夕，於上海宴會中演講時的翻譯，已不是唐聞生而是這位「高妹」了。站在尼克遜後面至多不過低一、二吋。但此日參觀上海工展時，陪同尼克遜與女工們談笑的，還是唐聞生。

至今猶不知那位亭亭玉立的女同志尊姓大名。細看周恩來自滬北返的隨員名單，最後三人是「唐聞生、章含之、沈若芸」，看來此女同志不是章含之，便是沈若芸，姑且認她是「章或沈同志」吧。

先是尼克遜參觀上海機器展覽會時，唐聞生隨侍在側，通過「咪」傳出當場談話。她有濃重的美國口音，譯得相當傳神，有一句這樣譯：「機器這玩意兒我不懂……」據熟知洋文的朋友說在尼克遜談話中的一個辭彙被譯成「玩意兒」，確能傳出原文的輕鬆之意。

旋於當晚宴會上，尼克遜有簡短致詞。場面不如北京人民大會堂的嚴肅，周恩來、尼克遜夫人及張春橋所坐的圓枱，與尼克遜所站的講壇近在咫尺。翻譯者是一位碩人頎頎的女同志，也就是連日常伴尼克遜夫人的那位章或沈同志。她於尼克遜講話時，先在小冊子上作了速記，然後再譯成中文。演講與參觀展覽會的輕鬆場面不同，用詞亦有出入，因而逐句記下來，實有必要。縱然如此，還是出了一次毛病，那是將尼克遜所說的相隔「一萬六千哩」，誤譯爲「六萬哩」。周恩來當即輕聲地向她更正爲「一萬六千哩」。她亦馬上改正過來。英文的「十六千」與「六十千」，「Sixteen thousand」與「Sixty thousand」發音相差極微，毛病出在此處。另外有個話題，就是毛澤東中南海書齋中有兩個痰盂，也成爲電視觀衆的談話資料。

電視上看尼克遜等人遊西湖，電訊說到過「三潭印月」與「花港觀魚」，此屬「遊飛機湖」，眞正看到一角而已。

最易於辨認的是三潭印月。九曲十八灣的石板小橋，樹立湖中的三個小潭，都是最突出的標誌。而翌日此間某大報的照片說明，却寫成「尼克遜與周恩來途經某小橋」。編者對西湖山水太陌生，亦屬無可奈何之事也。

江青・樣板戲・又一女翻譯員

右起第一人即為又一女翻譯員

周恩來的廚子

·邵滄銘·

中文星報編輯邵滄銘先生，原籍四川，是香港著名的食家，不僅「坐而言」，且能「起而行」，下廚做菜，硬是「要得」！本篇談川菜名廚，大堪玩味，「三把刀」中，目前要推廚子坐首席了！

最近十多年來，中國菜已引起全世界任何國家重視，尤其這次尼克遜訪北京，嚐到周恩來所設「國宴」中的菜餚，更是讚不絕口。

講到我國的菜式，不下千萬種，因爲每一省的每一個縣或市，當地人製作菜餚的方法都不同，所以外國人無論嚐到的任何中國菜，都感到津津有味，這乃是我國文化歷史悠久，才會對食的方面，有如此深刻的研究，而能製作出千百萬種精美的菜餚。這也可以代表我國文化的一部份。

能具代表性的中國菜，大概以京菜、粵菜、川菜爲主。京菜與粵菜，無論在任何地區，都可以代表中國菜，川菜亦然。唯有在香港這地方，川菜不吃香，其實這三大主流，製作筵席的方法，都是大同小異的；不過川菜往往被人們誤解，以爲每樣菜式，必有辣椒，殊不知川菜的筵席，絕對看不見辣椒，凡有辣椒的菜，只能在小食店才可以吃到。更以在香港的川菜廚師不多，眞有本領者，早已去日本及歐美各國，有幾位廚師，更早已在外國成爲面團團富家翁了。

四川菜是以成都菜爲正宗，其中有大宴、小食之分，取料則蔬菜多於魚鮮，調味特別着重酸辣麻香，主味突出，使人一見就知是四川菜。

四川菜有酸、辣、麻、苦、甜、香、鹹七種味道。調味方法，分乾燒、魚香、酸辣、麻辣、乾炒、怪味、椒麻、紅油等八種，每種調味都有它不同的特點和風味。若是光以「四川菜辣得吃不消」來品評四川菜，那就「差之毫厘，失之千里」了！

在最近三十年的期間中，川菜大師傅中，出了兩個有特殊成就的人物，一位名范俊康，乃中共政協委員，他是周恩來的大廚師，十年前周恩來在瑞士宴請各國使節時，所設的「國宴」，就是由范俊康主理，同時將所有製作菜餚的作料與原料，皆由大陸用飛機運去。未知這次尼克遜在北京所嚐到的菜餚，是否仍是范俊康的傑作？

另一位著名廚師爲陳建民，現在日本，成爲中國菜的權威廚師，他是一九五〇年由香港去日本的。由於日本外交部的某要員，特別欣賞他的菜餚，因此：日本外交部每有盛大宴會，亦必定邀陳建民去製作菜餚。後來他自己開設四川飯店，當時許多日本人前往投拜在他門下學藝，這十多二十年來，陳建民在日本桃李滿門，自己不再需要入廚，還在其次；他的徒弟，每開一間飯店或酒家，在招牌上多數加上陳建民之門徒某某人主理，或者加上由陳建民担任顧問字樣，因此：凡在招牌上加上陳建民的名字，每間飯店酒家每月都要致送車馬費若干，作爲酬謝。

據一位去日本遊覽的朋友歸來對筆者談及，就以陳建民每月收入，各間飯店、酒家的車馬費而言，就是一筆很可觀的數字，所以他今天已也成爲日僑中的富翁了。

「我的廚子手藝如何？」「要得要得。」

余廚子

自從「乒乓外交」以後，又有所謂「廚子外交」，但此風不自今日始。早在清末民初，就有位外交部的余廚子名聞中外，請看當時名記者黃遠生先生對這位余廚子的描寫，刻畫入微，大有頰上添毫之妙。

·黃遠生·

自前清恭王管理衙門時代至今日民國外交部，其間易若干管部親王，易若干尙書侍郎，易若干司員；至於今日又將易若干總長，而始終未脫關係者，則余廚子其人也而已。此廚子之聲勢浩大，家產宏富，亦在奕劻濤洵之間；其所管家產，有民政部街之高大洋房一幢，有萬牲園中之宴春園，有石頭胡同中之天和玉，皆京中之巨觀也。此廚子在滿清時代，連結宮禁，交通豪貴，幾另成廚子社會中之大總統。西太后晚年，研究媚外主義，乃大宴各國公使夫人及在京東西洋貴婦人，耗資巨萬，人所共知也。其時議和大使李鴻章，以世界外交之雄才，參與樽俎之事，已爲西太后雇一著名西洋廚夫，以備供奉，既已得面許可次日入御。至於次日，西太后忽謂李鴻章曰：「我看明日請客，還是用外部的廚子罷！」此廚子運動力之大，乃至能力迴西太后之意，與中外赫赫之李鴻章對抗，其他可知。廚子以此，亦所贏不貲矣。

余廚子自前清恭王時代，已入外部，凡各親貴及外部尙侍，有讌會喜憂諸事，廚子無不極力供奉。此諸王公者，亦待廚子以禮，殊以平等主義待之。故諸公家有大慶典時，廚子亦公服掌招待之職，與王公貴人及其時縉紳先生之流，分庭抗坐。此廚子雖號稱廚子，其所隸部下，固不止一標一營。廚子固不躬親匕鬯，而其身則以其家產之千分一，捐取得前清候補道花翎二品銜也。此等王公貴人，既屢受廚子饋進，固亦待以友禮。廚子公子，一赫赫捐納之外部司官也。以廚子之力，得本部管庫差事，全部財政出納之權，實在其手。而廚子實間接以供刀俎上之魚肉，又稍以其餘瀝沾溉司員中之有勢力者而爲之墊欵焉，或小借欵焉。司員中或預支薪水，廚子之子秉承父命，無不爲之周轉；故各司員中之無恥者，則待廚子以丈人之禮，稱爲老伯，見廚子則鞠躬如也。汪大燮氏自外部司員歷躋侍郎，未嘗受此廚子分文饋進，故廚子稍憚之。一日汪赴賀慶王之宴，方及門，遙見廚子方輝煌翎頂，與衆客蹌躋於一堂，愕然不能舉步。廚子見汪大人來，則亦面發赬而口囁嚅，倉卒中避入側室。汪亦未遑久留，退而告人，謂：「今日廚子尙是給我面子！可爲榮幸！」北京舊官場中傳爲笑談。

奕劻管部數年，爲余廚最得意之時代；顧其人亦頗能謙撝守分，不敢爲十分高倨之狀，於本部司員，則竭力籠絡。其時外部衙門，最稱闊綽；司員日在署一飯，而額定飯銀每人八錢，故外部恆食，一席之費，蓋六兩四錢。司官既貴倨已甚，輒顰蹙謂衙門飯不能吃，故常家食而後上署。於是此等飯爲廚子中飽一半。以此故則司員需索極多，或臨時換菜，或全席都換，或飯不吃而另索點心，廚子無不一一供應。蓋廚子之能有今日，其處世哲學固亦有不易學者在也。

外務部之廚，暴殄既多，酒肉皆臭，於是廚子乃畜大狗數十匹於外務部中而豢養之。部外之狗，乃羣由大院出入，縱橫滿道，狺狺不絕；而大堂廊署之間，遂爲羣狗交合之地。故京人常語謂外務部爲狗窰子；窰子，京中語謂妓院也。

余廚之歷史甚多，記者居京未久，所得特其大事記中之一節耳。自民國成立後，終胡（維德）總長之任，人惟求舊，故廚子之盤踞於民國外交部也，如其在滿清時代之外務部時。及最近陸徵祥君到任，廚子謹遵常例，送一份絕大禮物於此新到任之陸總長；其禮單未之見，要之決非尋常火腿海參之類。在廚子之意，以爲今昔之國體雖異，而官長之愛財物未必不同；匪今斯今，未嘗開罪也。不料此歐洲政治家之陸子欣君，見所未見，震怒異常。次日到部，乃令司官查明昨日送禮某人，係本部何等人物？此係新總長之一種政治手段；及司官回復，係此光祿寺大夫余君。陸君大怒，痛詞申斥，即立意開除。廚子震恐，以此項飯碗非尋常飯碗可比，乃遍奔走運動於各司官，求其緩頰。但凡稍有聲勢者之家，皆有廚子之車轍馬迹。其中固有受者，有不受者，卒以陸總長之毅然決然，與諸司官之全體一致贊成開除，於是此二十年內盤踞外交部中之廚子，聲勢與王公大人比隆者，亦隨其舊日恩主之名字以俱去。雖然，以廚子之力，猶可輦致巨金儲之外國銀行，遨遊青島、天津、上海之間也。廚子之姓名待考，北京人但稱爲余廚，故余亦余廚之而已。

本文作者黃遠生，名遠庸，江西九江人，他在民初任上海申報駐北京記者，所寫政治通訊，淡淡着墨，但能因小見大，例如上文，即是一篇絕妙的「官場現形記」。

大人一笑

MILUS
Snow Star
1+4

MILUS
SUN 11
Snow Star
1+4

MILUS *Snow Star* 1+4

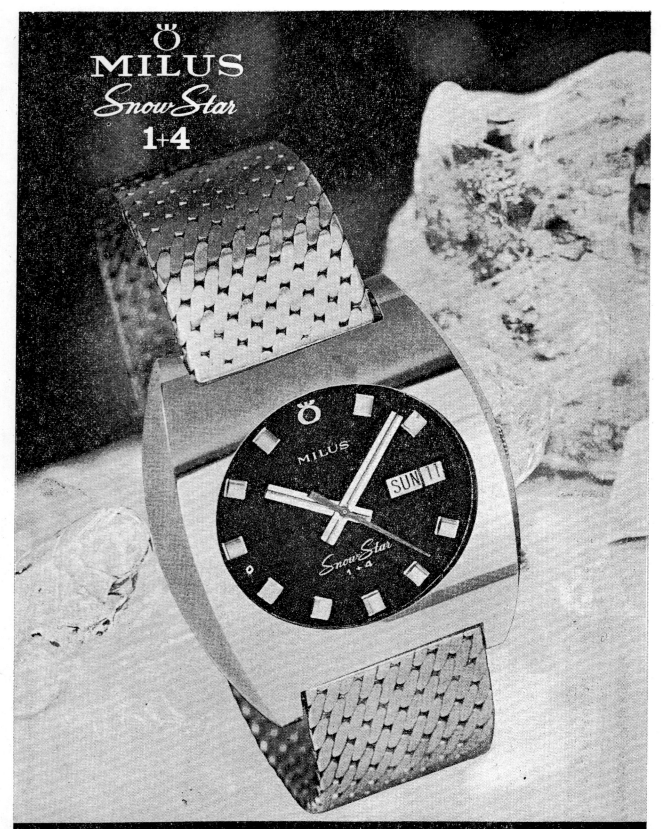

The watch with 5 guarantees

Milus Watch Co. (Far East) Ltd.

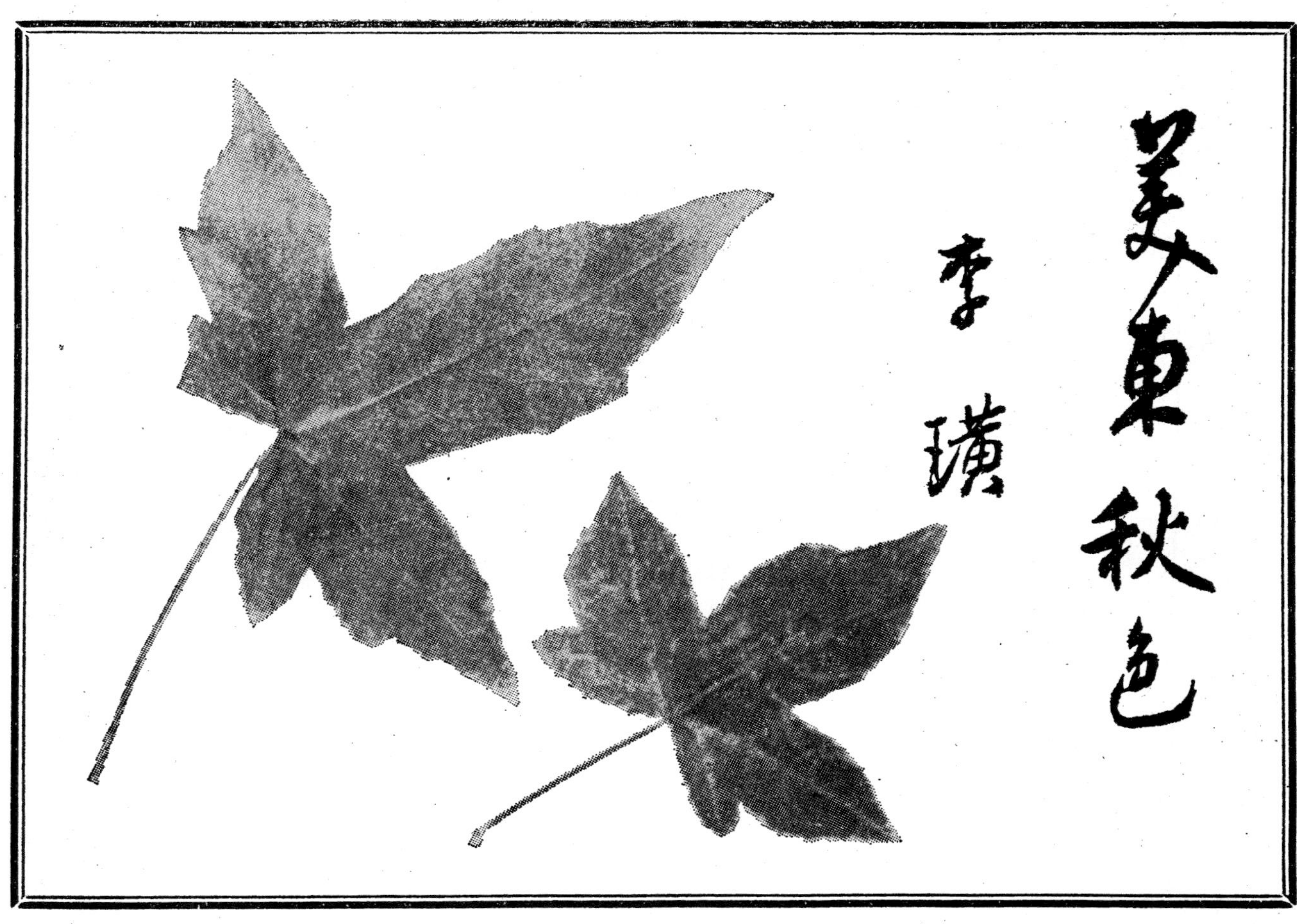

美東秋色

李璜

學校放了寒假，本來教課不多的我，更感到身心兩閒。遇着天氣晴爽，便同老妻並帶着四歲到十歲大的三個外孫，由女婿女兒駕車，或到太平山頂，或到淺水灣頭，去賞玩明媚的秋光。小兒女們在草地上奔跑一陣，臉蛋兒累得紅紅的，每每拾得幾片紅色落葉，拿來與公公看，叫我爲他們收藏着，帶回家裏去。但一經我的品玩，這類經霜落葉，色澤雖然紅紫不等，並非眞正的楓葉。在香港，我還未看到五角有齒的正牌楓樹。或者在這亞熱帶的地方，秋霜不盛，因之丹葉在林也不多見，故雖有碧雲之天，並無黃葉之地；園庭之中，幾盆菊花竟可以經冬盛放不已，令人覺得秋的情調太淺了一點。

近兩日來，雨霧迷山，大阻游興，只得閉戶將去秋自美國帶回的英法文書取出隨意翻閱。忽然在一冊書名「社會定命論與人類自由」的篇中，落出不知何時夾入的紅葉兩片：一片較小的是自美國紐約州或新澤西州人家門前草地上所喜栽的日本種楓樹；此楓矮小，種色淺紅、大紅、深紅與紫黑均有，大都高不及丈，而枝幹婀娜，自是園庭恩物，平添秋意不少。另一片則畧大，也是五角有齒的丹楓，則摘自美國緬省一次郊游中。此類晚晴中最爲奪目的秋山紅樹，在美東「新英格蘭」諸州中到處可見。這兩片芸編中物，想到夾入之時，必然紅鮮可喜，今雖色澤轉爲灰暗，而輪廓依舊，莖連紋在，足令我憶起四度美東秋游，大可紀出，用以消遣；而且我一向感到與人無爭又能給人以無盡享受，世間惟有大自然的風物最爲値得紀念的。

天涯到處逢秋色

我第一次游美東，是在一九四五年之秋。那時已是抗日戰爭的末期，於是年三月自重慶越過喜馬拉亞山的駝峯，一直向西，穿過亞洲次大陸、近東、北非，復渡大西洋而飛到美國的；飛程是五日五夜，且相當辛苦。因坐的是美國軍用運輸機，DC4雙槳式，與我去年回港所坐的噴射式珍寶客機相比，則東歸所取之航線既縮短不只一半，而飛程速度又加快不知許多，故五日竟減成一日，海角天涯，朝發夕至了！那年冒險遠征，是爲的參加舊金山聯合國製憲大會，費了整整三個月的工夫，日以繼夜的天天開會，聽美蘇兩大之間不斷的賽嘴勁，吵吵鬧鬧的將憲章勉强草成，令人疲悶不堪。到洛杉磯休息兩月，已是日本無條件投降時候，但也是我國面臨的內戰大問題日形接近了。美國人遇事天眞，對於物質，他雖能剖析至於質子、中子以至電子；然對於人事只能看到表面；不中肯綮，又喜操刀而割，故竟不揣冒昧要爲中國解決內戰問題，特派馬歇爾將軍去重慶促進國共兩黨的和談；因是引起了熱心和談的國內第三者也隨着美國人天眞起來，催我回國，我因之只得於是年八月自美西到了美東。

一到美京華盛頓，便立刻感到是處的秋光可愛。照例要巡禮的華盛頓故居、傑佛爾森紀念堂以及白宮、國會等等，我倒是走馬觀花，不大留心；而特別對於其間的霜林掩映，耀眼的黃葉處處，間中點綴着初丹的楓樹，對之流連不忍離去。我至今猶憶鄒秉文先生好客，特請我與張君勱先生在美京城西黃葉林中一個餐室吃海鮮；此人後來不知所終，而我於一九六七與六八之秋，復行兩游美京，皆曾至此地用餐，以便欣賞秋色。

一九四五年秋美東游伴自右至左：吳士選、邱大年、本文作者、張孟休夫人、蔣養春

更記得我當時與君勱被駐美大使魏道明兄招待住在的 Shoreham Hotel，也是滿地黃花，一天霜葉，至今不忘。

時近中秋，到了紐約，老友邱大年兄在車站接着我，自稱導游人，問我喜游之所。我說：『我這半生，對於春花，因生在成都，長游江南，已看夠了；而對秋色，一到美京，已覺不凡，我喜游之所是在青山紅樹之間。』大年一如君勱，是哲學家，對於大自然乃感生疏。他大笑道：『來此繁華都市，你的打算，太不對勁，我這導游，只好辭職。』我說：『問一問人再說罷！』其時我的健康欠佳，抗戰八年中奔走勞苦太過，體重大減，頭痛失眠，美醫認為神經衰弱，消化不良，亟需休養。但休息不只要身閒，尤要心閒。然而抗戰犧牲國力如此鉅大之後，共產黨還要以其兵力來與國民黨爭江山奪社稷，致勞外力干涉，令人痗心之至；故願藉此天涯秋色，以遣苦悶。此時正民盟同仁認為民主即將實現，哀哉！

幸遇老友吳士選兄正在紐約休假，閒如大年。士選也是教育哲學家，但還好他又是詩人，對花兒草兒，比較還能發生興趣，因約我去紐約市中心看了一次菊花展覽會。美國人培菊，喜其肥盛，如植牡丹，有富貴氣；大紅大紫，如碗如盤，一株誇數十大朵，堆滿一盆，全仗人工，殊失自然。所謂「簾捲西風，人比黃花瘦」者，到此只感到花比人肥，偺們的東籬景色，絕不類此！不過還有一種垂籐數尺，上綴紫紅小菊，纍纍如串珠，置之座右，尚覺可人。游罷花展，士選與我唱和，我有「又見黃花發，遙憐故國秋，煙塵餘老病，風雨逼沈憂」等句。士選認為簷下秋光尚不足解却煩憂，則只有去到野外；一俟晴明，當覓善駕車者，作一郊游。因之更得洪聲華君，於中秋節後二日駕士選、大年與我赴康州之哈特埠 (Hartford)，一路道旁綠草如茵，滿山紅葉似火，使人頓忘俗障。晚歸，洪君的新婚夫人已為客備好菜肴；飯罷，新娘子又對客彈鋼琴一曲，記得所奏為東坡的「卜算子」，我還為她寫出「缺月挂疏桐，漏斷人初靜……」的此調辭句。

就這樣在紐約與士選談詩，聽大年說笑話，由洪君伉儷與同鄉張孟休夫婦的輕車川菜逐日招待，很容易便混過兩月，體重增加五磅，夜眠比較安寧。然而重慶電信催歸不已，只得又訂妥包接包送的美軍運輸機，於一九四五年十一月半別去生平不可多得的游伴，悵然於早寒欲雪的紐約，孤身飛去。我記得告別詩中尾聯有「別意何蕭瑟，山山黃葉飛」，那已是秋盡冬來了。

一路看楓到劍橋

眞正的飽覽美東秋色，乃是在二十年後，又有新大陸數度之游。一九六五年七月暑假中我偕老妻第二次赴美，係為小兒子主持婚禮，順便去紐約看望二女及其婿家。因二女出嫁在一九六一年的二月，我以課忙未能赴美，而勞周謙冲兄嫂代為主持。在美國的青年人，夫婦照例有其職業，每日八小時工作歸來，又要照料孩子和打理家務，其忙可想。不過，照例也每年有半月一月的休假可得。因之我們一到美東，婿女即行「拿假」，一車並載小外孫兒陪着我們二老同赴美加之間的大湖區，去游觀尼亞瓜拉大瀑布。半日車程，風馳電瞬，穿過三四州界，雖然一路黃葉丹楓，異常耀眼，但尚未得飽飫秋光為憾。然已知美東公路兩旁的楓林，皆曾經人工加意培植，始顯得如此疏落有緻。此行主要目的在看瀑布；大瀑的百丈珠簾，半天沫雨，仍以秋天極其盛況，因秋水滿湖，瀉出甚烈，有如奔馬也。

第三次是一九六七至六九，我與老妻一直在美東留住兩年，過了兩個秋季，這一下，可以說「萬里因循成久客，一年容易又秋風」了！兩年之間，我們所寓婿女居宅的一所花園平房，是在鄰近紐約市，隔河相望的新澤西州。此州本為一森林區域，百年前由荷蘭移民開始闢為住宅區，以作日益繁盛的紐約市人口滿洩的尾閭。因之紐約市人口日增，則新澤西州闢地日廣；州中一個接連一個的小城，皆建造在森林之中，每宅必有一個小花園，而園中每有高及數丈之橡樹或松檜兩三株，直立千雲，下有草地，中種花果，類從所好。因之州中各城街名，每以花樹，如櫻桃街、栗子街、楊梅街、楓葉街等；新澤西州又稱爲「花園州」，可謂名符其實。

我所寓居的這個小城名「新米爾埠」，屬於州之東北角上「比爾金」郡，郡轄三十餘城，而以「河邊超級大道」貫通其中；大道中巴士往來甚多，二十分鐘即可以馳赴紐約市西南角上；巴士終點站下通地道，一走下去乘地底電車，便可在紐約市四通八達了。大抵小城中所住的一律是小市民。不過這類小市民不像馬克斯所指的「小布爾喬亞」，特將工人階級除外；而是小商店老板、大工廠技師、學校教員、醫生、律師等所謂白領階級之外，還包含有細作木工、鐘錶匠、汽車修理工人之類，此類勞工階級月入都在千元美金左右，比學校教師爲豐，故他們都住得起花園洋房，出必以小汽車代步。這班小市民夫妻同時皆有工作崗位，每日早起即紛紛赴紐約市，晚六時後始歸，立即從事於整理園庭，照料家務。因之自早八時以至晚六時，除老弱外，少見成年男女；小街車行既少，惟聞鳥語與小兒女嬉笑之聲；於是春色秋光，只有我這一個閒人所得獨多。

我與老妻於一九六七的九月底達到該城，住入婿女宅內，一望已是滿園秋色。稍憩又同着婿女外孫從事旅游。我決定的旅游計劃是，這次不求名勝，風馳而往；必須緩緩行車（美國郊路行車最緩也是五十邁一點鐘），有好景則停下觀賞；離卻城市，最好要能領略到鄉村風味。於是車經紐約州超級公路北行，再進而至麻省路中盤桓，直至波斯頓而止。這條路只二百餘公里，平常不過四五個鐘頭行車，而我們一路停留，走了整日，在村店食了兩餐。紐約州與麻省均爲美東富庶之區，公路培修得特別整齊；道旁所經營的園地與矮林，不知要費幾許人工，方能辦到這種纖塵不染，落葉甚稀，麋鹿時嬉道左，牛羊暮下山斜；兼之霜葉逞黃，楓丹似火，直令人目不暇給。時值中秋的前夕，圓月早出，一輪上升，銀光瀉地，頓覺公路有如河流，車行頗似輕舟，至晚八時始抵波斯頓，止於劍橋，是爲美國有名的哈佛大學所在地，留宿於女婿的兄弟家中。

最憶名廚訪詩人

還憶一九五四之秋，也曾同着邱大年兄自紐約乘火車來過波斯頓，其時風雨載途，車中高談

新米爾埠作者婿女之居

，並無觀賞；到後又承當地僑領招待甚殷，更擾亂了清游打算。不過曾到過波城東南面臨大西洋的「可得角海灣」（Cape Cod Bay）參觀英清教徒在十七世紀初年來到此灣之第一隻「五月花」號逃難船的停泊處；拴纜大石上面，尙刻有字紀念此一艱難跋涉竟得創造新天地之役。泊處不遠，有海關老屋（Toll house）建於一七〇九年，幾經修葺，今仍存其舊貌。屋左開設了一間頗有名的餐館，遊客至此，必往欣賞其名廚佳餚。波斯頓本以海鮮馳名美東，而龍蝦尤以此地肥鮮肉嫩。老屋餐室主人係一中年美婦，常往巴黎、羅馬，研究烹調藝術，歸而時出新製饗客。我曾於此女主人盛粧招待之下，一快朶頤。——這是爲我第一次美東秋游特別值得記憶之事。但屈指至今，已歷二十二年，女主人如尙在，亦當皤首有如老屋，佳肴雖在念中，舊日印象仍欲保留，乃不再往。

此行別有可記之事，是曾訪問詩人舊居，大有重到工部草堂意味。緣在波城住了半日，驅車赴婿弟之郊居，地在距城西南三十餘邁的弗拉明罕一村落中。此地一望叢林，小湖甚多，其居處大有「家在江南黃葉村」的景色，我們一行便留住下來，因爲適合我此行計劃在求山深林密處處。在此村居之北約二十公里，有一號爲「道旁小店」（Wayside Inn），以詩人遺事而享有盛名，留居之次日即往訪之。十九世紀之初，美國有名詩人郎飛洛（Henry W. Longfellow 1807—1882），曾任哈佛大學文學教授多年，因定居劍橋，常喜郊遊；每至弗拉明罕，繞湖山而行；春秋佳日，流連忘返，即憩於此道旁小店中。久之寫出「道旁小店的故事」（Tales of a Wayside Inn 1863）一本詩集，出版風行，頓使此一僻鄉小店大爲生色。但店已年久失修。一九三四年爲汽車大王亨利福特所購得，加以整理刷新，作爲歷史與文藝的遺產，仍以酒店開張，雖非公有而不牟利，因不是高人雅士，甚少來此僻鄉，樂此

波斯頓「可得灣」上之海關老屋

古色古香之百年以前的郊居晨夕。

我們前往游時，見林蔭小屋一座，正面紅磚，門窗皆屬木製，一樓一窗，向陽平列。據其說明書，十七世紀之末，即已有此屋形勢，舊稱「紅屋」，曾在獨立革命時代，一供軍用；今雖已經兩度翻修，但仍不令失却原形。其中除新裝的現代旅居所必需的浴室與冷氣外，廳堂陳設之棹椅家俱，均仍用郎飛洛詩人當日詠歌中所稱之十八世紀式之製作格式，一律棕色木器，樸質無華。至詩人昔日所據之室，其間陳列，也一仍其舊，未嘗變樣：小室中的一個半圓形長棹之上，右陳大黑水盒，中插白羽鵝管筆一，左陳大煙灰盆一，側列白土製成之煙斗一，皆當年詩人來住時的陳設依樣。惟今日其坐前供有鮮花，幾枝黃菊，傲立瓶中，有似詩人歌詞至今尚有生氣在人們口誦之中。

最有趣的，是「道旁小店」之厨房側近，還有水碾正在磨麥。此種磨法，有似成都人在川西壩子所常見之水衝碾房。在美國多年來已經電器化的地方，此種水碾，可稱古董。然而店主人尚引水來衝動之，且置小麥，碾與游人參觀，並非用此粗粉供客食用，不過增加古趣而已。亨利福特並在此古店之側特建白色小教堂一所，供旅客晨禱與村人婚禮之用，遍植楓檜於其間，「大王」亦風雅士也。

春田攀樹摘蘋婆

小婿斯聰與其兩弟斯寧與達開都是好動的青年人，見老人喜郊游，樂得大家跑跑，因提議往其居南之春田（Springfield）地方去攀摘蘋果（據「學圃餘疏」上載，蘋果亦稱蘋婆）。美東之蘋果園特多，亦猶美西之盛產甜橙；秋來結實無算，而尚未發明何種機器以供應此樹上之果品收成。美國人工特貴，一時摘之不盡，則只有遍貼海報，招邀游人自由摘取。大抵游人入園，收費兩圓，限半小時，盡量採摘。來客携來果籃，並不限定大小，起碼是裝蘋果十斤以上；以至最大之籃裝了二十餘斤，須兩人抬上汽車，園主亦不之禁。

達開之友徐君在麻省州立大學讀書，有妻居此久，因熟習春田情況，知果園傍山向陽之處，其果特佳，因指引而往。車停，園門外有敞廳，其中堆滿果實，一元美金一紙袋，任人擇取。案上置蘋果鮮汁數罐，稱 Cider 酒（蘋果汁亦如葡萄汁，不去果皮榨成，存放幾時，則變成酒了），任客傾滿紙杯，無償痛飲，如得瓊漿。飲罷，各付兩元，相携入園。一望，樹在百株以上，排列成行。樹之高處尚懸實累累，未經摘去，皆色鮮紅而大如拳頭，甚至有特大如飯碗者。但來客摘果，必須攀援而上至樹頂，俾得佳果。大抵各據一樹，兩人分工，一人在上摘果，一人在下接果，因自高處擲於地下，則易碎損，無法保留。

郎飛洛詩中之「道旁小店」側面

時限既爲半點鐘，大家競取甚烈，總以摘得最大之果能裝滿二十斤，乃稱豪强。斯家弟兄攀上樹頂，女兒與外孫則在樹下接其高呼之大果，接着立放籃中。一樹選畢，再上別樹，歡叫之聲，不絕於耳。

園中來客近百人，大都不在樹上攀摘，即在樹下接果。惟有我兩老，則只有斜坐山坡草地，作壁上觀。因既無力上樹，又不敢走近樹下，恐跳躍欠靈活，而被擲果打中頭顱。不過美國的老夫婦，有白髮盈頭者，也一樣跑跳翻騰，與青年人相競賽，嘻哈不已。此乃一生勤於勞動，故老來腰脚特健。我常感到美國人大半郊居於小園庭中，平時經營草地與收拾落葉，打掃積雪，便是一個大好勞動機會；我自少至壯，皆未有機會勞動，至此方知是一個老而無用之人。我兩老安坐半點鐘內，各食外孫獻上之最大蘋果一個，色豔，味鮮，實脆，汁多，沁人心脾，生平食果，當以此爲最了。我們尤爲驚嘆園主的平常工作之勤，樹下綠草成茵，並無雜卉；不但樹上結實毫無虫蝕之眼，而樹葉也少有虫蛀痕跡。因平日不斷除穢草，剪敗枝，而加肥及時，又有化學除虫劑以滅害虫，其結實如此之美且多，絕非偶然——半小時後，得果兩大籃，共約五十斤，抬上汽車，復往應徐君夫婦野餐之約。

野餐在春田之溫莎湖畔。湖廣約百畝，三面環山，一面平地；平地栽成長寬十餘畝之草坪，間栽三三兩兩之淺紅楓樹。每叢楓下，置長丈餘、寬五尺之木棹，木棹兩傍之木凳，亦長與棹齊，即備與游人野餐之用。時已過午，楓叢之下，早有三四批游人用餐。徐君夫婦自其車箱中，先取出膠布棹圍，鋪好後，旋即陳出熟火腿，拌生菜，炸鷄腿，油拌筍之類數盤，刀、叉、紙碟、紙杯及汽水飲料均備，於是男女老幼一齊狼吞虎嚥起來，因摘果勞動之後，大家胃口特佳。餐後，或球戲坪上，或垂釣湖邊，但並無小船游湖。我問徐君，始知此湖係會加人工鑿深擴大，備儲爲自來水之用；有人管理，有閘開關，放水如時，務求潔淨，故令水平如鏡，中無草藻，而間有小魚，也只藉供釣游之戲而已，並無大魚可得也。散步後回憩斯家帶來之膠製臥椅上，面對湖山，又得晚晴，正覓句欲寫此情景，不覺睡去。睡起，夕陽在山，西風乍起，女兒恐老父母衣單受寒，提議歸休。此一日游，也算得老年難得的郊游盛況了！

熊嶺觀楓告別歸

此一題，又是第四次於一九七零年春四月至秋十月美東之行的故事紀載。此行老妻並未同往，乃我單獨爲校訂我的回憶錄英文譯稿而前赴紐約的。此次七個月中，都在逐句逐字校訂一千二百頁的稿件，大費工夫，埋頭書案，春花秋月，爲之等閒負去。稿剛校畢，羅香林先生請王韶生兄來信催歸香港，續就珠海書院文史研究所講席，情不可却，只得暫作歸計。顧念行年七十有六，精力漸衰，跨海飛天，再作新大陸之游，已無把握；臨行決定暢游一番。

陽曆十月之初正是「霜葉紅於二月花」的時候，何況又在美東；乃商於婿女擇一丹楓盛地，爲告別之游。是日之晨，仍如前事，婿女外孫同車，再加上正在紐約旅游之友人宋益清兄，備野餐食物，前往紐約州之熊嶺（Bear Mountain）。熊嶺爲自來秋游旅人所必往之所，是處除十里嶺頭，盡是丹楓，足領秋光之外，並爲游人設有旅館，備有動物園囿，歌舞場所，所謂老少咸宜，雅俗共賞，故游人當此週末，乃至爲熱鬧，不似前此春田湖畔與道旁小店之一片淸境了。熊嶺十里山坡，樹鋪紅紫，有如燦爛雲錦，令人心醉！野餐既畢，乃與宋兄入旅館飲了啤酒兩瓶，後出臥於店主人特設之塑膠椅上，看夕陽正對嶺頭，更使葉紅增濃，而楓林也似在爲悅己者容，於斜日中振其豔粧。詩興至此，勢不可遏，乃即取懷中筆，寫歌道：

熊嶺觀楓作者與宋益清君（左）

我昔飛渡巫山頂，雲外丹楓入望迴；
秋光掩映神女祠，祇今留夢高唐影。
亦曾重九到棲霞，向晚呼停小杜車；
老去無復春華戀，黄葉村中憶舊家。
顧憐有家歸未得，東籬久別無消息。
北雁不來增悵惘，天涯幾度逢秋色；
熊嶺楓門夕陽紅，十里山如付祝融，
燦爛雲錦欺白髮，不辭酡顏一醉中。

紀於辛亥臘月廿一雙春之日

段祺瑞及其同時名人

李非濤

一 黎黃陂繼任總統段祺瑞組閣

袁總統逝世，由副總統黎元洪繼任，段祺瑞任國務總理。洪憲章制，盡行廢除，一切恢復舊觀。下令懲辦帝制禍首，計有楊度、朱啓鈐、顧鰲、薛大可、梁士詒、孫毓筠、周自齊、夏壽田八人。赫赫一時之楊度，狼狽逃津，蟄居多時，先後又投吳佩孚、張宗昌等幕中，冀得再展抱負。無如所遇輒左，加以鴉片大癮，生活艱困。幸而絕處逢生，來到上海，得杜月笙之禮遇供應。適值杜氏在浦東建立家祠，大肆舖張，所有一切章制編排，建碑立石，以及禮儀文字，皆由楊度一手掌理，辦得富麗堂皇，有聲有色，不愧為當代之大手筆。此後不久，楊即客死滬上。

黎元洪湖北黃陂人，人遂以黃陂稱之。繼任總統，寬厚樸實，一反官僚作風，頗與人以好印象。黃陂地名，因亦為人所重，於是有所謂黃陂三傑，里巷爭傳。三傑者，總統黎元洪，名伶譚鑫培，及名妓小阿鳳。後者曾被誤傳為蔡鍔所眷之小鳳仙，其實非是。小鳳仙乃北妓，小阿鳳籍黃陂，當時在八大胡同甚紅，與名妓蘇佩秋齊名，後為王克敏量珠聘去。

以地名代表大人物，歷來稱呼，多有如此，如以項城稱袁世凱，以合肥稱段祺瑞，以河間稱馮國璋，以東海稱徐世昌，惟徐氏本籍，係河南衛輝，因佐袁世凱在小站練兵，小站在天津東海之濱，一班武將，對此文案老夫子，尊稱為東海而不名。當時有所謂小站三傑，已經出名，即王士珍、段祺瑞及馮國璋三人，又被稱為龍虎狗。王為人最穩重，淡於名利，被稱為龍。段耿直而剛愎，被稱為虎。馮則圓滑而貪，被稱為狗，皆是後來之風雲人物。

責任內閣制 府院釀不和

光復之前，黎元洪在湖北為新軍協統，御下有恩，從不尅扣軍餉。中國自古以來，帶兵者虛報兵額，尅扣軍餉，已成傳統慣例，黎氏反之，故能深得軍心。武昌起義，事出倉卒，馮國璋大兵壓境，已到漢陽，民軍領導無人，推逼黎氏為都督，出而支撐。後來革命成功，黎氏竟以副總統兼領湖北都督，威鎮一方。彼時政制未定，南北紛爭，黎氏常有通電，緩衝調解，主張公允，舉足重輕。尤其電文甚長，詞句典雅，傳誦一時，深受各方推重。聞電文出自秘書長饒漢祥之手，饒遂由此成名，不久饒外放離去，黎之神光頓斂。加以黎氏為人，胸無主宰，不辨是非，受袁世凱之籠絡，反與民黨為難，寖且被袁調其入京，坐擁副總統之虛名而已。

段祺瑞（芝泉）

黎繼任總統後，段組新閣，外交一職，段欲曹汝霖以次長升任，曹氏不獨不允，且並次長亦辭去。段怪問何故？曹意對於項城，未能力阻帝制，有負知遇，問心不能無愧；又以二十一條交涉，外人不明眞相，歸咎於其身，故欲暫離政壇，以止謗言。段勉從其意，改為顧問，有外交問題，仍囑隨時協助。乃邀陸徵祥復職，後不久陸以體弱辭去，偕其洋太太到瑞士，為天主教司鐸，而以此終其生。南方政府此時宣稱恢復約法，招引國會議員南下，北政府遂亦恢復舊約法以相抵制。按照約法，政府應係責任內閣制，一切政務，由國務總理負責處理。黃陂頭腦簡單，無決斷力，有人稱之為泥菩薩。又因看慣袁總統之作風，時爾干涉政事，於是府院之間，漸有不協氣象。國務院公事，有時須送總統府，照例由院秘書長送去，以備總統諮詢，時秘書長為徐樹錚，甚有才氣，為段總理最信任之人。凡有才氣之士，往往常露鋒鋩而不自覺。徐在公府，對於黎總統問答應對，必有欠慎之處，黎大不悅，着人示意於段，改用別人。段素袒徐，又以責任內閣制，總統不能干涉到秘書長，黎段幾至弄僵。後由徐東海調停，徐樹錚自動辭職，始告無事，但黎段由此失和。

徐樹錚恃才 廊房遭橫禍

再言徐樹錚之爲人，確係才氣橫溢，文武兼資，原籍江蘇蕭縣。袁總統時代，段爲陸軍總長，徐爲次長，段於部務，不甚過問，悉以委之於徐。現在段氏被命組閣，即以徐樹錚爲國務院秘書長。院務會議，多由徐秘書長發言解決，段總理反多唯唯，人皆側目，報紙常有登載，目爲笑談。軍警執法處長陸建章，係馮玉祥之至戚，爲人殘忍酷苛，殺人甚多，人言其衙門夜間常有鬼哭之聲，平素言論，反對段氏。一日徐樹錚約其到陸軍部晤談，見面即將陸鎗斃，頗引起衆怒。段氏初不知情，反而出面，說陸建章干犯法紀，罪有應得，自己命徐樹錚執行，段之袒徐如此。徐既辭院秘書長，段知其人緣不好，派其離京，出任西北籌邊使兼邊防軍司令。徐至西北，整理邊防軍，收復庫倫，建立大功，著有「籌邊方畧」一書，洋洋數千言，讀之者均讚其極有見地。迨後，段氏被推爲執政，本擬任徐樹錚以要職，又慮其樹敵太多，恐有後患，特派其爲專使，赴歐美各國考察軍政。及其考察回來，道經上海，蘇省同鄉，歡迎接待，徐以其所著之「籌邊方畧」一書，分贈各友，咸佩其才。蘇督孫傳芳特來滬，曲意聯歡，並陪同赴南通，謁候張季直先生，詩酒唱和，賓主極契。徐樹錚又善崑曲，特由上海帶去笛師，高唱入雲，開懷暢飲，意氣之豪，不可一世。豈意入京之後，因事赴津，車經廊房，遽被馮部張之江軍隊所截，徐竟遇害身死。徐貌甚都，惟雙目晦暗，星家早言其恐遭橫禍，不幸竟驗。

徐樹錚（又錚）（陳植君先生供給）

黎反對參戰 段爲之辭職

曹汝霖此時無官一身輕，惟以顧問之資格，仍時往段宅，以備有所諮詢。曹之意中有一事耿耿不忘者，即參加協約國作戰之主張。此議在袁總統任內，曹已屢次進言，而袁意未決。今對段氏，曹仍不時提出；無如一般人，黎總統段總理之左右，以及南方政府，在野名流如梁任公、名記者黃遠生等，均表示反對。但曹氏不爲氣餒，總言外交當務之急，必須參戰。於是段氏邀請陸徵祥、伍廷芳等外交家多人集議，曹氏發表意見，畧謂德國資源，已告不足，斷難持久作戰，況美國即將加入協約，德國更不能支，日本早已見到，故急加入參戰，來攫取青島一帶德國租借權利，我如仍守中立，則將來在國際上，我無發言權，任人宰割，青島等處，恐非我有，我常發急者爲此，現在趕緊加入，還來得及，將來中國既係參戰國家，即不怕日本人蠻橫了。此議全場鼓掌贊成。段氏慮參戰軍尚未練成，以何參戰？曹氏說：可先供應華工，接濟物資，亦可算是一種武器，至此段意乃決。並笑對曹氏曰：人家都說你親日，實在你是處處防日耳。次日，擬就對德奧宣戰命令，提交國務會議通過，送往總統府。詎黃陂不以爲然，不肯蓋印。段氏親往說明，黎仍堅決不贊成參戰。不知如何，言語衝撞，段氏當場聲明辭職，黃陂竟不挽留，於是段氏一怒而去，離職赴津。

二 張勳進京復辟段祺瑞馬廠誓師

辮子軍進京 張勳行復辟

在段氏未離職之前，曾召集各省督軍來京，共商參戰進行辦法，各督軍對黎氏本無信仰，至是，見其罷免段氏，紛紛不平。黎令李經羲繼任國務總理，李與各督軍，向無淵源，平添麻煩。黎乃電召徐州張勳，來京調停。豈知張勳正中下懷，畧帶衛隊，即行入京，進行復辟，擁立宣統皇帝登基。封黎元洪爲親王，並令解散國會。泥菩薩至此，自恨孟浪，後悔莫及。即先向國會辭職，一面電請副總統馮國璋來京，代理總統，又下令復任段祺瑞爲國務總理。然張勳一方面，已復辟形成，發號施令，着着進行矣。

先是張勳曾在徐州，邀請各省督軍會議。報紙已有登載，但不明其所議何爲。張勳乃一舊式武人，因受清朝厚恩，欲盡愚忠，仍留髮辮，其部下亦未剪辮，人稱爲辮子軍。袁世凱時代，因其隊伍精悍，特予優容。張亦對袁，懾於宮保時代之聲威，不敢異動。平日常有擁戴清室主張復辟言論。此時召集督軍會議，羣已料其商議復辟之事。傳聞各省督軍，居然有親到者，有派代表者，又聞徐世昌、馮國璋等，亦有代表在內。對于復辟，竟皆簽字贊成。惟聞段祺瑞亦派徐樹錚爲代表，但徐見是談復辟，托辭未奉命令，暫時不簽，張亦不以爲意，以爲全體已經通過，有此簽字文件爲憑。故一得黎電召即欣然入京，亦未多帶軍隊，以迅雷不及掩耳之手段，進行復辟。後來張勳失敗，即以此簽字文件爲要挾，說如對我眞過不去，我即將此宣布。所以張如此叛國大罪，而竟未予深究，終以不了了之。

梁啓超草檄 曹汝霖籌欵

復辟當日，闔都中滿街龍旗，前清官僚，彈冠相慶。稍有知識者，紛紛避往天津。而天津督軍衙門，亦已懸起龍旗，此可見直督曹錕，亦係參加過徐州會議者。時段合肥及其左右曾毓雋、梁啓超、梁鴻志、徐樹錚及曹汝霖等，均居天津租界，羣請合肥速起聲討。於是共商進行，如何調兵籌餉。軍隊有駐馬廠之第八師，其師長爲李長泰，可聽調遣。餉銀方面，估計須一百五十萬元，祗有鹽務署長李思浩帶來之鹽餘欵五十萬元，不敷尚巨。段商之曹汝霖，曹說：天津各銀行，皆係分行，無此巨額現欵，只有向日商銀行商量，須有抵押品，但師出無名，不好辦事，必須先組成機構，樹起招牌，方可對外。於是組織討逆軍，由梁啓超草擬討逆檄文。即用第八師爲主力，段氏自任總司令，以段芝貴爲總指揮，李長泰爲副總指揮。風聲一出，直督曹錕先取下黃龍旗，派人來疏通。曹汝霖即以討逆軍總司令名義，向省政府借欵，省政府無現欵，乃借得開灤股票一百萬元，以之向日商某銀行，抵借到一百萬元，恰敷應用。

於是段總司令親到馬廠誓師，公布討逆檄文，即日率軍向北進發。此檄文一經發出，各處響應，近畿各軍意存觀望者，均來附和，直督曹錕，首先率軍投効，段氏派其爲西路指揮，令由西路進攻。此時據傳，京中正在授職封官，此攘彼奪，張勳上朝，衛士帶機關鎗，隨同上殿，遺老搖頭。及檄文一到，京師震驚，百官恐慌，人心瓦解。聞康有爲亦已到京，見到檄文，即知出其得意弟子梁啓超之手筆，長嘆不已。不旋踵，討逆軍已兵臨城下，辮子軍甚爲驍勇善戰，無如寡不敵衆，軍火不繼，遂致節節敗退，張勳猶在城上，負嵎抵抗。聞由警察總監吳炳湘，上城下城十多次，，一面勸城外討逆軍停止砲轟，一面勸張勳罷戰，並允保全其生命，收容辮子軍，張始屈伏，要求護送其到荷蘭使館。於是一塲鬧劇，始告平息。

此次討逆之成功，如此迅速，喜出望外，事後討論，大家歸功于梁啓超大筆討逆檄文之能先聲奪人。袁皇帝時代，「異哉所謂國體問題者」之文一出，而洪憲解體，今則宣統已再登基，討逆檄文一發，而復辟告崩。文人之筆，横掃千軍，殆即此之謂耶。

戰事既定，合肥派曹汝霖李思浩爲代表，先行赴京，分別慰問各國公使及金融實業各界，均以合肥用兵神速，削平叛逆，未至兵連禍結，一致稱頌。合肥旋即入京，再就國務總理之職，羣衆歡迎，萬人空巷。後來有人稱頌合肥「三造共和」，誠非過譽。

段氏再組新閣，外交汪大燮，財政梁啓超，陸軍王士珍，司法林長民，而以交通屬之曹汝霖，曹至是無可再辭，只得担任。內閣第一條命令，即加入協約國參戰，各國一致表示歡迎。曹氏之參戰主張，至是方能實現。而在段氏，有討平復辟及參加歐戰兩大功績，獲得中外之盛大讚揚，實爲段合肥生平最得意之時代。

三　曹汝霖一身三職星相家勸早退

段內閣時代所最困難者，厥爲財政，欠薪欠餉，惟賴借債度日。梁啓超雖爲大文豪，而不善理財，借債無方，而各省督軍，電逼軍餉或派武員坐索，出言不遜，毫無禮貌，梁不能堪，只得掛冠而去。財長重任，無人願接，段總理以曹汝霖身爲交通銀行總理，與各中外銀行往來多年，不愁點金乏術，乃商曹氏務必兼任，曹屢辭不得，於是以一身兼三要職，即交通總長、財政總長、交通銀行總理，在曹以受段氏知遇，迫於情面，不得不勉力報稱。但在他人看來，偌大肥缺，盡在其一人之手，妬羨交加，無不側目。而況謀事借錢，多方肆應，豈能盡如人意。大禍之來，早伏于此矣。曹氏到財政部就職，以原任天津造幣廠廠長之吳鼎昌爲次長，二人私交甚厚，部務悉以委之。交通部有次長葉譽虎（恭綽），交通銀行有協理任振采（鳳苞），皆可信賴。每日三處辦公，尙須各處開會，到交通銀行，總在傍晚，候見賓客，多喜來交行等待，一一接見之後，方始辦公。案上公事卷帙，已高積盈尺，何能每宗細閱，只好擇要由任協理及主管陳述批辦。曹氏和靄長厚，不多苛求。若梁士詒，字燕蓀，前交行總理則較精明，一言不發，靜聽陳說完畢，始逐條指示，所陳如有漏洞，隨即指出。其精力充沛，思慮周密，眞財經方面之傑出人才，因其曾任交通部五路總辦，故人稱之爲梁財神，意指五路財神，深得袁項城之信任。

有一日，曹氏在行，有熟友偕一客來訪，云是星相名家。其人熟視曹良久方云：請恕直言，公今赫赫顯貴，最好急流勇退，庶可保全令名。曹不以爲意，以爲自己持躬清正，何致有傷名譽。星家又云：雖居顯要，而不能掌握實權。曹氏大笑云：先生此話甚準，我部中的事，皆交與次長，本行的事，全賴振老辛苦。任振采協理聞之，立即說不敢不敢，我一切事都秉承總理做的。按此星家之言，余記起有兩事，倒可以說是符合。在交通銀行，曹氏因交行曾有過擠兌風潮，乃借外債二千萬元，以防再有事故。并叮囑任協理，此欵務必保留，不得移作別用，雖財政部來借，亦不得通融。後來曹氏患病住院，果聞中交兩行，又將擠兌。曹總理對人說：我行有二千萬現欵準備，不必驚慌。言猶未畢，任協理趕來云：此二千萬元已於某日，爲財政部借去，

梁士詒（燕孫）

曹氏大怒說：我如何關照你，請你設法去擋吧。另一事在交通部，曹氏一天在外應酬，聽人說，交部與日本某銀行談好一筆小借欵了。曹茫然，急回交部查問。則葉譽虎次長回說：有是有的，尚未來得及報告總長。曹問：是何用途？葉將坐椅移到曹之案前，低聲說：這是因部員太清苦，欠薪已久，想借這筆小借欵，得點回佣，調劑大家，幷代總長亦留了若干。曹氏聞之，大不以爲然。說此事如何能做，我經手借外債，數額不能說少，若取回佣，我可小小發財，但是我有把柄落在日本人手裏，處處要受他們挾制，我還能理直氣壯和他們辦交涉嗎？譽老，你如不信，請你不妨去調查調查，至于部員清苦，應該另想辦法調劑，這筆借欵，務必取消。由此葉遂與曹有了芥蒂。再有交通銀行前後任之關係，外間遂有老交通系（梁士詒葉恭綽一派）新交通系（曹汝霖一派）之稱。

葉恭綽（譽虎）

此際時局紊亂，欲謀南北議和，以求統一，南方和談代表，爲唐紹儀等，口出大言，不務實際，北方代表，又多顢頇，以致南北始終不能合作。段氏閣員中，有伍廷芳、楊庶堪等西南分子，亦未收效。段氏乃欲實行「武力統一」政策，頻使曹財長設法，借債練兵。曹氏心不謂然，屢勸段氏標榜和平，求得諒解；奈段性固執，且聽其左右之言，迷信武力。詎後來並未與西南作戰，反而北洋派自相火併，發生直皖之爭，結果段氏皖系失敗，此是後話。曹汝霖任財長十個月，於百孔千瘡之中，尚能做到軍政費、教育行政費、駐外使館費、留學生經費等，未曾短缺，曹每引以自慰。但已筋疲力竭，時憶及星家急流勇退之言，乃將財交兩長，硬行一併辭去，以爲跳出漩渦，可以安然無事。

四 五四運動禍及曹陸章

徐世昌繼位 曹汝霖再出

其時副總統馮國璋來京，代理總統。不久，國會正式選出徐世昌爲總統，以錢能訓爲國務總理，段祺瑞早已辭職，專任參戰督辦。曹汝霖此時不兼官職，一日，忽蒙徐總統召見，勸其出山，財交兩長，任擇其一。曹以身病親老，力辭不就。徐氏正色說：你能幫芝泉忙，何以不能幫我？忝在老友，非允不可。曹氏早年，曾蒙徐世昌在東三省總督任內，奏保其才堪大用，有此知遇之感，曹氏無法不允，乃勉就交通總長。豈知曹汝霖此次上台，眞如跳入漩渦，險遭滅頂。

五四鬧風潮 集矢曹陸章

五四運動，實在是新文化運動。其時中國民智已開，西方新文化新思想之書報雜誌，如巨浪狂流，不斷湧入。吸過新鮮空氣之徒回來，宣傳鼓吹，愛國志士，長呼怒吼，新成立之學會，新文化之刋物，紛紛如春笋之出現。進而有白話文言之爭，及「打倒孔家店」等驚世駭俗之論。同時外侮日甚，東鄰日本，野心尤大。北政府守舊腐敗，只知內戰，不思革新，而天眞愛國之學生，滿腔熱血，無可發洩，一有刺激，立即爆發。乃有雄桀之徒，乘機利用，移禍江東，令學生集矢於所謂親日派之曹汝霖，舉凡日本二十一條交涉、青島懸案、巴黎和會失敗，無一不歸咎於曹，遂有五四風潮之發生，硬說曹親日賣國，再拉出兩位被稱親日派之章宗祥（時任駐日公使）陸宗輿（時任法制局長）爲陪客，以打倒曹陸章之口號，遊行狂呼，橫行一切。若僅憑學生，頭腦簡單，不過一窩風之風潮而已。乃稍後復有人從中掀風作浪，强出主張，通電津滬，發起學生會，將此風潮加油添醋，編入小學教科書，通行天下，印入小學生之腦筋，所以曹陸章不白之寃，根深蒂固，百口莫辯。

當出事前幾日，我應張公權先生（時任中國銀行副總裁）之邀，赴京商談投資上海一紡織廠事。其間僅得暇謁晤曹氏一次，觀其事太冗忙，未及多談。五月四日中午，正與友人在肆小飲，忽聽說，天安門外，有學生遊行鬧事，尚未介意，後又聽說，學生聚衆甚多，將衝入東交民巷，（各國使館所在之地）爲守兵攔住，改奔他處。究竟爲了何事，正猜疑間，聽見街上一片嘈雜之聲，乃到窗口，憑欄遠看，遙見許多學生，搖旗吶喊，漸漸走近，則見白旗上，各有不同之標語。大意是說，巴黎和會失敗，歸咎於親日派之曹某陸某章某等語。此時街上秩序頗亂，估計學生人數約有幾千人，叫囂喧鬧，口中高喊不知何語，後聽見說找賣國賊去，我想定是去尋曹汝霖爲難，頗代担心。俟遊行隊伍過後，急驅車到中國銀行，探詢情形。公權先生云：他們三位，都在總統府，因章公使新自日本回來；徐總統午間召宴，有曹總長陸局長等作陪，料想無事。言談之間，有人來報，曹總長公館被學生搗毁，章公使正在彼處，被學生打傷，經警察救出，已送醫院。我即問曹總長如何？則答不知。

次日報紙滿載學生鬧事風潮，曹陸章三人在總統府，即席聲請辭職，徐總統堅不允准。同時北大校長蔡元培，亦宣言學生不可再鬧事，局面似

徐世昌（菊人）

平靜。我以私誼往同仁醫院，探望章宗祥公使。訪客甚多，章氏臥床，頭身皆紮紗布，傷勢不輕。章氏不能多與人談話，頻頻搖首，說無法紀，無公道，大家只好齊聲勸慰。至曹汝霖則聞已為徐總統接其到團城小住，地近北海，頗為幽靜，可以避囂。然聞有一日，參戰督辦段合肥亦去慰問。並說：這次的事，他們本來對付我的，現在利用學潮，累及你們，我很不安，你們不必辭職，是非黑白，自有公論云。蓋其時徐段之間，已積不相能，段之氣忿話，當然另有內幕耳。

大禍之興也 有人在播弄

學生風潮，至此已可告一段落，忽又相傳，學潮又起了。據傳在北大附近有一位政界名流，街頭演講，指名大罵曹陸章三人，親日賣國，如何簽定二十一條，如何出賣青島，如何巴黎和約失敗，皆是他們之罪，他們大借外債，扣取回佣，自己發財，不要國家，政府不辦他們，我們國民不能容忍，你們愛國青年如相信我的話，我有辦法。圍觀之學生，愈來愈多，一齊舉手附和。於是此人當場發起學生聯合會，翌日又在北大開成立會，通電上海各界，聯名電請政府，懲辦曹陸章。繼而各報附和，全國騷動。曹等三人，至此不能再耐，無論如何非辭職不可，徐總統亦無法挽留，只得照准。

自此之後，曹汝霖退出政壇，誓言不再與問政治，時年尚未到五十歲。後來國民政府，曾擬邀其出任駐日大使，亦經辭謝。敵偽時期，日人威逼利誘，欲其担任偽華北政權主席，亦終未允。

再談在北大門口，痛哭流涕演說之名流，果為何人？後來打聽，原來是大名鼎鼎之林長民。林氏閩人，蓄有長髯，倜儻不羣，素有文名，能言善辯，又寫得一手好字，似鄭孝胥而加入北碑，自成逸趣。留學日本早稻田大學，在校時已有聲望。其同學日人三木武吉（乃前首相鳩山一郎之智囊，非現在自民黨之三木武夫，）曾向我數道其才華。回國之後，曾任國會議長，似係進步黨研究系之中堅分子，又任過段內閣之司法總長，曹汝霖時任交通總長，二人正係同寅。林氏平時，抱負不凡，自以為係日本通，而迄未能一展懷抱。大凡有才之士，往往自負甚高，而器量狹小，一有挫折，便生自卑感，而妒恨他人。林長民之為人，正是此型，其所以極力攻擊曹汝霖者，或由於此。後來林長民一直不大得意，而愈熱中，竟投到奉軍郭松齡幕中，郭以其為日本通，令其與日本關東軍聯絡，迨郭舉兵反張時，關東軍反而助張，郭遂失敗，而林亦死於亂軍之中。

事過之後，曹汝霖蟄居天津，閒談中，我偶問林長民與公有何深仇宿恨？曹喟然嘆曰：那裏有什麼仇恨，後來想起有兩件事，他未免神經過敏而生誤會。一是徐東海當選總統時，他來托我推荐為公府秘書長，我當時即說：恐未必有效，以東海數十年宦海，他夾袋中豈無人物，但我一定試試看。及與徐談，果然，徐笑說：我的秘書長，那裏用得着這磐磐大才，而發表吳笈孫矣。不料林長民反而疑我破壞他，改荐吳笈孫，我與吳向無來往，豈非笑話。又有一事，是我不好，年底他來借三千元過年，我亦答應，我事太忙，忘記在年前送交，年過後我想起，趕即送去，他竟大怒，拒而不受。我初不解，後有福建友人告我說：借錢過年，為的是窮，新年送錢，閩人最忌。大概林長民以為我故意觸他的霉頭，故恨我入骨，或由于此。但過了許久，合肥被推為執政，他又加入段系，派為參政，托其同鄉會毓雋來向我疏通，我說：事過境遷，我已不問政治，何必介意，叫他放心好了。

和會之失敗 有內在原因

提起巴黎和會中國失敗之原因，不止一端，姑且不談。另有一大大的內在原因，或國人所不知者，乃我國代表未能協力同心，以臨大敵是也。民國七年，巴黎開戰後和平會議，我國幸已為參戰國，故得被邀出席。遴選出席代表，以外交總長陸徵祥為首席代表，其他代表，則派駐外公使秉充，計為施肇基、魏宸組、顧維鈞三人，南方政府亦要求派代表，政府允之，遂由南方派出王正廷，由北政府加以任命，一

林長民（宗孟）

同出發。此五位皆是我國第一流之外交家，而且聲譽卓著，都是賢者。但是到開會時，各人意見不一，陸總長爲好好先生，三位駐外公使，對于此案以及國內上下情形，根本一無所知，王正廷久在南方，亦不熟悉此案經過，帶來隨員又不多，尤其弁無深知青島交涉檔案之人。所以各代表中有主張將青島交涉卷宗，詳細研究後出席，有主張約請英美代表非公式先行討論。適日本代表大請客，各國代表欣然應邀，惟中國代表不加理會，無一人去赴宴，日人大恚。向各國代表說：大家都是參戰國家，共來會議和平？何必含有敵意，中國人態度殊費解。王正廷則一味信賴西人，不把日本人放在眼裏。殊不知日本三島，自戰勝强俄後，已成一等强國，英美豈肯爲了中國，開罪日本，況且日本代表，人矮手面濶，或大宴，或小飲，各國代表都被他弄得團團轉。開會之時，日本代表各人帶有隨員，手捧大堆案卷伺候。代表發言時，總先說出根據某時某日所訂之合約，如何如何，條分縷晣，侃侃而談，其實强詞奪理，好像理直氣壯。中國代表，則雖英語流利，但對爭議內容，總是期期艾艾，不能使人動聽，說來說去，只希望大會主持公道。結果，有何公道，各國口頭敷衍，終於日本勝利，我國代表力爭無效，只得拒絕簽字。彼綠眼黃髮之流，管你簽字不簽字，既已議決，不再理會。尤其彼等目光短淺，只知現實主義，欺善怕惡，有何公道，有何正義。中國人每喜信賴西人，吃一回苦不算數，後來九一八東三省事變，亦是信賴調查團，結果，西人亦是不肯開罪日本，而將整個東北送掉，言之可歎。

五　三角聯盟擊破直軍段氏任執政

吳佩孚失敗黃膺白攝政

段合肥自直皖之戰失敗後，退居津門，息影已久。其間經過，徐東海下野，曹錕賄選登台，吳佩孚跋扈，奉張聯絡西南孫中山先生及段系吳光新等軍隊之勢力，三角聯盟，舉兵聲討賄選。吳佩孚出而應戰，在四照堂氣焰萬丈，不可一世。豈意倒戈將軍馮玉祥，暗中已由段張加以利誘，忽由西北迴師，兼程奔到北平，拘禁曹錕，並將其嬖倖李彥青鎗斃，人心大快。於是前鋒直軍大敗，吳佩孚由天津乘軍艦逃往湖北鷄公山。從此赫赫威名之吳大帥，一蹶不振。

北平則全係馮軍，由黃膺白（郛）先生爲國務總理，組織攝政內閣。黃氏留日陸軍學生，相貌清癯，平時總是一卷在手，每發憂國憂民議論，辛亥革命，助陳英士（其美）先生，發動滬軍，光復漢土。歷任外交部長、上海市長等職，黃氏思想新穎，治事務求澈底，故首先修改優待清室條件，請宣統出宮，以杜復辟再起，整頓吏治，革新敎育，剷除舊有積習，使人耳目一新。後來漸覺馮之行爲，徒事虛僞，亦即疎馮。適合肥被推爲執政，黃氏即將攝政內閣取消。其解職通電有云：「……茲者合肥段公，入京執政，老成碩德，萬衆嚮風，三奠共和，功在民國，在郛傳棧之責已完，而當軸建樹之功方始。……所望全國賢豪，輔佐執政，迅斷鴻猷，力更前轍，以銷除兵氛爲要務，以確立共和爲指歸，不再種循環報復之因，不再留因循敷衍之習，使內爭永絕於中國，建設開始於甲子。敬佈悃忱，伏希垂鑒。」至九一八事變後，繼之冀北僞政權成立，日人勢力深入華北，局勢危殆，岌岌不可終日。中央堅邀黃氏前往坐鎮，膺白先生初以一無把握，又以黨部不加諒解，指其爲政學系首領，故一再堅辭。奈蔣先生勸以國事爲重，乃臨危受命，不顧友人勸阻，甘於赴湯蹈火，毅然出任華北政治分會主席。日夜焦思，撐持危局，竭盡心力，與日本人周旋，成立塘沽協定，幸能將危險局面，維持了相當時期。終因辛勞過度，體力不支，不得不南來休養，不久終以肝病去世，時論惜之。其夫人沈亦雲女士，編有「亦雲回憶」一書，詳載膺白先生之生平經過及其與中央往來之函電，誠足爲珍貴之史料。

黃郛（膺白）

合肥任執政不久亦辭職

民國十三年冬，奉張北馮及各省督軍，擁戴段合肥出來，收拾亂局。因未經國會選舉手續，不用總統名義，改稱爲執政。段氏就任後，即用執政名義，發號施令。以梁鴻志爲秘書長，未設國務院，各事紛亂，均須整理部署。其間經過甚多，用人行政，南北內外，各派勢力，迭有變化。後仍設國務院，以許靜仁（世英）爲國務總理，財政爲李思浩，敎育爲章士釗，內政爲楊庶堪。許楊二氏，可與西南方面聯絡，一時局面似可暫定。但合肥此時因皖系失敗，實力已微，徒憑舊日之聲望，介於張馮兩大之間。張雖蠻野，尙重情面，馮則陰險，最難應付。有時張亦看不慣，乃出關不問。都中全是馮軍爪牙，衛戍司令爲鹿鍾麟，警察總監爲張璧，等於監視一切，索糧逼餉，常肆要挾，段氏頗以爲苦。後來張馮失和，馮竟支持郭松齡起兵叛張，不意郭敗，馮乃避往西北。但北平勢力不肯放棄，嗾使學生游民，聚衆鬧事，到教育部與章總長爲難。章士釗在少年時代，係革命急進分子，在上海會爲營救鄒容、章炳麟等，幾被捕房所逮，現在自己亦被學生所擾，且被毀罵。後來學生鬧到執政府，段不能堪，乃避往天津，通電下野。從此段合肥之政治生涯，於以告終。

段既下野，許世英以次，李思浩、章士釗等亦隨之離職，後來章士釗在上海重慶，執行律師業務，遇有訴訟案件，法官等多屬其門生後輩，常得勝訴。晚年心氣和平，不時來港小住，遇友贈詩，頤養天年。一次曾談及曹汝霖事，據章云：曾在「甲寅」雜誌，寫過文章，代曹辯誣。又云：「曹雖然親日，而辦交涉，日本人甚怕他。因爲曹汝霖對於日本人禮貌極周，情義俱到，但言不及私。又與日本老輩人物相熟，如遇爲難之事，曹汝霖往往請此輩出面主張公道。故日本來者，對於曹氏既不便進以游詞、甘言利誘，又不敢無禮强硬、肆行要挾云。」此眞不失爲曹氏知己之言。

六　妖氛滿華北段祺瑞被迎南下

九一八事變吉田請調停

合肥下台後，奉軍入關，張作霖爲大元帥，主理一切，旋張氏被日軍在皇姑屯，暗埋炸藥炸死，其子張學良繼任，與日本關東軍益不相能。時國民政府定都南京，東北易幟。張學良常在北平，不回奉省，關東軍竟於民國二十年九月十八日攻佔瀋陽，是即所謂九一八事變。

斯時合肥蟄居天津，一日，忽接曹汝霖電話云：將偕吉田茂來訪。見面後，據吉田云：伊在外次任內，因與軍人不和而辭職，現將外放爲駐英大使。忽聞奉天九一八事變，並知關東軍本擬再向吉林方面進襲，爲日政府電止。關東軍祇兩旅人，亦不敢過於冒險，曾電朝鮮總督派兵增援，亦爲政府阻止。現在日本政府方面，極不願再擴大，彼意請合肥與日本西園寺公爵二人，以兩國元老之身份，出而主張雙方停戰。戰事一停，便可商議如何收拾，而不致再擴大。西園寺公爵方面，亦已商得同意，特秘密來津與段面商云。合肥極感佩吉田如此熱心，但茲事體大，不敢應允，婉言拒却。段氏私意，後對曹說：我這元老，何能與人家眞正元老相比，南京國府內并無熟友，我未便多說話，何况我們有過親日之嫌，現在中國人，誰不恨日本人，今說這話，豈不再讓人說又是親日嗎？合肥此意，曹氏連聲稱是。

信賴調查團斷送了東北

在此同時，駐日公使汪榮寶亦正在忙碌。汪前在日留學時，即以品學俱優名世，現在使日，與日本朝野尤其與外相幣原相處甚洽，幣原爲吉田茂之岳父，在外交界，地位甚高，向主中日親善，曾說過「日本如侵奪東三省，則等於吞下一枚炸彈」，此語散見於當時西報，認爲名言。九一八事變爆發，汪榮寶即到幣原私宅商議。幣原先說張學良之不是，乃起禍之因。蓋張不理奉天政務，常年駐在北平，以致東三省中日懸案，積至三百餘件之多，日人屢請商談，皆置不理。甚至與日本要人，約好時間會晤，到時則當差回說，少帥尚未起床，翌日再去，則已進關到了北平。日本又派一與張學良甚熟之人，亦到北平，打聽得在某處，晚間趕去見面，則相見甚歡，約好明日某時，晤談公事，乃到時又避而不見，日人氣惱之極。此次關東軍即以此爲藉口，攻佔奉天督署。幣原云張學良部下并未抵抗，關東軍再欲北進，政府已加制止。現在此事亟應速了，如一拖延，軍人亂來，即恐蔓延，非兩國之福。中國宜速派大員到奉天，就地交涉，將若干懸案，解決一部份，以去掉軍人之藉口。一方面當由日本政府令關東軍退讓。汪云：少壯派軍人不聽命將如何？幣原云：有西園寺老公爵在，可以服得住軍部云。於是汪榮寶趕回南京報告。豈意外交部部長王正廷說：日本小鬼，何敢冒險擴大，已請國聯出來，爲我後盾。汪急說：國聯不會有挺身仗義拔刀相助之人，而况日本軍人，最反對西人，不會聽國聯之命，再則國聯遲緩，遠水救不了近火，難得外相幣原，我可談得通，作爲地方事件處理，則大事化小，可易解決。王正廷笑說：幣原我亦相熟，英美皆同情我國，你不必如此着急。汪榮寶說：失此機會，後悔無及。大約二人言語衝突，汪大怒辭職而去。後來經過多少時，遲延復遲延還要得到日本的同意，國聯所派「李頓調查團」才來華，由顧維鈞陪同先到奉天略爲草草視察，回到北平。中國政府寄以極大的期待，希望其仗義執言，譴責日本，以國際間正義責令關東軍退出，賠償損失。故在北平，竭力招待。而這班調查團僅知盡情享受，醜聞四起。結果，其調查報告書變成一塲無結果。

汪榮寶後來聞知此訊，心中一氣，竟以心臟病去世。其生前向有歇止脉，醫云是心臟病的根源，不可多勞，不可受刺激，而他全不注意，此次當是其心情過於緊張所致。汪榮寶之祖父，在吾邑鎮江爲教諭多年，住在學宮，一邑之人皆稱之爲汪老師。常到我家，與先祖先父小飲談天。先父嘗云：以汪老師之慈祥和靄，又住學宮吉地，必有好兒孫，長於文學。果然文孫榮寶，長於文學，又擅詩詞，其著作已付梓者，有「楊子法言註釋」一書。歷使各國，所寫日記，積存數十册，關于對外交涉，弱國外交，語多感慨，蓋亦性情中人也。

王正廷善飲健談，亦是應付西洋之外交能手。晚年常在其親家錢新之府上會晤，喜談舊事。曾告我昔使某國與幣原同參加酒會，幣原與一貴婦人周旋，自己介紹，我名叫希代哈拉（日文之音），此貴婦問，你這希字如何拼音？幣原笑說：我這希字，如貴婦人下問，我答是 HI，如紳士先生來問，我答是 SHI，一時衆賓鼓掌，羣讚幣原之風趣。

北方避紛擾 段合肥南下

再談華北局勢，日本浪人政客，愈逼愈緊。在通州成立冀東僞政權，以浙人殷汝耕爲首領。風聲鶴唳，謠言甚多。傳聞日方欲逼宋哲元成立僞組織，宋氏堅拒。於是常有說客到天津，窺探合肥意旨，常與合肥左右，來往殷勤。中央聞之，恐其被人挾持利用，甚不放心。蔣委員長初本保定軍校學生，段係校長，誼屬師生，乃先去函通候。再議派員前往，勸其離津南下。惟派去之人，須無政治色彩，以免被人注意，有所阻撓。斟酌至再，以銀行家錢新之爲最適宜。錢氏以前在北平任交通銀行協理，（總理爲張季直先生，向在南通，例不到行）與合肥相熟，此時錢氏改任四行準備庫上海經理，一無政治關係。議定，錢氏赴寧，受命返滬，即以電話約我商談，囑先函商曹汝霖，得曹復函，錢乃啓程。抵津之後，由曹陪錢往謁合肥，畧述來意，且云蔣先生有許多事，欲向老師求教。錢氏初意，深恐合肥不肯遽離北方。詎見面一談，合肥即說很好，很好，我這兒也躭膩了，久已不到南方，要去即去吧。隨即關照吳光新預備飛機票。錢氏如釋重負，辭出後，曹汝霖盛讚錢之措詞得體，而錢則佩合肥之爽快果斷。然當晚及第二天，果竟有人勸阻，段之公子駿良，即不贊成，幸段不爲所動，聞其個性向來如此，立定主意不改，故終能成行。在飛機上，合肥對錢說：你來得正好，我已被他們攪得夠受的了。飛抵南京，蔣先生已率衆在機場候接，口稱老師，扶其登車，同到行館，晤談甚歡。蔣先生已在南京預備房屋，擬請段長住，段意欲住上海。翌日，合肥先往中山陵，獻花圈致敬，肅然良久始退。然後由蔣先生所派之人及錢新之陪同赴滬，借住陳調元之舊宅。房屋寬敞，樹木甚多，頗爲幽靜，段甚安之。一切供應之外，月致用費兩萬元，合肥以爲太豐，在寧曾與蔣先生說：用不着這許多，蔣先生說：老師自己用不了，可分送舊部，聽說許多人都很清苦，合肥乃同意。後來合肥自己只用幾千元，餘數分送各人，如曹汝霖、李思浩等，均在其內。合肥舊屬，確多清貧，如梁鴻志以當代詩宗，爲官數十年，而一貧如洗。迨上海淪陷，只好嘆失節事小，餓死事大，而投入僞政權，卒致身敗名裂，實貧窮之所致也。

合肥在滬，意境尚稱安適。常約圍棋名家顧水如先生，到府對奕，或則八圈衛生痲將，消遣而已。所來往者，舊屬如李思浩、梁鴻志、段運凱（合肥之姪）等人外，錢新之、周作民不時去探訪，曹汝霖、吳光新則往來津滬，因曹吳均有家眷在天津也。越年餘，合肥在滬，竟一病不起，臨終有遺書致蔣先生，殷殷以國事爲重，勸其各方團結，力主和平，共禦外侮。又以舊部曹汝霖、吳光新二人相托，望加照拂云云。蔣先生派員來滬，料理喪事，政府飾終典禮，甚爲隆重。小站諸英之身後哀榮，要以段合肥爲最矣。

日軍陷香港 多人被拘留

抗戰軍興，政府西遷，金融機構亦隨之離滬，分駐港渝。李思浩亦避地居港，周作民則來往港滬。是年十二月八日，日軍自廣州出動，攻佔港九，搜捕重慶份子，我等金融界無從逃避。錢新之、杜月笙等，先於十一月赴渝。周作民十二月二日由滬乘輪，於六日抵港，乃與李思浩亦同遭此刧，共被羈禁於香港大酒店，即現在皇后道中建大厦舊址，至則同難者多半熟友，人人垂頭喪氣。拘捕我等者，爲興亞機關，首領岡本大佐，能說中國話。問他爲何把我們關在此處？他總是好言相慰。周作民常是埋怨自己，不該來港。惟許崇智較爲舒服，因其與岡本同學，不時同他出外午飯，並陪他打網球，但是最後仍送囘拘留。賀德鄰（前北政府財政總長）精子平術，算張彬人（競立）某日可以先獲自由，果然，如期張彬人先放出。同人驚羡不已，紛紛請算，則又並不靈驗。張彬人係日本東京一橋高商學校出身，與張公權同學。初入中國銀行任總發行，爲中國銀行鈔票上簽名之第一人。後調交通部，任會計司長，對鐵路會計制度貢獻至多，年八十在港逝世。

我等被關，不審不問，一連數月，苦悶不堪。忽然我被岡本發覺能說日語，原來是李蔭南（前廣東信託銀行總經理）於無意中說出。岡本於是命一少尉，天天帶我出外，搜尋重慶分子。彼有名冊地名，按圖索驥。其時市上無一交通工具，只好到處跟着走，疲累不堪，自恨從前有車坐慣，現在落得受苦。但是我後來亦能走走，並能跑山，即是那時所練成的。到了人家，日兵廣東話比我好，讓他去問傭僕，幸而人家多已逃避，否則將疑我引鬼上門。二三日後，我與此少尉漸熟，乃引到我家，饗以酒食，各事乃得通融。我即借此做點好事，友人家無米者送米去。剛生小孩無奶吃，買不到奶粉，乃到牛奶公司，係軍管理，取一箱牛奶，着一小兵送去。反正有此少尉一起，到處可以取物。有友問道往內地者則給以現鈔食物，同時分點美鈔與此少尉，彼見是美鈔，亦頗樂受。再後我竟探得岡本拘留我等之用意，原來想利用我等一班人，在廣州再來一個僞政權，好在文經武緯，人手齊全，效土肥原（製造滿洲國者）影佐（製造汪政權者）之所爲，可與華東華北兩僞組織，分庭抗禮。我囘去報告各同人，皆爲驚愕。而岡本亦漸來談，微露此意，衆皆婉拒，或言衰老，或以病辭。又過數天，一日，岡本談後告別，走出房門不遠，李思浩竟拍案大罵，高聲說：我輩年將就木，清白之軀，寧可殺頭，不能被利用。此語岡本想必聽見，知不可强，始於次年四月，以軍用飛機送我等返滬。同行者周作民父子，唐壽民，顏惠慶，林康侯，李思浩及我，餘爲日本人，臨行顏惠慶忽因病緩行。在港上午十點起飛，天熱如盛夏，午後約四點抵滬，天雨又如寒冬，以後只許在滬自由，不能越雷池一步，仍不時召集談話，名曰聚餐。李思浩每次均賦詩紀實，用恭楷寫送各同人以資紀念，迴思前塵，恍如隔世。

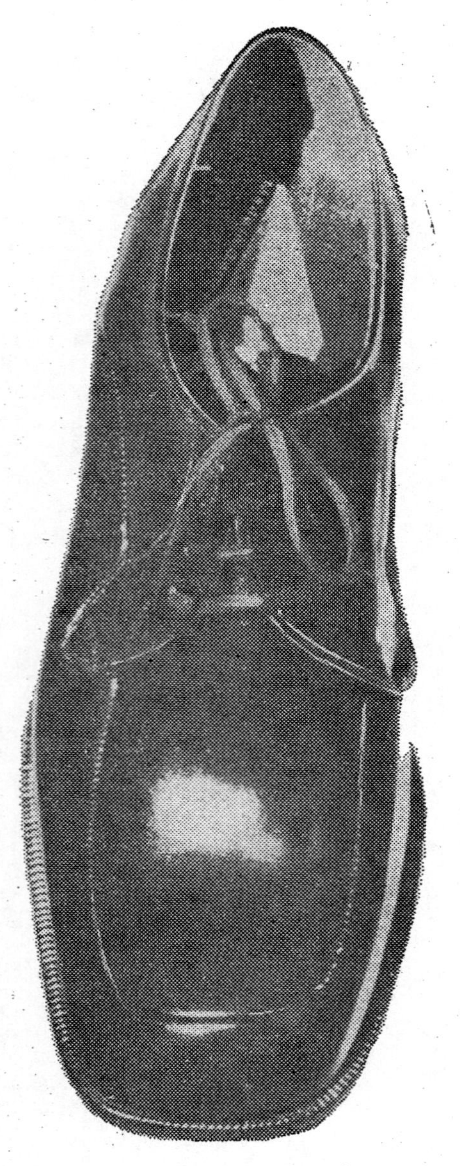

MANZ

MADE IN W. GERMANY.

sitzt wie nach Maß

MEN'S SHOES

大人公司 平價市場 人人百貨 大方公司 來路鞋公司有售

大八小語

因加得減

郵資加價後，郵政收入大減。

許多人認爲，本港掛號收費一元，不如派人專差送到，更加穩當。

亂世法律

暴徒行刧不足百元，每將事主刺傷洩憤。

亂世法律實有重訂必要！暴力行刧者概判十年以上，刧欵祇取半數者，判刑時可以對折優待。

徒有其名

英女王訪問東南亞各國，不來香港。

香港有一條皇后大道，却未有皇后走過。

地下火車

地下火車若非立即動工，勢將永遠無興建之日。

蓋去年工程需費四十四億，今年所需已達六十六億，明年所需，勢將八十八億不可。

花花世界

美國法院判決，香港人造花有版權，不得摹倣。

至於交際花則人人可做，既無版權，亦難摹倣。

自覺慚愧

寄信時找不到一枚郵票，客來時找不到一支火柴。

此等事本來不足爲奇，慚愧的是孩子中有一個是「集郵會會長」；一個是「火柴盒收藏會會長」。

並非愚人

傳下月開始，許多東西都要漲價。

四月一日是愚人節，四月一日起百物皆漲，却非「愚人新聞」。

永遠三等

電車漲價在即，其方式爲取銷「三等」，樓上樓下一律收費兩角。

電車座位雖無等級，電車搭客在社會上的地位却仍是「三等」。

信箱有價

郵政總局兩個號碼信箱，黑市頂費一萬元，三個號碼五千元。

有人欲以十萬元徵求香港郵局一號信箱而不能如願以償，因一號信箱爲太古公司所有，即使有人出價一百萬元它也不要。

新舊滿漢

「滿漢全席」有「新」「舊」之分，既稱爲「新」，自然與「舊」的完全不同。

除了菜色不同之外，規模亦不同，以前是日夜各一席，連吃兩日兩夜，現在是白天也好，晚上也好，總共祇有一席。

可見一斑

尼克遜訪問大陸，前後七日，所見僅爲滄海一粟。

正如他遊長城，長城長達萬里，他所看見的不過三里五里。

一盂兩用

美國人對痰盂少見多怪，亦有人以爲痰盂之設，代表落後。

我以爲吐痰入盂決非落後，尤其將烟尾擲入痰盂，比在烟灰碟中熄火來得刺激。

先後有別

大馬乒乓總會，邀請中共派隊前往比賽。

如果美國發出邀請，我敢打賭中共一定先去美國。

兩不討好

全美華埠小姐，謂將訪問兩個中國。

如果目的是在兩面討好，結果一定是兩面不討好。

台灣印象

台灣肉鬆，水準超過福建，台灣牛肉乾不及星加坡。

台灣的珊瑚與大理石並皆出色，可惜的是前者太貴，後者太重。

古已有之

國大代表開會，年老者可携隨身侍從，照顧茶水。

以前芳艷芬、任劍輝拍戲，我看見她們均携近身媽姐，煲湯煮茶，同入片場。

等級分明

以前有車之人，統稱有車階級。

今日有車之人又分數等，既有車房又有司機者爲頭等，車房司機有其一者爲二等，自行駕車而又無車房者爲三等。

妙不可畫

外國太太學習國畫，認爲中國畫能啓發智慧。

新派抽象畫，功能引起神經衰弱。

·上官大夫·

詞人盧冀野

易君左

面貌簡直和宋真宗一樣

盧前，字冀野，是近代中國一位最有名的詞人和曲家，不幸於距今二十年前去世。冀野知交滿天下，我想：提起了他，是誰也知道的，同時也是都懷念他的。他不但是我一生中最好的一位朋友，也是大家的好朋友。

可能還有不認識他的，我在這裏，首先把他的一張遺照登出來。這張遺照，在我看來，可謂珍貴已極，我一直保存到今天。這張照片，是在冀野去世的前兩年，我同他在南京故宮博物院參觀，無意中發現一張宋眞宗的畫像，我還以爲是盧前的玉照，竟和盧前一模一樣，可是頭上戴了一頂大帽子，冀野也呆呆地望着那張畫像出神。於是，我爲好奇心所驅，便臨時找到了故宮博物院的一個青年攝影家朋友，照下這張像片，只洗兩份，一份送冀野，一份我自己保存，帶囘上海。原來我在那時正在兵慌馬亂之間創辦了一本「新希望週刊」，便製版刊在這刊物上，而且還請冀野寫了一篇短文，題爲「談相」，下面便是原文：

談相　盧冀野

衆生相，一切衆生都有他的相。然而壽者有壽者相，各種各式的相，這相決不是那相。於是在民間便流行了「相術」，相你的面，相你的背，替你測一生的榮枯；這種「相術」，只是術士的飯碗而已。真正能相天下士的，需要別具隻眼。

說到「貌似」，就是「兩兩相近」，例如仲尼與陽貨，在匡人看來就不能分辨。然而仲尼與陽貨是多麼不相像的！雖然有「貌似」之處，這「相似」部分是多麼渺小，而不似處又多麼重大。「貌似」與「神似」尚且大有差別，何況過於「神似」的呢？

水滸傳的一百○八條好漢是一百○八個不同的面孔，而一百○八個心只是一條心，心相似而貌不同並不害其爲好漢。因爲宋真宗的畫像與我有「貌似」之處，一時傳爲「談資」，乃有人說我有「帝王相」，其實每個帝王何嘗有這麼一個「帝王相」呢？不過開國的、衰世的，無論帝王與人民，他們的「氣象」畢竟不同，除了因爲營養和日常生活安定的關係以外，心理的健全的確暴露於外者也不相同。論起我們所生的這時代來應當過於宋真宗的時代，然而現在亦如宋真宗所處的局勢乃不可得，這多麼令人可哀！

「個人的相」與「時代的相」不大能分開。一時代有一時代的相，把我區區這一個人的相，和宋真宗作一對比，以及北宋與多難的今日再作一對比，不知覽者之感想又何如？

這一期的「新希望週刊」正是民國三十八年三月二十八日出版，是第七期。這時候的中國局勢的震撼動盪是大家知道的，所以盧冀野這篇短短的文章，借着談相爲題，發了不盡的牢騷，也表達了他的眞正的心聲，充分可以看出他是對國家民族前途極其關懷的一位文人，雖是短短一文，當做長篇大論來看也可以。

盧前的姓名和字，我想是用了兩個典故：一個是初唐四傑的楊炯，幼年聰敏博學，十一歲就做了崇文館學士。他聽到時人稱出「四傑」的順序爲王勃、楊炯、盧照鄰、駱賓王的大名，他說：「吾愧在盧前，恥居王後！」可見他的恃才傲物，但近代的盧前却不恃才傲物。另一個是韓愈的「雜說」中所引的伯樂，伯樂過冀北之野而馬羣遂空。這兩個名和字却沒有連帶的關係，不像我父親爲我取名爲「家鉞」，取字爲「君左」，則本於書經上「左執黃鉞」的意思。莫說「黃鉞」，我連一把斧頭也沒有拿起。

我和盧冀野擁有三十年以上的眞摯的友情，有些和他親自接觸的大事小事或者不是一般人所知道的，所以由我寫盧前是比較正確而親切。

眞的，也許胖子多幽默感吧？我隨便舉出一二例以見盧冀野的幽默情調。冀野在經過艱苦的八年抗戰後由四川回到他的故鄉南京時，一次張道藩約他吃飯，吃飯時他本來不是講笑話，但由於他是無意中說出，而且胖子的表情非常滑稽，於是引起同座拍掌大笑。張道藩曾在「曹庵隨筆」中記錄下來：「某日朋友多人聚餐，適冀野在座。當侍者送大魚一條上席時，冀野十分興奮，以箸指魚曰：老兄！許久不見了。」這就因爲他所說的話是大家都想說的話，他的話打動了大家的心絃。更要知道的是：凡是在抗戰期間蹭在重慶的人們，最感缺乏的是沒有鮮魚活蝦吃，一到勝利出川還都，便拚命的吃魚蝦，才覺得魚之可貴。過去像馮驩爲着「食無魚」而彈鋏的愁苦，至此一掃而空，自然「興奮」起來。不談冀野在南京，即如我在勝利出川還都，經過宜昌，有一位湖南同鄉張鳴崗親燒一尾大魚使我吃得太上忘形，即席寫贈一小詩：「親燒一尾魚，密接三鍾酒，飄然過宜昌，永憶此良友！」即因此一魚而訂交，現同在台北。

有一位江南才子，面團團如富家翁，近且蓄小鬚，儼若卓別麟。其一舉一動，一顰一笑，無不帶幽默味兒。此人不至，則滿座不歡。而詩才、詞調、曲韻、談鋒、酒興、茶癖，爲當代曲學大師吳梅第一高足，曾任河南暨南等大學教授多年，一年胖似一年者，曰：盧前！

·易君左·

遠在抗戰以前，有一次，我從鎮江到南京訪問冀野，他邀我到夫子廟一家老酒店喝酒。進入這古老的小酒店，女掌櫃和夥計早就熟識盧先生，這位常川光臨的老主顧，而且是鼎鼎大名的江南才子，自然招待殷勤。我們且飲且談，冀野有點微醺了，順便用鉛筆在便紙條上寫了「再拿酒一平」幾個大字。那時已近黃昏，偏偏那個夥計有點近視，逼近紙條一看，露出驚疑的面色，便問道：「盧先生，你是不是再要一瓶酒呀？可是……」却又不敢直說，冀野溜着兩個黑黝黝的瞳子，反問道：「可是，可是怎麽樣？」那夥計才結結巴巴的答道：「你的那個平字寫錯了！」冀野拿回來一看，一個大哈哈道：「啊！寫錯了！寫錯了！不要一瓶了……」便再拿起鉛筆在「平」字下面一大勾，成了一個「乎」字：「好！就再來一壺吧！」我當時也不禁大笑起來。當場一經廣播，不但那個夥計，連女掌櫃、酒客，也都哄笑成一片，替這個小酒店留下來一段佳話。

由於風趣和幽默，盧冀野又是講笑話的好手，不但會說笑話，而且會編笑話。每當文酒之會高朋滿座時，他爲輕鬆當場的氣氛，適應某一項需要，臨時編出笑話或趣事來，作爲茶餘酒後的談助，有時也帶着幾分諷刺，頗得宋人雜劇的神髓。有一次，他編出一段故事，說他家附近有一家私塾。一天，塾師以「龍文鞭影」中的一句「龍頭可殺。」命一生屬對。此生苦思不得，偶見對面磨房門外繫着一匹驢，尾巴搖搖，忽來靈感，對道：「驢尾亂搖」，自覺非常工穩，不料塾師聽到了非常生氣，拍案大罵道：「狗屁不通！」

但是，我們不能因爲盧冀野的幽默感而忽視了他的另一面的情趣，那就是他的性格爽朗、曠達、豪放和熱情。就我所知，他眞是一個富有眞情實性的人。父早去世而事母至孝，對兄弟愛護備至，夫妻伉儷情篤，養育子女盡了全心全力，對親友的急難慷慨解囊，與人相處精誠無間，這些美德，不是古今一般文人所能兼有的。試舉一例：冀野和近代佛學大師歐陽竟無友善。一天，冀野正和好友朱玖瑩等暢談，談到最高興的時候，忽然接到一張訃聞，披閱之下，就好像觸電一般，雙目直瞪，兩手發抖，熱淚涔涔而下，滿座爲之震驚，手足無措。朱玖瑩從旁一看，才知道是歐陽大師的噩耗。冀野許久才把悲懷强抑下來，哽咽的說到歐陽大師的治學與做人，他所感受的影響最深最大，一邊說着，竟放聲大哭起來，而且說：「在老友中，能罵我的只有這個人，現在完了！完了！連罵我的人也沒有了！」說完又哭起來。歐陽竟武大師對冀野的詞不斷讚美，認爲祇有他可以振蘇、辛一派的絕響，不媿爲他的生平知己。大家勸慰了一番，淚才停止。這件事，是朱玖瑩親自告訴我的，玖瑩現仍住台南。冀野有傳誦於時的兩句詞：「能爲狂士終豪俠，豈必才人盡大官。」全詞是：

世局如棋自在看，懷中有鋏不須彈。
能爲狂士終豪俠，豈必才人盡大官。
傾濁酒，坐蒲團，布袍大袖本來寬。
十年嘗遍江湖味，縱使無魚也可餐。

（調寄鷓鴣天）

由於冀野有這種開明宏偉的性格和心襟，表現在他作品的詩詞曲，特別是詞曲上面的豪放的風格，對文學上的貢獻很大。

民國十六年我認識了他

我最初結識盧前遠在民國十六年秋天。我那時任國民革命軍第四十軍政治部主任，隨軍由湖南打到江西，再打到安徽，在大雪紛飛中穿過皖南十餘縣緊追北洋軍閥孫傳芳部劉寶提一師而衝出蕪湖，會師攻克南京。這年八月二十六日，孫傳芳傾殘部數萬人，以閃電的偷襲方式，從龍潭、棲霞山一帶乘霧渡江，江面敵船往來如織，京滬全線震動。當時何應欽將軍等率一、七兩軍與敵軍鏖戰於龍潭，並由海軍在江中發砲助攻，斷絕敵軍後路，經過一週，才把敵軍澈底殲滅，這就是民國十六年著名的「龍潭之役」。這一戰關係很大，如果龍潭之戰不幸而敗，則南京不守，整個局勢立即改觀。天佑中華，幸而獲致全勝。

就在敵軍慘敗後，我奉軍部命令，立即率領一部份政工人員與一隊士兵馳往龍潭戰場，一面安撫人民，一面掩埋屍體。在所有田隴及原野上，留着一汪汪的鮮血；天氣還很熱，屍體發出奇異的腥臭，殘肢斷脰、洞腦穿胸的慘狀，目不忍睹。

當時，我經友人介紹，住在南京城內一棟叫做孫家花園的小型花園洋房裏，白晝到軍政部辦公。這座花園別墅的主人姓孫，乃南京望族，對我非常客氣。南京也像長沙一樣，非常潮濕。孫園一切都好，只是小蜈蚣最多，牆頭屋角，觸目皆是，甚至爬到牀上，鑽入枕裏，可怕之至！一天我打開墨盒一看，裏面也有幾條小蜈蚣。

且喜就在賃居孫園時，結交了一位好朋友。一天，我看見一個青年胖子穿着一件長衫拿着一把扇子飄飄然來了。以胖子而飄飄然，可想見其瀟灑風度。孫園主人向我殷勤介紹：「這位就是我的表弟盧冀野。」我和盧冀野通名之後，由於彼此神交已久，我才知道他就是當代詞曲專家盧前，他也才知道我就是北大出名的學生易家鉞。我們緊緊的握手，相對一陣大哈哈，從此訂交，以後就情若手足的親切了。

住在孫園時正值龍潭戰役發生，江面敵軍的大砲聲，使南京全市隱隱聽到，孫園的玻璃窗被震動破碎。我不久便搬到另一座更大的園林，簡稱胡園的胡家花園。我爲什麽又搬？則因胡園沒有蜈蚣，而且園林清趣，比孫園更優美。住在胡園一段時期，與盧冀野往來最密。胡園中亭閣參差，山石玲瓏，池沼曲折，林木掩翳，有采蘋橋、延青閣等諸勝境，幽美絕倫，爲江南名園之一。在天旋地轉的軍事時期，偷得片時片地的寧息，確爲難得。我們那時的心情，可以把後來我住鎮江時與冀野唱和的兩首新詞做代表，所以插錄在這裏：

八聲甘州　寄懷冀野　　易君左

忽茫茫百感盪心胸，清宵逝華年。記攜風抱雨，小橋流水，白下盧前。當日胡園偶聚，紅染夕陽天。最愛延青閣，一派鳴蟬。　幾載鸞飄鳳泊，又京江寄跡，舊夢如煙。剩尋山五嶽，差似李青蓮。歎文章無補家國，只狂歌痛哭亦徒然。真愁絕，起胡塵處，落日幽燕。

前調　和君左　　盧前

任狂風捲雪打窗來，挑燈且呵毫。笑鐵甕城邊，花蹊老友，吟興偏饒。多少胡園舊夢，飛過采蘋橋。不見當年月，照我征袍。　肯向新亭墮淚？把平生慷慨，付與兒曹。有歌詞百首，檀板一時敲。譜清商蘭陵破陣，奏凱旋羯鼓合簫鐃。中興業，亦吾儕事，未許辭勞。

從這兩首詞裏可以看出幾點：一、產生這兩首詞，正逢「一二八」國難中，所以詞中充滿爲國事的憂憤和慷慨激昂的情緒。二、由這兩首詞，說明了我們以詩歌鼓吹中興大業並不是等到後來抗戰發生以後，遠在「一二八」甚至更以前就開始了。冀野是這樣，我也是這樣。三、冀野的和作帶有勉勵我的深意，表現在我詞裏只是一片憂憤和傷感，而冀野的詞則充滿鼓舞和戰鬥的積極性。四、冀野詞裏的「鐵甕城」是鎮江的古名。「花蹊」是我在鎮江的小園名。我取杜詩：「黃四娘家花滿蹊，千朵萬朵壓枝低」以名園，因爲我的妻姓黃，排行第四。我還記得我父親實甫公有一副爲世傳誦的詩鐘：「黃」、「鶯」的籠紗格：「娘子排行剛第四，美人名字恰成雙。」

我對冀野最初第一次的印象就很深刻。那時他還年輕，比我小幾歲，沒有像後來的蓄着小鬍子；但是他的小鬍子自從蓄了以後，始終是像秋柳之蕭疏，配合他的幽默風趣和清雋談吐，恍如魏晉人典型，若在魏晉當時，他一定是「世說新語」中的代表人物，手裏只差拿一柄玉麈罷了。

我住鎮江初期，冀野曾來訪數次，同他遊徧三山四寺。那時我住在尤唐巷，我看他越來越胖了，調以一小詩：「尤唐巷口路三叉，勾引盧生到我家，不信別來相憶苦，依然肥胖似東瓜。」我那時很瘦，瘦得像一條絲瓜。因此被我們的朋友們稱爲「易瘦盧肥」。這一個稱號，使我和冀野一方面受寵若驚，因爲高攀了「燕瘦環肥」的豔幟；一方面又差堪自慰，因爲相當於「島瘦郊寒」的詩名。

冀野那幅相片下的寥寥九十八個字，是我當時的游戲之作，字數雖少，却已囊括了冀野的一生而無遺了。

上青城山搶救一個老友

盧冀野到鎮江來看我，同遊名勝，兩次同在南郊招隱寺題壁。其一云：「久欲乘桴學孔丘（

易），亦同王粲感登樓（盧）。滿山落葉先君醉（盧），四座橫波爲汝秋（易）。隱若可招非戴意（易），家仍莫辨是盧愁（盧）。重來忽聽風濤吼（盧），定有蛟龍噬海舟（易）。」其二云：「古寺疏鐘一兩聲（易），人天輪廓太模稜（盧），嘉賓簇似春前筍（易），枯葉黃如飯後僧（盧）。」從這兩首詩裏可以看出：當時同遊的人很多，而且還有漂亮的小姐呢。再說我們眞是題在壁上，屬於冀野的詩句由冀野題，屬於我的詩句由我題，也開了題壁的新例。

冀野到鎭江來還有一個目的，就是看看他的好友任訥。盧前和任訥是曲學大師吳梅的兩個最得意的弟子。任訥字中敏，因爲生平酷愛北劇和北曲，自稱「二北」，冀野則兼治南北劇曲。那時中敏任教鎭江師範學校，和我們常來往，也常常同玩一種「詩牌」。這種特製的詩牌，就是任訥發明的。他選用詩詞曲上習用的字彙，包括名詞形容詞動詞介詞，每張紙牌上寫一個字，像打馬將的也是四個人，每人輪流摸二三十張，要湊成一首小詩或一首小令，看誰拚得快又拚得好，就算勝了，並不賭錢，純是消遣。冀野來的時候，總不免一同玩玩這種風雅的小牌，而每次都有記錄。有時拚成的句子，非常美麗而自然，不是平常挖盡腦筋，所可想像到的。當時參加這種遊戲的朋友，除冀野中敏和我外，還有一位南社詩人姚鵷雛。

民國二十三四年，盧冀野在南京還結交了一位好朋友，那就是黃杰（達雲）將軍。那時正值黃杰到南京陸軍大學受訓，因爲愛寫詩詞，常與冀野來往，不拘形迹，遇飯吃飯，有酒飲酒，傾談歡笑，寄慨平生。冀野正在中央大學教崑曲，達雲也喜崑曲，兩人常常虛心研究崑曲的得失，想把崑曲復興起來。

民國三十五年，黃達雲曾約盧冀野在中秋佳節遊湖賞月，湖是南京有名的玄武湖，俗稱後湖。湖是遊了，月亮却沒有看到。遊玄武湖的第二年，冀野寫了一首詞：

水調歌頭 有序　　盧前

去年中秋，與黃達雲有遊湖之約。其夕雨作，達雲過我，談至午夜始去，不覺又一年矣。感成此調，步東坡原韻，即寄達雲。

賞月已無月，蔽景九重天。故人招遊湖上，彈指忽經年。正是天山歸後，暗裏咨嗟不已，斯世別炎寒。桑海感今昔，秋氣有無間。　對殘蠟，窗外雨，不成眠。十年未盡離亂，骨肉幾家圓？放眼江淮遼薊，水火刀兵浩劫，苟活命難全。我爲光明祝，今夜見嬋娟。

在這首詞裏雖是充滿了悲憤，特別是寫到新疆之行，看到我國的邊陲一種混亂奇詭的局勢，尤其痛心，自然流露嗟歎，但仍然不能掩蔽詞人一片愛國的赤忱。原來冀野是隨于右任院長去新疆的，曾騎馬上大雪封嶺的天山，因體胖而馬不堪重負，僅至山腰而止。我在抗戰後也曾遊新疆，飛機跨天山頂高空而過，到廸化後再登天山，也沒有攀上絕頂，並不是馬扛不起我，是因爲積雪太深，越上越危險。我和冀野都沒有緣份欣賞天山絕頂的王母娘娘的「瑤池」，但對於赤俄無形控制下的這一大塊土地，同樣湧起無比的悲憤，寫入詞中。

在南京，冀野曾和張佛千同遊玄武湖、莫愁湖、雨花臺、掃葉樓諸名勝，冀野寫了「仙呂一半兒」的三支散曲，題名爲「南京一半兒」。爲什麽叫南京一半兒呢？原來他的好友任中敏遊揚州時寫了同一曲調的「揚州一半兒」，他不甘示弱，他是南京人，賣瓜的總說自己的瓜甜，所以他寓南京一半兒，而且註明，仿任二北作。原曲三支如下：

南京一半兒 仿任二北作　　盧前

（仙呂一半兒）風光何必數揚州？姤瘦西湖是莫愁。艇子飛來正好留，兩溫柔：一半兒斜陽，一半兒柳。

（前調）風光何必數揚州？玄武湖邊豔迹稠。荳蔻含羞玉筍柔，任君偷：一半兒櫻桃，一半兒口。

（前調）風光何必數揚州？一片清涼一片秋。無事相携掃葉樓，儘兜留：一半兒斟茶，一半兒酒。

民國二十六年抗戰軍興，我在鎭江寫下了大量的愛國歌曲，如：蘆溝橋血戰歌、哀平津、南口殲敵歌、中華抗戰歌、飛將軍歌、姚將軍歌、難民吟、寒衣曲、以及有關歌頌我飛機神勇的一束歌曲，還有歌頌抗戰砥礪前方將士的一束新詞，而我們的愛國詩人盧冀野同樣在這一個偉大的時代來臨，鼓吹中興大業的名作不斷的湧出，對國家民族的貢獻比我不知大多少倍。據擷蒓的「燈前述往」，說到當時張佛千在蘇州創辦「陣中日報」，冀野幾乎每隔一兩天即有一首新詞寄到，而這些詞即是他的「中興鼓吹」詞集中的主要部分。茲舉二首以見一斑：

滿江紅 送往古北口者　　盧前

如此乾坤，當慷慨悲歌以死。君不見胡塵滿目，殘山賸水。萬里投荒關塞黑，幾家子弟揮戈起。問江淮若箇是男兒？無餘子。　且按劍，從新誓；豈肯洒英雄淚！縱天乎亡我，死而已矣。叱咤風雲驚四海，憑君一洗彌天恥。細思量三十九年前，傷心事。

滿江紅　　盧前

謝晉元團附、楊瑞符營長，共死守閘北據點者八百壯士。

尚有孤軍，留最後鮮血一滴。準備着頭顱相抵，以吾易敵。蘊藻濱前鉦鼓動，蘇州河上旌旗色。看青天白日正飛揚，君應識。　衆口誦，征倭檄；望閘北，兒童泣。問橋頭大厦，近來消息。萬國衣冠都下拜，千秋付與如椽筆。記張巡許遠衛睢陽，今猶昔。

在淞滬抗戰以後，政府遷都重慶。陣中日報奉令退遷武漢，張佛千一行路經蕪湖，適逢冀野一家避難到這裏。當時難民擁集，船隻都派作軍用，正徘徊江邊，望水興歎，幸好張佛千的摯友于世銘正任蕪湖師管區司令，特將自用的一條小帆船相讓，把冀野一家送到無爲縣，然後轉到漢口。不久張佛千一行也抵達武昌，與冀野欣然相見，百感蒼茫。冀野在顚沛流離之中，仍然豪情不減，揮筆寫成兩首新詞：

臨江仙　　盧前

邂逅于湖纔幾日，眼中風景全非。扁舟載我到無爲。死生何足計，老幼此心危。　東去西來良自苦，有時淚滿征衣。逢人不敢問兵機，收京如可待，先送一家歸。

臨江仙　　盧前

遙指武昌城外雪，過江有箇人來。殺雞煑酒早安排。聽談東戰線，笑口爲君開。　虎擲龍拏親眼見，豪情足傲吾儕。雄兵早晚渡長淮。定能行宿諾，奮臂與相偕。

從這些詞裏，可以看出冀野和佛千的友誼，眞所謂患難之交。現在黃達雲、張佛千、朱玖瑩都在台灣，和我見面時總是不忘故人盧冀野。

抗戰開始的一年，正逢于右老花甲壽辰。冀野一到漢口，首先最歡慰的自然是于右老。冀野在勞頓奔波中，特成一詞以壽右老：

水調歌頭　　盧前

猶願供鞭策，自視尚如牛。但知耕穡，不計春稼與秋收。三十年來飄蕩，幾萬里程奔走，辛苦果何求？爲解蒼生困，還我舊神州。　聞此語，思奮發，有吾儕。掀髯一笑或許，年少可同謀。收拾邊氛事了，整頓炎黃家業，未雨待綢繆。異日公稀壽，高會勝棋樓。（自註：樓在南京莫愁湖上）

就在抗戰初期盧冀野抵達漢口時，和于右老發起創辦「中興鼓吹」一個刊物，我那時正在長沙，遙爲桴鼓。

冀野一家由漢口西上，先我而到重慶。我到重慶後，一家住在吳師爺巷一條陋巷的破屋裏。我首先把我在舟中所作的一首「入峽高歌」的長詩面呈于右老和葉楚傖，請他們指教，都認爲這首詩氣勢沉雄，高歌慷慨，便在由「中興鼓吹」改名的「民族詩壇」上發表了。因爲我住在吳師爺巷，當時葉楚傖任中央宣傳部長，而我是以中宣部專門委員的名義被聘入川的，於是楚傖先生以遊戲的口吻寫了一副對聯送給我：「師爺猶有巷，同志豈無家？」以示慰藉。

就在于右老住的康家裏遇見冀野，各談起一家入川的艱苦的經過，唏噓不已。但在當時，抗戰一開始大家就相信一定能夠得到最後的勝利，充滿了信心，我們又歡笑一團。可是在重慶，大家都感到一種最大的煩擾，那就是敵機的狂轟濫炸，或是所謂「疲勞轟炸」。爲着逃避敵機的轟炸，加以重慶的交通不便，而大家散處各地，當時親友之間，並不常相往來。所以我到重慶的初期，只在于右老處見過冀野幾次。有一次，冀野來吳師爺巷看我。在他來的前一天，另一老友被四川朋友稱爲「江安才子」的馮若飛也來看我一次。那小天井裏長滿綠苔，光滑滑的，若飛一個不留神而滑倒了，幸而跌得輕，沒有受傷。正巧一隻小貓那般大的老鼠安步走過，把那雙小而炯炯的眼光向馮若飛投擲一下，來一個會心的微笑。等到我把若飛扶起時，那隻老鼠「黃鶴樓上看翻船」，還捨不得走。我忍無可忍大叱一聲，它才濶步的走開，可能回到巢穴，告訴兒孫輩以目睹的笑劇。

馮若飛也同盧冀野一樣是一個不折不扣的胖子。我看見爬上山坡來看我的盧胖子一入門已是氣吁吁的了，我非常担心，立即告訴以地面甚滑，走路要小心，因爲他更胖，是經不起跌交的。冀野坐定，便不敢越雷池一步，喝了一口熱茶後，和我談起來。最有趣的是：當冀野向我談到于右老要我們共同將「民族詩壇」好好充實時，兩隻大老鼠也許是一對「老伴兒」，就靜靜的站在我們後面聽我們談話，彷彿對詩學也有幾分興趣，甚至想加入我們的詩壇。冀野發現了感着驚奇，回頭笑嘻嘻的歪着頭，用右手兩指打一個拍子，那兩隻老鼠才攢入洞裏去了。

我到重慶不久，便入成都服務四川省政府任編譯室主任，兼長四川國民日報，並創辦新四川月刊，重視四川一省對抗戰的貢獻，激勵全川人士精誠團結擁護國策，抗戰到底。我在成都兩年，不知怎樣，重慶的朋友們忽然產生了一種耳聞的傳說，說是我看破紅塵，上青城山做道士去了。這時，盧冀野因事去成都，一到成都就轉灌縣，馬上坐一輛「滑竿兒」上青城山，那滑竿夫多半是「煙灰兒」，抬他抬不動，多方敲詐，他只好忍受，加倍給償。原來，冀野聽見了上述的傳說，以爲我眞的心灰意懶做道士去也，非常傷心，決定當面勸告我，拉我下山，一齊回重慶。抵達青城山的天師洞即有名的常道觀，冀野匆匆忙忙下滑竿，跑進廟內，向一個道童，打聽我的消息，便問道：「你們廟裏是不是有一個易道士？」那道童連忙答道：「對對對！」再問：「是不是瘦瘦的一個？」又答道：「對對對！」再問：「是不是學問很好會寫文章的？」又答道：「對對對！」這樣，冀野急起來了，一把拖着那道童來找我，進入深院內，果然見到了易道士，却不是我。原來青城山常道觀確有一名易道士名心瑩，著道家書甚多，是一位有名的老道，與我同姓，而且也是瘦子，身材也差不多，因此傳來傳去當做我。冀野和易道士見面之後才明瞭眞相，不覺一陣呵呵大笑，精神爲之一鬆。恰巧這易道士同我甚熟，我上青城山必住常道觀一晚，觀內石階上除刻有先父實甫公的遺詩外，還刻有我的和作。易道士才把我在成都服務情形以及住址告訴冀野，冀野即下山轉成都到東勝街來訪我，緊緊握手之下，歡喜得流出眼淚來。

第二天，我邀集了幾位成都的好友招待冀野在少城公園的靜寧飯店吃了一頓可口的川菜，吃完飯後同他到一家照相館攝影留念。我在照片上率題一詩：「十載豪遊萬事乖，君肥我瘦共沉哀，若非居易和元稹，便是勞萊與哈台。」冀野笑了，讀到這首詩的朋友們都笑了。

鬍子救了他險些遭綁架

兩年後，我離開成都重回重慶，敵機轟炸得更厲害，我們的生活愈艱苦，但抗戰必勝的信心不但不動搖反而更加强，不過親友們見面的機會則更少。那時盧冀野已任國民參政員，曾於民國二十九年初春參加一次「華北慰勞視察團」，慰勞前方將士，視察各地民情，由重慶出發，經廣元，抵漢中，過寶雞，入西安，本來預定有延安之行，因事中止。然後去洛陽，轉南陽，南行經湖北境到老河口，再南行經襄陽而抵達宜昌，溯江西上，返回重慶。「燈前述往」一文記載甚詳，文內也提到盧冀野的幽默感。現居台北的青年黨元老余家菊也是當時參加華北勞軍團之一員，因深明醫理，常自處方煎藥自療目疾，冀野曾揶揄他說：「公醫，公疾，公自醫，公甍。」余景陶並不以爲忤，一笑置之。到今天，景陶仍健存，而冀野早作古了。

當時「女兵」謝冰瑩正在西安主編「黃河月刊」，國民參政會華北慰勞團到了這古長安，大雪紛飛。張佛千這時正在胡宗南將軍幕，喜與盧冀野重晤，同去拜會謝冰瑩，大家談笑風生，開懷暢飲。冀野即席寫一詩贈冰瑩：「長安倦旅雪中行，香米園西遇女兵，號角詩筒同一吼，黃河從此怒濤生！」隨便寫來都充滿「中興鼓吹」的詩意。「燈前述往」的評語是：「這幅條屏，筆力雄健，將她從軍、編輯兩種生活，而且還有香米園的地址表露無遺，眞不愧爲才子之作！」至於「燈前述往」一開頭就說起我與冀野的友誼，使我非常慚愧。以後謝冰瑩寫了一篇談三十年前往事的名文，追懷盧冀野，還刊出一幅冀野的「馬上雄姿」，作爲插圖。

到民國三十一年冬天，盧冀野奉教育部委派，出任福建永安上吉山的國立音樂專門學校校長。我那時正住在重慶鄉下的老鸛窩，聽到冀野發表校長的新消息，曾寫了一支「南呂四塊玉」的曲子歡送他，我順便也幽默他一下。那支曲的原文子是：

老鸛窩，江津道，易瘦盧肥廿年交，秋來夏去添詩料。酒一挑，曲一挑，福建跑。　參政高，校長妙，琴韻歌聲耳邊嬌，從今滿樹烏鴉鬧。案牘勞，大食槽，肥褪了。

那時冀野一家住在江津縣的白沙，我一家住在巴縣西永鄉的老鸛窩。

不料冀野此行遭遇了綁票的危險。我在重慶聽到了驚耗，悲從中來，不能自抑，幸喜吉人天相，得免於難。我又寫了一詩，題爲

慰盧前

一家甫離白沙鎮，隻身竟陷黃勝山。初冬天氣寒漫漫，間關萬里飛，車行苦盤桓。暴客劫書生，古今所長歎。蹣跚徒步三十里，想見體疲筋骨酸。男兒生此空前絕後大時代，早置死生於度外，但求金甌完。母健妻賢何所憂？所憂乃在國步之艱難。八閩典樂飄然去，親製曲，歌凱旋。一年之後迎子還，中興鼓吹吾儕事，橫掃大筆淨塵寰。思子入魂夢，念子摧心肝。金雞嶺畔風颼颼，老鸛窩中霧醰醰。化險爲夷天必相，安貧樂道情自閒。何時杯酒共騰歡？君着祖生鞭，我移陶侃磚。

寫此詩時，冀野尚未出險，我好似得了預兆，必能逢凶化吉。不過，在這種驚險的鏡頭，我是不便再幽默他了。

盧冀野這次被綁經過，驚險之外，却帶有幾分滑稽性。經過的實情是這樣：當他去福建的永安，經過連城縣屬的金雞嶺，遇着劫車匪酋，匪酋誤以爲他是福建省黨部主任委員陳肇英，因爲陳肇英也是一個中等身材的胖子，和盧冀野外型有些相像，但陳肇英沒有鬍子、而盧冀野有鬍子，雖然鬍子蕭疏如秋柳，但總是有鬍子，並非「白面無鬚」，就由於這一點解脫了冀野的災難。在當時福建省政府主席劉建緒爲盧冀野洗塵壓驚的歡宴席上，冀野向與宴的賓客談起這次被劫持的經過，說到起勁處，左手撚鬚，右手舉杯，又是一陣大哈哈。冀野說：「我若是沒有這一把小鬍子，我的性命早完了！看來這鬍子是我的救命恩人。我以前常常在朋友面前挖苦鬍子，說鬍子

的笑話，現在才曉得我對不起鬍子，也就是對不起我自己。」他繼續的說：「當時我非常鎮定，毫不畏懼。因爲在重慶時，魯若衡（蕩平）很早替我看過相，說今年有個難關，但能逢凶化吉，與生命無礙。當時暴徒們要挾我同走，走便走，只是身體肥胖，爬山很吃力。他們當我爲陳雄夫（肇英）先生，要挾我入寨，我說陳先生沒有鬍鬚，你們當已曉得，我是于思于思的教書匠，進寨只是增加你們的痲煩，有害無益。他們聽了，就將我釋放。如此經過，有驚無險，我也便安全歸來了。」

那時朱玖瑩也正在福建永安，三月十七日冀野離閩回渝前，玖瑩曾作了一篇情文並茂的長序送行，其中有幾段是：「余來永安，居上吉山，國立音樂專門學校在焉。歌聲琴韻，且暮相接。彼中有人，爲余所尋聲嚮慕者，金陵詞人盧冀野是也。……冀野之來長音樂專門學校，在昨歲之冬，行次金雞嶺遇匪，匪酋目爲福建省黨部主任委員陳肇英，挾之入寨；冀野指鬚辨之，陳某固無鬚者，乃得釋歸。余遇冀野，在省府歡宴席上，適其自金雞嶺脫險之次日也。余平居震於江南才子之名，兼欲得刧車之實，出刺就與攀談，冀野持刺作驚異狀，忽握手不釋曰：汝即南陽朱專員乎？幾時而來福建耶？……冀野忽來言：將以三月十七日赴重慶，且謀移講席於桂林，天之終將隘余，使冥行於荒曠之野耶？何會合之難而違離之速耶？其必不然矣！願冀野去而速歸，並攜家俱來。吉山之阿，可以託吾兩人之行藏矣。……」原來冀野任軍風紀巡察團團員時經過南陽，南陽軍民深存朱專員去後之思，請巡察團調朱專員仍回南陽，所以前文中另有一段：「……繼則爲余詳述：曩時被命爲軍風紀巡察團員，巡視大河南北，道出南陽，當地紳民遮道申訴，謂君在則安，君去則危，屢爲轉請中央調君回任，涕泣被面不去，謂必得請乃已。」讀此文，一方面從盧冀野口中藉知朱玖瑩在南陽的政績，一方面可見朱盧兩人的友情。

民國三十二年，盧冀野從福建回到重慶，我正在巴縣鄉下老鶴窩替當時正滿七十高齡的老母祝壽，恭敬誠懇的寫了一篇文章分請各方面的知友惠賜紀念詩詞書畫。冀野從江津寫寄的是一支曲子，如次：

中呂滿庭芳　盧前

巴，西永鄉，一椽老屋，一枕瀟湘，凱歌且向兒孫唱。母壽無疆，名父子萬卷文章。念辛勤七十星霜。桑榆況，收京在望，含笑迸桃觴。

後面寫着：「易伯母王太夫人七十榮壽。民國三十二年端午日，世愚姪盧前撰祝。」在這幅字上，一共蓋了五顆圖章，其中一顆是「參知政事」。

抗戰勝利還都的民國三十五年，盧冀野一度任南京通志館館長，主編了一本「南京小志」，和我所編的「江蘇手册」差不多的份量。那時馬星野以新聞教育專家出任南京中央日報社社長，陶希聖任總主筆，王新命任總編輯，創辦許多類型的副刊，除綜合性的中央副刊外，尚有地圖週刊、婦女週刊、兒童週刊、軍事週刊、科學週刊等，另外辦了一個側重古典文學的「泱泱」週刊，表示「泱泱大國」的風度，就聘請盧冀野主編。那時的中央日報眞是辦得有聲有色。冀野是以主筆的名義主編週刊，主筆照例要寫社論，但冀野免去這一項任務而專心一志辦「泱泱」，一時知名之士，佳作如林，頗具號召能力。冀野自己也常寫些詞曲和散文登出。我那時僕僕京滬之間，自然冀野也拉我的稿子。記得一次他的來信上寫着：「弟主編『泱泱』，如無兄文，則將『泱泱』矣！」還是一派滑稽口吻。

這年六七月間，盧冀野曾隨于右老赴新疆巡視，回來寫了「新疆見聞」一書，書中收集所作「天淨沙」一百零八首。他的高足弟子盧元駿在冀野騎馬登天山也就是那張「馬上雄姿」的照片後，也題了四首「天淨沙」，茲舉其一：「平沙肥馬英姿，短衣散髮微髭，萬里關山遙指，可憐壯志，空留百首新詞。」

民國三十六年八月間，冀野曾同劉延濤夫婦隨于右老遊采石磯。采石磯是有名的古戰場，又是李太白吟詠之地，我遊後曾寫專文，附有歌詠。冀野在他主編的「泱泱」副刊登出一套新曲，題爲：「右老招偕延濤士香夫婦、胡公石，遊采石磯，登太白樓，小息廣濟寺，青山在望，不得一展青蓮墓，歸後始成此作。」原曲如次：

（雙調新水令）我來磯下聽風濤，想當年青蓮曾到，放懷澆濁酒，側帽著宮袍。大月親撈，騎鯨上天了。

（雁兒落）一坏土謫仙萬古豪，兩當軒有箇人同調，千古後樓頭寄遠思，便揮毫海內騰光耀。

（得勝會）要題詩趕過瑣溪橋，肯班門弄斧博譏嘲。翻新樣且譜迎神曲，借幾疊清商獻短謠。風騷，偏衆口才佳妙。才高，信唐詩誇六朝。

（清江行）我今日登樓先拜倒，樓下江聲鬧。廢寺避驕陽，詞意定縈繞，只搜盡枯腸，完不了稿。

真正的永訣在黃浦江邊

以上所記，都是有關盧冀野在抗戰勝利後的行徑及歌詠。也就在抗戰勝利後，我和冀野曾經在南京參加了一次政治運動，那就是民國三十七年四月間協助于右任院長的副總統競選，當時副總統競選最激烈而旗鼓相當的是孫科和李宗仁。我和冀野切商，我們決定盡心盡力來替右老服務，拉攏所熟識和有深交的國大代表，因爲第一、我們覺得于先生不僅是碩果僅存的黨國元老，德高望重，足以當選副總統而有餘，而且繫國際友邦的觀瞻，對他最爲重視和敬仰，如果當選，國內外都會一致歸心；第二、于先生又是一位超然卓立的偉大人物，其性格堅忍沉毅，開明朗爽，老成謀國，仁慈愷悌，加上他的學問事功，可以說是近百年來最標準的完人。如果當選副總統，以之輔弼元首，最爲適宜。于先生看見我們這一對文人志願替他効力，非常高興，就叫我們在競選事務所工作，主要任務是宣傳和組織，特別在宣傳方面。于先生本身也提高了競選興趣，親自出馬，當衆演說，十足表現了民主政治的風度。一時于右任的選票估計駸駸日上，以監察院同人爲助選本部的熱鬧氣氛與勝利把握，逐日增加。我們的「戰略」是利用孫李的競選形勢，即各不相下無法解決的時機，達到以第三人的理想人望出來以息紛爭的目的，因此大力組織大力宣傳把于先生高高的抬起來。在宣傳工作方面，盧冀野和我已成爲大家最重視的工作人員之一，而且得到于先生的頻頻嘉勉，又在與國大代表們的密切聯繫上收穫了相當的宏效。最初一個時期，于右任的呼聲最高，希望最濃。可是由於競選的形勢漸起變化，結果是李宗仁當選副總統。于先生本人坦達爲懷，毫無得失之心，只可憐我和冀野，在這一短短期間，忙亂一團，詩興蕩然。

副總統競選的第二年即民國三十八年，國內大局來了一個空前未有的閃電式轉變。這年四月二十三日，國軍撤離首都南京而南京失守。同年五月二十七日，國軍撤離上海而上海失守。在共軍渡江前夕之一瞬，南京已完全成了眞空。於是那些南京土着的士紳，由陳裕光出來「領導」，產生一種所謂「維持秩序運動」。當時南京市長陳裕光和金陵女大校長吳貽芳還特別邀集了一批人會商，也有共黨地下工作幹部參加。陳、吳等人意圖脅迫南京名人的盧前入夥，因爲如果有盧冀野參加便可以起一部份重大的號召作用，而且好像替南京人爭「面子」，但是被冀野嚴厲的堅決的拒絕了。冀野看見形勢不對，匆匆忙忙避開了南京而到上海，那時上海還未失守。出乎意外，我當時也是倉倉皇皇在南京撤守前夕由南京而赴上海，無意中在擁擠得不堪的火車內遇見冀野，相見之下，唏噓長歎。

南京的政治軍事全部撤退了，市民紛紛向東逃避，秩序紊亂；市中悽慘蕭條，一座名都，驀地儼如死城。就在最末一次的京滬線火車上，有一個憔悴而清瘦的文人夾在人潮中倉皇離京，在車中，曾賦詩一首以志對國事的傷感和對首都的懷戀，這個人便是寫本文的作者。我那首以『辭京』爲題的詩是：『紫金山色碧籠葱，殘照江山半壁紅。別夢依依王謝燕，春愁黯黯景陽鐘。梅開孤嶺清香冷，浪打空城戰意濃。揮手東行增悵惘，鼓樓斜月馬嘶風。』事有湊巧：想不到同車的另有一位詩人帶着一家幾口也狼狽的逃出首都，這却是一個胖子而心情同樣憔悴。這人是誰？就是鼎鼎大名的曲學專家盧冀野。盧冀野也在車上像我一樣賦詩一首：『吾謀束置幾蹉跎，忍見江山付刼磨。鐵鎖千尋沉荻港，烽煙萬丈湧江沱。館娃驚起秦淮夢，堂燕聽殘玉樹歌。痛哭六軍辭廟日，誓憑隻手挽天河。』忠憤之情，溢於辭表，確是一首史詩。盧冀野也是南京土着的紳士，他不搞什麽「運動」，而慷慨離京，以視陳、吳諸人，其賢不肖爲何如？像陳、吳諸人這一類型的地方紳士，藉着高尚的職業（教育文化等）和地方的聲望（如市長校長等），平時不但接近政府，而且爲政府所推重，養成了他們的榮譽，一旦政府臨危，就馬上翻臉變卦，讀聖賢書，所學何事？怎不令人浩歎！

我們到上海後，市面也是一片緊張。共軍已攻陷蘇州了，離上海咫尺，人心更加惶惶。當時行政院在這緊急的關頭，準備了若干架飛機，停在龍華機場，專門搶運政府人員及有關人士離滬。大家都急於逃難，政府所準備的飛機實在不夠分配，能得到機票的就等於得到生命上的保障，非常珍貴。我何幸而分得了三張「登機證」，也就等於三張「生命符」。我和內子兩張，剩下還有一張，應該送給誰呢？第一個想到就是盧冀野！我覺得：搶救了一個盧前就等於掩護了十萬大軍的撤退。於是我七找八找找到了冀野。實際上，冀野能離開上海，政府自然會支持他登機證絕無問題；而且當時已在台灣的于右任院長非常掛念他，屢電催他速赴台北，同時有電叫我面催敦促。我記得在上海最後的一面是在南京路的上海和平日報社樓上，羅敦偉是這個報社的社長，我和敦偉都苦苦的勸慰冀野，促他同我們一行趕快離滬，越快越好。可是冀野總是雙眉緊鎖的歎息道：「我上有老母，下有妻子，一家十餘口，怎麽走得動？」又說：「國家對我這樣恩重，右老對我這麽情深，我只有感激圖報！」我初次看見了這位老友的一滴清淚。我和敦偉再三苦勸，並且打算硬拖他上飛機，而那時他的家有一部份還留在南京，來不及逃出來。他最後的答復是：「等我回去和家人商量了再定吧。」在一種時局急轉直下的當時，迫不得已，於是我們和冀野分手了，也就成爲永訣了。但是在我上飛機的前一天，風風雨雨，忽然又在黃浦江邊（外灘）邂逅冀野，拖着幾個小兒女，打一把傘，我問他到那裏去？他只說：「找朋友！找朋友！」慌慌忙忙的，我又提起叫他同走的事，他只是搖頭，匆匆的走了。這一次，才是眞正的永訣。他一生事母極孝，家庭觀念極重，他不忍擺脫全家而獨存，於是終於陷在大陸。

以後的消息，雖得自傳聞，但大概不會太離譜。不幸的一代名詞人從上海又回到南京，共黨對他就毫不客氣，迫使他寫「自傳」，疲勞轟炸的訪問他。一家的生活怎樣維持呢？於是寫些無關宏旨的小品文章以自給，刊登在陳蝶衣兄所編的「大報」上。到民國三十九年的秋天，于右老輾轉的得到盧冀野的一封信：

獨樹老人鈞鑒：

經年之別，恍同隔世。鍛羽不振，困而自守。日惟杜門不出，藉洪楊史實，撰寫一章回小說以自給。而舊識相知，流落白下者不乏其人。寧夏路所常見者，亦然。啼飢號寒，僅能稍助，其情可想見之也。茲以某某莅港，轉奉致候於長者，伏維近況佳勝爲頌。前再拜。

庚寅五月二十五日（即七月九日）

從這封血淚書中可以看出幾點：一、自南京失守後，過去與國民政府有關係的人員遭着嚴厲的清算與制裁。二、冀野在賣文爲活中尙以餘力支助受難者，其道義精神可敬。三、冀野旁的不寫，單寫洪楊史實，而以小說的遊戲筆墨出之，以洩胸中的沉鬱，自有所指。四、冀野念念不忘于右老，寫信自然不敢直稱右老的名字，而用「獨樹老人」的別號，而寧夏路正是右老官邸所在地，眼見凡是和右老有淵源的人都已陷于生活的絕境，說明不止他一人，其悲痛可想。

據我推測，冀野曾一度想赴香港的傳說，那是可能的，因爲他有一個弟弟在香港經商。我在民國三十八年己丑到香港，即打聽冀野在南京的消息，初時茫然，不久見到冀野的弟弟，把他哥哥近一兩年的作品給我看，是兩小本剪貼，內容雖全爲陶情怡性的小品散文，而在字裏行間往往露出了悲傷與苦悶。至于以洪楊爲背景的章回小說則沒有看到。據冀野的弟弟告訴我，他的哥哥確有意設法逃來香港，他也經常在設法，但不容易。我說：「我們趕快設法使他來香港吧！」于是我和冀野弟弟爲此事進行了一段時間，終于因種種困難，未能達到目的。冀野寫信給右老是民國三十九年庚寅即西曆一九五〇年，我那時住在九龍牛池灣，開始替香港星島日報寫稿以維持生活，同一樣賣文爲生，在寫作的情緒上就有天淵之別了。

民國四十年辛卯即西曆一九五一年的夏天，我搬到九龍城，主編星島日報副刊。一天，冀野的弟弟來九龍城訪我，一見就哭起來，我知道一定是冀野凶多吉少，果然是他去世的噩耗，時間是這年四月十七日上午四時半，我不禁淌下哀淚。從冀野的弟弟所得的家信及資料，知道冀野之死是由于腦溢血。冀野生于前清光緒三十一年乙巳，即西曆一九〇五年，正是中國同盟會成立、孫中山先生被舉爲總理的那一年，也就是滿清政府停科舉、興學校的那一年。我生于前清光緒二十四年戊戌，即西曆一八九八年，正是孫中山先生確定三民主義的那一年，也就是滿清政府維新政變的那一年。算來，我比盧冀野痴長七歲。哎！冀野活到只四十六歲就作古了，活到今天也不過六十六七歲，難道眞是「人生七十古來稀」嗎？而我還活到七十以上又有什麼用？如果冀野能同我們離開了危險邊緣的上海而到台灣或其他安全地帶，以他平素坦蕩的心胸，瀟灑的情懷，活到一百歲以上都不成問題，不幸而陷于大陸，則遲早已註定了他的必死的命運。

照說，如果盧冀野眞是因腦溢血而死，也還有研究的餘地。誠然，胖子比瘦子可能易犯腦冲血症，但冀野活了幾十年，從未聽說他有這種病，照常吟詩，照常飲酒，他的達觀和樂觀以及常常哈哈大笑，乃至講些好玩的笑話，都是他一生健康的主要原因。他不死于國土完整以前而死于國土分裂之後，其沉鬱、苦悶和傷感可能就是致他于死的催命符。據冀野的弟弟告訴我，他的哥哥在南京不僅受到精神上種種干擾，而且把他過去耗畢生的心血所印成的全部曲本沒收，分派市內小販包花生米，這是他最傷心的一件事。而據我所知，冀野平時的血壓並不甚高，不過有些輕微的腎臟炎與尿中毒等小病症，似乎生理上致死的因素並不重大，精神上的損害才是他致死的重要關鍵。民國四十年春天，就有他以前一個南京通志館的同事控告他，這當然是有所指使的，一時「清算盧前」的風聲，甚囂塵上。冀野經不起一再磨折，加上那時南京的藏書家把大量的珍藏舊書珍本當做廢紙論斤來賣，以易生活必需之品，冀野爲搶救這種「書厄」，盡了最大的努力，弄得精疲力竭，內外夾攻，才送掉了這條性命。

冀野死後，我在香港曾作一聯哀輓：

烽火亂離天，一別倉皇，與我只數語匆匆，看苦臉愁眉，小立黃浦江邊，帶女携兒尋友去；

才人坎坷命，半生落拓，從此更前塵寂寂，倘歸魂入夢，永憶采蘋橋畔，携風抱雨挾詩來。

一個明哲的學人是了然于生死的。但一般人最難破的是生死關頭，而盧冀野向來視之淡然。他生前有記事一詞，調寄「賀新郎」云：

久亦齊生死，便埋身，一坯黃土，等閒閒耳。只惜未能將革裹，幸負平生豪氣。剩一點丹心無昧。自此從容歸上界，信詩書沾溉垂危際。何苟免？我行矣。

鋼鳶過盡羣呼起，戴吾頭，歛魂收魄，又來人世。但覺眼前森鬼域，彈片槍痕而已。炸不了堅強意志。以齒還牙終必報，肯投降屈服非人子。重誓約，洗茲恥！！

昌明曲學是他最大貢獻

綜合盧前一生，最後有兩點可以特別提出的：一是學有師承而能發揚光大，一是塡詞刻曲鼓吹中興而功不可沒。

誰也知道盧冀野是近代曲學大師吳梅最得意的弟子，吳梅另一高足是任訥。吳梅，字瞿安，號霜崖，世稱霜崖先生，江蘇吳縣人。冀野從吳梅治曲，據胥瑞甫考証乃在民國十三年甲子之歲。那時，任訥在北大讀書，盧前在中大讀書，同受業于霜崖先生，被稱爲「吳門雙璧」，實際上盧前的造就與對于曲學的貢獻，都超過任訥。吳梅終身盡瘁于教育事業，專心一志教詞課曲，而于曲尤稱獨步，不但能塡詞，而且精製譜，更善吹笛，是曲學的全才，可稱爲關漢卿以後第一人。又不但對明淸二代的戲曲及散曲收羅最廣，而且所作戲曲充滿中華民族精神，如長虹血、煖香樓、軒亭秋、風洞山等曲本，以及霜崖曲錄、霜崖詞錄、霜崖詩錄等專著，都是慷慨激昂的作品，影響于他的學生很大。更難得的是他的教學精神，對學生負責指導研究，供給參考資料，批曲改詞從無厭倦。盧前師承最深，獲益獨厚，遂成爲一代卓越的曲人詞人。考我國歷來在學術上有成就的，必先經過名師指點，所謂「無師自通」究竟是一種騙人的話。沒有師承，不會接風氣之後，更不會開風氣之先。現任台灣師範大學曲學教授的盧元駿即是盧前的得意弟子，吳梅的再傳弟子，世稱「大盧」與「小盧」。據盧元駿的「四照花室曲稿」小序云：「肆業暨大時，試作天淨沙進，師以吾甚有厚望焉鼓勵之，更爲之指示津梁，辨宮商，論詞旨，殷勤不倦。」一個學派的繁衍是脈脈相承的，但是必須師生間的親愛精誠與刻苦治學，尤其在爲人師者視弟子如子侄而鼓勵有加愛護備至。即如吳梅對盧前的關切，眞有古聖賢的美風。冀野畢業中大後，吳老師留他代教中大和光華大學的課程；其後歷任四川大學與河南大學教授，都是吳老師所推薦。而且，在河大介紹謁見宿儒邵瑞彭，在川大介紹謁見名詩人趙熙，返京後又介紹結交葉恭綽，再由葉的介紹而任教暨南大學。

至于冀野本身的著述，除「中興鼓吹」詞集外，主要的尙有：飲虹簃五種曲，讀曲小識，中國戲劇概論，中國散曲概論，詞曲研究，明淸戲曲史，冶城話舊等多種。其他有關詞曲的專題論文也多，如令詞引論，陳大聲評記輯，散曲叢刊序等。

盧前最受人尊敬而一致讚許的是他的一部「中興鼓吹」詞集。他是一個愛國的歌手。我們都是同一時代的文人，所遭遇的國家災難和民族恥辱不減于辛稼軒、陸放翁當時，我們爲什麼不能產生血淚的偉大作品？正因適合這個迫切的要求，鼓吹中興的大業在神聖的對日抗戰一開始，盧溝橋號角吹出第一聲，就在國府西上遷移過漢口時，由于右任院長的倡導，首先出版了一本文學性的雜誌，定名爲「中興鼓吹」，用詩歌作品以鼓勵同仇敵愾抗戰到底的士氣與民心，主編人就是盧前。我當時在長沙辦湖南國民日報兼湖南全省人民抗敵後援會宣傳主任，冀野從漢口把新出版的雜誌寄給我，于先生也來信要我做發起人，而且多寫慷慨激昂的歌詞來充實刊物的內容，我都遵辦了。以後到了重慶，「中興鼓吹」改名爲「民族詩壇」，努力于民族詩歌運動。民國三十十三年再出版「中華樂府」，仍然由冀野主編，並由劉延濤、張庚由、慶深容等協助。到這時，冀野把他所作關于鼓吹國運中興的詞品，彙編一集，即名爲「中興鼓吹」，大量印出來，分贈前線將士，使健兒們高歌慷慨，加强抗敵禦侮的戰鬥精神。即此一點，冀野對抗戰的貢獻已很大。

「中興鼓吹」共二卷，卷一收有中興樂、少年遊、荷葉盃等詞作四十首，卷二收有沁園春、滿江紅、水調歌頭等詞作二十八首，共六十八首。頭一首「中興樂」即代序，詞云：「漸覺摩胸劍氣沉，問誰肯作狂吟？辛劉語，冷落到而今。」新詞鼓吹中興樂，雄風托，莫嫌才弱，將我手，寫我心。」你不要忽視了這本薄薄的詞集，它對于前方的士氣和後方的人心之影響力實在重大，即在文學本身的價值上也獲得了當時一般名儒學者廣大的美評。

尤其難得的是于右老題冀野所著的「北遊草」，讚美冀野鼓吹中興大業的貢獻，寫了兩首曲子，鼓勵有加，兩首用的調子都是「仙呂寄生草」，其一是：「這可生關和鄭，這可是馬與王。曾記得饞書老輩推宗匠，曾記得塡詞後進希高望，曾記得貪杯尊嫂頻相讓。念中興鼓吹舍其誰？祝詩壇草創終須仗。」其二是：「年差我，學愧君。與君別有相知分，都門握手欣雄鎮，漢臯結社開新運，爲的是民間樂府幾朝湮，盼的是中華豪傑乘時奮！」

再據胥瑞甫考証：「中興鼓吹」詞集共有六次版本：一、漢口版，二、重慶版，三、貴陽版，四、桂林版，五、海外版（英譯本），六、永安版。這說明了什麼呢？第一、說明了這一本作品的普及性和深入性；不僅在國內，而且馳名到國外；不僅在大都市，而且暢銷到偏遠地方。第二、說明了作者在抗戰期間的轉徙流離，而珍視這本集子如第二生命，到一處再版一次。

綜合根據近代各家的記載，冀野平生對于曲的最大貢獻乃在編印大量曲本。他從十九歲起即木刻古人曲本。數十年教書所得，薪資所入，省吃節用，都用來刻書。他不用鉛印，不用石印，專用木刻，保存古風。而他之刻書，並不止于一刻了事，每一種刻本，都通過了精密的整理、考據和註釋，印刷精良，校對正確，而這些曲本，多出自私家密藏或海內孤本。近代整理我國文獻成績最著的，除胡適外，盧前應該是第二人吧。。不過適之先生是「博」而冀野則「專」，專在曲的一藝。綜計冀野編刻的曲本，至少有下列各種：一、元人雜劇全集十四冊，二、與任訥合編的戲曲叢刊二十種，三、校印淸散曲二十種，四、校本太平樂府九卷，五、校本樂府新聲一冊，六、集元明二代散曲的大成經過八年才完成的飲虹簃叢書，七、飲虹簃所刻曲四冊，八、集元明淸曲人五十四家的小令一百零九首加上他自己的小令五首的曲雅，九、集元明淸曲人七十四家的套曲九十首加上他自己的套曲一首的續曲雅。冀野以個人畢生的精力、心力和財力努力于刻曲的工作，算得是當代另一典型的奇人。

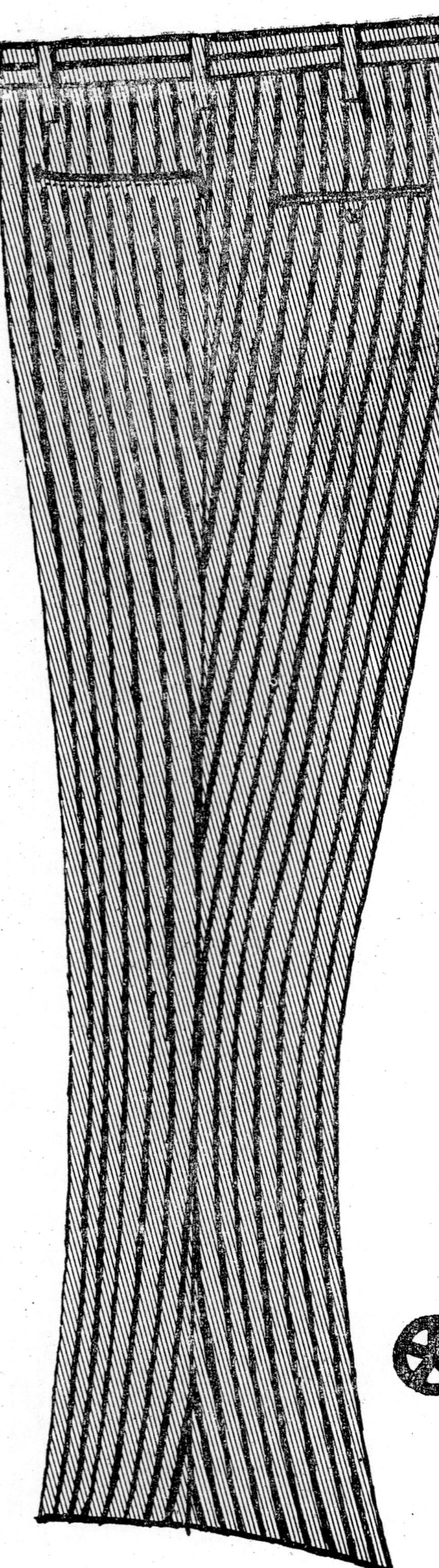

一身去國八千里

——流亡旅程回憶錄（下）

陳蝶衣

去國前夕　夢繞蓬瀛

在廣州逗留到第三天，給我的大致印象是：市區的表面情況相當平靜。在上海，「三反」、「五反」運動的展開，都曾雷厲風行，出現過「窮追猛打」的場面。街頭的宣傳喇叭，經常叫嚣着：「坦白是生路！不坦白是死路！」聲勢洶洶，十分可怕。在廣州，此種情況却看不到。

還有，我在離滬之前，上海若干通衢要道的電杆木上，已掛出了一只一只「檢舉箱」，作用是鼓勵告密。因之任何一個市民，都會有被人「挾嫌誣告」的危險。此種「檢舉箱」的出現，無異是「難以安居」的信號。我之終於決定去國，這也是原因之一。

或許，廣州市的「五反」運動，也在暗中進行着，只是我這個外來旅客，無由得悉而已！不過，至少街頭並無宣傳喇叭大聲疾呼，電杆木上也未見有「檢舉箱」懸掛，居民的心理威脅，看來要比上海少得多。

下一天，我就要離開廣州，正式踏上去國旅程。趁着多餘的時間，我走向銀行，遵照規定，把人民幣兌換了二十元港幣。（凡由廣州去往澳門或香港者，只准攜帶港幣二十元，不可逾此限額。）然後回到旅館結賬，付淸了房錢。由於尚有餘欸，便又走向市上，選購了一雙涼鞋。這一雙涼鞋後來就陪着我由廣州而澳門，由澳門而香港，由香港而九龍，一路隨行，大遊其埠。

入夜之後，我寫了兩封信，一封給父親，一封給二妹，信中說明我已安抵廣州，即將繞道澳門，去往香港。寫好了放在口袋裏，準備次日付郵。

當夜伏枕不寐，思緒如潮，朦朧之間，又有了七律一首的腹稿：

別廣州前一夕作

流人三宿五羊城，臨別能無別緒縈？
頗覺重來如隔世，不妨遠去是單程。
長堤夜色迷望眼，曲巷跫音攪旅情；
一舸偕亡猶未發，宵征夢已繞蓬瀛。

我的去國目的地，事實上是客鄉異域。但在此時此際，却成了遊子心目中的十洲三島，瑯嬛福地了！

花尾載渡　枕上尋詩

次日一早，仍然跑去新亞酒店，謀一盅兩件之享受。裹腹以後，再到郵局，把信寄出。此外更無別事，便一面躑躅，儘可能對廣州的市容，作臨別前的一瞥；一面順路走回旅館。

旅館裏的侍者，知道我即將離去，殷勤詢問何日再來？我只好報之以微笑，告以未定；然後畧予打賞，他也接受了。這是一家私營的旅館，小賬制度還保持着，尚未在打倒之列。

看看腕表，上船的時刻將屆，出得旅館，心中暗道一聲「我去也！」提了僅有的行李，僱了一輛三輪車，載我到碼頭，驗過了船票、通行證，打開箱篋，讓檢查人員看個飽；例行手續全都辦妥，乘客獲得放行；踏上花尾渡船頭，進入艙中，找到舖位，放下行李，脫掉涼鞋，換上睡衣褲，躺在舖位上，等待開船。

這種花尾渡船，共有上下二層。下層是統艙，未經涉足，情況不知道。上層的舖位，舊習慣叫做官艙，說來好聽，其實僅得一蓆之地，頭頂艙板，脚抵過道邊緣；對面的舖位，亦然如此；中間只留出尺來寬的隙地，如果乘客都是昂藏七尺之軀，就眞要應上「抵足而眠」的老話了。

上船之日，已踏進農曆八月；南國的氣候，還是十分炎熱，「暑門」之稱，眞可當之無愧。幸而窗戶洞闢，起錨之後，渡船開行，江風吹來，暑氣稍減，還不至熱得昏頭搭腦。

不久，船隻駛出了珠江口；轉瞬之間，已是身離故國，成了違難避地之客。舟中無俚，伏枕構思，寫出了我的貌似快意，心實沉痛的遊子之歌：

去國行

平生所志在飛動，略如六翮知奮竦；
蠟屐自來未倦遊，浪跡猶能賈餘勇。
地窮丹徼路非遙，舊日青山正見招；
浮槎先上花尾渡，問津重覓武陵樵。
鵁鴻俱習摶風發，雲水相隨不相失；
同舟迴護各無言，此去孰非逋亡客？
從玆燈火遠交親，漸覺風光到眼新；
此身已分江湖老，一別無妨出國門。

如果是承平之世，同舟共濟，總會由陌生而

相識，彼此攀談，以破岑寂；童年時期曾屢乘班船，由鄉入城，由城還鄉，同船乘客無不有說有笑。惟有這一次，左右舖位雖皆有人，但都三緘其口，不交一語；僅是在目光偶然接觸之時，勉强笑上一笑，表示「心照不宣」而已！

中途檢查　有驚無險

在舟中昏昏而臥，一顆心因多所牽掛，苦於未能寧靜；而天氣却愈來愈悶熱；墊在身背下的草蓆，似乎也在蒸發着一股霉腐之氣；雖然隨身帶着一把摺扇，但搖到手疲亦爲效甚微，解愠之風竟是不可多得。

由於汗衫濕膩，躺得久了極不自在，只好抬身坐起，憑窗外眺，但見崗巒起伏，雜草叢生；港灣之水，反映着閃爍的日光，耀眼生纈，可知紅太陽的威力，正是非常厲害。

時間分分秒秒的過去，彷彿比往常緩慢了許多。在舖位上起了又臥，臥了又起，也不知經歷了幾許時候，船忽然停泊了！不動了！只聽得下層統艙中，隱隱約約有些許騷動之聲傳來，一路上所最躭心的一件事，終於發生了！從所有同艙乘客的神色中可以看出，這必然是有「解放軍」幹部上了船，在執行檢查的任務。因爲我曾抬起身來，向窗外望了一眼，所見者仍是荒山野地，並無鎮市，顯然是一處前不着村，後不着店的所在；在這個所在舟行膠着，除了關卡式的檢查，不可能有第二個理由。

此時此際，唯一的應付辦法是聽天由命，持之以鎮靜。徒然憂慮、緊張，只有自露形迹，反而無裨安全。於是我便乖乖地仰臥着，置一切變故於度外，表示我之無動於中。

至少經歷了半小時，檢查工作始終只在下層進行，不見有「解放軍」緣梯而上。所有上層的乘客，也沒有一個敢下去探看。

然後，又看到窗外花改岸、鳥隨舟的情景，膠着的船繼續開行了！後來向也曾經由澳門來到香港的舊友詢問，估量停船不進的所在，大概是石岐。於是，我又追寫了一首五言律詩：

石岐阻泊

舟入菰蒲路，昏昏忘暮朝。不知何處泊？但覺一身遙。汗漬衣難換，腕疲箑苦搖。杯膠無意問，倚枕待風飆。

杜甫之詩有曰：「故山歸興盡，回首向風飆。」我在去國旅程之中，自無歸興可言。而所待之風飆，則不外是寄望於杯膠（見「荒子」逍遙遊篇）的情況早些過去罷了。

抵達澳門　獲得自由

有驚無險，難關渡過，目的地終於抵達，實現了夢寐求之的舍筏登岸願望。

抵達澳門的時候，已在傍晚。

提着行李上了岸，驗關時僅由關員畧一檢查，便很順利的獲得了通過。走出輪埠的鐵門，已發現內子的舊同事鄭予一小姐，在人叢中向我揮手招呼，我連忙跑上前去，向她致謝。

鄭小姐告訴我：已替我在中央酒店訂了房間。她是生長上海的廣東人，能說一口流利的粵語，於是由她僱了一輛三輪車，陪着我直駛酒店。

舟車勞頓的遊子之身，到此纔得澈底的休息。在酒店客房中，吃了一碗麵解決了晚膳，然後洗了一個澡，舒適地躺在「席夢思」牀上，渡過了安靜的一宵。

鄭小姐有舅父母在澳門，她就寄居在舅家。次日一早，鄭小姐替我結清了房飯錢，帶領我去往她的舅家黃宅下榻。此外，她又忙着爲我找尋去往香港的門路。

在等候船期的日子裏，由鄭小姐及她的表姊妹作嚮導，陪我逛了澳門的街市，參觀了當地的賭場，也看到了澳門名勝「大三巴」及附近一帶的景色。

黃宅樓上有一個寬廣的露台，早晨與夕陽西下後，我總是以大部份的時間，徘徊於露台之上，眺望着不遠處的海港景色。

主人殷勤待客，晚餐桌上備有洋酒，用以勸飲。我在上海，已是止酒有年，至此始復破戒。惜乎我不諳粵語，未能與主人暢談。主人問起上海的情況，我擇要作了簡報，還要痲煩鄭小姐，爲我作通譯。

到了離澳來港，向主人告別的前一日，我曾寫了一首七律，藉以答謝主人黃翁的盛情，原詩如下：

宿澳門黃宅

車笠從來未會盟，黃堂一榻已先橫；
望門豈意成張儉，設醴方知厚穆生。
政遇淳和初問俗，夢尋洲島再登瀛；
鐵函他日留心史，記取濠江不僞情。

機帆船上　爬蟲爲伍

憑着熟人的介紹，鄭小姐替我找到了門路，送我到一位船夥的家裏，把我交給了船夥，然後自去。船夥用粵語安慰我：「我們的船是很安全的，只管放心。」他的語意我倒聽懂了！連忙領首，表示領會。

坐了片刻，船夥便領我走向岸邊，上了一艘機帆船，示意我在船艙裏睡下，等候開船。

這一艘機帆船，載貨似乎不多，只是船艙內外，堆置了一些痲包之類，也不知裏面裝的是什麽東西。我所睡之處，既無枕頭，亦無草蓆；只得從箱篋中找出替換待洗的衣服來，捲成一卷，墊在腦後，枕之而臥。艙板隙縫裏，不時有小蟑螂爬來爬去。所謂清潔衛生，這時候是一切都談不到了！

機帆船捱到黃昏時分，方始啓碇；機聲軋軋，擾我耳膈；無法入睡，惟可尋詩。有「海上行」五古一首，即作於此舟之中，茲錄之如下：

海上行

一舸入滄溟，流徙從此始！倠發五兩風，迢迢但東指。橫空有過鳥，冥飛不迴翅，幻想陟蓬壺，峯巒參差似。伯鸞歌五噫，思肖賦二礪；許國豈無心？避地宜所恥；徒以天左旋，頹望故不遂；太息千載下，飄然同一逝！民生傷凋瘵，安得終相棄；不知復何日，更攬澄清轡？

登車攬轡，有澄淸天下之志。這是吾家先賢的故事，見於「世說新語」。我則是一塊不材之木，未敢存用世的妄想；以此作結，僅是寄望於當世之賢者的表示而已！

匿身艙底　做了屈蛇

船夥口中的安全二字，事實上是個極大諷刺。因爲我在船艙裏睡到半夜，忽然有人走來，將我喚醒，要我起身。我不解所謂，只好看着他的眼色行事。

結果，那人帶我到了船艙後梢，揭起一塊木板，示意我下去。我心中明白：大抵前面又遇上了關卡，所以要我躱藏起來了，以免露了形跡。

我遵照指示，由他助我一臂，跳下艙底；撲通一聲，浪花四濺；原來下面水浸及踝，已與池塘無殊。我纔自穩住身子，黑暗中抬眼仰望，早就密不通風，蓋上木板。此時此際，頓成甕中之鼈，無路可出。幸而艙中有一條橫檔，高出水面，約可半尺；我便蹲坐在橫檔之上，聊以止憩。

我沒有料到海行中途，會遭此厄運；隨身又未備乾糧，半夜被喚醒之後，飢腸轆轆，已甚難受。又兼身在囹圄，空氣惡濁；久而久之，窒息難舒，只想嘔吐。後來我纔知道：此行就是所謂偷渡；偷渡者還有個諢號，名爲「屈蛇」。

自揣我之一生，事無不可對人言；光明磊落四字，足以當之無愧。惟有在去國旅程之中，却因格於環境，限於規例，不得不降身屈志，權充「屈蛇」一條。奇恥大辱，莫此爲甚。這一筆賬，少不得仍要算在「赤色恐怖」的頭上。

若干月後，偶然從報上看到水警輪截獲屈蛇船的記載，不禁猶有餘悸，因而補寫了兩首七絕，藉誌感歎，原詩如下：

屈蛇歎

毒螫餘生何處家？析津難覓掛星槎；
可憐無數逃亡客，蓬底傴僂作屈蛇。
多少強魚脫網罾？圖南我亦舊鯤鵬；
迴思往事心猶悸，一幅籧篨覆庾冰。

香港在望　登岸卽病

我之匿於艙底，事實上十分寃枉；因爲船行中途，迄未停頓；顯然並沒有遇上緝私隊的檢查。白白在艙底枯捱了二三小時，纔見上蓋重揭，現出窟窿，看到先前那人俯首召喚。我連忙站起，攀住他的援手，騰身而上。可憐兩腿痲木，幾於不能行走；只好一拐一拐，拖泥帶水，回到原處；應上了「螃蟹夾豌豆」的俗語，連爬帶滾，脫去又髒又濕的鞋襪，用毛巾抹了又抹，又是一番忙碌。

這時候，飢餓疲倦，兩俱相忘；唯一意願，便是早些脫離苦海，登上彼岸。

盼望又盼望，期待又期待，天空終於漸漸現出了魚肚白。晨光熹微中，機帆船進入了海峽，在西環的一處碼頭傍了岸。我早已換了衫褲，穿上抹乾了的涼鞋，乖乖地等候着。船泊定以後，船夥走來，帶領我登陸。眨眼之間，我已身在街頭。去國之行，到此乃告一段落。

船夥爲我代僱了一輛「的士」，按照着我寫在紙上的地址，駛往北角的健康新村，抵達了鄭予一小姐的家門。此時鄭小姐還逗留澳門未返；內子自夢中驚醒，矇矓着兩眼延我入室，彼此雙手緊握，兀自顫抖不已！

船夥陪我到此，也算是送佛送到了西天。他在客廳等候着，內子早已貯欵以待，點數了港幣三百元，人銀兩訖，交割清楚；船夥稱謝而去，我則稍事休息，即由鄭小姐的家人，陪着我及內子，走到明園大厦隔壁的一家旅館，闢室下榻，暫作寄頓。由於旅途之中，暑邪風寒，交替侵襲，不僅頭目暈眩，而且微患泄瀉，健康受到損害，早已支持不住了！

故舊重晤　洗塵筵開

抵香港晤內子

浩蕩鷗盟渡海尋，過程重歷百嶔崟；
囁嚅未到成翁日，試向天涯唾一瘖。
別不尋常會亦艱，直從淚盡覺歡顏；
分明握手都成顫，猶道相逢一夢間。
相看確認未捐生，消盡當時百感橫；
畢竟南離風日好，解裝先換袷衣輕。
出處商量更不疑，敢將勝踐說權宜；
灌園亦是平生願，往哲於陵遠可師。

上面四首絕句，也是事後補作。算是對安抵香港，重晤內子的一個概括敍述。

我在旅館裏，整整地躺了一天。先我避難來港的滬上舊友，得訊後俱來探視，使我重復感到了友情的溫暖，疾苦亦爲之大減。

當日並未延醫，由內子去往藥房，購買了兩種西藥，一種止瀉，一種退熱；此外又午晚兩次，喝了大杯的「萬應茶」；到了夜裏，出了一身汗，寒熱旣退，泄瀉亦止。總算藥石有靈，並未使我患上大病。

到了次日，小恙已霍然而愈，隨即與兩年前已離滬來港的電影名導演屠光啓兄，通了一次電話。光啓兄在電話中聽到我的聲音，得悉我已到了香港，立即表示歡迎，叫我到他的家裏去住。

於是我便在下午提了一肩行李，與內子一同渡海，到了九龍，望門投止的亡命者，獲得了澳門黃宅主人以外又一位現代李篤的奧援，與光啓兄歡然把晤，恍如隔世。自此即下榻屠宅，由「屈蛇」一變而爲「寄居蟹」。

抵港第七日，島上故舊沈秋雁、沈葦窗、盧大方、陸小洛、潘柳黛，盟弟顧志剛、馮蘅、席曙天、義妹韓菁清，會同在峨嵋酒家宴請愚夫婦，爲我洗塵。項墨瑛、林美琪二女士得訊，亦聯袂來會；因復寫詩一首，以誌良覿：

峨嵋酒家席上作

身是橫江一鶴飛，重遊舊地只如歸；
故舊紛置軟脚酒，峨嵋金頂急攀躋。
相見各敍數年別，開尊快瀉琥珙液；
豪士巖電頻頻掃，佳人腕釧時時捋。
此夕此會不尋常，使我遠來忘憂傷；
人情未比秋雲薄，燈漏欲分夜月光。
歡腸得酒猶濡筆，急就章寫紀念頁；
從今願與諸子長拍浮，
醉倒不知東方白。

結束流亡　恢復寫作

在此時期，屠光啓兄曾陪着我去往漆咸道，會見了張善琨、童月娟伉儷。月娟是先師步林屋的義女，與我份屬師兄妹。善琨亦遠在他創辦電影事業之前，即已相識；他在上海所主持的新華影業公司，這時又在香港恢復組織，正要攝製「小鳳仙」一片。由於我之到來，立即以編劇之任見委。此外環球圖書出版社主人羅斌，也特地渡海約晤，要我再度主持「西點」半月刊的輯務。「西點」在抗戰勝利以後創刊於上海，原是由我一手擘劃。羅斌兄先我南來，「西點」亦隨之避地而南，已出版有年；我接受了羅斌兄的邀請，遂復爲賓主如舊。

於是我一面寫劇本，一面編刊物，又恢復了我的操觚生涯。稍後並遷出屠宅，卜居其鄰，一如宋季雅與呂僧珍的故事。內子本來寄居在她的舅父母家，她在香港，我在九龍，盈盈一水，倒好像是判分牛女之銀河。僦居既定，纔算終止了河東河西的隔閡。當時乃有「卜居」一詩之作：

卜居

炎荒重遠禍，白手又成家。
安榻開藏室，下帷撤露車。
夢中啼笑盡，醉裏歲時賒。
踏遍三鴉路，更無巇嶮嗟。

後來事實證明：在上海時陳蕩「同志」對我所說的兩句話：「我們對知識份子，現在還是客氣的！」確是一項機密的洩露，無形中也救了我一命。

因爲過不了多少時候，「百家爭鳴」的「陽謀」便開始了！許多知識份子都上了當，落入了圈套，被打成了所謂「右派份子」。如果我還逗留在上海，這一場大難，必然很難倖免。

即使能夠逃過「百家爭鳴」的大難，也不可能一再僥倖，脫出更後來的「文化大革命」之浩劫；好多文化藝術界的舊友，都會在這一次浩劫中被鬥爭清算，並罰令戴上紙冠，遊街示衆。

對知識份子「不客氣」，百份之百的兌現了！做到了！

邀天之幸，區區下走總算未至身預「牛鬼蛇神」的行列，這完全是拜「一言驚醒夢中人」之賜。此恩此德，是值得感謝的。

親愛的陳蕩「同志」，不知今猶無恙否？我很想念你！

最後，容我以另一首七言律詩，作爲本文的結束：

夏衍以「林家舖子」一劇，田漢以「謝瑤環」一劇，先後俱遭清算，遠道聞訊，賦此寄慨：

蹈危誰解燭機先？橐筆從征事枉然。
昨日風雲方際會，今朝萁豆已相煎。
背銘竟忘言宜慎，面拭終嫌意未虔。
只有淺哉心閉早，墨黥幸不及生前。

（註）洪深字淺哉，劇作家也！已故。

（全文完）

文化大革命中的紙冠遊街行列

中國歷史文物趣談

明末「詩妓」張二喬畫像與遺墨

·高貞白·

三十多年前，廣州市文德路有一所廣雅中學，本來是張之洞所設的廣雅書院，如果再上溯二百多年之前，則其地又爲明末諸名士時相唱和的南園。

南園詩社是明朝廣東一班講氣節的文士雅集之所，從前葉遐庵（恭綽）藏有「明末南園諸子送黎美周北上詩卷」，是廣東著名的文物，葉君于謝世前八年，把他所藏的廣東文物贈給廣東文化機構，此卷亦在其中。

此卷原係已故詩人黃晦聞（節）之物，黃君生平崇敬鄉賢，於南園諸子尤爲低首，故得此卷後題詞纍纍，再三詠歎。卷中題詩的人，多半是晚明氣節之士，尤可貴者，則爲歌女張麗人親筆題的詩一首。麗人筆蹟流傳極少，此爲送黎美周之作，愈可珍貴。

南園事蹟，先得說一下。

舊日廣州的文壇中有所謂「南園先後五先生」這個名目。「先五先生」爲明代初年的孫蕡、黃哲、王佐、趙德、李介。他們在南園的抗風軒設詩社，爲雅集之所。「後五先生」則是中葉以後的歐大任、梁有譽、李時行、黎民表、吳旦等五人，又結詩社于此。前後五先生都是廣東提倡風節的人，故影响當時的知識分子甚大。崇禎初年，陳子壯辭官歸里（時爲禮部侍郎），復修南園詩社，與區懷瑞、曾道唯、謝長文、黎遂球、黃聖年、黎邦瑊、蘇興裔、梁佑達、區懷年、陳子升、高賚明等十二人吟詠契盟，重賡風雅。

黎遂球字美周，崇禎間舉人，工詩古文辭，善寫山水，但傳世極少。

南園諸子，多爲忠烈之士，中如陳子壯、朱學熙、安仲韓（雖非社友，然亦與諸子常雅敘其間，卷中亦有其題詩），陳子升、謝長文，皆於明亡之後，不甘在異族統治下做順民，高舉民族義旗，起兵反抗，事不成，有殉國的，有逃走不知所終的，也有出家爲僧、避鷹犬毒手的，他們不肯偷生靦顏事敵，保存知識分子的人格，至今仍爲後人欽敬。

崇禎六年癸酉（一六三三年），黎美周入京會試，南園諸子爲之餞行，各有賦詩，陳子壯作序首唱。現在卷中載賦詩者十人，社友居七，而歌者張麗人（喬、又號二喬）一絕，韻致婉約，如見其人。詩云：「春雨潮頭百尺高，錦帆那惜挂江臯。輕輕燕子能相送，怕見西飛是伯勞。」字亦不俗，也許是常與名士交游，久受薰染，故落筆有出塵想也。

張喬本是蘇州人，她的母親到廣州後才生下她的。到十五六歲時，以才藝冠其曹，遂名噪一時。性喜風雅，工吟詠，能書畫，但才人命薄，活到十九歲就死了。將死時，彭孟陽爲她贖身。二喬既死，孟陽爲她營葬於近郊白雲山麓的梅花坳，又集諸名士各爲詩一首，植花一本哀悼之，號曰花塚。辦完這些事情後，彭孟陽又收集張二喬遺詩及諸名士悼惜之作，彙刻爲「蓮香集」。黎遂球撰書墓志銘，額篆「歌者張二喬麗人之墓」九字。二喬生明萬歷四十三年（公元一六一五年）三月十六日，卒崇禎六年（一六三三年）七月廿五日。在抗日戰爭發生前，張二喬之墓尚無恙，廣州一些風雅文人，每於清明前往掃墓。抗戰結束，二喬墓竟然「失蹤」，無從尋訪。一九五四年前後，葉遐庵等人爲了保存廣東文物古蹟，曾竭力探尋二喬之墓，終告失敗。原來廣州在日寇盤據期間，因某一次修築防守工事，白雲山麓某一地方亦被圈入，二喬之墓遂爲侵略軍所毀，日久便夷爲平地，無影無蹤了。

黃晦聞收藏此卷，則在五十年前，民國十年辛酉（一九二一年）故友羅君原覺往北京探訪梁啓超、黃節諸公，並携此卷請黃晦聞題字。晦聞一見此卷，愛不釋手

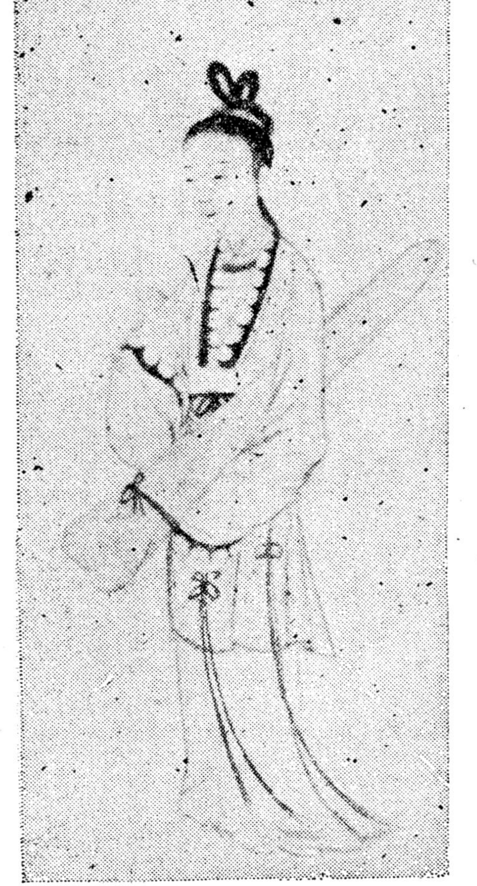

歌者張二喬畫像

，請羅君護與。其後十二年爲民國廿二年癸酉，晦聞題詩卷上，並有附記，今盡錄于後。

寥落蓮鬚閣裏詩，雲淙別館亦凌夷。十年舊憶南園會，留與傷心後輩知。此余辛酉上元夜題此卷之詩也。其時羅原覺携此卷北來，屬爲題句，既以余與南園諸子淵源有自，乃慨然以之相讓，故余詩雖題，尋復裁去，荏苒又十二年，今日展卷，憶辛亥七月，梁節庵先生重開南園詩社，與會者八人，余以齒最居後，今亦老矣，前輩零落已盡，不獨少陵有高才凌替之痛，因復取舊詩重題卷末。節庵先生南園詩社重賦詩有云：「老柳疏疏重照水，山亭隱隱竹成烟。閒年風物當誰賦？空憶陳黎一輩賢。」余輟詠經年，去鄉萬里，悠悠往躅，自知非其人也。癸酉夏六月，黃節寓北平題記，是年六十有一。卷中諸子顯者不復敍，敍其幽光者，北居史志不備，考得者敍之，集錄志傳，不標舉原書，亦舊史法也，後之攬者將考焉。

朱學熙，字叔子，清遠人，受兵法于其父文諒，悉粵海險要。永曆時上書陳恢復，授翰林待詔。廣州陷，與白嘗燦謀起兵，未就。陳邦彥敗走胥江，力孤無援，學熙乘間殺令以城應之，傾家助餉，城破，縊死家園圖書琴劍間。著有「南越廣艾」及自作詩賦，編爲集。

安仲韓，日欽也。天啓元年恩貢，函可和尚「千山集」有「夢安仲叔」詩，「遙哭安仲叔」詩，安仲當即日欽字。「廣東新語」云：日欽以戰敗死，蓋亦從如琰建義於到滘，或博羅之後死之也。陳子升幼時，子壯教以爲詩，應聲而就。長與黎遂球等十二人修復詩社。

張喬，字二喬，廣州校書，工詩畫，年十九，病垂危，彭孟陽以金贖之，及死，爲悼詩百首，名曰「惻惻吟」，葬之白雲山麓梅花坳。復集諸名士，下至緇流，各爲詩一首，植花一本以表之，號曰花塚。又裒喬詩，及諸人弔喬詩，爲「蓮香集」。（按：「蓮香集」刻於明弘光元年（公元一六四五年，清世祖順治二年）冬，在清初已極罕見。集中二喬詩有五古、七古、五律、七律、五絕、七絕，各體皆備。其詩最爲人傳誦者爲送李雲龍出塞七絕二首，及送黎美周北上一首。）

歐主遇，順德人，博學篤孝友，平居客來問字，屨滿戶外，優游林壑，絕跡公門。著有「西游」、「北游」兩集，「醉吟草」、「自耕篇」。

黃聖年，字逢永，南海人，萬歷戊午舉人，著有「薛蕊齋詩集」，「本草通」、「坤輿志」等。

徐棻，字木之，後改名棻。南海諸生。謝長文，字伯子，番禺人，以屢試不售，就教職後，補鄖陽縣，方行而賊已陷楚，會國變，福王立於南都，長文上下大江，求復補一令自效。聞母憂，乃歸廣州，授戶部主事，遷員外郎。廣州破，不復出，未幾遂禮僧函是，名今悟。著有「乙巳書稿」、「雪航稿」、「秋水稿」。

顧圻，字琢公，一字山臣，錢唐人。著有「今年草」。

李雲龍，字烟客，番禺人，少補諸生，負奇氣，重節義，一時名士多嚴事之。梁元柱以疏攻魏閹削籍，歸與雲龍及陳子壯、黎遂球、梁繼善、趙焞夫輩，徜徉詩酒間。時張喬歌舞妙一時，雲龍復與之善。後走塞上，客袁崇煥所，崇煥乞休去，雲龍痛憤作感秋詩。崇煥死，雲龍歸里，久之削髮爲僧，爲羅浮華首台藏主，名二嚴。國亡後，不知所終。著有「雁水堂集」、「嘯樓前後集」。

黃晦聞死於民國廿四年乙亥（一九三五年）一月廿四日，這一年的冬天，由王秋湄（蘧）介紹，此卷遂歸葉恭綽先生。此卷由黃入葉，及晦聞寶藏十餘年的經過，王秋湄寫了一篇「南園墨痕」，載一九三七年一月五日「逸經」半月刊，今摘錄如左：

晦公讀書厲節，於鄉邦文獻，蒐討獨勤，而於晚明諸子行誼，服膺尤深。其三十年來學脯之餘，購藏前賢手蹟頗多，此卷乃其秘笈中之第一銘心絕品。自辛酉題句後，逮十二年，癸酉重裁裝題，並參考敍卷中諸人事畧，蠅楷累千餘字，神智不懈。余前春僑寓公齋，茗話夜分，猶復出卷論賞，謂寧忍窮乏，不欲藉此易粟，白頭期守，共葆歲寒，可知其晚景睠睠於南園先哲，珍卷逾球璧矣。卷中如朱學熙、歐主遇、黃聖年、徐棻、謝長文、李雲龍諸墨蹟，至爲罕覯。而張二喬麗人題句，秀出天南一枝，固不僅爲當時之雅韻，眞恐世間無此妙質已。晦公前臘下世（按：「前臘」指陰曆甲戌年十二月，晦聞死於十二月二十日，陽曆則爲一九三五年一月廿四日），遺物飄零，余獨系念此卷，有關吾粵文教，流出外方爲憾。不期去冬其姬人松鳳，携以南來，展視悵惘，如對故人。適遐庵先生至吳下，乃急介歸。遐庵本公故交，所藏楚庭耆舊名蹟亦富，牟珠在握，楚弓不遺，余幸物得善識，可告慰亡友於九原，因記區區散聚，以著友誼，而南園詩脈，感用徵存，遐庵亦當有微契云。丙子立冬之夜，王蘧金昌北濠堂寫記。

（按：王氏字秋湄，又號秋齋，本名世仁，民國初年任南洋烟草公司秘書，爲簡照南親信。中年後隱居蘇州，一九四四年四月在上海逝世。他是廣東番禺人，工詩，善章草，葉遐庵輯印其遺詩行世）葉遐庵得此卷後，廿餘年間皆以之自隨，視如生命。他在卷中有題記二段，藉見此卷的歷史一斑，茲錄如左：

是卷歸余十餘年未題一字，因欲詳加考證，然後下筆也。今秋齋又下世有年，時局變遷，余欲歸老穗垣，竟不寧厥居，遂又流徙香港，所藏書畫古物，歷經離亂，毀失殆盡，此卷幸抱持未失，然竟不能有所闡述，重負秋齋見託之意矣。秋日展視，爰綴數行，以留爪跡，終盼能有考訂以補南園故實也。民國三十八年（一九四九年）八月。

引首「口林僧舍」之第一字，經多人忖度未決，余意係「東」字，惟其地何在，俟考。此卷余因重鄉邦文獻及故人之託，十年來流離轉徙，護如頭目，雖其它藏物星散，此終在行篋中，其美周畫幅及二喬「蓮香集」亦俱僅存，誠幸事也。一九五〇年北來後，役於他務，所欲考訂者，卒未能從事，雖「廣東叢書」已出至三集，屈翁山「四朝成仁錄」業已刊布，而所願未償者猶有八九，衰年棉力度終罕成就，方深悵抑。去年夏修理京師袁督帥墓已竟，聯想及於百花塚，屢寓書粵垣諸友，調查防護，寂無反响。今年三月再託羅翼羣往訪，始知其跡已迷於新建築中，余聞之若受電激。噫，是余之咎也。設余早為之所，當不至是。彼蘇小、貞孃埋骨之區，歷刼猶存，列為湖山名勝，如二喬者，風流文采，視二人有過之，「蓮香」一集，至今讀者猶有餘慕，且其時與陳集生、黎美周諸先烈往迎，漸摩沆瀣，亦非蘇小貞孃比，而一坯莫保，寧不令人感歎耶！此卷中名人手蹟，固皆可珍，然可信尚有存者，獨二喬之詩字，必為孤本，則無可疑者，以其早慧早死也。余往避寇香港，無俚時偶作歌曲，付之藝壇，初為綠綺臺詠鄺海雪故事，其次即為百花塚。又於二喬生日，集諸詩人墨客，祀以酒脯，其時全國多陷於倭，余方以民族氣節激勵同儕，故於鄉邦文物故事，多所揚搉。百花塚一曲，于並時人物固多推重，對二喬遺蛻，亦三致意焉。今若此，徒增慨想，為之奈何！余老且死，並無歸首故鄉之念，遺令將安息京西翠微山麓，固非戀戀於一丘者，特以歷史名跡，一旦蕩為飄風，意安能無動？故述記於此，後之見此卷者，當有同情焉。一九五四年端午日，葉恭綽，時年七十有三。方年前在廣州值端午，有一絕句云：「日午臨江渡鼓喧，稍欣豐稔澹煩寃。虛舟我早無心競，獨坐空齋念屈原。」今時人爭禮靈均，不知三閭大夫亦知數年前有一憔悴憂傷同情於彼之一人否也，呵呵！遐翁。

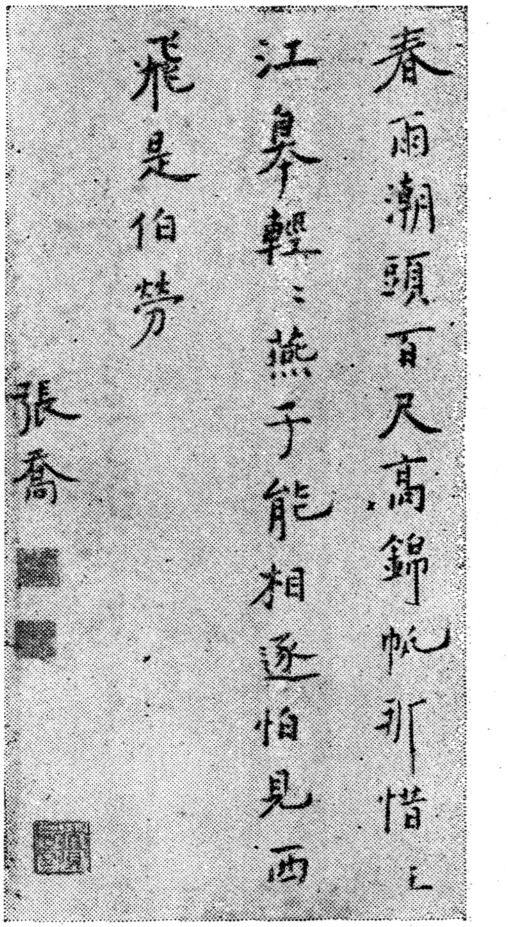

歌者張二喬詩字

第二段的跋題，是一首詩和二短文，則在四年後矣，今亦盡錄之。

「商音悽咽滿南園，一卷乾坤正氣存。當日稱王徒異種（黎以牡丹狀元馳名。清代有人賦牡丹時云：「奪朱非正色，異種亦稱王」。因被殺）；非時留恨尚芳蓀（卷中張二喬詩最為罕異）。流傳翻重黃壚感（此卷舊藏黃晦聞所，黃歿，始由王秋湄作緣歸我。今黃王均墓有宿草矣）；慷慨難招贛水魂（黎以抗清兵，死於贛州）。太息衰遲艱付託，鄉邦文獻與誰論。」余以重鄉邦文獻，今年七十七矣，喜得此卷，然恆以付託無人為慮，偶展此卷，感懷萬端，因題一律，後之攬者，當知余書此時之心緒何若也。遐翁葉恭綽。時右目昏暗，故字不如前。

收此卷時，以晦聞遺族甚窘，所費至千金，然不久遂燕去樓空矣。（應云鳳去樓空方符故實。秋湄之死，則與悼其故姬有關，愛溺之於人如此！）

余於抗日時避之香港，時滬已淪陷矣。嗣倭人又將攻香港，余既不欲入重慶，因擬姑至桂黔間，已訂航空機位，以不能多攜行李，遂選所藏書畫之優者，截去軸首拖尾，乃至引首題跋，擾攘竟夕，多所拋棄，乃凌晨始知機位為豪宗所奪，無法與爭，飛機竟不再開，而斷者已不可復續，此卷亦然，後雖強為黏合，終難慰貼，此亦平生遺憾之一事也。因附記於此。

FILANTO

MADE IN ITALY

意大利男裝鞋

大人公司 平價市場 人人百貨 大方公司 來路鞋公司有售

政海人物面面觀

馬五先生

人各有其天賦的個性，一生立身行己與對人接物，在在受着個性的支配，事業的成敗得失，實基於此。例如楚項羽若不是仁柔成性，在鴻門宴中，聽從范增的意見，把劉邦宰了，何致有垓下自刎的下場呢？近五十年來，我混迹政治社會中，所識風雲人物不少，對於他們的個性，其中比較瞭解而屬於突出類型的，始終縈洄腦際，未能忘懷。茲擇尤提出來談談，殆如白頭宮人說天寶遺事，與個人的感情恩怨是毫不相干的。

李烈鈞（協和）

他是民黨大將，又是開國元勳，亦係我的老長官，我自信對於李協和的個性認識最透澈，而他中年失意，晚年潦倒以歿的原因，十九都是個性使然。

李協和少年得志，三十歲就作江西都督，以善戰著稱，極爲國父孫公所器重，也唯有孫公乃能用其所長而棄其所短，每有戰事發生，必以李爲前敵主將，迨戰役結束後，即任之爲參謀總長之類的閒職，決不教他練兵。因李將軍的個性不宜訓練士卒，衝鋒陷陣則有餘，輕裘緩帶之風則不足也。民十四年國父下世後，青年黨首領曾琦輓以聯云：「百戰功勳唯一李，平生事業誤三陳」，「一李」就是指李協和，「三陳」除陳烱明外，我却無所知了。

李氏豪放不羈，罔顧細行，然大節決不苟且。平日對僚屬和貧賤朋友皆能折節厚待，唯於政治上的權貴人物，每示驕倨詞色。民國十二年陳烱明被民黨的軍隊打垮之後，殘部竄集潮汕一帶，國父孫公在滬電令李協和負責收編陳部，任之爲「粵閩邊防督辦」，駐節汕頭，在孫公未回粵以前，幷命李氏代行大元帥職權，聲勢煊赫。北庭內閣總理段祺瑞，曾派人私謁李督辦，贈以大洋一百萬元，表示親善。李把這批現洋儲藏於總部一室中，凡有民黨老友來訪，李即偕往藏金室參觀，說明這是北洋政府見送的儻來之物，老友儘可自由取用。吾湘民黨要員覃振（理鳴）與李交稱莫逆，亦係最窮的朋友。覃氏到汕頭晤李時，李敎覃隨意攜取現金使用，覃拿了千元大洋，用布包裹提出，走到門外即提不動了，最後纔由李派士兵幫忙送到旅館去。這是覃氏後來親自對我談到的故事。同時李協和却得罪了民黨要人胡漢民（展堂），兩人從此成隙，大大的影响了前程。

當孫公尙留滬上時，左右晋言以李協和純屬軍人，素來鮮問政治的，一旦代行大元帥職務，恐怕不容易應付，擬請孫公派一文人暫行赴粵協助一切，比較穩妥，孫公以爲然，即派胡漢民前往。胡奉命後，知道李氏的個性很跅弛，而胡氏的性情褊急，且近乎理學派；或有隔閡之虞，乃約同民黨老前輩譚人鳳（石屏，湖南人）同行，幷購備着一些禮物致送李氏，表示慰勞之意。譚、胡二人到粵即赴李氏行轅投刺謁見，詎李以適間事忙，無暇詳談，囑改天再晤。譚胡係孫大元帥派來的大員，他倆在民黨的地位幷不下於李，而年紀皆較李爲長——譚人鳳年事更高——李竟待以普通賓客，訑訑拒之，認爲是莫大侮辱，豈有此理！譚人鳳脾氣更大，即日寫了一封長函致李大罵一頓，第二天拂袖回滬了。胡氏係奉命來粵公幹的，却不能負氣離粵，心裏縱然憤懣，但在孫大元帥未返粵時，亦祇得忍耐應付，還是委曲求全，再與李晤面商洽政事，但對李氏的私人感情完全破裂了！迨孫公回粵後，胡任大元帥府秘書長，對李乃遇事齮齕，第一步即由孫公檄調駐在福建的粵軍總司令許崇智率部回粵，指定駐防潮汕，飭李督辦讓出防地，迫其無路可走，而所部陳烱明殘軍兩師——洪兆麟李雲復爲師長——即因此譁變了。我曾閱及李協和所藏當時與湘軍統帥譚延闓二人往來的親筆函札，李負氣要率部去進攻江西，不願留粵，譚告以孫公對李倚畀殷切，決無他意，勸李勿走極端。後來孫公任命李爲大本營參謀總長，胡展堂始終宿怨莫釋，對李毫無好感，到民國十三年秋間，李的參謀總長亦不安於位，由孫公派他到日本作特使，與日本朝野聯絡，實際就是「放逐」去國了！

李到東京後，適逢中華民國雙十節國慶紀念，中國留日學生照例舉行慶祝大會，而由學生總會主持其事。這年我担任留學生總會理事長，慶祝大會亦由我主席，以李協和是一位開國元勛，又係孫大元帥的特使，即邀請他出席講演。詎料當時留日學生中有一部分人是反對國民黨而親吳佩孚的——以吉林人王家楨爲首，此人後來曾作國府外交次長——當場指斥李協和是來勾結日本軍閥，準備借欵購械，貽禍中國的賣國行爲，主張即日歡送李氏到東京驛車站，請他馬上回國去。我是國民黨人，値此國慶紀念大會，豈能讓別有用心之徒，乘機搏亂，鬧出有損國家體面的不榮譽之事，即囑在場的同志們與王家楨一派人鬥爭，會場秩序大亂。我怕李協和受窘，請他到後面休息室暫坐，李在台上問我：「他們是不是要打架？若要打，我也參加一份！」說着揎袖磨拳，義憤昂然。我說不會，急請他退席，他臨去還在台上大聲對着羣衆說：「我李協和是革命黨人，決非賣國賊，要鬧事打架，我是不怕的！」一派豪俠天眞的氣質，栩栩可愛也。

越十四年（一九二五年）初，北京曹錕政府垮台，由黃郛（膺白）組織攝政內閣，特任李氏爲參謀總長，他隨同孫公由神戶前往北京，因執政段祺瑞不願誠心與孫公協商國事，李氏即不就參謀總長之職，段祺瑞約見他一次，他戎裝晉謁，唇留八字短鬍，言談旁若無人，段執政更對他心存忌憚，不敢領教了。未幾，孫公崩殂，胡展堂在廣州代理大元帥，廣東政局更無李氏插足之餘地，他落拓北國，不甘寂寞，最後與黃膺白張溥泉（繼）方聲濤（韻松）等洽商，決計接受馮玉祥的敦聘，赴張家口担任「西北陸軍總監」名義，實際是負着拉攏馮氏參加國民革命陣營的使命。但他若不是因個性關係而與胡展堂積不相能，亦就不會遠去居庸關外的。未幾，民黨大多數中央執監委員，在北京西山召集會議，主張反共，此時胡展堂在廣州亦受到俄共顧問鮑洛廷與汪精衛排擠，鬱鬱不得志，然李協和近在張家口，却不願參加西山會議。這時我已跟他執司書之役，問他何以拒不參預？他說「我不願聽受別人的擺佈玩弄。」頗有捽老資格的意念，這亦就是他不適宜於搞政治的個性關係。後來在南京國民政府時代，由絢爛而歸於寂寞的原因，亦是吃的個性的虧呢！

民國十六年（一九二七年）八月，國民革命軍蔣總司令通電辭職回奉化時，李協和任國府常務委員，蔣氏對李素尊重，曾由上海致電李，表示擬赴日本游歷，如有見教，可電由上海祁齊路黃膺白厲轉交云。是時南京黨政要人如胡漢民吳稚暉等皆隨蔣氏之後，相繼出京，示共進退，而李協和獨留如常。我將蔣氏來電譯呈時，建議李氏亦不妨赴奉化一行，與蔣先生商洽今後計畫，然他不同意，認爲蔣氏有此重大舉措，而事前毫無所聞，說是「介石弁未以眞朋友相看待」。十七年初，蔣由日本歸至上海，準備復職，先在上海舉行國民黨中央執監委員會議，而素以反蔣爲號召的汪精衛，且首先倡議擁護蔣總司令復職，然李協和獨不赴會，致電上海云：「嘉之會也，善莫大焉，不預於會，亦無懵焉」，大有老氣橫秋之概。

蔣氏復職後，立即準備二次北伐的軍事行動，以北方的閻錫山馮玉祥，皆與李協和友善，曾親至李宅乞李氏暫負北伐軍參謀長名義，一道出發，藉利戎機，情詞甚懇切，然李堅拒弗應，表示不願降格相從，依然是擺老資格的派頭，使蔣氏很掃興。二次北伐完成，全國統一了，民十七年秋，國民政府實行改組，新設行政院，以譚延闓爲院長，馮玉祥爲副院長兼陸軍署長（即後來的軍政部），其他黨政機構的人事皆重新安排，大家相慶彈冠，只有李協和一人向隅。譚延闓與李交誼厚，曾於中央政治會議席上提議謂：「這次政府改組，本黨老同志皆有安排，唯協和同志尚無相當位置。去年孫傳芳張宗昌進攻龍潭之役，協和坐鎮國府，督導一切，厥功甚偉，似不宜投閒置散」。胡展堂忿然答道：「他是復成橋慘案的負責人，政府不懲辦他，算是寬大了，此人尚可用乎？」在座諸人皆默然，李協和乃憔悴離京赴滬了。所謂「復成橋慘案」也者，係十六年冬中央軍討伐武漢唐生智勝利後，南京市民舉行祝捷游行大會，羣衆行至復成橋畔，有人開槍擊斃一名學生，此事與李協和渺不相干，人所共知，胡展堂藉此報怨以傾軋李氏而已。假使李協和的個性稍爲圓通，平日對人不擺老資格，亦就不致有此落寞的下場。這些經過內幕，祗有我最瞭解，我若不說出，世人是莫名其妙的！

對日抗戰軍興，李協和携家赴雲南昆明避難，住在舊部滇省名將黃毓成家。李氏當年與唐繼堯合作護國討袁時，龍雲還是唐蓂賡的衛隊旅長，見着李氏是要立正敬禮的。此時龍已貴爲省主席了，他知道李住在昆明黃宅，亦曾派員慰問，且致送酒席表示敬意，但未親來叩謁，意在待看李協和是否施以「行客拜坐客」的禮貌？李的個性對蔣總司令且擺出老前輩的氣概，更何有於龍雲呢！因此彼此迄未晤面。迨民國卅一年李氏離滇赴重慶時，龍雲揚言李氏如向他辭行，將致送一筆贐儀，俾壯行色。此時李極窘困，有人將此消息轉告他，他夷然不以爲意，逕自首途入川，始終不屑趨見龍雲，僅派人送一名片於龍，其倔强的個性，有如此者！

李到達重慶後，沒有住所，中樞對這位開國元勳和國父的親信幹部，誰也不予置意，幸而馮玉祥把歌樂山上雲頂路自建的樓房一座讓李居住，得免流落之苦。我曾到山居去叩謁，此時他已抱病，對我仍親切暢談，依依不舍，慨言「潤人在城市有公館，在郊區有別墅，我却缺乏棲身之所，僅靠朋友幫忙，得借一廛而爲氓」。我回到家中，曾作詩一律獻給李氏，中有「報國有功餘白髮，治生無計夢重闉」之句，蓋紀實也。越次年雙十節國慶，國府舉行盛大的慶典，黨政大員與高級將領畢集，李協和身爲黨國元勛，扶病蹣跚預會，執事者將他安置在門旁招待人員的席位中。程潛以代參謀總長，戎服高踞在對面席上，瞧着李進來，視若無覩，不予理會，旋于右老看見李雜坐在招待人員的席間，馬上拉着李轉趨諸顯要人物之座中，說是「協和怎末坐在這兒呢？」程潛與李原係日本士官軍校同學，民國六年程在廣州任大本營軍政部長時，北洋政府內閣總理段祺瑞修書派員密經湘南赴粵，向程通欵曲，該員經過來陽縣之際，被湘軍譚延闓部查獲，搜出信件，即送呈孫大元帥，指控程氏通敵，証據顯明，程氏甚受民黨人士攻擊，位且不保。當時李協和任參謀總長，特通電爲程辯誣，事乃寢息。民十六年秋，蔣總司令下野後，程以第六軍長至南京參加軍事會議，李氏當場推舉程爲主席。他倆的家亦同在上海馬斯南路，比鄰近處，昕夕過從，私交不可謂不厚，然程晚年對李氏的態度乃若是，眞所謂「一貴一賤，交情乃見」，而政治生活之卑汚苟賤，思過半矣！

李協和每有文電對外發出時，不像普通濶人只將意思告知秘書起稿，然後核發。他總是口說詞句，教秘書逐字筆錄，但其所唸字音純係江西武寧縣聲韻，許多人皆聽不懂，祇有筆者能夠毫無舛誤的寫下來。他的老秘書長徐元浩（江西人）在南京作國府最高法院院長時，有一次瞧着我筆錄李氏口說的文句，一字不差，大爲驚奇，問我是否武寧人？李氏的個性是屬於英雄型，很不容易接受別人相異的主張，民十七年他的老同學兼老部屬方聲濤在南京李宅跟他商量問題，彼此激辯不已，我適旁聽着，認爲方先生的意見很不錯，李即照辦。方韻松大怒道：「李協和你眞豈有此理！老朋友的話你不聽，却愛聽後生之輩的言論。」當時使我很難爲情，李却笑語方云：「你又在那裏多吹了幾口來的罷，脾氣這末大呀！」方亦輾然無語了。蓋方有阿芙蓉癖，故李加以調侃，我亦得免於尷尬的處境，老輩人的風範，固自不同也。

在對日抗戰前，李携家居住香港跑馬地自置的別業中，迨太平洋戰爭發作，日軍進攻香港，李將別業售出，全家避往昆明，他夫人所藏珍貴首飾，暫寄存香港滙豐銀行保險箱內。日軍佔領香港後，派任磯谷廉介爲香港總督，此人與李係士官學校同學，檢查到李夫人儲存銀行的大批首飾後，曾登報請李氏派員來港領取，李夫人當然樂意，但李拒不應，謂國家若亡了，要首飾何用？國家如復興，將來還愁沒有首飾嗎？這是俗言「窮亦窮得漂亮」的風格，其生平大節磊落光明，多類是。許多當代民黨的文武要人，在革命期間，常不免有「北走胡，南走粵」的失節行徑，不惜與敵黨和光同塵，唯李氏始終追隨孫公，堅守革命黨立場，富貴不淫，貧賤不移，海枯石爛，決不易其所守，這亦就是他的個性倔强的好處。然他晚年竟以貧病潦倒，於民國卅二年在重慶默然逝世了，人生至此，天道寧論！

馮玉祥（煥章）

馮以皖人而生長在河北，說的一口純粹的保定話。他的個性詭譎沉鷙，殊不可測，而支配慾極强烈，不甘居人下。他信奉基督教，假使眞有上帝要對他的行爲加以管束的話，我相信他亦要革上帝的命呢！這亦就是他一生事業沒有大成就，最後且被共產黨人暗害於蘇俄領海敖德薩海輪中之所以然也。

在現代軍人之中，眞是由衷地愛護人民和國家，且有事實表現的，我認爲祇有馮氏一人而已。他所部的士兵們，都在臂間綴有「不擾民」，「眞愛民」的標誌，而且確實做到，決無虛矯。馮於民初以混成旅長，曾經駐防敝省湖南常德縣，他的文職幹部薛篤弼担任常德縣長，軍民相處極和諧，市面整潔而秩序井然，確屬秋毫無犯，湘人莫不稱讚。馮氏善於練兵，首先注意士兵的素質，招兵以直魯豫三省地區的壯丁爲主，且以未曾當過兵，或者未在衙門裏幹過差使者爲上選，如不識字的更好，因爲入伍之後，他要加以知識訓練的——每個士兵須認識三百個字。所以，經他訓練出來的士兵，紀律特別優良，試舉一例，以概其餘：民國十五年八月，西北軍在南口戰敗撤退時，原來向當地民家借用的器物如鍋、鍪之類，於撤退前，皆逐一交還民家，然民衆因躲避戰火多離家遠去了，士兵們即留下字條，說明借用物品放在主人家門口，表示物歸原主。這時我在馮氏的「西北邊防督辦公署」于役，知道這項不擾民的故事，一點不假。所以，民國卅五年馮氏經由上海敵產管理處撥給他一座住宅，被杜重遠的孀婦佔住不讓時，馮託人與杜婦商洽，願斥資替她另賃一屋交換，然上海報紙上竟刊出「馮玉祥恃勢强佔民房」的新聞，馮氏氣得七孔冒烟，對着市長吳國楨大發脾氣，說是「我馮玉祥帶兵幾十年，請問我在何處强佔過民房呢？」當時幾乎要揍吳氏一頓，幸有旁人急把吳氏拉開，聲明市府馬上派人敎杜婦搬出，方告息怒。

馮氏的愛國心亦無可懷疑，我且舉出兩項親見的事實爲証：民國十四年秋間，他接任「西北邊防督辦」不久，有一個日本的衆議員姓岩井的到張家口游歷，順便晉謁馮督辦，其人年齡約莫三十餘歲，說話不留神。他以張家口周圍的山嶺皆無樹木，一片童山濯濯之象，缺乏風景，未免可惜。他對馮說，過去朝鮮各地亦如張家口一樣，沒有樹林，自從日本統治朝鮮後，銳意綠化工作，於今到處皆林木森然了。馮認爲來賓將中國比作朝鮮，大感刺耳，乃先叮囑在座的舌人林世則，對於他的答詞務必照樣傳譯，不許變易一字一句。然後他問該日本議員行年幾何？答謂未滿四十，馮正色道：「難怪你不懂得歷史事實。在閣下尚未降生以前，貴國的情形亦與今日的印度差不多，還不如咱們的張家口呀！你回去問問令尊或祖父，即知吾言爲不謬了。」該議員纔省悟自己失言了，急忙道歉乞諒恕，馮亦馬上端茶送客，而餘怒猶未息。客去後，他向着林君與外交處長唐悅良和我等（這次我亦在座）說：「我就見不得一般洋學生對着外國人總是『也是也是』的。外國人在咱們面前摔個杯子，咱們就得砸個大碗給他看，纔算有種哪！」每年「五、九」國恥紀念日，馮氏必集合全軍文武官佐舉行紀念會，講演愛國的道理。民十四年在張家口集會時，馮氏主席演說印度亡國的慘狀，說英國人在印度行路若疲乏了，即教印度人爬在地下，給他坐在背上休息，帝國主義者對待印度人不如牛馬。最後以激勵口吻向聽衆發問道：「如咱們中國被日本帝國主義者滅亡了，咱們都要過着印度人的生活，如何是好呢？」大家知道馮的講演格式總是那末一套，默不作聲，忽有吉鴻昌（此時是團長）大聲道：「報告督辦，我有辦法！」馮問：「有甚末辦法呢？」吉答：「中國若被日本人佔領了，他們教咱們爬到地下給他坐在背上休息時，回頭就咬住他們的生殖器，要他的命。日本鬼子人少，咱們人多，怕甚麽呢？」聽衆聞之哄堂，馮亦忍俊不住云：「你小子就是這種辦法呀！」嗣後大家乃替吉鴻昌起了個混名，叫作「鷄咬鳥」（吉鷄同音），在辦公時有人若遇着困難問題，說聲沒有辦法，旁人即謂「去找鷄咬鳥啦！」一時傳爲笑柄。後來我曾寫過一首打油詩刊在上海「論語」雜誌上，署名「老趕」，歌詠此事，詩云：「你有飛機我有鷄，人間天上競揚威，將軍奇計施行日，須請牙醫作指揮」，附錄於此，以博讀者一粲。

馮氏個性的另一項缺點就是矯情不誠實，對自己的部屬專逞威嚴而無德行，令人只覺其可畏而毫無好感。他出身窶人之家，尙節儉，惡奢侈，這原是對的，但常常矯枉過正，終成詐僞。他瞧着部屬穿件新衣或新履，那怕是粗布質料，亦大事譏刺；若係國產的綢類衣衫，更不順眼，當面指說：「瞧你這樣兒很像是個候補道呀！」因此，他的文武幹部凡有新製的衣履，必將衣襟撕破一塊，再補綴之，或將鞋尖部位塗上桐油，蒙以灰土，晒乾成爲舊色後，纔敢穿着與馮氏相見，庶免譴責，此與楚王好細腰，宮中多餓死的狀況無異，實屬不近人情。民國十五年春，我住在張家口車站旁，每購食當地名產「大蘿蔔」，把尾根棄置掉，不悉馮何以得知此事，次日即在紀念週會上，大罵不吃蘿蔔根的人是暴殄天物，昧於稼穡艱難之義，悻悻然深表不悅，其矯情以强人所難，多類是也。

馮氏對於幹部人員——特別是將領們，每好折損其自尊心，必使人構成「奴化」觀念。韓復榘是由十六混成旅的文書上士起家的，迨韓氏作了軍長時，馮於部衆集會中，每飭韓氏登台報告自己的歷史。於是，從文書上士改做列兵起，一直到貴爲軍長的經過情形，必須詳細聲述無遺，如某年因犯某種錯誤而被打軍棍，或被罰跪，或被禁閉等不名譽的事情，尤其不能省畧。民國十六年馮率軍攻至山東曹州之際，住在某村莊上指揮作戰，晚上常命令軍長韓復榘石友三在他的住處門外站崗。又民國十四年秋間，劉郁芬（蘭江）以西北軍前敵總指揮，奉命代理馮氏的甘肅軍務督辦職務，於率軍出發赴甘省就任之日，戎裝裹腿，到馮的專車上（停在平地泉站上）辭行請訓。彼此談了數語，馮忽然大聲教劉氏「跪下！」劉即長跪無言。此時專車上尙有貴賓李烈鈞、孫科、李石曾、張繼、徐謙等民黨要人，大家深爲驚詫，推由李協和將軍趨前講情，劉代督辦纔起身退去。李協和乃對馮說：「蘭江已是封疆大吏，縱有甚末過錯，儘可私下指斥，却不宜當着我們這羣客人面前，給他如此難堪的處分，未免使他太沒面子吧？」馮笑謂：「沒有甚末事，只試試看我那套方法還行不行呢？」蓋以劉郁芬地位高了，或有不聽命令之虞，因而故意教他跪下，看他是否服從如故，且在許多貴賓面前，顯示他的威風，其他折磨凌辱部屬的相類情節，更是不遑枚舉。但馮對士兵却有德行足述，他把士兵的家屬住址調查清楚，每月各士兵應得餉金，除留些許零用外，分別代爲滙交士兵的家屬收用。對於傷病兵，馮常常親自給他們理髮或洗澡，晚間亦常到兵棚內留宿，示與士卒共甘苦。所以，士兵對馮氏皆有「敬愛畏」的情感，爲別人所不及。馮又教導士兵，若問「你們是誰的兒子？」必答「是馮玉祥的！」再問「你們吃的是誰家的飯？」必答「是老百姓的！」這樣的軍事教育，固屬無可厚非，可惜他對將領的領導方法，乃背道而馳，吁可怪也！

將領平日對馮祇是畏威而不懷德，因而遇有機會即多叛去，幷且決不回頭，甚至亦不願接受馮的暫時節制。對日抗戰初期，西北軍宋哲元韓復榘部，還有其他與西北軍關切密切的部隊，皆駐在河北山東省境，中央派馮氏爲第六戰區司令長官，駐節滄州，以爲宋韓所領軍隊原係馮氏舊部，必卜指揮如意，克奏膚功，詎料宋韓竟不聽命，使馮羞憤辭職，鎩羽而歸，從此永無帶兵的機會了。韓復榘自從在河南主席任內叛馮後，對馮氏即取遠距離，決不再接近。他如劉郁芬李鳴鐘石友三等老幹部，於民國十九年中原大戰之後，皆陸續携貳，對馮敬而遠之，別謀出路。僅有鹿鍾麟尙效忠如故，但部隊已紛散無存，雖再三乘機號召，亦無應者。馮氏耗費半生心血，構成二十萬大軍，一旦受挫蹎蹶，即變成光桿一身，不復有一兵一卒之歸附，這是他自種因，自食果，個性譎詐陰鷙所致，於人無尤也。

馮的政治野心甚大，然不學無術，缺乏政治技能。如民國廿五年十二月西安事變發生時，他認爲蔣委員長將不容易脫出虎口，竟在南京住所門前，懸出「軍事委員會副委員長辦公處」招牌，儼然以繼承人自任。殊不知軍事委員長須得全體委員推戴，由國府任命纔行，縱使蔣委員長不幹了，在當年的政治情勢中，亦輪不到馮氏充任的。此時馮亦曾密派其老參謀長劉驥，分途向駐防各省區的舊西北軍各部隊游說，希望他們表示擁戴老長官，藉壯聲勢，但無人响應，馮祗好自傷淪落，戢止慾念。

馮領兵時，絕對不許部屬有吸香烟、飲酒、玩牌的行爲，犯者必予重懲。迨民國十九年中原大戰失敗後，這些禁條即告寬弛，然爲時已晚，無濟於事了。既想打江山，建大業，又要部屬經常過着苦行僧的生活，顯然違背人性，哪有成功之可能呢？馮不瞭解這種義理，專以自己的尺度來衡量天下人，認爲非如此不算是英雄豪傑，可謂史無前例。關於馮氏嚴禁烟酒等嗜好的趣事甚多，試述一二以告讀者：民國十四年舊曆冬臘月，張家口一帶大雪紛飛，寒風凛烈。某晨七時，馮出發赴北平公幹，文武幹部人員皆集合車站送行，由總參謀長劉驥（菊村）領導。時有綏遠都統李鳴鐘所部的團長某，適亦在張家口，下榻車站旁新建築的外賓招待所，自應參加歡送行列。然馮氏專車於大早七時即出發，天氣甚寒冷，該團長乃在招待所取飲了一盃白蘭地酒，藉以增加體温，借此禦寒氣。迨馮氏駕到，大家排列敬禮，他緩步走過諸人面前，恰係逆風而行，忽嗅到酒氣，即謂：「不對，有人喝了酒。」旋飭副官就每個送行人員的嘴邊聞一聞，看是誰個的呼吸中雜有酒味？結果那位團長被檢驗無訛。於是，馮即停止出發，回到邊防督辦公署，將該團長交軍法處究辦，同時掛長途電話教綏遠李都統速來張垣。當夕李氏到來，馮斥其所部團長違紀飲酒，馭下無方，喝令罰跪，李跪地後，馮謂：「上帝有我這個馭下無方的信徒，也該罰跪」，說着，自搬一條方櫈與李氏平排併跪，且置聖經一本於櫈上而翻閱之，這不是做戲嗎？民國十五年秋間，西北軍已進佔陝西了，馮坐鎮西安，時寧夏主席門致中（靖遠）曾在私邸宴客，烟酒無禁，飯後且玩牌娛樂，以爲馮遠在西安，必不知道。詎次日即接馮來電申斥門主席生活腐化，吸烟飲酒玩牌，違背紀律，應予記大過一次，幷通令全軍示儆。蓋馮素來規定，凡士兵用密碼發電給馮，不得檢查稽留，而各個高級幹部身旁的勤務兵，皆係馮所佈置的情報分子，隨時將主官的私生活情況，向馮密報也。

馮氏予智自雄，不甘居人下的個性極强烈。民國十三年（一九二四年）冬月，他倒戈推倒曹錕政府時，黃郛勸他通電歡迎孫中山先生北上主持國事，他不幹，以爲儘可利用段祺瑞作傀儡，此善於彼。孫公在北京逝世後，馮又想利用國民黨作後盾，藉以奪取政權，曾堅請戴季陶作他的秘書長，戴聞而遠去天津，避之若浼。李烈鈞接受馮的禮聘，參預馮氏戎幕，曾於郭松齡反對張作霖之役失敗後，郭部魏益三旅駐在山海關，請求馮氏收編時，李建議馮，可派方聲濤前往接收，即率魏旅來北京從事首都革命。事若成，馮居首功；如失敗，馮可推說不知情，由方聲濤司其咎。然馮不能從，爲的是害怕廣州國民政府北上主政，他又得不到領袖地位，仍居人下。因而坐失良機，他自己亦受盡段祺瑞與張作霖、吳佩孚的打擊，吃盡千辛萬苦，纔於民國十五年從甘肅經寧夏陝西，轉戰進至中原，允屬事倍而功半也矣。

馮氏晚年窮極無聊，乃與共黨合作，幸而他在由美國歸途中喪生了，否則他到達北平後，以其不甘居人下的個性，最後亦必難逃刼數。他在美國以國府特使考察水利時，原與李濟琛暗中結合的，擬先回香港與李一致行動。繼因蘇俄潛伏美國的特工人員對他密造謠言，說國民黨已派人對他行刺，若從香港北上，極不安全，最好是乘直航俄境的蘇俄輪船，繞道莫斯科回至北平，則決無意外之虞。馮以爲然，乃將剩餘的考察旅費美金萬元，滙贈香港李濟琛，作爲「民革」經費，他自己即乘蘇俄輪船離美國而繞道莫斯科準備回北平。

據馮妻李德全事後私下對其女婿叙述馮在俄輪中死難的情形，實係預定的謀殺計畫。李德全和其女兒隨同馮氏在俄輪上，航行至敖德薩海岸停泊一天。是夕馮在海輪中放映他自製的生活電影片，坐在第一排大椅上欣賞，女兒坐旁邊，中途影片忽告起火。當時李德全因頭痛未在場觀看，聽說電影場發生火警，躭心女兒的安全，急趨入影場營救女兒，認爲馮氏必無恙。詎入門即聞到濃厚的瓦斯氣味，而女兒已昏迷座椅中，她倉皇將女兒抱出來，施以人工呼吸，幸告復甦。然後她再去查看馮氏有無傷害時，船上的俄人告訴她，馮已抬下小艇中，送往敖德薩市的醫院急救了。旋說馮氏以受驚過度，心臟陷落而死，經市府爲之棺殮，即由陸路運往莫斯科轉運北平，囑李氏到北平等候料理可也。李德全始終未及見到馮氏，她認定謀殺者是把毒氣暗置於馮的坐椅底下，及時引發，立刻使馮窒息斃命的，如果僅是影片焚燒，何來濃厚的瓦斯氣味呢？馮的女兒坐在旁邊，嗅到毒氣昏迷後，因其母急速抱出，而受毒亦不及乃父之深，蓋謀殺者幷不以其女爲對象，故爾得救也。這些內幕是十餘年前有位西北軍的老友，從北平來到香港，向筆者談出的，自非向壁虛構之詞。至於謀殺馮氏的究竟是何方神聖，俄共？抑係俄共雙方共同設計？未聞李德全道及，自難斷定，而共黨何以要謀害馮氏的原因，以及馮氏斃命經過情節，雙方皆諱莫如深。中共對此事始終不提，李德全亦不敢提，其中必有難言之隱，可想而知。所以，我說馮氏如果生還北平，最後亦必爲共黨所不容的理由，殆基於此。馮在西北邊防督辦時代，軍械與金錢皆仰給蘇俄供應，後來國民政府清黨反共時，馮率領大軍在河南，初則首鼠兩端，幷不支持武漢政府，繼亦通電反共，與南京國府合作，僅讓俄共鮑洛廷和共黨份子，從武漢經由馮軍防地潛逃。這使俄共雙方都懷恨他，加以他那英雄主義的作風，俄共皆所嫉忌，乃召來殺身之禍，歸根結底，還是個性的關係啊！

孔祥熙（庸之）

孔氏出身山西太谷縣的商人家庭，留學美國歸來後，曾於某一外國洋行從事商業，旋與王正廷在基督教青年會于役，因而得識中國革命導師孫中山先生，參預革命行列，且由孫公介紹與宋藹齡女士結婚，奠下了日後在政治上蜚黃騰達的基礎。民國六年王正廷担任青島商務督辦時，孔氏受命作處長，諒係緣於青年會時代的同事關係吧？

孔氏在學問方面，平庸無可稱述，在革命事業上，亦碌碌無所表現。然以民國十年間廣州護法政府下的廣東省府實業廳長起家，歷有年所，這決非馴致加官晉爵，位列三台，且躍居秉持國鈞的宰輔地位，即其個性具備着位極人臣的元素是也。倖致的，而有其本身的優良條件，即其個性具備着位極人臣的元素是也。他最大的長處，就是平易近人而又綽具容人之量，却無滑頭滑腦、遇事不負責任的官僚習氣，這在近四十年來的政治人物中，可謂首屈一指而無人堪與媲美者。

孔氏對人的雅量，可舉出幾點事實為証：

國民政府奠都南京的次年，他担任實業部長，適西北軍統帥馮玉祥初次入京，他在國府大禮堂張筵為馮氏洗塵，中樞顯要多在座。孔以主人地位先致歡迎詞，盛稱馮總司令的革命勳勞，褒揚備至。繼而馮氏答辭，竟大駡主人不應該以山珍海味相欵待，說是他的士兵在前方的生活苦不堪言，而後方的官員乃如此奢侈腐化，還談甚末革命的話呢？是無異指着和尙駡禿驢，令人難堪已極，當時在座奉陪的袞袞諸公，莫不表示不耐之色，交通部長王伯羣且憤而退席了。然孔氏泰然不以為意，依然和顏悅色，談笑自若，使尷尬場面逐漸消失，賓主得免不歡而散的窘狀。

實業部有位羅秘書是湖南人，平日頗得孔部長信任，或許由於親信的關係，孔氏在言談中即不暇注意修辭，把北方人的口頭禪掛在嘴上而不覺了。一日，羅秘書入部長室請示某項公事的處理方針，孔認為不可行，信口說出「渾蛋」字，羅默然而退。是日係週末，羅知孔部長必乘夜快車回上海私邸憩息，羅亦潛乘快車赴滬，抵步未久，即往孔宅晉謁部長，時孔氏方換穿便服在書室閱報，覩羅秘書來，以為部裏發生了緊要事件，急待料理，乃問有甚末事嗎？羅謂：「昨天你在部內駡我渾蛋，我以公廨重地，信譽攸關，忍隱不校。今天特來私宅，駡你孔祥熙這個老渾蛋，老子辭職不幹了！」說罷，揚長而去，孔連聲說「羅秘書不要走，我們談談嘛！」羅不囘顧，表示決絕之意。次日孔囘部，即將羅氏辭呈退還，急派人請其來部面洽，然羅峻拒不理。迨後抗戰軍興，中央政府遷渝，孔兼代行政院長時，仍不斷探詢羅秘書行踪，希望他仍來幫忙，且深悔當年口不擇言之過失，內疚不置。

孔氏在財政部長任內，李青選、魯佩璋、高秉坊等均係親信幹部人物。某日，李等與孔氏商談要公，彼此意見不同，激辯中，孔氏忽說了一聲「滾蛋」，即携杖外出了。李等大為不懌，乃由魯佩璋執筆，集體簽呈辭職，呈文首句即云「為奉命滾蛋事」，表示抗議，且不再到部了。次日，孔知道事已鬧僵，曾親搖電話尋李氏等，皆不值，旋探悉諸人在高宅玩牌消遣，乃輕車簡從，逕往尋訪，高宅閽人見部長駕到，自不阻攔，諸人覩孔至，皆起立為禮，孔搖手道：「你們玩罷，我沒有甚末事，不必客氣。」諸人當然不再玩牌，侍應如儀。頃刻間，孔徐徐笑詢之曰：「你們的氣還未消嗎？我孔庸之自信學問與才幹皆不及諸君，今日忝為諸君之長官，僅靠運氣而已。我決無侮慢諸君的意思，祇以北方人的習慣詞句，不留神地脫口而出，以致使諸君發生誤會耳。現在請諸君當面駡我孔庸之三句渾蛋，看我生不生氣呢？」諸人聞之殊慚感無詞以對，孔乃起身告辭云：「諸位難得偷閒娛樂，可繼續玩玩，明天請早到部辦公罷！」一場風波，頓告消歇，從此李氏等對孔忠誠不貳，除高秉坊於對日抗戰末期以辦理所得稅受賄被懲處去職外，皆與孔氏全始全終，恪盡職守。

對日抗戰時設立的國民參政會，每次集會時，參政員黃宇人必發言攻擊孔宋的財經措施，不遺餘力，然孔氏除靜聽諍言外，決不置辯。迨參政會議期間屆滿，照例選舉若干駐會參政員，處理日常會務。每次投票選舉之際，孔即故意與黃宇人隣坐，他把選票寫好後，先給黃氏看看，聲言「我是投黃先生的」。表示其能接受諍言，休休有容之態，這在一般所謂黨國要人中，是少見的！

孔氏的大女兒令儀，初婚時熱愛乃父的譯電員王某，孔夫人認為門第太不相當，堅決反對，而女兒却對王矢志相從。孔氏廉悉其情，懇勸夫人勉遂女願，謂時代不同，不必拘拘於門第觀念了。即此足見孔對外面人士的大度包容風格，實係自然流露的個性使然，并非虛矯的做作。

在對日抗戰期間，許多留在淪陷區域內，很可能被敵人利用的知名人士，如虞洽卿、蕭振瀛之流，孔皆派人送錢，邀來大後方，如願經營工商業而缺乏資金，孔必設法予以贊助，蕭振瀛即以得到孔氏資助而在重慶開設「大明酒精廠」與「大同銀行」，因而致富者。虞洽卿在滬時，孔派人請他到重慶，虞拒之云：「上海沒有大漢奸，大漢奸是在重慶來的」，指汪精衛、周佛海等，然孔不以爲忤，依然懇請虞氏進入巴蜀，且將由滇緬路輸入的商業貨物管制事宜，交由虞氏專辦之，其他類此情形，所在多有，無形之中，替國家消弭了若干隱患。雖其所耗金錢，都係出自公帑，然非孔氏平日對人之和易易與，以及手面之大方，且得最高當局信賴，殊不足以語此也。

孔氏主持中央財經亘十餘年，自從改革幣制，實行金本位的法幣以來，直至對日抗戰末期他卸職時，幣制始終保持着穩定狀況，對人民亦未採取任何聚斂手段。例如抗戰結束伊始，宋子文與俞鴻鈞硬將人民向政府購儲的黃金券，指爲獲利太厚而尅扣不發，此舉行同刼掠民財；又將法幣與汪政權僞幣的兌換率，妄訂爲一元對二百元，因而激起京津滬漢各都市的物價狂漲，終至不可收拾的紕謬政策，孔庸之就決不會幹的。日本宣告投降後，國府復員還都時，國庫存有美元十億，接收的敵僞產業，值價亦決不在十億美元以下，而行政院長宋子文與財政部長俞鴻鈞，不到兩年時間即消耗殆盡，國營事業如京滬鐵路與郵政局等，且一再帶頭加價，這是在孔庸之當政時代所未見過的現象。

孔氏主管財經，且兼代行政院長有年，在政治上允屬炙手可熱，聲勢烜赫了。但未聞其有招權植黨，製造小圈子主義的行爲，亦未見他跟中樞的顯貴人物，或各省的封疆大吏，發生過權力上的衝突鬥爭情形，他總是一派冲和厚重的心情，遵循領袖的意旨而行事。世人每稱譚延闓爲政治上的甘草，連那自視甚高的胡漢民幽居湯山之日，亦作詩「憶組安」，而有「太傅冲和未易師」之句。孔氏的資望學識，固遜於譚，但他在政治上調和鼎鼐、消弭反側的無形作用，庶幾近之。自民國十七年到卅八年大陸淪陷時，歷任的行政院長若干人中，除了譚延闓而外，眞有宰輔氣度與作風者，祇有孔氏一人勉强及格，其餘不足觀也矣。我常說：翁文灝貴爲首相，望之不似；孔祥熙不作宰輔，望之儼然。孔氏的缺點就是沒有獨特的政治主張，予世人以共見，且由於智識修養的關係，常有非所宜言的外行議論，例如對日抗戰時期，輿論界多攻擊公務人員兼營商業之非，孔氏却公然宣稱：「公務人員若不做點生意，豈不敎大家喝西北風嗎？」一時成爲笑柄，而戰後的上海「揚子公司」非法經營商業事件，更使孔氏的信譽受損不淺。

總之：孔氏原係一個平凡的人物，因其先天的優良個性，遭逢亂世，在政治上得以展其所長，發揮效用，而他自己亦克享遐齡，富貴壽考以歿，俗言「庸人多厚福」，孔氏有焉。筆者與孔氏可謂素昧生平；只在重慶見過他一次，對於他的一切事情，說不上有深切的瞭解。但混迹現代政治場中垂三十年，曠觀一般出將入相的名公鉅卿，對國家與人民眞能有所裨益如孔氏者，似不多覯，乃述其觀感所及如此。

劉湘（甫澄）

劉湘，四川省大邑縣人，出身農民家庭，與劉文輝誼屬從堂叔侄，湘係晚輩，呼文輝爲「么爹」。湘於成童後，聞星相者言，有貴相，乃棄農馳入成都投考陸軍速成學校，以資質較鈍落第，再試弁目班，時在清末，王陵基由日本士官學校畢業歸來，執敎弁目班，見湘性情持重知禮，認爲可造，爲之關說收錄焉。入民國後劉湘逐漸發達，洊任至川軍總司令兼四川省主席，王陵基始終以「王老師」身份，贊戎機，領師干，未嘗睽違，王脾氣甚壞，湘總是優容盡禮。

劉氏的個性渾厚豁達，不苟言笑，屬於內向型，胸有城府，能忍受拂逆而不動聲色，亦懷大志。自中華民國肇建以迄民十六年（一九二七年）大革命時期，巴蜀羣雄割據，爭地爭城，攻伐不息，各個軍人除却嘴距矜張，攘奪權利外，沒有遠大的事業心，因而私生活多腐爛不堪，斂財好色，肆行無忌。唯有劉氏生平無二色，家庭生活亦樸素，且對文敎與工商事業，頗能盡其力之所及，加以規劃創進。劉氏的根據地是重慶，東通江漢，西接黔桂，形勢比較優越，又能使用人才，如重慶大學的草創者即爲劉氏，而重慶造械廠的規模不小，所造捷克式的馬克辛重機關槍，且較金陵、漢陽兵工廠的出品爲優，對日抗戰時期，重慶造械廠的機關鎗，廣泛使用於各戰場，卓著功用。如四川民生公司，係由盧作孚仰仗劉氏大力支持保護，僅以一艘破舊的小火輪行使川江，慢慢發展起來，而於對日抗戰以迄戰後復員期間，對國家貢獻極大。迨自一九五〇年後，民生公司所屬八艘在加拿大新造的輪船，皆集中香港海面，其時加拿大政府以民生公司欠付的造船費，原係中華民國政府担保的，目覩中國大陸變了色，急於索逋，乃託香港政府代爲討債，如失望，即請港府將八艘新輪扣留之。盧作孚在港，曾向台灣某要人告急，不得要領，中共聞訊，許以代償欠債，而八輪即被迫駛回內地，盧氏亦受騙回到重慶，終於自殺了。這是劉湘苦心創進的民族企業，由於人謀不臧，竟毀於一旦，豈勝痛惜！

劉氏由排長起家，蔚爲陸軍第廿一軍軍長時，開府重慶，雄據一方。然其髮妻周書，仍躬操井臼，服飾有若村婦然。一日周氏正在家洗濯衣裳，有劉氏所部將領的太太們，前來叩訪軍長夫人，入門見周氏，以爲係劉宅女傭，揚聲詢以「軍長夫人在家否？」周氏夷然答謂「我就是」，來客尷尬失色，一時傳爲佳話。劉氏的妻弟周曉瀾，綽號曰「周裁縫」，曾任師長職務，某年與乃姊密謀，物色一少女充劉湘妾媵，事前不使劉氏知道，將少女接入重慶李子垻劉宅（對日抗戰初期，國府林主席曾駐節於此），嗣劉氏得悉後，堅拒不納，即夕將該少女送還母家，其品概若是，在巴蜀軍人中，不愧爲鶴立鷄羣也。

劉氏既懷遠略，對於延攬人才，亦與併世的軍人不同，頗有求賢若渴的風範。如前任國府經濟部長劉航琛，原係瀘州大麯酒商之子，與劉湘素無淵源。航琛於民國八年畢業北京大學（學名寶遠）後，回到家鄉經營父業，在重慶設店推銷，以舊有的土製酒瓶不雅觀，又無商標，乃改用玻璃瓶，仿外國裝璜，新製商標貼上。時劉湘軍部財務處課征舶來品的酒稅特高，對寶遠出售的土產大麯酒，亦按洋酒稅率征收，他不服，具呈軍部說明情形。但財務處以軍長劉湘名義批駁之，文內有云：「酒裝玻瓶，即屬洋貨，本軍長但問瓶之玻不玻，不問酒之洋不洋也」等語，寶遠閱之大恚，續呈抗辯謂：「如以酒裝玻瓶，即不問酒質而視同洋貨，某竊見軍長常穿洋服矣，然則軍長其爲洋人乎？」財務處初擬的批駁公文，固未經劉湘核閱而發出的，今見酒商胆敢出言不遜，譏刺軍長，認爲狂悖無禮，非懲究不可，乃將原呈給軍長親閱，劉氏亦感詫異，曾與參謀長王陵基談及此事，王謂「我認識此人，他是北大畢業生」，湘囑王約來談談，迨晤談後，以寶遠對答敏捷有致，許爲人才，即託王參謀長挽其到軍部任職，月薪不過大洋二十元而已。然寶遠志不在祿，亦樂於從命，第一步獻策劉湘，派員赴漢滬一帶收購舊有的當十文銅元，運回重慶後，改鑄每枚當廿文者發行使用，無形之中，即增加了一倍價格，獲益匪鮮。洎是，劉軍長對寶遠信任日深，言聽計從，寖成爲綰領財政的核心幹部，而劉航琛後來亦成了巴蜀財經界的首領人物，孔祥熙、宋子文等皆樂與結交，他一言而調動數十百萬的金銀，乃常事也。

劉湘主持四川省政時的秘書長鄧漢祥係貴州人，原與劉素昧生平，當黎元洪繼袁世凱之後作總統時，鄧在北京國務院任職，川中各個軍人皆派有代表駐京作政治活動。劉湘的駐京代表以鄧係鄰省人士，與之聯絡，常向其探聽政聞，有事即請幫忙，鄧亦盡力協助，別無要求，劉爲表示謝忱，曾囑駐京代表轉達鄧氏，請他介紹一二人來四川作縣長或稅局長，然鄧婉謝不應，而對湘贊助如常。湘覺得鄧氏很夠朋友，乃函鄧一面致謝盛意，同時希望鄧將來能來巴蜀一游，藉傾積愫。迨民國十七年北洋政府崩潰，鄧氏在政治上侷促靡騁，即入川依劉，而湘一見如故，任之爲秘書長，終湘之世，倚畀不衰。上述劉航琛與鄧漢祥之成爲劉氏的心膂之士，皆係由於偶然的機會，博得劉氏青睞賞識，加以信任而不疑。此兩人的作風亦多獨斷獨行，跡近專擅之處，但劉氏倚之如左右手，決不入浸潤之譖，膚受之愬，頗有劉備對諸葛亮的流風餘韻，可見其既能省識人才，亦能駕馭人才，與當代一般軍人的氣宇迥然有別。

民國十四五年間，劉氏與其「么爹」劉文輝爲爭取巴蜀的控制權而內戰不已，文輝據有川西南七十餘城，財力豐裕，兵力亦强，湘領有重慶以下的川東十餘州邑，頗居劣勢。然湘沉鷙有謀略，亦善撫馭將士，他自己的私生活悃愊無華，不染吃喝嫖賭嗜好，但對其文武部屬的奢靡生活，概置不問。文輝曾派人賫金來渝，暗中對湘部師長藍文彬范紹增策反，各贈現洋二十萬元，幷附以升任軍長的委任狀。范師長據情密報，湘囑其接受鉅金，乞假赴滬游樂月餘再回來，這便是范師長當年在上海灘上以濶綽著名的所以然也。藍師長秘而不宣，湘乃予以囚縶，褫其軍職，終身不復任用。洎是二劉戰爭連綿不休，文輝終告挫敗，所部師長張致和投降，唯獨立旅長余中英不屈，於戰況不利之際，自動解甲棄職，馳歸成都，閉門却掃，不預外事。湘於攻佔成都後，首即趨訪余中英，挽其相助，旋出任軍務處長，甚著勞績，繼由湘資送中央陸大將官班深造，却將戰時請降的師長張致和免職，不屑驅使。這是劉氏馭下的作風，正而不譎，足見其個性之深沉得法，不落恒蹊。他一生從作排長起，直至貴爲川軍統帥，專閫封圻，聲勢赫赫，然數十年間幷無背叛長官的紀錄，他亦每以此告誡部屬。所以，民國廿五年，劉在川省主席兼川康綏靖主任期間，爲着處理地方政務，偶與中樞意旨相出入，外間有人攻訐他是「土皇帝」，他曾對筆者申說道：「我自從當排長到現在，未嘗有過犯上作亂的行爲，難道今天還想造反不成麽？老實講，蔣委員長的位置縱然讓給我坐，我亦沒有本事坐得下呀！」

我於民國廿四年奉軍委會秘書楊永泰先生電召至成都，担任「四川縣政人員訓練所」政治總教官，與劉主席絕少往來。該所的教育副官舒棟材是劉湘派來的，當縣訓所於民國廿五年夏間結束之際，劉主席密詢舒副官：「縣訓所的各個教官中，誰個最受學員歡迎呢？」舒氏竟以區區對，事後幷將經過告訴我，我付之一笑，不以爲意。既而劉主席囑省府秘書長鄧漢祥懇留我在省府幫忙，我遜謝之。最後聘任爲省府高等顧問，月薪規定大洋五百元，且在省府爲我特闢辦公室，我接受聘書而拒其薪俸，回到重慶軍事委員長行營于役。劉主席仍每隔三箇月即託人致送顧問薪俸於我，且告以劉主席說：「這錢原係四川老百姓的，幷非劉某人所有，不宜拒受。」我爲答謝劉氏的雅意，僅接受了一次而已。民國廿五年十二月西安事變發生時，我在貴州省府辦理縣長訓練事宜，劉氏密電由黔省主席顧墨三（祝同）先生轉我，盼即赴成都一行，我如約馳往，劉氏以西安事變問題垂詢，且囑秘書長將他和中央暨張楊各方往來的電文卷宗，交我査閱，又語以馮玉祥代表郭春濤現在成都等情，我不便說甚末，僅謂：「甫公行事素來持重，相信不會有錯」，他答言：「蔣先生的地位，是全國人的許多血汗造就的，不能隨便摧毀」。足見劉氏對於關係國家民族前途的重大問題，却能以其厚重穩練的個性相機應付，難怪他的成就，要高出巴蜀羣雄之上呢！

民國廿四年夏間，中共傾巢流竄西南，大股進擾四川，川軍不能敵，劉氏盱衡大勢，毅然親赴南京，乞中央派軍入川征討，使多年來半獨立式的天府之國，歸於統一。中央即將巴蜀軍民兩政交付劉氏綰領，劉在京聲明，關於川省的人事安排，除了財政上有「地鈔」問題甚複雜，亟待解決，希望以劉航琛爲財政廳長外，其餘皆聽由中央遴員充任，表示不存把持心理。往後由於劉氏與軍委會秘書長楊永泰交誼稠疊之故，一些在政治上搞小圈子主義的政客官僚，訛言搆煽，挑撥是非，乃釀成川省府民政廳長王又庸、教育廳長李爲綸的撤職風波，幸而劉氏個性能忍辱負重，不逞意氣，因而中央對四川的統治權得免損害，小圈子主義之貽患，豈勝言哉！

劉氏在對日抗戰初期，病逝於第六戰區司令長官任內，以胃潰瘍不治而喪命的。這種病亦與其儉樸生活攸關，他平日既無烟酒等不良嗜好，唯喜食糖，案頭常購置着土產的花生糖——即用紅糖蘸製的花生塊——蓋以舶來品的糖果價昂太過浪費也。土產花生糖殊不易消化，積久傷胃，以致構成胃潰瘍的痼疾。民國廿四年他在南京時，曾請教衛生署長劉瑞恒以醫療方法，劉署長告以此病若發到第三次，即不救，擬薦一醫生經常在湘左右，但朝夕飲食物量須經隨從醫生鑑定，花生糖固應絕對禁食，即其他的一切食品皆不得隨便。湘認爲如此嚴格限制日常生活，殊不習慣，終未接納劉署長建議，結果第三次病發，眞是無可救藥了！

劉氏以一介武夫，缺乏現代知識，沒有社會科學修養，更未離開過四川，中國書亦讀得很少，終能削平羣雄，席卷巴蜀，帶甲二十萬，鷹瞵虎視於一方，而川民對之多有好感。他之所以成功的元素，是其天賦的沉着厚重而恢宏豁達，且又知人善任的個性所致，昔人有言：「雖曰未學，吾必謂之學矣」，劉氏足以當之也。

李宗仁（德鄰）

李宗仁如果不作副總統而代總統職權，只是担任專閫封圻的方面大員，他的事業一定頗有可觀。原因是：其個性之渾厚與劉湘近似，而堅忍沉雄遜之；謙和有類孔祥熙，而恬靜寡慾遜之也。

宗仁以廣西陸軍速成學校出身，曾充林虎（隱青）部下的排連長。辛亥革命時，林率軍北伐後，即未再回桂省，然宗仁始終于役桑梓，於陸榮廷主桂時期，洊任營長了。民國六年桂軍譚浩明率部進據湖南之際，宗仁隨軍駐在醴陵縣，該縣人劉斐（維章）之父業中醫，常爲宗仁所部士兵義務醫疾，相處歡洽，劉父以維章年幼，希望宗仁將來相機予以提挈。往後李氏在桂逐漸騰達，乃邀維章至桂任職，旋斥資送往日本士官學校肄業，寖成爲桂軍的核心幹部。

李氏初在桂軍中不得志於陸榮廷治下，曾在廣西十萬大山一帶自由發展，適黃紹竑、白崇禧亦不見容於陸榮廷，黃在梧州以非常手段，攘奪其把兄弟馮葆初部隊，號稱「定桂軍」，從事反陸運動，與李氏聯盟，李部則名爲「討賊軍」，黃又推介白崇禧兼任李氏的參謀長，此即李黃白三鉅頭統治廣西若干年之所由來也。

論三鉅頭的才幹，黃稱最，非李白所能及，然黃氏多慾而缺誠信，白氏褊急而自負太甚，不若李氏之渾厚謙和，適合領導地位。所以，李在桂省文武將吏中，始終被奉戴爲首腦人物，威望不替；迨廣西遵奉國府正朔，歸誠中央後，中樞最高當局對李亦特別器重，另眼看待，雖非言聽計從，但可說是有求必應，這係事實。

我第一次遇見李氏，是民國十六年春間在江西省主席李烈鈞先生座中，維時李部第七軍剛在德安馬廻嶺之役鏖戰獲勝之後，有桂軍軍官某亦在座，聲言第七軍血戰有功，而軍餉仍發毫洋（革命軍由粤出發時，皆照廣東毫洋發餉。）然他軍却多有發大洋者，言下甚表不平。李語之云：「這總比

在十萬大山打游擊時的生活好多了，何必計較呢？」當時我認爲此人的心地醇厚，頗具好感。民國十七年初，李與白崇禧由南京乘輪赴武漢，夜過安慶停留數小時，皖省主席陳調元請李、白到省府茶話休息，我以省委敬陪末座，談到中央黨政問題，我說：「李軍長應該多多建議纔是。」李笑謂：「你可以多說話，我却不能，因我帶有幾枝鎗桿，對政治問題若多說兩句，別人就駡我是軍閥呢！」我更覺得此公謙遜有致，不像一般赳赳武夫之目空一切，予智自雄，而不知天高地厚也。從此我對宗仁每加稱道，許爲當代的模範軍人。

李的軍事長才，在對日抗戰時期，表現最著，台兒莊之役，他是司令長官，所領部隊殊複雜，但皆竭力用命，得告大捷。往後國軍重組戰鬥序列，李担任第五戰區統帥之職，原在台兒莊作戰的湯恩伯機動兵團，奉命改隸第十戰區司令長官指揮，而湯堅決要求仍隸李氏麾下。另有舊西北軍張自忠（藎臣）集團軍，係第五戰區的主力，張與宗仁素無淵源，某次張到重慶述職，我問藎臣：「你跟李司令長官相處何如？」張謂：「跟這樣的長官共事，替他賣命亦值得的。」湯恩伯是正牌的國軍將領，張自忠是所謂雜牌隊伍的主將，然皆對李氏誠心愛戴，這便是李的個性渾厚謙和而公誠無私所致，有兩點事實足以証明：一是第五戰區所屬陸軍第十軍長兼集團軍總司令徐源泉不聽命令，自由行動，最高統帥在西安召集軍事會議時，五戰區副司令長官李品仙當場舉發，宗仁曾躡足暗止而不及，情形很嚴重，事後仍由宗仁與軍事參議院長陳調元從中說情，徐氏得免嚴究。宗仁不想舉發的理由，說是鄂籍軍人如徐氏地位者甚少，應予成全之。二是張自忠曾在戰地乘暇玩牌，宗仁微服巡視到，笑問「誰個輸了？」張答「我輸了」，宗仁即入局替張挑土，連和數次，旋起身去，輕拍張肩云：「老弟，打仗你比我行，打牌我比你行啦！」張氏久在馮玉祥的嚴肅管領之下，忽遇宗仁這樣謙和的上司，乃感極而願意爲之賣命，結果眞的對敵力戰陣亡了！

對日抗戰結束後，李受命爲北平行營主任，與當地各界人士相處亦很融洽，聲譽不壞。民國卅七年春初，他當選了副總統後，回到北平時，北平各大專學校學生以不滿現實政治，羣起游行示威，大隊羣衆麕集李氏住宅，要求和李見面，情勢洶洶，不可理喻。當時北平警備總司令陳繼承堅請李氏避之則吉，表示沒有維護安全秩序的把握。然李泰然不以爲意，從公廨步行回去跟學生說話，一篇講演使學生們滿意歡呼，翕然而退，這都是李氏的長處。可是，他一旦躍居綜持全國政事的元首職位，則舉措失常，章法大亂了！

他代行總統職權，希望與中共止戰謀和，本係嘗試性質，迨共黨悍然以投降條件相脅迫，明知和談絕不可能了。上策是向中外聲明，本身出任艱鉅的目的原在促成和平，既不能和，則任務已畢，唯有敬謝不敏，仍請蔣總統復職領導，退而恪盡輔弼之責，保持平日的信譽，靜觀局勢演變，游刃自如。次則團結內部，同心協力，共撐危局，以與敵黨決最後之勝負，縱使失敗，亦光明磊落，可告無罪於天下。然他計不出此，在危疑震撼之秋，而亟亟於爭取總統權力，更易行政、立法院長，引起不斷的政潮，甚至對於一個福建綏靖主任湯恩伯的任命，亦拒不同意，且要求蔣總統出國游歷，這豈是應變圖存的應有措施嗎？最後蔣總統由台北赴重慶督導西南戰役，雖係白崇禧私自請求的，然李氏亦續有密電速駕，乃臨時潛離重慶，避不晤面，形同拆台，大逞意氣，終且潛來香港，而以代總統地位，竟向美國領事館請簽護照去國，報由美國務院「批准」（Approve）成行，把中華民國元首的身份蹧蹋得不成話，可謂不識大體已極！

此時美國已經發佈對華外交白皮書，坦白聲明「一筆勾消援華政策」了，然李氏猶認爲美國一定支持他作總統，在香港出發放洋時，尚公開聲稱關於美援的處理，別人無權干預，這是何等幼稚的見解呢？李到美國後，依然以中華民國代總統名義，與彼邦人士周旋，不惜以流亡政府自居，喪失人格，在所不計。又說他在國內有張發奎將軍爲之招兵買馬，作游擊戰，弄得張氏啼笑皆非，急在香港登報聲明否認。最可哂的，李竟以自印的總統府公文紙，核准原在美國採購空軍器材的國府貪官汚吏毛邦初的經費報銷，專跟遷移在台灣的中華民國政府搗蛋，却不知置自身於何地。凡此種種乖謬措施，皆與李氏平日立身行己的渾厚謙和個性，逈不相侔，可怪也矣。李在美要求與杜魯門總統晤談，却不瞭解國際外交的慣例，兩國元首會晤時，該友邦的使節必須帶領晋謁，且任舌人職責。當時我國駐美大使顧維鈞，乃是蔣總統任命的，杜魯門縱有滿腹的私話，亦不能向李氏傾吐，祇好聊作禮貌上的寒暄詞令而已，嗣後亦未再晤李一面，李氏一心以爲可以取得白宮大力支持的美夢，乃告幻滅了！

由於李氏到美國後作出這些不合理的行動，國內外原來對他抱有好感和希望的人，大家沮喪灰心，說他是個草包了。李氏有子幼鄰，在美經營商業，雖以垂暮年華老死彼邦，亦不致缺乏衣食之資的。他人爲着生活，或者爲着政治熱情，固不妨事齊事楚，聊以自遣，李氏曾是國家元首身份，又爲中共指目的所謂「戰犯」，顧念自身的人格與歷史關係，豈可隨便變節，甘作降虜貳臣乎？然而他竟靦顏歸降中共，鬱鬱以終，未免太過於自相作踐吧！

從李氏代行總統職權，以迄去國後所表現的言行，完全不像原有的渾厚謙和性情，毛病就在其本身的知識才智太凡庸，而左右又無人才，一到緊要關頭，即不知所以自處之道了。吾故認爲以之任方面大員則優，以之爲綜持全局的首領，則難以勝任也。

張大千法古變今

薛慧山

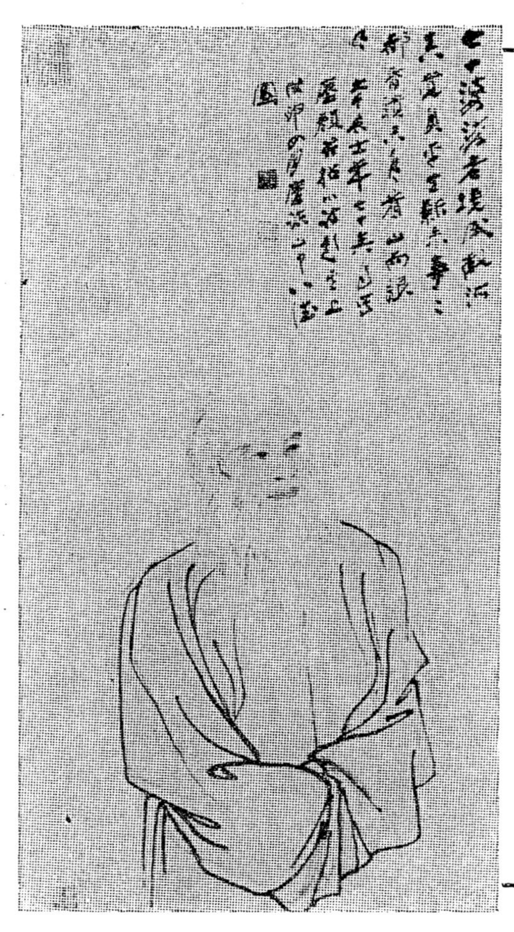

七十婆娑老境成，觀河真覺負平生；
新來事事都昏瞶，只有看山兩眼明。

這是張大千先生在七十自畫像上的題句。

這一位當今中國畫壇的大師，今年已七十四歲了。按照世俗看法，他已進入於晚年。令人關心的是，他健康尚佳而目力已差；且看畫中長髯，盡已皓白似雪；吟味詩意，他老人家在感慨平生中，仍不失其樂觀風趣。

張大千，有人稱他爲「十項全能」；也有人譽之爲「畫之時者」。無論如何，從一貫繼承傳統的軌迹上，他領悟之强，疆域之廣，用力之勤，自有其突破點。拿他超過半世紀的藝術活動歷程來說，相信誰也不能抹煞他是一個法古變今的開派式人物。

中國繪畫藝術，本來尊重傳統而同時又貴於創造。但不幸的是，由於清代四王的形式主義，大力籠罩了整個畫壇，一味摹仿的風氣之下，就少有敢於破空而出，來移轉這一風尙的先驅者。過去我撰「張大千論」，即曾作如下的拳拳致意：

「張大千誠然是中國畫壇的一個傑出探索者，他有天份，他肯衝刺，祇是既成的世俗習慣，有如纏藤般絆住了他，必需他大刀濶斧地突圍而出。中國畫壇非重新振作不可了！」

「開拓萬古心胸」！張大千果然老當益壯，自强不息，這些年來，仍不斷地摸索，不斷地創新，不斷地求變。到了今天，由於他藝術內涵的表現，開拓了大破墨大寫意的新風格、新境界，使得中國繪畫發展史又向前延伸了這麽一頁。

對於張大千，目前作最決定性的評價，仍嫌太早。忝爲四十年交末，謹以個人所見所知，把他的繪畫過程劃分爲前後四個階段：

一、以古人爲師。二、以造化爲師。三、以心爲師。四、在無意中他已走向一個最高境界。

是漸修的和尙

有人打個比喩：『張大千是一個「漸修」得道的和尙，而不是「頓悟」的和尙。』

早慧的大千，廿歲左右即頭角嶄露，摹古畫的本領得一「巧」字，無所不能，無所不精。從小他在兩位「通人」曾農髯、李梅盦還有他的二哥善子誘導之下，開始師承着古人傳統的正軌，一步又一步的「漸修」而成爲正果。

「大千畫說」中，也不諱言這點：『天才不足恃，有謂「三分人事七分天」，此語最是誤人，……必也「七分人事三分天」。』一開頭他深知作畫重在工力，基礎工夫必不可缺，所以一筆筆循規蹈矩從勾勒古人名迹入手。據說他曾勾勒過一萬幅以上的名畫，且持續了好多年月。中年後學董源，單是「江隄晚景圖」中的幾棵老樹，他摹過三十餘遍之多。直到晚年，別人讚美他的書法奇崛多姿，他却足恭以對：「我至少還要重臨石門銘、瘞鶴銘五百遍才行」。像這樣一輩子「鐵杵磨成針」般的千錘百鍊、鍥而不捨的苦心學習，試問大千的工力又那得不深？

「中國繪畫發展史，簡直是一部民族活力衰退史！」大千曾作如是慨歎。不錯，自清代四王一出，整個中國畫壇，被他們的勢力所統治了，刻板式的摹仿之風，幾百年連綿不絕，大批畫家、無數作品，看來竟彷彿一種格式、一律符號。大千有着一個先知的頭腦，雖自傳統中來，但不甘心爲傳統所束縛，遠在五十多年前，即決心力挽頹風，竭力提倡明末四僧的寫意創作，從此整個畫壇被注入了新的活力，風氣爲之一變。對於臨摹古畫，只認作是一段必要的階梯而已，他說「臨畫如讀書，如習碑帖，幾曾有不讀書而能文，不習碑帖而善書者乎？」此固言之成理；但接着特別强調：必須「擷各家之長」，「參入自已心得」，「最後要化古人爲我有，創造自我獨立之風格」。這就非胆大心細，去蕪存菁，方能臻於脫胎換骨之妙。

一九三二年之春，訪問大千於蘇州網師園。那時他纔三十四歲，已蓄着那一把大鬍子，兩眼炯炯，談笑爽朗。打開一軸石濤的畫來，掛在壁上，先對畫中全局玩索再四，於古人精神流動處，靜靜地心領神會久之，才拈起筆來向紙上直筆空鈎，颼颼地如蟲食葉，似乎得手應心，神而化之。因爲他臨石濤並不太求形似，隨時有所刪畧，有所發揮，有所創造。又眼看他仿八大、仿青藤、仿松雪……輕輕鬆鬆就懂得一下子遺其貌而襲其神。

世所共知，大千早年臨摹石濤，已到幾能亂眞的水準，不但瞞過了羅振玉、黃賓虹的眼睛，且使日本人都把他的仿作印入「南畫大成」，至今猶被他們奉爲「國寶」，我猜想大千當時所以這樣做，其動機大概是出於「舜何人也？予何人也？」硬是不信邪的一種心理作怪罷？有人把他早年所臨石濤中堂倩他題跋，他慨然題云：「昔年唯恐其不入，今則唯恐其不出」。可見對於古人的作品，他畢竟採取了一項批判性接受的態度，此之謂「師古而不泥於古」。

文武崑亂不擋

其後大千在北平中山公園水榭上舉行畫展，使他一舉成名。他的畫路極廣，從山水人物花鳥一直到界畫，所謂十三科幾乎都能一脚踢，于非厂稱之爲「文武崑亂不擋」，足證其師古的業蹟，已經得起全國行家的考驗。抗戰爆發時，他孑然一身從北平間關逃亡到了成都之後，繼續模仿古畫，水準愈提愈高，各方爭購其作品，本身也像變成一架印鈔票的機器。但譽滿天下，謗亦隨之，他的名氣愈大，作品也就愈不敢馬虎，若干超水準的仿古傑作，都在這時期問世了。

陳定山在「現代畫壇及畫家散論」中有云：「張大千是一個聰明人，他從石濤起家，又把石濤一口氣吞入腹中搗個稀爛，吐得出來，化作唐宋元明，千百作家」。似乎把大千形容如魔術家一樣，但也證明他具有過人的藝術慧力。張目寒在「畧述大千畫風之演變」中，更進一步說：「大千並不拘於石濤，進一步而上溯唐宋元明，縱橫百家，恣意臨摹，取唐人的樸厚，宋人的法度，下至元明的筆墨意境，上下千年，融會貫通之。這不僅是常人所不能爲，而且是中國畫史上沒有的人物。」實在說，舉世滔滔，庸人太多，遂格外顯出大千之鶴立雞羣了。

你見過大千對客揮毫的表現嗎？他能大能小，極繁極簡，都能隨心所欲。工筆如仿趙大年的青綠山水，一筆不苟地把無數魚鱗似的水紋，曲曲描出，眞虧他心細於髮。寫意的墨荷最是一絕，往往把尋丈巨幅的紙，鋪在地上，掀髯捉筆，以元氣淋漓橫掃千軍的氣勢，一揮立就。那長長的荷梗，上一筆豎下來，下一筆忙接上去，好大的筆力！潘伯鷹在「中國書法簡論」上，把這一幕就作爲書畫同源的引證。漫畫家葉淺予的筆下，也曾把他的作畫神氣極其誇張地描寫出來。

大千的白描人物，原是從李龍眠、陳老蓮畫中學來的技巧，用的是小得無可再小的紅豆筆，作高古遊絲描，又稱春蠶吐絲描，那熟練的線條，就如同春蠶吐絲吐不完似的。平日他熟於摸筆性，摸墨性，摸紙性，摸水性……什麽都弄得一淸二楚，但別人對這套也感到最難以控制，最不容易捉摸。尤其他設色精妙，妙在爐火純青，古艷而淡雅，仿錢舜舉的覓句圖就是一例，這該又是他個人不傳之秘。

在大千個人生命史上，最大的奇蹟，當然要算敦煌之行。敦煌這個盛唐藝術的泉源，從前誰都作夢作不到的，他却不辭荒漠風塵之苦，整一千天的架起雲梯，在高壁上奮臂摹畫，單是石青石綠消耗了千百斤，那股追求古代藝術的狂熱，實無異乎對宗教苦行的奉獻，堪與唐三藏取經的故事相輝映。人們本來評論大千的人物太巧、太軟了些，自敦煌歸來，一變而帶有「唐人之樸厚」風格，當然是他最大的收穫。

一眼斷定眞僞

「鑒賞之道，談何容易！」歷史上一流的鑒賞家並不太多，高明如董其昌，猶不免有此嘆息。雖然大千平日對自已的畫，對人總是謙稱：「兄弟造詣有限」，可是在鑒賞古畫方面，却又非常之自信，爭論起來從不肯讓人半分。跟他打過筆戰的王雪艇，曾譏彈他祇有「大胆假設」，尚未盡能「小心求證」，但終於坦然承認：「大千實亦往往看出他人所不能看之點」。就這一點，已是了不起，事實上他有的是驚人的記憶力與領悟力，動一動便「一擊即中」。什麽畫都祇要一看畫頭，立刻可斷定這畫的眞僞，舊時看過沒有，若干年前曾在某處看過，有什麽題跋印鑑，等到打開畫看，果然絲毫不爽。那卷在八國聯軍庚子之役，外國兵在北京宮中搶出來的韓滉五牛圖，原爲吳縣吳恒孫君收藏，介紹去請大千鑒定，大千一眼就

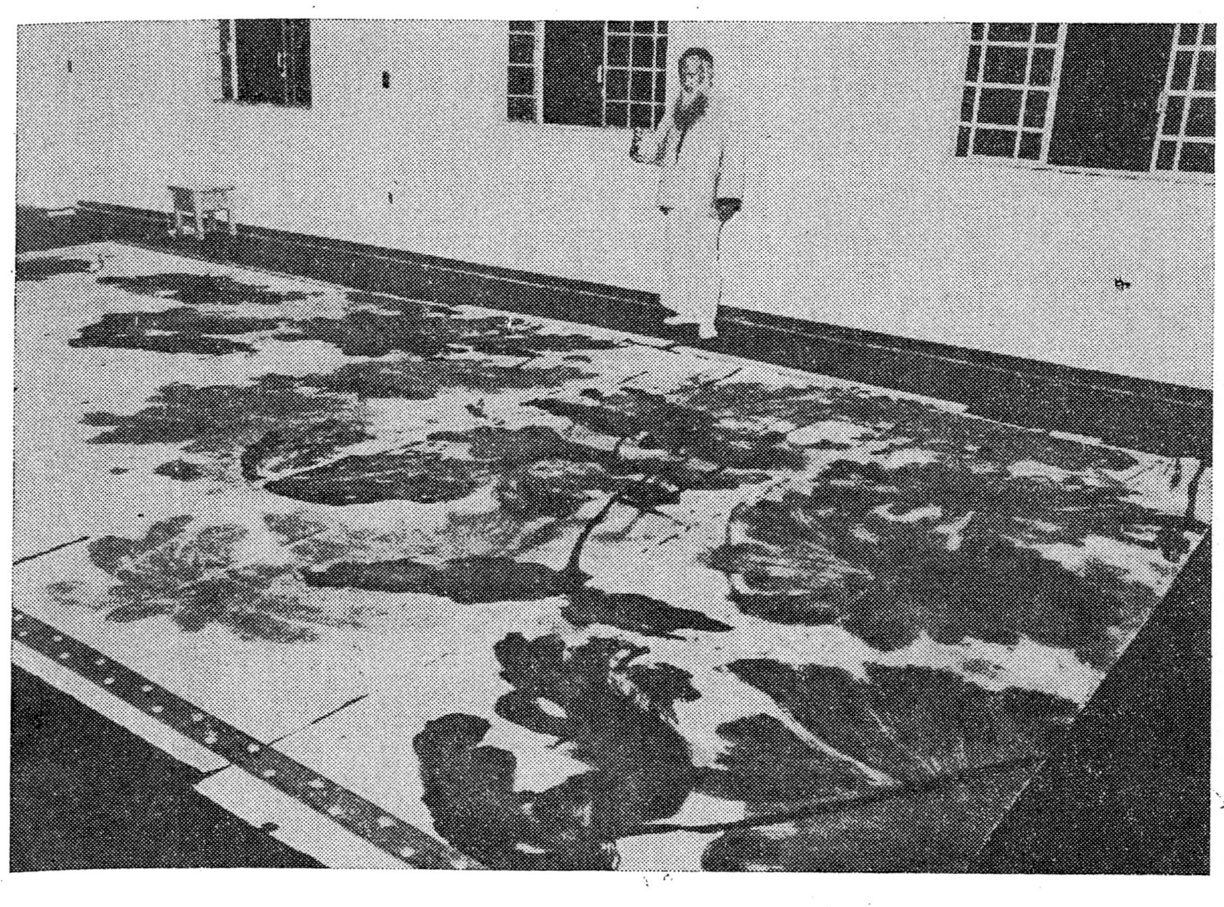

大千畫荷元氣足、筆力足能掃千軍

吃得很準，當場脫口而出：「眞！」

方地山贈聯有云：「富可敵國，貧無立錐」，八字論斷，將垂千古。大千搜求古人的名迹，確也弄到傾家蕩產而不惜。世人祇知其飲食異常講究，但我知道他却可豐可儉，你請他吃豆漿油條，或馬蘭頭拌白粥，他照樣當做山珍海味，食之津津。他自製一副對聯：「佳士姓名常掛口，平生飢寒不關心」。上聯表示他平生與人爲善的一貫襟度，下聯也是寫實，他時富時貧，袋袋裏往往不名一文。

大千對畫上的題跋最肯用心，連位置都大有研究。至於印鑑，求其恰當調和，決不會如某些人亂蓋在畫上像生了疥瘡一樣，中國的書、畫、印、乃高度的綜合之美，非胸羅萬卷不能爲。大千善於讀書，且能參透了其中精義，識見淵博，自非倖致。

畫之一道，在藝術中本來也就是既深且廣的學問，非窮年累月「漸修」不能。但近世畫家，我看十個之中倒有九個不肯讀書，有的連看畫常識都茫然，可謂之捨本逐末。去年在台北舉行的古畫研究會，一時日本與西洋專家雲集，論到鑒別力，竟無人能望大千之項背，且鬧出不少「半瓶醋」的笑話。大陸出版的「石濤研究」一書，我曾借給大千閱過一晚，一早他就歷歷指其謬誤，出了不少漏子，看他氣得把鬍子像直豎了起來。究竟該有什麼條件才夠研究書畫呢？大千曾諄諄告人：「第一是讀書；第二是多讀書；第三是須有系統地有選擇地讀書」。

蘇東坡詩云：「退筆如山未足珍，讀書萬卷始通神」。或問何以當世善於學大千的還不多，我看人們祇知徒襲其皮毛而已，而始終沒有學到他那份敏而好求的苦學精神。

攝得黃山性情

作爲畫家敏而好求，讀萬卷書，不如行萬里路，與其師古人，不如師造化。近世專學四王的人，多數一輩子足不出戶，目光如豆，止在筆墨圈裏打轉，畫的乃是沒有生命的死畫。石濤自稱：「搜盡名山打草稿」，所以在畫裏出現了「畫於山則靈之，畫於水則動之，畫於林則生之，畫於人則逸之」，必需如此，方能顯出一片生氣勃勃的境界。

大千平生，比之一般畫家，較有更多旅行的機會，天下名山大川，都供他作寫生的草稿。故他的山水畫，構圖又淸新又奇闢，突破了尋常的框框。青年時代，偕兄善子二人，年年自備糧食，去到黃山旅行，親切地領畧自然之妙。這一時期，所畫的奇峯異境，古松盤石，大多以黃山爲藍本。石濤題畫有云：「予得黃山之性情，不必指定其處也」。大千寫的黃山，往往數筆點染，即可以敏感地攝取了它靈秀的神髓，有時似乎還勝過石濤一籌。

四川是大千的故鄉，也是中國著名的山水窟。劍門之險，巫峽之壯，峨嵋之秀，青城之幽，經常在他筆下出現。尤其峨嵋金頂的奇觀，他不厭三番四覆描繪，最能動人心弦。此外如華山、泰山、雁蕩山……每一勝地都屐痕踏遍，並對之作過寫眞。他一面對着自然，一面又常喜歡以唐宋大家名迹來印證，深感他們畫理的嚴明，因爲江南的山土多於石，所以董北苑發明披蔴皴，因爲北方石多於土，所以范華源非採取泥裏拔釘、雨打牆頭、鬼面這些皴法不可。

大千在國內各地旅行中，所看到的奇峯峭壁，危巒平坡，烟嵐雲靄，飛瀑平流，這些宇宙大觀，瞬息千變萬化，因此他慨歎，倘不是親眼看過，憑着想像，是上不了筆尖的。眼中看過，胸中自然會有，一搖筆間，什麽都會一齊聚於你的筆下、腕下；這就應了「造化在手」這句話。離去大陸後，一度在印度大吉嶺居住，他回來告訴我，下雪天也常露宿在戶外，爲的要看看喜馬拉雅山高峯的積雪夕照與日出。跟自然同一呼吸，非這樣深刻感受不可。

近年大千繪製了長江萬里圖巨畫，引起不少人聚訟紛紛，却誰也搔不着他的癢處。畫這樣的畫，並非刻板的地理圖，何況藝術作品非加工剪裁，予以抽象化不可。其間空白的是雲、是霜，無畫處正是最好的畫。看來大千的畫法，是鳥瞰式的，由高空往下看的，不是一般畫家由下仰望的，所以丘陵的起伏，水流的曲折，都具有立體感，脫盡了古人的窠臼。再說古人那裏有像他常坐飛機俯視大地的經驗，而會如此探驪得珠的一下子就把重點抓住了呢？

寫生呼之欲出

大千之多作旅行，除藉此拓開胸襟，涵養性情外，他經常在進行詳觀物象，細推物理，審研物性，默察物情的各項活動。他的花卉畫，意在青藤、白陽之間，却多數從寫生得來。以寫竹而言，竹的風枝雪枝隨時變化，決不能拘泥於一個公式。所畫秋葵海棠，算來十年間竟變了七次，不斷地加以修正。爲了飽看牡丹芍藥，春天屢去日本偕樂園作客，發覺花開時晨昏都不一樣，因而寫生不少姿態。那些大筆頭寫意的牡丹芍藥，枝葉通體連貫，帶些草書趣味，花朵花蕊，於淡墨淫墨中染上一點粉綠燕支，眞有迎風帶露之妙。

平生最得意之筆，當然是大幅墨荷，他的構圖虛中有實，實中有虛，充滿了矛盾統一的節奏感，把握到「疏處可伕馬，密處不通風」的訣竅。有次他吐露了畫荷的心得：「看上去總要使它像生在水中的模樣。」

在他筆下的松樹，也有變化不盡的幾百種姿式。以前畫過一棵松，是作雙枝並生之形，謝稚柳當時曾私議他欠通，直到親去黃山見到了這樣的松之後，才相信宇宙間無奇不有，只恨當初眼界不及大千之廣。試看大千近作梧桐，近根處都有小枝茁起，就是他親眼看過的實物之一。于右任八十華誕那年，大千畫了一幅丈疋的古柏以祝，一種挺拔的氣勢充沛滿紙，據他最近透露，還是昔年在蘇州司徒廟見過希、奇、古、怪四棵千年老柏，才予他有這麽深刻印象。

大凡自成氣候的畫家，私底下都有其偏愛的標本。大千愛蓄長臂猿，甚至人們傳說他是黑猿投生。他在作畫的時候，幾頭猿便在窗口探頭探腦看着他作畫。據說猿是極富人性的靈物，愛憎特別强烈，別人給牠餵過辣椒後，牠就一輩子會記恨那人，但由於大千平日視之如嬰孩，多方呵護，畜生們對他十分親暱。果然大千把猿的特性能夠體察入微，畫得奕奕如生，在北宋易元吉以後，唯他一人而已。

昔年在北平時，一次和齊白石即席合作，白石在上角先畫了慈菇葉，結果大千祗好在下面補了幾隻蝦。他謙稱班門弄斧，白石却連聲贊道：「比我畫的更好」。原來大千在家中，把鮮蝦養在水盂裏，早已細看了好多天了。

本來，一個畫家要創作一件成功作品，必需熟悉對象，深入對象的靈魂深處，加以提煉集中，力求其神似才行。大千引用沈石田語，叫做「觀物之生」。

對人物的寫生，大千了然於以形寫神「遷想妙得」的美學觀點。有過這麽一幕：某天他偶然看到一個女郎驚鴻一瞥的倩影，回家便揮着一枝蠻粗的破筆，飛快地勾出一寫意仕女，正在點睛，看來極「傳神阿堵」「神光離合」之致。他告訴我：「剛才好像做了一個夢」。其實是畫家一時的靈感放射了出來，不但容易手揮五絃，且目送飛鴻也不難，居然一下子把對方形象中的內心世界都攝入在畫裏了，怎不令人呼之欲出！

要畫自己的畫

大千的眼疾，說來實在是一個不小的刧數。但想不到竟因禍得福，他的眼力退化以後，反而界予他藝術上一個新生命，從「以造化爲師」的階段，又轉變到眞正「以心爲師」的新境界。

「以心爲師」，也可說是「以我爲師」。中國最早的山水人物大畫家顧愷之，便提出「中得心源」的說法，其意就是說畫家應該在畫裏發現了「我」。可惜的是，後世的畫家，一味摹仿，不再關心創造文化的智慧心靈，全然忘記了自己的存在。大千後期作畫，已注重獨立的創意，更多作自我表現。在眼病開始時，從巴西寄了一幀「五老圖」來，作風顯然變了，那似梁楷而非梁楷的減筆，却富於渾樸含蓄的韻味，這說明他開始澈悟到要畫自己的畫。

本來，大千最擅長工筆畫，一般作品也有心力求其完美無瑕，務使筆筆送到，而無懈可擊才肯罷休。過去他作畫的習慣，手續相當之繁多，先勾粉本，再畫淡墨，然後加濃墨焦墨，最後又幾道着色，一層又層的刻意經營，煞費心血之至。記得有一次，旅居香港瓊峯別墅，已有眼病跡象，他依然架了一副深度老花眼鏡，替朋友伏案細筆畫着一個扇面。我見了大不忍，亟諫之曰：「您老的目光不濟啦，又何苦再弄這勞什子？把這枝紅豆筆乾脆丟掉的好。」果然後來他作畫的方式全部變了，什麽都是大筆淋漓，一氣落墨。我畫了幾隻猿，請他補景，他不再作小筆勾線條，只管把大京提筆蘸着一缸墨水，那麽儘量揮霍到紙上去，濕漉漉的一大片，等到乾了一看，其中乾濕濃淡，五墨俱全，而那些抽象化的樹藤泉石，竟把我畫的猿烘托得神氣躍然。我拜服他能從心所欲的這樣畫法：「至人無法，非無法也，無法而法，乃爲至法」。已不再靠他的肉眼活動，而祇靠他高度的心靈活動了。

大風堂詩冊

・張大千・

畫梅賦寄岳軍先生。

瘦影橫窗有雪痕，花時正好閉柴門，三年海外初成蕊，

招得孤山處士魂。

新種梅花盛開，喜賦書寄目寒。

幾年海國覓生涯，結箇茅堂不是家，一事新來堪慰汝，

出門一步有梅花。

辛亥嘉平月十五日夜二時，環蓽盦看梅，適逢月蝕，因成小詩並畫寄呈　漢卿老宗兄哂正。

㸑枝嗅蕊許從容，欲寫橫斜恐未工，看到夜深明月蝕，

和香和夢共朦朧。

陶鵬飛記：此畫爲一巨莖橫梅，花正盛開，本詩先成前兩句，後兩句次晨始得，因大千居士當晚看「月當圓而不圓」，以爲自己目力不濟，次晨問之女兒心聲，始知上夜月蝕，乃得後二句云。

古木戲猿　本文作者畫猿　大千居士補景

「意足不求顏色似」「元氣淋漓障猶濕」，這樣才是中國畫家夢寐求之不得的新手法新境界。惟有他勤懇地以古人以自然爲師，工力火候十分到家之後，才眞正懂得所謂熟後求生，巧中求拙的好處來。我曾寫文以杜甫的兩句：「杜陵有布衣，老大意轉拙」，强調一個「拙」字，以作「張大千論」的結論，並提醒大家：「這才是百分之百的張大千自己的畫」！

抽象已三千年

一九五三年，大千在歐洲與畢加索會見的時候，畢加索開門見山就說：「眞的！這個世界談到藝術，第一是你們中國人有藝術，其次是日本的藝術，當然，日本的藝術，又是源自你們中國。……」同時，老畢拿出自己學中國水墨畫的幾冊作品來請大千評定。國有瑰寶，豈可以不自知？我想他本人的心上，一定會有更大的刺激，更多的感慨。

大千畫了六丈濶二丈高的大幅墨荷通景，筆墨生辣拙重，一新世人耳目，中國畫家的名字，開始響亮地在巴黎凱旋門畔喧傳起來。據我所知，並時的老輩抽象大師勃洛克，成名尙在畢加索之前，去參觀大千的畫展，曾當場見到大千對客揮毫畫着墨荷，那樣水墨淋漓、老筆紛披的畫法，使勃洛克也感到有些驚心動魄，過去摸摸那枝中國的大毛筆說：「要運用這一工具，恐怕西洋畫家中誰也沒有這份能耐」。

其實不管勃洛克也好，畢加索也好，據說他們都以中國書法的筆觸來畫抽象作品，我看充其量祇是有筆而無墨，距離中國繪畫藝術還差了一大段。

大千對此，當有其眞知灼見，在馬德里接見記者時，曾發表他對藝術的見解說：

「中國的畫，在古代三千年前就已經是抽象的了。但我們通常是精神上的抽象，而非形態上的抽象。近世西洋名畫家所倡導的抽象派，確確實實可說是受了我們中國畫的影響」。此外，他另有這麽精警的幾句：

「畫家自身該認爲就是上帝，賦有創造宇宙萬物的特權本領。畫中要它下雨就下雨，要出太陽便可以出太陽。造化在我手裏，不爲萬物所驅使。這裏缺少一個山峯，便加上一個山峯，那裏要删去一堆亂石，就删去一堆亂石。心中有一個神仙世界，即可以畫一個神仙世界。總之，畫家可以在畫中創造另一個天地，要如何去畫，即如何去畫。科學家所謂改造自然，而我們則是『筆補造化天無功』！」

一個最高境界

從這時起，大千創作的心靈，頓時豁然開朗，畫風大變特變。他自言：「不襲米芾父子房山方壺一筆」，開始作大潑墨大破墨，有如天馬行空，縱橫於無人之境的大手筆大氣魄。其代表作爲瑞士四圖，以中國意境筆墨，寫異國山川景色，一空依傍，全任天機。李霖燦教授特地撰文爲之誌喜說：「我等待好久了」，「我看出了一個充滿了希望的遠景，中國山水畫的新境界、新里程碑。」

張大千贈畢加索畫

到目前爲止，大千似乎無日不在神明變化之中。

「胸無成竹」，這是他所鐫的閒章之一。平日又常强調「無意」或「偶然」，意思是不過信手揮灑，在在成爲妙諦，那裏還會顧慮到什麽「胸有成竹」，故謂之「胸無成竹」才對。自從巴西八德園搬到美國可以居與環華盦之後，他不時告訴人說：「我作畫時往往隨着自己興之所至，畫到那裏算到那裏，這時作畫的心情，就有如神遊於天地，與造化渾然一體」。妙哉斯旨，正與莊子所倡的哲學若相吻合。天下篇所說的「上與造物者遊」，「獨與天地精神往來」，可不就是中國藝術最高的境界又是什麽？

作畫而至「胸無成竹」，儘可以放開一切刻劃心機，而筆下自然會得天機勃露，奇趣横溢。這樣，大千終將成爲一個融合了天、人、物、我，在宇宙間遊行無礙的藝術大師而無疑。

畢加索贈張大千畫

當年大千歐遊時，畢加索送了一張西班牙牧神的水墨畫給大千，大千即報以一幀畫竹。據他的理由是：「畢氏曾詢及中國畫的竹怎樣畫法，所以特地很用心畫出那幀畫分五色，層次疊見的畫竹，以爲酬答。」當他歸途從巴黎經過香港，出示照片，當時我獨持異議，大意是這樣的：中國的墨竹畢竟太被謹嚴的法則束縛住了，何不索性不管三七廿一，把你的大筆就像魔杖般隨便一下子横掃過去，相信比之老畢那一手，一定要來得渾成自然得多。雖然這些話似乎辭不達意，但證明我一向期待於大千的，正是他藝術道路上發展到最高峯，——一種「胸無成竹」的神來之筆而已。

一千多年前的張彥遠那便已明白拈出：「夫運思揮毫，自以爲畫，則愈失於畫矣。運思揮毫，意不在於畫，故得於畫矣」。其後黄山谷對此比喩更妙：「如蟲蝕木，偶爾成文」。一直到了惲南田，也還是强調「無意便佳」。中國繪畫藝術，誰說不是講求精神上抽象的？而今大千正在向這個最高境界走去。

世變正亟，人類文化藝術活動愈演愈烈，基於「繪畫——國際共同的語言」之說，此道即可以說存在着巨大無比的影響力量。我之盼望大千，不僅要他替中國畫壇來開派轉移風尙而已，當務之急，還該把中國優秀的畫風畫法，努力推廣到全世界去，使之如何登峯造極，發揚光大。

最後，我引用歐洲文藝大師米開蘭基羅的話：「單是能畫，是不夠的，我覺得一個畫家，必須能進一步躋於聖靈的境界。因爲必須這樣，聖靈才能激發他的精神」。在此，謹祝大千「大」壽無疆，「千」萬珍重！

大千居士近作百尺梧桐圖

（定齋藏）

張大千畫濶浦遙山圖　此圖曾在香

元萬八達高價定出展堂會大港

大千居士近作山居圖

（定齋藏）

美國西東大學展出：

現代中國繪畫三大師近作

——人法地、地法天、天法道、道法自然——

·王方宇·

「自然」有無常之常，有不變之變。中國古代哲人早有此說，證諸近代科學，仍為顛撲不破之理論。

地球的歷史，據近來的研究，只有四十五萬萬年左右。地球上生物的歷史僅居其半，只有二十餘萬萬年。脊椎動物的歷史，只有一萬萬八千萬年左右。在我國發現的北京人，這不過是最近四五十萬年以前的事情。

在這四十五萬萬年的地球生命中間，地上萬物的形體當然是不斷的變化，同時天上星象的形體也一定是不斷的變化。雖然形體在變，形體無常，然而「道」却是永恆的，是不變的，是有常的。「道」從何而來？從「自然」而來。

「人」所能「法」的，是「地」，因為地上的形象，離人最近，可以用人的官能感覺到。可以觀察得比較清楚。於是可以「近取諸身，遠取諸物」，逐漸成為「人」創造的形象。但是「地」究竟是靠不住的，是變化多端的，是非常短暫的，所以說「地法天」。「天」上星雲運行，雖似有常軌，但又豈是永遠能存在的形體？天地可滅，但「道」却有常。故曰：「道、可道非常道。」那就是說：太初之常道，可以把那些不是經常不變的道，化為常道。於是「道」是包容一切的。所有變的，不變的都可以歸之於太初之常「道」。但是「道」乃得之於「自然」。所以中國藝術之最高鵠的是「法自然」，而最高的理想是「無法」。

藝術家當然是「人」，但是必須是哲人，才能感覺到「道」的作用，感覺到「自然」之精英。只有如此，才能談到創作。

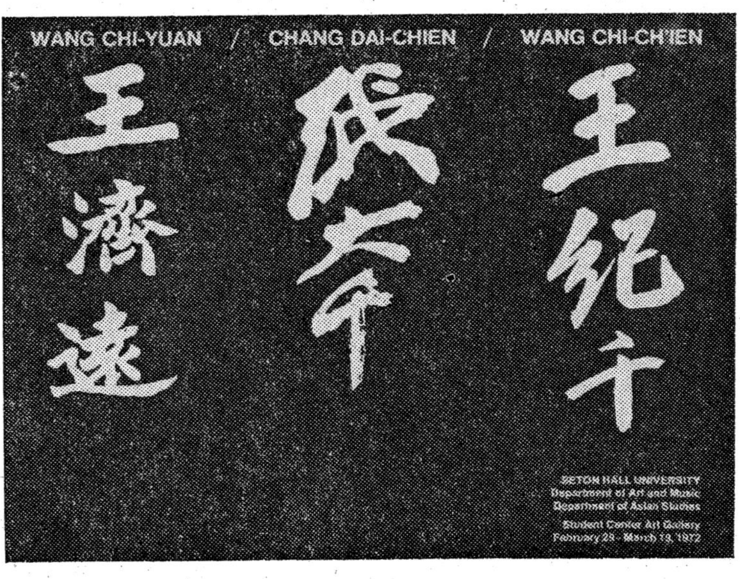

WANG CHI-YUAN / CHANG DAI-CHIEN / WANG CHI-CH'IEN
王紀千
張大千
王濟遠
SETON HALL UNIVERSITY
Department of Art and Music
Department of Asian Studies
Student Center Art Gallery
February 28 - March 13, 1972

別創一格的畫展介紹說明

時代的變遷，是屬於形體的變化。形體無常，而「自然」有常。所謂新派畫，抽象畫，若僅從形體上看，是沒有很高的藝術價值的。當然藝術家，所「法」的「自然」，所求的「道」必需經過形體才能表現出來。藝術家從形體之中，把他們要表現的「自然」和要表現的「道」顯示出來的時候，常常只是達到他們自己所要求的形式和氣韻，即感到滿足。也就是說，他們畫了一張畫，自己看起來，自己覺得過得去了，他就滿意了。很少有畫家自己先把「道」的標準立好，把「自然」的標準立好，而照着這種標準畫，但是事實上，他們雖未立「標準」，當他們自己判斷自己作品是否滿意的時候，所用的尺度，就是從他們對「道」對「自然」融化的深度產生出來的。藝術家高下之別，基本上就是他們自己對「道」對「自然」的融化程度的高低。固然也有所謂「眼高手低」之事實，那只是「技法」的問題。修養高，而「技法」不能達到他自己的要求，就是「眼高手低」。「技法」是從長期苦練中得來的，這只是低層的訓練。達到高度藝術的要求，「技法」僅是極膚淺的一層工夫。常聽人稱贊書畫家說：「五百年來無此筆」。「筆」僅是「技法」的另一說法；這種稱贊，實不足以說明藝術家之偉大精深。

藝術大家對「自然」之融化的先天的抑是後天的呢？答案是：也是先天的；也是後天的。即所謂「才能」和「訓練」。「才」又可以分為「觀能」上的「才」和「氣質」上的「才」。人的「觀能」，嚴格的說，各各人不同。顯著的不同，可以用「視觀」來說明：動物的視覺，所能分辨的是顏色、大小和形狀。這三種都要經過眼球傳達至神經系統。人的眼球構造各人不同，現在科學進步，配隱形眼鏡可以用計算機算出來所要求的眼鏡的形式。這樣會有助於眼科醫生開眼鏡方子之用，那就是說明人的眼球形狀，雖然大致都是圓形，但類型甚多。眼球形狀不同，所見之物，反映在神經系中，必定不一樣。在辨別顏色方面，各個人的差異更大。最顯著的就是「色盲」。平常能分辨的顏色，有「色盲」的人，不能分辨。同樣的道理，眼力好的人可以分辨的，眼力差的人是分辨不出來的。眼力好和眼力差是屬於先天的。「觀能」上的「才」固然重要，但更重要的還是「氣質」上的「才」。所謂氣質上的「才」，包括胸襟氣量，對人對物對自己的要求。以及吸收和表現的能力等等。「觀能」上的「才」和「氣質」上的「才」都是可以從「訓練」上求其發展，求得進步。但是這並不是說都能進步到最高境界。「才」的發展，「才」的進步，是可以從修養上得來的。但是發展和進步的程度，是有限制的。「觀能」上的進步，比較容易解釋，假設我們聽聲音的時候，常有時候初一聽好像一樣，但仔細一聽，則知道不同。「氣質」也不是不能求得進步的。所以有人說；為文要「行萬里路，讀萬卷書」。文學家曾鞏也說：「文不可以學而能，氣可以養而致」。這都是說明後天的修養能擴展天賦的才能，因而有助於藝術上的成就。

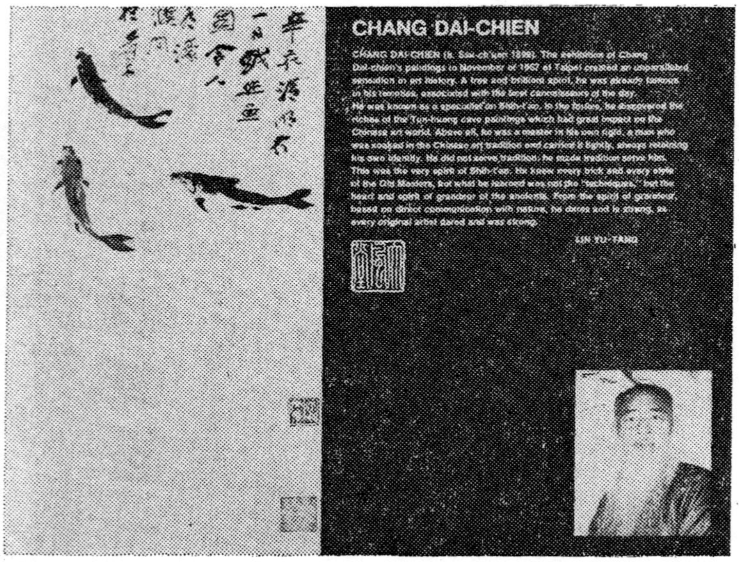

畫展册中的張大千介紹

展覽的目的

西東大學將於一九七二年二月二十九日至三月十八日，安排一個現代三位中國大師近作中國繪畫展覽。目的是用新的中國畫的形體，傳達「人法地、地法天、天法道、道法自然」的中國傳統思想。這次展覽一方面希望使全校師生以及鄰近愛好藝術人士，經過三位大師的作品，認識中國藝術和中國傳統思想中之「常」和「變」的觀念，另外也希望表現中國文化之堅韌性，吸收性，和自立性。使中國文化成為在當今存在各種文化之中，壽命最長、傳統最久、方興未艾、老而益壯、舉世無匹的最古文化。

三位大師

張大千、王紀千、王濟遠、三位先生，在近代畫壇上，自然是各有千秋，但是共同之點是：

一、他們都對傳統的中國思想有深厚的浸潤。

二、他們都對中國藝術理論有高度的理解。

三、他們都對中國傳統的技法有很深的工夫。

四、他們不約而同的看到時代中形體上的改變，而不僅在形體上尋求出路。同時都是要用創出的新形式，有效的表現他們胸中所了解的中國的「道」，和中國人所了解的「自然」。

因此，西東大學的亞洲系和美術音樂系聯合舉辦這樣的一個展覽會。

大風堂內的張大千

張大千先生絕世才華。幼承母訓，學習繪事，先自觀察草木始。所以聽他談到各種花草時，能把顏色形狀，說得精細入微，這是他最初步的「人法地」，通過「地」而追求「自然」。他思想潤達，見識極廣，對藝術熱情甚高。見佳作通體震慴，不能自已，觀察力銳，記憶力強。善用筆，能摸擬任何古人。趙子昂謂「筆法千古不易」，誠然。以毛筆之構造如此，因而產生之線條、皴法、暈染之標準規格，不得不限於古人已經嘗試過之種種。大千先生之筆，幾乎沒有任何古人筆法他沒學過的。他的模仿古人，不是模仿，而是古人附在他心裏的一種創作。他近年作品之變，在表面上似乎是廣泛的用古人的潑墨法，但實際上他近代變的成就，是遊歐美以後，胸中氣度向深厚廣潤中更進步的結果。這種的變法，當然不能說和時代無關，但絕不是看見西洋人舞台上有布景，而在演京戲時加上五色電光。亦不只是像梅蘭芳把「武昭關」、「虹霓關」裏的慢長錘原板的節奏，變成「黛玉葬花」的花鐮舞。他的變，是在形迹以外的。是用一種亙古未有的形跡，更有效的表現他所要「法」的自然，來傳達他所理解的常「道」。

竹里館裏的王紀千

王紀千先生雖然是追隨傳統畫師吳湖帆先生，從傳移模寫臨摹古人入手，但是他接觸過的古人劇跡太多了。他對藝術的愛好、專一，使他的眼光有出人頭地的敏銳。他一方面從名跡中感應到書畫之「道」，同時，另一方面，在摸擬古人期間，也得到諳練的「技法」。但這並不足以成為其今日作品之畫風。他思想的展開，是在來到美國以後。他在美國會研習西洋藝術理論，學過油畫，學照像，學製版，學印刷，從多方面觀察，多方面試驗中，進行創作。他的近作山水畫在技法上，衝破了中國毛筆的羈縻，在錯綜繁複的山巒層次中，顯不出毛筆筆法的重要性，但是滿幅充沛中國古人的氣韻。眞能作到「小中現大」的效果，這不能說不是用新形式傳達傳統藝「道」之成功。

畫展册中的王紀千介紹

寥東閣主王濟遠

王濟遠先生的藝事，是從西洋畫入手的。有很深的寫實工夫。所作西洋畫，無論是小景，是靜物，都能攝取原神。雖然未必「忘其形」，但確乎能「得其意」。他從法國學成歸國以後，才深入的精研中國藝術理論，和實驗用毛筆畫水墨畫，因為他有各種技法的根基，掌握毛筆和水墨，對他來說，不須太久的練習，就可以得心應手。他漸漸的理解中國思想的「自然」，追尋繪事中無往不利的常「道」。數十年的經驗，數十年的回顧，他所得的「道」，是從精勤不懈的努力中積累而成的。他的「道」，是從「為學日益」中得來的「道」。而不是「為道日損」的「道」。他的畫，基本上沒受過中國傳統形式的羈絆，因而他的毛筆水墨畫，也最容易跳出中國傳統形式的藩籬。他的自然而直接的「法自然」，使他的作品，在某些方面是與「道」，有不謀而合之處。

張大千先生的石綠、石藍和朱砂

張大千先生的近年的山水畫的外形，是流質的石綠、石藍、丹砂和墨，在紙上化開，好像是一片片未經人工的渾然的漫流出種種不同深度的鋪平了的顏色。顏色中凝成紋理，聚成斑點，一層層的使人看起來像是天然生長經過多少滄桑的遺痕，把這種千般濃淡，萬種風流的形態，巧妙的安排出偉大的雄壯的氣氛，泄露出此老胸中的「自然」丘壑。

畫展册中的王濟遠介紹

王紀千先生的花青和赭石

紙上顯出來的痕跡，不都是線條，也不都是皴法，也不都是暈染，而是各種不同技法，交相和協，羅織成的一種感人的形象。這些形象的造形，不能不歸功於他近年蒐集的玲瓏剔透而又壯大雄偉的寶貴岩石。畫出的岩石之間，裝點上渺小的人屋、渺小的樹林，花青、赭石，巧妙而適當的參差分布，山景布滿全幅，不露紙背，沒有中國畫傳統的形式，而充分的放射出中國畫優美的韻調。這就是王紀千先生所融會和所表現的「自然」。

王濟遠先生的水墨

王濟遠先生早年是一位成名的西洋畫家，但現在他却以純熟的中國水墨筆法，畫出了接近透視法的山水畫。他的筆法是中國傳統的筆法，但是畫面却不是中國傳統的布局。可是又的確表現出中國風景的氣度。用了一些透視法，但是並不是像西洋畫或照像那樣的像眞。可是意趣方面，他能把握住中國畫的傳統意境。可謂「以意取而不以形勝」。這樣的山水畫可以從粗重的筆墨上顯出王濟遠先生「道」之古拙。

結語

張大千、王紀千、王濟遠三位大師的作品，在形體上看，固然是各具風格，各有意境，那是因為他們各人天賦不同，所吸取的「自然」不同，內心的情感，思想不同，表現的技法和手段不同，但是他們追尋所得到的「道」，却同是天地以外「有物混成」的「自然」大「道」。

後記

數年前，顧一樵先生語余曰：「僅論語言文學，不足以發揮我國文化之美，必須講述藝術理論，始能有傳『道』之功」。余避席領首受教，敬謝曰：「請假我數年。」數年來以多涉人事，未能潛心致知，有媿長者勉勵之厚意，先以此淺文酬奉，容再鑽研，以副雅望。

——辛亥除夕於西東大學——

九廣鐵路經緯

・司馬我・

香港鐵路世界最短，造費最昂，九廣鐵路理論上可以從尖沙咀上車，到漢口、北平換車，直通莫斯科和巴黎。但自一九五〇年以來，客車不能直通廣州。目前英段全長廿二哩，平日對開客車二十四班，便利安全。前往廣州，須在邊境羅湖換車。近來鐵路當局決意大加擴充，增購車輛，遷移總站，擴建終站，以應大勢所需，但直通中國大陸，短期內依然無望。

由於中共當局對外逐漸開放，預期外國人士取道香港前往中國內地者將較前大增，九龍地理上原為中國大陸之一部份，土地連接，由香港進入中國大陸，自以渡維多利海峽，搭乘「九廣鐵路」火車，前往廣州最為便捷。

近數年來，香港居民出入大陸者人數與年俱增。根據最新統計，一九七一年來往香港與中國大陸之火車乘客，共達六十四萬五千八百廿五人。今年農曆新年期間，回返大陸各地之香港居民共達十四萬六千五百三十二人，創七年來之最高紀錄。人數最多之一日為農曆小除夕，達二萬一千三百七十四人。同時在今年農曆新年期間，經過中港邊境羅湖橋之來往旅客人數，共達二十六萬七千三百六十人，較去年同期增加百分之一百〇七。

為了配合往來人數日益增加的實際需要，港府當局早經決定對鐵路設備多方擴充，經已見諸事實的是旺角、沙田、大學站（即馬料水）、大埔、大埔墟、粉嶺、上水七個車站月台予以加長。車輛方面，初步為訂購二十八輛新車卡，該項車輛大小與現有相同，每輛約值六十萬元，該二十八輛新車卡，十一輛係二等，十七輛是三等，需費共一千六百萬元。第二步是添購新火車頭和另外十二輛車卡，藉以疏導每日清晨新界居民市區返工和假期間的交通擠迫之用。

前此正在進行的計劃，是將現有的尖沙咀總站遷往紅磡，原在紅磡之火車修理廠則遷往沙田何東樓，此一工程需費約四千萬元。至於若干路線敷設雙軌，則仍在研究計劃之中，可能是儘先敷設尖沙咀至沙田的一段。

最新決定的另一計劃是邊境的羅湖車站亦須擴建，立法局財務委員會亦已批准對該計劃進行查勘，該項工程是一座永久性的建築物具有相當規模，以適應今後旅客往返之用，以及港府入境、海關、緝私各部門與駐守邊境英軍所需。

全長一百一十英里
通車已達六十二年

九廣路全程係自九龍至廣州。到達廣州後可轉粵漢、平漢兩鐵路直通北平，長凡一千五百哩。實際上到了漢口、北平之後它還可以駁接通過西伯利亞直達莫斯科，經巴黎越英倫海峽而去倫敦。

九廣鐵路係一九一〇年落成，是年九月十日舉行通車禮。一九一一年一月五日有車直通廣州；尖沙咀總站則係於一九一六年三月廿八日落成使用，一九二三年七月五日，發生過歷史上僅有一次的刼車案。

九龍至廣州，全長一百一十英哩，行車時間一百七十分鐘，英段佔五分之一，行車約六十分鐘，所以香港的鐵路是世界最短鐵路之一。如果去北平，其中心站為漢口，從漢口到九龍全長七百九十一英哩。

英段鐵路的建築費甚高，這是由於沿途所經路線在建築上遇到相當多的困難之故。尖沙咀的總站原為新填地段，該路向北經油蔴地北上斜坡，約每百尺即高一尺，穿過九龍山，經沙田，再由沙田經馬料水站，大埔站，係沿繞吐露海峽海邊再到大埔墟，粉嶺，上水等地，均設有車站。車到羅湖，由羅湖再橫過深圳河經過一度橋樑才達華界深圳。全線要經六個山洞，三十八條橋樑以及數不清的海邊洪溝，這些洪溝有的深達一百二十呎，當時統計，每英哩建築費用需一百二十萬元。六十年前的幣值，與今相差不啻天壤，目前物價，至少為六十年前之二十倍，以每英哩二千四百萬元計，則英段二十二里之建築費，用在今天至少是五億二千八百萬元。

這一條港粵主要陸路交通幹線，係照英國鐵路型式造成，當時係由英聯邦透支經費進行，枕木向澳洲購買，鐵路線在車站有雙軌，離開車站則為單軌，因為單行線制度的關係，所有路線及支線都有電動訊號，由總站訊號機控制，故每一訊號發出，其他各站不能改變。離尖沙咀總站不遠的紅磡工場設備了訊號機械裝置，控制交車入廠，所有訊號均互相聯絡，火車不會發生走錯或撞車事件，這是一種十分安全的設備，乘客大可放心。

一九三八年廣州尚未為日軍佔領時，九廣鐵路交通十分流暢，當時的九廣直通快車，每天四班上，四班落，往來迅速，票價廉宜，頗受港穗商旅及政要歡迎，頭等車且附有餐卡的設備。

二次大戰破壞重大
一九五五改為電動

第二次世界大戰期間，九廣鐵路所受損害甚大，過半數的機動車輛被破壞，工廠也遭浩刼，大部機器被日軍搬走。一九四一年十二月，日軍進攻香港時，北干山和大埔兩處山洞的五道橋樑，基於軍事上的需要均被破壞，另外又有五哩長的鐵軌給日軍拆走，因此戰後復員備嘗艱辛，耗費極大。

勝利第三四年，筆者家在香港，本人在廣州工作，每星期往來港穗一次，搭乘火車飛機各半，便利與去新界無異。過去，九廣火車是用蒸氣機車頭的，一九五五年八月才改用現時的柴油電動車頭。

到今天爲止，整條鐵路，已有六十二年的悠久歷史，超過半世紀的時間，除抗戰期間一度爲日軍佔領外，可以說是一直暢通無阻。

這條鐵路，本來是香港對外陸地交通一條主要的大動脈，惜乎二十年來，九龍車輛不能直通深圳廣州。蓋自一九五〇年以來，英段鐵路行車，暫時以羅湖橋爲止。搭客至此，必須在此下車，越深圳橋而步入華界，另行上車，方能到達深圳，直去廣州。這樣一來，九廣鐵路被攔腰一刀，斬爲兩段，而九廣路英段也成了一個獨立系統，但主管人員仍稱九廣鐵路局局長。

貨車郵車依然直通　香港貨物有來無去

據該局局長林保漢談稱，客車雖不能直通，但貨卡和郵車則例外，爲的是雙方經常都有大批郵件往還，尤其是大陸每日都有大量副食品運銷本港。港府與中共當局就訂立協議，讓貨卡與郵車直通。

九廣鐵路局（英段）每年所載運的貨物，有百份之九十九，皆爲由大陸運來的貨物。以一九六九——七〇年度來說，該年的貨運有八八九、三九六噸，其中八八七、九二八噸，即百分之九十九點八，爲由大陸輸入的貨物。至於由香港載運往大陸的貨物，則多年來一直是絕無僅有。

目前九廣線英段火車，每日對開客車班次爲廿四次，每逢假期多增八班，連同貨車則爲四十次。由尖沙咀至羅湖全程共廿二哩，穿過六個地洞，最長的一個山洞叫北干山大地洞，共長一哩又六六〇碼，據說當年挖這個地洞時，曾挖出泥土三三七萬五千立方碼，若將這些泥土搬去填海，相當中環新填地一倍有多。

尖沙咀車站大鐘樓

鐵路管理三個部門　隨時檢查安全無虞

九龍鐵路局分作三個部門：車務部，機務部和工程部。當一列火車快要進入一個小站時，站上屬於車務部的調車員便按下兩枝路標，一枝是撥開鐵路上的較剪口，另一枝是指示火車行駛的標示。後一枝路標是在離火車站數百碼兩旁，在鐵架上豎起一塊紅白相間或黑白相間，大約四呎長，一呎濶的長方形鉾塊。當調車員一按，火車進入的路軌那一邊，該標示便從源來與地面平行的改變爲向地面作四十五度俯角傾斜，這乃表示火車要從該邊路軌駛入，便可以通行無阻，假如那枝路標仍舊與地面平行，沒有傾斜的話，火車便不能向前行駛，否則就會造成兩列火車碰撞的危險。

養路工人是屬於工程部，分作修路、巡路、十字路口值班。每天第一班火車行駛之前，先作全路的檢查，察看枕木，鐵軌有無損壞和缺少。枕木上鐵軌兩邊的大釘，那怕只鬆了一口釘，也可能會造成火車失事，所以養路工人不論打風下雨，天寒地凍也一樣要出動工作。

由尖沙咀至羅湖的鐵路上，共有枕木四千根，每根長六呎，寬八吋，高四吋，重約六十餘斤，每條枕木都要塗上防腐劑，防止枕木腐爛；所用的防腐劑是克里蘇油，化學名稱叫做氟化鈣。鋪路軌，換枕木的工作全由路工負責；此外，路工還利用火車間歇的時間，檢查修理路軌和清潔路軌。

巍巍鐘樓永留原址　直通廣州短期無望

尖沙咀車站的大鐘樓，多年來被認爲是香港標誌之一。這座大鐘樓的高度（不計避雷針）是四十八呎九吋，面積爲廿三呎，這座大鐘全重量一噸，以前是用電蕊行走的，鐘聲响亮而悅耳，但於一九五零年開始，這座古老的大鐘已不再報時敲响了。

以前尖沙咀火車站大鐘也曾被認爲是香港的標準計時之一。就年代來說，這座鐘塔還不算古老，但因建築美觀，人們無論從陸上或海面見到，都不免對它多看一眼，正因爲這一點關係，將來尖沙咀總站即使遷往紅磡，這座大鐘樓也將仍留原址，以留紀念。

目前，中共雖然已有開放門戶發展旅遊之意，但對九廣鐵路直通客車，迄今仍未表示有意恢復，香港當局也沒有考慮到討論此事。

青錢萬選

韋千里

上期本刊，載有拙作「壬子年新生嬰孩上好命造一覽表」，凡一百四十六命造。茲再擇其最佳者，加以簡評，名曰「青錢萬選」，借用古語「青銅錢萬選萬中」之意，此猶初賽之後，繼以決賽也。讀者之夫人，如「夢蘭」有兆，而將生之嬰孩，適爲「入選」者，先此奉賀，但勿忘貽我以「紅蛋」，一笑。

農曆壬子年三月初四日午時
(陽曆一九七二年四月十七日)

壬子 子辰財局，寅午印局，甲壬財殺並透
甲辰 ，將來有財有勢。缺金，尚欠秀氣，
戊寅 未能脫俗。
戊午

農曆壬子年四月初九日巳時
(陽曆一九七二年五月廿一日)

壬子 兩幹兩枝，各自相同，名曰「雙飛蝴
乙巳 蝶」，妙在水木火相生而不悖。按雙
壬子 飛蝴蝶，若幹枝相尅相冲者，乃「凌
乙巳 亂」之命，何貴之有。

農曆壬子年七月初三日午時
(陽曆一九七二年八月十一日)

壬子 爭秋奪暑之際，既有申子水局，甲木
戊申 獲救。月中戊庚壬，盡透天幹，財、
甲戌 殺、印、全。富貴予求予取矣。此與
庚午 海上聞人杜月笙命造，頗有似處。

農曆壬子年八月初八日酉時
(陽曆一九七二年九月十五日)

壬子 此爲「從兒格」，雖有月上己土爲病
己酉 ，但命書謂「陰幹易從」，男命更佳
己酉 ，蓋一路金水運也。
癸酉

農曆壬子年八月十六日丑時
(陽曆一九七二年九月廿三日)

壬子 「從財格」。女命更好，壬水夫星透
己酉 天也。論「財富」勝於上造，論「氣
丁巳 質」不及上造。
辛丑

農曆壬子年九月二十八日申時
(陽曆一九七二年十一月三日)

壬子 「食神幹旺格」，有財，乃「剛健」
庚戌 之命。豪情勝緻，卓爾不凡。惟婚姻
戊戌 方面，多廂煩耳。
庚申

按上述六造，以「支配」勝。後列諸造，以「形勢」勝。「支配」勝者，豐衣足食之「小我」也。「形勢」勝者，英雄豪傑之「大我」也。

農曆壬子年十月十二日丑時亥時夜子時
(陽曆一九七二年十一月十七日)

1. 壬子 辛亥 壬子 辛丑
2. 壬子 辛亥 壬子 辛亥
3. 壬子 辛亥 壬子 壬子

第一造爲「潤下格」。第二造第三造爲「從旺格」。大氣磅礴，涉跡任何一界，總是領導階級，第二造文采風流。第三造武備操權。

農曆壬子年十月十三日子時巳時亥時
(陽曆一九七二年十一月十八日)

1. 壬子 辛亥 癸丑 壬子
2. 壬子 辛亥 癸丑 丁巳
3. 壬子 辛亥 癸丑 癸亥

三造皆爲「三奇格」，「潤下格」，第一造，第三造，清奇拔俗。第二造財富較勝，名利雙收。

農曆壬子年十月廿三日子時丑時亥時
(陽曆一九七二年十一月二十八日)

1. 壬子 辛亥 癸亥 壬子
2. 壬子 辛亥 癸亥 癸丑
3. 壬子 辛亥 癸亥 癸亥

第一造與第三造，爲「三奇格」、「從旺格」。第二造爲「潤下格」，亥子丑全北方也。都屬炙手可熱、厚利大名之輩。

農曆壬子年十一月初二日辰時亥時夜子時
(陽曆一九七二年十二月七日)

1. 壬子 壬子 壬申 甲辰
2. 壬子 壬子 壬申 辛亥
3. 壬子 壬子 壬申 壬子

以上三造，均爲執「槍桿子」之流。第三造天幹一氣，叱吒風雲，干城重膺。第一造時透食神，輕裘緩帶，有儒將之風度。

農曆壬子年十一月初六日辰時
(陽曆一九七二年十二月十五日)

壬子 「從殺格」，有非常之「權威」，亦
壬子 有非常之「危險」，男命行運殊爲得
丙子 意，女命，三十七歲，戊運戊子年，
壬辰 恐其死於非命。

農曆壬子年十一月十八日子時
(陽曆一九七二年十二月二十三日)

壬子
壬子
戊子
壬子

「從財格」，從得純，從得清，富甲天下，如將本篇所述諸造，作一總比賽，則此造爲「冠軍」而無疑矣。

農曆壬子十一月十八日申時酉時亥時
（陽曆一九七二年十二月廿三日）

1.	2.	3.
壬子	壬子	壬子
壬子	壬子	壬子
戊子	戊子	戊子
庚申	辛酉	癸亥

第一造、第二造、「食神幹旺格」、「從財格」，皆爲大富之命。殆古之「鄧通」、「沈萬山」之儔歟。第三造壬癸並透，極其好色。

農曆壬子年十一月廿二日亥時夜子時
（一九七二年十二月二十日）

1.	2.
壬子	壬子
壬子	壬子
壬辰	壬辰
辛亥	壬子

第一造，「從旺格」，第二造，又爲「天元一氣」，刃多，勝者爲「王」，敗者爲「寇」，（但亦爲寇中之王）。幸行運不惡，則爲「王」而非爲「寇」矣。

農曆壬子年十一月廿九日申時
（陽曆一九七三年一月三日）

壬子
壬子
己亥
壬申

「從財格」亦富命也。申亥相穿，將來車塵馬足，奔波之至。兩子貴人，則豪朋勝友，得道多助，所謂「亦勞亦樂」是也。

農曆壬子年十二月十三日亥時
（陽曆一九七三年一月十六日）

壬子
癸丑
壬子
辛亥

「三奇格」，土王用事前一天，亦可作「潤下格」論。男命，四十八歲行戊午運，太多「莫須有」之事，自天降淵，縱不捐身，亦必繫獄。

香港夏令時間十二時辰圖

一九七二年四月十六日上午三時三十分開始
一九七二年十月廿二日上午三時三十分終止

晝夜十二時辰圖

自本刊上期刊載韋千里先生所著「壬子年結婚吉期一覽表」、「壬子年開市吉期一覽表」、「壬子年新生嬰孩上好命造一覽表」後，接到甚多讀者來信，紛紛詢問如何決定時辰？夏令時間時辰如何計算？特請韋千里先生列圖說明，例如中午一時卽午正十三，下午八時卽戌正二十，餘可類推。

朝朝親粉臉
夂夂侍粧前
月麗化粧品
最能
顯露妳的
女性美
維他命美膚霜
這是一種極端柔和的名
貴晚霜，它含有豐富的維
他命和促進皮膚吸收的
要素，能使面部肌膚光滑
柔軟和健康，適用於任何
性質的皮膚，是最理想的
按摩晚霜.
Yardley
VITAMIN
Skin Cream
YARDLEY

望平街懷舊

申報與史量才

胡憨珠

杜月笙與史量才交成莫逆，此後又通過黃炎培的介紹，錄收在申報服務的康通一、趙君豪、唐世昌為門弟子。唐世昌在申報担任「夜班經理」，又做了史量才和杜月笙中間的傳話人。唐世昌處於史量才與杜月笙二位之間，融洽無間，後來又介紹了在新聞報任職的陳達哉與余空我入了杜門，因此奠定了杜月笙後來担任申報董事長的基礎。

杜月笙告訴來人說：如果一個人一本正經不說不笑，大家就會錯認他因已得發了而驕氣滿面，傲勁十足。要知這是因為不說不笑所形成的自然現象，何嘗有一些什麽驕氣傲勁的話可說呢？倘使其人大張笑口像寺院山門口的彌勒佛，滿面笑容像無錫惠泉山泥塑成的大阿福，還不要給人譏誚他痴呆矇瞳的阿木林麽？世間做人就是有這點的難處。大約史量才平素對人，不輕言笑，便被人背後爭說弗二弗三不好聽的閒話了。他是個讀書人，少開口說笑，越顯出他端正莊重，這正是一個讀書人的本色。至於說他慳吝成性，重視金錢，更不成其為理由。試問那個人的稟性行為，不是如此這般的啊，史量才的個性不是生成這樣，還能做得成申報館的老闆麽？

杜月笙這一番話，把來勸說他不要與史量才結交朋友之人，反而被他說得啞口無言。究竟其人是誰？後據杜月笙的秘書翁左青告稱那是張嘯林。因為那次夜宴史量才，杜月笙不把他邀請作陪客，就怕他口不擇言的亂說亂話，得罪了來賓。其次黃炎培對史量才曾說過一句話，凡是邀請來作陪的，都是他所要好的幾個老朋友。所以杜月笙和黃炎培對於這份陪客單上所開列的十位陪客，正是百中揀十，十中選一，概以史量才心合意滿的人為中式。最後逐個做過一番研究商量的品評工作，大有春闈朝考的點翰林情形。那次夜宴結果的皆大歡喜，這選擇陪客工作，覺得並不白做。所以張嘯林的勸阻杜月笙不要與史量才結交朋友，與其說他是滿懷擇交從善的良好之意，毋寧說他是滿腹被擯筵外的妒恨之念。比較可笑的他為力求破壞他們二人的締結友好關係，還做過對史量才的秘密調查工作。竟給他調查出兩件不成其為問題的瑣屑之事，這兩件秘密調查的事實情形，僅僅足供做史量才的量小慳吝之傍証而已。

那調查得的事件，一件是說史量才每年的逢三個時節的邊際，總為他最傷腦筋的日子，而以歲晚年邊為尤甚。這因為他開始應酬對各方慈善團體所承認的捐欵，與對一般朋友銀錢禮物的饋贈。必須他要作細斟密酌、精打細算的研究工作，才能決定出一個數額來。而這個數額之微妙，則與他全節或全年的收入之龐大利益，實無法相提並論。另一件是說史量才家，不管是平時或新年，所用以招待賓客的茶點，無非西瓜子、長生菓，以及糖菓之類的食物品種，所購備的莫不是極次等的、極普通的。漫說不能與杜公館所供陳的樣樣第一等的物品作比，就是比之他屬下的申報館經理張竹坪家所購備的還遠遠不及，大為遜色。張竹坪倒是慣於一絡大派的行動，飲料食品，中西俱全，而且樣樣都是上品。翁左青强調着說：「當張嘯林提出這項說法時，杜老闆對他微微一笑，淡淡的說，這是史量才的自奉甚儉，惜錢過份而已。算不得是他的過失，更屬是我杜月笙的良朋益友，值得向他學習」。這幾句話只氣得張嘯林不再說話，啣着短短的煙袋，挽開天井裏一道小門，走回隔壁他自己家裏去了。

杜月笙代史量才墊欵

當史量才與杜月笙成為親密的朋友，所以凡與他有關連的銀錢往來問題，若遇到要支出時，有些欵項多由杜月笙替他代為墊付。可是杜月笙一經墊付以後，史量才對此墊欵既不償還一清，也絕口永不提起，倒也成了上海白相人口語那句「說過揭過」的閒話一句。原來當時社會間的人們對於杜月笙的行為脾氣，有一句「不響之響」，也可以說是一句「求全之毀」。就是大家都說：杜月笙對任何事情，只憑他閒話一句，立刻一切解決。眞正做到了上海白相人口頭禪的那句『白相人的牙齒可當做階沿石使用』的信守約言，與道義精神。雖然，史量才與杜月笙二人各運用了閒話一句，但二人所懷的意義則變爲大不相同，而實效也成爲大相徑庭。因此，頗多人們對史量才的評騭之談，固然沒有什麽的不譽之譽，却相反的是獨多求全之毀了。綜合他們的毀語，當不會超出於一般的範疇之外，一時無非人云亦云，成爲衆口鑠金的狀況而已。總而言之，那即是說史量才的驕氣旣盈，目無餘子，性近慳吝，重視金錢。反審他胸中所懷的淩雲壯志，與領袖慾重，殊不能與他氣度胸襟所能配合相稱云云。

但不過話也該說回來的，就是杜月笙所代替史量才墊付出去的欵項，幾乎沒有一注不是杜月笙所經手向他募集的捐欵。因爲在那時期的杜月笙，已成爲舉國聞名，在上海地方籌募慈善捐欵的中心人物。是以凡國內各地區發生重大災禍，需要籌募大數額的慈善捐欵，從事賑濟施救時。於是災區地方政府的首要長官，當地社會的紳商名流，以及救濟賑災的工作機構，紛紛函電交馳，向上海的杜月笙作『將伯助予』的呼籲。但是杜月笙確乎自有他籌募捐欵的各種辦法，終於使來求救濟的災區民衆，所願克償，不使失望。這原因在於杜月笙手中擁有全上海工商界的有力份子，不是交成親密的朋友，即是義結永好的師生。是以本外各處地方，凡有慈善救濟的事件發生。如果災情確實，形勢慘重，認爲需要予以賑濟救助的必要時。只要他挺身而起，推動全上海的工商界發起募捐籌欵，無不得心應手，咨嗟立集。大有如世諺所謂的如登高一呼，萬山相應之概，這樣的募欵輸金，何等的省力省時，而收效宏大呢。

但是，史量才自從與杜月笙訂交以後，這對杜月笙而言，可說是「英雄入吾彀」了，於是史量才便也成爲杜月笙籌募捐欵的對象。只不過杜月笙對他的募捐辦法，大有異於對待工商界的人士之處，正是一樣東西，兩般估計。換句話說，就是他對史量才的所捐欵項，不以「洋盤」相輕視，而以「脚碰脚」的老弟兄相崇視。因此，有時若干捐欵，便由杜月笙代爲墊付的了。而且對他毫不介意地只說一句「某某捐欵已由我墊了」，就此拉倒算數。可是史量才也有他自己的定見，更自有他自己的主張，要他慨解仁囊，掏出捐欵，大前提是要出得有名堂。所以他聽杜月笙說過「我墊了」一聲以後，從此便始終沒有什麽下文再說，也沒有什麽後話交代。眞正的成爲閒話一句，只是杜月笙並不因史量才的前賬未清，免開尊口，原來史量才本不願意開尊口的。相反的杜月笙又因有新的災區發生，災民殷殷望賑待救，急於星火。於是，他却不得不向史量才要開尊口，那即是要他捐欵若干，可是史量才也自有他一套應付的對策，就是有前例可援的「閒話一句」。於是，仍然由杜月笙慷而慨之地代爲墊付了事。所以說當時史量才常年所負担一筆慈善事業的捐欵，其數額的總和，數字相當巨大，並不細小。但是有誰知道，這筆慈善捐欵，却由杜月笙代爲負担的呢，史量才恰恰做了不化錢的大善士。只是按之實際情形，史量才另有一種對於慈善事業的捐欵辦法，依例遵行，並不需要別人代爲墊欵出錢。舉一個例，滬南閔行地方的老紳士黃譜衡，於民國五年慨然捐地輸粟，創辦一所閔行孤兒院。專對鄰近數縣鄉村中無父無母的窮苦人家孤兒，廣事收留，以教以養。而孤兒院董事會的首席董事即爲史量才，說來使人感覺訝異的是史氏自就任首席董事以來，非但對每歲所認定的捐欵數額，踴躍輸將以外，連之所定董事會議之期，亦必遵時報到，出席與議。這大概史量才對慈善事業的觀點，要他「自動」輸將，不願「被動」捐輸，如此而已。

偏偏杜月笙對於史量才名下的一份捐欵，總是樂於墊錢代付，毫無一些怨色，也無一聲懟言。祗多在雙方見面談話之間，遇到有機會時，似乎於不經意中話說「我墊了」一語，就作了個明白交代而已。連之捐欵收據，從不出示一張，認爲倘若出示收據的話。這分明是在討取墊欵行爲，那未免重財輕義，太不夠軋朋友的交情了。是以杜月笙對史量才的逢善必募，捐欵代墊，已成了他的閒話一句。而史量才的爲善最樂，有募必捐，也成了他的一句閒話。要知杜月笙之所以一次又一次所募史量才的慈善捐欵，而結果却是一次又一次替史量才如此的樂意墊錢，爽快付欵。究其實際涵蓄的心意所在，就因他深深地揣摩着史量才的性格、脾氣，以及一切言行之後，而加以竭力實施的籠絡友誼、培養感情的意圖方策，做到不落痕跡、無形進展的微妙地步。至於對他捐欵的繳與不繳，在杜月笙的本意，原不在乎，即是說繳則固好，不繳也罷，只認定作爲對史量才所支出的一筆交際費而已。

史量才自於民國二十年起，與杜月笙交成莫逆以後，友誼感情，雖然與日俱增。只不過有一點該說是史量才的脾氣，實在是傲慢與固執，達於頂巔的程度。那就是祗有杜月笙常去申報館造訪史量才，而史量才從來未會去中滙銀行回訪杜月笙，這自然也包括到華格臬路的杜公館去在內。可是杜月笙盡反其行爲，申報館固常去，史公館也常來往，這種禮賢交友的精神，實在難能可貴。後來杜月笙的事業轉入於商業和實業的途徑中去作發展，於是，他的事業越加擴大，人事越發繁忙，而聲譽地位也越覺崇高隆重，但與史量才他們兩人會面談話的機會，却因此大爲減少，雙方凡有事需要商量多於電話中通話作解決。只是史量才遇到比較重要而秘密的事情，且必須要告知杜月笙時，起初便以黃炎培作爲傳言人。不過此時的黃炎培，已經恢復他民國十六年以前時代的活躍情況，又成爲上海社會中的忙人，無法招之即來。因此，專爲史量才與杜月笙雙方作爲傳言人的這份工作差使，就順理成章的落在唐世昌身上。原來唐世昌在當時現階段的名義，那是申報館的現任職員，當然對史量才却是老闆和夥計關係。可是另一方面唐世昌對杜月笙的名義，那是進過帖子，上過爐香，磕過響頭的師徒關係。所以唐世昌任當這個傳言人的任務工作，其功能效率，實同史量才和杜月笙兩人裝了一具對講電話一般無二。

申報三記者進入杜門

唐世昌進申報館任職的年日，還不算遲，遠在五四運動的前夕，已經進入申報。當時史量才對於申報頗具有努力革新的志願，是以招致了若干青年人，以期培養新血，增加生力。一時先後進入申報館的，有裴國雄、唐世昌、潘毅華、孫道勝等一班青年人，分派在經（理）編（輯）兩部中供職。不過派在編輯部供職的都是任做外勤記者，承担採訪工作。蓋此時史量才對本埠所發生政治、社會的軟硬兩性新聞，內心已定下必須採用本館採訪部外勤記者所採訪得來，且經撰寫成稿件的方策，是以有此招致青年人參加外勤工作的安排。就青年人中以裴國雄的工作能力較强，所表現的成績，也較美好。尤其在民國八年上海各界人士爲響應北京的「五四運動」從而所發生的學生罷課、工人罷工、商業罷市的三罷政策時候，裴國雄在申報上有關於這條本埠新聞，不管在採訪方面和記述方面，都有美好的成績出現。所不幸的就是上海五四運動成功，於宣告運動終止之日，即爲裴國雄患上了傷寒症之時，並且病倒在床，終於不治逝世。今日如有人談話申報館的舊人舊事，怕已無人能道說得出裴國雄的其人其事，早已隨時代而消逝了。

比較上唐世昌是個不大喜歡記述長篇累牘的長稿件之人，只喜愛作三言兩語的簡單報導，這就是世諺所謂「要言不繁」的那句話了。不過申報館的當權者，非常的精於玉尺量才，也善於因人設位。所以把他的任務工作，安排在每天的晚上，担任採訪臨時新聞。在早期年代的租界時代，地方平靖，治安力强，晚上所發生的只是一些火警消息而已。唐世昌在申報館所担任的職位名義，倒是相當特別，叫做「夜班經理」。事實上他於担任臨時採訪工作以外，還兼任經理部派在編輯部辦理事務方面的事情，此即產生申報「夜班經理」職位名義之由來。記得若干年前，此間名作家朱子家先生一度爲海隅某報撰寫「報壇話舊」的一篇長文，所記述的皆爲當年上海報壇中的舊人舊事。

其中對唐世昌有這樣的一段記述。該文畧云：「他（按：指唐世昌）既非編輯，也非記者，他對上海報紙一般消息的取捨，曾發生過很大的影響。當民國十六年以後，杜月笙一躍而爲社會紅人，其勢力上至國家金融，下逮閭巷瑣事，大有一言九鼎之概。因此，富商鉅賈，高第名紳，紛紛投贄其門。而報界方面，自以唐世昌爲其得意門徒。世昌無他長處，私室小語，娓娓動聽，年紀輕輕，唇上已蓄了一撮小髭，儀態倒也不俗。從民國十七八年起，以迄抗戰發生，國軍從淞滬撤退爲止。前後約十年之間，爲杜月笙的全盛時代，也是唐世昌在報界中最活躍的時期」云云。朱子家是去今半個世紀以前，上海望平街時報館的舊侶，對於當年各報報壇中的舊人舊事，是他的所見所聞，多而且詳，所記所述，眞而且確。不過他所說杜月笙在報界方面所收的門生徒弟，祇記述了「自以唐世昌爲其得意門徒」的一詞，似乎有些眞而嫌畧，實而欠周了。

須知道杜月笙的收錄門徒，全憑其本人身份地位的高下而定，他所收門徒的職業類別，可以說是包羅萬象，當民國十六年以後，他在社會間的身份，已成了第一等紅人；而他的地位就以清幫的幫門例規來說，也成了「樹大根弗深」的特殊階級人物。試想他以清門「悟」字輩的資格，却能使所有「大」、「通」兩個字輩的一般兩代前輩。無不仰承鼻息，諂顏相視，此固足以使杜月笙睥睨自豪的了。他對於報界方面的門徒收錄，那是民國十八年的事，但一經開始就收錄了三人。而此三人都是申報館著名的內外勤記者，那即是（一）採訪部主任康通一，（二）本埠版編輯趙君豪，（三）即爲「夜班經理」唐世昌。他們三人在申報館裏的工作權力，以採訪人員有撰稿之責任，而編輯人員有取捨之特權。杜月笙有這樣三個門徒在申報館裏，對於宣傳方面，着實佔了巨大無比的便利。可是替他們三人介紹進入杜月笙的清幫之門，任做「引見師」和「參跳師」的，却是檻外人老空子的黃炎培。

當在民國十八年時候，杜月笙受到一個不愉快的刺激以後，就向黃炎培透露秘密消息。說他在最近期內，要想收幾個現任申新兩報館中任當新聞記者的門生託他物色此項人才。據說他所要選擇人才的唯一條件，就是他們在報館的職位是要高些，名氣總要響些，才能也要好些。收有這樣合格的門生弟子，給我做他們老頭子的感覺得也好風光風光。黃炎培聽說，便立即答覆，連聲道有，於是他就舉說出申報館的康通一其人出來。並且約畧介紹他升任採訪部主任的所經一段驚險歷程，與所遇意外倖運，却教杜月笙聽得大爲高興和重視。原來黃炎培所舉說的那是於數年前，所發生在津浦鐵路線上的臨城車站，被抱犢崮的土匪孫美瑤截刼火車，擄綁全部中外旅客的巨大刼車案件之事。當時康通一既驚險也倖運，即爲被孫匪所擄刼上山的旅客之一。他在匪窟就利用身歷其境的關係，並且獲得該窟匪首孫美瑤的允許，與全部外國肉票穆安素律師等人的支持。排日從事採訪刼後的眞實情況，撰寫通訊稿件。唯一的概交由匪區臨時所組織設立的抱犢崮郵局的「匪郵」，寄回上海申館編輯部逐件刊登發表。不但詳記了當時當場被刼的驚險情形，而且對營救被刼的中外旅客，官匪雙方歷次所開的談判經過，也無不詳予紀錄，寫成通訊稿件披露，直到中外旅客安然脫險爲止。造成申報與各報在新聞競爭上，贏得空前絕後的無上光榮。

黃炎培爲要堅强杜月笙對他所言之信任，特別道說出康通一與他的交好關係及親切現狀。是他這樣的說：「康通一和我是江蘇川沙的小同鄉，還沾有一點瓜葛之親，就是他進入申報也是我舉薦給史量才的。所以一向以來，他對我相當恭順，唯命自從，非常聽話。因此我想月笙哥你要收錄申報館的記者做門生，對康通一實是該值得爭取的第一對象。因爲你所需要人才的各項條件，是他無不備具，而且還優勝過之。」黃炎培說到這裏，接着便即改換了他的話題語調，轉到爭取康通一的方策方面去。是他强調着說：「待我先把他爭取過來之後，就教他去向申報館中謀求發展，暗事張羅，選擇人才。相信他久處申報，對於館中同事們的品性才能，孰爲優劣，孰爲强弱。祇有他知之較詳，了解較深，所以決定由我教他負責去進行這件任務工作就是了。」

此事即經黃炎培與康通一作了一次研商交談之下，他便舉說出申報編輯部的同事之中，只有趙君豪與唐世昌二人可取。其餘的老少同事，雖個個都是著名的新聞記者，但多是思想頑固，腦筋迂腐，他們對於進門入幫，投師拜祖，却認爲是件可恥之事，所以不要他們也罷。於是，就由黃炎培與康通一作出了這樣的決定，經由他還報杜月笙詳加說明之後。當徵得各方同意，更於是，申報的三名記者康通一、趙君豪、唐世昌便如此這般的一起進入杜門，也都成了杜月笙的得意門生。再於不久的稍後時日，康通一却教唐世昌去向新聞報館方面作發展。爭取得陳達哉與余空我兩人，也進入杜門，大家成了「同參不同飯」的（按：這是清幫中的一句例言，就是說明各人所出的同一師門，所享生活狀況各殊之意）同門弟兄。但是杜月笙旨在要收得申新兩報的新聞記者，做他門徒的那份心願。總算由黃炎培着意調度的設策之下，終於達到目的。

且說杜月笙既收申新兩報五名記者的門徒，是否收得若何效用，局外人無從知曉。不過在這五門徒之中，若論文才實學，唐世昌或許有不及四人之處。若論奉命差遣，使於各方，其經辦事務的能幹，處理問題的明快，則爲其他四人所不及了。朱子家所撰的「報壇話舊」文中，於記述唐世昌在杜月笙的全盛時代，也是他最活躍的時期。據文中畧說當此期間，往往社會上發生了一件社會新聞，小至如老婆偷人，媳婦上吊之類。大至如被匪綁票案件，事主的家屬對於案件不願宣揚，深恐以妨害贖票的進行，甚至礙及被綁者之生命。此外，或者是馬路政客，希望獲得宣傳之功，增高其身價。或者是富而好色之徒，對女人始亂終棄，做了負心的人，到了發生糾紛之時，不願其人其事的大事曉張。凡此類似的種種事件，有的欲使之隱沒無見，有的欲爲之張揚彰著。在當時的上海約有五六家大報館，對於報上新聞或使之隱或使之揚，實在無從一一接洽。於是他們便多求之於杜月笙，而杜氏則責之於唐世昌，要他向各報館方面奔走接洽，經辦其事。可是唐世昌確是個了不起的幹練人才，在如他朱子家所指說他那副「私室小語，娓娓動聽」的特殊本領所施，不管那種新聞要在各報上或隱或揚，無不如願以償，克奏奇功，皆大歡喜。於是一般事主們當然對杜月笙是感德無盡，而唐世昌也大批財帛進門了。

其實，唐世昌對前邊所說的那種事情，所表現的才能，只是小焉者耳。算不得什麼的奇才殊能，最使人感覺特異的難能可貴之處，却把他老闆和老師都搞得非常服貼。那就是民國二十年史量才與杜月笙訂交以後，唐世昌於不久後就繼黃炎培承担他倆的傳言人。一經上手任做，不但使史量才與杜月笙都對他寄以心腹重任，傳遞肺腑秘密。更把他們二人朋友的親切關係，越拉越近，朋友的交誼感情，愈攏愈深。他的老闆和老師都對他幾有不可一刻無其人之慨，蓋因爲時當「一二八」中日事變，爆發第一次淞滬抗戰的前夕。在此時期，日本方面對中國的侵畧野心，越發盡情暴露，而輕啓戎釁，形勢也更加緊迫急切。迭次製造虛僞不實的糾紛事件，希圖嫁禍江東，作爲對華挑起戰爭事件的藉口。我國中央政府最高當局終因國防的戰備力量，猶未充實完善，只得蒙辱忍耻，暫予隱讓。但老百姓何知當局的一片苦心，免不得忿言恚語，恣意囂張。却不知此種無聊行爲，對抗敵人毫無裨益，闖禍作亂則有餘裕。當時史量才與杜月笙都是上海社會的重要份子，他們一方面對國事的發展要作研商談談，另一方面對消息的所得要作交換聽聽。可是又苦於雙方都忙到透頂，無法見面晤叙。惟有教唐世昌傳言，這比以電話機通話更爲安全與守秘，因電話是要防有人可偸聽的啊。

法租界賭窟光榮停業

怎爲杜月笙會受到不愉快的刺激呢？怎爲杜月笙要收申報和新聞報這兩家報館的記者做門徒呢？此事如果以掘井溯源，摘瓜尋藤的方式，作原原本本的話說出來，可說又是張嘯林所闖的禍事。而此一事實演變的最後結果，法租界當局對界內賭博一業，决定採取寓禁於徵的政策，予以實行禁絕。於是派由警務處禁賭班的中法負責人員，去與出面承包賭捐的福煦路一八一號賭窟主持人作通知。即於下一年度起，賭捐包額，依照原定數額，再要增加三倍。要知杜月笙出面開辦這所「一八一」號的大賭窟，與承包法租界的全部賭捐，原出之於張嘯林的主張。不錯，這個主張的方策，確屬妙好無倫，而事實也是事實。此正是俗諺所謂聚賭抽頭，天下第一營生者是也。

自經開辦福煦路一八一號的大賭窟以來，當然大小各賭檔的頭子們無不日進紛紛，財源滾滾。可是那班日夜趕赴大小賭窟的與賭之人，無不賭到傾家蕩產，走投無路。而以沉迷於一八一號大賭窟的賭客爲尤甚，因爲那裏的賭類品種繁多，吸誘性力量又大，對賭客羣的招待和供應，又做到舒適週到無微不至的程度。雖然，賭輸到身敗名裂，產業蕩然之人，其數其人，實是頗多頗多。但世間好賭的人們實在佔數不少，他們個個又都生得有飛蛾撲火般的勇氣和精神。包括「慷慨跳黃浦，辜負一條命」的賭場烈士在內，這當然自趨死路，怪不得誰。可是破壞家庭，貽害社會，這主辦賭窟的過愆罪孽，究竟難逃世人評騭的悠悠之口，與孰爲禍害罪首的公道之論了。此外，再加之以時代的進展，世事的演變，時到現階段的期間裏。東鄰的日本人已在我國關外的東北地方，張牙舞爪，製造出種種包藏禍心，旨在侵畧的擾亂我國事件。試想國家的外患情況，既然脅逼如此，不幸的遭難地區同胞的境遇，又是苦難如彼。在如此這般的形勢逼人下，實使稍具人性之儔，不容許你經營這種賭窟的害人事業繼續幹做下去的不忍感。

杜月笙原是個有心向善，力爭上游之人，對於此一項事業豈願幹做。恰恰法租界警務處的禁賭班派人前來通知，於下年度起要增加賭捐的口頭命令。杜月笙便趁張嘯林遠去關外，避居平津的機會，毫不加以猶豫的考慮。立即毅然決然，把這個一八一號大賭窟宣告收歇，同時也做了與禁賭班宣佈解除承包賭捐的默契合約的反通知。他對禁賭班派來傳達加捐通知的中法來員們說，你們剛來上任的新領事要對法租界內的賭台，決定予以禁絕，是他爲了避免禁賭的麻煩，虧他便想出這寓禁於徵的高明政策來，所以要增加賭捐三倍之多。我們覺得這位新領事對於法理人情，已經做到雙方顧到，兩全其美的地步。可是他却沒有忖思到全法租界區內，大小賭台總共祇有七家，而每月賭捐所負，却需七萬五千元之鉅。如果沒有加捐加稅的情形出現，無非給各賭台的所有靠賭台吃飯之人，大家不致於號寒呼飢，得以勉强活命下去。如今却要加捐三倍，這種生意就是教「天王老子」出來一手包辦，恐怕也沒有辦法的。

杜月笙話說至此，便更强調其語氣，嚴正其言詞。對來員們說：「現在我爲要成全你們新領事政績輝煌的意志，我爲要幫助他治下上海法租界內的禁賭問題，達到清除禁絕目的的願望。所以準定把這家一八一號的總會賭台，以及其他的六家枱子，這一系列的全部大小賭台。在捐期約滿，即行關門停業，不管加捐不加捐，對下年度的包捐決定不再延續承包。我們淸淸楚楚、爽爽快快的做個一拍兩散，這樣的幹做相信你們新領事定必感到滿意高興的。」杜月笙這一記的反累司對策，施展出來，實在出於一般法租界當局的意料之外。因爲他們錯認杜月笙的發財起家，全靠了「土」與「賭」的這兩門營生。新領事下車伊始，就對賭捐要增加三倍，可能是他存有分我一杯羹的意圖。萬想不到杜月笙竟會自動提出解除賭捐承包權的反通知，這如何不敎承包賭捐的抓權人方面，發生巨大的驚愕詫異。傳說中當時會由禁賭班的人員，奔來調停，對加捐倍數減小一倍。誰知杜月笙對原包額，也拒絕繼續承包，他們實不知道他對承包權，不是志在「必」得，乃是志在「不」得，要實行屏除烟賭，決心爲地方造福了。

要知當年所有一班出資本、開賭台的廣東老闆，祇相信杜月笙老闆一人。這種情形實同早期年間，一班開設土行烟棧的潮州老闆，相信黃金榮老闆一模一樣。不論過去的潮州老闆也好，當前的廣東老闆也好，凡經營其業的人們，只要任憑他們一句話，錢鈔銀子多縱多，都肯爽爽快快地掏摸出來，樂於繳付。現在的賭捐，就因爲杜月笙的不願再做經手其事的出面人。一經宣佈以後，竟沒有一個開賭台的廣東老闆肯摸出銀錢來，交給他們所不相任之人。情願各人把賭台自動關門，停止營業，於是法租界的賭就不禁自絕了。至於這一八一號大賭窟，却是杜月笙和一位廣東大賭商共同投資，合作經營。就因爲有他的關連之故，所以一向以來，這家大賭窟不但對各賭台有領導關係，而且一切行動，都起了帶頭作用。因此，俟經包約滿期之日，即爲一八一號大賭窟宣告關門停業之時，這一來倒使傾家蕩產的人士，在社會上爲之根絕殆盡。

但是更料想不到的過不幾時，上海「一二八」的中日事變，突然爆發，遂造成第一次淞滬對日抗戰之役。杜月笙即將這座前身爲福煦路一八一號大賭窟的三層樓大洋房。立即供給史量才所主持發起組織的「上海市民地方維持會」，作爲抗日救國之用。原來這個社團的組織機構，那是在閘北火車站方面的寶山路、天通庵以及江灣等一帶地方，炮聲响後所宣告成立的。而第一聲的鎗聲所發，却在老靶子路與福生路間，那裏是十九路軍的防地。因此，租界區內的居民民衆，只知道十九路軍在抗日作戰。不知天通庵車站以北，直到吳淞蘊藻浜爲止，此爲第五軍的防地，他們一班健兒也在浴血作戰呢。但老百姓何知，所以當時把救濟和慰勞的物品，概行贈送給十九路軍收受享用，使第五軍獨抱向隅。雖然如此，還是好事，這是足以顯示民間力量直接幫助十九路軍抗日的大結合。當上海市民地方維持會的這方招牌在福煦路一八一號大洋房門前掛起以後，就在那裏對救護戰區災民，與戰地傷兵，以及慰勞前線抗敵作戰將士們的工作總機構。眞正的料不想這座大洋房於一轉手之間，從昏天黑地、烏烟瘴氣的大賭窟，一變化而成爲中華民族的發揚民氣，激勵民心的策源地。所以說杜月笙那次毅然決然把一八一號賭窟宣佈停業，若說他把它導致成爲「光榮的停業」，其誰曰不宜啊！

再說這座福煦路一百八十一號的洋房，原本爲上海滙豐銀行買辦席鹿孫所有，這宅房子，也曾歷盡滄桑，在席鹿孫死後，這宅洋房就到了杜月笙手裏，由上海市民地方維持會，到上海市地方協會，先後任會長的就是杜月笙和史量才，後來地方協會喬遷，這座洋房還作過張學良出國前的居停之所，後來又由俞松筠開過中德醫院，大可稱爲「歷盡滄桑一洋房」呢！（二十三）

浪遊記險

…新浮生六記之二…

•大方•

這眞是一樁不可思議的事，一個早年失學而離家出走的流浪青年，其過程由絢爛歸乎平淡，已屆投老之期，忽然有機會執筆，追述一些少年時節天涯浪迹的離奇遭遇，自己想想，也頗感到出乎意外。

我的少年生活是極富於傳奇性的，自從十四歲喪母之後，父親命我到一家絲廠做學徒，十五歲起，我覺得不適合於那種職業，便離開工廠，遠別家人，開始了我的流浪生活。這種生活很奇特，有錢時住在「三東一品」那種高級旅館，吃大菜甚至叫堂唱以自娛，無錢時則改住東新橋一帶四毛小洋一夜的小旅館，以雲吞佐葱油餅裹腹一頓飯，有一角小洋也可以解決了。上海六馬路有一個所在名字很好聽，謂之「滿庭芳」，但實際却也同於過去九龍的某地，是個藏垢納汚的所在，那裏有各式各樣的小吃檔，沒有錢時，我便是那裏的老主顧，一碗雲吞，兩個葱油餅，吃得居然津津有味。

以一個十五歲的青年，流浪在上海那種複雜的社會，他居然能夠活下去，並且生活得很舒服的樣子，說起來也許讀者是不會相信的，但這却是事實，有兩樣東西救了我的命，其一是大世界報，又一則是大世界內附設的詩謎攤。

筆者自小的喜愛東塗西抹，更喜歡聽京戲，那時大世界遊戲場內，附設有一個乾坤大劇場，繼共舞台之後，提倡男女合演，當時的演員，陣容很盛，但眼前存在的，數之祇剩兩人，一是主持春秋國劇學校的粉菊花，又一則是小咪李麗華的母親老咪，她當時的藝名叫張少泉，到今天她們兩位的芳齡，都已超過七十大關了。

大世界日報，內闢「戲劇世界」一欄，是專門鼓吹大世界劇場藝員們的色藝的。筆者在求學時代，即常去大劇場觀劇，也嘗試在大世界報投稿，竟蒙錄用。因投稿關係，認識了好多青年朋友，他們都是大世界劇場的觀客，其間不乏富家子弟。恰值當時捧角結社之風盛行，一個大劇場，旗下即有許多捧角團體，約畧計之，有粉菊花的粉社、汪碧雲的碧社、瀟湘雲的瀟社、李秀英的英社，和喜彩鳳的喜社等。粉社社員多數是中年人，和我們格格不入，碧社和瀟社的社員，則都是青年學子，兩派爭鬥得非常激烈。他們的任務，除每夜在劇場定座捧場外，更主要的是需在報間發表捧場式的文字，但這兩社中的社員，有多數是不會動筆的，於是雙方都想爭取我以擴張聲勢，因我喜愛汪碧雲，便自動加入了碧社，條件是我除寫捧碧文章偶然用自己名字外，多數用的是別個社員的名字，這也像科場中的一種「槍手」，條件是由他們供給我部份生活費用，譬如訂座看戲，我不必化錢，看戲前的夜飯和完場後的消夜，也全歸他們担負。有兩個社員，且担負我每月的零用錢，這從外表看來，我過着夜夜元宵的生活，似乎相當舒服，却不知我的心裏非常矛盾，我的一切既仗人家接濟，然則在停止接濟後，又將如何，因之這來日大難四字，常使我感到鬱鬱不歡。

我在離開絲廠之後，開始做流浪少年，有一年多的生活，是靠寫捧角文章來維持的。不久，捧角興會漸消，社員風流雲散，我的接濟便成爲問題；但天無絕人之路，適於此時，大世界發現了好多詩謎攤，以香烟及大世界門券爲贈品，我的中文根底較好，而那時候的詩謎又極膚淺，因之，我打詩謎，可謂戰無不勝，所贏得的雖屬香烟門券，但在大世界對面，開着許多烟紙店，香烟門券拿上去，立刻可以換錢，我的一日所入，往往可供數日之用，憑了這一點，我的生活也過得很舒服，居然又混過了很長久的一段時期，至今想起我少年時的那一段既舒服又艱苦的那種矛盾生活，往往會啞然失笑。

打詩謎既成爲我的生活泉源，我的蹤迹便每天留在詩謎攤上，却不知暗中有一位朋友在注意我的行動，我到那一個攤，他也到那一個攤，有時下注，雙方意志相同，有時則走相反路線，但射中的機會，我要比他爲多，於是便因打詩謎的閒談，使陌路者成爲相識。他名邱孔模，是四川省江津縣人，在上海作客，有時也在大世界報投稿，一經談起，居然有着同文之雅，談得投緣，漸漸成爲知己。他很瞭解我的生活狀況，他認爲居無定所是一件苦事，他認識廣西路白衣禪寺一個方丈和尚，那裏適有一間餘屋，他便介紹我去居住。和尚對外是號稱吃素的，我可以在寺中搭食，不過吃的是素齋，朋友好意我自然是歡迎的，於是在和方丈談妥食住費用以後，我便和「西廂記」中的張生那樣，搬到了寺中去居住，惜乎我不及張生的福份，沒有碰到鶯鶯小姐，製造出「會眞記」那種艷史而已。

筆者寄寓在僧寺之中，雖乏張生那樣艷遇，惟因廣西路接近會樂里和樂餘里、小花園等處，是長三堂子的大本營，每逢朔望，一般鶯鶯燕燕，都來寺內燒香，因此頗多搽眼藥的機會。一天，我看到一個很美麗的少婦，燒香以後，還求了一支籤，她請方丈解釋，方丈便將詳籤的責任轉託了我，那是一張中平籤，問的是婚事，我說你既然是再嫁，最好嫁一個老頭兒，可以常期厮守。她回報了我四個字：『阿要熱昏』！（即胡說之意），便揚長而去。我那時已在申報自由談副刊投稿，當時曾根據所見情形，寫了一首燒香曲，刊登在自由談上，這首詩頗爲吳江楊千里先生所賞識，（楊字天驥、即名導演易文的尊人），至今我還記得，附錄如下，以供補白。

女郎迴步來僧院，盈盈似見梨花面，

輕搯羅袖注篆香。含愁細訴心中怨，
自言生小嫁王昌，夫婿輕狂遊俠郎。
忍聽河東獅子吼，那堪牆外蝶蜂忙，
籤筒高舉續續搖，籤聲細碎妾魂銷，
不管他時收覆水，還期此日渡春宵，
臨行拜祝神靈佑。心事如雲迷楚岫。
何當嫁個弄潮兒。暮暮朝朝長日守。

在萍水相逢的狀況下，介紹我住廟的好朋友邱孔模，他對我似乎很關心，常到寺裏來看我，我們時常一起做詩，飲酒和聊天。他在平時常講一些革命先烈的故事給我聽，譬如徐錫麟刺恩銘、安重根刺伊藤博文等等，這些壯烈的舉動，博得舉世景仰，他似乎在試探我的見解。我說：一個人能夠成為烈士，一半是天賦以忠烈之氣，一半也是屬於環境，如果到了箭在弦上不得不發之時，赴湯蹈火也義不容辭，因之當時我嘗對孔模表示，自恨晚生了十年，倘使早生十年，即使不致參加辛亥革命，一定也會加入南社，仗文字而為黨効勞，成為一個革命志士的，孔模聽了頗以為然。

那個時候中國大局正在北洋政府時代，華北方面是吳佩孚的天下，東三省屬於張作霖，華中為孫傳芳所盤踞，革命黨僞處南粵，處於最低的低潮，絕無生氣，革命黨人消聲匿迹，靜待時機。一天，孔模忽然夤夜來看我，商量要事，他說：他有一個好友魯譔卿，位居旅長，部隊駐在湘西，他可以保荐我去那裏當一名秘書，徵求我的意見，我說自然樂從。他接着說在就職以前，最好能替他做一些事，創下一些勞迹，容易得人重視，我說理應如此。及我問他要做什麼事時，他卻囁嚅着似乎艱於啓齒，我說彼此交好，無話不談，儘可明言，大家商討，於是孔模便說出一段驚人的事件。

他說魯譔卿暫時雖蟄伏在軍閥之下，但他是革命黨人，他有許多朋友都屬同志，眼前正在等待機會，一旦北伐軍興，他們便會起而響應，使革命軍一舉可以盪平華中。但目下他們缺乏軍費和槍彈，我便是魯君在滬採辦槍械的代表，和一個姓林的廣東人辦理其事；這些話，本來是不應該向你說明的，說明了你會感到害怕，但你我是好友，情形和別人不同，如果不說明而使你跟我前往，一旦敗露，你會罵我出賣朋友，再三思維，還是和你說明的好，你現在如果不願去，絕無問題。我初聽此言，不覺嚇出一身冷汗，又誰想到孔模這樣一個老實人，竟然是個軍火販子，可是孔模對我的一種誠懇態度，是非常令人感動的，當時我便答應經過三天考慮後答復。

考慮三天的結果，我終於答應了孔模的要求。理由有兩點：其一，我總不能長期靠打詩謎為生，環境迫使我不得不挺而走險，其二，我有天賦很深的好奇心，這一事件，很能滿足我的好奇。於是鼓起勇氣，作了決定，在決定以後，由孔模介識了林君。他住在虹口一座小洋房內，西裝革履，丰度翩翩，儼然是一位高尚人士，至此我便搬出白衣禪寺，遷入了林君的洋房。同時由林、邱二人替我籌備出發工作，旅行用具，是一只特製的夾層底部的網籃，夾層中，可置手槍十餘支，子彈數百發，翻過來，在籃內放一些衣服和西裝書，作為一個學生在放假時，赴外埠探親模樣。而這一具網籃，去時裝運槍彈，回時則裝烟土，一來一去，均可賺錢，無怪他們的生活過得很好。我在林君那裏住了幾天，瞭解了他們的組織，林君手下，還有三個少年，一個姓孟，一個姓岳，一個姓關，川流不息地替他們運貨，依照慣例，第一次是孔模和他們同行，第二次開始，纔單獨行動，他們無論到了湘西，或者回返上海，都有一筆欵子可拿，他們拿來狂嫖濫賭，在不知不覺中，便會造成一個亡命之徒。

據孔模對我表示，我和上述三位不同，因為我的才能，可以做事，因之祇要走一趟，到了湘西，便在那裏任職，不必走第二趟，這是孔模對我的特別優待，一切準備舒齊以後，乘着一個月明星稀的夜晚，我和孔模欣然就道，踏上了生平第一次的征途。

那時候人們遠行，走的多數是水道，西溯而上的，也多數是乘長江輪，孔模對於出門，經驗豐富，長江輪有官艙、房艙、和統艙之別。官艙是兩人一間，房艙則是四人一間，統艙中則置着許多叠鋪，也即是廣東人口中的床位。我們不是濶客，乘的當然是統艙，但根據事實，統艙有時比乘房艙為舒服，因孔模和輪上的侍役很熟，託他們選擇兩張靠窗口的上鋪，可以瀏覽江邊風景，如為下鋪，或者不是靠窗的鋪，便享不到這種權利，雖乘房艙，也會感到氣悶，我們的統艙有着價廉物美之勝，這便是沾了老出門的光；至於飲食，由茶房為我們兩人特別準備，菜肴都很可口，由上海抵漢口，得走三天，我們一路飲酒賦詩，並不感到寂寞，轉覺此行非常高興。

當筆者初次西行的時候，離開漢口大水災的時期不久，輪船過了九江，沿途還可能看到水災剩餘的迹象，有若干小村落，都淹沒在水中，憑輪遙望，發現水面露出樹梢，雖然村裏的人逃得了生命，但財產損失當屬不可勝計，這是一個人間浩劫，筆者想到這裏，常以為自己雖然年少漂零，但畢竟還是幸運的，我還沒有嘗到過戰禍和天災等的慘痛滋味。

由上海赴漢口需走三天，這三天內似乎無事可記，祇有在輪船抵蕪湖時，輪邊圍着好多小船，載着老少兩種乞丐，老的人用一根長竹竿，繫着一只小籃，伸到旅客身畔討錢，如肯施捨，可將銅元投在籃內；年少的童子都擅游泳，旅客撒一把銅元入水內，他們紛紛跳入水中，將銅元撈起，便據為己有，雖屬乞討，倒也需要一些精力和功夫。

輪行第二日，抵達九江，有許多賣磁器的小販，紛紛登輪尋求顧客，磁器不足道，主要產品是一種磁製的春宮人像，頗多人買一些回去送贈親友，也有人買了拿他藏在貼身衣袋內，據說可以辟邪，那眞是荒謬之論。

第三日抵達漢口，這地方筆者對他早有印象，那是陳思王所稱神女解珮的所在，可是我們因行色怱怱，在漢口祇停留了一夜，第二天即改乘另一輪船，經沙市轉赴湘西。

沙市是由湖北入川的一個要隘，地方雖小，商業却很繁盛，那地方古時稱爲江陵縣，三國時稱爲荆州，我們抵沙市後不住旅館，孔模有一位姓羅的好友，住在當地赤帝宮街的赤帝宮內，我們即在赤帝宮下榻，赤帝宮奉祀的赤帝，不知是何方神聖，但羅君主持的組織，名爲「同善社」，屬於道教，以打坐修身養性爲主，羅君即是同善社的負責人。

赤帝宮房屋寬大，食住都很舒服，却有一事使我不習慣，當地民風樸實，民國以後，仍奉行一日兩餐制，所謂一粥一飯，雖然起身得很早，但規定要上午十時許纔進早餐，供應白粥和饅頭等物，下午五時，纔吃晚餐，供應米飯，這情形使我很尷尬，十時許的早餐我吃不下，到十二時許我餓了，祇得另外設法解决，以致五時許的夜飯我又吃不下了，雖然古人有一粥一飯當思來處不易的格言，但就我們吃慣一日三餐的上海人來說，這無疑是對自己的一種虐待，因之，便要求孔模早些離開其地。

雖然我吃不慣一日兩餐，但羅君因我是遠客，少不得要盡地主之誼，第二天，他陪我們到江邊一家倚江樓去吃飯，順便遊覽當地古迹。那天，我們去參觀了東門的關帝廟，當地父老留傳，廟內還藏着關公所用的玉帶，參觀的旅客很多，我抵達關廟時，瞧見所謂玉帶，已沒有帶子，祇有帶子上鑲嵌的玉石，拆下來，放在一只玻璃櫃內，陳列於大殿間，任人觀賞，一共有二十餘塊，那種玉石，大約每塊有兩個拳頭那麽大，合起來不下三四十斤，令人想起這位刮骨療毒的將軍，眞是天生神力，他經常揹了這條玉帶上朝，輕如無物，如教我們揹了三四十斤的東西在身上，定然寸步難行，值得懷疑的是，那些玉石，是否係關公玉帶上拆下來的，無從保證，眞假如何，也祇有天曉得了。

第二個古迹是楚宰相孫叔敖的墳，這位楚相，是以少年時斬過兩頭蛇，名垂千古，細想前賢，亟欲一探遺迹。關公玉帶在東門城內，而孫叔敖的墳，則在西門郊外，我們由羅君的引導，走出東門，沿城有一道護城河，改乘小船向西門出發，見荆州城在光復時代，曾遭兵禍，一路所見，頗多斷井頹垣，存着一種荒凉迹象，再行良久，纔到達西門，比及尋到那個古迹，使人非常失望，祇有一個小土墩，矗立在斜陽荒草之間，上面有一石碣，刻字曰：『楚故宰相孫叔敖之墓』，既無房屋，更無隣舍，屬於一個荒墳，想不到這位斬蛇宰相的佳城，後人對他會這麽的冷落，我們鑒於別無留戀之處，便向這個冷落荒墳，行了三鞠躬禮而退。

當天晚上，羅君又陪我和孔模上沙市城隄上去蹓躂，隄外便是長江，我走到隄邊的碼頭上，發現長江水位，距離我的脚底，不過一尺，更回頭向城中眺望，使我大吃一驚，我看到沙市全區像個盆子，那個隄便是盆子的邊緣，住宅民房，全在盆底，而長江水位高出盆底，達三四丈之多，如遇水位再高出隄岸一尺以外，江水冲入城中，則沙市人民，勢將成爲魚鱉，我以此意告訴孔模，指出這是一個危險地段，我們有趕早離去的必要，孔模聽了笑道：你的話，雖然不錯，但沙市全鎮，一向靠這座閘岸爲保障，數百年來，倒也從未出過亂子，你眞不必爲杞人之憂。孔模雖然這樣解釋，我終覺得提心吊胆，第二天便拜別羅君，整頓行李，離開沙市，轉赴湘西。

魯旅長的軍隊，駐紮在湘西的津市，從沙市赴津市，必需改乘小輪，越洞庭湖，經陳陵磯的關卡，再換輪船，纔可抵達，中間也需行走一段陸路，而陳陵磯是由鄂入湘的要隘，軍士盤查得很嚴，孔模叮囑我，要小心在意，這是我們最後的行程，越過陳磯陵，便可安全地抵達津市了。聽了孔模的話，不禁驚喜交集。

最艱苦的是那一段岸路很不好走，連綿數十里，盡是荒僻地帶，見不到人家，我們的行李，是一隻網籃，兩隻箱子，用一個挑夫挑着，我們則步行跟隨，多給費用，言明一直送到陳陵磯渡口爲止。走了一日，筋疲力盡，旁晚時宿在一個荒村，那裏有幾戶人家，其間有一家兼營旅舍，我們進入裏面歇息，發現那是一幢土房子，眞是所謂竹廬茅舍，客廳裏面也是泥地，養了好多鷄，廳裏放着幾張櫈子，主人肅客就座時，我發現有些鷄站在櫈上，主人趕去了鷄，讓我們落座，可是櫈上還有殘餘的鷄糞，未曾拭盡，而且其他的櫈上也是如此，我纔感到那些鷄糞留在櫈上，主人從來不加拭淨，讓他自已乾燥，日子一久，再拭也就拭不乾淨了，我們無可奈何，祇能拿自備的報紙，墊在櫈上，勉强落座，晚餐吃了一碗麵條，慌忙就寢。

這一所茅房，居然是座二層樓建築，臥室設在樓上，裏面有兩張床，用幾塊木板拼湊，鋪上一條席子，即告解决，那時恰值初夏季節，天氣已熱，不需蓋被，我們取出了兩條自備的毛毯，以防夜寒，由於旅途勞頓，孔模一入房後，即沉沉睡去，我則思潮起伏，想起曉過陳陵磯，是否能安穩無事，又想起到達津市，不知將是如何光景，轉輾反側，不能成寐，直至深夜方有睡意，朦朧間忽感奇癢難當，用手一摸，覺席上有小物蠕蠕而動，大驚而起，急忙旋亮了火油燈，憑燈光一看，發現席上滿佈着數以百計的臭蟲，見到火光，紛紛逃竄，我同時用雙手去撳死牠們，一轉瞬間，我的雙手染滿了鮮血，也無法將臭蟲完全解决，接着孔模也驚醒了，兩個人同時用四只手去殺死臭蟲，經過好一會，纔將臭蟲驅走，可是這麽一來，我們已無法再睡，祇有坐待天明。

荒村齗店大捉臭蟲的一夜，也是我生平值得

紀念的一夜，相隔數十載，至今猶未能忘懷，憑此也可想見，現時代做人眞是幸運的，今日的旅客，無論遊覽日本、香港或台灣，可以住進第一流旅館，那種舒適豪華的享受，又豈筆者捉臭蟲時代所可同日而語，撫今追昔，眞是不勝滄桑。

第二天清晨，趁着蒼茫曉色，我們抵達陳陵磯，見到旅客甚衆，軍警防查得很嚴，有許多箱籠，衣物散亂一地，不知何故，我當時竟有一股勇氣，並不感到緊張，自動提取，打開箱子。解開網籃，讓軍士查驗，軍士在網籃中畧爲翻了一翻，便揮手令我們過去。

陳陵磯的碼頭不大，在江邊停留着四五艘小輪都是直放津市的，我們叫挑夫將行李搬上了小輪，值到汽笛長鳴，機輪開動，小輪衝向蒼茫烟水之中，纔如伍子胥過昭關那樣，脫離了虎口，心裏的一塊石頭方告落地。

魯謨卿旅長是一個大胖子，雖係軍人，貌相却很和善，事前早得到消息，知道我們日內抵達，便派遣副官，每天在碼頭等候，我們一到，即由副官接入旅部，同時也即是旅長的公館，那裏地方很大，室外毗連着花園，旅長宴客，或打牌吃酒，都在花園內舉行，孔模和我遠來，屬於貴客之列，便一直進了他的私室，事實上他急於驗看貨物，經孔模和我介紹後，他上前握手道聲辛苦，這時我已看到我們隨身的那只網籃，已安放在一個架子之上，籃底向天，孔模上前揭開籃底，將裏面所藏的槍彈，一件件的取出來，不知何故，我在陳陵磯渡口，並不緊張，此際忽然會緊張起來，驟覺渾身戰慄，手心淌着冷汗，好一會纔恢復正常，這大該是人類的潛意識，有些人是不慣做虧心事，做了便會精神感覺不安，我便是這一種人，因之待到事後，轉會覺得恐懼。

魯大胖子驗過貨物後，隨着取出一叠銀票，對我們說：今天晚上在聚芳院替你們洗塵，這些銀票你們取去隨便化用，隨即吩咐副官，爲我們準備兩個房間，每人派一個勤務兵作爲差遣，在招待方面，頗爲週到。

津市地方很小，因係湘西交通要道，又是產鴉片區域，市面很爲繁盛，那裏的人，無論男女老幼，多數是吸鴉片的，出門訪友，他們即叫你躺上烟榻，不敬烟捲，而請你吸鴉片，一個人家的富足與否，視他家裏所藏烟槍而定，有錢人士，家裏至少備十餘枝烟槍，至於祗有一二枝的，那便是窮苦的階級了。筆者那次在津市逗留了二十餘天，酬酢之外，順便觀察一些那裏的風土人情，以作去留的抉擇，不久發覺這裏不是一個理想所在，鴉片以外，更有賭場與妓院，均在軍隊包庇下設立，所謂烟賭娼三害，一應俱全，筆者初涉社會，猶存一份純潔之心，看到這種情形，非常不慣，是以魯謨卿雖下了一張旅部秘書的委任，我心裏猶疑，遲遲未敢就職，想和孔模仔細商討後，再作決定，終因最後發生了一段人事糾紛，迫得忽忽離開這一個是非之地，也結束了這一次帶有危險性的旅行。（上）

連升三級

【單口相聲】

劉寶瑞::文
嚴以敬::圖

今天說的這個故事，是明朝時候的事兒。

在山東臨淸有一家財主。家裏有一個「少爺」，叫張好古。從小就嬌生慣養，也沒唸過書。長大了吃喝嫖賭，無所不爲。天天兒吃飽喝足，提籠架鳥，滿街遛。因爲這個，大夥兒都管他叫「狗少」。

有一天，張好古走在街上，看見一個相面的，圍着一圈子人。他想看一看，剛往那兒一站，相面的一眼就看見他了，知道他是狗少，想要奉承他幾句，賺兩個錢，假裝看了看他。說：「這位老兄，雙眉帶彩，二目有神，可做國家棟樑之材。看閣下印堂發亮，官運昌旺，如要進京趕考，保您金榜題名。到那時我給您道喜。」張好古要是明白，當時能給他一個嘴巴，因爲他不認識字呀！可是他這狗少脾氣沒往那兒想。他想：「我們家有的是錢啊，要想做官那還不容易嗎？」他不但不生氣，反倒挺高興。說：「準能得中嗎？」「決不奉承！保您得中前三名！」「好！給你二兩銀子。眞要中了，回來我還多給你。要是中不了，回來我可找你沒有完。」相面的心裏說：「等你回來我就跑了！」

張好古回到家裏，打點行囊包裹，帶了些金銀，還眞上北京趕考去了。他也不想想，你連自己的名字都不會寫，就趕考？這不是渾蛋嗎！可是遇見那樣社會，就有那樣事情。他動身那天就晚了，趕到北京正是考場末一天。等到了西直門，城門早就關了。事也湊巧，正趕上西直門進水車。明、淸兩代的皇上，都講究喝玉泉山的水，叫老百姓半夜裏由城外頭拉水進貢，還得是當天的。水車一到，城門開了。張好古也不懂啊，騎着馬跟着水車就往裏走，看城的也不敢問他，以爲他是給皇上押水車的哪，就這樣他進城了。

進了城，他不知道考場在哪兒，騎着馬滿處亂撞。走到棋盤街，看見對面來了一羣人，當中間有個騎馬的，前邊有兩人打着氣死風燈——這是九千歲魏王魏忠賢下夜查街。張好古這匹馬眼神一岔，要驚，他一勒絲繮沒勒住，這馬正撞上魏忠賢的馬。要擱在往日，魏忠賢連問都不問就給殺了，因爲他是明信宗皇上最寵信的太監，有先斬後奏的權力。今天魏忠賢想問問他，一勒馬。說：「你這小子，闖什麼喪啊？」張好古也不知道他是九千歲啊，說：「啊！你管哪！我有要緊的事。」「嗬！猴崽子！眞橫啊！有什麼要緊的事？」「我打山東來，我是上京趕考的，要是晚了，進不去考場，不就把我這前三名躭誤了嗎？」「你就知道你能得中前三名？」「啊！沒這把握大老遠的誰上這兒來呀！」「現在考場也關了門啦，你進不去呀！」「進不去我不會砸門嗎？」魏忠賢一想：「他就知道他能得中前三名，準有這麼大的學問嗎？不能！這是大話欺人，他這是拿學問唬我哪。」隨說：「來呀！拿我張片子，把他送到考場去。」魏忠賢想要看看他的學問怎麼樣，可是魏忠賢也渾蛋，你要看看他的學問，你別拿片子送他呀，你就叫他自己去得了。他這一拿片子，張好古倒得了意啦，本來他不認識考場，這一來有了領道兒的了。

「決不奉承，保你得中前三名！」

差人帶着張好古來到考場，一砸門，把片子遞進去。兩位主考官一看是魏忠賢的片子，趕緊都起來了。這個就說：「這人是九千歲送來的，一定跟他有關係，咱們可得把他收下！」那個說：「不行啊！號房都滿了。」「滿了咱們也得想辦法呀！你想九千歲黑更半夜送來的人，一定是他的親戚。依我說，趕緊給他騰間房。實在不行，哪怕咱們就在當院蹲一宿哪，也得把他留下。」「好吧！那咱們就在當院蹲一宿吧！」這叫什麼事！兩位主考官把張好古讓進來以後，他們兩人又嘀咕上了。那個就說：「咱們給他送題目去。」這個說：「別去！咱們也不知道他唸的什麼書啊？咱們要是給他一出題，他要作不上來，這不是得罪九千歲嗎？」「那怎麼辦哪？」「怎麼辦哪？這不是有卷子嗎？乾脆我說你寫！」「嘿！」他們兩人全給包辦了！寫完了一想：「這要是中個頭名那可太下不去了，得啦！來個第二名吧！」一個字沒寫，弄個第二名！

到了第三天，凡是得中的人，都得到主考官家裏拜老師，遞門生帖。全去了，就是張好古沒去。他不懂啊！兩位主考官又嘀咕上了。這個說：「張好古太不通人情了。雖然他是魏王送來的，要沒有咱們哥倆關照他，說死他也中不了啊。怎麼着？現在得中了，連老師都不拜，這也太不通人情了。」「別那麼想，咱們得衝着魏王。你想魏王黑更半夜拿着片子把他送來，這一定是魏王的親支近派。將來他要做了官，咱們還得仗着他關照咱們哪。他不是沒來嗎？沒關係！咱們不會看看他去嗎？」這倒不錯，老師拜徒弟，倒了個兒了！

兩位主考官見了張好古。說：「那天要沒有九千歲那張片子，這考場你可就進不來了。」張好古也不知道哪兒的事啊，就含糊着答應。等他們兩人走了以後，一打聽，才知道九千歲是魏忠賢。心裏說：「要沒有這張片子，考場就進不去了。」他可沒有想到他不認識字！又一想：「我得瞧瞧九千歲去！」買了很多的貴重禮物，到了魏王府，把名片、禮單遞進去。魏忠賢一看，不認識。有心不見吧，一看禮單，禮物還很貴重。說：「叫他進來吧。」張好古進去一說：「那天要不是九千歲拿片子送我，我還眞進不去了。也是王爺福氣大，我中了個第二名。」「啊！眞有這麽大的學問？怪不得那天他說大話哪！既然有這麽大的學問，將來我要是稱孤道寡之時，這張好古對我有很大的用處啊。」當時吩咐擺設酒宴欵待。張好古吃一頓，吃飽喝足，告辭，魏忠賢親自送出府門，這下子，北京城給哄動了，文武百官都知道了，大家紛紛議論：「咱們不論多大的官，誰進魏王府拜見沒送出來過呀？怎麽新科進士張好古去了，魏王親自送到門口哪？」那個說：「他是魏王的親支近派。你看九千歲把他送出來的時候，還是恭恭敬敬的，說不定張好古許是魏王的長輩。」「既然是魏王的長輩，咱們應該大夥聯名，上個奏摺，保荐一下。將來他要做了官兒，一定對咱們有很大的關照。」「對！」大家聯名保荐新科進士張好古，說他有經天緯地之才，安邦定國之志，是國家的棟樑。皇上一聽。說：「既然有這樣文武雙全的人材，應該入翰林院啊。」他又入了翰林院了！

「咱們可得把他收下！」

到了翰林院，這些翰林都知道他是魏忠賢的人，又聽說他是大家聯名保荐的，大夥兒誰敢不尊敬他呀？有寫的東西也不讓他寫，不但不讓他寫，大夥兒寫好了，反倒給他看：「張年兄！您看這行嗎？」「行！很好！很好！」就會說這麽一句。不管人家問什麽，都是「很好！很好！」就這句話他楞在翰林院混了一年。

轉過年來，魏忠賢的生日，文武百官都送很貴重的禮物。張好古除去送了很多貴重禮物之外，他打四寶齋紙店又買了一副對聯，可沒寫，拿着就進翰林院了。大夥兒一瞧。說：「張年兄，這是給魏王送的壽對兒嗎？」「是啊！」大夥兒打開一看。說：「喲！沒寫哪？」「可不是嗎。」大夥兒說：「您來了一年多了，我們就沒有看您寫過字，想不到今天我們要瞻仰瞻仰您的墨寶。」「不！你們寫得很好，還是你們給我寫吧。」大夥兒彼此推，誰也不寫，其中有一個人聰明。心裏說：「張好古別是不認識字吧？」當時他眼珠兒一轉。說：「我寫！」就編了一副對子，大罵魏忠賢，說魏忠賢有謀朝篡位之意。寫完了說：「張年兄！您看行嗎？」張好古一看說：「行！很好！很好！」還好哪！

這一天，張好古拿着禮物，給魏忠賢去拜壽。魏忠賢把禮物收下，把對子掛上，還沒看明白什麽詞兒哪，皇上的聖旨、福壽字也到了。魏忠賢擺香案，接聖旨去了。所有來拜壽的文武百官都看見了，可是誰也不敢說，因爲魏忠賢這人脾氣不好。比如：有人罵他，你要一告訴他說：「某人某人罵您哪。」他一聽：「噢！他罵我？殺！他罵我他一個人知道啊，現在你也知道了，一塊兒殺！」您想這誰還敢告訴他呀！就這樣，這副對子溜溜兒的掛了一天，魏忠賢楞沒看出來！

又過了幾年，換了崇禎皇帝。在魏忠賢家裏搜出來龍衣、龍冠，魏忠賢犯罪下獄，全家被斬，滅門九族，所有魏忠賢的人一律死罪。就有人跟皇上說：「翰林院有個學士叫張好古，也是魏忠賢的人。」皇上說：「那也得殺！」旁邊有一個大臣跪下了，說：「我主萬歲，張好古不是魏忠賢的人。」皇上說：「怎見得哪？」「因爲某年某月某日魏忠賢辦生日，張好古送給魏忠賢一副對子，那詞我還記着哪。上聯：『昔日曹公進九錫』，下聯：『今朝魏王欲受禪』。他拿魏忠賢比曹操啦！說他要謀朝篡位，這怎麽能是魏忠賢的人哪？」皇上說：「那不是啊！」「不但不是，還是忠臣啊！」

「好，既是忠臣，死罪已免，加升三級。」

一羣渾蛋！

「不但不是，還是忠臣啊！」

美國羽毛牌尼龍被

原價 120.00

特價 74.90

大人公司 有售

馬場三十年

老吉

上期談到「螢火」在一九五五年輸了六化郎路程而得不到「董事杯」，因爲此馬不喜歡這一項路程，所以當時馬會所有各種路程，像半哩一七〇碼、一哩、一哩一七一碼、一哩二五，牠都贏過，有的還不止贏一次；單獨對六化郎這一項路程，却從未贏過，可謂異數，牠再跑一季，也即是一九五六至五七年度便退休了。至於「博落」，因爲出風頭的時候不多，所以我也不多寫。今期起，要改寫十八年前的一匹好馬——「金谷鈴」。

提起了「金谷鈴」，好像還在眼前，其實，此馬在快活谷第一天上陣出賽時，距今已有十八年之多。牠第一次上陣的時間是一九五四年三月廿七日第九次賽馬第二天的第五場新馬遺材賽一哩，本期出版是一九七二年三月十五日，再過十二天，剛剛十八年正。

在未講「金谷鈴」贏馬之前，我先得講一下此馬如何會落在孫麟方老兄手中，各位讀者賜書，喜歡我多講馬場掌故，現在我就要遵命「講古」了。

從前馬匹馬主們賣買，祗要你是馬主，你情我願，自己定價錢，雙方談妥之後，賣出的馬主便寫一封信給馬會，不必聲明多少價錢，祗有寫明於某月某日起，本人名下的馬匹「××」（馬名），轉讓給會員某某人承受，以後關於「××」的一切費用，由某某人負責，與本人無涉等等……，下面由馬主簽名。此信送交馬會之後；此馬便更換馬主姓名，但是新馬主也要寫信給馬會，講明本人已承受某某人的某某馬，已後用本人（或別字）名字出賽，同時綵衣（出賽）改用本人的×衫、×袖、×帽，（還有橫間條或斜條或直間條等種種顏色），以誌識別，而且最重要的，是否轉換馬房，抑或依舊豢在原來馬房，都要在信上說明的。

講起當年一匹馬如果易主，舊馬主當然先要通知他的練馬師，而這位練馬師聽說此馬將售與某某新馬主之後，便先要考慮這位新馬主的一切。因爲如果易廐，舊馬房便短少了一匹馬，如果是低班馬尚無問題，如果是高班馬或者是大有前途之馬，則除了新馬主自己原來有馬房，當然非拉出舊馬房不可，如果新馬主是初次買馬，那末這位練馬師，便要千方百計的將這匹馬設法能仍舊留在自己馬房中，除了請求舊馬主向新馬主說項，請他不要換馬房之外，有時還要打聽這位新馬主的好友是那幾位，或者這位新馬主尚未決定馬匹放在任何馬房，便設法到他們的寫字間裏去求見；請他們對新馬主說情，能夠養在舊馬房裏最好，諸似此類，舊馬房中人要大起忙頭，希望能留住這匹出售馬，仍舊養在原馬房中。可是這個香港馬會幾十年來傳統養馬習慣，從去年下半年改爲職業騎師賽，而馬會聘請了一班外籍練馬師來港之後，完全打破。各位如果對馬會的一切有多少認識，或是對賽馬有興趣的，祗要留心各報的馬經版，可以時時見到，某馬由某馬房拉到了另一馬房，某馬房失了一匹××馬後又得到另一馬房又拉進了××與××兩匹馬來，像這種情形，變成不足爲奇。而且因爲這種事件見得多，練馬師防不勝防，祗有聽其自然。但是須知現在的馬匹換馬房，並不是馬主將其名下馬匹出售，而是不喜歡舊馬房，而將他的馬匹拉往另一馬房，這原因是由馬會在外地請來的練馬師，多數來頭甚大，而且資格頗好，當然有幾度散手。本港原有的練馬師操馬與養馬，或者有不及他們的地方，優勝劣敗，於是乎馬匹易廐，變成司空見慣。同時本港原有的練馬師，當然也有高下之別，因而如果不急起直追，他馬房中的馬匹，便有隨時被馬主拉往別一個馬房的可能，如此一來，却發生了一種鼓勵作用，於是乎每一位本地練馬師都戰戰兢兢，拼命「谷」起自己馬房的馬匹，希望每一次出賽，有機會的可以打進三甲，以免有被拉之苦。各位對賽馬有興趣者，可以在最近看到時時有許多馬匹在閘前發脾氣，甚至於不肯入閘而要退票回欵。在上月（二月）十七日本港第十八天賽馬的第八場，第三班馬一哩賽程，竟有「足水」（甘保頓）、「力勁」（林瀛利）與「好收成」（游定柱）三駒不肯入閘退回票欵，弄到馬會回欵派彩人員手忙脚亂。「力勁」是本來入閘有多少脾氣的，出毛病容或有之，但是「足水」與「好收成」，從來都沒有脾氣，跑到現在，「足水」已有四年多歷史，而「好收成」則更有六年上陣資格，今次竟然不肯入閘，可見近來各馬房對馬匹之催「谷」的厲害了。

今季改爲職業騎師賽後，不獨本地與外來練馬師鬥法；連騎師爭冠軍都搶得火紅火綠，我現在且提前先將跑到本月四日爲止的練馬師和騎師的頭、二、三馬列出一張簡表，請各位看一看，便可以知道，香港賽馬會本屆爲了改爲職業騎師賽，與在英、澳聘請練馬師來港後，令到本地騎師與練馬師，個個都奮發圖强，因而每天賽馬，競爭變成比往年劇烈得多了。

騎師成績、（祇列前十名，名字下有「新」者係本屆被聘來港的英、澳騎師）。

騎師	頭馬次數	二馬次數	三馬次數
鄭棣池	廿一	廿六	十二
甘保頓（新）	十六	十六	五
伊諾（新）	十五	十一	十
蘭尼（新）	十四	九	九
麥美倫	十二	十三	八
易仕（新）	九	八	六
何國英	九	五	十
馬彼得（新）	七	七	七
吉能（新）	七	五	五
李家强	六	十二	十一

一看上表，可知外來騎師之厲害，因爲六個外來騎師；個個都在前十名之中；而香港本地騎師，除了鄭棣池因爲有一流騎技而且原來是本港冠軍騎師，有了好基礎，膀下馬匹多，因而現在尚能暫列榜首，其餘的祇有麥美倫、何國英與李家强；現在尚能列名表中，如果下屆再有外地騎師應聘來港上陣的話，除了麥美倫騎技穩定、何國英本身自己馬匹多之外，李家强就可能榜上無名了。

以下請再看練馬師成績表：

練馬師	頭馬次數	二馬次數	三馬次數
吳志霖	廿四	十六	廿一
杜華（新）	二十	十一	十
李殿林	十九	十三	十六
譚文居	十八	廿二	十六
張學文	十八	十九	十三
美圖惠利	十八	十	十六
蘇芬諾夫	十四	十八	廿一
區錦洪	十一	十八	十三
史秀和	十	十三	十五
朱寶明	七	十四	五
貝爾波夫	三	六	十二
高士和（新）	三	二	三

「金谷鈴」獲獎自右至左賓臣孫麟方夫婦莊洪康周錫年夫婦

練馬師方面，外來的不多，杜華來得頂好，廐中馬匹雖然不多，却已列名第二，另有米曹，來港後因事回國，剛剛高士和來港，（高士和已有六十四歲），米曹便將馬匹移交高士和而離港。米曹離港之前，也有五次頭馬得到。另外有一位高士美，不幸來港不到半年，却因血友病而在港逝世。聽說下季馬會當局將有更多練馬師請來，馬匹是兵源，新請來的練馬師，馬會一定給他們兵源，於是本屆練馬師之成績不佳者，將有被馬會請他提前退休之可能，戰後這二十五年，一切的變化，以今年變動得最大，原因就是改爲職業騎師賽的關係。

看了練馬師的成績表，表上的第一名是吳志霖，他與區錦洪是已退休多年的俄籍練馬師托廐中的助手；也是老托的得意門徒。吳志霖是揚州人，養馬的心得高出於廣東人區錦洪，（看他們今屆到現在的頭馬，已見一斑）。現在本港凡是對賽馬有多少認識，那一個不知道吳志霖，他今年不過五十五歲左右，可是早已滿頭白髮，也可見他處心積慮用腦力之犀利了。（關於各位練馬師的一切，我差不多個個都知道和熟悉，而且除了今屆的外來者之外，他們個個都與我有二十年以上交情，等將來有機會時，我會另文對我所知道的他們，一個一個的介紹。）

因講起馬主賣買馬匹和更換馬房，又講得太遠了，現在且再講孫麟方兄和「金谷鈴」的一切。

孫麟方兄是江蘇無錫人，他老太爺在六十年前是無錫麵粉業的先進，抗戰時麟方兄在四川經營銀錢業，抗戰後轉輾來港，因爲他對機器方面也很熟悉，所以在一九四七年來到香港之後，就在爹核行（現在是德輔道中的聯邦大厦）的五樓，獨資開設了協興機器工程公司。

麟方兄對於商業之外，更對體育方面十分有研究，尤其是騎馬和打網球兩樣，更有獨特的偏愛。

因爲他當時體重已超過一百四十磅，而且年齡關係，所以想騎馬已辦不到，於是他便開始養馬做馬主。

他的養馬，並不是向馬會申請抽籤得來，而是向馬主們的肯出讓馬匹買入自己旗下。從一九四九年起，進行買馬，自己組織自己的集團，因爲他很喜歡當時的練馬師馮鰲弟爲人聽話，養馬的一切，肯聽馬主的話，所以初時他的馬匹，多數養在馮鰲弟馬房中，後來鰲弟因事離職，孫兄因見河北人董阿林爽直忠厚，乃將全部馬匹，轉入董阿林馬房。

我因爲寫馬經和自己出版「老吉馬經」，（現在每逢賽前兩天，照常出版，封面是張大千八兄爲我題的字，不知不覺已出版了廿四年有餘了）。麟方兄便托人介紹請我吃飯，我們談得入港，當然便做了跑馬朋友。

他搜羅了不知多少的賽馬書籍，不獨他家中，連寫字間裏都有，他認爲做一件事，要就不做，要做就大大的做一做，因而他要就不養馬，一養就養他十另廿匹。

一九四九年起，他收購馬匹，五〇年因商務關係，往英倫接洽；一去半年多。五一年回港，便正式自己組成了孫氏馬房。

他用「皇家」Royal 來做他的馬房別號，賽馬綵衣用大紅色；中間前後金黃排鬚（三寸長），大紅帽，這個顏色在賽馬時，很容易認得出自己的馬匹跑在前面或後面。這一點，麟方兄和我同一意見，因爲，我早年養馬的綵衣是大紅衫前後綠色梅花形，大紅帽，在賽跑時，也是一望而知的。

孫兄一養馬，第一個騎師便請謝文玖老弟，又是和我一樣，謝文玖爲人忠實聽話，從不會違反馬主的意見之故也。

在一九五一年時「皇家」馬房已購進了「阿剌伯刀」、「阿剌伯月」、「車厘士」、「金龍」、「光亮」、「好爬」、「美娘子」、「神光眼」、「好人兒」、「凌風」等十駒，因爲馬匹漸多；騎師除了謝文玖之外，還添請了劉家麟、黃清濂（已故）、張和生、鄔毓祥等各位。

現在，謝文玖君改營汽車業，劉家麟君在新界教習騎術，張和生君離港後情況不詳，鄔毓祥君則仍在孫君後來開設的香港麵粉廠有限公司任職，馮鰲弟練馬師也在該廠任看更。各位每逢賽馬日，我們仍能有機會看到，可惜的是麟方兄爲事業而因心臟病突發逝世，已有兩年，我現在在馬會，有時見到他的令弟孫麒方兄（現在「金像」的馬主，綵衣仍是當年的大紅衫，金黃排鬚，不過帽子則易爲當年麒方兄名下馬匹的金帽，而不是大紅帽），麟方兄的音容笑貌，時常會湧現在我的腦海之中，眞是不勝感慨系之！

在五一年度中，「車利士」、「金龍」、「光亮」、「好人兒」四駒爲他贏過頭馬，「光亮」贏了兩次頭馬。

因而除了馮鰲弟之外，孫兄有幾匹買進的馬兒，是原本在蔣名有馬房中的，（蔣名有君退休了差不多十年左右，退休的原因是廐中馬兒不夠十匹，當時馬廐中至少有十匹馬以上，才能站得住），同時和他一起退休的；還有蕭寶義和林雲福。他們退休時，各得退休金約五、六萬元左右，當時的幣值，比現在高得多，他們三位，拿了這筆退休金，買屋做生意，除了蕭君已過世之外，蔣、林兩位，現在已在享老福嘆世界。無怪去年被迫退休的趙阿毛、王筱紅與林雲亮都搖頭嘆息，因爲他們三位所得的退休金，雖然各人都將近二十萬元，聽聽這數目不小，可是與十年八年時的幣值一比，蔣名有、蕭寶義與林雲福三位便宜得多了，無怪乎趙阿毛老弟在退休時（去年十一月）見到我，對我大搖其頭的話，早知如此，不如當年與他們三位一同退休，拿到這五、六萬元，至少可以買兩層樓收收租，因爲現在的房屋與當年的房屋價值比較，當年值兩萬元的，現在十萬元都未必買得到，可見「塞翁失馬、安知非福」這兩句老話，一點都沒有錯也。蔣名有的爲人，也非常聽話，孫兄一時不好意思換馬房，故而有幾匹新買進的，仍舊留在蔣名有馬房中，等慢慢再找機會換馬房。

到一九五二年，因孫兄長年在港，「協興」也做到了幾筆大機器工程，當然賺了錢，於是乎要大事收買馬匹，這一年中，再買進了十三匹馬，那是「美芳」、「含笑」、「好時光」、「好警察」、「快樂貴婦」、「金翼」、「基士卓」、「凱旋門」、「赤兎」、「森信」、「銀狐」、「挾翼」與「羅王蘭」。上年度淘汰了「阿剌伯月」、「好人兒」與「凌風」三匹，「皇家」馬房到一九五二年，已有二十駒了。

這是馬會在戰後一個馬主擁有馬匹最多的紀錄，也因了這個原因，馬會董事後來便開會議決，凡同一馬主養馬，不能超過十匹，因而孫兄這個在香港養馬匹數最多的紀錄，以後再也沒有人打破它了。

這時英國來了一位機器工程師，也是業餘騎師，他的名字叫做蘭飛，（Mr. C. H. Renfrew）他是一個短檔騎師，騎澳洲馬非常合式，孫兄因業務上關係，認識了蘭飛，便請他也担任一部份馬匹的騎師，蘭飛在初初來港時，因檔子飄，搶閘快，（當時用閘網而不是用閘廂），在快活谷中，着實出過幾年風頭，可惜後來因心廣體胖，變成體重達到了一百四十磅以上，（現在他大約將近一百五十磅都說不定），於是乎迫得不能騎馬而自動退休，可是，凡在本港跑跑馬場而有十五年左右資格的，一定會記得蘭飛當年的威風，因爲當時「空中霸王」贏唯一的一次半哩一七〇碼短途，騎師便是蘭飛也。

孫麟方兄買馬，他喜歡乾手淨脚，馬匹一經他買入；立刻轉名而用「皇家」馬房名字出賽，原因是他不喜歡黑市買賣，以免諸多麻煩也。

黑市買馬的，是這樣的，有的會員是從來不申請買馬的，於是乎有的想申請馬匹的，除了自己之外，還尋一至兩位原來並不申請買馬的會員，替他出錢，向馬會申請馬匹，支票交給馬會，而由這個不出錢的會員，簽申請紙，如果他的名下得不到馬匹，馬會還馬匹欵項，如果運道好而輪到有新馬，那末一是預先講好由出錢的會員送一筆錢給這位得到新馬的會員；等有機會再轉名，因爲新馬尙未知好不好，而馬價在當年已比申請價目高出許多了。（二十一）

浙東戰役中引出的故事

圖慧

東戰場回憶錄

平祖仁的情報工作不過爾爾，王牌軍莫與碩死於不在王牌上，雪夜渡江和雪夜增援，常州敵憲兵的一件呢大衣。

無意中翻到二十年前寫的一篇殘稿，缺了三分之二；但懊喪中畧有所得，關於紹興專員失職執行死刑的資料找到了一二，現在補述如下：

第一，這專員叫邢震南，是軍界前輩，顧祝同、黃紹竑與他都有淵源。那次日軍在斗門登陸，進兵二十里，佔領德清電話局，故弄玄虛，因此紹興前線的消息，牛頭不對馬嘴。估計當時日軍想一鼓而下活捉邢震南的。總算在危急時，這位專員頭腦還清醒，帶了專署衛隊十八名，四支輕機槍，十四支快慢機，衝出紹興西門，落荒而去。

現在也記起來了，我剛自上海經寧波回上饒，前線日報的庶務科正派戴文波在紹興有所公幹，他也是隨同這十八人衝出西城的，回上饒也曾報告參與此役經過，而且絕對認爲邢震南是「無辜」受罪。

第二，邢震南的罪名：（一）敵人第五縱隊控制了德清電話局，竟然不知，前線因軍事情報一團糟，敵情難明，可見平時民訓工作做得不好。（二）退出紹興後，不在所屬地區招集失散的地方團隊打游擊，擅離職守，罪不可恕。

第三，他是地方官，並不指揮城防軍，由於上述兩項罪名，所以押解至司令長官部所在待審。除了浙江的東南日報（後遷至福建南平）正報及代表三戰區前線日報外，大後方的輿論，對邢震南不利，都是憑直覺的；既貽誤軍機，又棄城而走，一致主張殺一儆百。所以軍委會在未審閱邢震南在上饒所作口供，即已指令槍決了。

第四，關於爲這專員之死求情的經過，補述一二：第一個說情的是顧祝同，委員長不准，並命令立即執行，以平民憤而肅官常。次日邢震南一頓酒飯後，糊裏糊塗給綁上了，準備在監所附近空地結束他的生命，只因城裏來的照相師遲到半小時，軍法官還未曾坐堂，黃紹竑的電話又來了，他報告顧祝同：「由我再試一次，委員長可能會答應下來。」顧本不願殺邢，於是一面下令刀下留人，一面還激了黃紹竑：「我已碰了釘子，看你的面子吧！晚上有好消息，我就等你的電話。」黃處理軍政，時常越級，顧從不計較，從這件事上可看出。

回顧八年抗戰中，日軍在沿海騷擾次數最多的，要算浙東的寧紹台地區了。邢震南事件後之大半年，一九三九年冬，所謂「白衣渡江」，敵自杭州乘雪夜登陸錢塘江南岸，一舉攻陷蕭山，四〇年一月下旬，攻佔紹興諸暨，旋即回竄杭州，僅留少數部隊據蕭山作爲橋頭堡。

這一役，較八個月後敵人的「快速流竄」，打得較爲有聲有色。把兩次浙東之戰連結起來看，我自己彷彿做了一個「無邪的夢」，列時間表如下：

一九三九年十二月，奉派至皖南前線，參與我軍沿江大攻勢。

四〇年一月，浙東告緊，乘增援砲兵裝甲車雪夜自皖馳浙。

二月戰事結束，敵退錢塘江。

三月請假自上饒至寧波返上海。

四月中旬循原路回江西。

七月敵軍登陸紹興斗門，流竄至桐廬對岸的窄溪。

從時間上說，很像我的命運在與敵人作「你進我退，我追你趕」的把戲，不然那有這樣巧，在兩個戰役的中間，給我無驚無險的往回於浙東呢？

白衣渡江的一仗，失了蕭山，黃紹竑以省主席地位指揮的地方團隊，摧枯拉朽的被敵軍壓迫着儘是後撤。那時三戰區的王牌軍是莫與碩的六十七師，本來部署在皖南，作沿江大攻勢主力的，我隨顧祝同的「前進指揮所」到了前線，因和莫與碩最投機，在他師部住了兩天，他喜歡打獵，自知槍法不及他；但也打到不少斑鳩，偕同曹副師長一起吃了一頓豐盛晚餐。浙東告緊時，我在太平，東戰場形勢突然來個如此大轉變，當夜我先離開戰地，事後才知長官部果然打出這張王牌，飛調六十七師回浙，在浙贛路東側，截堵已下紹興的敵軍於諸暨、東陽、義烏一線。

軍隊的番號，老兵對之「迷信頗深」，莫與碩的六十七師，隸二十九軍，軍長陳安寶陣亡，所隸七十九師師長段朗如（霖茂）槍決，這六十七師雖是王牌，命運也不佳，也許與莫與碩升任軍長有關，他從皖南急行軍調至浙贛線東，因頹勢已呈，正是他背運的開始，千不該萬不該地擬出了的作戰計劃是：與其不能控制第一線潰退下來的軍隊，不如放棄第二線陣地，獲得一個喘息補充的機會，以他自己的一軍（六十七師師長已由曹副師長升任）作主力，配上整編後的潰兵作一次有力的逆襲，不愁失地不復。那知日軍進兵快過他的「紙上計劃」，諸暨義烏第二線棄守後，連他的王牌部隊也軍心動搖。

有次在長官部情報參謀處蔣鐵漢那裏，親耳聽到參謀處捧莫與碩說：「你是總預備隊的光榮部隊長！」正如勝利後「勦總」捧第五軍邱清泉一樣：「你到那裏，敵人無有不望風披靡的！」但是浙東這一仗，莫與碩連命運也給日軍打垮了，既收拾不了前線敗軍，又堵不住敵兵奪城掠地。短短一個月戰事結束，前線將領紛紛請罪，與第二次戰役邢震南下場相似的，是剛升任的六十七師曹師長就地槍決，莫與碩則「拿問進京」，他的直屬長官幫了他一點忙，從上饒解到重慶，組軍事法庭審訊，總算辯得有理，無罪開釋。

此後三年，沒有帶兵，也未來三戰區，因與廣東將領淵源較深，勝利後，派至粵南接收日軍武器；也可能抗戰末期，授以軍職駐節桂粵邊境，不知如何因素，他發了「武器接收財」，當然其中大有文章，落一個貪污之名，仍被槍決。

前因後果，感觸最深的還是我，一是我與他非泛泛交，三戰區最精銳部隊的指揮者，心理上對他有崇敬心；二是他無軍人的戇直，溫文爾雅，有儒將風，交這樣的朋友，即是不在戰場，也會受益匪淺；三是同於皖南前線急馳浙東，他在這時升任軍長，那想到急行軍增援浙贛線，竟穩不定鐵路東側據點，任令敵人直撲金華，敗得如此之慘，六十七師英名毀於一旦，不能不信「人是同時在與命運作戰」的。

黃紹竑

現在，推前兩個月，回到一九四九年冬天，東戰場部署的第一個沿江攻勢。在整轄區說，這是三戰區的最左翼，也是長江中流右岸，西起贛北馬當至皖南東流，再東向貴池、銅陵、荻港，這長達百里的長江沿岸，我砲兵不斷游動轟擊敵艦，擊沉擊傷的不下十餘艘，這戰果大大鼓舞了重慶的統帥部，敵人事實上也不能在沿江作掃蕩戰，僅在皖贛守住江邊大據點，統帥部企圖截斷日軍長江航運，指示第三戰區作一大反攻，掩護更多砲兵佔領江邊山隘，阻遏日軍的大規模沿江西犯。

這一作戰部署，國軍投入的總兵力約二十萬；顧祝同設前進指揮所在黃山之北的太平，馮聖法總部在石埭青陽間，王敬久的軍部設於陵陽，至於原來守軍唐式遵的二十三集團軍所轄的廿一軍與五十軍，則移至右翼。預定的攻勢第一目標，佔領屬於貴池縣殷家滙，長江在此作一曲折，不但可截斷航運，且足以威脅對岸的安慶。中央並指示戰鬥一開始，空軍適時而至，務使一鼓而下，創東戰場反守爲攻新局面。

本來我在報社配給一輛旁有船座的機動車，自通訊兵團調來，司機叫吳坤，在我奉派參與此役採訪前，這輛車以突擊任務暫時調回本部，但在前線遇到吳坤時，始知這戰役範圍之大，連直屬長官部的通訊兵團都調到前方來了。

約於大行動開始前十天，我在黃山腳下的前進指揮所候顧長官召見，先我而到的是平祖仁。未見其人却早聞其名，他是三戰區在上海的情報組長。當長官部從屯溪遷至上饒這一段時期，外人進出參謀處的我之外另一個是中央社記者歐化羣，初任參謀處長岳星明（第二任是黃伯韜），不大會打交道，下轄情報課與作戰課，情報課長黃家珍，平湖人，原來是小同鄉，就比岳星明相處得好了。每天傍晚必往那裏溜一轉，黃家珍也無保密必要，將一疊各地拍來的密碼但已譯了出來的消息，放在桌上，由你發掘有無可用的資料。對前方戰事彙報與敵軍小隊行動，從不重視，我關心的，是關私人所喜的上海敵偽情況，平心而論，平祖仁的情報並不出色，看多了甚至起反感，我說過：英茵爲平祖仁殉情，而平祖仁則死於日軍之手，兩人各有個壯烈的歸宿，對活着的人，却有不可形容的啓示。他的實際工作，也是說情報來源，一是金錢收買，另一條路更不費吹灰之力，從敵偽報紙上搜索而得。

黃家珍也提及：日子久了，免不了出岔子，那是收買了假情報，使我方判斷敵情陷於困惑，或者敵偽反利用自己報紙作假宣傳，偵查我方派在上海眞正的地下工作者。

在前線不期而遇平祖仁時，並未改善我對他先天有的壞印象，與他同住一室，屋前一塊大草地，見他在傍晚時面對黃山作了很長時間的沉思。他不知我已知了他的身份，所以儘量避免和我閒談。如果他是好的情報人才，以我那時好衝動的個性，早說出我的仰慕，交換工作心得，可能成爲好友的。

司令長官先召見他，也因爲他是奉命來內地述職的，聽罷他的報告，顧長官作了指示，匆匆離開前線返回上海。當然他沒有知道這一戰役的結果；但他略知第一線後方的兵力配置與士氣和裝備的，行時對我講了幾句有意思的話：「這次軍事行動深深鼓勵了我，你不知道在上海和敵人作戰，一樣也是千辛萬苦。」

爲什麼他透這風聲給我，不知道。可能參謀長岳星明告訴他我已知道了他是誰。意料不到他回上海不久殉職，而他最大的成就，莫如英酋對他的殉情了。

輪下來是顧祝同召見我，不分上司下屬，與接見大後方來的記者一樣，他佔主位，我坐賓席，當前敵情當然不問了，畢竟任務稍異，主要是聽他指示的。這八年中，每逢盛典，他的演講多數是我記錄，前後兩次召見，以另一次給我的「面子」最大，浙閩贛三省主席加上兩位副司令長官與四個集團軍總司令，爲了他在跟我談話並安慰我的家破人亡，都恭恭正正站在後面聽我們一問一答，這將於東戰塲敵人最後一次大流竄時再提及了。

雖說他有所指示，實際簡而不繁，一句話可以包括：到第一線去鼓勵士氣！

不過十五分鐘，我已離開這間鄉間草屋，腦子裏縈廻的是一片藍色，藍布門簾，藍布桌毯，以及導引我進去穿着藍布中山裝的侍衛人員。爭取動員二十萬兵力大攻勢前夕的時間，我的「行動藍圖」是：自太平至石埭，經青陽抵貴池，先在我軍攻勢的中路走一遭，然後打回頭經陵陽至殷家滙一線，這是我軍左翼，也是主力所在，這個攻勢的戰畧，中路是佯攻，左翼爲重心，右路唐式遵的兩個軍，還是由中與左的原防地調防到右翼去作牽制作用的。謁顧後當天出發，石埭青陽間柏鶯橋附近，是馮聖法的軍部所在。三戰區的各個集團軍與軍部，或親或疏，多少有點淵源關係，天天在參謀處翻看各集團軍負責人的敵情電報，即使未見一面，看也看熟了；但這位馮聖法却是例外，似乎僅此一役，隸屬三戰區，之前之後，消息杳然。曹聚仁正好相反，他與馮聖法打過幾次交道，又一直保存資料，單是馮聖法的一套作戰方式，也可寫上幾萬字，因爲這是一位戰畧戰術家，不同於普通將領。

喜出望外是在馮總部遇到一位姓湯的小同鄉，我的家鄉人最保守，安土重遷，週圍百里內連小山也沒一個，有人就終身沒見到過山的。這位同鄉不知如何會在軍部裏當一名副官，又何以在這三年內爬升得這樣快，派在軍部工作？可惜時間不允許在匆匆一見時能作詳談，以後直至勝利以及三次在故鄉小住，都不見他歸來，亂世聚散無常，恐再也不會有喜劇性相遇了。

馮聖法對這戰役的部署，表示戰幕一經揭開，必循預期的戰果發展，那王牌師莫與碩，此役就安置在中路，必要時即爲左翼的第二輪攻勢的主力。

自軍部西去，特地在莫與碩師部住了兩天，無話不談中可看出他對此戰的信心，稍後在浙東戰役中因作戰不力（其實是指揮失當）被槍決的曹師長（當時尚是副的），雖不離莫與碩左右，但對他印象不深，也因此出獵時未招呼他同行。第三天經廟前到了貴池，縣長百忙中講了許多軍民合作故事，例如拆路又建路，動員率達百份之九十，等於婦孺也上陣，拆路是阻敵機械部隊反撲，築路是便利砲兵進入沿江山嶺，轟擊長江日艦。

貴池的一夜最冷，雨雪紛飛，前線買不到什麽，青菜豆腐大鍋取暖。戰時担任縣長的均須全材，「文武不檔」，職低任重，尤以鄰近戰地的父母官，若無視民如子之心，怎能動員民衆輔助軍隊作戰？這位貴池縣長確是好幹員，午夜不知又來什麽差遣，聽他悉索起床，與傳遞者亮着電筒出去了。

拂曉前，砲聲隆隆，亟起床，原來我軍這個大攻勢已開始。興奮中畧有「存疑」，自前進指揮所至預備隊的師部，沒有側面的消息暗示戰事會提前幾天，這突然而來，以常識判斷，必是當前的敵情有變化，爲爭主動，先發制人。天明以後，預期配合作戰的空軍會適時而至，却不見影踪，八成是統帥部修改戰畧自動減弱這攻勢部署了。

縣府所設軍用電話已不能使用，情況未明前，我不會跟在攻擊軍後面推進，縣長大抵昨夜未歸，呆了一個上午，還是六十七師的人關注我，莫與碩聯絡不到我，派人來接我回廟前，一二里已破壞的公路上，竟未遇部隊，不像處於大戰的第二線。

在廟前，所得戰訊一如貴池，莫與碩和曹副師長均不在防地，以所見所聞作判斷，今天的砲聲決不是掩護我軍拂曉攻擊，但何以又暴露我軍加强砲兵有積極企圖呢？

由於知道我軍重心在左翼，逗留中路偏右翼之間，看不出什麽的，於是找到師部一位副官，我問：「上午的戰報怎樣？」他很輕鬆說：「沒什麽，我們師長到軍部去了。」

「跟王總部聯絡得上嗎？」我指在陵陽的王敬久。

「你想去陵陽的話，我跟你搖個電話，大致沒問題。」

事實證明「西線無戰事」，那邊表示歡迎。這位副官很快爲我雇到兩人抬的竹担，構造很簡單，在兩根竹竿上綁一隻竹椅，就算是「坐轎」了。說來慚愧，中午出發，不過四十里，最慢也可在入夜前趕到，但上午已走二十多里路，居然接受這位副官的盛情，一個人不跑，改由兩個人抬着走。

皖南有三座名山，黃山之松之雲已是天下皆知，九華山是佛教聖地，舊名九子山，李白以九峯如蓮華削成，乃改今名，明王守仁曾讀書於此。敬亭山在宣城，「相看兩不厭，只有敬亭山」即指此。

這個沿江攻勢，發號施令的駐節黃山下的太平縣，中路與左翼的兩個軍部，正好環九華山之東北而設於陵陽與廟前，自廟前至陵陽沒有公路只是山徑，一路風景頗佳，繞了半個九華山而行，自笑串演了「普陀進香」的不虔誠弟子。

傍晚到陵陽，王敬久住在一幢有樓的民房內，這是半個月來見到的第一座有樓的農屋，因在屯溪見過幾次，賓主不用拘束，而他穿的是長棉袍，在他身上一點沒有「戰爭氣息」。要緊探詢左翼我軍動靜，他說：「有過小接觸，這個仗不打了。」

「至少有兩個月組織這個前所未有的攻勢，怎的會曇花一現就算了的？」我這時才感覺到眞的洩了氣。

「軍委會的決定，我們的砲兵在沿江出沒，大概不想從主動變爲被動，所以不準備攻佔據點，你知道，攻容易，守可很難。」

如此這般在王總部住了二三天，那位副官長是好好先生，天天要陪我打牌，他說前個月桂林××報的記者蔣萊，在此作客，也是他陪蔣萊打牌的。這內幕我很清楚，正因打牌是變相的「餽贈」，所以雖喜歡手談，却爲了避嫌，推却了。

既無戰事，我希望在不打擾原則下，到第一線去看看，第三天王總部派了一名軍官護送兼作嚮導，兩人策馬又自九華山之南，繞到殷家滙敵陣前的我軍第一線去。

不是直徑，馬在曲折的山路中行，騎的人比走路還吃力，約八十里，幾乎走了一整天，在傍晚前快要到達戰壕時，有人大聲高叫止步下馬，很快奔來牽了我的馬從山凹處走向山後，喘着氣說：「你們走錯了路，再前進是我地雷陣。」他向背後西北角一指：「前面看到有民房處，就是殷家滙，往日，這裏常是敵人砲擊的標點，他們可從望遠鏡中看清這是我軍第一線運輸的孔道。今天大概敵人移動砲位，未曾發砲，否則發現你們兩個目標，早就把你們轟下馬來了。」

他講得還算含蓄，眞是大幸，沒白白送命在日軍砲火中，同時也不怪那位軍官領我走入死路，要是派一傳令兵，也不會糊塗到在敵人射程內居然並騎而進。

被引至團部安歇，那位周木森團長是湖南人，能記得他名姓，並不偶然，木太多了。他很早接到電話，但又不知我到第一線那個單位，幸而下令各連留意正面動靜，果然給他估計到了，我們錯走小路，人不知鬼不覺闖到自己陣地之前。

「虎帳夜談兵」，晚飯後談呀談的提到了陶廣那個軍的政治部長常健，是他小同鄉，而且經常往還。這一來可不同了，我與常健太太劉弗華是同事，最妙是他在浙西天目山，又和我的小同鄉姓吳的政工小姐結了婚，還是他原配太太的主婚人，而我正在追求的小姐，是馬樹禮太太的音樂學生，與劉弗華最爲莫逆，成功與否的關鍵，在她們兩人的「暗助一臂之力」。有此錯綜複雜的關係，與周木森更加談得投機。

平平靜靜戰地過了一夜，已沒有什麽可看可聽，那位團長忽然想起一個人來，高興得拍桌說：「我營部裏一位連長，在江蘇常州幹了一件驚天動地的大事，還拿到一件日本憲兵的呢大衣，這故事給後方老百姓聽了，讓大家知道我們軍人的英勇事蹟，爲消滅敵寇，早置生命於度外。」

一下子那連長來了，他跑到常州去活捉敵兵的故事也講了，摘要先記下，我對他說：「很高興你給我如此一個大收穫，雖然沒有戰事，我仍不虛此行。」

不知周木森跟他講了些什麽，他的連長歸制到周的一團，不到三月，之前，他的舊部隊在蘇南茅山一帶打游擊，隔不多時，連長將他最驕人的戰利品——一件日本呢大衣帶來送與我。

如此貴重的紀念物，怎可貿然收下，堅持不受，但周木森說得好：「後方沒見過這俘虜品，穿在你身上，等於代我們這位連長宣傳戰蹟。」看得出，這全是團長的主意，而我却有了「奪人之好」的不君子行爲，權衡至再，這樣一件有價值的勝利品放在第一線，並不安全，爲私爲公，我只有「間接」的從周木森手上接過這份「隆情厚意」，當然我不能以東西作爲交換，這點，周木森早想到了，安了我心：「別以爲我施壓力，對他的報答，我會代你做的，他的仗打得好，有胆有智謀，這一役之後，呈報上去讓他當副營長再說。」

滿載而歸，回到王敬久那裏，他到黃山洗溫泉浴去了，關照副官處長，派車送我去黃山，好好休息幾天。（陵陽以東的公路，未曾破壞，到黃山車行不過一小時。）當時未接受，就在這一晚，杭州敵人雪夜渡江陷落蕭山。在皖南前線不知抽下幾個師馳援，我也不知前進指揮所是否以重慶改變作戰計劃先已撤離？黑夜戰車磷磷中，也不知屬那個單位的砲車，跳上車頭坐在司機位旁，他們奉命限於一夜間開抵金華，我說這條路不易駕駛，最快在天明時趕到白沙，須寬限三小時，方能抵金華部署新任務。

且給我在砲兵車上養息一回，看，黑夜裏在飄大雪了。

天空鳥瞰浙東諸暨一帶

天橋藝人數不盡

文：張次溪
圖：孫昌煌

北京天橋除了「八大怪」以外，還有許多藝人，屈指算來，也有數十位之多。張次溪先生久客燕京，博采廣聞，信手寫來，有呼之欲出之妙。當然尼克遜不會去逛天橋；就是去了也領畧不到其中妙處。

（圖片說明：小金牙拉洋片）

說評書藝人

雙厚坪 說水滸、封神、隋唐、濟公傳　民國初年，北京說評書的立了個評書研究會，同業者皆為會員，即舉雙厚坪為會長，輿論翕服，人無間言。因雙年齡已高，彼時約有六旬以外，二則作藝甚久，活頭兒也很寬，三則作客整齊，下錢之多，為同業不及。雙自被舉為會長，聲價愈增，一時無兩，所上的書座兒，隨意投贈，不限定一支牌子若干枚（牌子也是有大有小，大牌子聽一天，小牌子聽一回。）明明定價二十枚，能夠兩毛不找啦，起滿坐滿的。在民國六年，香廠新世界二次開張，因見雙之能受人歡迎，遂聘其出演，月給包銀二百元。不料心理相左，人地不宜，逛新世界的不聽雙厚坪，聽雙厚坪的不逛新世界。開演數日，天天都冲着板凳說，偶然進來幾位青年，也是坐不移時，嗒然而去。雙會長的工資，雖然固定，但是多年的老面子，甚覺難堪，他由是氣憤而死。他作藝不限一門，水滸、封神、隋唐、濟公傳，輪流開演，年紀雖老，神氣十足，於敘述古人之中，暗地譏諷時事，不露芒角，令人心曠神怡。向來說書的長處，都講究給人書聽，而雙厚坪的長處，是妙在不給人書聽，大家所歡迎者，是盼着他擱下正文，東拉西扯，古今融會，越聊越沒邊兒，比單春的相聲，尤津津有味。是以他開書之後，每一回書，應佔若干時間，那是沒有准譜兒的，在說評書界內，可以算是一個奇人。

張虛白 說封神榜　張虛白在民國十年左右，足跡幾遍於九城，近廿餘年來，已銷聲匿跡，然其人或仍健在，年齡當已八十歲。在當初作藝之時，亦不過一種副業；論其正業，則以風鑑為大宗。他所說的是封神榜，實際上却不能不說封神榜，因其一切態度，儼然是通天教主下凡，天然的扮像兒，不假修飾，此人清瘦枯瘠，面龐甚長，繞腮蒼白鬍鬚，長約數寸，雙眸炯炯，臉上帶神，髮髻留作道家裝束，說書不便帶水袖兒，然胸前之大領兒，足以表示其為八卦衣，祭起法寶來，有聲有色。所以他只好就說封神榜，以利用其天生之容顏，但是扮像兒雖然合宜，而口齒却不大清楚。

張泰然 說濟公傳　張泰然，性情灑脫，好說諧語，動止幽默，無不令人發笑，他善於形容各種形態，聽他說書的人，常有伏几墜櫈，笑不可止的。他與石玉崑齊名，自著公傳前後套，白話多哏，而情理細密處，針鋒相對。當時有唐古園其人，到各肆追聽，記錄其詞，數年集成了袖珍小本。又弟子中有雙某者，也學他的聲音笑貌，無不酷似。雙某幼時，不喜讀書，藏書囊於溝中，不拘遠近，凡是張泰然說書地方，他必去，又在無人處，臨水對鏡來演習，可以說是誠心誠意來學他的。

鄒騰霄 鄒騰霄照本說書 評演是非，善周旋原文，是其長處，勸善懲惡，文理兼到，非尋常人之可及。如封神書詞最劣，但他所演半改原文，又並能闡發煉養，與醫學諸要旨相通，在江湖中有此本領的不多。

猴兒安 說西遊記 潘青山在天橋說西遊記最早，他的徒弟安太和，尤青出於藍，學孫猴兒最能維妙維肖，故有猴兒安之稱。說西遊記早先不列入評書界，至猴兒安始加入評書界。評書界各有各門之門長，凡他們門中出來之人，都由門長管轄，門長受門人之敬重。猴兒安在評書界中，爲說西遊之門長，其支派傳流，定爲「永有道義」四字。永字輩中有恒永通，有字輩中有慶有軒（即雲裏飛）、李有源，道字輩有奎道順、田道興，義字輩中有邢義如、石義舫。天橋雜詠中詠

猴兒安

猴兒安詞曰：「江湖人物說猴安，一部西遊本內丹，行者沙僧圓寂後，人間從此少心肝。魚鼓彭彭打不休，藥糖賣罷說西遊，一從開得求經路，不獨魔妖滿賀洲。」

單長德 說聊齋 單長德，旗人，向以說聊齋爲業，他一切動作，並不遵照行規，在民國初年，凡露天拉場作藝者，分爲文武兩門，文生意場中不空，須將板凳拉滿，或四路或六路，不得有隙地之空閒，作藝者不得挽辮子，不得離席亂走，說書的屬於文生意，無不依此規矩。單長德本無意說書，被窮所迫，平地拉場子，棹凳俱無，惟其人口齒清新，理論明晰，對於聊齋，頗有新發明，因之生意興隆，說不了幾天，手裏存個十吊八吊的，便不願意動彈了。此人是讀書人出身，雜學亦頗不弱，因被大烟所累，竟弄得衣履不完，頭髮有一寸多長，臉上滿積塵垢，令人望而生厭，作三日嘔。惟文字之魔，却另有精神上之相契，他對於原書上的罅漏爲錯誤，都能一一指正，另變方針，不僅以解釋原文見長，此則難能而可貴者也。

張智蘭 說聊齋 四十年前北京新報，創說白話聊齋，邀請張智蘭担任，說書的棄舌而用筆，以報館爲副業者，實由張智蘭所開端，用當其才，比較說書可强的多了。只因他文學通順，又氣體單薄，並且口齒不清晰，說出一個典故來，原原本本，詳細正確，奈坐客聽不清字句，好一似珠玉埋塵。張亦有自知之明，故爾專說聊齋，決不敢說明英烈。聊齋一書，既不用刀槍架兒，又不用盔甲贊兒，連身段都不用，只要有相當的學識，便能驚動高人，只是張智蘭中氣不接，說着說着，口內缺乏津液，舌頭在嘴裏頭直打滾兒，座位稍遠的顧客，就算聽不出是甚麼來，是以此公潦倒終身，掙錢有限。陳士和便是他的徒弟，論學問與見識，遠不及乃師之優良，但是顧客之衆，下錢之多，較其師加增兩倍，其所以青勝於藍者，惟口齒之故耳。

黃誠志 說彭公案 黃誠志專說安良傳，在光緒中年，即社會知名，安良傳又名彭公案，惟對於彭鵬折獄之事，並未提及；公案之名，似乎不妥，因之改名安良傳，以期名實相符。黃誠志作藝之初，此書尙無印本，久慣聽書的，對之亦無興趣之可言，幸虧黃月山編了一齣「溪皇莊」，十三旦編了一齣「迷人館」，均係取材於安良傳，將書中之重要人物，介紹坐客之前。在這個時候，刻字匠又有意投機，竟將彭公案一書，刻成木板，裝訂了四套，每四本一套，四套書疊起來也相當高，沿街貼報子，足宣傳一氣。黃應運而起，借勁使勁兒，把安良傳施展出來，足說個一年半載的。原書中是金眼貂永遠不老，華雲清風焦家二鬼，永遠逮不着，三打木羊陣，八保閙連環，敷衍冗長，毫無精彩。黃誠志剪裁得法，挑選着稍近情理的事跡，聯綴成章，說了一輩子，但兵器中之趕棒，到底是怎麼回事，他也始終沒說清楚。

吳輔庭 說永慶昇平 吳輔庭專說永慶昇平，將光緒年間之北京社會上的事，說得有頭有尾。此人永遠穿抓地虎兒靴子，短衣襟，小打扮，青洋縐搭布，青漳絨坎肩，論口音則善學馬成龍的山東登州話，論神氣則活脫兒馬孟太。粗豪一路的書座兒，固然愛聽，即當時的斯文人，亦趨之若鶩。皆因他這個說書的，與衆不同，普通的說書人，係與編書人同一立場，編書的當年怎麼編，說書的今日便怎麼說，吳輔庭則不然，他是連說帶評，自己所居之立場跟編書的時常反對，原文若是情理不差，他便照原文往下說，若是有個情理不符，由他這兒就挑剔摘毛兒，毫不客氣的，肆行攻擊，攻擊完了之後，他還能另覓途徑，補救原文之缺陷，以自圓其說，凡是交朋友講外場的人，都歡迎他的過節兒，講情理論戰術的人，也歡迎他的見解。且原書弱點甚多，實有指摘之必要，編者毫無根據，急就成章，隨意取材，將以付某甲出演，因某甲長於山東話也，遂憑空

撰一馬成龍，奈始終不夠一塲兒活。即不足兩個月之用。支支節節，不得不安插張廣泰、顧煥章諸人，以充篇幅，吳對之深爲不滿云。民國十年前後，有個胡昆英說永慶昇平，即吳之弟子也。

哈輔源 說永慶昇平　哈輔源，滿洲旗人，口齒最好，專說永慶昇平。與連輔軒、吳輔亭、春輔祥等爲師兄弟。山東話說得很好，故學馬成龍畢肖出神，引人入勝。今天聽了，明天還想着聽。五十年前，說書人在淸茶舘向來是兩個月一轉，每到五月南頂廟，必然轉到天橋來。那時天橋西首，尚有一溜破樓，他在樓下開演。每演十回，要掙五六十吊當十錢。積蓄甚多，買了幾處小房子，不幸後來被煤火燒傷身死，他胞弟恩五，亦被庫上人把雙眼揉瞎。天橋雜詠中有哈輔源詞：「傳神鬬趣山東馬，妙語合時哈輔源，何事淸營誇得勝，全憑大肚冠三軍。名震當年天地會，瓦刀利勝大環刀，堪憐瘦馬終無福，不及英雄搶切糕。」

恒永通 專說西遊記　恒永通是老雲裏飛的老師，享譽最久，每演西遊，不論大小塲口，坐客滿堂，眞有追着聽的座兒。

說相聲藝人

百鳥張 的學鳥語　百鳥張，原名張崑山。辛亥年間在天橋及什刹海等處，單人獨枝，露天拉廠。開演之時，佐以手式，或用手掌自撫其口，或用指自按其腮，觀衆閉目傾聽，如入羽族之市。開演之先，他用白土子洒字，將所學的鳥類，就地書明，以招顧客。學鳥聲之外，更能效人之語聲，工醉鬼回家、五子鬧學諸齣。據故老相傳：百鳥張是一位善於自誇的人，他嘗自稱，是會飛的一概能學。及一塲兒活下來，亦不過三五種而已，不拘走到何處，千人一面，永遠是那一套活。開塲是家雀兒鬧林，隨後是山喜鵲、奔得兒木、紅子黑子，幾塲單邊的玩藝，而後便牡鷄孵窩，這塲下去，先要一回錢。並預告把錢要下來，有一套淨口一鴿奉獻，其實他會倒是會，只是人數不夠的時候，仍不肯演，必須汪洋汪洋的聽客，他才肯把這套得意傑作施展出來。徐珂編的淸稗類鈔中有一段記載說：「光緒庚寅五月，嘉善夏曉巖寓京師，招集同人至什刹海作文酒之會，其地多樹，爲百鳥所翔集，座客方聞聲而樂之。酒半，有善口戲者前席言，願奏薄技，許之，則立於窗外效鳥鳴，雌雄大小之聲無不肖，與樹之鳥相應答，及畢，詢其姓名，則曰姓張，人以其能作百鳥之聲，皆呼曰百鳥張云云」。在徐珂這段話看來，百鳥張的技術，確實是不錯。潞河楊靜亭都門雜詠中有詩詠之。詩云：「學來禽語韻低昂，都下傳呼百鳥張，最是柳陰酣醉後，一聲宛轉聽鶯簧」。

蝦蟆頭 說相聲　蝦蟆頭，善說相聲，整套開哏，學各地方言，各樣貨聲，諸般絲竹聲音，和鳥獸蟲豸的叫聲。

人人樂 的五子鬧學　人人樂能同時學五六個人的說話，又能學各種雀鳥叫喚，如畫眉、黃雀、葦雀等。又學鷄、貓、猪、狗聲音。學鷄叫，且能分出雌雄，及各種的聲音，如九斤黃、小廣東鷄，和雉鷄、雛鷄等等名目。他學狗叫，能分爲雌雄大小之別，更能學癩狗、病狗，及羣狗同吠之聲。他在台上獻技時，有帳內帳外之分。又學飛禽走獸，皆於帳子外邊撮口而吹之。若要學男婦老幼一家人聚談時，乃踏入帳子裏邊學之。最拿手的有五子鬧學、闔家歡樂、姐夫戲小姨等目。五子鬧學一段，起首先學男女睡後之鼾聲，繼而晨鷄吱吱報曉聲，婦人驚醒喚夫起聲，小兒吃乳聲，大兒呼娘下地便溺聲，男子驚起伸腰哈欠聲，下地至磨房拉驢出外聲，扉門開合聲，驢蹄聲，鈴鐺聲。並作婦人起，催大兒上學聲，大兒索要餑餑錢聲，婦人數說聲，大兒跳躍喜笑唱歌外出聲，一路行去聲，愈唱愈遠聲。學房內同羣兒讀書聲，先生走後，羣兒集議作耍聲，哭聲，笑聲，歌聲，怒聲，呵叱責打之聲，一時齊發，衆妙畢舉。雖不及蒲松齡居士聊齋所說之口技，然曲盡其能事矣。惟彼每以淫穢之姐夫戲小姨爲招徠座客之具。得錢雖多，因嗜鴉片，兼打嗎啡藥針，死後，竟無棺殮之資。

王老板 五官挪位　王貌離奇，善於耐冷，冬天也是光着兩支脚，身着單衣，手拿着一支襪子，作爲是繡花手巾，學一塲十三旦。惟關乎文戲的事情，一概沒有，偶然牽涉一二，亦係混入單春，三言兩語而已。久慣在街上串的人，都知道他叫王老板，捽打上眞有兩下子，而且五官挪位，善於改換面目，以號召一般兒童，至庚子後不復見。

老萬人迷 馬頭調　老萬人迷，頭似橢圓形，兩頭尖，眇一目，聯鬢黃鬍鬚，以白土塗面，兩腮短髭，逾顯得蓬蓬扎扎。先以白土在地畫一大圓圈，彼則危坐其中，夏日赤背，只穿一破布藍褲，趺其雙足，腰帶間掖破鞋一雙，竹板兩片，順口演唱各種淫蕩的馬頭調，又作種種怪像，以博觀者一笑。他以兩隻鞋當兩面鏡子，學婦人梳頭擦粉形式，一手執破鞋一支，當作有柄之鏡，而前後照看，招得衆人狂笑捧腹不止。有時演唱「二進宮」，將兩支破鞋分左右擺開，向觀衆說道，一支鞋是徐延昭，一支鞋是楊波，自己去李娘娘，遂以手敲兩板而演唱之，唱畢跪在地上乞錢。先時只一人，後則携其孫小萬人迷作陪襯，彼時小萬人迷不過七八歲，一臉滋泥，兩筒鼻涕，既不會唱，又不會說，只會向老萬人迷村野蠻罵，招大家一笑，觀者多憐其窮苦，濟以錢文。所怪者萬人迷之名，是他自己起的。按對口相聲一門，四十年前首推恩子，餘如高廉子、小范、玉隆、焦德海、周蛤蟆等等，皆出其門下。當初雖然有萬兒，（即名譽）可是輕易不見（上台），由打萬人迷一紅，陸續這才列入單檔兒，名爲雙口兒，在京津滬漢，頗負盛名，若論掙錢，實較別的容易，連塊短傢伙都沒用，（即醒木）也能大堆的剩洋錢，惟不知積蓄，隨手花去。

相聲恩子 學摔喪盆　相聲恩子是醜孫子的學生，體格瘦小，氣色青綠，髮辮只有一半，立眉毛，一撇嘴，極可觀。善學女性小嗓，對口單春，無不妙肖，最拿手的玩藝，即學乃師醜孫子之捧喪碟子，戴孝帽子，哭爸爸。相傳他未賣藝之先，本係滿清北京某營四品職官，以嗜好詼謔，舉止輕佻，因被革職，索性即以此爲生。

小海 的流口轍　小海，用兩片牛肋骨敲打，大唱他的流口轍賣糖。他唱詞云：「人怕閒，地怕荒，洋車最怕走泥塘，賣沙鍋的就怕狗打架，害眼的就怕見日光，賣豆汁的怕掉鍋底，禿瘡腦袋就怕癢癢，開店的就怕沒有客，混事的就怕長大瘡云云。比較以前俗說八怕，所說的耗子怕狸貓，長蟲怕仙鶴，狗怕長痢，猪怕敲，駱駝怕走雉鍋橋，上山的樵夫怕猛虎，又怕豺狼豺狗子，溺鬼怕托生，人怕老，老怕傷寒少怕癆等詞，透着新鮮，後來又編一套封神榜夾三國志，名叫做諸葛亮開局，姜子牙押寶，後來起了衝突，姜子牙令各位神仙，祭起法寶，亂打一陣等，有特別詞句，聽者甚多。

瞪眼玉子 說書　瞪眼玉子，在天橋蹲在地上，左手持條帚，右手用白沙土，隨說隨撒寫成字。他能說拿康小八、康熙私訪、乾隆下江南、張廣太回家等小節目。能在段段中加入幾句相聲，招人一笑。當他說完，猛一抬頭，往往使人嚇一跳，他滿面漆黑，祇有眼珠是白的，因爲他姓玉，所以管他叫瞪眼玉子。

小范 說相聲　小范於光緒中年，以說相聲爲業，面目板滯，五短身材，態度庸俗，本爲個中之下駟。所長者係博通戲曲，生旦淨丑，均有心得，二則口齒清白，聲音宏亮。三則頭顱硬，嘴巴比較玉子爲强，（玉曉亭善挨嘴巴，肉聲清脆，因以得名。）他發明一塲，把光子，對方用掃地的笤帚，雙手掄之，以柄擊其頭，柄爲之散，事實上雖不可笑，而工夫亦驚人。在乍一出演之時，只携帶其幼子，及其外甥，父子甥舅三人，僅僅餬口而已。後來戲劇行，票友中之貧乏者，結合數人，露天獻技，但苦於沒有前臉兒，唱完了要不下錢來，小范正在無聊，因即毅然加入，與英傑蘭、連雨卿等，合組一班，有鑼鼓，有身段。小范加入之後，雙方遂相得益彰，妙在他多材多藝，一齣「打龍袍」，所有的零零碎碎，伊一人包攬無遺，大小身段，應有盡有，直至庚子，這檔子宣告解散。

掃地夫 說清代軼事　掃地夫，其時在橋西空塲上用白粉畫地作大圈，站在當中．說清代軼事，隨說隨把白地上寫出他所說之節目，或書中詞句。寫完就用掃帚掃去，人以其隨說隨掃，呼之爲掃地夫。

張麻子 相聲　張麻子是一張笑臉，五官百骸，均各表現其滑稽意味。萬人迷是一張哭喪臉，上塲之後，無絲毫笑容，二人是相得益彰。聽相聲的，聽過他二人的玩藝，便算是曾經滄海，不想再聽別人的了。約民國八九年間，張即逝世，萬人迷自成名之後，始終沒撒手張麻子，稱得起是焦不離孟，孟不離焦，張死後萬又不善單春，殊有孤掌難鳴之苦，無可奈何，只好以盧三繼任，惟此人藝既不强，嗓音又啞，聞鼙鼓而思良將，愈令人追念先「麻」矣，乃未逾數年，萬人迷亦逝世。

粉字顏 說相聲得窮不怕的傳授　粉字顏，善說書，如康熙私訪四霸天、神刀王、劉羅鍋等故事。信口胡謅，又能把白沙畫地作字，寫出對聯，有「書童研墨，墨抹書童一手墨，梅香添煤，煤爆梅香兩眉煤，」說是清康熙所製的拗口令體又能作迴文體聯語。自謂與窮不怕是盟兄弟，說相聲焦德海的師傅徐三，俱都一氣，撒粉子就是窮不怕所傳授的。

阿二 說虛子論　阿二是一位說相聲有名的人物，他善於描述社會人情，他把虛子混混的故事，源源本本的編成一套的演說，一般旗人都喜歡聽他來解嘲，江湖叢話中有詠阿二詩。其一曰：「辮子低盤手插腰，開言四座笑聲招，莫因流口譏生意，社會人情勝筆描。」其二曰：「江湖阿二舊知名，矮凳高棚說相聲，最好一塲虛子論，掙錢只賴捧旗兵。」

阿二

曹麻子 數來寶　曹麻子的玩藝，與普通大有不同，他是三個人合演，一問，一答，一量，三人中曹麻子年紀最長，身高頭大，滿面黑麻，囚以得名。其唱時頭上繫一根窄帶，後面搭一個小銅球，頭動球搖，且故意做出引人捧腹之態，兩手拿一對牛膀骨，敲時骨上掛的小鈴鐺，嘩楞嘩楞聲响，互相配音，亦頗好聽。答唱者是他的徒弟，臉上塗抹白粉、左手打板，右手打節，一句一句的拼命數唱。

吹帶唱藝人

隨緣樂 單絃　光緒十幾年，北京有隨緣樂者，頗負盛名，始而賣五百六小錢一位，後來漲到六百四，永遠是起滿坐滿，央客外出。因其不與旁人結合，孤孤零仃的一份單絃兒，是以不便進大館兒，（彼時有一種雜耍館子，地位居戲館之下，書館之上，若泰華、景泰等皆是。）只能佔據茶館書館之內，單人獨騎，要叫二三百人。門

口外頭，也要卸幾輛大鞍車。活頭兒雖然不寬，妙在詞句變遷，一回一個樣兒，臨時支配，日異月新。某年，禮王府召其演唱，點名兒要挑簾裁衣，台下坐有許多女眷，不想他由頭至尾、跟街上唱的完全不同，連牌子帶轍，統通改換，却依然摔出許多包袱兒，（北方指插科），毫無猥褻之詞，仍然招得男女來賓，笑不可仰。他還有個風流餤口，正月在東四廣泰軒，夏令在南城金魚池出演，最能招人。此人係漢軍旗人，姓司字瑞軒，相貌奇特，晚年結合一姓雙者，（人稱雙子）爲之彈絃兒，旋患啞痨，數日不言而死，其得病之原因，係某日在廣衆之中，被一人以某言相譃，司於倉猝之間，未能以譃言相報，衆人爲之哄堂，伊且急且慙，受有重大刺激，便從此說不出話來。江湖叢話中有詠隨緣樂詞曰：「手鼓三弦獨上場，唱來盆曲韻悠揚，風流焰口當頭棒，不但能調武大郎。妙曲清歌孰賞者，現身說法淺而深，而今若有隨緣樂，算得人間腦後針。」

石玉崑 石玉崑博學善辯，尤擅長西派，自著三俠五義等書，談唱皆雅，聲價極高。當時約他說書的茶館，有接待神仙之勢。他說書有時少歇，由其徒代演一二小段，此刻聽者多抽空小解，故謂之車前子，車前子爲中藥名，言其利小水也。他編過一部讚崑，頗傳於世。

隨緣時話 單弦 庚子前唱單弦兒的，除去隨緣樂之外，同時還有個隨緣時話，姓李，號彥彬，北通州人。論玩藝實高出隨緣樂以上，隨緣樂唱，向不顧板，而且腔調隨便自由，曲牌中如剪綾花、山東落子、湖廣調，唱出來都與普通的兩樣。隨緣時話原是走二簧票，板眼腔調全都有根，本人又會彈弦子，每登台都是自彈自唱。嗓音雖不如隨緣樂，唱出來字正腔圓。隨緣樂缺少弦子一門，所以非用雙子不可，雙子故後，改用瘸連兒，精神立刻差的多。李彥彬因有二簧底兒，演唱時嘴裏當然有勁，惜乎自己不知保養，不旋踵即因病身亡，以後凡唱單弦的，多半都學隨緣樂，誰也不學隨緣時話，因爲隨緣樂的名望大，能博多數顧客歡迎。

曾永元 單弦 繼隨緣樂而興者，有曾永元，此人在清末民初，也走了二三年的紅運，其一切組織，完全以隨緣樂爲師。台底下來了個有名望的人，不拿他抓哏(即景生情)吧，不像隨緣樂，拿他抓哏吧，對方就許不贊成。他演唱「獅子樓」，梨園行之何佩亭，適偕友在座，其餘顧客，也有許多戲界人，何彼時正享盛名，聲價在范寶亭之上，其父何九（桂山），雖久患目疾，仍能照舊登場，名望甚隆，曾演至武松回家，訪明西門慶之底蘊，携同鄆哥，往謁何九叔，見面之後，武二爺身施一禮，說九叔，你老人家一向可好？九爺說好什麽呀，眼睛都快瞎啦，運用靈巧，坐客爲之鬨堂，不料笑聲未歇，茶壺飛起，小何九敢情不聽這套，他見曾永元拿他爸爸打哈哈，不由得大發雷霆，一面祭起茶壺，一面把小曾抓將下來，就暴打一頓，一時秩序大亂，經小曾賠禮道歉，始而平息。從此以後，拿坐客抓哏一事，就算根本取消，曾受此打擊，旋即銷聲匿跡。

王玉峯 彈弦拉戲 王玉峯雙目失明，以彈絃爲業，瞽界中之業彈絃者，所在皆是，不足爲奇。然皆兼營唱歌，二三人合組一團，配以鼓板。若一人獨行之時，則改業星命。惟王玉峯則不然，終身只靠一絃，能將社會中各種聲浪，一一收存於腦系之中，而後以指按絃，借絃音以摹仿之，絲毫不錯。每逢登台獻技，單人獨馬，準能叫一千人，沒聽見過的，都想着開開耳朵，聽聽這個王玉峯，到了兒是怎麽回事情。及至聽過之後，不禁詫爲稀奇，更想再聽一回以暢耳膜。其所以可聽者，就在乎指揮如意，學誰是誰，以戲台上頭說，學梅雨田的胡琴，學譚、劉諸名家的唱兒，附帶各項鑼鼓，及羣衆喝采之聲。以街上的市聲說，能吆喝估衣，吆喝西瓜，及各種喧嚷情狀。學出殯的，能學响器，學清音，學催押鑼，小拿兒，喊加錢兒，應有盡有，妙到秋毫。凡熟習北京情形者，無不傾耳靜聽，細心印證。彈者亦並不預先宣佈，以領導坐客之耳音，但憑五指一揮，而坐客已心領神會，彼此相視而笑，公認其爲所學者誰矣。王玉峯去世之後，雖有李萬興等相繼繼而起，奈盡美而未能盡善，終遜一籌。天橋雜詠中有王玉峯詞曰：「王玉峯誇絕技絃，工工尺上有精研，一從彈會梨園調，慣使人間義務錢。國門閉處欵難籌，請汝登場可代謀，四百吊錢何太餓，縱然絕技也應羞。」

管兒張 的口技大奶奶住娘家 管兒張，細長身材，滿面皺紋，說話京東口音，滿口剩不了幾個牙齒。他在天橋上地，用九根細竹桿，一頂藍布帳子，外面有一張小桌。他在未表演之前，先把大小竹管笛兒放在桌上。先唱各樣小曲，以招引遊人，看者漸多，就將帳子支起，鑽入帳內，場子圍着的人們，隔着藍布帳，靜聽帳內發出來的聲音，有學兩個人說話，能演出大奶奶住娘家，大爺拉着驢去接大奶奶，走在高粮地，大爺要到高粮地裏拔高粮，臨完還學驢叫，抖起銅鈴鐺嘩啷啷的响，極像驢叫，叫完之後，他從帳棚中鑽出來，向觀衆求錢。可是看的人往往不等他鑽出來的時候。早已散去，往往得不到多少錢。

哨子馬 胡琴拉戲 他是瞎子，以四絃胡琴，學各種詞曲，及人言蟲鳥。先演說，後以絃擬仿之，絕相似。他口中暗銜哨子，以補不足，能拉得二人對答，他又能左手拉演，爲當時絲絃藝人中一絕。

田德祿 拉各種文場 田德祿能學作各種文場，娓娓動聽。其法以細木條爲架，高僅尺，寬二尺許，將大鑼，手鑼，大小鈸，唐鼓，單皮鼓等，分別列置其間。鑼搥鼓籤，與上下嵌列之鈸下，一面所鑲木柄，按部支配適合。各於其端繫以細蔴繩，四周圍以青布，作小方箱式，箱頂之四角，各植長尺許小木竿，懸鈴其上，下支以架。即於布帷之後穿孔，將所繫各繩外引，垂如麥穗。學奏時以繩繞于手指，動作有序，儼緩絃之操按。其爲跑旱船之音調，宛在街衢，傳送耳鼓，無毫釐差。又學拉大片各人聲浪，維妙維肖，而仿大金牙調門，尤屬毫添頰上。有時製箱頂各竿之鈴，作過會之聲，亦洋洋盈耳。據其自述，諸般摹揣，全憑心理作用，練習手法在後，若耳聽，而不能領會，則面牆而立，無異于伯魚，其言亦頗有理。

大老黑 吹雙管賣糖 大老黑是從農村來的一個黑壯漢，祇有兩行白牙。他招徠觀念的伎倆，是憑一雙管子，能唱出很多套小小曲子，唱歌兒，以及各種樂號的調子，他是久據天橋，他在吹過幾段歌兒時，呷下一口淡茶，緩息他的喉音，把許多關於鄉村的小笑話說給觀衆，或是學一學蛤蟆叫，一樣逗人發笑。用管子學軍隊的號音，眞是維妙維肖，節拍一點不差。起床，點名，出操，行軍，吹的爛熟。但是，在這觀衆聽得凝神的時候，管音突然止住，托起簸籮來開始賣糖。糖的塊子和普通的一樣，並不塊小，也不價昂，尤其送到你面前，决不强讓，但是聽了許久的歌唱，笑聲未歛的觀衆，怎好當面駁回。就這樣運用招徠的新法，出賣了多少氣力，小技牽人，一簸籮幾百塊糖，在半日裏銷售罄淨。

忽忽李 敲壺拉戲 忽忽李原係宮內太監，因吸雅片烟，被逐出，遂在天橋賣藝，用梆子腔的忽忽兒拉各種曲詞，如鬥小牌畫扇面等等，皆能以手代唱。此人或謂其爲山西省某酒店之夥友，因好唱被辭來京，遂在天橋自樹一幟。以洋鐵筒塞入鼻孔中，後將破洋鐵壺懸於腰間，兩手拉一梆子呼胡。一邊走，一邊拉，一邊唱。有時兼打其腰間之破鐵壺，以代鼓聲。鼻中所吹之鐵筒作唱後的尾音，每唱一句，其煞尾之音，即以鼻筒代之。如腦後永遠挽一個毛軸，臉上滋泥甚厚，破鞋一拖拉，露着兩脚後跟。聽口音似直隸河間府人，長年老穿着長衣裳。

史麻子 說瓦崗寨 史麻子說怯大鼓，就會一套瓦崗寨，是整吃了一輩子。這套詞兒，也沒別人會說，到處坐滿圍滿，愛聽至極。他得意的一段是『程咬金出馬，嘣嘣嘣，是鼓聲兒，他說的是扒拉拉，程咬金他催開了坐下的馬呀嗐嗐嗐。對面的敵人用目撒，但見他，所戴的金盔有兩翅，斗大的朱纓一把抓，鎖子甲賽魚鱗那麽密，絳紅袍像鸚哥綠的花。左帶彎弓他嫌礙事，壺中箭也就扔在了家。佩劍雙環熊腰上掛，大斧宣化虎上揞。護心的寶鏡有冰盤那麽大，前頭一個，後頭一個，再加上一個就是三，（三字俗讀音撒上音。）却沒他媽的地方加，哎哎哎』云云。說至此，大夥一樂，他就打錢。他晚年瘦的滿臉皺紋，皮包着骨，幾根鬍子挺長，牙都沒了，倒連絃子不要了。說上禿禿禿，人却還是那麽愛聽，半日常說三四十回。

史麻子

抓髻趙 什不閑 四十年前北京，到處盛行什不閑，演此者城內最享盛名的即爲抓髻趙。趙名奎垣，籃淀廠人，登台後必梳抓髻，因以得名。最後出演時雖已七十八歲，精神矍鑠，健壯如五十許人，頭留短髮，面部畧有黑斑，行走亦不持杖。趙嘗自稱在十四五歲時，即開始學習什不閑，起初時不過爲義務性質，出演之時，譚鑫培及各王府王公，咸到聆劇，不久宮內亦聞，傳在豐澤園當差，一次演丁香割肉，因爲劇情很苦，西太后看着掉下眼淚，立刻傳諭太監捧上提盒，內裝什錦餑餑兩盤，高聲喊道：這是老佛爺賞給丁香吃的。他又說：我這半世生活，差不多都消耗到什不閑上，平生最拿手的，就是摔鏡架，這齣戲是說的同杯記上的王二姐思夫，一共用的是十五道轍，當年徐狗子他們演十三道轍。我每次演這齣，不論風雨，觀衆擁擠異常。早年我還包頭彩唱，近幾年來，因爲種種關係，不能包頭登場，至於旁的戲，我也會的很多，不過沒有摔鏡架能叫動座。抓髻趙生活也很緊迫，但是他生性奇怪，有幾次百代公司請他灌片，許他相當代價，他嚴詞拒絕。晚年依靠女婿過活，遇有人煩請，照常出演，僅拿車資。他又說：什不閑注重口轍，口轍不清，則失其眞諦，所以唱什不閑的都知道下面的一段流口轍詞，詞云：『什不閑出在鳳陽，挑停淨地走會揚香、愿本婦人學來婦人唱，也不是西皮也不是二簧，流落北京城裝男扮女，一台大戲講的是假扮裝，講的是古往今來學演唱，文忠武勇孝賢良，講的是唇齒喉音吐眞字，練就了離合悲歡軟硬腔。』

徐狗子 的蓮花落 什不閑八角鼓，這些個名詞，雖不一致，究竟是殊途同歸，全是太平歌詞，那一派流傳下來的。一派裏分兩種，一種是子弟，（即如二簧中之票友）一種爲老合，（即以演唱歌爲生意者），此爲該行中之舊習。當時以此著名者，城內爲小邳，城外爲翟狗子，演唱什不閑、蓮花落，均附帶有女角，彼時之玉成堂，（即翟狗子所組織之班名）頗享盛名。能與翟狗子並駕齊驅，只有一個徐狗子。徐狗子是鑲白旗的人，父母早亡，就是他們弟兄兩人（其弟即後來之廣闊泉也，擅長快書。）兄弟守貧，無以爲生，乃拜蓮花名家某習藝，藝成後仍沒什麼發展，遂在二閘船上唱曲，（江湖謂之登漂）亦在天橋唱過。後又數人搭夥，每晚串街巷於各宅門演唱，後經主顧家張某丁某等出資栓籠子成班，班名全順堂，生意日漸起色，後又入宮內演唱，於是徐狗子之名聲噪起。（他是同治甲戌年生人屬狗，北京小兒乳名，率多以屬相呼之。）漸有積蓄，娶妻某氏，生一女名秀雲，在齊外菱角坑獻技，以雙簧彩唱蓮花落爲擅長，生意極盛，頓成小康之家，在齊外廟購買房產，安裝電燈電話，溥儀宮中初設電話，即打給徐狗子，可見其當時名聲之普遍，見「我的前半生」。民國三四年香廠開新世界遊藝園等商場，經理人出資聘請劉寶全、榮劍塵、萬人迷、德壽山、章月波、焦德海等，皆伊班中之名角。其弟廣闊泉，拜萬人迷爲師兄，故早年曾與焦德海陳子貞等搭夥，又在石頭胡同四海昇平、大柵欄大觀樓、東安市場、羣英翠雲等處獻技。又屢出外到滬漢津魯等處。

全家福 打花鼓　全家福之得名，由來因爲全家以避亂來京，爲了謀生，開始在天橋獻藝，一家八口一齊登場，專唱打花鼓。

英小樓 唱小曲　英小樓工小曲：他身材胖面上多麻，而嘴調絕佳，人謂合目聽之，雖霓裳仙曲不是過也。

口子紅 唱梆子　論到坤戲之由來，當以口子紅爲首創人。每日在天橋唱梆子腔，黏子很厚，（即圍觀者多）庚子前此女已十七八歲，雖是裙布釵荊，却是天然秀麗，庚子後即不復見。

小鼻子小眼睛 雙簧什不閑　劉永春外號小鼻子小眼睛。加上他裝着芝蔴粒牙的一張小嘴，一齊擠在一幅挺圓、然而却又扁扁的小臉上，不用動作，不用表情，令人見了已足夠笑破了肚皮。在天橋賣藝，搭在雲裏飛的場子上，除了什不全的雙簧外，更會一種太平詞，太平詞還不算，他最會模彷旁人的聲調和語氣。第一是他模彷起大金牙來，如果你閉上眼睛去聽他那套，簡直分不出誰是誰。他若是學起市內小販的吆喝，更沒人敢比。有時他學那估衣行中賣零布的，賣起力氣來，禿腦袋後頭一直要累出一條粗如手指樣子的青血管兒。又有一個天津賣花口糖的，可以說學着最不容易，他不但都能學，學得和人家不差，並且說起天津話來，也竟那末味兒十足。他是一個在珠市口賣菜的出身，賣菜賣高了興，他就時常模彷着各種動物高聲的叫起來。有一年正值馬路上戒嚴，把他戒進了一條小胡同兒裏，他在感覺寂寞的一剎那，乃學起豬的叫喚，嗚嗚的無止無休，終於被人家找到了，發現了廣播的怪聲，原來出於一個小鼻子小眼睛的人的口中，遂對他不客氣，對他申斥了一頓，被一次申斥，接着出了名，而走堂會，而上場子賣藝，放下菜担子，立地成怪，大紅大紫，聲震天橋。小鼻子小眼睛，喜穿高領不扣鈕子的長袍，袖子比胳膊長多了半尺多，所以他們又管他喚作開映榜的陰陽先生。

玩雜耍藝人

空竹麻瑞子　麻瑞子見于東西兩廟中。腰腿靈活，花樣百變，能抖至五六丈高，背面能接，亦絕技也。各種拉場者尚多，但祇須有一技之長，皆可換飯也。

空竹瑞子

空竹瑞子　瑞子是抖空竹的好手，尤擅長抖半個空竹，他常在天橋出演，有時遇到風雨天，得不到錢，難以生活。江湖叢話中有二首詠他的詩。其一曰：「半個空鐘似轉輪，雖非絕技也驚人，由來玩物堪爲鑑，流落江湖不養身。」其二曰：「空鐘抖起爲求錢，嗟爾生機一線牽，瑞子漫誇身段好，上場又遇大風天。」

空竹德子　德子乃是光緒年間的人，在天橋拉場子，以抖空竹爲業，所使的傢伙，與普通玩物不同，竿子也長，線也長，五花八門，令人目眩。現在所興的半個空中竹，即是德子所發明。德子原是嗜好此道，本無心拿他掙錢，中年之後，趕上年月不强，才想起來由玩物上吃飯。擺地之後，另又研究了許多招術，索性倚此爲生，彼時亂雜無章，各大街熱鬧之區，隨便拉場子，他也不用棚帳板凳，只單人獨騎的，把空竹一抖，立刻準能圓年兒，抖着抖着，把傢伙扔在天空，越高越不嫌高，遠處也能看的見，於是連遠帶近，一齊都圍上來，人越上的多，他的活頭兒越緊，傢伙好像黏在身上，指揮自如，抖空竹上腿，北京人還見所未見，一旦看見他的玩藝兒，無不咄咄稱奇，及至一說要錢，倒出乎大家意料之外，然而花費幾文，却也傾心願意，因其技術巧妙，值得出以酬勞也。據德子本人談起，當初因嗜好此物，致將正事拋棄，今日無所託業，只好仍由空竹身上找錢，他把傢伙拿起來，在線上抖多大工夫，離線之後，餘力之轉旋，其時間與抖時相等，所有一切技術，全在離線以後措施。最後的那一場大軸子，在線上抖了有三分鐘，抖完了之後，再練三分鐘的玩藝兒，社會上百觀不厭，皆目爲空竹德子云。

空竹范 抖百斤大空竹　空竹范，能舞大空竹，小者五六十斤，大者百斤，可抖至五六十尺高，背面接着，腰腿靈活，花招百出，與從前厤瑞子不相上下。

王雨田王葵英 抖空竹　王雨田，久在南橫街。幼好練三股叉，清末在步營當差，入民國後，在警界服務。因站崗時，有汽車夫，不聽指揮，勸阻之，竟受車主屈辱，遂發憤舍去。走闖江湖，入跑馬戲場，練叉，旋在天橋與常立全合手作藝。王雨田使叉，常立全耍空竹，常係旗人，善說評書，但未入評書門戶，無師承，然善抖空竹，單雙都打。所練名目，有罐子蓋、醋肚瘤、王瓜架、猴爬竿、跳梁、回頭望月、枯樹盤根、反插腿、正插腿、倒爬繩，凡數十着，腰腿靈活，藝極嫻熟，王雨田有志氣，兼學得抖空竹藝術。常立全染嗜好，後來墮落。王則與其女葵英在公平市場賣藝，與常脫離，在天橋聲名大噪，後來白雲鵬之雜耍班，約其父女加入，往京津滬漢等處獻藝，各館爭相羅致，遂以抖空竹起家。

鐔子王　鐔子王是光緒年間在天橋以弄鐔子稱絕技的藝人，身偉露頂，弄鐔如氣球。獻技時，身衣短衣，以大鐔置於臺上，鐔厚寸許，形若紹興酒鐔，面頗光潤，上繪五彩雲及金龍。王先以鐵器扣鐔口四周，聲琅琅然，此恐觀客，疑其非陶器。繼手提而弄之，中錚錚有聲，置銅鐵等絲於內。始則兩手互擲互承，如轆轤轉於兩臂兩肩及背上，繼則或作騎馬式，而擲鐔出跨上，摩背躍過頂，承以額，鐔立於額，不以手扶，屢點其首，則鐔盤旋轉於額，或正立，或倒立，或豎轉，或橫轉，鐔中銅鐵絲聲與鐔額相擊撞聲，錚錚有聲，應紘合節。俄以首努力一點，則鐔上擊屋梁，聽其下墜於地，地爲震動，而鐔不少損，則又取弄如前，復上出，仍承之以額，而或承鐔底之邊，如刀下斫其首，而不知痛。兩手叉腰，鐔欹附於額，繞場行數十周，且揖且跪，且稽首，且擲之上及屋，或承以一指，或啣以口，如是數四往復，則坐而少休，氣不喘，色不變。

程文林 耍盤扔碗　程文林和其弟文祥，帶領文林之二子獻技，他們是狗熊程家後人，但是現在他們却不耍狗熊了。祇是練些武功，如耍盤、扔碗、拿大頂、耍木球、舉小孩等功夫，說他們的行話，叫武彩粒子，他們練的玩藝叫籤子活。這是天橋雜耍世家之一。

程文林及其子少林在天橋賣藝

鐔俊川 耍飛叉　飛叉老將鐔俊川，七十六歲，以耍飛叉而著名。能用手腳，將叉運轉自如。能耍出篩扛、腳依、單打、轆轤、雲中翻多樣巧式。最見長的一着是能把飛叉練熟之後，揚起胳膊，直立掌上，然後把飛叉移到掌上，飛叉仍然能繼續在手上運轉，如飛機前之推進機一樣，看不見飛叉，只見打轉成一個大圓盤，飛叉直立在手掌上，如釘子釘上一般。

宦　六 耍雙叉　宦六耍雙頭叉著名，其後有相兒金，近歲小于，皆開路中能手，數生新者，添出纏頭裹腿，許多巧變，常在三層桌上對面演練，彼此遙接，澈繞身飛。

彈弓張　彈弓張名玉山，以賣膏藥，能用竹板代替弓弦，扣上彈丸，把身子仰臥，以在一條板凳上，照定布棚上面掛着一個鐵盒子，連珠打去，要那裏，就那裏。又把桌子當中，放着沙磚上邊，排列着三個泥彈，對準挨次打去，彈碰彈，彈摔彈，一彈都不虛發，全都粉碎。有子名寶忠，善把式，踢飛腳過耳，能把脚搬起朝天蹬，以腳尖夠頭頂。

胡老道 輕便如猿　潭腿名家胡德全，藝名胡老道，七十八歲，腰背筆挺如少年人。一身好武藝，第一是潭腿，騰挪敏捷，輕便如猿，使用諸般武藝，一經舞動，使觀者眼花撩亂一片寒光。

怔米三 舞竹片刀　怔米三，意態憨傻，於練把式之中，要同中見異，其異點係並無兵刃，只有一把竹板刀，尺寸與形式，均類似普通之單刀。據說使將起來，有三十六門，一百二十八手，練刀一次，要一回錢，其所以必須竹板，而不使眞刀者，蓋預防傷人之故也。皆因他之所標榜者，並不盡在練把式，而在傳授與人，誰要學單刀的用法，他當場教授，不取分文，所以才棄眞用假，爲的是教給人的時候，不致有危險發生，彼時雖已興有洋槍，奈平民得之甚難，並不普通，好勇鬥狠之輩，頂大落個拿刀，是以單刀這路東西，頗爲社會所需要，怔米三即迎合此種心理，假稱以武會友，善使單刀。並說：「行家子弟老師傅們，也可以下來較量較量，沒練過的生手兒，也自管說話，我教給你幾個招數，算不了甚麼，單刀爲步戰之根，武藝爲防身之寶，我手裏有刀，應該怎麼使，人家手裏有刀，我應該怎麼破，眼目前的手法，一說便知，心裏有不如手裏有，這把竹板刀，你拿着砍我也好，我假裝的斫你也好，一層窗戶紙，說破不值半文錢，你愛往下學，我就多教給你兩手兒，仍然分文不取。」觀衆之中，有那瞧出便宜來的，當即搭話入內，接過竹板刀，想要跟他比試一番，他叫你先別動手，必須將手法說明，於是此人站在廠中，算是給他當了一任活商標，臨時的義務助手，幫着他把錢要下來，而後再教給你耍刀。

志六 飛槓 志六與玉子陳七等，合成一組，以杉高三根，支成巨架，架頂上繫皮條一根，演者手握皮條，在空中盪漾，捷如飛燕，翻轉自由，惟其技不止一端，尙有登缸登梯子以佐之，眞力彌滿，觀者咋舌。

飛飛飛曹貴榮槓子 他的父親曹鳳鳴，是一位槓子專家，他的本事都給了他的兒子。飛飛飛兄弟五人，他行大，老二槓子也練得不錯，是他哥哥的好助手，老三也能在槓子上翻跟斗，他們哥兒四個，在天橋租了一個塲子，專門練槓子，塲子中間用木架支起來一個單槓，另外在天棚上的沙杆上用繩子弔一橫着的木棍（像是鞦韆）一共弔着三個，在沒有練槓子之前，先練這玩意，由老二在中間的，倒掛金鈎，兩隻腳鈎住鞦韆，頭手向下，然後老四再由老二的身上爬了上去，坐在鞦韆上，當他爬的時候，眞要替他捏把汗，那樣高的木棍，他竟能毫無畏懼的爬了上去，眞不容易。老四上去了，老三再上，上了這隻木棍，再攀到更高的一個木棍上去，這時老二一個跟斗翻了下來，老大飛飛飛再上另一個木棍，用腳踹老四的木棍，搖蕩起來，有時搖蕩過猛，老四便哭起來，可是老大還要問他：夥計，好不好，老四就哭喪着臉說：不好。練完了鞦韆，飛飛飛下來去練槓子，可是老三老四還在上頭待着，飛飛飛他能在槓子上走，槓子上拿大頂，一隻手，兩個手指頭，和手指頭縫都能拿，還能練許多驚奇的玩意。玩意練完了，他不用說什麼廢話，看的人便自動的掏錢給他們。

女把式

女把式 在辛亥年間，天橋來了一位小姑娘練武術，十八般兵器，樣樣精通。那時有些無賴少年，指頭論脚，把這位小姑娘惹急了，伸手一推，就把人弄個倒栽葱。那時風氣不開，人人爭着到天橋看女把式。江湖叢話有詠女把式詩、其一曰：「誰云把式到天橋，女子爭誇武藝高，無賴惹翻師妹妹，有人伸手倒拿毛。」其二曰：「時事休言技絕倫，女兒尙武特精神，瑤卿一語堪增感，豈獨登塲作戲人。」

關玉和鑽木圈

關玉和 耍千斤担 千斤担關玉和，六十餘歲時，身材瘦小，不像有多大力氣的。但他的硬工夫能仰臥地上，抬起手脚頂得住四個大人，和四付將近四百斤之石担子，而且不喘氣，不變色，軟工夫能將全身鑽入比兩肩還小還窄的重重疊疊木圈中。

孟傻子 練武賣藥 孟繼永，在天橋藝人羣裏，是一個最老的人物了，他是河北武邑縣人，出身就是保鏢護院，庚子以後，鏢局關門即來京，因謀事未成，乃在天橋以武謀生，其身材短小，腿脚靈俐，工夫純熟，姿式穩健，早爲武術界所稱道，因其生性爽直，對人誠實，故皆以孟傻子呼之，若提起孟傻子來，在前三門外，眞是無人不知，而無人不曉呢。大凡他們練武的人，都會配製膏藥，因爲保不住踫着砸着的，孟傻子也是家傳秘方，所以他練完了就賣膏藥。

傻二楞 手臂擊石頭 傻二楞姓邵名永順，傻可不算傻，楞可眞叫楞，練氣功，膂力過人，自沈三在天橋參加踤跤的那天，傻二楞就用臂擊石頭，一擊一個碎，算來已及十多年了。沈三是他的師兄，當然踤跤也是他所擅長的。只要提到比試力氣，那種楞勁兒可就大啦，不用說跟人比試，有一次脫光了脊梁板兒，汽車從身上軋過去，他都面不改色，一個翻身跳了起來。二楞每次表演擊石頭的時候，場子上除了一堆一塊比一塊大的石頭以外，旁邊還放着一只大鐵錘子。如果觀衆中有人疑惑石頭不是眞的，那滿可以不必客氣的抄起來鐵錘試試。若是錘之不碎的石頭，然後由二楞用手來擊，也是大吼一聲，折爲兩斷的。二楞自己說：瞧我的只是瞧一個苦修苦練的苦功夫，除了這個，沒有可看的。場子上沒有鑼鼓，二楞的臉上却又擠着一臉麻子，有人勸二楞往漂亮裏收拾收拾，後來一打聽，雪花膏一萬元一瓶，塞滿了麻子，一次少說也得兩瓶半，所以還不如用這份原來當的嘴臉倒覺便宜些。眞的，二楞子有着一張麻子臉，永遠穿着那件灰長袍子。練功夫的時候，長袍子一脫，露出結實的皮肉，前後左右沒有一個坑，前後左右也無一處暴露出青筋。練功夫，講究的是這個，若是氣力運足，肌肉突起時，走起路，嚷起借光來，說句比擬話，管保路上行人，被他一片一片的撞倒在地，眼珠子朝天。擊石的時候，先把石塊放在板櫈上，然後把白布束緊了腕子的右手朝上一舉，大喝一聲開呀，向下一掌，石塊應聲而斷，乾脆得驚人，打完了石頭，二楞把手揚起來，手心的偏左一條紫黑，紫黑便是三十餘年苦功的痕跡，他練的功夫叫作鐵沙掌，又名鐵巴掌。他不單在天橋有名，自經那次與汽車比賽，名震全球了。

周老公的鐵鎚　周老公，擅長鐵鎚，能運氣，以鐵鎚遍擊胸腹兩脇。越捶越有力氣，他的肌肉越健康，圍觀的人更多。

馬元凱牙咬燒紅的鐵條　馬元凱賣藥地點在天橋尚義堂門首，每天賣藥的數額以十包爲限，賣藥時，馬則穿僧袍，其厚如銀元，冬夏一律。而冬不畏寒，夏不出汗。其所向人談者，皆修心却病之法，而他最能叫座的，乃爲表演武技。其武技，號稱無極門，與一般武技姿勢，全不相同。此外，種種之特殊表演，或取長六寸之鐵釘，以手指折爲兩段。或以手釘，打入木板之內。釘之尖端，可透出板外，凡寸許。或取煤油浸紙木之類來點火燃之，置手掌上，燃燒逾時，絕不灼傷皮膚。或取粗如酒杯之通條，置爐內燒紅，馬騈手擊之，使他彎曲，反覆擊數次，結果乃致斷折。或取鐵條一塊，燒紅後，入口內而以牙咬之，可使片片墮落。然其武勇，亦殊驚人，又能赤身仰臥於地，於胸腹上，置巨大之石塊一，另以有力者五人，各舉鐵錘，向石面痛擊，五錘齊下，以石塊碎裂爲度。表演畢，不惟不傷及筋骨，而且不傷及皮膚。又能口啣鐵條，鐵條的兩端，各附一孩童，前後運行，靈動自如云。

金正坤能練劍丹豆環　金正坤他是老戲法家，是金萬順外號金麻子的後人。有劍（吞寶劍）、丹（吞鐵球）、豆（仙人摘豆）、環（套鐵環）四種眞工夫。說種種滑稽話，可以引起觀衆興趣，有各種變幻的技術，成爲金家戲法一派。

胡半仙玩蛇　胡半仙，是一位變戲法的，他玩蛇，玩的最熟。他把蛇放入口裏，蛇能從他的鼻孔或口中穿出。天橋雜詠中有詠胡半仙詞曰：「胡半仙名戲法奇，豆環丹劍最難離，有時獻出驚人技，鼻竅能穿尺五蛇。改裝故事說仙家，手打銅鑼口吐蛇，笑爾却無點金術，且憑朦事作生涯。」

李鳳祥耍歪毛和淘氣　李鳳祥以變戲法爲生，用木箱大變活人，並在他那場中，擺了些亂七八糟及兩三泥人。有的他說叫歪毛，有的他說叫淘氣。他若用手指歪毛，歪毛即動，若指淘氣，淘氣即起。雖都是無稽之舉，但是他那機關，却使觀衆一時難以看破，全是他自己研究出來的。

跤人子　二十年前公平市場，西北高阜上有一演跤人子的老人，有一具泥製的二人身，下部連接，僅露頭部和上身，貼着殘破花布衣服，肖似泥娃，尺寸大小確像眞人。二偶人頭部相距二尺有餘，往下則漸趨結合，至於如何掩飾下身辦法，乃以藍布一塊縫好遮蔽。那老者練時，把假人揹在後背，手和脚一樣都着一雙靴子，身體向前下灣曲，兩手着地，手尖向前，時因腰際圍有白布，所以冷眼看來，確似二人對立。這對假人各分門式擺着架子，按照摔跤的路子，互相撕打，互相招架，步法由慢而急，步聲亦由劈拍而緊湊。雖是一人扮演獨脚戲，却也很像二人的實地動作，練這玩藝十分吃力，動輒累得汗流如雨，然而雖很費力，看的人寥若晨星。

媽打鑼　早年天橋有母子兩人，其子打着秧歌鼓，其母在旁配以銅鑼，兒子脚下綁着高蹺，單人演唱秧歌詞曲。據說此人爲票友，因窮始以技換錢，事在前清光緒末年，凡在六十歲以上的人，尚能記憶。當時由觀衆起了個外號，名爲媽打鑼，這人死在壬子年，僅賸伊母，沿街討要，大家知其苦況，羣投以錢。江湖叢話中有詠媽打鑼詞曰：「漁樵問答韵悠揚，高脚雙登跳步忙，聞道家財玩票盡，也應警醒少年郎。街頭老婦淚滂沱，猶說當年媽打鑼，破鼓無聲人已去，不堪回首聽秧歌。」

媽打鑼

鳥賣糖　紋嘴鳥，色畧紅，産北山，性極敏，訓練二十天，即可使他作賣糖的工作，賣糖的手續，較之卜筮所用黃鳥抽帖要複雜。先飛出去啣回來買主的紙幣，交給主人後，然後用嘴揭開彩票箱，啣出彩票，按彩票上所載的糖塊數目一塊一塊的往外送。假如那個買主躲藏一會兒，再露出面目來，小鳥仍然還是認識他。所以說鳥兒的性情不但靈敏，牠的記憶力，似乎也不甘對鴿子示弱的，難怪牠的主人把牠看着作搖錢樹子，有人要買那鳥，他開口準要一二十萬。人誰不好奇，尤其是鄉間人，尤其是小孩子們，不信，有糖沒有鳥，再價廉物美些，也不見得有那末多熱心的人，天天去包圍着他。鳥兒是廣告，人依着鳥兒謀生活，雖然賣糖的人，比賣糖的鳥兒大得多呢。「靈鳥賣糖，眞公道，買一塊，諸君適口，糖味高。」賣糖的文章，似通不通，藝術味却是十足，鳥兒之靈，靈在不教牠吃飽了肚子，賣一次糖，喂一次碎的穀粒兒，若給牠吃飽，牠就不肯再賣糖了。

袖褪金

小金牙　拉大片　小金牙姓羅名佩琳，天生着一幅不笑然而却專能讓別人看了發笑的臉。他的牙呢，只有一個是鑲着金的。他更天然生成的一張利齒。他把現代的時事，信口編成了即景即情的詞兒，打着鑼鼓，不慌不忙的唱下去，唱得有聲有色，唱得津津有味。一樣的片子，被他形容起來，便會使得人們覺得非看一下子才肯放心。鑼鼓的響聲是那末的好聽，唱詞的句讀是那樣的淺白清明。同一的地點，同一的時期，同一的鑼鼓，同一的洋片，若是換給另一個人去唱去啦，那原有的觀衆保準不約而同，便會變作一盤散沙。小金牙永遠有新鮮的詞兒，永遠換新鮮片兒，也永遠爲一般人所捧場。究竟小金牙唱的是怎樣個好法，簡直沒法形容。在他唱詞一段中最後一個字是，嗳。在他唱到這個「嗳」字的時候，臉上有各種表情，或是迷着眼裂着金牙笑，或是蹙着眉頭，裂着金牙，配上嗳呀字的怪聲音，能使你不得不笑

袖褪金　袖褪金是一位在天橋以占卜爲生的人物，能胡說八道，得着不少卦金，江湖叢話也有二首詠他的詩。其一曰：「賣卜而今若討錢，何須浪說授仙傳，縱能得有仙傳授，對爾搖頭亦枉然。」其二曰：「當街點住衆迷痴，八面風兒信口吹，袖裏乾坤雖奧妙，不先審問也難知。」

魏鐵嘴　魏鐵嘴是辛亥年天橋一位以算命相面爲生的人，口才甚好，能把人說活了心。花幾文錢，找他看看算算，有一張動人聽聞的嘴，也就名滿天橋了。江湖叢話有二首詠他的詩。其一曰：「體似猿猴面似熊，浪誇慧眼識窮通，接來相禮開流口，鐵嘴先生爲換銅。」其二曰：「滿臉油泥髮似錐，手拿紙片賣狂痴，冷嘲熱笑迎人意，漫笑江湖一乞兒。」

徐梆子　設腥棚　徐梆子北京人，他原名伯泉，世居天橋東。三十歲前，曾充外右五區巡長，見弟兄們，固有趣語，見其長官，伊亦不改習性。某日見署長黃某，徐喜笑怒駡，逸趣橫生，署長大怒，以爲徐長此滑稽，不成體統，乃明令開革，使他失去職業，生計無所出，久之，他即在天橋創辦腥棚。腥棚者，即天橋各種游藝棚，門前設置有鋼口（有口才者）之人，以爲之招徠買賣者也，徐本有能說善道的天賦才能，他來開設腥棚，自任鋼口，頗屬人地相宜。口技所得，日見豐裕，其滑稽處，雖不善笑之人，見之亦必爲之開顏。其在家庭中，呼其妻曰趙小姐，生有兩子，一則名爲大國民，一則名爲小國民。民國五年時，日本人三木來京表演魔術技藝，聞徐梆子之大名，三顧其廬，以重金聘徐爲助理員，請徐代爲托楚。（即門前收錢者）演火蟒等劇，頗得一般人士之歡迎。其後又有俄人，在東三省表演魔術，聞徐之名，聘他到瀋陽，表演割頭換相。後俄人來平，令其相助爲理，夜間並令徐看守棚屋，徐因此乃盡得外國魔幻術各種關鍵。俄人去後，徐則自行設棚幻演，大受觀者之歡迎。其所表演者，有三條腿大姑娘、猪丫頭、海老虎、黃金塔等等趣劇。徐曾帶領同志，赴外埠某地表演，途中金盡，不能回京，乃向諸同志說：房中何所有？曰：只餘雜合麵百餘斤而已，徐曰：即此足矣，當晚盡數蒸爲窩窩頭，凡數百，次午即將窩窩頭，在幕中堆積成山形，徐在門前大聲叫喊曰：大家快來看罷！我把美國黃金塔搬到中國來了，羣衆不知所以，紛紛入看，看畢大笑。不三日，徐竟獲得百元左右，全隊旅費，因此有了着落。因爲徐口齒伶俐，妙趣天生，遂呼他爲梆子，梆子者，口齒賽過梆子之流暢明快也。

魏鐵嘴

旅美名票劉瑛

•林慰君•

我在國內時，雖然看過許多好戲，但對於國劇並沒有眞正十二分喜愛過。那時最愛聽的是美國歌，也許這是一般年輕人的通病，醉心歐美的科學與物質文明，於是連歐美的歌也覺得比中國的戲好聽了！

自從來到美國後，最想做的事只有兩件，一件是吃燒餅油條，一件是聽中國戲。可是後來，燒餅油條，經過幾十次的試驗、失敗和改進後，已經算是做到了「登堂」的階段，雖然還不敢說「入室」。

這一個希望既已達到「雖不中，不遠矣」的地步，那麼另一個希望——聽戲，就變成了我最渴念的唯一想做的事了！因此，舊金山或它附近一有舊戲，我總要去聽。

劉瑛的戲，我只聽過兩次，第一次是去年（一九七一）十月九號金山國劇社爲慶祝雙十節所演的「棒打薄情郎」。那次她飾莫稽，剛一出台，全院的觀衆，就覺得眼睛爲之一亮，因爲她的扮相實在太漂亮了！後來又看到她的做工，聽到她的唱工，舉止的精細，咬字的準確，一切都與內行沒有任何差別。全劇自頭至尾，找不出她半點差錯，而且她的嗓音洪亮圓潤，唱的雖不多，卻是味道濃厚，絕對不像票友。

那天和我同去看戲的幾位太太，和我座位後面幾位女士，都在爭着讚嘆她的美和她各方面的好處，我心裏暗想：『幸虧你們不是男人，否則的話，像你們這樣「一見傾心」，將來不知要鬧出幾角戀愛來了呢！』

第二次看見她是去年十月底，她仍然是給金山國劇社幫忙演唱。這次她演青衣，是與李金棠合演「武家坡」。劉瑛住在洛杉磯，這兩次到舊金山來演戲，都是「金山國劇社」特別請來的。

凡是畧懂國劇的人，都會知道，「武家坡」這齣戲不是太容易唱的。那天晚上，她的對手，又是素以唱做俱佳出名的鬚生李金棠，這對任何一位外行，都是很費力的。可是劉瑛那天晚上的唱與做，和李金棠可以說是棋逢對手，珠聯璧合，對唱的那一段，博得掌聲如雷，全劇自始至終，可以說「有板有眼，絲毫不苟」。這樣好的唱工，不但在美國，我想即在今日的台灣，恐怕也不可多得！

因爲在幾年前，我不常看國內的報紙，那時即使在報上看過她的名字，恐怕也沒注意過。因此，在這兩次以前，我還不知道劉瑛是誰？自從看到她一次飾小生，一次飾青衣，都這麼成功，才各處向人打聽劉瑛到底是何許人也？她是否也是出自「內行」的家庭？她的母親是否也和盧燕的母親一樣，原來曾在梨園界享過盛名？

沒想到我這一打聽，到處被人譏笑！大家笑我太孤陋寡聞。因爲他們說：『鼎鼎大名的劉瑛，在數年前的台灣，已經是皎皎的名票了。來到美國後，也是美國西部最紅的票友，你怎麼會不曉得？你連劉瑛都不曉得，還能算得是喜歡國劇嗎？』

他們罵得很對，我覺得很慚愧。在美國，有這樣一位國劇的好人才，她不但能飽國人的耳福，而且能藉此令美國人瞭解一點我們中國的文化與固有的道德觀念……我們這些寄居海外的人，實在應當感謝她，而我直到最近才知道她，這豈不可笑！

最近因赴南加州度假之便，決定去拜訪劉瑛，因爲我很想知道她的家庭，她學戲的經過，以及她現在的生活情形。我想國內國外一定也有許多關心她的人，願意知道這一切。於是我向陶鵬飛先生（中華聯誼會負責人）要了劉的電話號碼，並請他先寫信給她，把我介紹一下。

我在抵達好萊塢的當天下午，就給她做事的地方打了電話。發現她是在一個市立圖書館中「政府文件」那一部門服務。我和她約好次日上午見面。但因爲她對好萊塢的交通情形很熟悉，因此我們決定：她到我的旅館來找我，而不是我去找她。這種「訪問」的方法，倒是很別緻！

第二天上午十點過幾分鐘，她就姍姍而來了。她穿着一身紫色的衣服，顯得皮膚更加白淨。高而窈窕的身材，自然中分的髮型，非常端莊美麗。我們因爲時間不多；她下午還得上班，因此一坐下，我就開始問她。

問：『你的原籍是那裏，甚麼時候開始學戲的？』

答：『我原籍是遼寧綏中，一九五九年開始學的戲。學了不到一個禮拜，就上台去演了，第一齣戲演的是「春秋配」。』

問：『你是那一年大學畢業的？在那個學校畢業？』

答：『一九六四年我才自台大畢業。』

問：『你學的是什麼？』

答：『一年級時，我本來是在國文系，但二年級就轉到外文系了。』

問：『你在美國上的是什麼學校？得到什麼學位？』

答：『來美後，我上的是加州的聖心大學。一九六六年得到碩士學位，不過我在美國學的是圖書館學，所以現在就在洛杉磯的市立圖書館做事。』

問：『聽說你已結婚，你的丈夫是誰？可以告訴我一點你的家庭狀況嗎？』

答：『我先生叫袁天惠，他是廣東人。在國內時也在台大，一九五七年電機系畢業。畢業後曾在中國航空公司（CAT）服務，一九五九年來美，兩年前在南加州大學得到博士學位，現在在一個航空工程公司做事。』

『你們結婚幾年了？有沒有小孩？』

『我們結婚已經七年，就在洛杉磯結的婚。現在有一個男孩子，他很頑皮。』

『令尊大人還在台灣吧？他的台甫怎麼稱呼

劉瑛女士便裝

劉瑛女士戲裝「四郎探母」之盜令

？他做甚麼？令堂是不是也喜歡唱戲？你有沒有兄弟姐妹？』

『我父親叫劉惠霖，從前是軍人，現在在政大作東方語文系主任，我母親不會唱戲。我喜歡戲，是受我父親的影响，他常常帶我聽戲，也願意我學戲，我有一個妹妹，她對戲沒有我這麼喜歡。』

『你的小生戲和青衣戲都演得很好，是先學的青衣，還是先學的小生？在台灣演戲時，多半演那種角色？在美國多半演那種角色？』

『我先學小生，後來才學青衣。在台灣時，我這兩種角色都常演，不過到了美國後，因爲這裏的小生人才比較少，所以我多半演小生。其實我很喜歡演青衣。』

『在國內時，你常和內行名角合演吧？』

『在台灣，青衣戲我和趙培鑫、李金棠都合演過。小生戲，和宋丹昂合演過「奇雙會」，還與徐渝蘭合演過「人面桃花」等等。』

『誰是你的老師？你的啓蒙老師是票友還是內行？』

『我的啓蒙老師是工專教授賈雲樵先生。他是名票小生。此外我也常聽唱片。』

『你聽誰的唱片？』

『小生戲常聽葉盛蘭，青衣戲常聽梅蘭芳、張君秋和金素琴。顧正秋的唱片也常常聽。』

『你最喜歡的小生戲是那些？』

『「轅門射戟」的呂布，「探母回令」的楊宗保，和「羣英會」的周瑜……這些都是我最喜歡的小生戲。』

『這些戲不是都得穿箭衣嗎？這也算是武小生了吧？這樣說來，你也會打兩下子了？』

『會一點。從前我常演「雉尾生」，後來才演「扇子生」。』

我是十足的「外行」，對國劇中的一些名詞，總記不清！

『青衣戲你喜歡那些？』我繼續問。

『我喜歡「四郎探母」和「武家坡」等。』

『你在洛杉磯常常公演嗎？你們的劇社叫什麼？』

『我們的劇社叫「羅安琪國劇社」，不常演，每年只演一兩次。我們兩個禮拜練一次，大家在一起吊吊嗓子，有時候盧老太太——（盧燕的母親退休名伶李桂芬）指導我們一些動作、台步和其他……』

『你和盧燕合演過戲嗎？』

『我們合演過「拾玉鐲」，她飾花旦，我去小生。』

『最近你演的「武家坡」是那一派的戲？』

『從前我唱「武家坡」，都是學張君秋，可是這次臨時改爲學金素琴了。』

『金素琴和梅蘭芳、張君秋他們的唱腔，有甚麼不同？』

『梅蘭芳的唱法，比較保守；張君秋把梅的調子改了一點，加了一些花樣；金素琴唱的更複雜，曲折更多，所以我最喜歡她的唱法。』

談話到這裏已經快到十一點半，劉瑛看看手錶，告訴我她必須趕到圖書館去預備上班了。

我覺得還沒談夠，結果留她在我旅館附近的一個飯館吃了午飯，才和她分手。

她的開車技術，一看就知道很熟練。一個對開汽車沒有十二分把握的人，絕對不敢在洛杉磯、好萊塢一帶開車的。因爲這些城市是美國交通最亂也最可怕的地方！

美國通訊

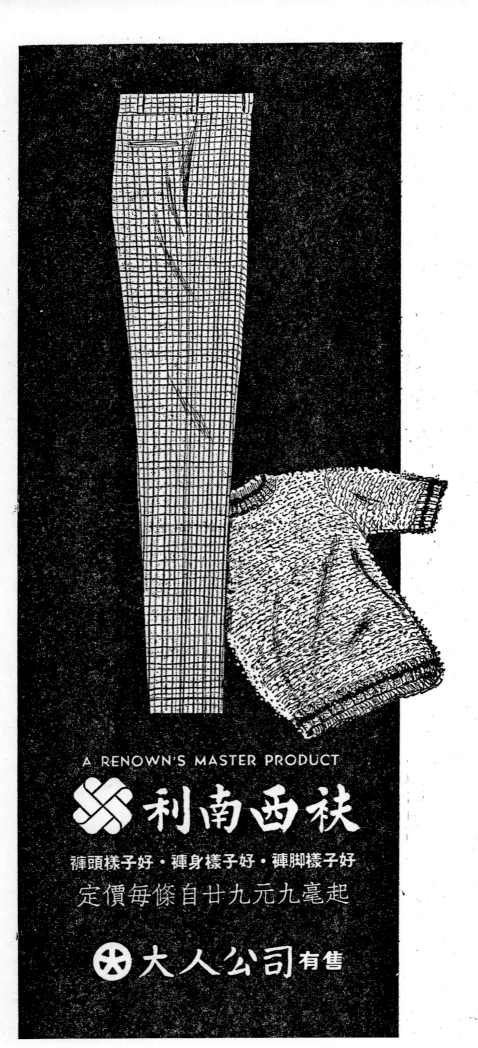

銀色漫談 卷

「馬永貞」雙包案內幕

·馬行空·

壬子初春，香港電影界裏冷不防又冒出一名新的武俠小生，來勢之猛，足可與李小龍、王羽、姜大衛、狄龍等對抗，那就是以「馬永貞」一片而成爲家喻戶曉的陳觀泰。

「馬永貞」，民初打鬥片，故事內容很簡單，無非是曩日上海灘流氓幫搶地盤的鬥爭史而已。該片由張徹導演，陳觀泰井莉等主演，還參加了姜大衛的客串演出，此乃張徹的一貫手法，提携新人，確有功效。全片拍得夠熱鬧，娛樂性亦甚强，至於打鬥，則自然是人仰馬翻，腸破血流，極盡其殘酷之能事。因此，深合香港觀衆之口味，賣座鼎盛，出人意表，票房紀錄，一直凌駕其他同期各片之上。現作統計如下：李翰祥的「騙術大觀」，以一百零五萬的成績而「落畫」，可算很不俗了。羅維的「金旋風」，勉强拖到六十萬元，還是拜新春之所賜。杜寧的「發達之人」，雖然明星多於天上，包括甄珍、柯俊雄、恬妮、謝賢、趙雷，連屠光啓都被請上了銀幕，而且宣傳廣告做得天花亂墜，但在「貨比貨」的情況之下，到底相形見拙，新春佳期以內，屬此片爲最弱，總收五十萬元，但最後兩天的票房收入，幾家戲院的總合，祇得兩三千元而已，悽涼得能夠使老板流下淚來，當然暗中的虧賠也不在少數，不能以五十萬元的總收，來度量該片的盈餘數字也。祇有一部「馬永貞」，走勢可說是十分挺硬，放映到第十五天上，（「騙術大觀」映十天，「發達之人」祇映一週）勝利「落畫」，總收二百萬零六千九百三十五元，署遜於胡金銓的「龍門客棧」，相等於王羽的「龍虎鬥」，而且好像是張徹所導演的片子之中第一部超過二百萬者，這就太不尋常了。

各位要曉得：「馬永貞」是去年年底「邵氏」趕拍出來的一部「急就之章」，而該片中的主角又是一位名氣不甚響亮的新人陳觀泰，在生意眼上說來，似乎應該多少担點風險的纔是。誰想到此片一出，大受歡迎，頭五天以內，每天的票房紀錄都在十三萬到十四萬之間，這就註定了非破二百萬的成績不可了。

陳觀泰演馬永貞大戰俄國大力士馬蘭奴，做戲而已矣。

「馬永貞」正在準備推出之時，外面忽然盛傳鬧出「雙包案」的消息，一時倒也聳人聽聞。事實是這樣的：「第一」出品，王羽主演，丁善璽導演的「霸王拳」，在香港剪接、配音、拍字幕之時，突然改名爲「霸王拳馬永貞」！張徹說得對：「邵氏在幹什麼，外面都曉得，人家在幹什麼，邵氏也都曉得。」乾脆說一句：電影圈裏根本沒有什麼「保密」可言。「霸王拳」添上「馬永貞」三個字的消息，馬上就傳到「邵氏」的耳朵裏去。

雙包案者乃兒戲也

不錯，「馬永貞」拍在「霸王拳」之後，但這個片名，是「邵氏」早在一年多以前就向自由電影公會註好了冊的，白紙黑字，不容否認，如果眞個鬧起「雙包案」來，「第一」自然是佔不了什麼便宜的。結果：「邵氏」向公會提出抗議，公會不免公事公辦，通知「第一」務必遵守會章，如此這般，「霸王拳」終於改回原名，一台「雙包案」好戲，到底沒有唱成。

根據熟悉內幕者談：「第一」把「霸王拳」硬給加上「馬永貞」三個字，非但不符自由公會會章之規定，而且在常理上也彷彿有點說不過去。查「馬永貞」與「霸王拳」的劇本，原來出自一人之手，那就是目前最走紅的武打片編劇倪匡。至於劇本之產生，則實在是「馬永貞」在先，而「霸王拳」在後。倪匡寫完「馬永貞」的劇本之後，又剛好逢上王羽返港公幹，當時王羽就要想請他寫一個有關馬永貞故事的劇本。倪匡很坦白的告訴他：那個劇本，已經寫給「邵氏」了，礙難從命。怎奈王羽非常堅決，他認爲祇要採用那個輪廓便可以了，詳細情節，不妨有異，而劇中人的姓名更不必雷同，如此則各拍各的，其中並不會發生利害衝突。倪匡遵照王羽的意思，寫了這部「霸王拳」，雖然也是講述舊日上海流氓爭奪地盤的故事，但結構完全不同，而「霸王拳」中的主人翁，在原劇本裏根本不叫什麽馬永貞，由倪匡另外虛構了一個名字叫做强龍。

强龍這個名字其實也是有點來源的；因爲當年馬永貞是由山東鄉下來到上海的一名拳師，因爲好勇鬥狠，所以與上海的流氓幫結下了寃仇。雖然他在初期以內屢次獲得了勝利，但最後的結果還是被人暗算致死於茶樓之上。編劇倪匡所以取了這麽一個名字，就是要表示「强龍難鬥地頭蛇」的意思。

王羽演馬永貞的拳風廣告

「第一」的黃卓漢，生就一副電動的腦筋；當他携帶「霸王拳」的底片，到香港來剪接配音之時，忽然靈機一動，認爲「邵氏」既然已經開拍了「馬永貞」，那他爲什麽不可以先拔頭籌呢？經過他的決定，「霸王拳」裏主角的姓名就不叫强龍而叫馬永貞了，並且在拍攝片頭字幕之時，也乾脆的改爲「霸王拳馬永貞」，不想「邵氏」特別重視版權所有的問題，到底向自由公會提出抗議，使黃卓漢的計劃祇能完成一半；「霸王拳」還是「霸王拳」，主角的姓名則可以稱爲馬永貞無妨。

「雙包案」事件平息之後，據說「霸王拳」的導演丁善璽曾經寫過一封親筆信給「邵氏」的策劃部經理易文，除了表示歉意之外，並且還竭力辯白，說更改片名完全是老板的意思，與他無涉云云。「邵氏」既然取得了勝利，當然也不會計較那麽許多，所以小丁爲「邵氏」在台拍片的決策，也就並未因之而發生動搖。

黃卓漢是製片與發行的老手了，難道說他眞個明知其不可爲而爲之乎？非也！這其實又是他的一記噱頭，而且運用得非常巧妙，使外界人士莫不爲之拍案叫絕。

「馬永貞」的片名是「邵氏」早已註了册的，「馬永貞」的劇本是倪匡早已爲「邵氏」先寫好的，「馬永貞」的版權是絕對不允許任何人侵犯的，這些黃卓漢都清楚，比我們要清楚得多，但他却故意在「老虎頭上拍蒼蠅」，非得與「邵氏」打這個對台不可！結果，還是鬥不過人家，按照一般的看法，好像黃卓漢的計劃未能成功似的，但是又錯了；黃卓漢此次相反的獲得了絕大的成功！

此話怎講呢？原來黃卓漢眞個神機妙算，足智多謀，他故意的製造出這麽一幕「雙包」的鬧劇，使「邵氏」提出抗議，使自由公會出面調停，情形一時顯得很嚴重，當然惹起外界密切注意了，鬧到最後，雖然黃卓漢敗下陣來，但因之而大家都曉得「霸王拳」就是「馬永貞」了！僅此一點，其實就是黃卓漢的最終目標，宣傳作用之鉅大，比在片名上加寫「馬永貞」三個字還要强得多！你說黃老板此計高也不高？

這還不算，黃卓漢另有一石二鳥之策畧。「霸王拳」映在「馬永貞」之後，經過一場「雙包案」使「霸王拳」更處於有利的地位。這個理由很顯明；假使「馬永貞」失敗了，觀衆一定要再看看王羽究竟高出陳觀泰多少，叫座絕對不成問題。假如「馬永貞」獲得了成功，「霸王拳」又可以因利乘便的沾了許多光，收到許多毫不費力的「義務宣傳」，豈不是大大的有助於票房收入乎？

黃卓漢的計劃到底成功了！近來王羽主演的片子，顯然沒有「龍虎鬥」時代的那點威風，計算下來：「劍」收了四十萬，「一夫當關」五十一萬，「追命槍」五十八萬，「威震四方」七十五萬，「雙俠」八十六萬，都不完全理想，祇有與上官靈鳳合作的一部「黑白道」，能夠收到一百二十三萬，已經屬於很難得了。黃卓漢有鑑於此，暗暗盤算，決定走一次「險招」，以一幕虛張聲勢的「雙包案」來提高普通一般觀衆的注意力量，果然「霸王拳」在第十三天上已經突破了一百一十萬的紀錄，再拖幾天，不難獲得與「黑白道」相等的成績。這是王羽片子的重整雄風，同時也是製片人黃卓漢的奇功一件。

陳觀泰

平地青雲

前幾天，某報刊出一張關德興主演的「黃飛鴻片集」裏的一張舊劇照，照片中可以看得很清楚：關德興自然是主角，而我們這位「新出爐」的二百萬小生陳觀泰，則祇不過是關德興的許多徒弟中之一而已。那應該是陳觀泰比較不得意的一段時期；空有一身的好拳術，但是祇能在粵語片中担任龍虎武師，要不是導演張徹的慧眼識英雄，破例加以提拔的話，陳觀泰恐怕到今日還祇能雜在羣衆之中打打殺殺哩。

早在一年多以前，張徹就在武師羣中注意到陳觀泰了。他認爲陳觀泰的外型雖然不夠英俊，但有一副突出的性格，與穩重的演技，假如有適合的劇本，相信他能夠演出水準來的。當時張徹曾經把他的意見提出來，與幾位武術指導討論過，據說唐佳、劉家良等在過去與陳觀泰的感情不甚融洽，所以對於導演起用這名新人的計劃，反應得非常冷淡。在張徹說來，這也不過是一個建議而已，既然武術指導等未表贊同，那麽就暫時擱置可也。按照迷信的說法：在一年多以前，陳觀泰還沒有走上他八字裏的這步鴻運，所以雖有機會，但稍縱即逝，未能把握得住。

陳觀泰要到什麽時候纔正式交上鴻運呢？說起這段經過來，眞叫做機緣巧合，等於一篇傳奇性故事的一般，所謂「運氣來到，連城牆都擋不住」，以陳觀泰來作爲例子，實在一點也不假。

某晚，張徹收工之後，靠在他的安樂椅上翻閱雜誌，偶然在一本武術刊物裏，見到幾張陳觀泰表演拳術的照片，越看越覺得這名青年實在可以造就。第二天，張徹帶上那本刊物，拿到總裁辦公室裏去請邵逸夫觀看，大有戲台上蕭何力薦韓信的作風。邵逸夫不是劉邦，所以他也並沒有嫌陳觀泰的「出身微賤」，反而很痛快的說道：「好吧，我相信你的眼力，這件事完全由你作主，以後不必再經過我。」張徹得到邵逸夫的同意之後，不免暗中對陳觀泰格外留意起來，可惜的是一時沒有適合於他的性格的劇本，所以張徹雖有提拔之心，但苦於沒有機會，日久之後，這件事又慢慢的淡了下去。

這就要談到「邵氏」聘請日本大明星丹波哲郎與黑澤年男到香港來拍片的那檔子事了。這兩位都是日本的大忙人，所以拍片的期限訂得非常嚴格，說好哪天要走，絕不延期，使在拍着「水滸傳」與「蕩寇誌」的張徹，忙得不可開交，早就把陳觀泰給置諸腦後了。

鄒文懷（中）最好王羽（右）李小龍（左）合拍一部戲

話說丹波哲郎將要演完「水滸傳」裏的玉麒麟盧俊義，準備於兩天之後啓程返日，張徹忽然靈機一動：何不請他在這兩天以內，多拍幾個「蕩寇誌」裏的鏡頭，不也是一條增强演員陣容的兩全之策嗎？當下計議已定，馬上命令副導演、劇務等，連夜召集演員，翌日清晨，跳拍「蕩寇誌」裏的幾場戲。計劃是完善無疵的，可惜，又有問題發生了。

「水滸傳」裏沒有史進的出場，但「蕩寇誌」裏則這位「九紋龍」佔戲較重，所以除了原班人馬之外，還得再加上一名史進，才算完整。問題是「水滸」一百零八將，已經出動了整個「影城」裏的基本男演員，如要加添一名史進，實有無將可調之憾。這個問題非常嚴重，非得當夜解決不可，因爲丹波哲郎在兩天之後是一定要離港的，假如爲了一名史進而躭誤了拍期，那眞叫做「牽一髮而動全身」了。

因此，史進一角，祇有向外面去物色自由接片的男星。現在香港獨立製片甚爲蓬勃，有份量的男星非但忙不過來，而且片酬亦太高，「蕩寇誌」裏的史進，祇是一名配角而已，犯不着去請教眞正的頭牌小生。正在大家徬徨無主的時候，認爲除此之外，並沒有其他的辦法了，於是命令部下，立刻與金川接觸。

那天晚上，劇務打了不知多少個電話；金川不在家中，朋友們也都不曉得他到哪裏去了，再打到他常去的酒樓與夜總會裏，也找不到這位小生的踪影。大家正在急得毫無辦法之時，導演張徹拍案而起，叫道：「我怎麽忘了？趕緊打電話找陳觀泰。快點！」

不想陳觀泰也與金川一樣，既不在家，亦不在朋友處，怎麽都找不到。結果還是張徹想起；陳觀泰很可能在拍着羅馬的那部「火戀」，姑且叫劇務打電話到「大觀」去問問。這次一接就通，是陳觀泰親自來接的電話，張徹心裏放下一塊大石頭。

張徹在電話裏說：「陳觀泰，我要找你拍片。」陳觀泰答：「再好沒有，一定効勞。」張徹又說：「可是明天就要拍，而且一連兩天。」陳觀泰很爽氣的答應道：「可以，我一早就會進清水灣的。」三言兩語，決定了「蕩寇誌」裏九紋龍史進的角色，至於條件待遇等，一概不提，這也是陳觀泰的聰明之處，纔能使他達到今日的崇高地位。

陳觀泰演過兩天「蕩寇誌」，導演張徹在暗中觀察，發現他有許多特點：第一，拳出如風，

陳觀泰在「水滸傳」中演九紋龍史進

武術堪驚。第二，演技沉着，潛質深厚。第三，外型戆直，另有性格，就在「蕩寇誌」的拍攝期內，張徹已經決定要給他一個主演的機會了，但問題還是出在劇本上；叫陳觀泰去主演一個什麽樣的角色呢？

「一飲一啄，莫非前定」，這句老話可實在一點也不錯；湊巧張徹手中就有一部早已由倪匡寫好的「馬永貞」劇本，祇因爲主角難覓；（姜大衛與狄龍都不甚適合），所以遲遲未能開拍。看到陳觀泰在「蕩寇誌」裏的表現之後，張徹回到家中，仔細的又把劇本翻閱一遍，最後決定，祇有再冒一次起用新人的風險了。

馬永貞是一名從山東來到上海的鄉下拳師，渾渾噩噩，戆直善良，但可惜誤入歧途，成爲一名好勇鬥狠的流氓頭子，終致招惹到殺身之禍：：像這樣的一種性格，安在陳觀泰的身上，似乎比其他的武俠小生要來的貼切一點。張徹的個性，向來喜歡「爲人所不敢爲」，所以在放下「蕩寇誌」之後，馬上決定了「馬永貞」的開鏡。那時間，公司以內反對之聲四起，甚至連高級職員之中，也有幾位認爲張徹此舉太過大胆了，虧得張徹拿定宗旨，不爲所動，毅然決定讓陳觀泰當主角、開新戲，不然的話，哪裏會產生這部賣座二百萬元的鉅片呢？

那麽就有人要問了：張徹有什麽把握曉得「馬永貞」一定可以叫座呢？這裏可以告訴你，一共有三個把握：一是張徹的牌子，二是姜大衛、井莉等的助演，三是新春佳期。「邵氏」的算計非常準確，有此三點優勢，就算陳觀泰未能一砲而紅的話，票房紀錄怎麽也可以達到百萬之數，以一名新人主演的片子而賣到一百萬，在他們說來，已經感覺心滿意足了，至於總收突破二百萬，則憑心而論，是「邵氏」中人所始料所未及的也。

在這三點優勢之中，最有力量的自然是「新春佳期」；大家在「恭喜發財」之餘，誰不想找點娛樂節目呢？以「邵氏」院線之强，假如在春內都賣不到一百萬，那除非是實在糟糕透頂的片子了。此所以在農曆年底之前，「馬永貞」趕得十分緊張，早班接夜班的拍戲，演員與工作人員等莫不叫苦連天，結果總算横趕豎趕，趕在新春假期之前推出公映了。

新春期各出奇謀

「馬永貞」之所以一定要趕在新春上映的理由，首先自然是希望有助於票房紀錄，但暗中還有一個原因，就是「邵氏」想要與「嘉禾」的「精武門」硬拼一仗也。

不要說「邵氏」的發行部門如此看法，就是外界的推測，也都認爲「嘉禾」在新春內一定會推出李小龍第二部的「精武門」的。但說也奇怪；「嘉禾」的發行政策，果然是神鬼莫測；就在農曆年底之時，「嘉禾」冷不防的發表消息：他們的新春貢獻，不是「精武門」，而是羅維導演，苗可秀等主演的「金旋風」！這一招來得突然，使所有的觀衆觀察家都把眼鏡給跌成粉碎。

在一般觀衆的眼光之中：雖然「金旋風」也是「三百萬大導演」羅維的作品，但苗可秀始終沒有過什麽驚世之作，而刀劍武俠片也顯然的過時了，論份量，似乎不足以與「邵氏」的「馬永貞」相抗。那麽「嘉禾」爲何會得作出這個奇特的決定來的？說起來又是老長的一大篇。

根據「嘉禾」對外的解釋：「精武門」是他們的「鎮山之寶」，任何時期拿出來放映，絕對可以收到滿砵滿盤，不一定要排在新春佳期以內的，所以不如讓給其他的該公司出品一個機會。再說：「金旋風」拍出來的成績亦很不差，作爲新春獻禮，可以對得起花錢買票的觀衆們了。這一番解釋，表面上聽來有理，其實內情完全不是那麽一回事。

「嘉禾」何嘗沒有在佳期以內推出「精武門」來「威水」一番的意思？祇可惜這一個一年之中最好的檔期，却早已被「第一」出品，王羽主

演的「霸王拳」捷足先登了！「嘉禾」不比「邵氏」，對於院期是無法加以控制的，再說「霸王拳」也是猛片之一，「皇后」與「文華」等影院樂於在新春內推出之，「嘉禾」亦無可奈何，那麽後來為何又突然改為「金旋風」了呢？

這又是「霸王拳」出品人黃卓漢的另一個戰畧，情願把這一個檔期給讓掉的。「霸王拳」放映在「馬永貞」之後，自有種種有利條件，上文已經解釋得很清楚了。當然，就算以「霸王拳」去與「馬永貞」硬碰，也絕不致於一敗塗地的，但黃卓漢很能顧全大局，他認為：假如王羽與陳觀泰火併，實有勝之不武之嫌，萬一敗下陣來，豈非更受影响？所以他決定暫避其鋒，情願把這個佳期讓給「嘉禾」，至於「嘉禾」能夠推出什麽片子？黃卓漢就不去理會了。

「霸王拳」的這一個決定，使「嘉禾」慌了手脚，急忙把「金旋風」拿出來頂檔，宣傳工作顯得匆促了一點，再加上新春以內猛片如林，「金旋風」能夠賣到六十萬已經算是上佳成績了。在此次的風雲變幻之中，最感覺失望的就是「邵氏」發行人員了；「金旋風」顯然不是理想的對手，「騙術大觀」性質不同，而「發達之人」更不必放在眼中，但「馬永貞」的映期已定，無法更改，頗有「英雄無用武之地」之感。幸喜該片能夠意外的突破二百萬，也總算「邵氏」在萬象更新之中得到一個好兆頭，差堪自慰。

新春之後，「邵氏」與「霸王拳」對抗的影片，又是張徹導演，姜大衞狄龍主演的一部「惡客」。據看過影片者談：成績不如「拳擊」遠甚，但叫座力量可着實不弱。「惡客」的午夜場總收，已達五十四萬七千餘元之鉅，再加上首映的十二萬元，第二天的十萬元，可說祇映兩天已有七十七萬元的紀錄！走勢並不弱於王羽的「霸王拳」，「邵氏」也就感覺躊躇滿志了。

在此附帶的要報告一則小小的內幕。馬永貞故事，舊日在上海風行一時，無論舞台演出，銀幕放映，或書壇說唱，都稱之為「山東馬永貞」，顯得氣派非常之雄偉。有人常會經問過張徹：「現成的一個好片名，為什麽你把個腦袋給切去了呢？」張徹聳聳肩，答道：「我也答不出個所以然來，總之我覺得：片名還是以兩個字與三個字為最妥。說我固執也可以，說我迷信也沒錯，哈……」

說起來了，這裏頭大概有點原因。張徹的頭一部影片「虎俠殲仇」，（王羽杜娟等主演）非但成績欠佳，而且連上映的機會都沒有，到得「獨臂刀」之後，形勢為之陡然一變，什麽「大刺客」、「金燕子」、「保鏢」、（「新」字不算）「拳擊」，以及最近的「馬永貞」與「惡客」等，果然都是兩字到三字的片名，這大概就是張徹所講的「說我迷信也沒錯」了吧？

王羽美國去不去

繼「馬永貞」之後，除了「精武門」尚未顯出顏色之外，武俠片紛紛為之失色；王羽的「霸王拳」總收一百一十萬元，差不多僅是「馬永貞」的半數，姜大衞狄龍的「惡客」，走勢並不太强硬，可能一百二三十萬上下就要鳴金收兵。另一部王羽的「狂風沙」，映到第三天上，已經降到每天三萬多元的低紀錄了，前途並不十分樂觀。想陳觀泰甫出，就能壓倒羣雄，這不能不算是一九七二年春季的一大奇蹟。

「嘉禾」的製片方針，仍舊是撲朔迷離，不可捉摸，早些日子裏，盛傳王羽與「嘉禾」合組「正明」，從此在台不接獨立製片了，並且還有一個龐大的計劃，就是王羽擺脫台灣所有的片約，要到美國荷里活去執導與主演一部「叫我中國人吧」，合作者有李察威麥，或積皮連斯，或李雲奇里夫，或李馬榮……總之，都是响噹噹的大牌就是了。「嘉禾」總經理鄒文懷還特地飛過一次美國，顯得十分鄭重的樣子，可奇怪的是：鄒文懷已經回來不少日子了，在機場上發表，說李察威麥等要看過劇本之後，始可決定是否參加，但這麽些日子下來，消息有如石沉大海，再也聽不到任何消息了。有人取笑道：「大概美國大明星們不懂中文，所以看劇本也得多費點時間。」這當然是無稽之談，但此事的虎頭蛇尾，由風雨欲來而化為萬籟無聲，那倒也是事實，使外界人士不能不抱有懷疑的態度了。

假如要到「嘉禾」寫字樓裏去打聽消息，那就註定了失望而歸，因為沒有一位不是「一問三不知」，把個腦袋搖成搏浪鼓的一般。他們之所以諱莫如深，確也有苦衷，就是所有公司以內的大計，全在中軍帳裏運籌帷幄的鄒文懷一個人的腹中！何冠昌可能曉得一點，但他又是一位「太

陳觀泰便裝造型

極派掌門人」，而且鄒文懷妙計多端，莫可捉摸，此公既定計劃，往往會得突然被推翻，所以在「嘉禾」的同事之中，或有幾位是消息靈通的，偶有所聞，亦不敢隨便發表，因爲不知老板什麼時候改變宗旨也。

王羽到美國去拍片的計劃，「嘉禾」一反常態，在尚未成熟之前，已經先大鑼大鼓的宣揚起來了。這當然是經過鄒文懷的授意的，而外界一般人都認爲「小諸葛」向來「不打沒有把握的仗」，這次居然直認不諱，公開發表，想來一定是與荷里活方面早有默契，祗消他親自到美國去飛一趟，自然水到渠成，馬到成功。

鄒文懷從美國飛囘來了，在機場上所發表的談話令人失望，聽來似乎是「八字尚未有一撇也」。當然，商場如戰場，虛虛實實，眞眞假假，他的發表亦未可全信，但「嘉禾」與王羽最近的動態，則實在令人不能不感覺到疑疑惑惑的，誰曉得其中又發生了什麼變化呢？

鄒文懷赴美之前，宣傳做得滿天神佛，鄒文懷歸來之後，陡然變爲鴉雀無聲，在「嘉禾」的宣傳稿裏，再也看不見李察威麥等的名字了！這是一個很不尋常的現象，因爲假如合作拍片尚在談判之中，則自然應該有不絕如縷的發展，造成源源而來的消息。像「嘉禾」這樣出其不意的來了一個「猛殺車」，倒也是宣傳手法之中少見的奇招，難怪外人都被他們趕進五里霧裏去了。

這是「嘉禾」方面的最新動態，至於身在台灣的王羽呢？雖然我們不容易獲得有關於他的確實消息，但是從報紙上的字裏行間，蛛絲馬跡的亦可以發現他的動態，與前幾個月好似畧有轉變。在王羽宣稱不再接片之後，那麼他還躭擱在台灣幹什麼呢？據「嘉禾」的宣佈：王羽正在爲他們公司趕拍那部開鏡已久，但迄未完成的「戰神灘」，但等該片告一段落，王羽就可以歸來，與「嘉禾」商議「正明」今後的大計。什麼大計？是不是到美國去？「嘉禾」中人搖首道：「無可奉告！」

最近，報章上的消息又隱隱約約的透露一點出來，好像王羽很可能又要在台恢復接片了。「霸王拳」的導演丁善璽，在首次登上「百萬導演」的寶座之後，得意洋洋的對記者們發表：他與王羽合作得非常愉快，而且王羽對於他的手法也非常之欣賞，今後囘到台灣，他與王羽還要繼續合作下去，拍片多部云云。丁善璽做事，向來穩重，絕無信口雌黃之弊，他既然能對新聞記者們發表這種談話，想來不會是一點根據也沒有的。何況「第一」的黃卓漢，已經一直在宣稱王羽與他簽過六部的新約了，黃卓漢與丁善璽的合作也一直很順利，由此推測下來：王羽的改變初衷，把美國的計劃暫時押後，也好像並非全無可能。

前些日子，李菁突然也對記者發表了一個重要的消息，就是某印尼片商打算以十二萬元的片酬，來請她到耶加達去拍片。這個數字很動人，是「邵氏」片酬的四倍，小李菁自然難免有點意思活動。據李菁談：邵逸夫此次並未加以反對，反而向李菁把合約原文討去，以便詳細研究，免得李菁吃了外人的虧。假如此說屬實，那就是「娃娃影后」的初次外借，「邵氏」近年的破天荒之舉了。但最後消息，此事業已告吹。

尤其可奇的是：李菁發表那部片子的男主角竟是王羽！王羽不是除了「嘉禾」與「正明」之外，不再接其他公司的片約了嗎？尤其是與「邵氏」有關的影片，他怎麼會承諾下來的？此事在表面上看來好像很不容易實現，但天下事——尤其是電影圈以內的事——往往出人意料以外，幾個月以前，誰能想到李翰祥會得重返「邵氏」的呢？

王羽在印尼，有着極其强盛的叫座力量，那裏的影迷們，對於他可說是崇拜得五體投地。很可能王羽被印尼片商的遊說所動，爲了他將來的「正明」出品在印的聲勢起見，抽出時間到耶加達去工作一段時期，一來拍片，二來聯絡感情，帶做宣傳，豈非名利雙收乎？那麼就有人又要問了：「荷里活怎麼辦呢？」好在「樓梯已經响過」了，祗等眞正「有人走下來」之時再說啦！

王羽的計劃可能有變，但現在還未敢確定，要看這一兩個月以內的發展情形如何。「嘉禾」中的另一位大導演羅維，倒冷不防的來了一個大轉變，一下子就推翻了許多件既定計劃！

羅維再導李小龍

說遠不遠，大概就在兩三個星期以前吧？羅維還是準備在港開拍苗可秀、許冠傑等主演的「鐵掌情歌」的，而李小龍也還在與「嘉禾」反覆討論他自己那部「猛龍過江」的英文劇本，一切按步就班，太平無事。某晚，「鐵掌情歌」決定開鏡，演員與工作人員也都接到拍片通告了，地點是九龍天文台道嘉壁餐廳的內部實景，從子夜拍到翌日天亮，租金商定四百大元。到了那晚，有幾位「夜遊神」想跑得去參觀拍片，走到「嘉壁」門口，一看裏面烏黑一片，連半個人影也沒有，不禁心中納罕，還以爲弄錯日期了呢？

到了第二天，外面就傳出「鐵掌情歌」暫時停拍的消息！這部新片，羅維籌備了很久，小生許冠傑則等得更久，羅導演爲了本片，還特地避開家庭，躲到遙遠的沙田酒店裏去，埋頭苦幹，寫了幾天幾夜的劇本，好像進行得很積極似的，怎麼又會無緣無故的停拍起來了呢？

人說「嘉禾」善變，果然一點不假。就在羅維準備開鏡的那天早晨，鄒文懷突然把羅導演給請到經理辦公室裏去，用很堅決的口吻說道：「這部『鐵掌情歌』，今晚不必開拍了，暫時押後再說！」聽得我們這位「三百萬大導」，目瞪口呆，幾乎不敢相信自己的耳朵。

半晌之後，羅維纔問道：「請問，這裏頭有什麼不妥嗎？」鄒文懷失笑道：「一點也沒有不妥，祗是我們有更重要的任務，需要你負担起來，所以祗好如此。」羅維忙問：「什麼重要任務？」鄒文懷道：「請你準備，越快越好，到日本去拍一部李小龍的片子。」羅維一聽，正中下懷，所以不加考慮，一口便答應下來。

羅維與李小龍搭檔，有「船幫水，水幫船」之樂；李小龍既可以不必辛辛苦苦的去搞什麼劇本，而羅維也可以借着「李三脚」的威勢，穩坐「百萬」的地位，說起來雙方都有好處，但這裏頭祇苦了一位許冠傑，從去年等候到今年，好容易纔有了上鏡的機會，不想被鄒文懷的一個臨時決定，又得押後好幾個月，這眞是從哪裏說起？

羅維導演，李小龍主演的那部新片，本來定名爲「英雄本色」，倒也切合李小龍的身份。不料後來有人提出意見，認爲龍剛以前導過一部粵語的「英雄本色」，成績並不佳妙，何況「嘉禾」沒有理由去拾人之唾餘，所以終於改名爲「黑夜情歌」。但這個片名，亦不十分理想，「嘉禾」諸公正在研究之中，將來很可能一改再改的。

「黑夜情歌」的女主角，還是「唐山大兄」裏的衣依，以資熟手。至於李小龍自己的那部「猛龍過江」呢？當然與「鐵掌情歌」的命運一樣，但等幾個月之後，「黑夜情歌」從日本歸來之時再作決定。

爲什麽會得在半路裏殺出一部「黑夜情歌」來的？據說其中又有小小一段內幕。原來李小龍自撰的那部「猛龍過江」劇本，大概很成問題，預計下來，修改潤色的功夫，絕不是短期以內所能完成的。鄒文懷那麽一想：空着一名李小龍，要叫他等到什麽時候去呢？不如趁此空檔，先叫羅維爲他開起另一部戲來，等到「黑夜情歌」拍完，大概「猛龍過江」的劇本也修改得差不多了。此一安排，一點也沒錯，祇是委屈了一名許冠傑，又得一等再等，那也就實在無法可想了。

本文截稿之時，嘉禾又把他們的「鎭山之寶」「精武門」推出來演午夜場及特別早場，邵氏原定要以「水滸傳」來對抗「精武門」的，這下子又恐怕要被他們殺個措手不及了。

專載

「銀元時代」生活史

——六十年來的物價追想——

陳存仁

謝年完畢之後，我就要為明年開診的事擬定計劃。從前初一初二初三初四，各行各業都休假，我也不能免俗，準備跟着在初五（俗稱財神日）開診，但是我想到因為停診的日子太久，重行開診，業務可能今非昔比，所以心中不免好像壓着一塊石頭，有些惴惴不安。

從前的人，對於大除夕和新正，別有一番熱鬧情況，我鼓起興緻，在除夕之前買了全副鑼鼓，這是當時上海人家的習俗，要希望來年發達，一定要在大除夕晚上，全家人打『年鑼鼓』，一副鑼鼓好得很，有大鑼、鬧鈸、小鑼、堂鼓等，代價不過十元。到了大除夕晚上，吃過『團年飯』之後，全家便各執一樣樂器打起來了，打的調子簡單得很，大家一學就會，但是歡樂的氣氛，却增加了許多。

打年鑼鼓的調子，無非是『咚咚，齊咚，齊咚，旺，旺，旺，齊東旺，齊東旺。』家家戶戶一邊這樣打，一邊放炮竹、高升、花筒，砰砰砰砰，洋洋盈耳。

整裝祭祖　兜喜神方

年晚最重要的事，就是祭祖，預先客堂中懸掛起三代祖宗的『傳眞』畫像，這種畫像是手繪的，俗稱『眞』，祭祖時名為『拜眞』，這是傳統的祭典，屆時一家老少，都換上新衣，循次叩頭跪拜。我因為『出嗣』給四伯父，名為『兼祧子』（俗稱兩房合一子），所以在自己家中祭過祖之後，還要到嗣父家中叩頭。

那時節是我自己搭着一架奧博爾小汽車，許多孩子們不問情由擠上了我的車，口口聲聲說要我帶他們『兜喜神方』，所謂『喜神方』，意思就是要兜着去迎接喜神，這也是上海人在除夕夜的一個大節目，你兜，我也兜，多數是安步當車走的，所以在南市坐着汽車兜風是很少見的。

我到了嗣父家中，祭祖的『眞桌』，已經安排好，我穿了皮袍子和馬褂，向眞桌的祖先叩了三個頭。嗣父說：『阿沅！你的一件皮毛，是長毛的狐嵌，價值很貴，要一百多塊錢，穿了這種袍子開汽車，未免太可惜，你要時時留神，不要把袍子軋住。』我說：『不會的』。車上的小孩子已經鬧得亂轟轟，嗣父說：『你快去吧，今年的喜神方在西南方，你照我的話去兜，最好早些回家。』

我就搭着車子，帶一車小孩子開出老西門，這時已是深夜十二時，我為了使孩子們高興一些，先到法租界大世界遊戲場，再到英租界大馬路保安司徒廟（俗稱虹廟），但是未到廟門，路上已經擠到水洩不通，廟門口擠着無數鶯鶯燕燕，都是娼門女子，因為她們的風氣，一定要在大除夕未天亮之前，搶着燒頭香的，我祇得泊好車，拖帶着一羣孩子，在對面『吳鑒光命相舘』門口遙望。那時我還見到上海無人不知無人不曉的瞎子算命先生吳瞎子，他戴上一副黑眼鏡，在課桌前唸唸有詞的為人起課算命，裏面等着的人擠得很，那時算一個命，要銀元一塊兩角，他祇是屈着指頭，不斷的唸着子丑寅卯，忽然若有所得，三言兩語的就算好了。他的後面有四個道士，叮叮噹噹百音交奏，做着『功課』，孩子們對這種事情，看了全無興趣，吵着要叫我帶他們到新世界去，但是其時馬路上人如潮湧，泊車不易，我一路小心翼翼，怕弄出事來，就把孩子們帶回南市，這時孩子們在車中，都已沉沉欲睡了。

母親在歲晚午夜，有一個習慣叫作『守歲』，在這夜是不睡覺的，家中焚着一斤檀香，時值二元，算是極貴的。我們到達家中，紅燭高燒，

點石齋畫報上的保安司徒廟

他老人家還在叩頭禮拜，名爲『燒天香』，我的太太在做餛飩，名爲『發財餛飩』。油炸的是金元寶，湯羮的是銀元寶，房中也點着芸香爐和守歲燭，門窗上貼着我母親親手剪的紅紙，剪出「招財進寶」、「子孫萬代」許多花式。這時已接近天亮，我倦得很，向母親辭了歲，入房便睡。

爆竹聲中　滿口好話

舊時江南文人，在元旦的清晨，桌上安排好文房四寶，洗漱之後，換上新衣，走進書房，用雲石硯，手執白笺一枚，調水磨着硃砂開筆，在箋紙上寫：『元旦試筆，萬事亨通』八個字，貼在書桌之前，這是新年動筆的規例。

這時僕人端上一碗『元寶茶』，所謂元寶茶，就是在蓋碗茶上面，放着兩顆橄欖，口中還要說：『少爺，望儂今年多賺點元寶。』接着又端出四盤點心，一盤茶葉蛋，稱作『元寶滿盤』；一盤是餛飩，稱之爲『銀元寶』；一盤是春卷，

中國剪紙藝術——招財進寶

叫作『黃金萬両』；還有一盤是年糕，叫作『步步高陞』。總之，在新年中，老老少少，一言一動，都要有一個好口彩。

吃罷了早點，首先向母親拜年，是要叩頭的，口中還要說：『祝母親身體健康，萬事如意。』母親也說一連串吉利話，如『財源廣進』，『生意興隆』等等。接着我就趕到嗣父那邊去拜年，嗣父見了我，又說了一套好口彩，臨走時他輕輕地對我說：『我初三就要動身到蚌埠，就任蚌埠稅關督辦，因爲那邊地方很苦，我去年再三考慮去與不去，現在我才決定去，一則爲了每月可以拿到二百四十元官俸，二則那邊地方雖苦，可是日常花不掉錢，並且可以借此把鴉片煙戒掉，你如到時有空，不妨到南火車站來送我。』我連聲說好，並對嗣父說：『我覺得爲了二百四十元薪給，千里迢迢到蚌埠，似乎不值得。』嗣父說：『二百餘元是一個大數目，老年人失去這個機會，再也找不到更好的事了。』他又接着說：『你做醫生算得一帆風順，名利雙收，最好要堅守你的本行，不要兼做其他事業，因爲身體也要顧到的。』我唯唯稱是。

我辭別了嗣父，再到其他各處去，手上拿了一張紅紙，寫明叔伯輩幾人？姨丈幾人？岳家幾人？老親戚幾家？師友們幾家？安排好路線，循次登門拜年。在四天之內，走遍各處，最大的一筆支出，就是傭僕和小孩們的紅包，那時，每一個小孩的紅包，不論遠親近戚，一律給小洋四角，傭僕給小洋二角，幾天總結，倒也花了不少。

在幾天拜年的過程中，還有一筆支出，就是沿路的乞丐，都要給銅元一枚，如果不給，怕他們口出惡言，認爲是不吉利的。

我有一個感覺，開口都要帶着吉利的字句，事事小心，步步留神，這雖近乎迷信，倒也含有一種人生哲學，教自己做事要小心謹慎，出言要博得人家的歡心，在一年開始就要修養這種功夫。所以在新年中即使小孩子不慎打碎了一個茶杯或碟子，都要面無愠色，口中還要說：『長命百歲』或『歲歲平安』，所謂『歲』，與『碎』同音，口彩還是很好聽的，這與古人玉杯墜地，面不改容同樣是一種心理修養。

中國剪紙藝術——子孫萬代

愛儷園中　新年景象

到各處去拜年，是新年中一件最辛苦的事，通常一個中年人，親友多的話，要從年初一拜到正月半，我爲了初五要開診，所以不得不在四天之中，拜遍所有親友。初四我預定要到租界上去拜年，拜的都是幾位老師，所以還要預備許多禮物，我的岳父說：『你初四到租界去拜年，可不可以帶阿洪到哈同花園（又名愛儷園是上海最大的私人花園）去，阿洪是我們的近親，他年紀小，獨自到夷場上去，我不放心。』我說：『這倒很好，我也可以順便到哈同花園裏去看看。』

哈同花園大得很，面臨靜安寺路，左面是哈

愛儷園内的「倉聖明智大學」門景圖

同路，後面是福煦路，右接滄州飯店和許多舖面。這個花園平時是不開放的，祇有一次水災賑濟會，一連開了幾天，上海有許多平素不得其門而入的人，都爭先恐後的買了票進去一看，這個花園，十足是故都頤和園雛型的園林景色。

哈同花園主人哈同夫婦，斥資辦了男女兩間學校，男校稱作『倉聖明智大學』，女校稱作『倉聖明智女學』，兩間學校的校舍都很大，男校有一千多學生，女校有五六百人，這些學生的學費以及膳宿，都是免費供應的。（按那時節一般小學是四年制，學費每學期爲二元至六元。中學沒有初中高中之分，也是四年制，學費是每學期十六元至三十六元。大學年數不定，學費最低是四十，最高的是聖約翰大學，學費高達一百五十元。）阿洪就在這間倉聖明智大學的小學校裏面讀書，照例新年是要去向哈同夫婦拜年的。這個時節，園門大開，不但學生可以進去，陪同學生去的家長，也可以隨同入園。

我把阿洪帶到哈同花園，車子停在門口，抬頭見有愛儷園三字，進門入口，通過門房便進入園中，正中是花園的通道，由通道而深入，左面是哈同自己的住處和廣倉學會，普通人是不准入內的，右邊首先見到的是『海棠廳』，是愛儷園賬房所在地，再深入裏面就是倉聖明智大學，校門口有一座橋，過橋經長廊才能進入校中，這間學校名雖是大學，但包括小學中學在一起。

哈同夫婦辦這兩間學校，着實花了不少錢，兩間學校的教師，師資都很高，教中文的有探花榜眼，如喩長霖、鄭沅等，其他有國畫教師繆谷瑛等；洋畫教師有徐悲鴻（僅一個短時期，後來便去了法國），英文教師是一位印度學者，我走進這間學校一看，地方大得很，除了課室、宿舍、運動場之外，還有一個大講堂。這一天，所有學生都穿了新衣，聚集在講堂中，等候替院長哈同、院長夫人羅迦陵、校長姬覺彌拜年，一聲招呼，大家排隊直趨『戩壽堂』，這個堂很大，佈置得像個宮殿模樣，一到那邊，祇見哈同夫人穿了高貴的西服，坐在正中一張紅木彫龍披有獸皮的椅子上，兩旁一面是哈同，一面是姬覺彌，下面排了許多蒲團，學生分批對着他們三人作三跪九叩首禮。

我看到了這項儀式，就想到哈同夫人，竟然模仿西太后，過一下文武百官『早朝禮』的癮，大有關起門來做皇帝的意圖。（按五年之後，哈同夫人的大兒子羅友蘭，患了傷寒症，他的夫人是鮑咸亨的女兒，請我到園裏去診視，終獲痊愈，後來我就担任了他家的常年醫生，月薪是二百元。從此他們一家人，有了病請中醫時都由我診視。哈同夫人是浦東人，一向崇尙中醫中藥，臨終之前我還替她診視，她的病因，不過是吃了四個青泥糰子，決無致命之理，但是有大部份人早就鬧着分家爭產，替他另外請了一個奧籍的西醫，打了一針，就與世長辭了。）

在阿洪拜過年之後，他就帶領我遊覽全園，我見到最秀麗的一景，也是全園的精華，叫作『大好河山』，在河中可以駕輕舟，週遊全河，有許多佈置如石

愛儷園俗稱哈同花園園景一角

船等，完全模仿是頤和園的石舫，後面還有『迦陵精舍』，裏面有佛堂，養着一批尼姑。還有兩處，是接受了北京清宮遺留下來的一批太監和僧侶。

這個花園，實在太大了，一時也無法走遍，我約畧估計，花園的大小，比了香港的跑馬場還要大得多。

新正開診　氣象一新

到了年初五，我就到診所照常應診，雖然我曠棄診務已達半年以上，可是這天開診，就看了四十多號，這是因爲好多人是預先約好的。

初五的晚間，在診所中要行一次接財神的儀式，我母親下午從南市趕來，爲我準備祭品和香燭等，到了晚間，預先約了好多親友，假座診所附近南京路新雅粵菜館請了四桌酒，叫作『財神酒』，吃罷之後，大家都到我診所來拜財神，這種儀式，說來很是有趣，到時要開着大門，等候財神駕到，事實上是否有財神光降，也祇是自己騙騙自己而已。

倒是有許多乞丐，妙想天開，成羣結隊披了破舊的紅衫，裝着財神模樣，看見人家開了門接財神，他們就高聲疾呼『財神到了』，跟着還唱一段『蓮花落』，所謂蓮花落，是乞丐唱的歌詞，詞句由乞丐隨意編造，你給他多一些錢，就唱一段吉利的歌詞；你少給一些錢，他就唱出不好聽而含有詈罵意義的歌詞。所以家家戶戶見到這種乞丐上門都給他一些錢，但是他們一批去了，一批又來，也不勝其煩。我對這般乞丐，每來一批，都給銅元廿枚，人數實在多的給小洋四角，他們唱完了便都呼嘯而去。

從前習慣上在每年年初五，我必然要到叉袋角朱斗文家去拜年，到了晚上九時，他的賬房先生捧出五百塊銀洋來，開始玩牌九，由朱斗文做莊，這個莊是很奇特的，他祇賠不吃，贏的人照例取錢，輸的人是不吃掉的，祇是每次下注限定小洋四角。所以參加玩牌九的人，沒有一個不贏，却沒有一個人輸錢，這叫作『散福』，意思說『財神日』該散些福給大家。

這樣的賭法，大約經過一小時，朱斗文的五百塊錢，全部散盡，大家高興不已。我向來不賭，祇有每年到了他家，情不可却玩上幾手，會贏幾塊錢。到了十點鐘，朱斗文又到後宅去『散福』，後宅是一個花園，有一行連接着八個宅子，是由他的八位姨太太居住的，到了時間，八位姨太太都聚集在廳中，等候朱斗文到來『散福』。十一點之後，他又到平素熟悉的妓院中去『散福』，這是常年老例。

這一年我不到朱斗文家去，我約齊了那天四桌客人，說：『今天我也要散福』，於是我拿出五十塊錢來玩骰子，玩的方式是『擲狀元紅』，這種玩法是很經玩的，因而直玩到午夜，大家才紛紛告別，而我的五十塊錢也就散盡了。

在未開診之前，我心中有些躊躇，因爲我知道從前大慶里余伯陶醫生，診務一向相當好，忽然心血來潮，到浙江青田縣去當了五個月縣長，過了一下做官的癮，博得一個虛銜，歸來之後重操舊業，診務就此一蹶不振。我這次休息了半年以上，會不會重蹈余伯陶的覆轍？但是做到正月底，計算一下，診務還不輸於往昔，我深自慶幸，我母親說：『你在財神日散福散掉五十塊錢，太濶綽了，何不做些善事？』我說：『也好』，就決定撥出二百元來捐入四個善團，一個是龍華孤兒院，一個是仁濟育嬰堂，一個是普善山莊，還有一個是廣益善堂。

閱人既多　深信因果

到了陽曆五月，診務不但恢復原狀，而且因爲傷寒流行，我的診務特別好。這種病勞動階層的病人，都就診於張聾聾，他是向不出診的，上門看病的由他的子姪輩裏診，每天總有三四百號。中上階級的病者，無非求治於四個有名的內科中醫，我也忝居其一。

這種傷寒病，輕的門診都不相宜，重的因爲病勢凶惡，一日數變，都要出診。那時節老輩醫家都有嗜好，祇有我最年輕，起身得早，早晨六時至九時就趕着出診，汽車往返，一個清早能看八家出診，九時回來再看門診，看到下午四時，又要應邀去出診，一天之中，眞是忙得連吃飯都沒有一定的時間。

傷寒症都是由於飲食不愼傳染而成，資產階級當然少些，最多數的患者是貧苦人家和警務人員以及高等『白相人』，所謂白相人今稱黑社會人物。看這種人的病，看得好固然可以聲名大振，但是看得不好，也常會惹出事來。幸虧我對這種病的治療，尚有把握，所以從來沒有引起什麼事端。

這種黑社會人物現在都已成過去，但是有不少人物，如今還値得一提。這種人是社會上的害羣之馬，他們在上海畸形的存在着，作着公開活動，他們在法租界有法租界的背景，在英租界有英租界的背景，靠着些背景的勢力胡作非爲，强盜、騙子、包打聽，以至探長，朋比爲奸，無惡不作，廣收徒弟，爪牙遍地，潛勢力大得很，這不像香港黑社會的人是一個不露面的。

在我開業之後的一個時代，這種出名的白相人，屈指計之，至少有四十個人左右，我由診病而認識的列舉如后：

陸連奎，湖州人，他是英租界巡捕房小巡捕出身，做到探長，是白相人中披有老虎皮的人，他經常患偏頭痛。常在下午六時之後，邀約我到五馬路中央飯店爲他診病。中央飯店名爲旅店，事實上有幾層樓全是烟窟，一天到晚總有成千個癮君子出入其間，因爲是他的物業，所以警務當局視若無覩。中央飯店樓下大廳是『中央舞廳』出入的舞客，都是他的徒子徒孫，無非是借舞廳講斤頭（即此間所謂講數），如果講斤頭能使他們滿意，任何刑事案子，可以黑的變成白的；不然的話，白的也會變成黑的，因此有好多寃獄都是由他一手造成。他的一個大老婆，住在錫金公所對面，也常常請我去看病，她對我說：『陸連奎作的孽，眞像海一般深，所以我要誦經禮佛，求菩薩寬恕他。』他的小老婆叫作阿巧，住在七浦路，此婆驕橫得很，可以說是陸連奎的幫兇，患有嚴重的胃病，常痛到死去活來。有一天，也該是陸連奎惡貫滿盈，剛走出中央飯店時，在門口就遭到狙擊，被人用盒子炮打死。

唐嘉鵬，小名阿裕，他是漆匠出身，以做清和坊賭枱老闆起家，他收了許多門徒，其中有一部份，都是以打刼爲生的，有幾個職業兇手也拜在他門下，祇要有人肯花錢，他們就會打死人。唐家住在呂宋路五福里一號，某年他生黃疸病（即流行性肝炎），我爲他看好了之後，他一定要和我做朋友，我却遠而避之，不敢和他接近。他橫行不法了一個長時期，後來被江北大亨顧竹軒指使他的徒弟王興高把他打死，次日報紙上登出他的屍體照片，兩眼凸出，可怕得很。他有一個小老婆，後來窮困到成爲乞丐模樣，一次她來求我免費替她看一次病，我見了她，已不認識她就是當年豐容盛鬋的人物了。

芮慶榮，綽號火老鴉阿榮，本來是一家大有興香燭店的小老板，交友不愼，專與匪徒爲伍，搶刼烟土，號稱新八股黨之一，而且成爲富翁。後來移居呂班路『三德坊』，那時已經有了一個小老婆，叫作阿娘，接着又威迫一個樂姓補習女教師做他第二個小老婆，後來經人介紹女伶華慧麟做他的寄女，不久也變爲他的小老婆。他爲要力捧華慧麟，特地租下寧波路新光電影院改演京劇，一面請了馬連良、葉盛蘭、馬富祿等到上海來與華慧麟配合演出，聲勢極盛，某年卓別靈（此地叫差利）到上海，也到新光戲院後台去拜訪他們。那時我的診所在新光戲院對面慈安里，常有電話來招我到戲院經理室去看病，他外型看來一些沒有病，事實上他却患有嚴重的神經衰弱症。有人告訴我：此人碰不得，你要少同他來往爲妙，因爲此人生性暴躁，喜怒無常，說反臉就反臉。其時他雖是戲院老板，暗地裏仍然做着職業兇手，隨時會把人殺死的。他手下有許多徒弟，成羣結隊，無惡不作，後來他逃到外埠，瘋瘋顚顚變爲痴人而死。

許福寶，原名錦春，是六馬路錦春茶館的老板，後來也做了賭台老板，這種賭台，小也賭大也賭，害人眞是不淺。他有一種本領，就是很會理財，把多餘的錢放高利貸，上海人稱作『印子鈿』。如果有人借錢不還，被他打斷脚骨是常事。他好色成性尋花問柳，對女人方面用錢爽得很，綽號叫作『鈔票老頭子』，他的橫行時期不長，沒有多少年就死於喉癌症。

尤阿根，名氣很大，但是他的眞名，很少人知道，他是拉塲車出身。先做小巡捕，後來變爲便衣偵探，因識得壞人多，所以破案率很高，遞升爲老閘捕房探長，很多探員都是他的徒弟。他有時來看病，一出手就給診金十元，我說：『我的診金祇收一元二角，用不着這樣多。』他說：『你收下好了，我是尤阿根不在乎的。』我一聽到他的名字，就駭怕起來，後來成爲我的老病家。人家告訴我，這人對刑事案件頗有辦法，上下其手，不分清紅皂白，祇要有錢，可以顚倒是非，有些人本來無罪，他爲了銷案，無端端把一個好人落案，作的孽也數不清了。他向來出入汽車，但是從捕房出來，表示廉潔起見，總是坐一輛包車，有一天就在包車上被人用駁殼鎗打死。

高鑫寶綽號叫做『花旗阿根』。年輕時，脾氣壞得很，動不動與人打架，因爲有了打架的本領，才做了賭塲老板，因此積了好多造孽錢。後來又變成生意人模樣，還居亭利路，家中的陳設，居然像富商之家。本來我也不知道這位姓高的做什麼生意，後來一次在他病愈之後，他送來一張麗都舞廳開幕的請帖，才知道他是大名鼎鼎的高鑫寶。他有一個小老婆，是懸樑自盡的，他自己也在妻死兩天後，在虞洽卿路一品香大旅社門前被人打死。

張法堯，他父親是法租界著名的三大亨之一張嘯林，他的家人常由我診病。張嘯林脾氣壞得很，動輒罵人打人，我到他家裏竭力避免與他接觸。但是我和張法堯很熟，他的夫人很斯文，有病總邀我去診視。張法堯自己畢業於八仙橋中法學校，成績平常得很，張嘯林覺得有子留學是很光榮的，所以把他送到法國去，他到法國去混了幾年，用掉了三十多萬元，那時節的三十萬，要等於近時的一千萬，這樣的揮霍，那裏會認眞讀書？就在法國一家野鷄大學買了一張文憑回來，後來與余祥琴合夥在我診所隔鄰威海衛路三十號掛起律師牌子來，同時也吸上了鴉片烟，身體弄到壞透了。等到張嘯林被他自己的保鑣所殺，張法堯也就一貧如洗，死在徐家滙木屋區中。

黃雨齋，是一個生意白相人。年幼時，遊手好閒，專事毆鬥。他的哥哥是日新池浴室的賬房，他粗知文墨，也做過短時期新聞記者，因此認識好多人，後來他拜在蔡洪生（綽號蔡和尚）門下，於是就正式成爲一個白相人，與大漢奸常玉清爲伍。他工於心計，極善理財，蔡和尚給他一筆錢，專門放高利貸，就在慈安里掛了一個匯中銀號的招牌，自任總經理。他一家大小有病，總是邀我去看，但從不付一文錢。他的意思是如我有事他可以幫我的忙，他家人有病，我應該免費替他診病。實際上我爲他服務了十多年，我却從來沒有託過他一件事。後來他的匯中銀號變成匯中銀行，果然做得像模像樣，最得意的時期，確乎有幾個錢，但是後來他因案被捕，押解到他的原籍紹興，執行槍斃。

我向不迷信，但是我先後看了這般人的病，不但和病人很熟，連他們的家人子女都相稔識，不過，我認爲報應之說，跡近迷信，因果律三字，是科學的循環率。因此，抱定一個宗旨，我和他們之間，保持相當距離，而且中間隔着一重壁壘，私人方面不相往來，他們有什麽宴會從不參加，這種人做生日做彌月，帖子是不斷的，我總是『禮到人不到』，所以不會發生什麽糾葛。上海白相人，對像我這種人，叫作『空子』，所謂空子，是認我爲圈子外的人物。

獎券儲蓄　全是騙局

上海一向有一種賭博叫作『花會』，即是此間的『字花』，主持這種賭博的人，都是一些黑社會人物，在四十多年前是鄭茂堂，綽號『歪鼻頭茂堂』，他有一個兒子叫作『阿塲』，倒是石灰港南洋中學畢業的，人極斯文有禮。有一年，他生了喉痧症（近稱猩紅熱），我爲他治療痊愈，他衷心感激，一再要求我和他結爲金蘭之交，我對這種人的家庭背景，向來抱定敬而遠之的態度，所以我對他的要求沒有接受。

一天，他又來我診所，等到我診務完畢，邀我吃飯，我說：『有話儘管說，何必吃飯。』他說：『你知道嗎？上海新興一種發財票，最初是借賑濟長江水災爲名，後來就一期一期的辦下去，成爲一種定期性的彩票，頭獎的獎金爲二千元，買的人非常之多，這種彩票祇限於南市購買，出售的彩票店也都設在南市。』

我說：『我到過新北門老北門看過，有許許多多彩票店，都買這種彩票。』他說：『我也有一個路道可以發行一種新彩票，要你參加合作，因爲我對彩票設計和文字上的宣傳要借重你。』我告訴他：『我對賭博性的玩意，向無興趣，要我合作，更無胆量。』於是阿塲廢然而返。

幾個月之後，阿塲和金廷蓀合辦『五福獎券』，一期一期的開下去，有好幾期的頭獎，都用作弊方式開在自己的腰包裏，着實賺了不少錢，阿塲每次都送給我幾十張獎券，還是希望我另起爐灶，另辦一種獎券，但是我始終不爲所動。

阿塲年紀很輕，竟然發達了，常時出入妓院，他的父親茂堂認他是跨灶之子，正在得意的時候，阿塲向租界當局領到一張自衛手槍的執照，他對這枝槍愛不釋手，一天到晚抓在手上撫摩玩弄，不料一次因夫婦相罵，他的手槍走火，竟然死於自己的槍下。我就想到因果循環，一個人種什麽因？結什麽果！要是他不做獎券的話，沒有錢就不會買槍，也不會出入妓院引起夫妻相爭，更不致於死於非命。

那時節英租界也有發財票，叫作『香檳票』，是跑馬總會專利的一種馬票，一年祇開兩次，每次發行十萬張，每張十元，分十條，每條一元，購買的人，十分踴躍，連南京、杭州、青島、漢口都有人代理，搜刮的錢着實驚人。

法租界另有一個法國人叫作『盤登』，他妙想天開的創辦了一個『萬國儲蓄會』。盤登本來是一個法國無賴，會講中國話，也會吃鴉片烟，與法租界當局勾結得很密切，因此他組織一個銀會式而有獎券性的萬國儲蓄會，活動一下之後，旋即批准宣告成立了。

這個組織，騙人眞是騙得大了，他是採取零存方法的儲蓄制度，每月每會儲十二元，以十五年爲期，到期可以收回儲蓄金二千元，不到一年是不退錢的，滿了一年可以七折八扣作抵押。本來這樣硬性硬定，利息如此微細，應該是沒有人參加的，但是因爲月月開獎一次的關係，况且頭獎有二千元，特獎有五萬元，還有二獎三獎，以及許多末尾獎（按末尾獎即末尾一字和頭獎末一字相同），因此吸引力很大。但是從前要人每月存款十二元，也不是一件容易的事，所以凡是存十二元的名爲全會，再一分爲四，每人儲三元的名爲分會。他着重廣告政策，月月開獎，每次開獎結果都在報上大登廣告，大家以爲比買發財票好，到期尚可還本，這一下子，就轟動了全上海的人，連滬寧滬杭兩路的人，都紛紛爭着入會。

李麗華的母親張少泉女士

萬國儲蓄會僱用了不少推銷員，分別鼓其如簧之舌，勸各人的親友加入儲存，我查出：

一九二一年入會的有二萬二千四百廿四會。

一九三四年入會的有十三萬一千八百會。

大家想一想，每會每月是十二元，這麽多的會員，他每月要收多少？那時上海一共祇有幾十家銀行，總存的儲蓄存欵不過三億元，一個萬國儲蓄會，簡直要抵十幾家銀行了。

我初時也想去參加認一個全會，後來和丁福保老先生商量，他說：「這眞是一個大騙局，你千萬不可上當，你祇要想一想，銀行利息大約七年加一倍，錢莊的儲蓄大約六年加一倍，存在大商店的銀摺是五年加一倍，名叫『對合子』。萬國儲蓄會以每月五萬元開獎的框子，令到入會的人算不出利率來，實際上入會的人是吃虧得了不得的。」因此我入會的意念也作罷了。

但是在這十多萬個客戶中，每年每組至少有十二個人得到頭獎二千元，這是最僥倖的人物。我爲李麗華一家人診病十餘年。一天，李麗華的母親對我說：『小咪的命運眞好，在霞飛路寶康里時代，家境並不好，但是小咪落地她的爸爸一看報紙，竟然看到自己中了的一天，萬國儲蓄會的頭獎，立刻拿到獎金二千元。』諸如此類的情形，足見萬國儲蓄會吸引客戶，的確是有一套的。

萬國儲蓄會成立之後，祇有幾年時光，發起人盤登，已成爲一個大富翁，他把所有的存款，投資於上海的地產，組織華洋地產公司、均益地產公司，把愛多亞路外灘許多地產都買了下來，此外，還在霞飛路、徐家滙一帶買下不少地產，其財富之鉅，眞是富可敵國。

不料，一九三五年因爲做美國股票的空頭，一下子虧折極大，正在這個時候，上海有二十二個團體聯名通電拆穿萬國儲蓄會的利率不合理，完全是一個大騙局，要求政府取締。這時候法租界的勢力，已經受到中國政府的壓力，盤登見事不妙，自動的宣告結束。其實這時候幣制對物價已經差得很遠，他把地產變賣，換了許多外滙，逃離上海到瑞士去做富翁了。

幣制多變　銀元不變

我在南市的老家是租賃的，住了很久，覺得租界宜於行業，而南市却宜於住家，所以心心念念想在南市買一間小型樓房，作爲自己的產業。但是南市樓房的買進買出少得很，要放出聲氣等候機會。

有一天，我的堂兄幼青，走來告訴我，他的岳丈龐竹卿，是上海的有名人物，物業多得很，又喜歡珍藏古玩，與當時的收藏家龐萊臣，聲譽不分上下，但是他的岳丈那時已經外强中乾，虛有其表，連他在租界上的住宅也已經押掉了很久（龐竹卿的住宅在威海衛路同孚路口，在這個住宅的四面，一面是顏料鉅商邱渭卿的私邸，一邊是女詩人呂碧城的公館，一邊是曾任駐日大使章宗祥的寓所，連龐家四家，都已家道中落。）利息一路滾上去，這個屋子看來是無力贖回了。我詫異的問道：『龐竹卿人稱龐百萬，何以一下子會弄成這個地步？』幼青兄說：「唉！龐家一向做府綢生意，現在外國出口數量大跌，苦守了七八年，經濟上就週轉不靈，加上他的兒子狂嫖濫賭，娶了一個電影明星韓雲珍做小老婆，韓雲珍是有名的『騷在骨子裏』的風騷女子，兩人都吃上了鴉片，容顏憔悴，無復人形，加上了韓雲珍的妹妹也給他搭上了，後來韓雲珍的母親也遷居龐家，四個人吸鴉片，還要潤天潤地的濫用，所以龐家境況就一落千丈。現在連南市淘沙場老宅也要出售了，我就住在他的這個老宅中，看來不久就要搬出，搬出的事小，倒是我捨不得輕易搬開這座房子，因爲這座房屋出過三個富翁，第一個是龐竹卿，第二個發跡的住客是吳蘊初（按即是天厨味精廠的老板），他住在這個屋子裏面，研究味精成功的。第三個住客是方液仙（按即中國化學工業社的老板。）他的三星牙膏，也是在這所屋子裏發明的。我現在正在這屋子裏辦一個華商元下公司，發行牛肉汁，也小有成就，所以我祇怕他把這屋子出售，那就可能影响到我的發展。」接着他就問我：『沆弟，你有錢的話，我勸你把它買下來，因爲這個屋子，眞可以算是吉屋。』

我聽了他的話心也動起來，便說：『這個屋子地處衝要，可能價值很大，怕我買不起。』幼青說：『我來同岳丈講，價錢可能便宜一點。』

三天之後，幼青又來了，他說：『這個屋子，佔地約一畝，事實估價要二萬五千元，他早前想把這屋子送給我們夫婦二人的，現在因爲等錢用，就作價二萬元，一萬元仍舊送給我們夫婦倆的，另一萬元他要收現款，你要買是極化算的。』我說：『二萬元實在是一筆大數目，我一時也湊不出，可不可以我和你兩人合資購買這間屋子，你贈予的一萬元作爲股本，我的一萬元現款也是股份。但是我現款還是不足此數，手頭祇有五千元，還有五千元能不能分五個月拔清？』幼青把我這話傳給他的岳丈聽，龐竹卿很慈祥而又很想得週到說：『現在我家朝不保夕，而我的壽命也恐怕等不到五個月，爲了避免你們捲入爭產糾葛起見，不如立刻做手續，先行過戶，將這個道契歸錢莊保管，你們向錢莊付清了錢，再取回道契就可以了。』他這樣一說，就在兩天之內，辦理過戶手續。

從前房屋買賣，沒有分期付款制度，這件事近似分期付款，錢莊起初不肯做，後來經過情商，才肯接受，但是利息要收到一分二厘，我也勉强的答應了。

果然不到兩個月，龐竹卿竟然溘然長逝，他在租界上的產業，拍賣的拍賣，被錢莊沒收的沒收，而我和幼青買下的屋子，却毫無糾葛，而他的那個寶貝兒子雖然反對，却也一無辦法。

這件事情，事後我告訴丁福保老先生，他說：『以後要買房子，一定要清清楚楚，一手交錢，一手收屋，不能有一些糾紛滲入其間，這件事幸虧龐竹老道德好，想得週到，否則你就會捲入是非圈中，三年五年的纏不清了。俗語說：與人不睦，勸人造屋。還有一句話可以說與人勸人買屋，是一樣的。』我現在想到從前上海要造一幢房屋或者買一座樓，沒有經驗的話，眞是自尋麻煩。

後來，八一三事件爆發，南市大火燒，連燒了三天，我想這座房子，也會燒光了。幼青兄天天到廿四層樓國際飯店頂上，用望遠鏡瞭望，祇見家中的一個烟卤還存在着，大家差堪自慰。

戰事停了之後二年，南市復興很快，幼青移居租界，他的元下牛肉汁、鷄汁也讓給別人去做了，我根本住在租界上，我母親又不喜歡那座屋子，始終沒有搬進去住，於是我們商議之下就把這屋子出賣了，那時幣制已有變動，但是我們堅持要收銀元，折合起來售得一萬二千元，虧本是虧本了，但是銀元的價值，依然沒有多大變動。

這是因爲南市經過一場戰爭，市面蕭條，而鈔票不值錢已漸開端倪，老百姓們都覺得置業可以保持幣值；但還要看這個地段好不好，所以這所偏在南市區的房屋祇求有人買，也只得虧本脫手了。　（十）

THE QUEEN'S AWARD
TO INDUSTRY

英國樂頓男仕皮鞋

榮獲英女皇一九六九年特別獎

欵美價廉·舒適輕便

特別選用

法國野狼皮製造

NORTON

MADE IN ENGLAND

大人公司有售

大人

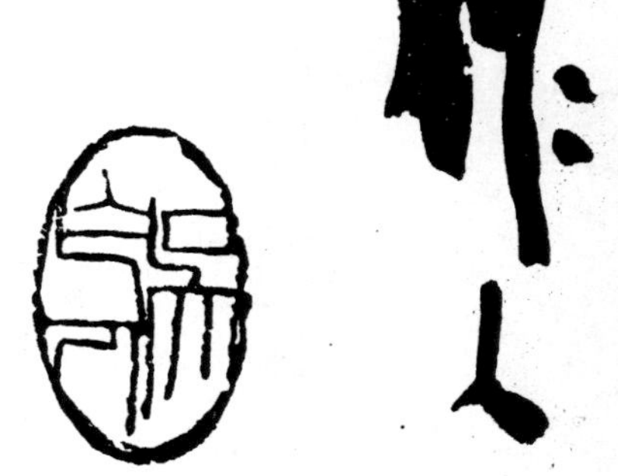

論天下大事
談古今人物

第廿四期

周恩來在馬歇爾所主持之國共和談最後一幕

自右至左，不分排：吳鐵城、曾琦、國民黨某秘書、李維漢、李璜、郭沫若、蔣勻田、胡霖、左舜生、羅隆基、余家菊、周恩來、章伯鈞、邵力子、共產黨某秘書、楊叔明、沈鈞儒、黃炎培、陳啓天、張君勱。 攝於上海海格路吳鐵城寓所

（詳見本期李璜先生近作「我的回憶錄」第二十章第四節摘寫）

封面：吳作人畫熊貓　　封面內頁：國共和談一頁歷史性圖片
特大插頁：陸廉夫仿董北苑范華源山水屏幅（定齋藏）

大人　每逢月之十五日出版

出版及發行者：大人出版社有限公司
督印人：王朝平
編輯者：大人雜誌編輯委員會
總編輯：沈葦窗
社址：九龍西洋菜街三號A　即彌敦道六一〇號後座
電話：K八五五七三〇
印刷者：立信印刷公司　九龍新蒲崗伍芳街緯綸大厦十一樓
總代理：吳興記書報社　香港租庇利街十一號二樓　電話：H四五〇五六一　H四五〇七六六
星馬代理：遠東文化事業有限公司　新加坡厦門街十九號　檳城杳田仔街一七一號
泰國代理：集成圖書公司　曼谷耀華力路二三三號
越南代理：聯興書報社　越南堤岸新行街二十二號
其他地區代理：
澳門：可大文具店　漢城：汎亞書籍公司
亞庇：利民公司　寮國：永珍圖書公司
千里達：中華公司　斗湖：光明書店
菲律賓：華安書局　菲律賓：玲瓏書局
倫敦：東寶公司　紐約：友聯圖書公司
芝加哥：杏林春　紐約：大方圖書公司
波士頓：中西公司　洛杉磯：永安堂
三藩市：新生圖書公司　檀香山：大元公司
三藩市：益智圖書公司　三藩市：文化商店
加拿大：香港商店　加拿大：新國華公司

周恩來在馬歇爾所主持之國共和談最後一幕

——我的回憶錄第二十章第四節摘寫——

李璜

大人雜誌編者沈葦窗先生兩週前過我，要我談談周恩來的故事，我沒有立刻答應他。一則因我近來興趣，只喜歡寫點游山玩水的文字以爲消遣；再則我雖與周恩來在法國四年相處，在抗戰中及勝利後又近十年往還，接觸的機會甚多，記得他的故事不少；而且這些故事都與一代興亡有關，但我已一併收在我的回憶錄裏了。三年之前，我也曾發表了一些；不過後來因爲紐約哥侖比亞大學東亞研究所魏慕廷教授（Prof. M. Wilbur）把全部書拿去譯成英文；他既已花了二萬美金的譯費，正待整理印行，我似應遵守他的中英文本同時出版的信約。因此我曾對香港和台北辦雜誌友人的要求都拒絕了，至爲歉然。

不過前週我忽然接到同鄉好友李天民兄自台北寄我一本他的英文近著，書名就叫作「周恩來」，其中四五處都提到了我。天民爲寫書到香港時曾訪問過我，事隔多日，我已記不清同天民談話的內容了。他的書三六九頁中寫到國共和談的最後一幕，述及周恩來對着梁漱溟和我當面哭鬧一節，註稱：「此節由李璜先生供給的見聞」，其內容雖大致不差，然仍有不盡不實之處，亟待補充說明一下。適葦窗再來索稿，我便表示可以在我的回憶錄中將這一節摘寫下來。但我臨時向葦窗出了一個難題，我說：『如果你能將此幕聚議的全體人物一張照片尋得出來，以爲佐證，我便爲你寫稿。這張照片印在張君勱著的「中國第三勢力」（Carsum Chang-Third Force in China, Bookman Associates, New York）一本英文書上，香港恐怕尋不出。』不料葦窗拉稿賣力之至，他跑遍港九外國文書店，第二天便花了三十六元港幣把這本唯一餘存的張書買到手了，拿來與我看；這一下，我無法推脫了。（照片見本刊封面底頁）

我這篇回憶錄中第二十章，「馬歇爾調和國共的使命評述」，內第四節，「第三方面調解的最後努力」，字數相當多，我現在只得加以縮寫，取題爲「周恩來在馬歇爾所主持之國共和談最後一幕」。這個標題，明知太長；但我要夾入「馬歇爾所主持之」七個字，爲的是要表明周恩來與美國佬打交道，已經不是生手。在今天與基辛格和尼克遜諸人交往之前，早已與赫爾利、馬歇爾、魏德邁諸人密切交往有一兩年的經驗；故周對於美國人的性格、好尚與信行，早已摸得相當清楚，因之此次應付，甚爲得法。可嘆的是，在二十五年之前，與周恩來共同應付國共和談甚爲合手的他的同志們如林祖涵、秦邦憲、王若飛、吳玉章、李維漢、陸定一等人，不是死了，就是被清算而不知所終了；剩下來只有熟手葉劍英一個了，所以今次周只有緊緊抓住葉來共同應付。因之周在情不自已中向美國人說「我也老了」，大有「天地悠悠，不見來者」的感慨。

這裏還要先說明一下的，即今昔異勢，周恩來從前應付馬歇爾與今日應付尼克遜，其所取姿態，前後便大爲不同。當一九四六年馬歇爾在華調和國共時，美國是以世界盟主自命，而對國共所用的是高壓手段。周爲躲閃美方高壓，令其壓力偏向於國民政府方面，周對馬其時所取的外交姿態是以弱者被欺侮者自居，即所謂「哀者」的姿態，因之容易取得美方的同情。就是對於我們第三方面，他也周旋盡禮，隨時以偺們都是在野黨爲言。但我們心裏有數，中共這個在野黨是有土地、人民、政府與兵力，而我們則只有筆桿兒。中共表面上自稱屈處在野，似乎欲求聯合政府而不可得；其實中共早已意在全牛，江山獨霸；因爲周雖口口聲聲說是國軍數量大，而他們的兵力弱，其實他們心目中對於當時國軍的驕將饑兵，並無所懼，認爲不堪一擊的，只要美國人不再支持國軍。因是周當時之對付和談，其唯一用意，在取得美國人的好感，並不在於解決問題，以便在談談打打中，從蘇俄手中將東北兵力拿了過來，然後背景與實力兩皆穩固，對美國人便過河拆橋，不在意下了。所以周在和談之初，不斷叫苦；而在和談之末，對第三方面一談到東北問題便大發脾氣。——當周面對着我們又哭又鬧時，我已懂得這個「兩軍相當，哀者必勝」的道理了啊！

但是而今中共所處的形勢，雖然號稱「祖國强大」，「一片形勢大好」；然而岌岌不可終日的，乃是蘇俄以百萬大軍壓境，要逼他回歸「社帝」的懷抱裏去。於是原子戰爭可怕，只有在北平各地大掘其地道，號稱「地下長城」。但在稍有科學常識的人看來，這又何濟於事。中共的恐俄病害得很重，西方英法記者們已看得並說得很明白。因此他必須與「美帝」拉上一手，藉以抵擋一陣。尼克遜總統訪問中共，如此其大吹大擂，新聞記者帶上八十一百，兩個通信衛星搬去裝上，周恩來等陪着尼克遜一行開會、吃飯、旅行、游玩……等等不一而足的畫面都繪影繪聲的表露在世界各地的電視之中。這不但開了中共竹幕裏二十年來所未有的先例，而且是世界各國辦外交從來未有的鬧熱場面。周恩來以至毛澤東等，在表演上，要如此做得好像與美國要人成爲「老友記」的情況，這不是表演來與我們看的，而是特別表演來與俄國鬼看的啊！因是昔年周恩來對馬歇爾所做的戲，是心甜口苦；而今對尼克遜所做的戲，乃是心苦口甜。人生本如戲耳，而政治外交上的粉墨登場，更是半靠做工。不過羅傑士口中所稱讚的「這位特別聰明的人」，更做得是模是樣，頗爲到家而已。

國共和談近尾聲　馬歇爾最後努力

國共和談，在馬歇爾將軍主持之下，自他一九四五年十二月十六日到達重慶開始，一直做到一九四六年十月，可以說已到盡頭；而由他所鼓動去從事和談奔走的第三方面，也可以說大家失去信心，快要風流雲散了。不過第三方面的一些重要分子大都住在上海。馬歇爾將軍在那年夏季七八次上廬山奔走，似乎又得到甚麼政府方面的承諾，因之最後到上海來找周恩來，勸他無論如何，再回南京去和談一次，而周直是不肯；然後馬來請求第三方面設法。其時第三方面已不再自動聚商。因爲國民黨爲結好第三方面，以便孤立中共起見，既有馬的這種表示，吳鐵城、邵力子與雷震三人便分別來與我們接頭，表示政府還是信任第三方面的力量；又因雷震的脚很勤快，於是在兩天之中，便把當時所稱的各黨各派與社會賢達中的重要分子都請齊了，除了梁漱溟與莫德惠在南京外，大家齊聚於上海海格路的吳鐵城宅中，談了兩次。但其時大家已明白，問題已僵持到很難說話了：一是政府非要照宣布的十一月十二日召開製憲國大不可，而中共則公開宣言反對，認爲這是爲國民黨片面決定，爲非法，他們不能參加。二是中共又已宣布，國軍不能進攻張家口，對張家口的進兵不停，則無和談可講了。

在這一情勢之下，馬歇爾所以勸周回南京無效。但經我們一勸，而周又願意同我們一道再去南京。很明瞭他再爭取我們都不要去參加十一月十二的製憲國大，以便將國民黨孤立起來，令政府不好意思去召開一黨的國大。因之在十月二十一日，我們第三方面這班人竟乘飛機與周恩來同時自上海到了南京，與蔣先生立即會了一面後，便借錢新之先生的南京交通銀行樓上開起會來。馬歇爾將軍也每天派人來詢問會談的消息，他似乎寄望甚殷；然而談得雖很認眞，一直談了十天，最後不但毫無結果，而且不歡而散。

問題本明顯的擺在那裏。從一月政協開後，一直錯綜複雜，打打談談，無非爲的是停戰，地方政權與改組政府，召集國大這三個問題。不過戰局不但根本無法停，而且打得愈來愈凶，故到後來，第三者只得站開。今天又聚在南京，還不是這三個問題。因之我們其初三天，談得很快，第四天照老調寫出：（一）國共雙方各就原地即日停戰；（二）全國地方政權問題，由改組後的國民政府照政協決議之和平建國綱領所規定解決之，其有爭執的地區，並依軍民分治的原則，儘先求其解決；（三）依照政協決議及其程序，首先召集綜合小組，商決政府改組問題，一致參加政府；並商決關於國大問題，一致參加國大。

這三條決議案，不管國共雙方是否滿意，總算處處有所依據。而且每一條，在我們第三者看來，都是有利於中共的。第一是即日就地停戰，適符周恩來所聲稱的國軍不能再行進攻；第二第三兩條中所說，也毋寧是再對中共有所安撫，因第二條

馬歇爾（左）與周恩來（右）

的地方政權之儘先解決辦法，是因中共再三强調地方政權之重要性，而第三條之再召集政協綜合小組商議，其意仍在延緩政府在十一月十二日召開國大也。

在十月底間，政府方面北方軍事進攻似乎甚爲順利，佔着上風，我們覺得周恩來對此情勢似乎甚爲着急。因此國民黨所派與我們第三者答話的孫科，在我們陳述這三點決議時，表示只要共產黨交出參加十一月十二日製憲國大的代表名單，一切都可以從長計議，並且表示憲法草案的提出一定是用政協小組所審訂的修正案。但在中共方面，則董必武與李維漢等聽見我們轉達孫哲生的答話，一齊劍拔弩張的表示，如果政府不把所有戰事停止下來，則一切無從談起，他們是絕對不能相信政府的任何諾言的。——談到這裏，又碰了壁，無從再談下去，無黨派的大公報社長胡霖（政之）已表示不耐煩而請假回上海去了。於是由有地主之誼的錢三爺（大家都如此稱呼錢新之）出面請客。新之在八年參政會中出席論事，既認眞而又公正，一向引起大家對他的好感。他在席上勸周恩來轉達延安，如果中共只注重軍事與地盤，而把自己曾參加討論過的憲法問題，視爲無足輕重，這是違背多數人願望國家有部民主憲法的意旨的。同時中共曾提出改組政府的人數，如國府委員各佔若干席，第三方面也正在與政府當局討論，請政府讓步；爲甚麽中共今天只是强調停戰與地盤問題，迫使第三方面無法一時辦到，又只得站開了事呢？錢新之這一席話說得合情合理，周恩來等並無表示，但我當時已感到周等對之是無所動於中的。

梁漱溟熱心過度 周恩來哭鬧一場

梁漱溟是一個忠厚的學人，本不適宜去過問那種集古今中外變詐於一堂的中國政治；但他對於調和國共，自來特別熱心。現在他看見這最後一會的希望又將落空，因之他妙想天開，要去試擬東北地盤如何解決的方案。這個方案之貿然提出，隨即鬧出笑話，把第三者的顏面都損害了。

梁漱溟認爲國共當時的爭持焦點，是在東北問題上。政府軍是正在用力打通東三省的鐵路交通，而中共則想佔東北的地盤，以便藉此靠緊蘇俄，從事擴張。因之他想要兩全其美（？），去與特別了解東北情形的莫德惠、好管閒事而又長於考慮技術問題的黃炎培，三人關起門來，寫出一個第三者解決東北糾紛的方案。漱溟性格一向甚爲執著，他既認爲如此才有辦法，而莫、黃又附和他，我們便無所謂的推他們三人去成立小組討論東北方案。三人用了一日一夜之力，寫出方案，並附圖表，說明兩個具體建議：一是指定齊齊哈爾、北安、佳木斯三地爲中共駐軍地方；二是沿東北鐵路四十一縣，當時有二十一縣在中共手裏，請中共交出，讓政府派縣長只帶警察前往接管。這個方案，據莫德惠向我們解釋，佳木斯地方很大又很肥沃，中共得之大可滿意；而政府只用少數警察去接收沿鐵路交通各縣，也不會對中共有何威脅。第三方面對於東北的情形本不大熟習，大家覺得有此方案，總算表示盡心，因將頭三天所決議的停戰、改組政府等三點，連同這一東北具體方案，合起抄出三份，每份之後，都由在場出席的人簽了名，準備送與國共兩方及馬歇爾將軍。地主錢三爺特備午餐兩桌，請大家喝點酒，以酬八日來不斷會議之勞。因此我們一面等吃午飯，一面便推定送信之人：孫哲生處送信，由黃炎培前往；馬歇爾處則由羅隆基去；至周恩來處則照例要三個人同去，因推梁漱溟、莫德惠與我同往梅園新村，車子由交通銀行飯後備妥即行。但午餐方畢，沈鈞儒與張申府兩人，跑來要求將飯前他兩人在議決案後所簽之名取銷，於是自己用黑墨將其名塗來看不見而後已。我們很了解他兩人已趁午餐時餓起肚皮去向周恩來報告，請過示，因周不贊成，所以他兩人又趕來塗去自己的簽名。我們也不在意下，仍舊於飯後下午三點鐘照原定辦法，分頭送信。

周恩來事前已得沈、張報告梁、莫、黃的東北方案，故我們三人一進入梅園新村中共辦事處，周出來接見，面色便不大佳。梁將文件交周；周匆匆一閱之後，立即哭了起來，向梁叫道：『我們錯交了你這一個朋友了啊！我們以爲你是好人，你這種東北方案豈不害死我周恩來！毛主席知道了，他要認爲我在這裏幹些甚麽事，交些甚麽朋友啊！』叫畢，伏案哀鳴不已，弄得漱溟瞠目結舌，大出其意想之外。忽然周的太太鄧穎超走出客廳來，叫勤務兵將梁漱溟扣留，要他表示悔過。梁至此怒容滿面，更是不發一言。奇怪的是周鄧兩夫婦並未理睬我與莫德惠兩人。我便拉莫柳老出了客廳，站在階沿上，我對柳老說：『這一東北方案，本是你與漱溟的好心，是認爲有利於中共的。今周恩來既然認爲這方案害死了他，我們就收回了事罷。』莫答：『馬歇爾與孫哲生處那兩份又如何收回呢？』我說：『你就留在這裏陪漱溟，我去尋黃任之，先把孫處收回；馬處那裏是無所謂的。』莫以爲然。我於是復入客廳，道：『恩來兄，不必吵鬧！梁先生也是一片好心；不過他不了解你們的打算罷了。你既不贊成，我立刻去找黃任之，將交孫科的一份也收回，就算沒有這回事。我們第三者是從無成見，我們又沒有兵，連勤務兵都沒有一個，我們又怎能强人以不顧呢！』於是周始抬起頭來，淚眼已乾，董必武在旁聽到了，忙道：『那麽，李幼椿先生就快去找黃任之罷！』我立乘原車直趨孫宅，黃任之還正在與孫哲生解說他們的東北方案。我一進去便將周恩來對梁哭鬧的情形說了一番。孫的態度很好，說道：『既然如此，我不使你們諸位爲難，黃先生就收回這一東北方案罷！』於是我又同黃回到梅園新村，表示方案已收回，不必再談，大家走罷，周此刻又破涕爲笑了。

大家熱心一場，竟得到這樣的自討沒趣，已經心裏大不痛快。第二天蔣先生特約我們茶會，除了救國會份子未被邀請外，第三方面的人大致均到了。蔣先生一見面即嘲笑大家道：『你們諸位眞是書生！怎麼拿起筆來在地圖上隨便劃分國土！我豈能向共產黨割地求和嗎！何況共產黨所要求的國土，又豈止那幾塊！國民黨決定結束訓政，還政於民，製憲國大非開不可！在政府改組之後，無論共產黨參加與否，再等新的民意政府去與他們說話罷！』蔣先生這幾句話，眞是令我們來客哭笑不得。只怪我們多事罷。然而我們之來南京開會，是被政府用專機請來的；周恩來也是自願陪我們同來的。而今既然兩面都認爲我們多此一舉，我們當然只有無言而退了啊。

錢永銘（新之）

李維漢罵羅隆基 竟鬧到不歡而散

戲既唱到場台，本來無再聚之必要。那知梁漱溟通知會衆，他還有話說；而錢新之特別周到，下帖子請午飯要與我們餞行。又多此一舉，反鬧得大家不歡而散。是日正是十月的最末一日，近午來到交通銀行樓上的第三方面的客人並不多。我還記得我與左舜生、陳啓天進入時，只有主人錢三爺招呼着梁、莫、黃三位東北方案起草人，而梁已在正襟危坐的談其爲國家祈求戰後團結和平的苦心。張君勱由蔣勻田陪來。雷震到後，董必武與李維漢也來了。來客如此疏落，興趣也甚闌珊。但李維漢則興趣特高，一坐下，便打斷漱溟的長談，大放厥辭，歷數國民黨如何背信，如何對不起共產黨；你們如何的被國民黨所欺騙，共產黨是絕對不讓國民黨片面決定召開國大的，等等毫無禮貌的粗鄙言語。在李維漢心中，認爲他這種態度表示出來，或可以制止大家不去參加十一月十二日的製憲國大，殊不知適得其反。忽然羅隆基走上樓來，李維漢更大聲指着羅罵道：『羅隆基！你簡直不是人！』羅聞此言，回頭便走；下樓去便未見他再回來了。但在座見着李維漢如此氣燄逼人，一齊都動了火。莫德惠首先表示：『這個調人我從此不願再做了！』左舜生更衝動的說道：『製憲國大，青年黨決定提出名單參加，不再聽候共產黨的意旨行事了！』梁漱溟要走，錢新之擋住他，說：『飯已擺好，吃了再走。』於是大家走向飯廳，而李維漢與董必武便在後面溜走了。飯剛用畢，來客不滿一桌人，向主人道謝，表示打擾他整整十天，實在過意不去。但在這個當兒，周恩來又忽走來，笑容滿面，他或者聽見董必武的報告，感到李維漢的粗魯，不善於表示中共反對召開國大的決心，而反將衆人激怒了。因之，他又要求錢三爺請大家暫時留步，從容的說明：『美國人根本不應偏袒政府，幫助國軍大量運入東北，引起戰事，東北問題便不容易解決了。政府又不願即刻停戰，而要中共先交出參加國大名單。中共的軍事在前面正受着戰火的壓迫，張家口一被政府軍攻下，還有甚麼和談可講呢！』梁漱溟聽至此，忍不住說：『只怪我們多事。』周繼續說：『我也知道諸位有點厭倦。我也有點抱歉；大家勞了神，我們來同飲一杯酒，以酬十日之勞。』錢新之立答：『要吃酒，我首先贊成，我有的是好酒。』回頭叫行員去取兩瓶白蘭地來，斟上幾大杯。周首先舉杯，祝大家健康，一飲而盡；錢也飲了一杯，在坐只有我還能喝幾口，我舉起杯來笑道：『恩來，你的酒量還在，與在巴黎時一樣飲得痛快！』這句話，周自然明白，因爲在一九二四年秋，我們在巴黎打得頭破血流之後，周曾假意前來講和，他與我曾喝過兩三瓶法國紅酒，說明停戰三月，他便把他的人馬暗中移到莫斯科受訓後，轉回廣州參加國民黨的左右派鬥爭去了。

大家散去，各奔前程，從此第三方面這四個字便成爲過去。直至製憲國民大會召開的前夕，馬歇爾將軍還勸政府下令停戰一次，以待中共交出參加國大名單，這當然不會發生任何反應的。周恩來於十一月十五日在南京梅園新村舉行一次記者招待會，聲稱，國大已開，和談之門已閉。十九日周飛返延安，從此不復再來。但馬歇爾將軍於一九四七年一月八日始黯然的飛回美國；臨行也發表了一個聲明：

一、和平的大障礙爲中國共產黨與中國國民黨彼此懷抱完全的而且壓倒一切努力的懷疑心理，無法解開。

二、國方有一頑强的反動派，認爲絕對與共方不能合作；而共方也認爲與國方即使合作組織政府，也無非過渡到共產政治的一種手段，中共是絕對不信任英美式的民主政治的。

三、中共的煽動反政府以至反美的舉動，絕對毫無情理可講，令人招架不了。

四、中國文治派力量之薄弱，因爲毫無社會基礎；自由分子中雖不乏優秀人才，但並無權力影響政治。

因此他盼望蔣先生能在改組政府時，使自由分子得着權力，發生政治的控制力，俾實現良好的政府。

專載

「銀元時代」生活史

——六十年來的物價追想——

陳存仁

從前上海是中國發揚文化的中樞，也是商業金融的中心，不但教育發達，也掌握着全國經濟的命脈。人才輩出，說也說不盡，我以行醫為業，接觸的人物，上中下各階層都有，現在回想起來，大有寫述的價值。

人才輩出　甲於全國

我的診所中，有一位粗粗魯魯的老年病人，掛號時自稱姓高，他自己病愈之後，常常帶領着許多男女老幼來看病，大多數是工人，或是店員，診金都由他付，而且對病人照顧備至，看來連葯費、車費都由他代付的。有時候他還來邀我去出診，坐着他那輛高高大大的老爺汽車，一直開到閘北陋巷中的小屋子裏，陪我看病，病者的家族都稱他為高老板，對他感激涕零。

後來我對這位高先生漸漸稔熟，我問他：『你老先生的貴業是什麼』？他說：『我是一個老粗，自從西人馬禮遜鑄造中文鉛字之後，我因為讀過「千字文」，才在上海做了中國最早的排字工人，現在却當了商務印書館的董事，但是一天到晚清閒得很，所以凡是工人有病，我都親自陪同他們看病，照顧他們，習以為常。』

我知道商務印書館的創辦人有三位，一位是鮑咸昌，一位是夏粹芳，還有一位是高鳳池。我就問他：『你是不是高鳳池先生』？他說：『是。』接着他就源源本本把商務印書館的開辦歷史說給我聽。

從前上海多是老式的書坊，如『掃葉山房』、『粹文堂』、『千頃堂』等，都是印木版書的。（按掃葉山房的歷史有一百多年，清代有兩位名醫，薛生白與葉天士，都在蘇州懸壺，兩人交惡，葉天士名其齋為『踏雪齋』，雪字影射薛生白的薛字；薛氏不甘示弱，名其齋為『掃葉山房』。後來薛氏常常刻木版書，在上海開了一間書坊，就叫『掃葉山房』。）那時節連石印都還沒有發明。

他又說：「第一架手搖脚踏的印刷機，是由英國運來的，中文鉛字的銅模是馬禮遜從香港運來的。夏粹芳、鮑咸昌深信基督教，教會中常常有印刷品，教士就請夏、鮑二人負起印刷的責任，並且把運來的一架印刷機交給他們，他們請到第一個排字工人就是我，借了一間小屋子，專門印刷教會傳單，兼印商業文件，當時我不計工資，祇拿一些車錢飯錢，但是印刷部份的收支，還不能相抵。因此就想印一部英語讀本，使中國人大家讀英文得到一種範本。第一部書叫作『華英初階』，這本書的原稿，本來是英國人用來教授印度人的，鮑咸昌就把它改編一下，出版問世。同時門前掛上一塊『商務印書館』招牌，以便招徠商業文件。(註一)

不料這本『華英初階』銷路大好，起初祇印一千本，後來印到幾萬冊至幾十萬冊，當時工人實在找不到，因為識字的不肯做工，做工的又大都不識字，因此我就專門負責排字，引用同鄉子弟做脚踏印刷工人，最初時期日以繼夜的專印這本書都來不及，到了那一年年底，竟然賺了一千塊錢，於是我也被夏、鮑二人邀為股東，佔股權五分之一，大家通力合作，經過十多年繼續添購馬達印刷機及一切設備，逐漸的擴展，編印全部小學教科書，暢銷全國。到了民國十七年，閘北的一間印刷工廠已經佔地六十二華畝，各省各市都陸續開設分館。夏粹芳見識最遠大，每一家分館，都自己購地建屋，南到香港，北到黑龍江都有分館和巨幅地產。現在我照股本而論，也算是大股東之一，實在講起來，我不諳文墨，現在的編輯印刷和經營，我都插不上手，因此空閒得很，所以自動負起照顧工人的福利工作。」

我聽了他這番話，深深感到上海人對工作的努力和開展，非同小可。從商務印書館開始之後，各大書局接踵而起，成為全中國文化的發祥地，不但全國學校的教科書由上海出版，無數高深學識的專門書也在上海發行。原來商務印書館的發跡，就是從「華英初階」開始，後來再印「華英進階」等書，如今凡是五十五歲以上讀英文書的人，沒有一個不是由這部書開始的。

關於經濟方面機構，從前上海很多錢莊，做錢莊的人，都是寧波和紹興人，資本的來源，一部份是湖州人。上海錢莊的勢力，可以影響到全國，在明清時代，經濟的實力本來分散各省，如『山西票號』、『北京官銀號』，初時實力雄厚過上海，但是上海寧紹兩幫同鄉的經營能力，遠遠的駕乎其上。又因為上海接近國際通航的關係，商品進出集中在上海，所以上海錢莊的發展，在清末已經佔到到全國第一位。

從前上海人的商業道德和往來信用極高，沒有什麼商業詐欺的事情。老板拿錢出來做生意，無論銀樓、錢莊、當舖、醬園、布廠，範圍儘管大，都是請一個經理，名爲『當手先生』，全權經營，連賬房都歸當手先生聘用，做老板的人，儘管在家享福，百事不問，他們從來不會『作弊』。到了年底，由當手先生結算一年贏虧，寫上一張紅摺紙，說明全年賺了多少錢？稱爲『紅賬』。老板客氣得很，茶烟相待，畧叙數語，恭送而別。在平日見面的機會很少，所以有許多老板，可以連開三四家錢莊、五六家當舖，是不足爲奇的。

還有一種商業習慣，大家交易全憑信用，不簽署什麼契約，來來往往，只憑一句話，說出的話，也不需要第三者証明，絕對不會撒賴。這種作風，由來已久，連當時外國人和上海人做交易，不論多大數目，也相信中國人『一言爲定』的商業道德。

當時外國人到上海來的，一部份是正當商人，一部份是斂財的冒險家，一部份却是外國的滑頭，就利用中國人這種習慣的弱點，造成種種華洋糾葛，於是後來在交易上，就需要律師和証人，每一筆交易，都要有契約。

虞洽卿（一八六七——一九四五）

在寧波人中我特別要提出一位來談談，此人就是虞洽卿先生，名和德，他是寧波鎮海人，在他十五歲的時候，由同族人虞鵬九出信介紹他到四馬路望平街一家瑞康顏料店當學徒，那時他腰乏分文身無長物，從碼頭上走到四馬路，恰巧大雨傾盆，他脚上穿了一雙布鞋，是他母親手製的，這時他脫了鞋子，挾在腋下，赤了脚，直走到那家顏料店去就業，後來虞氏飛黃騰達，上海人大家都知道這個故事，稱他爲『赤脚財神』。這家顏料店是蘇州富紳奚蕚銜的父親奚潤如所開設的，資本不過八百兩，職工連老板祇有三人，他僅是學徒身份，全年收入，祇得鞋襪錢十二元，但是他很勤力，很小的年紀，就當上了『跑街』。他辛勤工作，頗爲東主所器重，這家顏料號那年就賺了二萬多兩，老板奚潤如認爲虞洽卿是一個出色的人才，特別酬謝了二百兩銀子，請他參加作爲股東，這是當時商界中未有的特例。

過了十二年，虞洽卿當上了魯麟洋行買辦。再隔九年，改任道勝洋行買辦，同時他創辦『四明銀行』；又感到中國沒有民營的航業，官營的招商局作風落後，於是他毅然開設了寧紹輪船公司，這一下子，外洋的航業界大爲妒忌，聯合起來和他競爭，本來從上海到寧波的船票是銀元一枚，此時各洋商輪船，突然把票價改爲大洋五角，因此一班寧紹同鄉都爲虞洽卿揑一把汗，大家無形中聯合起來，一致支持同鄉的事業，齊心不搭外洋船，來往寧波上海，寧願付銀元一枚，來支持虞洽卿。

虞洽卿生平對公衆運動，熱心參加，不遺餘力，當年上海四明公所大閙公堂的一場大風波，由虞洽卿出頭力爭，獲得勝利，這也是上海人盡人皆知的。

後來他又贊助南洋勸業會，參加辛亥革命，從此大家格外的敬重他，平輩稱他爲『阿德哥』，後起尊他爲『虞洽老』。他認爲航海事業大有可爲，於是他撥出二十萬元，創辦三北輪船公司，購買三艘輪船，行走滬漢，逐漸擴展，沿長江各區都有躉棧，因爲他爲人精明能幹，年年月月都有困難，俱能迎刃而解。後來三北公司旗下的輪船增至三十二艘，噸位達到四萬餘噸。同時他又代理寧興、新寧興等輪船七艘，鄞船五艘，成爲中國最早的一個『航業大王』。他頗重桑梓之誼，所以他屬下的職員，都是三北人、舟山人。影響所及，外洋輪船的從業員，也是舟山人居多。現在常來香港有一艘『鐵行公司』的極大外洋船，就以『舟山號』爲名。

（按：如今全世界共有七位船大王，希臘佔三人，美國佔二人，中國也佔到二人之多，一位姓董是定海籍（即舟山），一位姓包，是鄞縣籍，都屬浙江寧波人，擁有船隻噸數，雖遠超於前，但是這種事業，或多或少與虞洽卿當年創下的寧波系有關。）

在我行醫時期，有一位方小姐，常常在中午時間陪我到航運俱樂部去診視虞洽老的小毛小病，久而久之，成爲相稔。我每次到航運俱樂部去，總見到有不少鶯鶯燕燕在旁服侍他，他有午睡習慣，見他身體强健，精力過人，所以患的病都是微不足道。虞洽老爲人也很風趣，特別是在三杯落肚之後，更是妙語如珠，記得他有兩句最令人捧腹絕倒的話：

『梅蘭竹菊多細撇！
四書五經莫亂抛。』

這兩句話，一句是談畫理，一句是教人珍惜書本，原是很文雅的，可是一經他用寧波鄉音讀出來，就大大的『笑煞人』了。

後來他爭取到租界上極高的地位，担任工部局華董好多年，又任寧波旅滬同鄉會會長，租界當局對他極尊敬，特地把寧波旅滬同鄉會會所所在的西藏路，改名爲『虞洽卿路』。

法租界也有一條短短的路，叫作『朱葆三路』，是紀念華人朱葆三的，朱葆三的出身是定海東鄉北蟬村人，刻苦耐勞，到上海做罐頭食品號學徒，後來結識葉澄衷，愛其才能，助其成為五金業領袖，積資既豐，發起及領導中國通商銀行、浙江地方銀行、浙江實業銀行、四明銀行及華安保險公司、長和輪船公司、永安輪船公司等。對社會公益的事，也極出力。總賬房顧晴川，他的兒子顧少川，即是大名鼎鼎的外交家顧維鈞。朱葆三對法租界的金融事業貢獻很大，所以法租界當局就以『朱葆三路』來紀念他。

朱葆三子孫蕃衍，久居南市斜橋，有一所大房子，他家的常年西醫是莊德，中醫是丁甘仁老師，每年各送診金二百銀元。丁老師過世幾年之後，我受聘為他家常年醫席，因此我差不多三兩天要到他的家中去，這座房子很大，門前有一幅大草地，設有鞦韆架，醫生一到，僕人就把懸掛在廊下的一隻『銅鐘』噹噹噹連打幾下，他有五房子媳，孫兒孫女不少，這批人看完病之後，還有傭僕車伕等候着看病。朱氏也每年致送診金二百銀元之鉅。但是朱葆三本人，我却始終沒有見過一面。

實業大王 紛紛產生

接着我再講幾位全國性的大實業家，這幾個人，每一個人都可以稱為該行業的大王。

第一位要講的是榮宗敬，他是無錫人，無錫人有開工廠的特長，當地的工廠也多得很，稱為『小上海』。榮宗敬到上海，他自有卓越出衆的特長，就是『信用』。初時遇到了一位富紳張叔和（即味蒓園，俗稱張園的主人）借給他許多錢，合夥做事業，每年到了新年正月初二，榮宗敬總是手持一張『紅賬』，到張家拜年，不但官利十足，而且紅利優厚，因此張叔和對他另眼看待，把事業逐步擴大起來，幫助他創辦申新紗廠。

那時一般紗廠都很小，祇有申新紗廠規模宏大，因為他信用好，銀行錢莊紛紛放欵給他，於是由第一廠起，開至九廠，我常去看病的是第五紗廠，照我現在回憶起來，是紅磚砌成的廠房，其長度大約有此間一條柯士甸道那麼長，那時這些廠的經濟支持者，已變成中國銀行。民國十八年，上海整個商場起了一個風波，申新紗廠的經濟上也遭遇到困難，他本來住在西摩路舊宅，這一年，他手臂受傷，到無錫梅園去養病，我由他的弟弟榮德生先生介紹住到無錫榮巷他的私人花園『梅園』裏面的客舍中，為他作病後調理。

梅園後面有一個宗敬別墅，建築得十分雅緻，隔壁造了一個很大的廟宇，叫作開元寺，這一年開元寺正在動工興建，還沒有完全竣工。

榮宗敬經營的紗廠，對全國人衣料的供應，發揮了極大的貢獻，使當時風行的洋布，不必仰給於外國，對國家的經濟上增加了一個龐大數字；而工人數字之多，也對市民生活有很大的幫助，所以他被稱為『紗廠大王』，毫無愧色；而他的影响力之大，可以說至今還存在着，不但國內的大紗廠是他的成就，連到現在香港的紗廠幫鉅子，有些是他的後人，有些是他的門下故舊，現在香港的紗廠，成為經濟繁榮的主力，也要歸功於榮宗敬先生的。

紗廠大王榮宗敬

上海是東南靈氣所鍾，人才輩出，我再講一個故事，從前布匹的染色，往往洗了幾次，就會褪色，惟有一種外國來的『陰丹士林』，百洗不褪。從前這種技術是秘密的，中國人無法學得到，祇有日本人學到了這個秘訣，但是日本的染廠，也嚴謹地守着秘密，學徒祇限於日本人，對中國學徒是不收的。

上海一家紗廠中有一個學徒，聰明伶俐，樣樣事情都會做，於是廠方就派他到日本去，那時他年紀很小，剃光了頭髮，在日本混了兩三年，講得一口純粹的日本話，名字也改為日本姓名，就在日本染廠招考學徒時考了進去。過了幾年，陰丹士林不褪色的秘密，他已完全學到，於是他挾着這個本領，回到上海，也做出不褪色的布料來了，這個學徒後來成為紗廠染廠的廠長，又到香港來開設一家很大的染織廠，現在又到非洲去發展了。

為榮宗敬處理全盤賬務的是王禹卿，此人勤勞樸實，做事頭頭是道，管理的賬目是井井有條，深得榮氏的器重，他的地位一年一年提高，榮宗敬忽然想到要開麵粉廠，但是自己業務繁忙，就派王禹卿專司其事，麵粉廠又是一個大事業，規模之大，僅次於紗廠，王禹卿大展雄才，結果成為『麵粉大王』。

我開業時，王禹老常常來看病，直到彼此來到香港，他住在銅鑼灣附近，我那時在香港還有分診所，也在銅鑼灣，他有病時依然看我。這時他已退休了，悠閒得很，有時話舊，我覺得他的相貌有一個特點，眉毛兩邊特別長，這是壽徵；也是一種威勢，可以統率成千成萬的工人。

紗廠是不容易經營的，經常受到市面的影响，銷售有盛衰，虧折和倒閉的不乏其例。我舉一個例，從前上海總商會副會長聶雲台，他是聶中丞的兒子，他的母親是曾國藩的女兒，聞名紀芬，簪纓世家，積資甚豐，聶氏為了提倡實業起見，辦了一個大中華紗廠，我的堂兄陳伯陶，辭掉了滬寧、滬杭兩路工程處的職務，到大中華紗廠去担任總務主任，不料祗有短短的兩年，這家紗廠就虧折殆盡。聶雲台從此多病，退休在家，一天到晚臥在床上，研究醫葯。常常邀我去看病，他對疾病用葯，知識豐富，爲他開一張葯方，總要討論半小時左右。他的母親聶老夫人很受人尊敬，自號『崇德老人』，對醫葯更有研究，出過一部『崇德老人驗方錄』。她爲人慈祥，談話也很文雅，談到淸末宦海名人患的什麽病，用的什麽葯，最後是怎樣死的，歷歷如數家珍，我替她看病更是小心翼翼，有時要帶着古本醫書和她商討之後，方才處方。

聶雲台的住宅在法租界馬斯南路，隔壁是一條很寬濶的弄堂，裏面有幾幢小型花園住宅，是李石曾等發起建造的，住的人都是李氏的友好，如程潛、覃振、梅蘭芳等，因爲崇德老人常常口頭爲我宣揚，所以我也替這幾位名人看過病。梅蘭芳待人接物最是謙恭有禮，我爲他的兒女看了病，他必然恭送到門口，握手而別。

後來聶雲台爽性不再經商，專事寫作，特地在床上放置一個特製的矮几，就坐在床上寫稿，陸續出版了『聶氏家言』和兩部醫藥書，這些書由我經手代爲校印，印刷費不過每部二三十元。

香烟廠在外國是八大實業之一，從前上海人吸的香烟都是外國來的，利權外溢，言之可嘆。後來有南洋富商簡照南、簡玉階兄弟兩人到上海，開設南洋兄弟烟草公司，在虹口設廠出品『大聯珠』、『白金龍』等香烟，這是用了很大的資本來經營的，簡氏兄弟在烟公司的組織章程中，訂明賺到的錢，撥出幾分之幾作爲公益用途，上海人對他們都稱頌不置，但是對外國香烟，還不能抗爭。後來出了一位陳楚湘（按上海有兩位名人都叫陳楚湘，一位年紀較大的是胡慶餘堂東主；一位是後起之秀烟草業鉅子）他本來是三馬路一家烟紙店的小職員，從小就是我的朋友，乃寧波三北鄉人，他在愛國運動的狂瀾時代，個人經營着一個很小的香烟公司，最初想定名爲華人烟草公司，後來因爲華人兩字太顯明，所以改名華成烟草公司，最先出品『金鼠牌』香烟，商標模仿茄立克香烟。因爲上海專賣香烟的烟紙店，無論大小，以三北鄉人爲多，他以同鄉之誼，着力推銷，銷路越來越大，公司就改爲股份公司，每一次發生愛國風潮，金鼠牌的銷量直線上升。後來又有一個機會，上海鄭家木橋南路共舞台，演出『失足恨』，主角是呂月樵的女兒呂美玉，因爲她是民生女校的校花，女學生登台演戲，大家刮目相看，這是上海京戲界從來沒有的現象。她登台時，頭上戴上了一個珠鑽鑲成的頭箍，看上去特別美麗，一時上海書報畫刊，都競登她的照片，眞是紅到發紫。陳楚湘便利用這個機會出了一種『美麗牌香烟』，就拿呂美玉的戲裝照片，印在烟包上面，這種烟問世之後，銷數驚人，幾乎每一個吸烟的人都要一試美麗牌。後來呂美玉下嫁法租界名人魏廷榮，而美麗牌香烟的銷數却日益上漲，呂美玉因爲得不到好處，引起訴訟，由鄂森律師代表出庭，經過幾次調解，言明嗣後每箱付給呂美玉酬金二元，由於這種香烟銷路廣大，這筆數目也很可觀，而陳楚湘也由於事業發達成爲『香烟大王』。

「失足恨」女主角呂美玉

小本經紀　成大事業

上海是中國實業的發源地，有許多成功的人，我並不熟稔，不敢貿然落筆。但是還有許多克苦耐勞白手興家的人，我畧有往還，有一種『小小豆腐乾』，即用豆腐干切成小方塊，用蔴菇汁煑成，外面用薄紙包裹，每八小塊一包，售銅元一枚。開辦的人叫陳萬運，後來他又與兩個朋友合夥，創辦『三友實業社』，以製造『西湖毛巾』出名，隨後逐步發展，在滬郊高郎橋設廠，佔地八十畝；又在杭州設廠，佔地四十畝，成爲『上海機製國貨聯合會』的首長。

一位是吳蘊初，他是一個苦學生出身，喜歡研究化學，發明打倒東洋貨的味精，後來又做氮氣，事業蒸蒸日上，抗戰之前，曾經個人捐獻兩架飛機給國家。

又有一位是冼冠生，他是廣東人，最初在南市九畝地新舞台戲院旁，租一間小屋子，日間賣叉燒，晚間賣叉燒粥。新舞台的老板夏月珊、夏月潤兄弟，見他誠實勤勞，特許他在戲院內托盤兜售糖果食品，他就在這時發明了一種紙包陳皮梅，和果汁牛肉乾。日久之後，正式開辦『冠生園』，新舞台中一部份人投資當董事，又在南京路、霞飛路等熱鬧地區開設門市部，並附設餐廳。後來又在漕河涇關地設廠，是中國最大的機製餅乾糖果製造商。眞可說是上海是靈氣所鍾，各行各業都有傑出的人才，但是因爲我不懂經商，所以本文都是業餘之暇，一股興趣，由從前的日記中摘錄出來，隨摘隨寫，材料常感不足，我參考許多文獻紀載，務求其詳實，因爲我向來有『考証癖』，凡是有可能的話，一定要考証到第一手資料。前面所說的虞洽卿初就業的瑞康顏料號，資本不過八百兩，而一年之中，竟然賺到了二萬多兩，這一定會令到讀者很大的懷疑，其實我這一段的資料，是特地向虞洽卿的令嫒虞澹涵女士（即當年最早選出的『上海小姐』），也就是江一平大律師的夫人）處借到一本抄本的虞洽卿事蹟史料，是紅格子手寫本，封面上還批着『此係孤本不可遺失』八個字，所以讀者對此毋庸置疑。但是以前幾期，原稿刋出時，或許原稿抄錯，不免有錯字，如民國六年以前往各國毋需護照。刋出時『六』字，分成『十八』兩字，那就錯了。又有『兩個男女記者』，刋出時變成『兩個女記者』，連有名的史諾也變成女人了，類此錯誤自然難免，又恐其餘仍有錯誤之處，現在有許多讀者要求我把這篇文字，付印『單行本』，這一點，不久將會實行。讀者諸君如發覺有錯誤之處，請儘量指出，當在單行本詳細改正。如有照片插圖，請借出鑄版，要讀者與作者打成一片，有錯就改，我是毫不固執己見，自以為是的。

眞正的『上海人』，中心祗限於縣城之內，縣城之外，如徐家滙、閘北、浦東、大塲、法華等，已算城外人。在民國十七八年，縣城內的人口，不過二十萬，但是英法兩租界，當時稱作『十里洋塲』，有無數的寧波人、紹興人、湖州人。（按現在香港人對粵閩兩省以外的人，統稱為上海人，連山東人、蒙古人也認作上海人，其實眞正上海人還是不多）

縣城內的眞正上海人，經營的商業並不多，創事業最大的富商，是沙船幫，他們都擁有很大的木船，由南方運沙到上海，由北方運鹽滷到上海，因為運沙的數量大，所以稱作『沙船』。這種沙，混合一些石子和泥土，叫作三和土，是建築物的主要材料，直到輪船通航，水泥（即此間所謂紅毛坭）發明之後，沙船就漸漸被淘汰，但是沙船幫全盛時代，還在清代中葉，如郁家、朱家、王家，因為這幾姓的沙船多，工人多，發薪水時，派秤銀兩不方便，所以由這幾家特製一種銀元，是手工打的，上面刻着某號某家發行，那時節銀元還沒有通行，我的岳家也是姓王，沙船字號叫作『王信義』，在上海不但有王家碼頭，還有王信義浜，也發行過私家銀元。自從墨西哥銀元運入中國之後，淸朝民國都鑄造了銀元，私家銀元就無形中消滅了。但是縣城內外的眞上海人，忠厚儉樸，帶有濃厚的保守氣息，因此在商業上便覺得落後。

咸豐六年上海沙船業發行的私家銀元

上海滑頭　三個有半

上海是事業家的中心，也是冒險家的樂園，眞才實學的人雖多，左道旁門的人也有不少，上海人稱這類不正當的人物，叫作『滑頭』。

向來人們對若干『人』和『事』都會編成『三個半』作為談話資料。譬如：論物有『三把半刀』，一把是裁縫的剪刀，一把是理髮的剃刀，一把是厨房的菜刀，還有半把是浴室中的扦脚刀。上海早年有一種很普遍的傳說，說上海的滑頭，也有三個半。第一個是錢庠元，第二個是施十滴，第三個是黃磋玖，還有半個是吳鑒光。這三個半滑頭，名氣大得很，我要分別的敘述，但是三個半滑頭的姓名，傳說不一，錢庠元知道的人很少，往往誤為吳鑒光充數，今查得蔡聲白夫人莫川媚女士寫的一本『我的日記』，記述數十年的上海舊事，其中一段，是『一九一七年（民國六年）六月一日（四月廿一日，星期三）晴。至笑舞台觀『上海半滑頭』。該劇乃隱射虹廟星相家吳瞎子鑒光者。演來淋漓盡致，諷刺備至，但吳鑒光依然生意滔滔，不少迷信者仍奉為半神仙也。』據此眞實的記載，我的寫述，也就有了根據。

錢施黃吳　各有千秋

錢庠元，他在浙江路偸雞橋開設一家錢存濟堂葯材店，他的經營手腕很靈活，出了不少膏丹丸散，但都是說眞方賣假葯，在上海他是在報紙上刋登葯物廣告的第一人，可是從來沒有人說過他是掛羊頭賣狗肉。後來他把賺來的錢，在浙江路偸雞橋買進一幅很大的地皮，消息傳出之後，大家都驚奇他何以發財發得那麽快，於是大家才知道他賣的是假葯，因此他就被稱為一個滑頭。

接着我要講施十滴，他最早在上海南京路開設一間照相館，生涯不惡，後來他鑒於上海每年暑期，總是有無數人頭痛發熱，嘔吐泄瀉，重的昏迷不醒，弄到醫院門庭若市，當時稱作『時疫』，普通人統稱『發痧』，又混稱為『霍亂』。他便乘時發明一種痧葯水，病者祗要進服十滴，就可以止嘔止瀉，功效的確不錯。從前上海衛生當局沒有管制成葯的條例，葯水的原料，初期含有鴉片烟精（即鴉片烟膏用火酒浸成液體），而且再滲和着樟腦和拔蘭地，所以發痧的人，突然間四肢發冷吐瀉不止，飲了十滴水，就會霍然而愈。於是就有不少富有之家大量的購進，在門上貼寫着一張條子，寫明『贈送痧藥水』，這樣一來，此人就大發其財了。

但是暑期的嘔吐泄瀉，大部份是暴瀉症（按即急性腸胃炎，所以一吃這種藥水就好），一部份是眞正霍亂，發病時頓即上吐下瀉，祗要經過幾個小時，手指紋都癟了下去，俗稱『癟螺痧』。患者立時面目全非，不省人事，死亡極速。從前的人辨不清楚：『發痧泄瀉是假霍亂，瀉米泔汁樣的才是眞霍亂』。眞霍亂日本人稱爲『虎列拉』，又稱『虎疫』，形容其勢如猛虎，大家莫不談虎色變，連急救都來不及。痧藥水對假霍亂多數有效，可是碰到了眞正的霍亂症，還是無效。一般人不明白這個道理，對他的痧藥水，歌功頌德的固然很多，認爲徒有虛名的也大不乏人，這種人就稱施十滴爲大滑頭。後來衛生當局制定藥物管制條例，勒令將鴉片烟精改用其他相等的藥料，功效還是不錯。他在上海大馬路發行所，掛着一張相貌堂皇穿着獐絨馬褂的大照片，上海人行經其地，都要看他一眼。

吳鑒光是一個盲目的卜卦算命先生，一到上海，就在南京路中心虹廟對面房租最貴的地區，開設一個『命舘』，門口是玻璃大窗，路人可以從外面看到裏面，初時他每天出錢僱用許多人扮作客人模樣，擠着去問卦算命，過路的人見到有這麽多人算命，一時就轟動起來，而且這些僱用的人還負責替他到處宣揚，稱他是活神仙。

吳鑒光所收的算命費很貴，要一元二角，這個數目，在當時看來的確是很大的。其實吳鑒光的眼睛，並不是完全瞎的，他有一隻眼還能看得見人，所以他戴上一副黑眼鏡，來客的身份，仍然能看得到，他在算命時，立刻可以看出來者是何等人物？有許多妓女，一坐下去，他屈指一算，就爽爽快快說出：『這個命，父母都不是親生的，小的時候苦到沒有飯吃，現在走着一步桃花運，前途怎樣好？怎樣壞？』講到那些妓女眼淚都流出來。

又有一種人很緊張的請他算命，他偷偷的從黑眼鏡中一看，會突然『啊呀』一聲！說：『這人命犯火德星君，正在發高熱，人事不知，再隔幾天，幾時幾刻有性命之危。』來客點頭不止，哭喪着臉問他有什麽辦法可想？這時吳鑒光就要爲這個客人當夜『解星宿』消災延壽，須延請四個道士，吹吹唱唱，連三牲香燭錫箔等費，要收三十六元八角。並且指定在下午幾時，帶同子女來叩頭，來客在這種情況之下，無不唯命是從，把銀錢悉數付清。

他暗暗還察看到來客的身份，以及身世的貴賤，有些人要收到七八十元以上，類似這種收入的每天總有八九人，加上了七八十人的算命費，他一天的總收入，眞是驚人。其實所謂解星宿，祇是詐欺取財的手法而已，所以當時上海的一些有識之士，稱他爲半個頭的滑頭。

眼科醫生　被打屁股

最後要講黃楚九，原名磋玖，他是清代末年上海南市的一位眼科醫生，親自研製眼藥，並且買賣西藥，因此有點西藥常識。因爲眼科生意不甚理想，所以就暗地裏出賣春藥，藉以自給。不料行銷太廣，竟被拘捕到上海縣衙門，審判他的是縣知事王欣甫，王是浙江硤石人，對黃楚九出賣春藥深痛疾惡，判打屁股四十板，還要鳴鑼遊街。這件事，凡是六十歲以上的上海鄉紳們都知道的。

黃楚九（陳植君先生供給）

民國初年，黃楚九在愛多亞路龍門路口，自置一座洋樓，掛上了眼科醫生的照牌，生意祇是平平而過，但是自從購置產業之後，外界都疑心他，仍在出賣某種藥物，但黃楚九此人腦筋極好，無時無刻不動腦筋，而且懂得揣摩病家的心理，這也是他的特長之處。

黃楚九稍有成就之後，就創辦了一間藥房，上海有大規模的西藥房，他是首創第一人，出品『也羅補腦水』，由於廣告登得大，說是西人也羅醫生發明的，生意好得很，而且銷行到全國各地。恰巧那時節有一個葡萄牙醫生，名字也叫『也羅』，診務本來很好，上海人稱他爲西洋醫生，他認爲黃楚九影射他的名字，因而對黃氏提起訴訟，訟案發生之後，黃氏的辯護是：這種藥乃黃醫生發明的，黃字譯成英文，即是『也羅』。因此判決無罪，這件事情發生，上海人爲之嘩然，滑頭之名，自此轟傳全滬。

後來他又創辦了第二家西藥房，成爲上海西藥業中的怪傑。

早年，他認識一位地產業鉅子叫作經潤三，兩人交往很密，就在大馬路大新街中心，合辦了一個『樓外樓遊樂場』，實際上範圍很小，不過是一個屋頂花園，祇有三個小型劇場，但是因爲在頂樓，客人入場要坐電梯直上，那時電梯發明未久，好多人從未搭過，因此很多人被他們吸引了去，賺了很多錢。

經潤三見了這個情況，認爲遊樂事業大有前途，再和黃楚九在樓外樓附近合開了一家戲館準備抗衡南市的『新舞台』，所以名爲新新舞台。那時節別家戲院有個武丑楊四立演『盜魂鈴』，在戲台上能翻四隻高枱，頗爲叫座，黃楚九腦筋一動，就到北京請到了六十多歲的伶界大王譚鑫培到上海來演唱，藉以競爭。由於『盜魂鈴』叫座，黃楚九就要出噱頭，請譚鑫培也要演一次『猪八戒盜魂鈴』，預先在台上佈置了四隻半枱子，要老譚翻枱子顯身手，那時老鄉親孫菊仙住

民國四年八月十五日上海新聞報刊載的「樓外樓」廣告

在大慶里，常到新新舞台後台去聊天，見到這個情形，就對譚鑫培說：『你已年邁，名聞南北，犯不着再翻枱子，博取聲譽。』譚鑫培聽他的話，就在台上作了一個象徵式翻枱子，實際上祇從高處走了下來而已，那時台下有一個看客，其人姓王，是寧波人，竟高聲大喝倒采，黃楚九恰巧在旁，就伸出巨靈之掌，摑了姓王兩個耳光，那人見到四週都是黃楚九的人，便默然而退，次日向寧波同鄉會申訴，寧波同鄉在上海聲勢很大，即刻召集會員大會，認為新新舞台侮辱客人，提出好多條件，否則，準備天天去鬧場子。黃楚九弄得毫無辦法，就叫總經理孫玉聲（即海上漱石生）親自到寧波同鄉會去叩頭認錯，還說了幾句抱歉的話。這件事鬧得滿城風雨，盡人皆知，反而生意大佳。

其時硤石有一位富商，是浙江海寧商會會長徐申如（按即徐志摩的父親），黃楚九到海寧去看潮，徐知道黃楚九在上海經商長袖善舞，大發其達，特地設席宴請黃楚九為主賓，陪客之中請了一個遜清時當上海縣知事的王欣甫，此人早已退休，即是打過黃楚九的屁股的人，徐申如初時不知其事，入座之後，一經介紹那位卸任知縣，王氏反而窘得不得了，黃楚九見了王欣甫心有不釋，但表面上還是以富商的姿態談笑自若，宴畢之後，暗呼『倒霉』不已。

經潤三的太太經汪國珍，人稱經大娘娘，胞弟經營三，都擁有鉅資和地產，於是又和黃楚九擴大組織，在南京路西藏路口合夥經營『新世界遊樂場』，規模更大，內部有十多個劇場，百戲雜陳，令人目不暇給，入場券每客小洋二角，遊客日夜不斷，常常擠得人山人海，水洩不通，成為租界上居民的一個大眾娛樂場所。

後來經潤三因病逝世，他在臨死時對他的妻子說：『黃楚九非池中物，不易控制，你要和他談判，將新世界遊樂場雙方出價，那一方出價高，就歸那一方獨資經營。』黃楚九知道了這個消息，出價很大，經汪國珍出價更高，於是新世界就歸經大娘娘經營，黃楚九拿了一筆錢就退出股份，在法租界開設一個更大的遊樂場，叫作大世界，正門在一條橫街叫作八里橋路中，後面有一幅極大的空地，地主是上海有名的南潯鉅商張澹如。因為大世界的生意大有前途，勢非擴展不可，於是黃楚九便向張氏商議，要租下這塊空地，稱為『租地造屋』，那時節八里橋路，商店林立，祗有這一塊極大空地，毗連着大世界。黃楚九出了很普通的代價，就把它租了下來，於是把大世界的正門改建，面向愛多亞路西藏路轉角，門口裝得更堂皇，裏面也添建了一個『共和廳』，一切門窗等，都仿古式設計，週圍都是四層高樓，闢設了很多場子，演出各種地方性戲劇。那時大世界門票也是小洋二角，買票入場，可以整整的玩上一天。新建落成開幕之後，不但轟動全上海，凡是滬寧滬杭兩路的人，到了上海，也必然要到大世界玩一次。

蔡聲白夫人莫川媚女士的日記也印出一節，說『一九一七年七月十四日（陰曆五月廿六日）陰。大世界遊樂場今日開幕。聞人言：該場係由張勳出資，而由黃楚九經理者，發起人中有名伶周鳳林，固三十年前名震全滬之崑戲藝員，乃適於前數日逝世，不及目睹該場開業云。』這段文字，日期記得很清楚，但是張勳出資，周鳳林發起，我就不知道了。

黃楚九辦大世界有了很大的成就之後，就什麼生意都想做，又在大世界外邊舖面開了一家福昌烟草公司，出品『小囡牌香烟』，幫他設計的人，就是後來的影戲大王張善琨。在香烟沒有發行時，全上海遍貼招紙，招紙是一張白紙，上面畫上一個很大的『紅蛋』，旁邊一個字也沒有，大家猜不出這是什麼玩意？接着紅蛋招紙之後幾天，又改貼一個小孩子的招紙，又過幾天第三張招紙才登出『小囡牌香烟』問世，奉送紅蛋，生意很旺。後來又用同樣手法，到處貼出一個『烤』字，最後人家才知道他們出品的一種翠鳥牌香烟，烟葉是『烤』製過的。不過福昌煙草公司的香煙，如『紅玫瑰』、『至尊牌』等，始終沒有十分風行。

有一個時期，上海掀起一陣交易所狂潮，各種股票上漲，幾乎三天五天，就可以發財，黃楚九看了這個情形，食指大動，便開設了一個日夜交易所，跟着又開了一家『日夜銀行』都是日夜營業的，交易所畢竟是一個買空賣空的事業，黃金時代好似曇花一現，不久，全上海幾十家交易所紛紛倒閉，虧本的人不知其數，名爲『信交風潮』，牽動了全上海的金融，有幾家錢莊竟然在一夜之間倒閉。

這時黃楚九見勢不佳，立刻把日夜交易所關閉，專營『日夜銀行』，這一個腦筋動得很好，因爲上海的銀行營業時間，祗在下午四五時爲限，惟有日夜銀行是日夜營業的，因此它的客戶都是另一批人物。

日夜銀行就因爲毗連大世界遊樂場，大家認爲大世界每天人山人海，生意旺盛，所以對日夜銀行極有信心，而且這個地區，是英法兩租界中心點，附近有好多賭枱，大家贏了錢，還可以夤夜存入這家銀行。又因爲大世界附近都是么二堂子，以及八仙橋一班低級妓院（當時上海人稱作韓莊），還有數以千計的『野鷄』，這些人的淫業收入全靠夜間，而且心目中認爲大世界是大事業，日夜銀行是很可靠的，所以她們做下來的錢紛紛存了進去。

日夜銀行還有種種手法，拉攏儲蓄存款，除了厚給利息之外，還附送大世界門券，因此有許多散戶，都到日夜銀行去開戶口。

黃楚九經營了日夜銀行之後，收到的存款越滾越大，他覺得一切事業發展，沒有一樣快過地產，所以他就運用客戶的存款，要做房產事業，其中有一處租地造屋，是三星舞台，共有三個股東即周炳臣、趙如泉、龐萊臣，由於戲館生意不好，糾葛很多，租金始終不付，各種麻煩叢集涉成訟事，趙如泉爲此被捉將官裏去，周炳臣因此破產，而三星舞台封上了法院的封條，租金全無着落，黃楚九損失最重，憤怒異常，這使他大大的摔了一個筋斗，惡運也就由此開始。

正在這個時期，那個所謂滑頭的錢庠元，年老退休，將錢存濟堂的一方地產買給黃楚九，黃雄心勃勃，要錢庠元爲他租到左右兩幅大地產，結果由香粉弄口起直到偷鷄橋左右二幅鉅大的地產都租到了，於是興建二三十幢舖面樓宇，租出作爲商店，樓上有幾百間寫字間。最初的打算，租金收入，大有所獲，萬不

大世界人山人海爭看雜技

料這一年是一二八事變之後，市面衰落，他所訂的租金較高，好久都租不出去，雖然接近先施公司地段旺盛，舖面欵式新頴，仍舊乏人問津。

黃楚九知道這大幅地產，要是沒有人租借的話，不但虧折浩大，而且要動搖日夜銀行存戶的信心，因此他毅然決然自己斥資連開了中藥店、南貨號、茶葉店、茶館、雜貨店、牋扇莊等十幾間大商號，空置了好久的新屋，就此熱鬧起來，特別是其中囍春閣茶館的生煎饅頭最爲出名，樓上請了揚州說書王少堂說「水滸」、康又華說「三國」，座客常滿。

這時候，上海人就互相傳說黃楚九做的生意，七十二行中他要佔到三十六行，又有人傳說，各行各業黃楚九都做過了，祗有棺材店沒有開，表面上他的事業蒸蒸日上，實際上的情況如何，外界就不知道了。

黃楚九聲名日隆，捐出龍門路舊宅贈予新藥業同業公會，除公會應用之外，底層還繼續辦『黃磋玖眼科醫院』，聘請專家數人治病，施診給藥，分文不取，這件事很多人讚美他，說他『君子不忘其舊』，西藥業中人也擁護他，認爲他是西藥業的領袖，社會上漸漸認爲他是一個正當商人，滑頭之名，漸漸沒有人說起了。

黃楚九在愛多亞路建造住宅知足廬落成之時，是他全盛時代，大廳中可擺十幾桌筵席，來往客人，除了紳商名流之外，又有許多風雅人物，如孫玉聲、天台山農、七子山人等都是他的座上客，他便常常收集書畫古董，興緻極濃。有一位出身湖州清末老鄉紳，到了上海經濟支拙，帶了一百把各別不同的家傳扇子，扇面上的書畫，都出於明清兩代大書家大畫家之手，每一把扇骨的質料和彫刻，都是不同的。他曾經和丁福保商量，願意廉價出讓，議定價值爲二百元。這個數字，在當時已爲數不小，丁福保說：『你不妨走門路兜售給黃楚九，他或者還可以出得多些。』這人聽了丁福保的話，後來見到黃楚九，黃祗看了二把扇子，一把是翁同龢的字，一把是石濤的畫，就讚不絕口，說：『好』，即以鉅款相贈，這位湖州人對他這種豪情勝慨，傾倒不止。於是黃氏在暑期中宴客時，

每天手中要換一把扇子，扇面扇骨都是稀有之品。

黃楚九每年逢到寒冬季節，在大宴賓客時，有一個慣例必然穿不同樣的皮裘袍子馬褂，以示濶綽。所以上海皮裘業中人沒有一個人不知道他的，而且他們總是把北方運來的淸宮遺物或遺老們所藏的名貴皮衣，優先讓他挑選，所以他穿的皮裘，往往都是有來歷的。

交進霉運　死神光降

黃楚九的事業，表面上看來事事順利，不斷發展，做的生意好像沒有一椿不順利，但是實際上，他有幾件『致命傷』的事情，因爲他能夠善爲掩飾，所以大家都被他瞞過。

我寫述本文，爲了研究黃楚九何以忽然急轉直下的進入逆境？特地約了幾位黃氏門生故舊相聚暢談，這些人都與黃氏有深切關係，但關於他的故事，形形色色，衆議紛紜，莫衷一是。對於他失敗的原因，却追溯出幾條線索：

一，黃楚九辦的福昌烟草公司，做香烟的生意始終沒有十分成功，出一種牌子，祇是轟動一時，終於消聲匿跡，堆積在棧房裏的香烟，經過幾個霉雨季節，完全耗損殆盡。有一次馬占山在東北抵抗日軍，成爲全國人民所崇拜的第一個『抗日英雄』，黃楚九靈機一動，就趕緊大量製造一種『馬占山』香烟，一切烟盒，和招貼紙、廣告牌，都已準備好，不料馬占山突然被日軍收買，歸入僞組織的隊伍中，消息證實之後，人民心目中的英雄偶像就倒下來了。黃楚九的幾萬箱馬占山香烟根本沒有發行，像這般浩大的損失，還有好幾宗。

二，黃楚九更大的致命傷，就是開『日夜交易所』，交易所的風潮勃然而起，人人賺了不少錢，但畢竟是空頭的事，忽然間又會一敗塗地，無數人成爲傾家蕩產，日夜交易所也因此而崩潰了，所有的客戶個個倒下來了，欠的錢一無着落，祇有一個廉南湖還夠硬氣，把他的『小萬柳堂』的地契，給黃楚九作爲償還欠款。日夜交易所一共蝕掉多少萬，也無從查考，這筆賬就掛在日夜銀行的財產賬內，作爲一個戶口的呆賬，這也使得日夜銀行永久陷於經濟上不平衡狀態。

三，黃楚九所辦的大世界的地基，是南潯富商張澹如的產業，本來是一塊荒地，地價便宜得很，自從大世界開幕之後，地價飛漲數十倍，但是租地造屋，地皮還是別人做地主，黃楚九並沒有佔到地產上漲價的利益。他又見到大世界對面的另一塊荒地，造了幾十條弄堂房子如『恒茂里』等，從荒地一變而爲熱鬧地區，計算租息，是一個了不得的數字，當然地價也漲了數十倍，因此他蓄意經營地產了。

誰知道黃楚九買進了偷鷄橋錢存濟堂的一塊地皮，左右兩幅大地產，仍是租地造屋，房屋造了好久，才告竣工，恰逢一二八事變，房地產的價值一落千丈，南京路上哈同洋行所造的樓房如新新公司對面的一大列舖子，竟然空置了兩三年。連最熱鬧的四馬路空屋也不少。黃楚九所造的房屋，當然也不例外，雖然這些樓宇的下層他自己開了十幾家舖子，但是樓上的寫字間，祇零零落落租出十幾間，而建築費大部份沒有付清，加上了三星舞台連打幾年官司，舞台被封，空關甚久，經濟上大受打擊，所以表面上雖然豪華濶綽，骨子裏實在空虛得很。

四，黃楚九開的許多舖子，家家虛有其表，虧本的比不虧本的多。其中有一家黃九芝堂國藥號，職員和我很熟，知道最初是由日夜銀行撥出一萬元開辦的，生意淸淡得很，月月要虧折到一千餘元，原來這筆開辦費是他在日夜銀行開了一個放款的戶口，將每月虧耗都寫在賬上，這不但本利無歸，而且每月還要繼續虧折下去，這般情況，祇是許多商舖中的一個例子。

還有，他所有經營的生意，當事人不像老一輩人那樣誠實可靠，都拼命的濫開花賬，家家祇有蝕本，沒有一家賺錢。日夜銀行的存款不斷的撥出來應急維持。這使得黃楚九憂心如焚，因此百病叢生，患的都是『攻心的暗病』。

日夜銀行原是一所畸形的銀行，對銀行幫同業，向少往來，所以日夜銀行缺頭寸時，向同業調不動頭寸的。除了錢存濟的一張道契可以抵押之外，租地造屋是沒有抵押價值的。他有一個大客戶就是黃金榮。不得已時，祇好向這位老朋友借款週轉，每次借款，總說是有什麼大計劃，黃金榮也深信不疑，一次一次的借給他。

五，本來一個人有了病，一邊醫治，一邊休息，不難復原，惟有黃楚九，一有了病，心事更重，疾病的進展，跟着他的心境而增加，別人可以生病，黃楚九却生不得病，因爲日夜銀行的信譽，集中於黃楚九一身，他有什麼風吹草動，便立刻會牽動到銀行的不穩。

六，黃楚九開的店舖之中，依然每月虧本，而且有一間茶葉號，經理先生借了這塊招牌，自己私營出口生意，在行商方面，濫取貨物負下了鉅額欠款，黃楚九起初蒙在鼓中，後來查出了這種營私舞弊，於是就把日夜銀行中這家茶葉號的戶口凍結起來，不再支付一個錢。經理先生弄到沒有辦法，連店員的薪水都欠下來。誰知道由於這間舖子一欠薪水，黃楚九屬下所有職工數千人，都驚惶起來，紛紛傳說，人人担心飯碗要打破了，加之日夜銀行中無數存款客戶，就是大世界的職員和藝員，每一戶口的存款數字，其實小得很，但是人數一多，計算起來數目就大了，所以日夜銀行最早的提款風潮，是由大世界的職工開始的，提款一經開始，情形有如洪水泛濫，如潮湧至，是無法阻擋得住的，因此黃楚九的病就越來越重。

起初提款的職工們，知道這件事不能鬧出去，鬧了出去，將來的飯碗勢必發生問題，所以外界的戶口，還沒有得到風聲。黃楚九在病重時，每天要張羅現金已經精疲力盡，在昏迷之時，他的太太拿出許多首飾交到當舖中換取現金，每天籌集數百元到一千元，交進日夜銀行，以資應付。（按：黃太太忠厚得很，所以子媳女婿個個都蒙福澤，有聲於社會。）此時職員們還運用一種手法，就是十元以下的戶口一律照付，十元以上的戶口，用勸慰的方式，贈送大世界月券和全年優待券。在日夜銀行戶口中，有一部份是操着皮肉生涯的女性，每晚非到大世界不可，有了月券或長券，也就不再提款了。

這樣的敷衍下去，實際上日夜銀行已進入彌留狀態，而黃楚九的病，也踏上『彌留狀態』而且接近了死亡的邊緣。（按：在香港說過書的吳玉蓀夫婦，有存款二百元，到行提取，雖經百般勸慰，他們堅决要提取，費了無數口舌，大家說人情，才提到現款，足見那時已經暴露出十分困難的情況了。其中最大的存戶，是大世界女藝員王美玉，王美玉在日夜銀行有存款二千元，始終未曾提取，後來，黃楚九死後，哭的最傷心的就是王美玉。）

一天，有一個大戶，要提款一千元，但是日夜銀行實在無法支付，經理碰到這件事情，好似晴天霹靂，打電話到黃公舘，黃氏在病中聽到電話，就昏迷不省人事。那時，知足廬一切宴會早已停止，大門緊閉。上海各大小報紙，歷年都有黃氏機構的大廣告，刋費的數字相當大，但是有關黃楚九的任何消息，都小心翼翼的處理，日夜銀行的不穩狀態，始終隻字不提。但消息出自人口，報紙上還是不作報導；祇有一家『時事新報』，忽然登出一張黃楚九的照片，僅註明『黃楚九先生小像』七個字而已，這是暗示性的報導，讀者看了莫名其妙。

原來這時黃楚九生命危在旦夕，他自己知道這次禍闖得太大了，臨終時對家人祇說了幾句話：『身後之事，請黃老板他們幫忙。』說罷就一瞑不視，與世永訣。

日夜銀行倒閉由上海商業儲蓄銀行清理，發還存欵一成

次日，各報都刋出黃楚九逝世的訃告，新聞見諸報端，同時日夜銀行也拉上了鐵門，噩耗傳出，便震動了整個上海，其中最着急的就是黃金榮，因爲他是最大的債主。

黃楚九在知足廬大廳中的靈堂，剛剛佈置就緒，就有成千成百的男女債主，都是小販、傭僕、鴇母和操皮肉生涯的妓女，聽到消息跑到靈堂中大吵大鬧，沒有解决辦法，不准入殮。捕房當局束手無策，法租界的白相人也都袖手旁觀，因爲他們各人或多或少都有錢存在日夜銀行，所以不無切膚之痛。

吵鬧的情況，從上午一直吵到下午，不許黃的遺體入殮，而且靈柩被債主們圍困，殮後也抬不出去，結果由租界警務當局派了幾個外國籍的捕頭，出來維持秩序，倏忽之間，匆匆入殮，那時節，廳中人山人海擠得水洩不通，有人把大門緊閉，而且找到一把鎖，將大門鎖上不准棺材抬出去，於是當局出動大批巡捕，先將大門拆除，然後驅散羣衆，將靈柩搬上柩車，絕塵而去。這一幕慘劇，當時我知道得很清楚。

黃楚九柩車出了知足廬之後，原定五七開弔，發出訃聞，當時並沒有把設靈地點刋在訃聞之上，以免債權人羣集轟鬧，祇在先一日分別用電話知照各親友，誰知開弔之日，又弄出一場『有意想不到之事情』來，這是一位朋友告訴我的。（註二）

怎麽叫作『意想不到之事情』呢？原來黃楚九五七開弔之期，大世界遊樂場的小職員都知道的，不過不曉得地點何在？到了開弔的前夕，不知那一個傳出消息，說是開弔的地點是在膠州路萬國殯儀舘，消息一傳出，頓時一班老鴇野鷄以及妓院中的相幫、龜公之類，一傳十，十傳百，交頭接耳的定出一個辦法，準備全體搭乘公共汽車在是日上午十時齊集萬國殯儀舘，各帶『穢物』一包，預定大鬧殯儀舘，因爲銀行倒閉，存欵一無着落，損失私蓄，人人有切膚之痛。於是次晨許多人聚在一處，湧進萬國殯儀舘去。

本來萬國殯儀舘門前有印度巡捕看門，普通人不准貿然進入，這時見到大批不倫不類的鶯鶯燕燕即加攔阻。一個娼妓抛了一包穢物，比炸彈還厲害，印籍巡捕即時外避，大家像潮水一般的湧進去，只見裏面有一家喪家，是姓「王」的，這班人也不知道什麽王黃有別，吵鬧一陣，大抛穢物，這家姓王的喪家，弄得狼狽不堪，等到問明眞相，已經挽救不及了。這件事雖是大大的誤會，但也可以說明怨毒之於人心矣！

原來黃楚九家人，早已料到有此一着，故意

聲東擊西，傳出訛言，實際上是在新閘路玉佛寺開吊，排場很小。又有人追查黃楚九葬在那裏？也始終沒有人知道，一部份人以為必定葬在上海第一流人物的下葬地「萬國公墓」，但是大家知道黃楚九與萬國公墓的創辦人經汪國珍女士，因新世界拆股事鬧得不開心，決不會葬到那裏去。過了好多年，事過境遷，才知道黃楚九是葬在漕河涇的，這是後話。

後來，法院宣告黃楚九破產，黃太太連手飾都交出來，經法院清理後，公佈一張遺物拍賣清單，臚列鑽石玉器古董皮裘等千餘件，拍賣品的名單在報章上連登了三天，才全部登完，另外組織善後委員會，隔了一兩年，才發還存戶存款的一成，又隔了好久，再發還半成，從此以後再也不發了。

蓋棺論定，黃楚九不失為一位具有無限雄心的事業家，至今在他那許多故舊朋好口中，還是毀譽參半。有人說他抱的是「烟卣主義」，即是說他一個人創辦了許多事業，養活了許多職工，每個職工，都有一家老小，賺了人工，大家賴以舉火，若是天假以年，恐怕什麽「大王」的頭銜，也會輪到他的。

另外有件軼事，某年，黃楚九曾在報端刋載廣告，「徵求一終年常帶笑容之人」，當然也有人去應徵，却不知他弄些什麽玄虛。原來他開的溫泉浴室，要招請一位和藹可親的招待員，結果，有一位笑口常開的胖子入選，在溫泉浴室做了很多年。

黃楚九死後，大世界依然生意鼎盛，法院判決歸大債主黃金榮管理，他補回一部分款項之後，便改稱『榮記大世界』了。

我寫這篇稿子時，總想寫出日夜銀行究竟負債多少？問過一位最熟悉黃家情況的老夥計，他說總共的欠款，不過六十萬元左右，我不甚信服。但知道還款時先是由上海商業儲蓄銀行八仙橋分行代為辦理，於是我又問該行的老職員，他說：『總數記不清了，客戶的存摺數目都小得很，以二三十元的戶口最多，推想起來，總共的負債額，是不會超出七十萬元的』。

不過，我總覺得，這一場轟動上海的日夜銀行倒閉風潮，虧欠的金額，數字可能不止七十萬，又去訪問過從前銀錢幫的老前輩，據他們說：『這件事情沒有文字上的紀錄，究竟虧欠多少，無從考證。』不過他拿出一九二七年五月上海錢業公會入會同業錄給我看，裏面共有錢莊八十五家，資本額照現在看來，都小得很，我抄出為首的六個例子：

1. 瑞昶錢莊：資本十二萬兩，股東貝潤生六股，邱省三四股，經理是羅如蓮。
2. 乾元錢莊：資本六萬兩，股東為姚紫若等，經理朱允升。
3. 義昌聯記錢莊：資本十二萬兩，劉鴻生兩股半，瞿鶴鳴七股半，經理沈景周。
4. 致祥錢莊：資本六萬兩，股東嚴味蓮獨資，經理王伯壎。
5. 福隆錢莊：資本十萬兩，股東湯椿年三股，顧馨一、方椒伯等各一股，經理夏厥侯。
6. 承裕牲記錢莊：資本十八萬兩，股東方稼笙七股，黃伯惠二股，陳友齋等三股，經理謝韜甫。

我看這幾家當時有名的錢莊，資本不過六萬兩到十八萬兩，雖然是初創時的股本數字，後來的存款數字，當然要超過資本額，但是從前錢莊勢力大，中型銀行且要讓它三分，何況日夜銀行是一家小型銀行，同業暗地裏都稱它為『野鷄銀行』，大家不相往來，所以日夜銀行的存款能虧欠六七十萬，已經是出人意料的，所以這個虧欠的數目，雖不中，亦不遠矣。

如此看來：當時紙幣因為和銀元『等價使用』的，所以六七十萬元的債款，已是一個驚人的數目，足見其時的幣值相當穩定，物價之廉，也可以推想而知了。

（十一）

（註一）從前印刷界沒有鉛字的字粒，明末徐光啓利瑪竇等譯書，還是用木版刻字付印的，最初的馬可福音也是刻字木版印的，後來要印聖經「新舊約全書」，教士傅雅蘭初創用宋體字鑄成字模，才有鉛字，今稱「老宋體」。第一副字模機和鉛字是由香港教士馬禮遜 Morrison 運到上海，贈予上海的教會。馬禮遜對印刷聖經亦有貢獻。今在九龍太子道一百七十一號有一個馬禮遜紀念堂，即是紀念他的。雖在清朝也鑄過字粒是敕命印刷古今圖書集成而鑄造的，叫作「銅活字」，是先行彫刻，而後灌銅鑄的，不是有模而灌鉛鑄的，手續繁，費用大，古今圖書集成印成之後，保存內府，民間是不能借用的，不久「銅活字」失散，從此「活字本」成為印刷史上的陳跡，所以民間印書，還是以木板書為多。

（註二）黃楚九開九福製藥公司，出品『百齡機』藥丸，有一句騰傳遐邇的廣告妙句，叫作『百齡機有意想不到之效力』，這句巧妙的標語，是他的智囊吳虞公所擬的。吳虞公是常熟人，本來在望平街開一家極小的書局，叫中西書局，為了想出了這一句標語，便為黃氏所重用，一度還担任了九福公司的經理。

好時派

Old Spice

「**好時派**」鬚後水
獨有高度爽膚作用，
香味清新。每次剃鬚後，
搽「**好時派**」鬚後水，
能令你整日容光煥發！

「**好時派**」鬚後水，
備有"原庄香味"
"檸檬味"，"香草味"
三種，任憑選擇。

SHULTON NEW YORK • LONDON • PARIS

「**好時派**」
男用化粧品，馳名世界
各葯房士多均有代售

Old Spice

AFTER SHAVE LOTION

總代理：克馬洋行
Tel. H-239155

盧冀野二三事

吳俊升

「大人」第二十三期刊載「少年中國學會」老友易君左兄所寫「詞人盧冀野」一文，洋洋萬言，將冀野生平刻劃得栩栩如生，讀後深感一代才人，惺惺相惜，爲中國文學史留下許多佳話，實爲不可多得之作。冀野與我，共學同事，平日以兄事我。我讀了君左兄大文，也想寫點紀念冀野的文字。正擬動筆撰寫間，忽見報紙上登出君左兄的噩耗。一個生龍活虎般的文壇健將，竟突然作古，人事靡常，令人傷感。猶記在「大人」的前一期，君左敍「少中」往事，曾經幾次提到我。今君左奄化，「少中」同仁，又弱一個。令我在寫文紀念冀野以前，先要對君左老兄致其哀悼之意。但望君左與冀野一同修文地下，相得益彰，另是一種境界，後死者或可稍殺哀傷也。

冀野的性格、風度，和他在文學方面貢獻，君左兄曾經敍說得非常詳盡，我沒有什麼可以補充的。我只寫幾件瑣事，並將他在大陸時給我來信，以及在他逝世以前發表關於洪楊革命小說和有關詩歌引起自由中國某名流的批評，以及我替他辯白的經過，加以敍述，使將來爲冀野作傳者，多得一些資料。

冀野名「前」，乃是後來他所自取。他的學名還是「正紳」。他在南昌附屬中學及東南大學肄業時所用的學名爲「正紳」，後來他改名「盧前」，大約嫌原名太富於紳士意味。至於他字「冀野」，亦不知他何所取義，因爲它和原名「正紳」和改名「前」，俱不相涉。他另有個渾號，便是「江南才子」。這渾號乃是東大同學胡夢華和冀野一同在南京辦某日報副刊時，所加給他的封號。胡夢華是在一篇文章裏稱他爲「江南才子盧冀野」，後來大家都以「江南才子」稱之，以他的少年翩翩，才華出衆，又生於金陵世家，自然也當之無愧了。

冀野在南高附中肄業時，成績甚佳，中文更是出衆，惟有數學老是不能及格。勉强畢業，投考東南大學幾次，都是中文特優，數學得零分，未能錄取。盧前竟落孫後，實在可惜。所幸當時東大有一錄遺辦法，即是對於應試科目中如有特別優良成績的，可收爲特別生。冀野便因爲中文成績特佳而取入了國文系。他進國文系以後，因爲他本有的文學天才，再加上名師益友的薰陶切磋，後來便成了文壇鉅子。可是在東大當時，雖有特別生的制度，使奇才異能之士，可列門牆，但是特別生在校雖然成績及格，仍然不能與正式生一同參加畢業考試，取得文憑和學位。以當時才華出衆文學名家的盧冀野，仍不能例外，這實在是美中不足。所幸冀野畢業的一年，正在東大校潮動盪之時，學校當局感覺當時對於特別生的限制不甚合理，因取了寬大政策，對於特別生肄業期滿，參加考試及格者，一律准予畢業。冀野便因此種寬待而得了文憑與學位，後來有人和他開玩笑，稱他們這一科爲「恩科」。

冀野畢業後初任中國文學教授，係在河南大學，和舉發曹錕賄選總統的名流邵次公同事，詩酒流連，頗多風流韻事。抗戰軍興，冀野在暨南大學任教。政府西遷，冀野舉家初遷漢口。當時我任職教育部，將冀野介紹於當局，聘爲編輯，主編社會文藝作品，這是大才小用，不過是臨時安置學人之意。不久國民參政會成立，冀野以才名受聘爲參政員。生活較爲寬裕，不久即移居漢口最大的璇宮旅館。我和教育部同事章友三和冀野同居璇宮，甚喜冀野之高遷，曾聯句調之。句云：『一從參政入璇宮，(俊)昨日今朝大不同，不是江南諸父老，(友)依然落拓一詩翁。(俊)』冀野莞爾受之，不以爲忤也。現在追述舊什，冀野已下世，而友三則存亡未卜，令人興慨無窮。

冀野天眞爛漫，又滑稽突梯，人皆樂與之游。每有集會，如無冀野，舉座不歡。冀野亦脫略形迹，不拘小節。他在重慶時期，一度曾家居附近之江津白沙。當時國立編譯館、大學先修班，和女子師範學院都在白沙。冀野和文教界友人過從很密。白沙街上各餐館，每有宴會，賓主都是冀野熟人。所以冀野過市，遇有宴會，便不請自來，爲座上客。賓客皆喜冀野，喜他每發雋言妙語，舉座騰歡。可是在宴會中，冀野究竟作客人的次數

盧前即席賦詩

·聞者歡·

盧冀野在重慶參政會大會席上，聽孔祥熙大談鴉片問題，其時孔爲財政部長，準備收買川邊生烟，運銷往淪陷區，增加國家財賦收入。孔部長在席上大談抽鴉片，謂其家鄉太谷出產的太谷燈又高又亮又對火，最適宜於抽大烟。又謂山西軍隊多抽白粉稱高射炮，白粉都放在香烟中向天吸食，一遇下雨，就抽不着。我當年若不去留學，難保不抽上大烟，談得有聲有色。盧冀野聞之，即席寫成一首打油詩，同人傳觀，爲之絕倒！

鴉片論縱橫，油然妙趣生。
太谷燈眞好，高射炮不靈！
如果不留學，早已變烟民。
堂堂孔院長，越說越開心。

大人一笑

多，作主人的次數少。朋友們惡作劇，用冀野出名發帖請客，而用另一人出名，請冀野赴宴。到了設宴時間，各友朋都先後持着請帖赴宴。冀野自然也不後人。等了好久，冀野不見發帖請他的朋友到酒館，因問在座各位，某某今天請客，何以遲遲未到？同座的朋友，大家齊聲說請客的是你自己，並不是某某。冀野不信，大家取出請帖，都是冀野具名。此時冀野始知被人捉弄，舉座大笑不置，這次自然是冀野作東了。從這小小故事，可見冀野的爲人風趣，也可見朋友們如何喜愛冀野。

冀野在參政會，最後一任沒有膺選。勝利復員後，修南京通志，不久母喪，鬱鬱寡歡。後來競選監察委員，又因不善於活動，沒有成功。（成功者因貪污案現正在台北監獄服刑）在大陸變色時，他不在政府機構，又不屬民意機關，家累又重，遲遲未有逃難的決心和勇氣，便留在南京。後來遭逢種種困阨，後悔不置。曾經幾度想離滬來港均未能成行。民國卅九年十月由其弟轉致愚夫婦一信，備述當時心情（他致函于右老，約畧同時）。到了民國四十年，冀野即以腦充血與世長辭了。冀野爲家庭生計和接濟友人，奔走京滬之間，常在報紙寫關於洪楊革命章回小說（「大報」刊載「金龍殿」）並偶作詩歌。格於形勢，詩文內容未免有劇秦美新之嫌。我自香港移居台北，在某期刊見有現已下世之某名流對冀野大加指責。我當時因有冀野來信，深知其心志，以爲指責過當。並以爲當國家鉅變，對於負有政府重責之人士靦然不知廉恥、自動失節投共者，誠宜加以口誅筆伐，至於無官守言責之人，因變起倉卒，無法自脫，委曲求活而心存疑闕者，宜在矜原之列。若某名流對於過去政府中樞某要人，既離大陸，復變節自投，不置一詞，背後猶稱某先生、某先生。獨對於窮困無依之文人盧冀野，反嚴其責備，實屬有欠公平。因而檢出冀野遺札，登於詞人江絜生所主編之大華晚報副刊珠林，並在其遺札後，加以題記。事隔十多年，現在述冀野遺事，再將冀野遺札發表於此，並附我的題記，以明經過，庶幾乎無負亡友。

> 選兄朗嫂雙安：別忽逾年，弟返里後病迄未已。閉門自守，歷諸苦厄，初未及料之至於是也。前朝遺孑身世，遂及我輩。此豈弟所能預知者耶。意者與　兄等聚首之期，當不甚遠矣。茲因舍弟蒞香，因便致書，有告存之意。季洪與　兄尚相見否？乞致候。舍弟孟野通信處在中實銀行。弟羈留未可高飛也。不盡萬一，敬候旅吉。弟前頓首　十，十七

選兄朗嫂雙安　別忽逾年　弟返里後病迄未已　閉門自守　歷諸苦厄　初未及料之至於是也　前朝遺孑身世遂及我輩　此豈弟所能預知者耶　意者與　兄等聚首之期當不甚遠矣　茲因舍弟蒞香　因便致書有告存之意　季洪與　兄尚相見否乞致候　舍弟孟野通信處在中實銀行　弟羈留未可高飛也　不盡萬一　敬候旅吉　弟前頓首　十、十七

盧冀野親筆致本文作者手札

右故友盧冀野致愚夫婦手札，爲民國三十九年由其弟轉致者。時余于役九龍，得書曾倩其弟代致拳拳。其明年聞冀野以不勝迫害，憂懼成疾，卒於首都。不久余移家臺員，隨於某期刊中見載冀野事迹，有以冀野陷共所作詩歌，未免劇秦美新之嫌，而加以指責者。其時余深知冀野之心志，未能爲之表白，至今耿耿於懷。頃閱珠林絜生所爲壽于院長短文，述及與冀野同編民族詩壇往事，不禁愴念故友。因檢書篋出其遺札，再讀一過，棖觸萬端。札中所述閉戶自守，以前朝遺孑自居，並暗示收京再見之不遠，以及深憾羈留之未能高飛，其弟言，冀野實數次潛離京滬，思赴港，均爲緹騎所阻。固明明表示其身在陷區，而心存魏闕也。被迫作頌禱之詞，誠文人之悲劇。但畧跡原心，何忍深責？嗚呼！冀野昔函告存，於今下世忽忽多年，骸骨且爲爨薪，遑論墓上宿草？回首白門，曷勝黃罏之痛？惟覆巢之下，更無完卵。親朋故舊，昔羈陷區者，無論生死，均同淪鬼域。余臨文愴懷者，又豈僅冀野一人而已耶？

田漢和郭沫若

易君左 遺作

易君左先生遺影

湖南才子易實甫哲嗣

當代詩人易君左十七日病逝台北

（泛亞社台北十八日電）詩人易君左昨病逝於台北三軍總醫院，享年七十四歲，易氏原籍湖南漢壽，爲湖南才子易實甫哲嗣，北京大學畢業後，曾在吳淞中國公學，安徽法專執敎。易君曾在國軍中從事政治工作，參加北伐，抗戰後轉入新聞界，主持過國民日報，蘭州掃蕩報，一九六七年自香港來台灣後，在政戰學校執敎，在台灣有二子一女，服務於軍警界。

香港華僑日報三月十九日刊載

提起田漢，一般朋友都喊他作「田老大」，並不大叫他的字——壽昌。他是湖南長沙人，畢業湖南省立第一師範學校，和毛澤東是先後同學，班次相差很近，和我另一北大老同學的羅敦偉是第一師範的同班，羅敦偉也是長沙人。他們在第一師範時，我在長沙明德中學讀書，但那時我並不和他們熟識，直到後來我到日本東京早稻田大學留學，田漢也正在東京高等師範學校留學，這才開始和他結交，而且常相往來。不僅田漢，那時郭沫若、郁達夫、周佛海等也都在日本，我們都有來往。最有趣味之一事，即我們這些文人，如果說是有點長處，則所長非所學，亦即所學非所長。郭沫若是學醫的，郁達夫和我是學政治經濟的，田漢則是學教育的，乃至成仿吾是學砲科的，張資平是學地質的，鄭振鐸是學鐵路管理的，諸如此類，沒有一個是學文學的，也奇怪，却在文學上或多或少有點成就。

田漢在東京時住在牛込區一間貸家的小屋子裏，不過六個塌塌米，蓆子上亂七八糟的堆叠着書籍，一片灰塵。不過他那時似乎與一般留學生；包括我在內，有點不同，因爲那時我們中國的留日學生監督是長沙人的易象，易象就是田漢的「泰山」，我雖忝爲同宗，却並未蒙青眼，鄉親和宗親在幾十年前，並不如今日之熱鬧。田漢那時尚未結婚，後來囘國才結婚。他的妻子便是他在他的初期作品裏常常提到的易漱瑜，後來的老婆才是安娜。

田漢最聰明而又勤學，在國內國外讀書總是名列前茅。在我的印象中，田漢始終是一個瘦子，性情有些孤僻而驕傲，書獃子習氣一直很重，爲人處世缺乏經驗。

當我國段祺瑞政府與日本寺內內閣訂立所謂「中日軍事協定」時，留日同學大憤，組織「救國團」，發起全體留日學生歸國運動，一時轟轟烈烈，絕大部份都曾一度囘國，有一個慶應大學生湖南瀏陽人的唐有壬（先烈唐才常的兒子）却反對囘國，就被留學生痛罵爲漢奸。「救國團」囘國的目的集中在上海與北京兩個地點：一小部份指向北京，預備向北洋政府請願，取銷中日軍事協定；一大部份指向上海，預備辦一份日報，揭發日本陰謀。

我和田漢也就在這時同行歸國。到上海，停留了一段時間，協同其他囘國的留日同學，籌辦救國日報，然後乘時囘到湖南自己的家鄉看看。我們兩人乘着航行長江的一艘大輪船囘湖南，自然是先到漢口，再轉長沙。我們發現船上有一隊教會裏的女學生。當時我們都是青年，男青年看到女青年就好像小公狗嗅到小母狗，吸引力很大。這一隊女學生是到九江廬山牯嶺去避暑的，有一個西籍女教師帶領。在當時滿懷爲國事悲憤而歸國的我們，忽然因舟中艷遇而感到輕鬆的情趣，而我和田老大都是天真爛漫的青年，我雖名左而自始就沒有左，田老大在當時也並非老大，于是該女郎等便成爲我二人欣賞的目標。與其說「欣賞」，不如說「獵艷」，更老實一點。

舟行無聊，吟詩消遣，何況有這麽一個眼前最佳的題材。于是我發起與田漢聯句，成了一首七言律詩，直到今天我還記得清清楚楚。大概當時靈感有如泉湧，脫口而出，一氣呵成。第一三五七句是我的句子，第二四六八句則是田漢的句子。原詩如次：

舟中雜感

黑紗裙子紫羅衫，雲鬢斜梳覆玉鬟。
行處香風滿船室，笑時憨態絕人間。
好山只合和書讀，媚水還應作鏡看。
我向瀟湘君向贛，恨無清福住廬山！

讀此詩，就可想像當年女學生的時裝及髮型。中間兩聯，寫出那些女孩子的美態與動態，末兩聯則是發揮我們兩人的同感，尙不失爲一首好詩。

舟過黃州赤壁時，田漢站在船沿，憑欄眺望，好似感慨萬端。我也在甲板上徘徊，六神無主。田漢忽然對我說：「我想起了一副上聯，就請你對下聯吧。」我笑答：「好！也讓你考我一下。」于是田漢說：

黑裙紫衣，藍鞋白襪，可惜伊人不見。

原來船上那一羣女郎，一到九江都上岸了，過九江才到黃州，所以田漢不勝悵惘之至。其實，我又何嘗沒有同感呢？便應聲而答道：

青山綠水，赤壁黃州，于今風景依然。

田漢興奮的說：「好極了！」對子是好極，但是伊人何在？風景依然！青年人的心情就是這樣微妙的，現在，我和田老大都老了，想「微妙」一下也來不及了。

田漢回國後，便開始努力于新文藝的戲劇創作。這一點，不能淹沒他在新文學上的若干貢獻。談到近代我國新戲劇的進程，在文學革命初期，只有新青年雜誌出版了一個「易卜生專號」和胡適發表了「終身大事」一個劇本。到民國十年五月，沈雁冰、陳大悲、歐陽予倩、汪仲賢、熊佛西等十三人，組織了民衆戲劇社，出版戲劇月刊，共出十期，是第一個新戲劇定期刊物，葉紹鈞在這上面寫了三幕劇「藝術的生活」，在小說月報上寫了獨幕劇「懇親會」，都是當時所謂「社會劇」的體裁。到民國十一年五月，田漢開始嶄然露頭角了，首先在創造季刊上寫了「咖啡店之一夜」和「午夜之前」。在他自己主辦的南國月刊上，又寫了「獲虎之夜」、「落花時節」、「鄉愁」等劇本。他說他在這期間的作品，是「表示着青春期的感傷、彷徨與留戀，和這時代青年所共有的對于腐敗現狀的漸趨明確的不滿」，其實是浪漫色彩居多。到民國十七年，田漢領導的南國劇社，開始在上海、南京、杭州等地，公演他自己的創作，如「古潭裏的聲音」、「生之意志」、「蘇州夜話」、「湖上的悲劇」、「名優之死」、「南歸」等，反映了當時純潔的青年們的抑鬱苦悶的心靈，充滿了一種天眞的感傷情緒，這是田漢的黃金時代。這是南國劇派的本來面目，本來很好，但田漢後來就迫得自我檢討，說是他那些劇作裏反映的生活情調，是「立在沒落的小資產階級上。」于是田漢也就從民十八後轉變了寫劇的作風，改寫了「第五號病室」、「火之跳舞」、「拉圾桶」、「一致」、「卡門」、「亂鐘」、「掃射」、「暴風雨中的七個女性」。到「一二八」，又寫了「戰友」、「一九三二的月光曲」。到民廿二年後，又寫了「回春之曲」和「阿比西尼亞的母親」。但是他的新戲劇上的地位和影響，也就由于作風的遷就與改變而漸趨低落，終被郭沫若、曹禺、夏衍等所抑制而從此就沒有抬起頭來。

在民廿六抗戰開始那一年，我在長沙遇見了田漢，看來這位劇壇老將的興趣並不太佳，只是常常和一些愛好戲劇的青年朋友們開座談會由他出席指導，或幫助這些青年出版一種戲劇性的小型刊物，此外，便是一個人悠悠的跑進一家小咖啡店迷戀當時一個姓胡的美麗的女侍而已。等到我離開了長沙到重慶，湖南省主席由張治中換了薛岳，于是田漢劇興來潮，不再創作新劇本而號召改良平劇，編了一本「新戰長沙」公演，台上那個全身盔甲遍插錦旗而且插着兩條長雉尾的大將拱手報名道：「吾乃第八戰區司令長官兼湖南省主席薛岳字伯陵是也……」滿座爲之哄然，連薛伯陵也弄得啼笑皆非。

以後田漢也到了重慶。我初次在敵機狂炸聲中遇見了他。我是在五福街遇見他的，五福街被炸成一片焦土。我把他拉上一家小酒樓，乾了幾小杯白乾，娓娓傾談，彼此感慨萬端。我在重慶印行的「中興集」裏還留下了兩首詩：

陪都遇田壽昌

從古興邦起廢墟，大功成自血模糊，
藍袍一襲春寒峭，華冑堂堂恥作奴！
苦憶長沙醉後杯，渝州又上市樓來，
白頭禿髮心仍赤，灑淚重燃劫後灰。

我們回想起長江輪船上的那首詩和那副對子，不覺黯然。他在抗戰初期頭髮就花白了，而我則漸頭禿，所以有「白頭禿髮」之歎。

以後在抗戰期間由郭沫若主持的「文化工作委員會」中遇見田老大多次，也曾到過他的家裏吃過安娜燒的菜飯。這一時期，出現在朋友們面前的田漢，經常是個老青年模樣，穿着全副少將軍裝和長統馬靴的「文工會」委員，兼戲劇組組長。搞什麽戲劇呢？看來田老大的末期仍然對于舊劇，特別是平劇的愛好，由過去的黃金時代降爲後來的黑鐵時代，大鑼大鼓常在「文工會」裏敲敲打打，但也沒有聽說他再創造了什麽改良舊劇本如「新戰長沙」之類，自然新劇本更是沒有影子了。

這二十多年來的田漢，這一個在新劇壇上曾經掀起了一陣怒潮的創作者和領導者，這一個從青年就結識的同鄉老友，根據海內報刊特別是香港報紙的報導，似乎早已在大陸遭受了嚴厲的「整肅」而戴着一頂「右派」的帽子了。生死榮枯，都在未定之數，思之黯然。

民國十年後，新文學運動有着普遍的開展，那就要談到文學研究會和創造社這兩個新文學集團了。文學研究會成立于民國十年（一九二一）一月，我也是發起人之一。我那時正在北大法學院讀書，與法科同學朱謙之合辦「奮鬥旬刊」，與羅敦偉合辦「家庭研究」，又和徐六幾、郭夢良合辦基爾特主義的刊物，不讓文學院同學專美于前。文學研究會會員有鄭振鐸、沈雁冰、葉紹鈞、耿濟之、瞿世英、王統照、郭紹虞、孫伏園、許地山、朱自清、趙景深、謝冰心、黃廬隱等，差不多都是當時北京各大專校的學生。這是一批富有新思想而又有文學素養的純潔的男女青年，組織了這個文學研究會，主張「為人生而藝術」，反對無病呻吟的文學，反對以文學為游戲。對當時以才子佳人為號召被稱為「鴛鴦蝴蝶派」的一派文學表示不滿。這一個集團的刊物，是以雄厚的資力的上海商務印書館為大本營的小說月報，主編即鄭振鐸。

我在服務上海泰東書局以前，有一段短時期曾同鄭振鐸住在虹口一個弄堂裏。同住的只有四個人，除我而外，全是福建籍。隔鄰有一個福建小孩子最淘氣，是鄭振鐸的親戚，常來我們住的地方纏繞，而且有一種最不好莫名其妙的習慣，見人便吻，不料這個小孩子後來也變成了一個作家。鄭振鐸當時已入商務印書館主編小說月報，向我徵稿，我有一篇將近二千字的新詩，題名「玉簫明月」，在小說月報第二期一次登完。小說月報以新小說為主幹，參以其他文藝作品。那時，鄭振鐸是商務印書館總編輯高夢旦的乘龍快壻，夫人名高君珊。小說月報有後台又有錢，所以能夠迅速的滋長起來。那時商務印書館的老闆張元濟，本來是康梁一派的保皇黨，戊戌政變失敗後，潛逃南下，後來得着夏瑞芳的資助，創辦了商務印書館，活到九十多歲才死去。鄭振鐸如果不是有高夢旦這樣一個老丈人，是很難插足進商務印書館的。

我在北大讀書時開始認識鄭振鐸，那時他正在鐵路管理學校肄業。他有科學的根底和語文的素養，但決不是管理鐵路的人才，後來就放棄所學，專攻文史。他是一個高長的瘦子。字西諦，本來沒有什麽用意，是振鐸二字英文字母CT的譯音而已。正如沈雁冰之字茅盾，毫無意義。而我之得識鄭振鐸，則由于北大同學而且同班的好友郭夢良與徐六幾，夢良六幾也都是福建人。郭夢良的妻子就是當時已露頭角的女作家黃廬隱，徐六幾的妻子名陳天予，都是經過長期追求才得到手的，夢良六幾以基爾特主義者自命，雄心萬丈，但鄭振鐸不理這些，始終是一個書獃子，那一副深度近視眼鏡可為明証。

田漢（右）歐陽予倩（中）與
郭沫若（左）攝于一九五九年

鄭振鐸不幸于民四七（一九五八）十月因乘俄式噴射機失事而死，與詩人徐志摩同一命運。

文學研究會成立于民十，第二年即民十一（九二二），一個文學研究會對峙的文學集團產生了，那就是創造社。我在從前就說過，創造社出版書刊的後台僅為一個資力貧乏的上海泰東書局，可是老闆趙南公，重感情，尚道義，傾交一部份新文人，促成了創造社的創立。創造社的發起人是郭沫若、郁達夫、成仿吾、張資平、鄭伯奇等幾個人。奇怪的是，我以一個文學研究會發起人而同反對文學研究會的主張的朋友住在一起，非常相得。現在想起來，這一段時期實在是我們青年人最純潔、最天眞、最快樂的時期。因為這時一心愛國，一心追趕時代，一心為文學而努力，不知其他，文人未變質，文學也未變質，創造社的初期主張也就在此。誠如後來魯迅所說：「後來就有新才子派的創造社出現，創造社是崇尙天才的，為藝術而藝術的，尊重自我的，惡翻譯、尤其憎惡重譯的，與同時上海的文學研究會相對立。」

文學研究會標榜寫實主義的文學，創造社標榜浪漫主義的文學，旗鼓相當，互相攻擊，然所攻擊的只在文學的派別和作風上，學理上的敵人仍不失為社交上的友人。我現在想當年創造社不滿意文學研究會的原因，固然由于文學主張不同，也可能是感憤于憑藉的出版機構之資力貧乏，而迫得與資力雄厚的出版機構頑抗。我又想到：初期的文學研究會只不過是新文學的改良派或革新派，初期的創造社也不過是偏于個人主義的唯美與厭世的浪漫派，可是到了民十三以後，由于共產黨的滲透作用，前此的一般文人和文學就漸漸變質了，而郭沫若就是一個最顯明的例子。

初期創造社的郭沫若比郁達夫的浪漫主義的思想更加濃厚。他吸引一般青年人的魅力，還不在「女神」，不在「落葉」，不在創造季刊上發表的包括十九篇短篇小說的「橄欖」，而在他開始翻譯哥德名著「少年維特之煩惱」。這部爲拿破侖隨身携帶的、並先後讀了七遍的哥德作品，是描寫青年靈肉衝突的傑構。于是乎「少年男子誰不鍾情？少年女子誰不懷春？」緊緊的敲響了每一個青年男女的心絃。從民十三到十五，這一時期的文學研究會同人已經分散或兼顧其他文學團體，而創造社則由于內部的分化及郭沫若的離開上海，創造周報停刊，由成仿吾一手結束。民十三年十一月郭沫若又回滬。第二年，郭沫若踏着「五卅」的浪潮開始更大的轉變，在中秋節前後出版「洪水」半月刊，認爲「第二期創造社事實上的開始」，新社員有周全平、敬隱漁、倪貽德等，郭沫若開始在這裏暴露他的轉變的新面目，于是他的「窮漢窮談」由中共的「中國青年」轉載了。後來由于他們不滿意「小夥計」，郭沫若要郁達夫從廣東趕回上海和「小夥計」分家，而另派兩個由日本回國的所謂「新銳的鬥士」李初梨和朱鏡成主持，是爲創造社第三期也就是送終期。于是成仿吾的「從文學革命到革命文學」和李初梨的「怎樣建設革命文學」便出籠了，進一步的響應郭沫若在「洪水」之外另一個「創造」月刊裏所寫的「革命與文學」了。而所謂「革命文學」也就是「無產階級的文學。」直到民十八（一九二九）二月創造社被封，于是才不得不暫停活動。

當國民革命軍抵達南京第二年，即民十六（一九二七）四月十二日，國民黨實行清黨反共，于是國共開始分裂，也就是「寧漢分家」。郭沫若和沈雁冰都在鄧演達主持的武漢國民革命軍總政治部工作，郭沫若且爲副主任。正在這時，有一個關于我一家私事的插曲不妨在這裏一提。我自民十五從軍北伐以後，便與家鄉音問阻隔，那時湖南正普遍的泛濫紅潮。我到南京，忽然接到一封家信，大喜過望，拆開一看，竟是一封「無字天書」，一張薄薄的紙上，只畫着一棟歪了的房子，除此外，一個字也沒有。我的判斷很簡明，當時將是寧漢分家，共產黨正在武漢叫囂着，我的家鄉在武漢政權統治之下，家中恐怖情形已可概見，信都不敢寫，什麼話都不敢說，畫一棟歪房子一定是表示產業充公或田地沒收，而我一家（包括老母和妻子）都在漢壽，我不能不解家中之困，但我又不能回去，自投羅網，反而牽累家人。

人急智生。我想起當時在江西南昌的兩個人，這兩個人在過去都與我有相當的友誼：一個是姜濟寰（詠洪），一個是郭沫若（鼎堂）。姜濟寰正任武漢政府下的江西省主席，長沙人，與譚延闓（組安）爲兒女親家，此人思想雖「前進」一點，但因年事已長，多少還保有一些人情味，而且是一位讀書人，與我家有世誼；郭沫若任武漢總政治部副主任，在南昌辦公。我想這兩人可能幫助我。于是我決定冒險隻身赴南昌。

初到南昌的印象，看見南昌城牆殘缺不堪，被大砲轟穿了許多洞，滿目瘡痍。原來在北伐戰役中，南昌的爭奪戰，非常激烈，得失進退好幾次。有名的古蹟滕王閣只餘一片焦土，燒得乾乾淨淨，所以我的詩中有「滕王高閣成焦土，漳水清波化血光」之句，在戰爭凶猛時，漳水幾度被鮮血染紅。

我留南昌三天，就住在郭沫若辦公室隔壁一間小房裏。出乎意料之外，「溫情主義」幫了我的忙。姜郭兩人聯名急電長沙替我一家解救，後來我的家才得暫時安靜，風潮才平息下來。這固然由于我和他們私人過去有些友情，而人類究竟是有感情的動物，我想最重要的原因還是由于當時參加武漢政權的高級人員，對南京的中央黨部和國民政府還保持多少的觀望和顧忌，落得順手做一個人情。總之，可鄰的我一家總算是暫時脫離厄運了。

抗戰初起，郭沫若從日本返國，共赴國難，我那時在鎮江，他從上海寄一首詩來，我和詩慰勉，並對他過去對我一家的幫忙，表示謝意。那首詩是：

尚憶危疑震撼時，感君破繭更抽絲。
書生救國揮神筆，上將籌邊擁大旗。
盛業期成班固賦，王師促起陸遊詩。
暴風急雨燕雲黯，還我河山但血衣。

抗戰開始後，國民政府遷武漢，軍事委員會成立第六部即總政治部，部長陳誠，副部長周恩來，主管宣傳的第三廳廳長即郭沫若。到重慶後，第六部改稱軍事委員會政治部，張治中繼任部長，副部長一文一武，先後各換了兩人：文爲梁寒操、黃少谷；武爲袁守謙、王東原。

那時總政治部有一個設計委員會，等于「招賢館」，目的在網羅各黨派各方面的人才，聘爲設計委員，主任是黃少谷。委員分兩種：一種是專任委員在正式編制內，和其他工作人員一樣，照常辦公；一種是兼任委員，不上辦公廳，開會時到一到，支領兼貼，沒有什麼軍職上的名義，不像專任委員有「同少將」的官銜，好像曾國藩的「賜同進士出身」。此外尚有名譽委員，不支薪津，也不到部，有時顧問他們一下，酌送車馬費。名譽委員最多，兼任委員也不少，專任委員最初是十幾人，後來緊縮減到最少五個人，我是始終在五個人內的一個。

我參加總政治部工作時，正值主管軍中文化宣傳的第三廳改組完畢，廳長由郭沫若換了何浩若，一個「若」換了另一個「若」。張治中的本意是想留郭沫若蟬聯的，大概由于受了壓力，使郭沫若不得不去職，張治中也無辦法，繼任的是有名的左派對頭何浩若（字孟吾）。我讀長沙明德小學時，何浩若的父親何特循任小學部主任，所以我稱何浩若爲「師兄」。把郭沫若調開，當然是不放心他，但又不能不敷衍他，只好另爲他而特設了一個「文化工作委員會」，于部長直接指揮之下，把原來服務第三廳的郭沫若的部下全部調去，再加擴充，于是這個郭沫若一手領導下的「文工會」（簡稱）遂承襲原第六部第三廳之後，繼續成爲左翼文藝人士的大本營。

何浩若是湖南湘潭人，有着湖南人的蠻勁。他接管第三廳時，有人對他說：「孟吾！你有什麽東西都可以接收到手，只有兩件東西，郭沫若萬萬不會移交與你。」何浩若不相信，傲岸的說：「什麽東西我都一定接收過來！」那人笑了一笑，說：「好吧，孟吾。」

原來，在第三廳管轄下，分枝機構獨多，其中最龐大的兩個機構是掃蕩報和電影製片廠。掃蕩報沒有問題，問題在電影製片廠以及另一個話劇團體，可以說完全由郭沫若來控制，男女明星，特別是女明星如舒繡雯、秦怡、白楊之流，都不願意和新任的第三廳長何浩若合作，醞釀拒絕接收的風潮。還有，第三廳的廳長「座駕車」，分明是公家的東西，郭沫若不肯交出，硬說是蔣委員長親自送給他的，與總政治部無關，于是這兩件東西——女明星與小汽車——使何浩若廳長始終沒有能接收到手裏。

梅蘭芳（右）與郭沫若（左）時在一九六一年五月，為梅生前最後一幅演穆桂英掛帥戲裝照

郭沫若之被迫離開第三廳，當然不服氣，幸好換來了一個「文工會」，原班人馬絲毫未動，反而增加。這個「文工會」雖是第三廳的變形，而聲勢之大，儼然是一個「小總政治部」，左翼作家如胡風、田漢、洪深、陽翰笙、漫畫家如葉淺予、高龍生等等，都包括在內。在編制上雖直隸于政治部長，可是在實際上，政治部休想過問他們的事。由于當時政治運用的微妙關係，抬高了郭沫若的身價，使他目無餘子，傲岸自雄，誰還敢惹他？連總政治部長的張治中，見面時，且以「郭先生」稱之，過年過節，對郭以下諸「大將」，分送厚禮，對郭本人，更是禮遇周到，特別津貼，何浩若一班人，根本不在郭沫若的眼下。

郭沫若以「文工會」主委的身份，關起大門，做他的「文化皇帝」。田老大仍然穿着長統大馬靴，以少將身份，風流自賞，不時緊鑼密鼓大唱其「改良京劇」，因爲他是「文工會」的戲劇組組長。會中的女同志，自封鳳子以下，更僕難數。差不多每一星期，都由郭大主委領導全班人馬男女同志到七星岡附近一家北方館子大吃其掛爐燒鴨，喝得醺醺爛醉。其他掛名送乾薪的左翼文化工作者同路人，一古腦兒都投入「文工會」的懷抱裏。委員們如老舍（舒舍予）、馬彥祥、茅盾（沈雁冰）、陳白塵、曹禺（萬家寶）、陽翰笙等，更是與「郭聾子」（郭沫若眼睛近視，耳有點聾，朋友們有時喊他做郭聾子，却生得白白淨淨的一個中等身材。）打得一片火熱。當時「文工會」裏傳出一副對聯，尚屬幽默，也可窺見其中景象之一斑。原來在該會中，老舍對鳳子頗有「傾向」，胡風則常和高龍生開玩笑。高龍生那時思想並不太左，而且常替朋友秘密畫「春宮」玩。又有兩個作家老向和胡考。于是這副對聯是：「老舍老向鳳子，胡風胡考龍生。」

至于那個電影製片廠附設的龐大的話劇團，名稱叫什麽「萬歲劇團」，多由電影女明星雙棲，一部分編導工作由洪深、馬彥祥、曹禺等領導，專門排演郭沫若所寫的劇本，如「屈原」、「虎符」、「孔雀膽」、「棠棣之花」等歷史劇。郭沫若寫古人就是寫自己，借古人的屍還他自己的魂，來盡量發洩自己的牢騷，借古事來諷刺今當局。在當時，如果不是屬于左翼的寫作，或沒有得到郭沫若的同意，再好的劇本也是沒有演出的機會的。

以我自己爲一例証吧，當然，我不能說我編的劇本好，但我也編了一個歷史劇本，以東晉時民族英雄祖逖經略中原爲題材，象徵抗戰與反攻，寫成四幕，劇名「祖逖」，由總政治部出版了。我的劇本寫作技巧可能趕不上郭沫若，但在意識思想上是正確的，至少也可以改編上演。但不幸我這個劇本竟被「萬歲劇團」杯葛。張治中曾親自下了兩次手諭催促提前排演，也無反應。劇中「聞雞起舞」一支主題曲，且係當時戰地黨政委員會主委程潛所作，程潛是作古樂府詩的，所以替我特寫「聞雞起舞歌」，用篆字寫在宣紙上以昭鄭重，自然也希望上演；其他各方面都策動這一個劇本的演出，也都無辦法：這就由于郭沫若等把持了當時的劇運。

我和郭沫若在思想上在政治觀點上雖有若干的距離，但並不因我的劇本不能上演而抹殺了對郭沫若的一切，以後見面時還是嘻嘻哈哈一番。民國三十二年秋，我的母親七十歲，我向各方面朋友徵求詩詞書畫，作爲母壽的紀念。郭沫若是四川嘉定縣人，與我母爲小同鄉。他寫了四首詩向我祝壽，詩前還有小序：

易母王太夫人，吾邑樂山人也。幼居香國，長適瀟湘，爲詩伯之淑配，爲文豪之懿母。玉局克紹先業，步兵大有父風，非徒然也！今年七十，謹述此俚詞以爲九如之頌。民國三十二年七月二十一日，郭沫若呈稿。

原來壽母是同鄉，高北門邊春日長，
天外峨眉雲外月，影隨江水入瀟湘。

原來壽母是同鄉，得伴詩人護錦囊，
濯足洞庭身玉局，薪傳絕業瑞文章。

原來壽母是同鄉，蜀國西歸問海棠，
不慣胡塵迷禹甸，嘉州今日又同香。

原來壽母是同鄉，老鶴窩中一草堂，
地近永興春永在，花明鷄黍近重陽。

就詩論詩，郭沫若的舊詩趕不上郁達夫、田漢、乃至老舍。但我母生日，他恭恭敬敬的寫了四首詩祝壽，我在私人友誼上是應該表示謝意的。至于每一首用完全同一的句法，却是他的新「創造」。我母生日爲農曆九月初三，所以他說：「近重陽。」他對于我家世的稱述以及把我看做「阮籍（步兵）和蘇東坡（玉局），稱我做「文豪」，尤其使我個人慚愧。

母壽那一天，我正奉陪老母從「老鶴窩」的家中到附近的永興場作一次家人親友的歡宴。在抗戰的生活艱苦期間，能夠在鄉間一座小場替老母拜壽總算難得。正在吃喝高興的時候，忽然聽到一陣嘈雜的聲浪，就有兩三人跑出去看，回來後一個人哈哈的說：「原來是老郭帶着妻子和幾名勤務兵擔着一担牛肉衝出去了。」所說的「老郭」就是「文工會大主委郭沫若」。那時「文工會」在重慶鄉下的賴家橋，城內自然也有辦公處。賴家橋和我家所在的老鶴窩很近，屬于西永鄉，有一個趕集的小場叫做永興場，我們和「文工會」的同人都常常到這裏趕場的。

無可否認，田漢、郭沫若都有相當的才氣，田老大生就一副硬骨頭，於是滿肚皮不合時宜，便從「謝瑤環」之類的劇本發洩出來，總於被「整」的生死存亡都不知道，反之，郭沫若便不同，他可以算得的一位投機之士，永遠適應環境，亦可謂之「巧宦」，見風使舵，至今仍是紅朝中的不倒翁，人之有幸有不幸如此，我於田漢、郭沫若亦云然。

易君左先生哀思錄

詩卷留天地，
奇懷抗古今。
羅香林

名父之子，名祖之孫，兩世高名嗟共仰，
萬里有行，萬言有作，廿年歸夢痛成空！
曾克耑

三絕早蜚聲，讀萬卷書，行萬里路，
雙輪纔送影，灑千點淚，鑄千古詞。
鄭水心

我哭詩人子，龍鍾淚滿衣，幾番同聚會，兩地却睽違。
名以揚州著，魂應故骨歸，騷壇皆嘆息，此道更衰微。
宋郁文

夢牽窮海經年別，惡耗遙傳隔世哀，强抑惆懷成哽噎，低徊舊跡付塵埃。士林陸范悲耆老，詩國桓文悼霸才，翹首中興思鼓吹，長留豪詠壯澎臺。
涂公遂

先德著鄉邦，庵以哭名，同光哀怨撼京洛，
新聲留海甸，話因閒起，金焦風雨憶琴樓。
劉孟華

鶯燕聲中，東風偏奪詩人子，
蟲沙刼外，滄海長埋楚客魂！
郭亦園

四魂集四海一心，兩代詩聲揚宇宙，
三不朽三湘七澤，千秋正氣照人間。
文叠山

翁稱才子，已爲詩人，湘鄂出名賢，遺留道範世間仰，
筆似董狐，心如菩薩，港台傷文友，重見音容夢裏尋。
曾紀棠

避地竟無還，平生志事餘孤憤，
藏山應有憾，四海詩心併一哀。
蕭立聲　翁一鶴

五四作先鋒，平生文章驚海內，
三民稱健者，暮年詩教著台員。
劉少旅　陳乃殷

哀舅氏

·程京蓀·

三月十八晚上，馬彬先生爲了別的事打了一個電話給我，並且告訴我易君左先生在台去世的消息，家人們聽了這個突如其來的噩耗，頓時都呆住了，因爲他老人家不久前曾來港，而且最近還有來此小游的打算，想不到忽然去世，家人都自然地沉默了十多分鐘，眼眶含着淚珠，表現了無限的悲感和哀思！

君左先生是我的舅父，也是我海外唯一最近的親戚，雖然我們平時見面的機會不多，然而舅甥之間的感情，却非常親切，尤其是常常遇到些朋友，有的從別處來港，順便告訴我『時常遇到你的舅舅，提起了你』。我亦復如是，足見相互懷念之情，自然地流露出來。

君左先生的父親，是大名鼎鼎的詩人易實甫，是我的外伯祖，我的外祖父名順豫，字由甫，也是近代有名的文學家，他的著作，有很多被各大學用爲讀本和講義，尤其對易經的講解更有貢獻，他和實甫先生是親兄弟。我小的時候，先母告訴我，君左舅是易家傳宗接代的一人了，因先母這一房，沒有親弟兄，只有一個姐姐，所以君左先生是負起了所謂一子兼祧之責的。

也很巧，我的弟妹中只有我和君左舅最有緣，幼時在漢口曾和他住在一起，及長，重慶、上海、香港及台灣等地，都有緣和他在同一地方居留。想起來，在香港和他在一起的時候最多。他生前著作不少，詩更作得多，已爲世人所熟知，尤其是「閒話揚州」一書，不但惹起了揚州閒話，並且流傳到各地，成爲民間共知的一個掌故了。（見本刊第七期）。他爲人豪放自在，並且很重氣節，這是我心中一直對他老人家敬佩和要學習的。一九五四年，記得有一次他對我說：他生平有一件事做得最對，就是周佛海在敵僞時期屢次密函要他到南京，虛部長之位以待，他雖與周是最好的朋友，但始終不爲所動，他認爲富貴不能淫，方才是書生本色。日寇投降後，他回到南京，那時周已被監禁，他還去探監，周對他說你是來探奸，不是探監，（見本刊第六期），他與我談此事時，我才來香港不久，住在九龍城，他也住在附近，所以常常見面和談天。

有一次他和幾位朋友遊長洲，要我同去，記得有鄭水心先生，同時還去拜候了一位金老先生，他們做詩，君左舅還鼓勵我也做詩一首。還有一次是他在浸會書院執教時，要我參加了一次浸會春宴，他也鼓勵我做了一首詩。我還是十來歲時隨着先祖漂學了一點皮毛，見不得人，可是我這位舅舅無時無刻總鼓勵着我再下功夫，甚至書畫篆刻方面，他也要我更進一步，我曾替他刻了幾方圖章，他常用在他的書畫上。他說：他有一方閒章，刻的是「詩人之子」，他笑着對我說：「你可以刻一方閒章用『詩人之子之姊之子』。」（編者按：本文作者程京蓀爲湖北名士程子大之文孫，譚派名票程君謀之哲嗣。）

一九六七年秋，他決定全家遷台，他的朋友在樂宮樓設宴爲他餞行，他也要我去參加，我于次日去美，他也就于那天舉家遷台，聽他的口氣就有終老台灣之意。

去年（一九七一）夏，他老人家重來香港，告訴了我一件事，想不到這是他對我最後一次的談話，他說：浸會學院有意請他再來香港執教，他拒絕了，但是浸會方面執意要請他回來，林子豐校長爲了此事，親自拿了聘書到他住的地方當面邀請，可是他把自已的意見表白了一番。他說：他是從一九六七年因受了此地不安的暴動影響而去台灣，當時在港的人都因此一次暴動而作他遷的打算，如今事過境遷，香港似乎安定下來了，相反的人們對台灣作出種種惴測，如果在這時候我又從台灣遷回香港，對他本人一向做人道理的來講，是不能如此做法的。他要求林校長同情他、諒解他，林子豐先生當時聽了他這一席話，很表欣讚，同時也不再勉强他，遂將此事作罷，告辭而去。君左舅當時對我講述此事，我心中深深敬佩他的意志堅定，也是我這個做後輩應該學習的，君子不求苟安，氣節爲重。此次他的逝世，香港有二十二個文化團體假座中國文化協會發起了一個追悼會，我是他老人家在香港唯一的近親，除代表易氏家屬表示十二萬分感謝這一個追悼會的發起外，我想君左舅地下有知，亦必含笑九泉的。

易君左先生（右）與本文作者程京蓀（左）在浸會書院春宴席上合攝

obermain

西德製男裝"奥比馬"皮鞋

大人公司 平價市場 人人百貨 大方公司 來路鞋公司有售

張謇中狀元

·林熙·

清代自順治三年丙戌（公元一六四六年）開科，到光緒三十年甲辰（一九〇四年）末科止，一共舉行會試正科八十四，加科二，恩科二十六，合共一百十二科，產生了一百十二個狀元。這百多個狀元中，到今日還被人所知或時時提到的，恐怕爲數極少，只有光緒二十年甲午科以後幾個狀元，因爲距離現在尚非甚遠，有些六七十歲的老年人還知道他們的名字，其事跡距今亦近。又因光緒二十年後這五個狀元，直到民國十年（一九二一年）以後才相繼逝世，他們之中有的還做起民國的大官，聲名烜赫，故值得一談。現在先從光緒甲午科的狀元張謇談起。

張謇生在中國處在轉變極大的時代，他出生的那一年是清咸豐三年（一八五三年），那一年洪秀全攻佔了南京。到他中狀元後，他經歷過中日戰爭、戊戌變法、庚子排外、辛亥革命的時代，而他死的那一年又是國民黨北伐（民國十五年），節節勝利之時，他看不見北洋軍閥被打倒，可謂「全福」而終了（因爲他對當時廣東的國民黨無好印象，可於其詩中見之。其對孫總理亦存有「彼哉彼哉」之意）。他在民國又做到總長，經營的實業、教育亦有成績，與其它的狀元大不相同。

張謇是江蘇南通人，字季直，晚年號嗇庵。他的祖父上一輩都沒有讀過書，不識字，是種田人家，到他的父親，也不過讀過一點書而已，科名與他家無份，到張謇竟然大魁天下，使舊時的讀書人益信「祖德、風水」之說了。

咸豐七年丁巳（一八五七），張謇五歲，開始上學，讀書很是聰明，十二歲那一年

張狀元（一八五三——一九二六）其孫融武珍藏

，有一天他的父親在書塾同老師坐談，有個軍人騎白馬打從門前經過，老師就出一個對叫張謇對，試試他的學問進度。老師說：「人騎白馬門前去」，張謇應聲對道：「我踏金鰲海上來。」老師大喜，他的父親也很高興，認爲此子口氣很大，將來一定成材。但他在十六歲進學（俗稱中秀才）起，廿四歲補廩，廿七歲得優貢，鄉試被擯凡五次，到三十三歲始中光緒十一年（一八八五年）乙酉科順天鄉試第二名舉人（俗稱「南元」），因爲順天府在直隸省，故第一名舉人必以直隸人爲解元，外省人中第二名，則稱「南元」。這也是科舉的一些花樣，引讀書人沉迷其中）。他有了舉人的資格，便可以應會試，但又四次被擯，直至四十二歲會試中式，應殿試，得狀元，四十六歲應散館試，留館，舉業生涯一共過了三十年，不爲不久了。其晚年所作的「文錄外錄自序」有云：「綜吾少壯之日月，宛轉消磨於有司之試而應其求，蓋三十有五年。至吾絕仕進，偶齊民，發憤殫力以求有用于世而冀一當，曾不及消磨于前此日月之半，而吾老矣。曾謂是三十五年日月消磨之業不足少愛惜乎？」

其懷舊之情可以想見。在他一生七十三年中，從十二歲學八股文詩賦起，到四十六歲散館試止，足足三十五年，佔其一生的大半光陰，所以他晚年時收集所作的八股文字，編爲「外錄」附於「文錄」之後，亦敝帚自珍之意。（所謂「散館試」者，得說明一下。故事：殿試後，三鼎甲立即授職，第一名授翰林院修撰，官從六品，第二、三名授翰林院編修。狀元、榜眼、探花佔了大便宜，傳臚後就有官職，可以在翰林院做事，不過仍須與朝考後的庶吉士一同在庶常館讀書。新進士殿試後，又經過一次朝考，成績好的，點爲庶常。他們在庶常館肄業三年，應散館試，成績優者分別授以編修、檢討，至此翰林的整個資格完成，得以留館供職。沒有授職的庶常，散爲知縣、部曹，故翰林以得留館爲榮，有此資格將來始可以入閣拜相。）

張謇會試中有三次爲主考官審意要中他而誤中了別人，這種事，在科舉中常有的，但張謇所遇則極有趣，其子孝若所作的「南通張季直先生傳記」有記其事，撮

錄如次：

光緒十五年我父三十七歲的會試，總裁是潘公（按：潘祖蔭，吳縣人），他滿意要中我父，那曉得無端誤中了無錫的孫叔和，當時懊喪得了不得。到了第二年光緒十六年的會試，房考是雲南高蔚光，曾經將我父的卷子薦上去，場中又誤以陶世鳳的卷子當作我父的，中了陶的會元。等到翁公（按：翁同龢）曉得弄錯了，竭力留我父考學正官，我父不願在京久住，就回南邊了。（按：「房考」是同考官的異稱。鄉、會試於主考官外，又設同考官十八人，佐主考閱卷，各佔一房，故名「房考」。他們看中一卷，加批語後，薦給主考，如取中，則考生稱主考官為座師，同考官為房師。）

這兩次的誤中，張謇的日記中，並沒有詳細記載。今將張氏的「柳西草堂日記」所記錄左，以便參考。光緒十五年（一八八五年）四月九日其日記云：

聽錄被放，仲魯中式，葉鞠裳昌熾與焉。鞠裳安雅之士。

四月十三日記云：

知「挑取謄錄」四十名，蓋場中主試中率分中，以「正大光明」四字為別。自一至二十李所取，二十一至四十崑所取，自四十一至六十則潘，自六十一至八十則廖，雖謄錄亦如此也。薦卷為長白熙小舫侍讀麟，首場批：「主魯舊法，立論疎落入古，湛然經籍之光。」次、三：「興高采烈，暢所欲言，詩亦有豪氣。」二場批：「援據精詳，筆勢浩瀚。」三場批：「五藝博大昌明，其鋪叙論斷處，純摹兩漢，不能第以時策目之。」潘堂批，首藝：「說本皇疏，頗有是處。」次、三：「畧疎」。次、三場：「極佳，額溢惜之。」榜前論者以熙為最無文名，恐余卷之出其房，而以為薦至吳縣，則必中，乃熙竟力薦而斥之自潘，於此益可以安命矣。

這科會試，房考熙麟（字小舫）給張謇的卷予以佳批而薦於副總裁潘祖蔭，而潘竟斥落之，故季直只好委之於「天命」了。四月十三日的日記首句「知『挑取謄錄』四十名」，挑取謄錄這一個名詞，是科舉專有的，其實就是中了副榜，此制始於明朝永樂四年（公元一四〇六年），清初仍其舊，中會試副榜的舉人不能參加殿試，只能咨送吏部授職，到康熙三年罷其制，自此即不附於正榜，另出一榜，名叫「挑取謄錄」，定額四十名。又，日記中不言潘誤取中孫叔和。是科正總裁李鴻藻，副總裁崑岡、潘祖蔭、廖壽恒。

光緒十六年庚寅科是恩科，張季直日記四月十日云：

聽錄被放，齒痛頓愈。

十一日記云：

知薦卷出高蔚光房。

十二日記云：

知堂批出孫毓汶，二人素不為清議所齒，得失無傷也。

是科正總裁為孫毓汶，張季直在日記中對孫、高二人有鄙夷之意。其自訂年譜云：

二月，應禮部會試，薦而不中，房考雲南高蔚光。高語余：「場中誤以陶世鳳卷為余，中會元。」翁尚書命留試學正官，非余意，久于京無力，謝歸。

日記中却沒有記高蔚光對他所說的話，但於四月二十日記云：

常熟師屬以二十金，許為覓一書院，留試學正，不能從也。

光緒十五、十六年兩次會試，都誤中了別人，到下一科壬辰（光緒十八年）會試，誠如張孝若所說「錯得越發曲折離奇了」。他所作的「南通張季直先生傳記」記得頗詳盡，錄如左：

到了光緒十八年我父四十歲的會試，錯得越發曲折離奇了。當時場闈中的總裁房考，幾乎沒有一個不尋覓我父的卷子。翁公在江蘇卷子上堂的時候，沒有一刻不告訴同考的人要細心校閱。先得到袁公爽秋所薦的施啓宇的卷子，袁公說：「像是有點像，但是不一定拿得穩。」等到看見內中有「聲氣潛通於宮掖」的句子，更游移起來。後來四川人施某薦劉可毅的卷子，翁公起初也很懷疑；但是既不能確定我父的卷子是那一本，所以施某竭力說：「這確是張季直的卷子。」翁公也有點相信起來，而且看到策問第四篇中間，有「歷箕子之封」的句子，更證實了這是到過高麗的人的口氣；就立刻問袁公，袁公覺得文氣跳蕩，恐怕有點不對。塡榜的前頭，沈公子封要求看一看卷子；等看到內中的制藝，及詩奏等韻，就竭力說：「決定不是。」但到了這時候，已經來不及了。一到拆封的時候，在紅號內，方才曉得是常州劉可毅的卷子，果然不是我父的。於是翁公、孫公家鼐、沈公大家四處找我父的卷子，方才曉得在第三房馮金鑑那裏。第一房是朱桂卿，第二房是袁爽秋；堂薦送江蘇卷子的時候，朱已因病撤任，袁公和馮金鑑住在隔房，常常叮囑他，遇到江蘇的卷子，要格外留心，不要大意。那曉得馮吃鴉片烟的時候多，我父的卷子，早早因為詞意寬泛，被他斥落了。翁公本來想中我父，等到曉得錯誤了，急得眼淚望下直滴，孫公和其它的總裁考官，也個個都陪了歎息。其實劉可毅並沒有到過高麗。後來袁公、沈公、及翁公弢甫，都將這內中的詳情，告訴我父；外間也傳說都遍了。潘、翁二公愛重我父的才名，識拔我父的情義，可算得以國士相待的知己了。這幾位名公鉅卿，對我父的情義，直到現在我們後人，還是刻刻感念不忘的！

讀張孝若這段文字，可見當時翁同龢等人是怎樣熱心要中他和張季直聲譽之著了。自訂年譜記此事有云：

應禮部會試，仍不中。爽秋爲言：「闈中總裁、房考競覓余卷不得，以武進劉可毅三場策，說朝鮮事獨多，認爲余，中會元。」計余鄉試六度，會試四度，凡九十日；縣州考、歲科試、優行、考到、錄科等試，十餘度，幾三十日。綜凡四月，不可謂不久，年又四十矣，父母必憐之，其不可已乎？乃盡屏試具。

張氏的日記記壬辰會試報罷，與年譜同有牢騷之意。是年四月十一日日記云：

聽錄。獨居寓舍，爲人作書。彥復爲至貢院小所探訊，三更始歸，知已報罷。於是會試四次，合戊辰以後計，凡大小試百四十九日在場屋之中矣。前己丑既不中于潘文勤師，而今之見放，又值常熟師主試，可以悟命矣！

十二日云：

子培來，爲述子封語，爲之增感。蓋常熟師於江蘇卷上堂時，無時不諭同考細心校閱。……拆封時，又於紅號知爲常州卷也，卒乃見此卷，果劉可毅。於是常熟、壽陽及子封亟查余卷，在第三房馮金鑑所……而金鑑吸鴉片之時多，余卷早以「詞意寬泛」斥落矣。常熟以爲余卷而置劉卷第一，及見其非，爲之垂泣，壽陽亦歎息不已也。可毅原名毓麟，其更名頗秘密，平日亦能文，爲瑞安所賞，而蘇龕之故交，然此次呈瑞安文稿，後比中易堂廉字爲樞廷，以瑞安深忤樞廷也。未至朝鮮而曰「歷箕子之封」，是直作黎邱之鬼矣。其居心吾不知之，比與烟丈書，己丑爲無錫孫叔和所冒，今又爲武進人冒頂，可謂與常州人有緣，自顧何人，屢以文字福及儕輩，慚悚無地，抑亦可以安命矣。爽秋來述闈中事，同。

上述日記中提到的人物，要稍注釋一下。先引張氏三月初六日記是科會試總裁，同考官云：

會試總裁翁同龢、祁世長、霍穆歡、李端棻。翁固乙酉座師，祁一等覆試師，李國子監受知師也。仲魯、子封、爽秋並同考，朱桂卿（福詵）、徐研甫（仁鑄）亦與焉。

仲魯是志鈞、志銳之弟。子封是沈曾桐之字，曾植弟也。爽秋是袁昶。「傳記」言「于是翁公、孫公家鼐、沈公大家四處找我父的卷子」云云，「孫公家鼐」，查十八房同考官中沒有孫家鼐，不知孝若何以插入此筆，俟考。「傳記」又說：「後來四川人施某薦劉可毅的卷子」，這個「施某」是第五房的施紀雲，四川涪州人，字鶴笙，光緒九年癸未科編修，官至湖北德安府知府。徐仁鑄是光緒十五年編修，光緒十四年戊子順天鄉試，仁鑄出紀雲之房，此次師生同爲分校，亦科場佳話，仁鑄日記有云：「鶴師得一卷，極似張孝廉」，即指此事。下一年癸巳鄉試，徐仁鑄放四川副考官，施紀雲之子施愚中式。施愚後來成戊戌進士，授編修。（施愚字鶴雛，入翰林後，留學日本、美國、德國，研究法律政治，入民國，袁世凱用之爲總統府秘書，任之甚專，寵遇在其它政客之上，專替袁制憲法也。袁死後，馮國璋聘爲顧問。于式枚譏袁世凱詞所謂「裝腔作勢罵施愚」者是也。）

關於劉可毅，張季直在日記中亦着微詞，但可毅也是江南能文之士，翁同龢取中他後，出闈之日，寄書黃體芳（字漱蘭，浙江瑞安人，張日記中所稱之「瑞安」是也），深恨此次目迷五色，後悔不已。體芳答書，說可毅得中會元，足見衡鑒之精，他從前做江蘇學政，最賞識兩個讀書人，可毅就是其中之一。

可毅的會元，相傳題名錄誤刻「可毅」爲「可殺」，迷信者以爲日後死於庚子亂事之讖。清末民初筆記常述及之，李岳瑞「春冰室野乘」云：

江蘇劉編修可毅，以壬辰恩科南宮第一人入翰林，都下傳刊題名錄，或訛爲「可殺」，一時引爲笑談，而編修心疑其不祥。既留館一日，與朋輩數人詣一星士，星士謂之曰：「君將來必死於刑。」編修大懼，念詞曹清簡，無抵觸刑章之理，或將來以科場事被累，如咸豐戊午之獄乎？由是遂不敢考差。然翰林俸入微薄，無他差可資津貼，奴僕債主，皆望其三年一差，倘不考差，則米鹽無從賒取，而僕輩亦將望望然去之。於是每試輒不終場而出，家中人不知，猶望其得差也，及是，乃被拳匪所戕，刑死之言竟驗。

此時張謇已四十歲了，四次上京會試皆不第（計第一次是光緒十二年，第二次十五年，第三次十六年，第四次十八年），他還有沒有科名之心呢？從舊日讀書人的心理來看，他還是要再試一下，非獲得進士不可的，因爲進士是科名中最高的一級，比舉人好得多，考了幾十年的書生，如果得不到進士，就此「退休」下來，總是心有不甘的。須知舉人與進士間，差別太大了。

「傳記」又說：

光緒二十年，慈禧太后六十萬壽，舉行恩科會試；那年我父已四十二歲了，祖父也年近八十，所以科名的念頭，已漸漸淡薄下來。那時三伯父（按：張詧，字叔儼。）在江西，由知縣奉委做慶典隨員，於是寫信給祖父，要我父也借此機會到京一趟，祖父就答應了，命我父再去應試一回。到了北京以後，考試應用的文具，還是向朋友借湊來；放榜的時候，也沒有去聽錄（按：張謇的日記裏記他而會試有：「聽錄，獨居寓舍」之語，所謂「聽錄」即聽紅報條看有沒有中。會試揭曉日，報喜的人在琉璃廠開設紅錄所，每探到貢院塡寫一名就先傳報，報條既出，隨貼一紙於外。應試的舉人，即於此時往琉璃廠聽紅報條。）；可見我父那時功名得失心，確是極淡了。先中了六十名貢士，覆試中了第十名，殿試中了一甲第一名（狀元）。那年閱卷大臣中有翁同龢、李鴻藻二公，向來都是很推重我父的。我父中元的時候，在日記上寫着：

四月十二日，殿試：第一策河渠，次經籍，次選舉，次鹽鐵。酉正納卷，歸巳戌正。……策全引朱子。

二十四日，五更，乾清門外聽宣，以一甲一名引見。先是錢丈令新甫見告，繼又見嘉定（徐郙）于乾清門丹陛上探望；旋鐵珊告以嘉定云云。而南皮（張之萬）、長白（志銳）、常熟（翁公）、高陽（李公）、錢唐（汪鳴鑾）八人立墀上傳宣矣。棲門海鳥，本無鐘鼓之心；伏櫪轅駒，久倦風塵之想，一旦予以非分，事類無端矣。

二十五日，卯正；皇上御太和殿傳臚，百官雍雍，禮樂畢備，授翰林院修撰，伏考國家授官之禮，無逾於一甲三人者，小臣德薄能淺，據非所任，其何以副上心忠孝之求乎？內省悚然，不敢不勉也！翟王二公，爲治歸第事。

其自訂年譜亦可參閱。摘錄如左：

（……）叔兄於江西奉委慶典隨員，函請于父，命弟再應試。父年七十有七，體氣特健，因兄請命，曰：「兒試誠苦，但兒年未老，我老而不耋，可更試一回。兒兄弟亦別久，藉此在京可兩三月聚，我心亦慰。」余不敢違，然意固怯，遲遲乃行。二月二十三日至都，試具什借之友人，榜放不前，不聽錄。中六十名貢士，房考山東滕縣高仲瑊編修熙喆，總裁高陽李尚書鴻藻，嘉定徐總憲郙，錢唐汪侍郎鳴鑾，茂名楊副憲頤。三月（按：應作四月，或筆誤也）十六日覆試，第十名。二十一日殿試。……閱卷大臣八人（按：應作讀卷大臣。會試的主考官稱閱卷大臣。殿試叫做天子臨軒策士，試官不敢稱閱，而稱讀。其實亦不是天子自己定文章的好壞，一樣是試官定高下，他批准罷了）：張相國之萬、協揆麟書、李尚書鴻藻、翁尚書同龢、薛尚書允升、唐侍郎景崇、汪侍郎鳴鑾、侍郎志銳。二十四日乾清宮聽宣（按：所謂小傳臚也），以一甲一名引見。二十五日傳臚，順天府尹于午門酌酒揖騎，以儀仗送歸第，假南通會館供張迎使。二十八日朝考，黃先生（即黃體芳）過余慰問，余感母與趙、孫二先生之不及見，又感國事，不覺大哭，先生至，亦凄然。

翁同龢與張季直相識已久，又是他的鄉會試座師，此次得大魁天下，就要靠翁同龢之力了。翁氏日記四月二十二日云：

得一卷，文氣甚老，字亦雅，非常手也。

二十三日云：

定前十卷，蘭翁、柳門、伯愚皆以余處一卷爲最，惟南皮不謂然。已而仍定余處第一；麟二（「一」，指狀元，「二」，指榜眼，即尹銘綬）；張三（「三」，指探花，即鄭沅）；志四（指吳筠孫，傳臚也）；李五（指第五人沈衛）；薛六（指李家駒）；唐七（指徐仁鏡）；汪八（指朱啓勳）；麟九（指吳庭芝）；唐十（指李翹芬）。

二十四日云：

上御乾清宮西暖閣，臣等捧卷入。上諦觀第一名，問誰所取？張公以臣對。麟公以次拆封，一一奏名訖，又奏數語。臣以張謇江南名士，且孝子也，上甚喜。

綜觀上述日記，雖沒有記翁氏力爭張謇爲狀元之語，但「南皮不謂然」，是張之萬反對也，接着又寫「已而仍定余處第一」，則張之萬讓步了。據我所知，張季直得高中，是翁同龢竭力主張，而李鴻藻、汪鳴鑾、志銳在旁贊成的。按照殿試習慣，讀卷八大臣，第一名的一個，是領銜，其他七人爲了尊重他，狀元之選歸他主意，第二人則取中榜眼，第三名取中探花，第四名取中傳臚。此次張之萬以東閣大學士、軍機大臣爲讀卷官，由他領銜，狀元應由他取中，他不肯讓出，正是他維護自己的權利之處，況且翁同龢是翰林後輩（之萬字子青，直隸南皮人，之洞從兄，道光廿七年狀元。工畫，此次做讀卷官，年已八十五，是年退休，光緒廿二年逝世，年八十七。同龢日記記此次同任考官，有云：「南皮八十五矣，耳目步履如常人，今日南齋尚爲余畫一扇，幷小幅。」這是四月二十日記的。在禮貌上應對前輩退讓。不過，張之萬時已年邁，而翁同龢又當時得令，以帝師膺殊眷，之萬不便與之相抗，只好委屈老前輩一次了。從前有人說過翁張兩人爲張謇爭執事，尚確實可信。據說，翁同龢拿到張謇的卷子後，一看字跡，就知是張季直的手筆（試卷是將考生的名字糊緊，待名次定後，拆彌封，才知道是誰人的），就說：「這一卷非中他的狀元不可。」張之萬倒也很和平，沒有火氣，他說：「現在各卷還未有全部看完，前十本亦未定出，怎能就這樣定出狀元呢？」（按：殿試卷有數百本之多，讀卷官選出十本，進呈御覽，第一本狀元，第二三榜眼探花，皇帝大都照辦，很少更動名次的。這十卷進呈的文字叫「前十本」），翁同龢不肯罷手，定要這一卷大魁，兩人畧有齟齬，其他八人立即排解。

王伯恭「蜷廬隨筆」記：甲午殿試翁張爭大魁一事頗可參考。他說：

甲午閱卷者，張子青居首，次爲麟芝菴，次爲李蘭蓀，翁叔平居第四，志伯愚則第八也。向來八大臣閱卷，各以其人之次序，定甲第之次序，所謂公同閱定者，虛語耳。是科翁師傳得張季直卷，必欲置諸第一，張子青不許，幾欲忿爭，麟芝菴曰：「吾序次第二，榜眼卷吾決不讓，狀元吾亦不爭。」高陽相國助翁公與南皮相爭，謂：「吾所閱之沈衛一卷，通場所無，今亦願讓狀元與張，幸公俯從。」南皮無可如何，乃勉如翁意，其所定之狀元，改作探花，以麟公不讓榜眼也。一甲既定，乃議以沈衛傳臚，高陽曰：「如此佳卷，不得鼎甲，更欲傳臚何爲，不如位置在後。」時已晏，內廷催進呈十卷，而傳臚未定，難以捧入，羣公因高陽一語，皆默不作聲。志伯愚起曰：「吾所閱一卷何如，能濫竽否？」南皮畧觀，即曰甚好。於是吳竹樓昂然爲二甲第一矣。（按是科一二三四名爲張謇、尹銘綬、鄭沅、吳筠孫。此書作者王伯恭，原名儀鄭，安徽盱眙人，潘祖蔭、翁同龢門生。在朝鮮曾與袁世凱、張季直同事。世凱做總統時，安置他在陸軍部爲秘書。此書初在北京報紙發表時名「蘭隱齋筆記」，印單行本始改今名。伯恭是光緒十一年舉人，一九二一年逝世。）

王氏所記雖有欠分曉處，但與事實尚非十分違背。讀卷八大臣次序，張自訂年譜與此同，不知是否張下筆時曾參考此書，翁氏日記所列八人次序是：張之萬、麟書、翁同龢、李鴻藻、薛允升、志銳、汪鳴鑾、唐景崇。又，翁氏日記進呈十本時有「又奏數語」之句。此「數語」未見於日記中，據聞是他對光緒帝說，向來殿試注重書法，不重文章，此卷寫作都極好，以之爲元，允無愧色。而且該年又是皇太后六十萬壽，張謇會試中六十名貢士，適符慶典，可爲恩科得人賀。

張謇殿試卷，傳說有應該「雙抬」而作「單抬」（試卷書寫時，低二字寫，空上二字留爲抬頭之用，文內頌聖提到皇帝之處，另行雙抬，即高出二字，單抬則高出一字。種種限制，不得踰越，犯有錯誤，即與前程有關），幸有人爲之補救。張季直之孫融武，今在香港，他曾有信詢問他的世伯沈燕謀先生，沈君復函，頗可參考，盡錄於左：

春間承詢令祖殿試策漏寫一字，又誤雙抬爲單抬，當時未知所答，今日翻「明清巍科姓氏錄」下卷，有文記此事曰：「是科殿試翁同龢爲閱卷大臣，狀元張〇（按：此〇代謇字，沈君很客氣，在其孫面前爲其祖避諱以示敬也）。卷挖補一字，漏未填入，翁爲之代填，並與同列爭定大魁。德宗詢此卷何故爲元，翁對殿試重寫不重文，此卷寫作俱佳，允可冠冕多士，且今年皇太后六十萬壽，張謇會試六十名進士，適符慶典，可爲國家得人賀。」至單抬雙抬之說，尚無佐證，他時或有所得，當奉告也。

又常熟孫師鄭（名雄）「味辛齋筆記」云：「余於光緒甲午成進士，其時張季直意在必得大魁，詞翰中與有私交者咸爲盡力。余素不工書，彼時僅欲得一縣令以爲祿養。惟因薄有虛名，又爲翁文恭師所器，頗招季直之忌。余在中左門交卷後即行出場，書雖不工，而全卷固無汚損也。後聞翁文恭師云：余卷第一行『臣對臣聞』上忽有一墨汚之鉅點，殊不可解。嗣有友人傳言，係清秘堂丁太史於收卷時所爲，蓋陰爲季直地也。太史亦江左人，與季直最契。其實余卷即不加墨汚，亦絕無大魁之望，太史未免多此一舉矣。」

又，誤雙抬爲單抬之故事，似應屬於光緒九年癸未科狀元陳冕。「蕉廊脞錄」卷二云：「山東陳冠生冕，書名重一時，宗室意園祭酒最器之，以大魁相期許，陳亦自負不作第二人想。接場日，祭酒偕志伯愚、張延秋、梁節菴諸人往觀陳卷，衆皆稱賞，祭酒忽喟曰：「誤矣！策中詔字何單抬耶？」陳婦翁廖侍郎趨視，大駭，遣人覓

第……頁

春間承

詢

令祖殿試策漏寫一字又誤雙擡爲單擡當時未知所答今日翻

明清巍科姓氏錄下卷有文記此事曰「是科殿試翁同龢爲閱

卷大臣狀元張〇卷挖補一字漏未填入翁爲之代填並與同列

爭定大魁德宗詢此卷何故爲元翁對殿試向重寫不重文此卷

寫作俱佳允可冠冕多士且今年皇太后六十萬壽會試六十

名進士適符慶典可爲國家得人賀」至單擡雙擡之說尚無佐

證他時或有所得當奉告也

又常熟孫師鄭名雄味辛齋筆記云「余於光緒甲午成進士其時

燕謀稿紙

25x10=250

沈燕謀先生遺札致張融武（凝文）

陳，已出矣。祭酒乃奮筆於「詔」上添一「特」字，侍郎揖之而出。比傳臚，陳卷果第一。」

詞林故事最多，然亦未必可以盡信。弟近年記憶大損，已讀之書尚不能得什一二，無論新閱諸書，因所翻之書適有涉及君家故事者，轉錄奉告，亦了却一心事而已。……

孫雄的筆記所說丁太史要協助張季直取得狀元，故破壞他的試卷，可見當時助張的人很多。（丁太史名立鈞，字叔衡，江蘇丹徒人，光緒六年編修，甲午殿試收掌官四人：黃思永、樊恭煦、洪思亮與丁也。黃爲光緒六年狀元，樊同治十三年編修，洪光緒三年編修。孫雄榜名同康，字師鄭，戊戌後改名雄，江蘇昭文人。散館改吏部主事，工詩。晚年居北京，生活甚窘，一九三五年逝世。）據王伯恭的隨筆說，黃思永也助張季直一臂之力。他說：

殿試之制，新進士對策已畢，交收卷官封送閱卷八大臣閱之。收卷官由掌院學士點派，皆翰院諸公也。光緒甲午所派收卷，有黃修撰思永。比張季直繳卷時，黃以舊識，迎而受之。張交卷出，黃展閱其卷，乃中有空白一字，殆挖補錯誤後遂忘塡者。黃取懷中筆墨，爲之補書，此收卷諸公例携筆墨以備成全修改者，由來久矣。張卷又抬頭錯誤，「恩」字誤作單抬，黃復爲于「恩」字上補一「聖」字。補後送翁叔平相國閱定，蓋知張爲翁所極賞之門生也。以此張遂大魁天下。使此卷不遇黃君成全，則置三甲末矣。

收卷官的正式銜名爲收掌。據所知，此次丁立鈞也成全了尹銘綬榜眼、鄭沅探花。原來此二人與丁亦有友誼，丁收到二人之卷後，一送麟書，一送張之萬，以二公列銜在前機會較優之故也。如果不是翁同龢竭力爲張爭取，也許龍頭之屬在鄭沅了。同治十三年甲戌殿試，狀元陸潤庠一卷，亦以挖補忘字塡上，交卷時，陳寶琛一看，見有空白，馬上交還給他，叫他塡補。故潤庠深感之，事以前輩之禮甚恭。

張季直這次考試，如果不是翁同龢力爭，狀元未必到手，又如非黃思永給他做點「拾遺」工作，就是翁同龢要爭，也無可如何，狀元或會落在鄭沅手上了。功名得失，果有「天定」之意耶？狀元有此神秘性，故在封建時代最爲人艷羨。張在日記中並沒有提到翁、黃等事，或不欲人知也。他高中後，未散館即丁父憂，直到光緒廿四年戊戌始應散館試，留館，其年譜述此事云：

保和殿試散館，十事對九。賦「霈澤施蓬蒿」試帖，試時謄至第四韻，四川胡峻越余前過，觸几，激墨點汚卷如豆，既刮重寫，乃脫一字，臨行知之，復刮三十字重寫……列二等三十七名。

好險，張季直幾乎不能在翰林院畢業呢。散館試後，恰遇翁同龢被驅逐回籍，失去憑依，自覺仕途難有發展，又怕被人指目（甲午中日戰爭，

第 頁

張季直先生之得大魁，詞館中亦有私交者咸為盡一分力。余素不工書，殿試時僅願得一點，余以為[illegible]，惟因請[illegible]君又為余文卷作[illegible]，張季直之[illegible]。余在中左門交卷後即行出，書雖不工而全卷固無汙損也。後聞翁文恭師云：余卷末一行[illegible]上忽有一墨汙之跡，[illegible]不可[illegible]，[illegible]有友人侍云：後請秘堂丁太史於收卷時所為，蓋陰為季直地也。太史亦江左人，與季直最契，其實余卷即不加墨汙，亦斷無奪魁之望，太史未免多此一舉矣」

又讀[illegible]者所撰之故事，似屬於光緒九年癸未科狀元陳冕，[illegible]廬隨錄卷二云：「山東陳冠生冕，書名重一時，宋芝[illegible]園祭酒最器之，以大魁相期許，陳亦自負不作第二人想。殿試日，祭酒偕志

燕謀稿紙

25x10=250

第 頁

伯愚、張延秋、[illegible]節庵諸人往觀陳卷，眾皆稱賞，祭酒忽[illegible]曰誤矣，策中「詔」字何不擡耶？陳[illegible]，侍郎趨視，大駭，遣人覓陳，已出矣。祭酒乃奮筆於詔上添一特字，侍郎揖之而出。比傳臚，陳卷果第一」

詞林故事最多，然亦未必可以盡信。弟近年記憶大損，已讀之書尚不能得什一二，無論新閱諸書，因所翻之書適有涉及君家故事者，特錄奉告，亦了却一心事而已

敬頌文仁世兄大人文安 弟燕謀[illegible] 九月[illegible]

25x10=250

張在翁前力陳可戰，翁信之，主戰愈力，失敗後，京朝士夫對張亦有責難），不如回鄉做點事業。其「文錄外錄自序」有云：

既成進士，而父見背，不及視含殮，茹為大痛，國事亦大墜落，遂一意斬斷仕進，然猶應戊戌散館試，以完父志。

張謇也知道他的狀元是儌倖得來的，故常存有謙抑之意，這一點是可稱贊的。南通人士因為本鄉出產了一位狀元，認為無上光榮，便把水月閣魁星樓改為果然亭，並懸一聯云：「畫棟欲凌雲，風月無邊歸小閣；錦衣今獲得，文章有價屬崇川。」到民國六年丁巳（一九一七年），張謇重修果然亭，自己在廿三年前的中狀元，無非是會逢其適罷了，不敢貪天之功，便把亭名改為適然，把對聯改作：「世間科第與風漢；檻外雲山是故人。」並附跋語云：

余以甲午成進士，州牧邦人，擷唐盧肇詩語為果然亭。世間萬事得其適然耳。丁巳，余修此亭，不敢承此意也。適然之事，以適然觀之，適得涪翁書，遂以易榜。（按：北宋詩人黃庭堅，號涪翁。）

殿試是封建時代最高級的考試，三考之中，此為最後，從進士科出身的人，做起官來都占許多便宜，故此讀書人考到六七十歲還要上京求名，就不單是為了為官作宰，亦欲「揚名聲，顯父母」也。科舉之廢，自光緒三十年甲辰科後，至今已七十餘年，從殿試產生出來的狀元，其經過如何，知者已稀，為了使讀者對這件事有些認識，試把狀元出身的翁同龢所記，摘錄給讀者參考。翁氏不僅是狀元，而且屢掌文衡，他做會試、殿試的主考官還多過做鄉試，他所記述，最為可信。光緒二十年甲午殿試，翁氏日記云：

四月二十日，晴。丑即赴朝房聽宣，張相國遣蘇拉來請，知派讀卷，遂入，至南書房，羣公次第集，擬題八道（兩字），有引摺，圈出四題，擬策問，皆汪李二公底。是日上詣頤和園請安，卯正出，午正回，即於此時謄策問。上還宮，遞上。發下，恭捧至內閣堂，闔戶寫題紙，汪、志、唐三君動筆，酉正二刻封前後門，子正三刻，刻畢，丑初二，印起，寅正印畢（三百九十五張，十張一包，十包一總封），竟夜兀坐，未合眼。

這是記讀卷官擬試題，公擬後進呈御筆圈定，然後在內閣寫題目紙，命工匠刻成，印刷三百多張。汪、志、唐即讀卷官中的汪鳴鑾、志銳、唐景崇。

二十一日。天明朝服送題至保和殿，卯初，貢士畢入。麟公捧題，張侍郎接置於案，余等率貢士三跪九叩。散題未畢，余等先退至文華殿西配殿寓所，與汪君對屋，臥十刻，起飯再睡四刻。四收掌來（樊恭煦、洪思亮、黃思永、丁立鈞），待讀來，同事諸公陸續來，余亦公服往答皆徧。柳門（按：汪鳴鑾之字）來談，亥初散。

二十二日，晴，熱，午後風。寅正三刻入殿，監試、收掌皆在，諸公集。分卷陸續送來。每人三十九本，首次二公四十本，共三百十四本。自卯抵酉正始散。閱本分卷畢，又轉四桌，力不支矣。得一卷，文氣甚古，字亦雅，非常手也。風，入殿門，繙動卷子。夜，柳門招飲，劇談至亥初。

這是試官在瑣闈內看試卷及酬應之樂。

二十三日。晨訪高陽（按：李鴻藻也）。卯初二刻入殿，轉三桌畢，將本桌圈尖點次序，先理一過，遂定前十卷。蘭翁、柳門、伯愚，皆以余處一卷為最，惟南皮不謂然，已而仍定余處第一，麟二、張三、志四、李五、薛六、唐七、汪八、麟九、唐十。令供事寫黃簽，擬一名。供事退，余等手粘包好，交南皮。退飯。諸公午睡，未初再集，按標識排定。八「〇」者四十五本，二甲一百卅二，三甲一百七十九，末四本不完。請侍讀令供事來粘簽。余與唐君逐本繙看，將批字撤盡，申正畢。前十本黃紙封好，加夾板油紙，即由南皮交侍讀携去，今夜遞，餘卷入箱交收掌，各散。邀同事諸公飲，柳門送鰣魚，抵暮散。聞雷無雨，夜與芝庵、伯愚殿階露坐。

辦理殿試事宜的官員，由皇帝指派，以禮部尚書為提調，其餘受卷四人、彌封六人、收掌四人、印卷二人，分別由翰林院、詹事府、光祿寺、鴻臚寺、給事中、禮部司官內派出，寫榜十二人則用內閣中書。翁氏日記中「請侍讀令供事」云云，「侍讀」，是翰林院侍讀也。定制，讀卷官在內閣滿本堂閱卷（滿本堂是大學士閱看滿洲文奏章的地方。另有漢本堂），他們和監察、收掌等官一同住在文華殿兩廊及傳心殿前後房。殿試後第二天，讀卷官和監試官等集合文華殿看試卷，由收掌官從箱裏取出試卷，攤放在桌上，先取一札，按照官階依次放在讀卷官面前，分完後再取各札，以分畢為止。讀卷官閱卷後，加以標識，分為「〇」、「△」、「、」、「|」、「×」五等(即圈、尖、點、直、叉)，凡第一個閱卷者用「圈」，則後閱者不用「點」，第一閱者用「直」，則後閱者不用「尖」，所謂「圈不見點，尖不見直」。閱卷時，先就本人分得的卷子，標識高下，再輪看他人的卷，就各桌上互看，謂之「轉桌」，即於卷後本姓下（卷後印讀卷官之姓，不印名）加圈、點、尖、直各記，以符公同閱定之旨。到了最後總核，多推首席主之（是科首席讀卷官乃張之萬），各人可以參加意見，大抵前列者必八人皆圈，其有加尖、加點的，甲第必後。凡進呈的前十本，非有八圈，不能入選（即八個考官皆加圈）。我曾見過傅增湘先生的殿試卷，皆八圈，下注「擬九名」即在十名內，（第十名是孟錫珏。孟君入翰林後，曾在吾鄉景韓書院為院長，一九三三年我到北京時曾拜訪過他，其時他在北京是一位大紳士）。名在十名之內，甲第甚高（甲第所爭者，只在前十名，十名之中又重前三名，以三鼎甲即在此中選出也）。

大八小語

美國所懼

英國專家預測，三年之後中共蘇聯將有大戰。美國人所怕的是，三年之後，中共蘇聯，可能攜手合作。

一年之最

四月份假期之多，爲一年之最。這是打工仔最高興的一個月份，也是老板階級最不高興的一個月份。

永不參加

一直在担心的消息終於傳到，紀政足疾，果然放棄參加本屆世運。世運四年一次，紀政今年不能參加世運，也就是她永遠不會再參加世運。

卓別靈語錄

卓別靈說：年老時方知一切政治把戲，都是愚蠢。隔了廿年終於重去美國，算是他的聰明。

兩種音樂

有些新潮音樂，單調乏味，無異於老和尚唸經。若干時代曲，無病呻吟，活像小寡婦要嫁人。

共同負責

美國駕車人因接吻失事罰欵美金一千元。接吻必須兩個人通謀合作，所以必須每人各罰五百元，方算公平。

易滋誤會

的士司機與貨車司機打架，見者誤爲摔角遊戲。無怪有人在路上看見男人先打女人耳光，後搶手錶，搜手袋，還道是夫妻相罵。

生葱與藕

百歲壽婆談稱：多吃生葱可以長生不老。紅顏薄命，往往只是爲了年輕時多抛生藕之故。

專家妙論

道路與車輛，關係有若夫婦，專家妙論，十分精彩。當不小心的行人闖入時，便會引起一場三角糾紛。

一去不返

公司收賬員，與巨欵同告失踪。找回收賬員，尚有可能，至於那筆巨欵，當然一去不復返了。

及格不易

全港銀行存欵超過兩百億，平均每人存欵五千元。閣下五口之家，非有存欵兩萬五千元，不算及格。

又一統計

專家統計，香港居民，每日約打麻將兩萬桌以上。以每桌四人各打十六圈，每四圈一小時半計，共耗一千八百萬小時。

吸毒之故

菲律賓一醫生曰：亞洲人吸毒，由於「無知」；西方人吸毒，乃因「趣味」。這種趣味，亦可謂無知！

婦女年齡

心理學家說，估計婦女年齡，另有一套辦法：自稱三十九歲者，替她加上百分之八。自稱四十九歲者，替她加上百分之十。

窮思極想

「婦女節」之外，今年六月，又有「婦女電影節」。不消說得，這玩意又是男人想出來的。

一個比喻

設紅燈區以開放公娼，警方表示此舉絕無可能。不禁嫖而只禁娼，等於妓院不准開前門而可以開後門。

過期馬票

茶樓門前買馬票，有人買到過期馬票。馬票過期問題不大，怕的是上面的號碼正是下期頭獎。

提倡洋貨

據說，英國人不吸美國烟，美國人不吸英國烟。香港人英美香烟都吸，就是不吸香港烟。

醫生之言

醫生說：夫婦吵架，男的易患胃潰瘍，女的易患關節炎。夫婦同時病倒，吵架不吵自停。

制服間諜

報紙上顯明標題：蘇聯外交人員，多爲便衣間諜。放眼看去，世界之大，從來未曾有過穿制服的間諜。

·上官大夫·

卓別靈與金像獎

·上官大夫·

今年四月十日晚上的奧斯卡金像獎頒獎禮中，八十三歲的却利·卓別靈將蒞臨出席。領取一項奧斯卡特別獎，以酧庸這位電影巨人的不朽功勛，這是一件非同尋常的大事，因爲卓別靈已經離開美國二十年了。

約在二十年前，卓別靈因有左傾嫌疑，美國當局對他表示不歡迎，卓別靈黯然離開了使他成名與久居之地的美國，並且表示了無意重蒞斯土。這許多年來他長期住在歐洲，繼續拍片，生活逍遙自在。但是他對在美國之不受歡迎，始終不免耿耿於心，因爲歸根結底，他並非共產黨的同路人，只是思想上同情貧苦大衆，憎恨資本家的壓榨剝削，眞情所在，不免流露於其作品之間，加以申訴批評。關於這一點，這幾年來，非但大部份的美國人對他已經逐漸了解，甚至共產黨人士，也認爲他所過的資本主義社會的生活方式爲糜爛墮落，不堪救藥。簡單說來，卓別靈本質是一個崇尚民主、堅持正義的自由人士，他現在住在瑞士，而如果不住瑞士，則居住紐約或者巴黎，也遠較北京或莫斯科，更爲舒適。所以雖然與美國隔絕多年，並且負氣說過不欲再去美國的話，但一旦美國向他招手，他仍將樂意接受。

金像獎創立已有四十餘年之歷史，以卓別靈在電影方面之貢獻而言，他應該於二三十年前早已得獎，而且所得極可能不止一次，但是四十年來，他一直與之無緣。這無疑是受了政治壓力思想方面的影响，好萊塢電影界的高層人士，早已承認卓別靈之應該獲獎，無庸置疑，但是由於種種原因，結果還是榜上無名。今者歲月消逝，卓別靈垂垂老矣，同時世人也看到他底行爲思想及其電影中所表現的一切，亦與民主自由精神及美國利益並無抵觸，所以美國電影藝術科學學院最高當局決於今年奧斯卡頒獎典禮中，頒與一項奧斯卡特別獎藉以表示對於他底崇敬。

却利·卓別靈原籍英國，出身貧困，以苦幹成功。在第一次世界大戰期中，差利爲了推銷英國政府的公債券而前往美國，當時數約五萬羣衆湧至碼頭相迎，美國總統威爾遜親自接見，每到一處，他都受到了熱烈包圍。一九二一年凱旋返回倫敦時，他更受到歡迎，其熱烈盛大，簡直非筆墨所能形容。他被一大羣興奮若狂的影迷從火車廂裏面「扯」出來，然後被羣衆舉起遊行。

十年後，却利名成利就，環遊世界。他曾經和邱吉爾、愛因斯坦、蕭伯納、比利時國王阿爾拔、甘地、梅蘭芳等名人會晤交談。當他被介紹和威爾斯王子（即今日的温莎公爵）認識時，兩人一見如故，而另一個對他發生濃厚興趣的人物，則是名畫家畢加索。

卓別靈式的幽默馳譽世界，不僅在電影中如此，就是在他底實際生活中亦復如此。在他作品中，他樂於做小丑角色。作爲一個小丑、笑匠、滑稽演員、喜劇明星、詼諧的創作者，卓別靈的成就是無可比擬的；然而他最大的成功，却是發揮於其作品的對於這個世界的諷嘲，至於此種諷嘲之無情抑有情，則該由感受諷嘲者自行辨別。

在喜劇方面，卓別靈爲一曠世奇才，對於「喜劇」，他有特殊的見解。「一場葬禮，總算是悲劇了吧？」他說：「一切都是那麽莊嚴，黑色、眼淚、花、手帕……忽然一個矮小的弔喪者來得遲了些，他只好挨在一個大胖子的旁邊坐下去。那個胖子向他瞪了一眼，他有些兒不安，連忙換一個座位，慌忙中又去坐在別人的帽子上，他底狼狽立刻成爲了別人的笑料。」

他說上面這幾句話時，一面說，一面做出表情，聽的人都笑了。對於喜劇，這是他所作的平凡而不朽的舉例。

卓別靈是一個可以擁有一切榮華富貴而對榮華富貴毫不在乎的人。一生中，他同情貧窮、重視愛情，其結果是自已也幾乎變成貧窮，重視愛情的結果則是離婚四次。看他生兒育女，忙忙碌碌，但他沒有得到眞正的愛情。他賺過無數的金錢，其中大部份成爲了離婚贍養費的支出。每一次離婚使他的財產減少一半，離婚四次所造成的結果，不問可知。

筆者於少年時代起，在銀幕上，一直傾心於三個「却利」，一個是却利卓別靈，一個是却利勞頓，還有一個是却利鮑育。三人之中，當然以卓別靈居首。他底「城市之光」與「摩登時代」，值得領受諾貝爾獎金而有餘，可是他連一張白紙也沒有得到。

一九三六年，卓別靈到過上海，那時筆者服務於上海某外商電影公司，曾與公司中人同往碼頭相迎，目覩他與寶蓮高黛乘小艇「吉卜賽」號自黃浦江上乘風破浪而來，在江海關碼頭登陸。其時他與高黛新婚未久，愛河共處，喜氣洋溢，談笑風生，對我印象極爲深刻。這是三十餘年前舊事，當時我才二十幾歲，對於他的才華風度，生活際遇，眞有說不出的妒羨。可是曾幾何時，便從美國傳來了他與高黛仳離的不幸消息。

他久居美國，却從未入籍，其生活思想也與

當時美國資本主義社會格格不入，因此曾被認爲美國社會所「不需要的人」，且被政府控其瞞稅。一九四七年，幾名美國議員在國會中對他提出嚴厲攻擊，甚至要求把他遞解出境，其中原因甚爲複雜，且有微妙的政治問題牽涉在內，其中因素之一是他有共產主義同路人的嫌疑。

這要追溯到二次大戰前，他拍攝「大獨裁者」一片的舊事。法國著名的電影批評家喬治・薩杜爾在「卓別靈傳」中這樣指出：『還在「大獨裁者」這一個劇本寫的時候，好萊塢的納粹領事基斯林和希特拉派駐華盛頓的大使克霍夫先後向美國製片商提出恫嚇說：假如卓別靈或其他導演膽敢攻擊納粹主義，德國將下令禁映所有的美國影片。好萊塢的老闆們不願意放棄他們的德國市場，他們用「官方不予通過」來逼使卓別靈放棄劇本。』

但是，卓別靈並未放棄他的劇本，正如他以後沒有放棄藝術良知和正義感一樣。他儘管遭受到種種的恫嚇，甚至暗殺的威脅，劇本還是拍成電影，與廣大觀衆見面了。

「非美活動調查委員會」於是開始對他進行了迫害。滑稽得很，這個委員會，原先是爲了偵訊一些希特勒份子在美國活動而成立的；但自一九三九年開始，却把偵訊對象轉爲那些對盟國不表示支持的人們，卓別靈便是其中之一。

他終於悄悄離開美國而回歐洲，大部份時間住在瑞士。

許多著名的作家盛讚卓別靈爲電影界的偉大創造者，但同時也有人批評他的演技過於古老。

卓別靈在一次御前献映中覲見英女皇依利莎白二世

他是自己所有影片的編劇、導演與演員。片中的音樂，是其作品的特點之一。聲片初興，影片均以「有聲」「對白」爲號召，他獨持異議，他的「摩登時代」非但不用對白，並且還用吱吱喳喳的配音，對一般聲片中的對白加以諷刺。這是卓別靈一時的固執，但大勢所趨，却利終於不得不向事實低頭而拍起有聲片來。

他底第一部有聲片是「大獨裁者」，以後又攝製了「華杜先生」和「舞台春秋」。「華杜先生」是他長片中內容較差的一部。從「大獨裁者」開始，他漸漸減少對他底那雙商標皮鞋和手杖的倚賴，事實證明，沒有了那對大皮鞋和手杖，一樣可使人發笑，一樣使人覺得有趣。在「紐約一王」中，他的外型和演技與「摩登時代」中頗有不同，但令人發噱則一，這証明了他不一定要靠小鬍子、手杖或者皮鞋。

可惜自「紐約一王」而後，他的作品便日益遜色，「來自香港的伯爵夫人」一片，雖然起用了馬龍白蘭杜和阿娃嘉娜兩大明星，但該片無疑爲一失敗之作。

一九六四年十月，他的「卓別靈自傳」在英國出版，全書五四五頁，附插圖一五〇幅，售四十二先令，內容極爲沉悶，但是他頭戴禮帽，手持手杖，足登破鞋的那個「流浪漢」造型來由，却在自傳中有了明白的交代，他寫道：「當我第一次走進化粧室時，對於角色的化粧造型，毫無主意，乃隨手從衣櫃內取出一條窄小縮水的舊褲，特大的破鞋子，一支手杖，一頂圓帽，最後在咀唇上面黐了一撮鬚子，對鏡一照，立即感到一切都很完美，劇中所需要的便是這麼樣一個活生生的人物。」

他說：這個小人物的造型是多方面的，他是一名流浪漢，但同時是紳士、詩人、夢想者、孤獨者，還常常喜歡流浪與冒險的生涯。此外他還可以給你進一步的印象，於是你會相信他是一位科學家、音樂家、吸毒者、甚至是運動家，甚至會拾街上烟蒂，搶小孩子的糖，其不修篇幅與不顧一切，令人深覺其平易近人，跡近可憐，這造型便從此成爲了卓別靈的商標和招牌。

世界上的電影選舉，多至不可勝數，而以美國電影藝術科學學院主辦的奧斯卡金像獎評選最具權威。該項評選開始自二十年代，一九二八年頒發第一屆獎品金像一座，一九三一年正式定名爲奧斯卡金像，四十多年來，一直在一切電影選舉中據有最崇高的地位，優勝者一登龍門，無不名利雙收。

初辦時，奧斯卡評選祇有最佳影片，最佳男演員，最佳導演、劇本、攝影等獎，以後種類逐漸增加，至今已達二十七八種之多。候選者先由美國電影業的十四個部門會員提名，繼由電影藝術科學學院公佈名單，最後由該院的二千名會員投票選出。

美國電影藝術科學學院奧斯卡金像獎評選之設，目的在「促進電影與科學，發揚人類文化」，四十餘年來，舉辦不輟，評選於每年三月舉行，事前先經過提名手續，最後結果於頒獎典禮上公佈。參與評選的作品，以曾於本年一月前的一年內，在洛杉磯區公映或獻映之影片爲限。

金像獎評選之特色爲其分門別類，最爲詳盡，藝術科學雙方並重，凡屬電影每一部門工作人員之優良成績，均有獲獎機會。獲獎的項目計分：（一）出品（最佳影片），（二）演技（最佳男主角，最佳男配角，最佳女主角和最佳女配角），（三）導演（最佳導演），編劇（最佳電影劇本，最佳原著劇本及最佳電影故事），（四）美術指導（分爲黑白片與彩色片二種），（五）攝影（黑白片與彩色片有別），（六）錄音，（七）剪輯，（八）音樂片中的音樂指導（最佳配樂，最佳配音與最佳歌曲分三個獎），（九）效果（最佳音響及燈光效果等）。

此外另設特別獎兩個：（甲）科學或技術優異獎，頒給本年度對電影、藝術或科學與在電影工業實用方面有特殊價值之一項設計、方法、程式的發現或創製者（例如一九二八年，華納公司以攝製第一部有聲歌唱電影「爵士之歌」而獲得此獎）。（乙）泰爾堡（瑙瑪希拉前夫之名）紀念獎，獎給達到泰爾堡理想之最佳製片者。

奧斯卡金像獎評選辦法大致如下：（一）參與評選之影片須先由好萊塢電影界提名，每項五名，並由學院公佈名單。（二）各獎之評選表決採用秘密投票法，選舉人均以不署名式密封投票。（三）開票與計票請合格之會計公司主持。（四）各項獎品之發給，於頒獎晚會中隆重舉行。（五）若遇其得獎者爲集體合作時，則各合作人均分別得獎，惟導演與監製不得兼領編劇合作獎。（六）如遇某主角、導演、編劇同得兩獎時，大會中只提其最佳者，遺缺由其次者遞補。

在一九四〇年以前，電台和報章都可以事前知道得獎名單，搶先公佈。一九四〇年後，電影藝術科學學院對優勝名單開始採取嚴守秘密的措施，大會舉行頒獎典禮，除了核票的四個會計人員之外，誰也不知優勝者是誰。近數年來，負責替影藝學院統計金像獎選票投票結果，是一位聲譽卓著的會計師。

如何統計票數？如何使統計不會錯？這些技術上的問題當然重要，但是更重要的是主持其事者，必須肯定地保證，除了他和他的三個助手外，決不可能有第五人知道結果。美國電視中價值五十萬美元的有獎問答遊戲，都載有秘密問題和答案的文件，一開始就密封在一個信封裏面，由一個銀行職員和兩個武裝警察小心翼翼地送進保險箱，在手續上，看來足夠秘密，然而仍不免爲外人所知。但金像獎選舉投票結果，從一九四〇年以後起到現在，事前從未走漏消息，可見其保密方法之嚴格週到。

原因是那問答遊戲的內容在套進信封前至少有出題目的人已於事前知道，這便有洩漏的危險。但是金像獎投票結果並不是由影藝學院寄給會計師，而是投票者直接寄給計算人員的。最初由負責計算者把選票編上號碼，寄給投票人。他們填上他們的選擇後寄回給計算者，計算者把選舉成績統計後，就封存在信封裏，直到頒獎台上揭曉得獎名單時，這信封才得拆開，所以即使到最後一分鐘還是沒有人知道。

由於選票預先編號登記，所以沒有僞票混在內，覆件由投票人直接寄回會計師辦事處，不經學院當局或任何他人之手，而後由會計師和三名助手負責存放好這些覆信，至三月卅一日，在一間下了鎖的房間，開始拆信，做統計工作，一切選票字條，加數機等都嚴密保管，全部工作在一間密室內進行，需要一百小時方能完成，而頒獎禮舉行的日子，則是四月裏的第二個禮拜一晚上。

這是卓別靈的第三次得獎，第一次是一九六五年，他得到荷蘭伊拉斯穆詩獎金；該項獎金，係荷蘭文化基金會所設置，由一九五八年以來，每年頒發一次，給予對歐洲社會、文化或科學藝術有特別貢獻的人。第二次是一九七一年康城電影節揭幕禮舉行之晚，法國文化部長杜咸米代表法國總統以一項CLH獎章與卓別靈，以表揚他過去數十年來對於電影藝術之鉅大貢獻。在冠蓋雲集，釵光鬢影的會場上，在無數嘉賓的注視下，卓別靈一杖在手，擺着他著名的「八字脚」，緩步登上頒獎台，禮貌地與與杜咸米部長相對一笑，博得全場掌聲雷動，使當晚許多其他領獎的導演演員們黯然失色，成爲康城影展有史以來最令人難忘的一個場面。

美國電影界人物，常以擁有一座奧斯卡金像獎自豪。以在電影方面所締建的豐功偉績言，歷來七八百名金像獎得獎人中，有誰可以與卓別靈相提並論，四十多年來的金像獎史上，他却一直榜上無名，卓別靈雖然豁達，也不免爲此鬱抑不歡。關於這一點，有人很感慨的說過，這是金像獎的損失，現在這項損失，總算獲得了彌補，對於卓別靈也可以說是夙願獲償了。

卓別靈的重返美國，左派說他是「失節」，右派稱他爲「反正」，但在卓別靈自己，只是「還到自然。」

鴉路 KENT幼花恤

令你風度翩翩，優雅出衆

今年美國最時興最受歡迎的恤衫，
就是鴉路"KENT"幼花恤,色澤淡雅,花款細緻,
高領背,長領尖,裁剪貼身合度,免漿熨,不縮水,不退色.
無論何時何地,穿着鴉路"KENT"幼花恤,
令你風度翩翩,優雅出衆.

「鴉路」尚有COLLAR MAN, GETAWAY, KNIT
及MACH II等各款花恤,適合任何年齡及身材.

着鴉路恤,確係高人一等嘅!

成功人士的恤衫

N-064

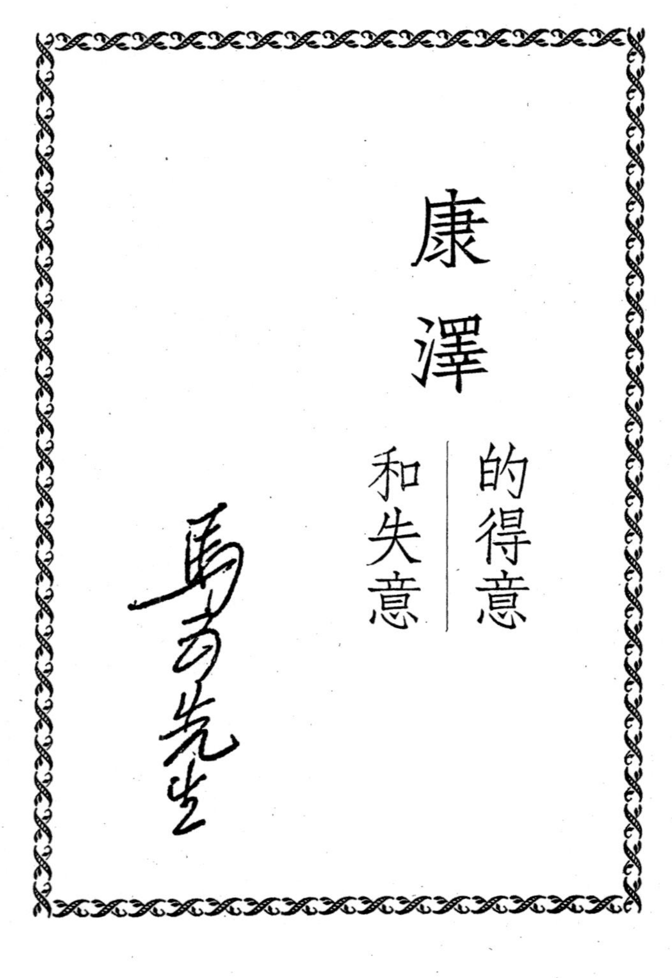

康澤的得意和失意

馬五先生

一九四八年冬，在「襄陽綏靖區司令」任內，以戰敗被中共俘虜的康澤，據說現在還活着，行年大概過七旬了。

他是四川安岳縣人氏，別號兆民，畢業黃埔軍校第四期。從一九三二（民國廿一年）到一九四三這十多年之間，他受到蔣委員長特別器重，在政治上顯達非凡，其勢甚張。他是「中華復興社」五個籌備人之一；其餘四人是賀衷寒、鄧悌、滕傑和周復，亦係該社嚴密的紀律條例起草人。復興社於一九三二年正式成立，社員以黃埔軍校畢業生爲骨幹，入社資格須經過嚴密考核，內部紀律森嚴，不稍寬假，對於社員違犯紀律的行爲，最重者可置之大辟，而毋須經過法院也。

一九三三年七月，蔣委員長在南昌爲了收容訓練軍校各期的失業學生，設置了「中央陸軍軍官學校駐贛暑期訓練班」，派康澤爲班主任，到了八月間，這訓練班開赴廬山，編入「廬山軍官訓練團」繼續受訓兩星期後，又改名爲「軍校特別研究班」，把原有「豫鄂皖三省勦總」設置的團務幹部訓練班，和農村合作人員講習所，予以合併，仍由康澤主持其事，班址設在星子縣。這個特別研究班後來又將最近在台逝世之劉健羣主辦的「青年幹訓班」、賀衷寒在武漢開辦的「留日歸國學生訓練班」亦吸收過來，因而範圍不小，人數亦多，而在嚴格的紀律控制與信條陶冶之下，這些受訓的羣衆，便成了康澤的一項政治資本！

一九三三年十月，蔣委員長在廬山創立「軍委會南昌行營別動隊」，派康澤爲總隊長，所有人員都由「特別研究班」調撥任用，也就是康主任訓練出來的幹部。別動隊係武裝的組織，初在江西前線勦共區域內，從事編組保甲，清查戶口，組織訓練民衆，宣揚新生活運動等項工作。迨一九三五年調到星子縣的中央軍校特訓班整訓，是年四月間，因共軍突圍竄赴川黔，軍委會派遣「參謀團」到四川協助川軍勦共，別動隊亦奉命前往巴蜀于役。這時候，康澤的職位除別動隊總隊長外，尚有特訓班主任、參謀團政訓處長、四川省保安處政訓室主任、四川省國民軍訓會主任委員、峨眉軍官訓練團政訓組副組長等，聲勢煊赫，睥睨一時。他的性格是內向型，私生活亦頗嚴肅，他對蔣委員長奉之若神明，忠心耿耿，永矢弗渝，試述兩事，以見一斑。民國廿四年（一九三五年）冬，蔣委員長駐節川省峨眉山上，調訓川軍各級幹部時，別動隊人員進入川境工作的很不少。一日，有與劉湘同學又做過師長的川人鮮英（特生），偕四川公路局長魏子銑在成都「少城公園」漫步中，鮮語魏云：「聽說老蔣明天要下山來成都了」，即有穿中山裝的三位壯士從旁走過來，教鮮、魏二人站住！隨即表明身份，說是別動隊政工人員，指述剛纔鮮等聲稱「老蔣」云云，是公然侮辱領袖，着予罰站半小時以示懲戒。鮮、魏二人無可如何，木然站立不動，游人觀者如堵，競言鮮師長和魏局長「招了」！招了云者，川諺受屈挨整之意，使二人無地自容。嗣後對日抗戰時期，所謂「民主同盟」的總機關，就設在重慶上清寺鮮英的私第「特園」，殆所以報當年罰站之怨啊！

越民國廿五年春三月，川省實行「行政督察專員」制，有川省軍人余安民奉派爲第四區專員，於赴任前夕，招宴黨政界友好，康澤係省保安處政訓室主任，應邀座居首席。讌飲間，座中有人談到地方上的土豪劣紳問題，余安民大發議論，描述四川舊時一般「團總」在地方上作威作福的情況，說團總出門時，那種前呼後擁的威風，跟蔣委員長的排場差不多啦。康澤即對余安民吼言曰：「不要胡說八道！」舉座爲之駭然，揣想康氏之意，認爲余專員將蔣委員長與土豪劣紳相提並論，乃大不敬也！這次尷尬場面，筆者身歷其境，因我當時在「四川縣政人員訓練所」担任政治教官，亦承余安民招宴，敬陪末座，所以記憶猶新。

一九三八年三月，國民黨臨全大會在武漢舉行，決議修改原有黨章的「總理制」爲「總裁制」，蔣委員長膺選爲總裁，幷新設三民主義青年團，團員不限國民黨人，旨在集結全國青年，一致抗戰建國，而以陳誠担任該團書記長，派康澤爲組織處長，因陳誠反對康澤担任此職，乃以胡宗南負組織處長名義，仍由康澤代理其職務。康將「復興社」人馬併入青年團，成爲該團核心份子。團本部暨各省區支團部的負責人，皆由復興社的骨幹人士充任，即政府各部門的重要單位中，康澤亦以青年團關係，派人滲透於其間，這些人只遵奉康澤意旨行事，視其主管長官蔑如也。例如陳誠的書記長辦公室及其兼任的大本營第六部——政治部長辦公室，皆有康澤的心腹人士潛在着，陳氏雖明悉其情，亦不能不表示倚畀，因康澤深受蔣總裁特達之知，寵眷甚隆，他可說是「一人之下，萬萬人之上」的了不起人物，不能不敷衍他。青年團隨政府遷至重慶後，別動隊組織撤消，原有人馬改編為兩師正規軍，仍由康澤的幹部馬維驥、劉伯龍担任師長。所以，當年康澤在青年團本部的廣濶客廳中，每天坐在那兒恭候康處長接見的中少將階級文武要員，常有二三十人之多，其權勢可知。

康澤平日除了對蔣委員長抱持絕對忠誠的心情外，居常高視濶步，於當代名公鉅卿少所許可，因而在政治界的人緣殊不見佳，即黃埔同學中的老大哥如賀衷寒等，亦不例外。例如：他邀約別人晤面的格式，就完全效法蔣委員長的作風，一張鉛印的通知單，上書「奉總座諭，請台端某日某時到總隊部一談」，尾註「侍從副官室啓」等字樣。對日抗戰初期，筆者在重慶亦接獲他的這種通知，屆時我就未去，過了幾天在應酬場合遇見了他，輕聲向他耳語道：「你那通知書很有委座的派頭，我不敢高攀。」他忙答「我不知道，這是副官們亂搞的！」我認定跟康兆民做朋友很好，就是不能跟他共事，因為他那種習慣成自然的許多情態，令人感覺太不自然了。

康澤在對抗戰初期，曾受到了一次小挫折，當時他的別動隊多在戰區活動，他曾以秘密手令致在皖豫一帶服務的別動隊，教他們在戰區若遇到「桂軍」，不妨予以繳械，亦不必呈報。詎這項密令被前線的桂軍繳獲了，轉呈上峯，李宗仁即向蔣委員長報告，謂全國既然一致抗日，何以猶作此鬩牆之爭？蔣大為震怒，嚴令申斥康澤，幷予降級處分——由中將降為少將，然對康澤的「聖眷」未衰，倚任如故。迨抗戰末期，康纔栽了一次大觔斗，幾乎一蹶不起，為的是他馭下很講紀律，毫不寬貸。緣有兩個曾是康訓練出來的青年學生，又派在青年團服務的舊時「青幹班」份子，不知犯下了甚末罪惡，被康發覺後，即予秘密處決了！在康看來，這是奉行「復興社」的原有紀律，幷非擅權逞威。殊不知素不滿意康的人士，聞訊譁然，謂康以組織，領導青年的人，而隨便殘殺青年，幷且朦蔽兼團長（指蔣委員長），擅專威柄，這還了得！若不加追究，青年團勢將趨於瓦解。於是，報由陳誠幃幄上奏，蔣亦頗動容，即以「出洋考察」名義，免去康的青年團組織處長職務，另派張治中為青年團書記長，這是一九四四年春間的事。此時別動隊已經不存在了，各種訓練班亦早已統一於中央訓練團，康祇好過着「無官一身輕」的寂寞生活。他尚未放洋而抗戰已告結束，韜光養晦了一段時期，於卅七年受「華中軍政長官」白崇禧的徵辟，出任湖北「襄陽區綏靖司令官」。襄陽綏靖區的國軍，多屬四川部隊，康去指揮作戰，可謂人地相宜。詎知他的副司令兼川軍軍長郭勳祺，乃是個共黨同路人，康自己又沒有親信部隊可効馳驅，結果當然失敗。康被共軍俘獲後，筆者在南京「和平日報」看到中央社發出的所謂「黃色參考資料」，據共軍發佈的消息，說康澤與副司令郭勳祺於最後危急之際，同在襄陽郊外的碉堡中，康見大勢已不可為，曾舉鎗實行自殺，郭順手將鎗身一推，子彈只射到康澤的肩臂上，負傷不死，康乃走入地下室，與若干傷兵混在一起，共軍找到康的一個勤務兵，教他帶頭進入地下室指認，康纔被俘虜云。

在黃埔出身的幹部人物中，始終為「蔣校長」所信任不衰的，只有康澤一人而已。他除却忠貞不移外，私生活亦規矩，不愛錢，不貪玩，頭腦亦清楚，也有心羅致人才，有若干我所熟識而又在政治上得勢的長衫朋友，都是經康澤推薦後，脫穎而出的。他在政治上沒有大的成就，主要原因在他眼光過高，自負太甚，而又不善肆應，缺乏政治技術。平心而論，康澤仍不失為黃埔學生中之佼佼者！

居處四遷記

陳蝶衣

南踰丹徼，避地圖存，倏忽已經歷了二十寒暑。抵達香港的那一年，我是四十四歲，雖非蘇子卿之「丁年奉使」，至少也還在額有壯髮的時期。而今則兩鬢俱斑，已是皤然一老；但要想「皓首而歸」，却又無此可能了。

天涯寄跡，海角棲遲，兒輩已盡操粵語，不知此外猶有故鄉。我這個爲人父者，也差不多「久客身將成土着」。屈指算來，二十年間居處屢易，比孟母的三遷還多了一遷。每遷徙一次，我必有一詩爲記。因之根據詩料，回憶過程，倒也有不少苦趣可寫。爰緊接「一身去國八千里」一文之後，再繕此篇，藉留鴻爪。

炎荒遠禍　白手成家

初蒞香港時，我是在老友屠光啓導演的府上作客。當時屠兄所居，在九龍的加連威老道。（就是粵語「隔離搵老豆」笑話的發生地區）

大約兩三個月之後，屠兄隔壁人家有一個房間空出，經由屠兄介紹，我把這個房間租賃了下來；一向寄居在舅父母家的內子，至此也搬來同住，纔算是第一次有了自己的家，因此有「卜居」一詩之作，起句是「炎荒重遠禍，白手又成家。」全詩已在「一身去國八千里」一文中發表，茲不復贅。

與屠光啓兄結鄰而居，朝夕過從，客中頗不寂寞。我所住的一個房間，縱橫都是十一磚，除了一榻一櫥一櫃二椅之外，便甚少迴旋的餘地，於是運用我之苦趣，有如下一詩之作：

偪處

蓬轉萍飄興未闌，常將遷徙當盤桓；
行窩不望家全肖，傳舍惟求夢稍安。
一架堆書山突兀，雙筒貯筆竹檀欒；
此身譬作鵝籠寄，偪處方隅意自寬。

「續齊諧記」有「鵝籠」一則曰：「陽羨許彥遇一書生，云足痛，求寄鵝籠中，彥戲許之，書生便入籠，與兩鵝并坐，負之不覺重。前息樹下，書生吐出器皿肴饌，並一女子共飲。書生醉臥，女子吐一男子。女子臥，男子復吐一女子，共酌。書生欲覺，乃遞吞所吐，唯女子在，書生復吞之，以銅盤一贈彥而去。』我在詩中以鵝籠喻居室，無非形容偪處之狀況而已！相形之下，欠缺者就是口中吐不出什麽器皿肴饌及女子來，沒有鵝籠書生那樣的神通廣大。不過，我生平所寫的第一個電影劇本「小鳳仙」，却是在這個鵝籠裏完成的；所得的報酬，倒也可以購置不少器皿肴饌。因之到了此年的除夕，我又自得其樂，寫成了如下的一首七律：

壬辰除夕

遐荒不棄重來客，短晷難留急去年；
文字有靈聊卒歲，河山無恙正開邊。
自添歡意臨杯斝，別遣離悰入管絃；
一箔卻寒宵不下，六街簫鼓待喧闐。

詩中所謂文字有靈，即是指「小鳳仙」劇本之脫稿，我因此而獲得了卒歲之資。至於離悰入管絃，則因劇中有「惜分飛」之歌，由李厚襄兄譜曲，女主角李麗華主唱也。

首次遷居　便於弔古

由於加連威老道的房租，稍覺「貴族化」了一點，內子爲了節約起見，次年另在九龍城區的獅子石道，找到了一間梗房，於是開始了第一次的遷居，當時有詩記之曰：

遷居

一椽又換蔽蝸廬，丈室容身自晏如；
去國早爲流寓計，移家總帶未燒書。
已從鋤社逃羈紲，且傍行臺定起居；
入夜所求惟美睡，不須燈火借饞魚。

鋤社，是古時的一種農耕制度，「農桑輯要」一書中有如此記載曰：『北方村落間，多結爲鋤社，以十家爲率，先鋤一家之田，本家供其飲食，其餘次之，旬日皆治。間有病者，共力助之，故田無荒穢，秋成後遞相犒勞，名爲鋤社。』我在上海，如果不早定去國之計，說不定就會逃不過「下放」的一關，故有鋤社之喻。

行臺，則是指宋皇臺而言。「茶香室叢鈔」書中有曰：『「初學記」引「始興記」云：「洭縣有堯山，堯巡狩，至於此立臺也。」按此則行臺乃古帝王巡狩所居，今仕宦借其名，僭矣。』獅子石道與宋皇臺相去甚近，因亦引以入詩。

至於饞魚，則是一種燈的諢號。「開天遺事」會有敘述，原文曰：『南中有魚，肉少脂多，人取魚脂煉爲油，或將照紡織機杼，則暗而不明。或使照筵宴飲食，則分外光明；時人號爲饞魚燈。』

這一種不喜勞作，偏愛「會食」的南中之魚，現在無所施其技，大概不存在了吧？

由於居處與宋皇臺距離非遙，因此閒來無事時，對於宋皇臺敗壞不堪的遺蹟，也曾一再前往瞻仰，我曾寫過一首七律，藉以寄慨曰：

宋王臺秋唱圖

伍德彝筆下的宋王臺秋唱圖

宋皇臺遺址弔古

夕陽未勸客先來，聖蹟驚看燹後摧；
四海皇圖存片石，一臺蹕路失重陔。
移靈枉費空門祭，弔古平添逆旅哀；
秋唱無聲詩侶散，更誰知有舊崔嵬？

關於移靈之祭，是宋皇臺興廢的一段掌故，近人葉林豐先生所撰「宋王臺滄桑史」一文，曾作如下之記述：『本來，直到太平洋戰爭爆發前爲止，宋王臺還被保存得好好的，是港九市民春秋佳日的一個登臨勝地。可是香港淪陷後，日軍爲了擴充飛機場，竟將宋王臺劃入機場範圍之內，準備開山炸石，將它剷平。日本人也知道這是有關我國歷史的一個古蹟，他們在施工之前，還舉行了一次「移靈祭」，由僧人主持儀式，告慰山靈，請它移駐別處，然後始用炸藥炸山。當時飛機場是禁區，誰也不能走近，大家以爲宋王臺一定早已炸爲平地。幸虧開工不久，日軍就投降，宋王臺雖遭破壞，但那一塊爲香港市民所熟知的刻有「宋王臺」三字的巨石還倖存。』我在當時所看到的宋皇臺，便是已遭破壞而石刻倖存的那副模樣，故有「聖蹟驚看燹後摧」之句。至於稱之爲聖蹟，則因宋皇臺所在的那個小阜，原有「聖山」之名也。

此外關於秋唱一事，也是宋皇臺的一段往蹟。南海畫家伍德彝，曾繪有「宋王臺秋唱圖」一幅，茲特覓出，附刊於本頁；從圖中可以窺知，當日必曾有不少詩人，相約在此吟嘯，成爲一時之盛會；惜乎參加的是那幾位詩人，已是無從稽考了。

再度移家　誕生幼子

在獅子石道住了若干月之後，又有第二次的遷居。這一次是從獅子石道搬到聯合道，地點仍在九龍城區，相距不過二三條馬路之隔，所以雖然換了一個地方，在移居之時，却並不算太費力。

遷居既定，記事詩亦旋即完成，仍是七律一首：

再移家

鄰聒難安伏枕眠，蘧廬又復卜新椽；
早諳設榻先量地，恰喜開窗總見天。
躶步露行常負重，流人宿頓只從權；
酒邊如舊攤書讀，笑煞周都十一遷。

詩中提及的躶步，是一種小動物，「拾遺記」對它有如此的描寫：『舍明之國，有大螺名躶步，冷則復入其殼。生卵着石則軟，取之則堅。明王出世，則浮於海際。』

至於周都十一遷，則見之於孫文玉所著之新義錄」，原文有曰：『商都十七遷，周都十一遷』這時候我的客中行窩，不過遷了兩次；以視周都之十一遷，眞是如小巫之見大巫了。

有趣的是我的一個最小的孩子，便是移居於聯合道之後出世，也像躶步那樣的算是有了一個卵了！當時有七絕四首，記吾兒之誕生曰：

十一月十四日聯兒生

不望充閭鬧四鄰，顆珠自賞掌中新；
他年海外修家譜，兒是分支第一人。
醒有啼聲睡有鼾，一家心邑頓時寬；
麒麟降世言雖誕，掌摑姑同摩頂看。

（註）予婦於先一日入贊育醫院待產，分娩時痛楚呻吟，女護士遽以掌摑，而兒即誕生。

平生自笑愛行遐，嶺外揚蘧慣挈家；
書案旁邊添一榻，便兒他日學塗鴉。

海徼無人討不庭，生兒不用字添丁；
祗除苗長成禾意，略似當年戴石屏。

（註）「十苗方在手，想像秋禾熟。」戴復古生子詩也。

聯合道的居停主人，是目下九龍好多間茶樓酒家的東主；他的太太徐宜媛，恰巧與我同鄉，她與內子相處甚得，直到現在還時相往來。

另有一位黃翼敏先生，一向從事於印刷業，亦賃居於此，彼此都來自上海，與我也成了極好的朋友，至今往還不絕。

介紹我移居聯合道的，是前輩電影明星李芳菲，當時她就住在隔壁，成了我的「芳鄰」，這也是不可不附帶一記的。

逋客三遷　園林如畫

在聯合道居住了一段較長的時間，由於房東太太也一連生下了兩個男孩子，房間不夠應用，需要收回，於是我又只好作第三次的遷居。

這一次的遷居煞費周章，找來找去找了好久，始終找不到一處較為合適的行窩。最後總算獲得熟人的介紹，在大磡村與鑽石山之間的翠華園裏，租到了一座石屋，屋內除了有一廳一房以及廚房之外，上面居然還有一層相當寬大的閣樓；由寄人籬下而改為單門獨戶而居，在我已是足夠，並且房租也相當便宜，每月僅取港幣二百四十元而已。這一年是西曆一九五五年即民國四十四年，歲次乙未。在立夏後一日，便雇了一輛大卡車，裝載着所有的家具，從聯合道遷出，搬進了翠華園，門牌編號是八號A，當時有詩記之曰：

立夏後一日遷居翠華園

巖阿養粹未縈心，卜宅居然得片岑；
到眼晴巒皴入畫，當窗嘉樹舞成陰。
欲延花鳥為賓客，不拒狌鼯瞰嘯吟；
從此欠伸徐出戶，更無枳棘礙幽尋。

翠華園共有兩個門，前門通鑽石山，側門通大磡村，出入俱甚方便。園中佔地雖不甚廣，但也住着七八戶人家，別成一個村落。鄰居守望相助，有無可通，倒大有童年時鄉居的況味。此一環境，大愜我之心意，因之閒來所寫的詩篇，從此也日多一日。

園中除了有不少花木之外，還有六角涼亭一座，石牀三具；我有兩首五言律詩，分詠二者，茲錄之如次：

涼亭

一亭叢綠裏，丹雘絡青藤。
風送涼秋到，花扶倦客登。
出雲仍護岫，飛鳥不逃矰。
但有闌干處，雙肱慣獨凭。

本文作者夫人懷抱幼子攝於翠華園

石牀

林下清風滿，花陰滑石橫。
時登小兒女，閒作一楸枰。
露坐疑禪定，醉眠覺暑輕。
黃封咸不到，撤屋可無驚。

山村環境　大愜心意

在翠華園家門前，有米籽蘭樹兩棵，分據通路之左右。米籽蘭一歲作花數次，色黃如粟，有微香，倒也是生平僅見的一種樹木，我乃擬之為陸楯郎，並寵之以詩曰：

為家門前米籽蘭樹作絕句

守閽叢樹綠陰張，此是山家陸楯郎；
不給俸錢惟沃水，一年酬我四時香。
當門日日見條柯，同領山村風氣和；
我一舉杯花亦舞，不知醉意是誰多？

山村居處，既是大愜心意，對於晨昏起居的良好環境，自然不能無詩以張之，於是先有七律一首，以誌幽趣，原詩如下：

山村

此生何幸住山村，曉起陽光先到門；
一鵲臨簷常報喜，百花聚族亦圖存。
地幽幾欲忘營窟，世亂差宜養鈍惛；
井汲飲人清澈甚，不須慨歎為河渾。

然後，又有七古一篇，抒我山居之胸臆；詩前有小引一節，併錄於後：

縱筆（並引）

東坡居士在惠州時，以「縱筆」一詩觸章惇怒，坐是重遭貶謫；白鶴峯終老之願，遂不得償，蓋身在轗軻中也。予自來海徼，數遷而得宅於翠華園；閒讀公詩，嚮往昔賢，未嘗不爲之掩卷歎息；於是藉醉放歌，寖成此作，因亦名之曰「縱筆」，則野老擊缶之聲，其或可以無忤於人乎？

——蝶衣記於乙未重九前一日，四十七歲誕辰。

白鶴峯頭築新居，蘇髯艱難賦遂初；
我今亦得一片石，不俟營建已有廬。
廬舍未足言宏敞，丈量當在百笏上；
一家差堪容迴旋，況有樓臺對青嶂。
青嶂數重望無極，似爲吾廬寬四壁；
一言一笑遙相應，山居遂不厭岑寂。
燕已定巢花正開，喚兒爲取瀲灩杯；
縱筆不愁章淳怒，酣酒酣睡兩無猜。

開門見山　寵之以詩

走出家門，抬眼所見，便是鑽石山的側面。這情形，倒眞合上了「開門見山」的一句老話。對於鑽石山，由於朝夕相見，爲日既久，無異成了故人，因之我也曾寵之以詩，寫了一首五古：

鑽石山

天下多名山，山山非一狀。
我居石岡下，終朝屹相向。
峯巒雖閎然，氣概亦獅象。
偶當酒酣時，頗欲攀援上。
一覽東西崦，煙霞收指掌。
所嗟筋力微，難窮堂與防。
欲以詩寫真，復輸形勢壯。
惟有歌嘯聲，稍稍能激盪。
山亦會人意，答我以回響。
何當跨鸞鶴，更共松風唱。

還有鑽石山的街市，也是我經常涉足之地。市上的商店，有不少是從大陸避難來港的人所經營；粵人也有，滬人也有；我曾寫了一首七律，描寫此一山市的情況：

山市

甌脫河山風貌新，青巒一角起城闉；
指塗亦有排街石，作賈翻多珥筆人。
白酒可賒慵問價，黃柑皆熟不思甄；
沿街閒認招牌字，十九高標義與仁。

更有山郊的農家，亦曾入我詠歎，描寫農人的耕作之勤，則是一首七絕：

山郊農家

籬落爭開婭姹花，主人十九不居家；
拖男帶女山坡上，築土翻泥種菜瓜。

筆下鈎勒了山市與農家的風貌，也算沾染了一些范成大的石湖閒居與田園雜興的氣息。同時，對於自己的隱遯生活，當然也不免有一些紀錄。在「不好詣人貪客過」的情況之下，有一次小規模的以文會友之敘述，原詩如下：

山居小集

君子重憂道，野人無矯情。
一尊通萬感，久客斷餘生。
詩竅拈鬮破，花腔按拍成。
不須搥喚鐵，好鳥正嚶鳴。

喚鐵，典出「開天遺事」，原文謂：『隱士郭休每會客，以鎚擊一鐵片，聲清越，鳥獸聞之，集於亭下，呼爲喚鐵。』翠華園中林木叢生，濃陰如幄，因之羣鳥飛鳴，終日都可以聽到啁晰之聲；較之漢代御史大夫朱博家園中的朝夕烏，彷彿也並不多讓。聽鳴禽之歌，也正是我的山居一樂。

手植山桃　一歲兩花

另有一次規模較大的宴集，則舉行於癸卯中秋，集者有郭亦園、林秀芳、蔣醉六、陳幹卿、張叔平等幾位詩友。另一位特客，則是前輩電影明星張織雲，也就是叔平詩友的夫人。

這一次宴集，我曾寫了一首七言長詩，以記一時之歡叙，原詩錄後：

癸卯中秋山齋飲集

秋宵不假光明燭，月色已照逃亡屋；
天涯流人共此時，把盞聊復破離索。
故國河山不在眼，喬木蒼煙無由矚；
賴有庭前手植樹，不待春來先搖綠；
山桃年年看成長，一歲兩花報非薄；
爲我着意作武陵，秋半亦開花數簇；
孤賞難免隘人嫌，招邀勝侶還當速；
我之所好人豈惡？姑借令節作題目；
看花何必錦洞天，一株能好抵萬木；
桃椿不嫌氣生癭，轉從盤屈成老宿；
令人想象涑蛟脊，澆紅一飲應不辱。
對花直從日未晡，坐待銀蟾出河浴；
山中頓覺夜生涼，尊前好是人非獨；
一杯相屬君當歌，此時宜罷窮途哭。
平王東遷成故事，古來朝局有翻覆；
我輩幸脫瓜蔓抄，形骸胡爲苦拘束？
君不見；當世方有長樂老，一編勤修長生籙；食祿虛糜官家糧，求仙或者可辟穀；此事雖誕譬易效，閒來何妨酒一角！酒之和者謬曰「養生主」，夙昔東齋見著錄；達人遐從唐子西，縱不長生亦足樂；願與諸子同醉花月下，醺然忘却更漏促。

詩中所提及的山桃一樹，是我在丙申年人日從農家購得，親自用鴉嘴鋤掘成土坎，種在庭前。這一株桃樹有一樣奇異之處，便是春來作花一次之外，到了秋日，又會作花一次；一年兩花，也是生平所罕覯。我曾寫了兩首人日種桃詩，其中有兩句是：「敞開戶牖看霄漢，補種桃花作武陵。」是以山齋飲集詩中，復有「爲我着意作武陵」之句。

關於這一株桃樹，我前前後後，曾寫過十餘首五七言詩；因篇什過多，只好摒而不錄了！

丙午八月　移居南鄰

平生寢處之所，除了童年時鄉居之外，要算在翠華園住下的日子爲最久了！住到第六年上，我曾寫了一首五言古體詩，書贈園主人郭華芬，原詩如下：

園居詠呈居停主人

平生百十遷，飄忽如蓬轉。
定境不可求，入夜夢多亂。
避地來丹徼，居處亦屢換。
常笑載屋行，未若蝸牛慣。
洎以故人介，得僦小庭院；
始覺眠食地，正愜方寸願。
署券逾六稔，更不望徙貫；
恰似巢梁燕，至秋尚眷戀。
園以翠華名，尋思意亦遠；
彷彿俯仰間，霓旌長在眼。
門前有嘉樹，當風搖蒼榦；
略如羽葆幢，河野巡狩返。
少日飛動意，不戢已自倦；
況有好園林，可聽百鳥囀。
玄居豈待釋？縱情不俟勸；
稍假二三策，且用遣憂患；
扶搖名我室，雲臥名我館；
無事姑看山，得酒更把盞。

到了西曆一九六六年即民國五十五年，歲次丙午，我在翠華園已住了足足十個年頭，始終未曾他遷。

此年八月，原住在園中八號二樓的一戶人家搬走了！有了較爲寬敞的一層空屋，內子覺得比原來的八號A石屋更好更理想，提出了遷居的建議。對於此事，我是無可無不可；結果商得了園主的同意，這纔放棄了園中的最高處的舊宅，移居到下面的二樓，當時有詩記之曰：

丙午八月自舊宅遷居南鄰之二樓，系詩記事，二首。

隨緣一寓十經秋，無語青山遮我留；
爲愛開簾能眺遠，又從北舍徙南樓。

南樓依舊傍獅峯，時見閒雲出岫蹤；
一角中居因樹屋，聊堪肆目辨卑崇。

舊居開門見山，所見的是鑽石山；遷居之後憑欄西望，看到的已換了獅子山。朋友們都嫌我所居之處，距離市區過遠，不便造訪。我則正因「山居勉可從仁者」而感到無比的愜意。

唐代大詩人杜甫，一生顛沛流離，不遑寧處。最後到了成都，獲得友好的資助，纔算有了他自己的浣花草堂，但也不過是茅屋而已！偏是著名的考古專家郭沫若，却因此而把一頂「大地主」的帽子，壓到了杜甫的頭上，硬指他是地主階級。至於杜甫的「堂前撲棗任西鄰」之襟抱，以及瀼西果園贈與吳郎之古道熱腸，郭沫若就裝作有眼無珠，只當沒有看見了。

我呢？由於有舟車可以代步，流轉之苦不如杜甫；但從一遷到四遷，始終只是僦居他人之屋，並無自己的一磚一瓦。大概「地主」的罪名，總可以豁免了吧？一笑。

——一九七二年愚人節，寫於花窠。

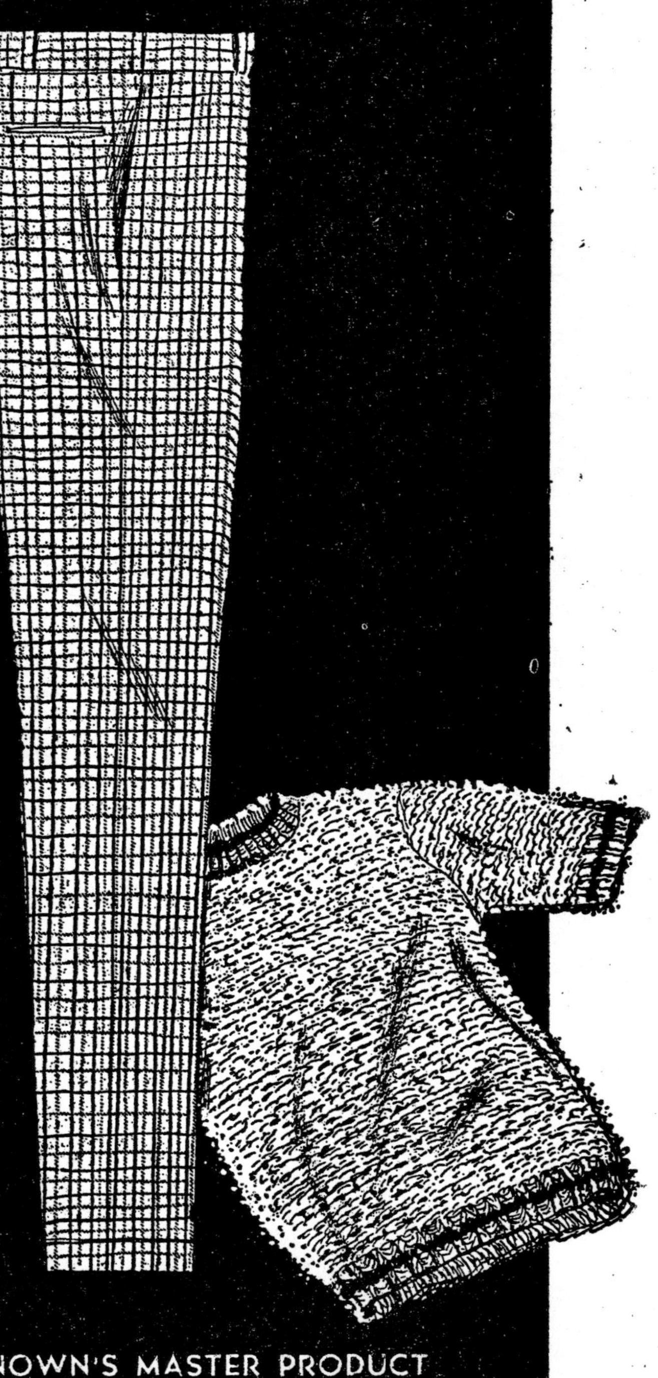

A RENOWN'S MASTER PRODUCT
利南西袜
褲頭樣子好・褲身樣子好・褲脚樣子好
定價每條自廿九元九毫起
大人公司有售

溥心畬畫百松圖長卷

薛慧山

中國當世有文人畫家嗎？如其有的話，「舊王孫」溥心畬先生該是其中最具代表性的一位。

歷來繪畫藝術，與文學之間的關聯簡直是無可劃分的。宋鄧椿云：「畫者，文之極也」。郭若虛又云：「竊觀自古奇蹟，多是軒冕才賢，巖穴上士，依仁遊藝，探賾鈎深，高雅之情，一寄於畫。人品既高矣，氣韻不得不高；氣韻既高矣，生動不得不至；所謂神而又神而能精也」。這，一種儒家正統的藝術觀，到了今天，可以說還是無法動搖其分毫的。只是舉世滔滔，庸俗者多，高雅之情絕少了，那裏容易看得到什麼「神之又神」「氣韻生動」的第一流藝術作品呢？

本來，自古以來，一身而擅詩書畫三絕者，代不乏其人。尤其作爲一個畫家，其本身的學問氣節，比了作品技法更來得重要，就是肯定了必須以形而上之道，來駕馭形而下之器。而今此道式微，人才寥落，直到溥心畬之逝世，人們便不能不嘆息：「從此中國的文人畫已是最後的一筆了！」

西山苦讀十年

文人畫之要素，第一人品，第二學問，第三才情，第四思想，具此四者，乃能完善。今日欣賞溥心畬的藝術作品，即拿這幾點來評衡他在一生做人治學的源源本本，相信世人對之，多少會有較多的理解罷。

溥氏名儒，字心畬，號西山逸士。系出清道光皇帝第六子恭親王奕訢之嫡孫，貝勒載瀅次子。生於一八九六年七月廿五日。他排行第二，故人們稱他爲「溥二爺」。其先世爲滿洲愛新覺羅氏，後來以名爲姓，改稱溥，這是自他兄弟才開始的。

他自幼聰慧過人，讀書過目不忘。當年，慈禧太后萬壽之辰，他還祇有八歲，隨着家人去頤和園賀喜，太后見他年幼，便抱在膝上問：「聽說你會做對聯？」他立即順口做出一付祝壽的五言聯，用典恰到好處。太后賞與文房四寶，稱之爲本朝神童。事實上終滿洲之祚三百年，其間貴族人士以藝文品藻而論，眞能夠得上稱爲神童或才子的也祇有這麼兩個人：其一納蘭容若，其一便是溥心畬。

溥氏學究天人，他的詩文書畫都表現高度的才華，世人自能有目共覩。平日談吐博而雅，幾次出了不少稀奇古怪的題目，可把我難倒了。首先，他畫出古代酒器三十七種之多，一一註以年代名稱，歷歷如數家珍。後來我問過胡適之、錢賓四二位，也都答稱頂多只能想出十五六種來，言下一致驚服心畬之淵博。接着，他又考問孔子七十二門徒，試列其每人特長如何？我勉强答了幾個，他老人家却一連串的背誦如流。當世而求這樣精通六籍，泛濫百家的眞工夫眞學問，試問究有幾人？

但看他平生著作如林，先後著有四書經義集證、爾雅釋言經證、經籍釋言、秦漢瓦當文字考、陶文釋義、吉金考文、漢碑集解、以及後來的寒玉堂論畫、寒玉堂詩集、華林雲葉等書，洋洋灑灑，不勝枚舉。他之所以自號西山逸士，即以奉慈命隱居北平西山多年之故。

溥氏的生母項太夫人，原籍廣東，是一位賢母。當年他父親早喪，家道中落，大哥又不理家務，一切全靠他母親一個人持家教子，手邊只存一些唐宋元明書畫，和閣帖一部而已。故這時期他所讀的書，都是靠他母親典賣簪珥向書肆借來的。項太夫人曾爲他開了一張書單，督着他下帷苦讀了十年。至於他的繪畫，是在廿七歲那年開始學習，三十歲在北平中山公園水榭舉行畫展，他驚人的才藝，果然轟傳九城，天下咸知。

直到一九三四年，他即出北平藝專任教。一幅「寒巖積雪」山水畫，在德國柏林展出，獲得很高的評價。實實在在，這時他作品的水準，已突過古人，壓倒時流，而的的確確又是無師自通的，怎不令人感到驚奇呢？

他曾自述學畫的經過說：「初學四王，後知四王少含蓄，筆多偏鋒，遂學董、巨、劉松年、馬、夏，用篆籀之筆。始習南宗，然後方畫人物，鞍馬、翎毛、花竹之類，然不及習書法用功之專。以書法作畫，畫自易工，以其餘事，故工拙亦不自計」。這時他已移居到頤和園，不久張大千也北上住在那兒，故一時有南張北溥之稱。兩人的畫路都比較廣，合作起來有銖錙悉稱之妙。

中日事變之際，溥氏仍留居北平。九一八以後，日本人以遜帝溥儀作傀儡，一時不少人趨炎附勢，他却不以爲然，並作了「臣篇」以明志。他在文章中說溥儀「九廟不立，宗社不續，祭非其鬼，奉非其朝」。又說：「作嬪異門，爲鬼他族」。因此對這樣的君主也無所謂全臣之節的，從此他抱定主張，不與來往。一九四六年，從北平南下，轉輾而至台灣。世人只知齊白石的清風亮節，不知論到溥心畬的品格氣節，相形之下，更屬難能可貴。

一片至情至性

在溥氏的畫幅上，常蓋着一方「舊王孫」的印，但有時還有「乾坤一腐儒」的壓角圖章。大家所熟知的是，他在生前不大喜歡以畫家自居，而一直視書畫爲「餘事」。屢次表示：「文學是本，書畫是末，單談書畫而不談文學，好像捨本逐末。」所以誰要跟他學畫，他總要勸人先讀經，先懂小學。其理由是，懂得小學，可以了解筆意的基礎、畫境的深微，否則在他聽來，與之論畫都不免是些隔靴搔癢的話。至於讀經，倒不是什麼支撐門面的一套，而要知道他平生最用力的，就是密密麻麻註釋的十三經，積稿至七八尺之多，實際上這正是他本人精神素養的唯一泉源。

「腹有詩書氣自華」，他具有舊式文人的彬彬儒雅的風度，始終待人以誠，一片溫厚的至性至情，令人如沐春風。人們以爲他架子很大，其實你儘可當面批評他，他亦必欣然接納，而且歷久而益敬；人們以爲他有什麼王爺脾氣，其實他到了老年，還是那麼天眞爛漫，有如孩提一樣。綜其平生行誼，不愧爲「今之古人」之譽。在此，先把他尊師重道的一段故事敘起：

在他的幼年，住在恭王府裏，僕從如雲，生活優裕。但他的老師有所差遣，如端茶、進烟或取物，他必恪遵師命，躬自爲之，有時逢年逢節，還要三跪九叩首。到了二十年後，他已成大名，已故業師龍子恕的兒子龍季輝去訪他，他索取老師放大相片，以備供奉。當專送相片到達的那一天，心畬薰香沐浴，恭候在戒壇寺門口，一見相片捧到，他便跪在地上恭迎，一如參見師尊。這樣尊師的表現，可說已發揮了最高度。所以，嗣後他收弟子之際，也必令其點起香燭，正式行過跪拜大禮，然後才算是正式門生。

例外的是溥氏與我的關係。三十年前，我已去北平識面，但他有些記不起來了。隔了十年，徐文鏡托我帶一匣印泥去台奉贈，却屢訪不遇。

溥心畬先生（左）與本文作者（右）合影

其後他來到了香港，我在報端撰文，恭維他的畫「筆無虛着，機有神行」，他讀後到處訪尋我的下落。直到畫展時晤面，即當衆大聲稱爲「文章知己」，並破例合攝一影。以後，我又寫「拜倒舊王孫門下」一文，他却謙答不敢，一直維持着師友之間的交誼，什麼話都知無不言，言無不盡。他返台後來信有云：「此朋友之樂，已十年來未有矣」。

可是，像這樣一位好好先生，令人詫異的是，在台北却被人們冷落。平日書畫同道中人，很少與之往來，例外的是名畫家高逸鴻請他吃飯，久候不至，原來他已在上一天去過，根本連請帖也沒有看清楚；甚至，當筵請教主人「貴姓」。在香港時，有一位官辦文化機構的首腦負責招待他，連請了盛筵五次之多，等到請他作畫要求題寫上款的時候，他才開始請教：「您的台甫二字是怎麼寫法？」

「見其所見，不見其所不見，視其所視，而遺其所不視」。溥氏便這樣被人譏爲「不通人情」「怪得可愛」。其實用志不紛，乃凝於神，他的全副精神一古腦兒盡已貫注到書本筆墨上去了，凡一切世俗的刻劃心機，從來也沒有放在他的心上！

作畫無師自通

溥氏的書法，最爲當世所重。其行草極其秀逸而勁挺，尤其行氣間特別有一種靈氣。曾經有人給他的評語說：「以右軍爲基礎，嘗出於米、蔡堂奧，朗朗如散髻仙人，爲近百年不可多見之作」。他有時寫得高興，也會對之自我欣賞一番。曾經率直的以他的字比諸古人的境界來說：「一般可及淸代名家，個別的字則可媲美明人。」

他臨寫米南宮書垂二十年之久，得其神韻而又予以變化。錢梅溪嘗論米之天姿超邁，後人不宜輕學，徒自取病。他初學米書，也感到不易討好，其後探本窮源，再學王羲之，便更能得其瀟洒天趣，而有卷舒自在之致。同時他因家藏晉代陸機平復帖，也一度學過那幾筆古拙的章草。此外，世人所從未發現的，他的行書從王、米之後，還參以五代楊凝式的那種不衫不履超脫之致。一經我道破，他輾然笑了起來。

溥氏在幼年開始習字時，由執筆、懸腕、磨墨學起。老師教他磨墨要平正，因爲磨墨一方面可以兼習腕力，使手腕能夠使轉如意。此外又命他在紙上懸腕畫圈圈，要提起筆來畫，所畫圓圈要圓要細，同時還得把線條畫得

溥心畬畫百松圖長卷（定齋藏）

很勻才算數。下過這些工夫之後，才開始正式學字。有人懷疑他只是學帖而未嘗學碑，其實從十四歲那年起，便勤臨蕭梁碑額，魏鄭文公石刻，篆書由泰山嶧山秦碑入手，並鐘鼎文、石鼓文等，與隸書禮器碑等按步就班地寫過。到了十七歲，他的業師南歸，後來即由其母親項太夫人親自督教，所以其書法經過長期的嚴格訓練，當非一般率爾操瓢的書家可以同日而語。

比較起來，溥氏的行書，像核桃大小的字為最佳，這是他每天不斷懸腕執筆之故。寫那種成親王體的正楷，他必須關緊了門，才能一筆不苟地寫。但寫行草時，又當衆揮毫不已，迅快如疾風驟雨，頃刻可以立就。那些字點劃飛動，可大可小，可尖可鈍，可肥可瘦，可圓可方，剛柔相濟，變化無窮。看起來，如龍鳳舞，如屋漏痕，說不盡的節奏韻律之美。

至於他的畫，何以能無師自通，自己一個人會那麼奇蹟般的鑽研出來呢？當然是他領悟力非常之高，而值得提出的兩點：一是他本已具有書法基礎，以書法之筆作畫，當然事半功倍；二是他家藏名迹，隨時可以古本對照，取法乎上。凡這些條件，在他人又豈能辦得到呢？

原來恭王府中，藏有唐代韓幹的照夜白馬圖，北宋易元吉的聚猿圖，以及馬遠夏圭等輩的山水畫。他從小已耳濡目染，看得多了，便自然而然動手臨摹。但這樣學習的過程上是十分艱苦的，全靠自己摸索讀書思考而來，也因此他對作畫的經驗比別人來得豐富，對繪畫的悟解也比別人更為深入。一般人只知照着老師的畫稿依樣死描，而不肯用頭腦去想一想這畫的精神命脈所在，更談不上讀書研究畫理了。溥氏却不然，他除習六法十二忌以及論畫之書外，又朝夕看山川晦明變化之狀，信筆所及，無往不可。終於靈光一照，萬古不磨，從此由自學而竟成為一代大畫家。

中國畫之有什麼南北宗的劃分，是明代莫是龍首倡，而董其昌又竭力鼓吹之。但其間，訛謬百出，牽强附會，這些說法分明是站不住脚的。事實上南北宗無從强予分別，什麼畫法各有其優點，不妨兼改並蓄。一般來說，溥氏的畫近乎北宋，因為他平素慣用的是那些蒼勁的大劈斧皴，跡近李唐馬遠夏圭的作風。其實這不過皮相之談而已，溥公作品中，很多滲透了南宗董巨諸家的筆墨韻趣，可以說融南北於一爐。

初期出手驚人

如他的自述中所稱，他最初倒是學過四王的，只因家藏古迹中，舉凡晉唐宋元各代都有，他把這些眞迹來臨摹，因為沒有老師，所以遇到困難問題，只能憑他自己的靈性妙悟，一通百通。當年「花隨人聖庵摭憶」中，提到北平各名畫家，說到溥心畬，便立即推許說：「惟有心畬出手驚人，儼然馬夏」，因為他初期的構圖，終離不了幾株奇松怪石，且有一二高士盤桓其下，那不是「儼然馬夏」又是什麼？

馬遠夏圭，是繼李唐之後的南宋山水大家，馬遠的構圖取景非常警闢，有「馬一角」之稱，但也是山水布局上一個大革新。溥氏那時住在西山，所見到實際的天然景色，正與馬遠的畫相彷彿，因此他的筆下，自然而然與之接近。至於夏圭，較馬遠的用雲烟，水墨淋漓，而構圖亦多一角半邊，以視馬遠，更為尖銳雋爽。且看溥公早期最得意之作，其中筆墨酣暢，騰踔變化之處，就輕而易舉地抉發了夏圭用墨之奧秘。

幾乎所有清宮內所藏的名家畫迹，他全部都臨摹過。這種唐宋畫法，清代三百年來沒人敢動手過的，祇因他書法根底之厚，一學就能很神似，而出手驚人了。但他後來告訴我：「起初畫得並不好，但一定要找別人的畫來比較，尋出其中道理來，就像進行科學試驗一樣，要體驗再體驗，研究再研究，自然會找到了結論」。

譬如畫遠山，他先用大筆蘸了清水，在紙上掃了一下，再以淡墨一筆破之，自有烟雲變滅之

妙。當他示範的時候，便表示近人學畫時都不曾留意到這方法。至於畫樹石的時候，一筆之中，便有輕重轉折的變化，所謂「下筆即具凹凸之形」，比之書法的用筆，更作多方面的運用，樹石自有一種陽剛而生動之美。

溥氏强調說：「一言以蔽之，學畫要思，深思然後才能領悟，才能達理，要學畫非得細心不可」。即如設色，他喜以石靑淡赭潤飾，看來風華淡雅，一些也不覺得火氣。這個不傳之秘，便是顏色中一定要加上少許墨。有一次他拿出一個山水畫卷，山頭都有積雪，而又似被陽光照射而閃爍金碧之色，却不知怎樣搞法的？這些都是他從唐宋畫中省悟出來，而其門下迄未有人能眞傳其衣鉢。

他常畫的題材，不外乎赤壁夜遊圖、淵明賞菊圖、太白玩月圖、西園雅集圖之類，有山有水有樹有石有人物。最好的還是長卷，他畫過西湖春色的全圖，約長二三丈。但最長的一個水墨山水卷計有十餘丈之長，也眞虧他細心畫得出來的。當人們對他的作品交口稱譽的時候，他又謙光四照，表示遺憾說：「我這一輩子，就是畫不出范寬、關同那麽大氣魄大手筆的山水來」。平心而論，他的小字比大字好，小畫也比大畫好，最好的是小册頁。歷來見過他手繪的小册頁，最小者高不過六吋，寬僅四吋，署款的字不過一二分大小，而畫面又那麽精妙絕倫，往往幾筆便勾出山水人物的神髓來，「射較一鏃，奕角一着，勝人處正不在多」。這才是溥心畬平生精金粹玉之作。

畫松勝於馬遠

畫松，最能表現畫家胸襟性情。但點墨落紙，大非易事，必須「外師造化，中得心源」，然後虬枝翠蓋，與天地生生之氣，自然湊泊筆下，而多奇趣。昔荆浩居深山中，曾寫松十萬本，而今溥氏又何嘗不然？他的畫松，以篆籀之筆，寫夭矯屈曲之姿，尤其松針寫來筆筆靈活，眞可說是一種絕活。

他經常作示範說：「最要緊的是要把松針生牢在松枝上，似亂非亂，一定要交搭得密些，但又切忌刻板膠着。」有時看他一口氣很快畫好，用手指輕輕一拂，加上些淡墨，倍覺雅韻欲流，別人怎麽也不易學到。

有一次我特地把馬遠的松拍照放大一看，其松針的筆觸，竟尙不如溥氏之挺秀，才改變了「今不如古」的成見，暗暗佩服他工力之深，格調之高。

以前他在頤和園畫過一個「上方山」的扇面，用四個紅圈作標記，是他平生劇迹。這把小小扇面，畫上了近百株松，幾十間寺院，還有成千的人，全都用草篆速寫，生動神奇之極，如其不是親見過的，怎麽也不相信溥心畬居然有這麽一手。確實他早期作品中，可以發現若干這樣超越古人的「銘心絕品」。

現在這個溥心畬的百松圖手卷，全部畫的都是奇形怪狀的古松，每株松樹姿態無一相同，他雖然註出名姓屬於仿古之作，但其實也無非寫其胸中靈性逸氣。所以這卷百松圖，正是他藉着古松這題材借題發揮，不過表現他自己的不同流俗的情懷，與天地共不朽的浩然氣節罷了。

溥心畬畫百松圖卷，縱十吋十四分，橫一百吋〇五分，查係三十年在北平頤和園時期所作。此圖乃一時興酣落筆，蒼蒼莽莽，靈氣四溢，一片化機。誠如沈灝所云：「不在對臨，而在神會」。雖云臨摹古人，此中無非作者發抒己意，脫卸古人藩籬，而偏有我在，不然又何能名世也？

溥氏寒玉堂繪畫云：「畫樹之法，處處轉折頓挫而下，或用逆鋒以蹙其節，一寸之樹不可有一寸之直」。證諸斯圖，其言信而有徵。又云：「畫松針木葉之類，雖短至一二分，亦必以肘爲近，退腕隨之，指不動。善書者畫必工，即此理

也。不工書者不能懸腕運臂，但以指挑撥，筆力薄弱，畫無蘊藏」。由此數語，更可知其平生寶貫經驗，且有金鍼度人之功。

說來他的畫松，原也有天然的粉本在。早年住在北平馬鞍山的戒壇寺，（光緒時該寺曾不戒於火，由其祖父恭親王奕訢捐貲修葺。）那裏的古松是極著名的，計有：臥龍松、自在松、通天松、活動松等。每一棵古松都是按照它的姿態命名的，如臥龍松向橫發展，蜿蜒如一條臥龍一般；而自在松則依偎一塊盤石上悠然獨立；通天松高聳入雲；那枝活動松更妙，只要在它樹上撫摸一下，全樹的枝葉都會自動婆娑舞動起來。溥氏就在這些古松之中，每日不論晨昏晴雨，盤桓觀賞了整十年之久，又如何不與之物我交注，呼吸相通呢？

宋宣和書譜有云：「繪事之求形似，捨丹青、朱黃、鉛粉則失之；是豈知畫之貴乎有筆，不在夫丹青、朱黃、鉛粉之工也。故有以淡墨揮灑，整整斜斜，不專於形似而獨得於象外者，往往不出於畫史，而多出於詩人墨客之所作；蓋胸中所得，固已吞雲夢之八九，而文章翰墨所不逮，故一寄於毫楮，則拂雲而高寒，傲雪而玉立，與夫招月吟風之狀，雖執熱，使人亟挾纊也」。觀乎此圖，眞似令人服了一帖清涼散，而深切領悟到中國水墨畫藝術一種高雅脫俗的境界。至於溥心畬之所以爲文人畫，所以爲逸品，立此爲憑，誰也無法予以否認。

這個百松圖卷，雖然摹的是三十一家松，大多爲明清小名家之流，但在溥氏筆下，寫來無一不縱橫如意，無一不妙到毫巔，甚至可能突過前人有餘。這因爲他筆筆似書法，把正草隸篆全融化在內；加上他自己藝術想像力之發揮，所以各株松都能顧盼呼應，一氣呵成，行乎其所不得不行，止乎其所不得不止，果眞所謂「筆如虛着，機有神行」，這樣的作品，有廣度，有深度，纔能不被時間空間所淘汰，千秋萬歲將永存不朽！

百馬圖百猿圖

在所有溥氏畫迹中，除了山水和畫松，凡仕女、鞍馬、猿鶴、與樓台界畫，都有其突出的佳作。他畫的仕女，無非爲湘夫人、麻姑、洛神之流，眉宇與衣袂之間，都帶有一種縹緲仙意，可說是他一時想像之作。但有人指出他間或比例失常，身首變爲四比一，五比一，望之雖亦饒有古趣，終覺於理未當。但無論如何，其衣褶用的蘭葉描却一氣連貫，而不失飛動之致。最難得的是，溥氏以其一手好字，在上面作長題，或竟把離騷與洛神賦成篇抄錄，這不但近世畫家所不能，即古代也數不出同樣的例子來。

他的鞍馬從家藏韓幹的照夜白學來，他的猿鶴從家藏易元吉聚猿圖學來，加上其奇情妙趣，觀察入微，所以畫得栩栩如生。又畫過「百馬圖」和「百猿圖」，外界從未見過，我見了惟有對之咋舌不已。他畫猿時只用禿筆點簇幾下，再描出仙鶴幾隻，混雜在一起，不到十分鐘便成了一幀「猿鶴成羣圖」。

繪樓台界畫更是他的一絕。這種畫歷史上除了郭忠恕擅長外，很少人敢動手畫；但溥氏以書法筆力之佳，不必用粉本打草稿，輕輕鬆鬆便能把它畫得好，線條勁挺，一無敗筆。有天，他呵呵大笑：「你這樣出去一回，我的房子却很快替你造好啦」。一瞧，那些鳳閣龍樓，畫棟飛簷，果然像一個神仙世界出現於我的眼前了。

但有一次，爲了一幀畫我失敬地作了批評語。那天也許他情緒欠佳，先勾了樹石，在空隙處隨意補入騾馬人物之類，作自我解嘲說：「這不過湊數罷了」。當場我不以爲然，認爲作畫必須有一個主題，而主題必須突出，如其像這樣湊數一下，那又何異乎所謂畫「錦灰堆」？在犯顏爭論之下，居然蒙他點首稱善，那幀畫就拋置了不再繼續畫下去。

畫家作畫，本來是一件樂事，如其太迫促太

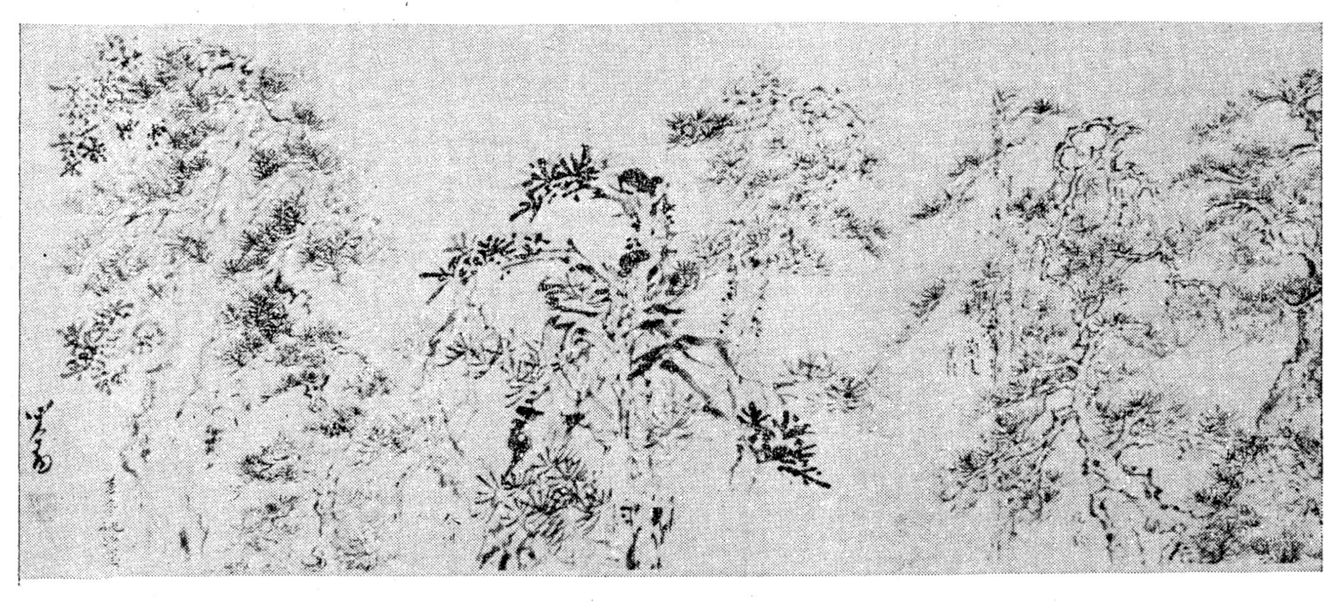

勉强了，便落入苦趣。記得溥氏在香港舉行畫展，有一幀畫被人複定了四五幀，他便不能不以玻璃紙的畫稿，襯在紙下趕着「拷貝」一下。在台北，又常與來客作撇蘭之戲，以畫爲酬，於是每晚有一堆黑壓壓的人向他排隊索畫，使他不得不有如「印板排筆」，草草敷衍了事。市上所見若干較草率的溥畫，即因此故，未免是大醇小疵！

溥氏早期的作品，極其工緻精細，大概生活環境優閒，作畫時情緒安詳之故，看來筆筆交代清楚；晚年顯然變化了。但他自己却認爲寫意的比工筆好，晚年勝於早年，理由是在不經意中才有神來之筆。他作寫意畫，簡直就是一筆畫，揮動着那枝頭號豹狼毫，一筆連綿下去猶如狂草，一時筆飛墨舞，正像公孫大娘舞劍一般神妙莫測。有人引用惲香山語來稱贊他：「千樹萬樹，無一筆是樹；千山萬山，無一筆是山；千筆萬筆，無一筆是筆。有處恰是無，無處恰是有，所以爲逸」。顯然地，他在晚年已開始作求變創新的醞釀，而這等「所以爲逸」的神來之筆，正是他一項新的嘗試。

此外他嘗試過把活的魚釣了回來，就在魚鱗上用墨加以拓印，也會製成一幀出色的畫來。有時別出心裁，把自己的姆指，向硯墨上一捺，然後在紙上把螺紋印了出來，再加上一二筆，畫成一頭牛或一個人物，雖遊戲小技，而生動有趣。一個畫家的內心世界，最好絲毫不受世俗的困擾，完全像嬰孩般「不失赤子之心」，胸中一無渣滓，然後在宇宙中遊行自在，自然會進入於所謂天人合一的境界。這樣而從事藝術創作，又焉能不造其極！

漫遊日韓泰國

一九五五年春，溥氏應邀赴韓國講學，受到漢城朝野隆重的招待。韓國向來是尊重中國文化，而且深受影響的一個古國，以溥氏爲遜清宗室，又是國學大師、書畫名家，老一輩的韓國名流對他欽佩得五體投地。他在漢城逗留了兩月，看見韓國女郎穿了唐代衣冠，翠翹玉佩，打着鼓兒翩躚而舞，便作了不少古裝仕女畫。他告訴我：「韓國的侍女都很懂得風雅」，每次在筵席上，每人向他叩上一個頭求詩，他老人家便即席每一人寫一詩以贈。

其後便道到了日本，日本人嚮往中國文化藝術的人士更多，皇弟高松宮夫婦，曾去旅邸訪他，並安排他與日皇會面，陪他遊覽皇城名勝。不久夏秋又逝，適值端雪紛飛的冬天，自幼生長北國的他，已多年不雪景，對此竟流連不去。他告訴我：「有一天早上沒有人來，吃的東西也沒有，只喝了一壺熱茶。但推窗一看，嚇！那些正如怒放的梅花枝蕊上，竟如銀妝玉琢，堆滿了雪，我看得呆了，就連肚子餓也忘掉」。這樣在東京竟一直躭了兩年，幾乎樂而忘返，事後仍念念不忘。

「禮失而求諸野」，溥氏認爲有些日本人對舊學方面，比我們中國人還要用功，甚至有人連十三經都可以背得出來。他還看到祀孔大典，又發現一種「搢笏」的古禮，在中國已失傳了，而在日本還鄭重其事地舉行着。

還有一次，幾位日本詩友請他吃飯，酒後詩興勃發，要與溥氏聯吟。於是有一位年輕的藝妓前來動手爲他們磨墨，祇見她跪在一邊，輕捲綵袖，露出皓腕，然後抓緊一塊方墨，就在硯池裏來回地直推，一拉一推磨起墨來。他當時看了那種磨墨方法，幾乎失聲而笑，平時我們磨墨是把墨在硯上打着圈圈磨的，既順手又不吃力，不知日本人何以竟變成這樣磨法。他當時想說而不敢說，心中想這也許有些來歷。等到飯後，跑到神田街上一家古書店去查書，不查猶可，這一查倒使他大吃一驚，原來那小藝妓的一推一拉直來直往的磨墨法，果然還是宋代傳到東洋的一種古法呢！他每提到這等事，總不免感慨萬千。

一九五八年，溥氏南去泰國曼谷。那邊的華

僑人數最多，對他的道德學問，都表示敬重，或求書法，或願執弟子之禮。他暢遊了不少暹羅古寺，做了不少詩。他的那方龍紋圖章，竟被人看做了「壓邪」的用途。歸途經過香港，正值秋深之際，他援筆寫了一首五言以示：「萬木秋聲急，千山霜氣哀；客心正搖落，况近宋皇台！」一種故國之思，躍然紙上。

這天，新亞書院請他演講。事先在香港一家酒樓午餐，他竟一口氣連吃了十六隻蟹。但秋風蕭瑟之中，他身上仍穿暑天的熟羅長衫，我亟即覓一呢袍以贈之，在座上戲語錢賓四曰：「溥公像章太炎一樣，食不知飢飽，衣不知寒暖，似乎什麽都不知道；而你却什麽都知道。」相顧大笑。其後溥氏又在新亞演講，一開頭便說：「今天我要說的是書畫是根據文學而來，但物有本末，事有始終，文學之本，歸根結底在做人，在如何正心誠意。我們並不因爲這麽是陳舊之說而不去說他。今日之父不像父，子不像子，乃是由於忽畧了如何做人。所以一個從事藝術的人，第一要立品，否則無從談起。」

其結論是：「多讀書，才有好的風骨和風度。所謂風度，乃自修養中來，是形體五官以外的東西。……」這次臨別，寫贈一條字屛如下：「立品之人，筆墨外，自有一種光明正大之槪」。

題詩恰到好處

溥氏於一九六三年十一月十八日逝世，享年六十八歲。蓋棺論定，有人說，他一死，中國文人畫的最後一筆從此完了！另有人說，溥氏一生最大的價值，表現在他的一方印章——就是「舊王孫」那方印章上。他入民國以後，既不作伯夷叔齊，也不作趙孟頫，而始終以舊王孫自居，其價值堪與石濤及八大山人輩並垂不朽。

他之以「舊王孫」爲署，並不是追慕過去帝王之家的日子，只是思親、念舊、不忘本而已。他之號「西山逸士」，也非不滿現實而想遁世入山，他畢生那種談泊自甘，卓然脫俗的風範，終不失爲一個中國讀書人最好的一部份，確實稱之爲逸品而可以無愧。

他的詩，不論長歌、律、絕，都淸新自然，但也許稍嫌空靈了些。周棄子說：「我很不喜歡溥氏的詩。我覺得以他的思想深刻，情感纏綿，而詩功也不淺，爲什麽偏要作那種隔靴擦癢搭空架子的假唐詩？他平日議論，又極端推重陳蒼虬、趙堯生這兩位同光體健者的詩，都是最沉鬱深透的，應該跟他不對胃口。有一次見面閒談，我故意痛詆明前後七子，並過甚其詞的提出對於『詩宗盛唐』的藐視。溥氏笑了，他說：「我唸兩句好詩給你聽。早年在北平，有一天幾隻烏鴉抵着窗後叫，趕牠不走，越叫越起勁。當時我作了一首七絕，末兩句是：『吉兇今日渾閒事，又是曾經十死餘』。溥氏說到這裏，把桌子一拍，大聲說：『這兩句你該說好吧！』從那一次我才知道，這位老先生的『眞詩』也是很了不起的。」

在溥氏的畫幅上最令人矚目的是那些題畫的詩。他說過：「一幅沒有題字的畫，好像沒有聲音的電影，是索然無味的，能題詩才能寫出自己的胸襟，表達作者之情感。所以一個人作詩寫文章，雖然不能苛求其精，但多少也得會一些……。」我看過他在一小時內，立即可以賦詩十二三首之多，風格高雅有似晉唐。當他用筆飂飂地題在畫上，看來行氣歷落，跌宕有致，却也恰到好處，往往把畫面襯托得更覺凸出。

有一次我因懷念吳門故園，畫了一個小倉尋夢圖的橫卷，畫中幾株垂楊，一間茅屋，顯得意境十分荒寒。溥氏一看，詩興不禁油然而生，題云：「綠楊池水舊柴門，兵後荒涼那可論？昔日薛郎今老大，故鄉歸夢亦無痕」！我覺得末句太悽涼了些，要求改動一兩個字，他老人家期期以爲不可。歇了一回，才這樣回答：「再過若干年後，你看一定要改的話，不妨再說罷」。

而今，溥氏下世忽然已快九年了！我東飄西流，依然是一個無家可歸的亡命之客。每一念及他那樣温文儒雅的前輩風範，不覺惘惘然若有所失。

綠楊池水舊柴門兵後荒涼那可
論昔日薛郎今老大故鄉歸
夢亦無痕
小倉尋夢圖　慧山畫　心畬題

溥心畬先生即席賦詩為
本文作者題小倉尋夢圖

未完成的傑作

溥氏身後，有人認爲他一生以「自苟」「用

晦」而葆身，故意不以眞面目示人。我的看法則不盡然，他對大事不糊塗，而小事也眞糊塗，他永遠不記得自己家的門牌號碼，出了門便認不得家。至於一張鈔票的價値若干，他也永遠弄不清楚，有時一同過海，家人授以十元鈔票，一回家便原封不動「交櫃」。

他也像普通人一樣，私底下不免臧否人物，對世局有所議論，而相當中肯，在此世風澆漓之下，既未有意忤俗，也不肯隨波逐流。他很欣賞「馬五先生」的政論，但迄未識其人。我介紹胡秋原去訪問，兩人見面後談了幾句，便幾乎吵起架來，原因他表示「不讀民國以後書」；但秋原腹笥甚富，再談下去竟使他轉怒爲喜，相見恨晚。他對拙文的批評是：「罵人還能罵得不失爲厚道。」

平日喜歡彈彈月琴，又隨口唱幾句北平小調，唱不好便哈哈大笑一場。最妙的是，那天陪他去理髮，他堅持着我非在門外等他不可，但不准望店裏瞧；結果等了兩小時多，他才春風滿面地我施施然出來了，則已染黑了髮，又面傅香粉。打趣他：「怎麼他們給你描起工筆畫來了？」後來才明白旗人確有此傅粉的習慣。

臨上飛機那一天，他像一個大孩子一樣高興，嬲着我去覓購他最愛吃的糖葫蘆、糖炒栗子。我乘車趕到機場的時候，他已快進閘了，接過一大包栗子，笑得合不攏嘴，說是：「一下機每個人分給幾顆，這是最好的香港禮物」。立刻把幾個口袋都裝滿了，招手而別，誰知此去竟成永訣！

據我所了解，溥氏對自已的繪畫藝術，從來沒有自滿過，屢次表示非求變創新不行。只是一個狹隘的生活小圈子局限了他，以至有人譏之爲「溫室之花」；而始終沒有認識到他剛健清新、石破天驚的一面。記得在香港旅館裏畫的最後一張水墨山水是粗筆寫意的，一時筆酣墨飽，效果集中，筆愈簡而氣愈壯，我破例爲之拍手。他一擲下筆，很莊嚴地說：「你的眼高，以前我畫了幾百張你從未叫過好。好吧，這一次我回台北去，我要開始創作，開始大變而特變了，你等着瞧！」不幸令人遺憾的是，他一回去竟然病倒了，不久且傳來了噩耗，於此不妨稱之爲「賚志而歿」罷。

溥氏一生絢爛的藝術生活，到了晚年，剛進入巔峯的時期就去世了。假如他活到齊白石、黃賓虹那樣的筆紀，必然更有成就。即使多活五年十年的話，相信他口中所說的創作也一定會得實現。嗚呼，中國文人畫的最後一筆，想不到竟是一個未完成的傑作，這還有什麼話可說？

（溥氏百松圖長卷所臨之三十一家為俞瀚、吳毓、吳鋥、楊偉、喻森、胡經、張澄、廣長、戴景、孫宏、戴杲、戴峻、戴春谷、惲壽平、嚴之潤、金儀、張光祖、陳松、家鶴、戴長年、劉實、梅如蘭、孫正明、蘧廬煥、范雲錫、戴珊、范正銓、董穀、褅闓、念祖、姚培運。）

陸廉夫巨幅山水屏

· 陳定山 ·

清末民初的國畫家中，陸廉夫也是知名人物，名恢，原籍江蘇吳江，生于清咸豐元年辛亥（一八五一），卒于民國九年庚申（一九二〇），享年七十歲。他比任伯年小十一歲，比吳昌碩小七歲。當年在上海，陸廉夫的畫名和繪畫的潤例，以及受人歡迎的程度，不在任、吳二位前輩之下，但如今在海外，却湮沒不彰，連知道他的人都不多了！書畫家享名有身前死後之別，陸廉夫即是一例，以言死後享譽，他不及任、吳遠矣。

但陸廉夫是有眞工夫的，山水花卉，各極其妙，尤其擅長于臨摹古人之作，工力深邃，觀乎本期所刊的巨幅山水屏條，可慨其餘。

光緒十六年，（一八九〇）陸廉夫四十歲，客吳大澂（清卿）幕下，每天與座上客王同愈（勝之）、顧澐（若波）等詩酒唱和。吳大澂是名畫家吳湖帆之祖，顧若波是現在香港的名畫家顧青瑤女史的祖父，記得顧女史有一方圖章，刻的是「若波女孫」四字。

陸廉夫仿古畫有名，相傳顧若波有王烟客畫，廉夫久假不歸，二人以此絕交，但居處密邇，雖已不相往來，然論畫，若波必譽廉夫不絕于口。

光緒十七年，吳大澂在蘇州怡園結畫社，除吳大澂自己及顧若波、陸廉夫之外，還有顧麟士（鶴逸）、任預（立凡）、倪田（墨畊）、金彰（心蘭）、費屺懷（念慈）、吳穀祥（秋農）等九人，被稱爲吳門九友，他們九位的年歲次序應爲——

吳清卿（一八三五——一九〇二）六十八歲
顧若波（一八三五——一八九六）六十二歲
金心蘭（一八四一——一九〇九）六十九歲
吳秋農（一八四八——一九〇三）五十六歲
陸廉夫（一八五一——一九二〇）七十歲
任立凡（一八五三——一九〇一）四十九歲
費念慈（一八五五——一九〇五）五十一歲
倪墨畊（一八五五——一九一九）六十五歲
顧鶴逸（一八六五——一九三〇）六十六歲

九友之中，陸廉夫享壽最高，顧鶴逸年事較小，最後去世。

光緒二十三年（一八九七），那年正是陸廉夫四十七歲，又膺吳興龐元濟（虛齋）之聘，龐氏籍隸吳興縣南潯鎭，富收藏，甲于東南，對於陸的臨摹古畫，大有裨助。其時，龐氏正着手編著「虛齋名畫錄」，以卷帙浩繁，於宣統元年（一九〇九）方克成書，得陸廉夫之助甚多。龐氏遷居上海，陸廉夫因亦隨之去滬。宣統二年（一九一〇），並在上海小花園商餘雅集樓組上海書畫研究會，陸廉夫、倪墨畊、何詩孫、蒲作英等均爲中堅人物，爲上海很早的書畫團體。

陸廉夫在蘇州時，與顧鶴逸交稱莫逆，因得盡觀其祖顧子山家藏過雲樓中精品，所見既多，影响所及，其山水畫乃在並時諸家之上。廉夫作畫之筆大小數十種，隨所用取材。性喜食蘇州粽子糖，終日不去口，且食且吮筆，曾語人曰：人喜我畫，以筆頭甜故也。

陸廉夫不但擅畫，而且善書，他寫魏碑，一臨就是幾十通，絕無做作，具金石氣。吾友俞振飛，即曾以其尊人崑曲大家俞粟廬之命，拜陸廉夫爲師，習擘窠大字，又教振飛作畫，則其時振飛纔十餘齡童子，無法得其奧秘。但曾聞振飛談其陸老師作大幅畫件，係用夏日之土製拉風，將紙扣在拉風上，用轆轤上下，紙舖桌上，畫一節拉一節，一遍一遍的上色，拉上放下者達數十次，成爲自製的科學畫具，因得見此巨幅山水屏，聯想振飛昔年所述，記述如次。

這四幅山水屏，高一百四十二英吋，寬二十八吋五分，若非巍巍巨厦，亦無法懸掛，但昔時老屋，肯堂肯構，四壁輝煌，亦非如此鉅畫不足以生色，此等畫在內家口中，即名爲丈二疋者。

畫山水屏，習慣分爲春夏秋冬，本期所刊出黑白的兩幅，一幅是夏日，仿的是董北苑，一幅是冬令，則摹的是范華源，尚有春秋兩幅，是設色的，由於鑄版不及，將在下期賡續刊出。

現在將這四條屏幅的題識錄後：

「鷗波春色」「趙文敏用筆沉着，而設色閑靜，董華亭極愛重之。此從西溪圖中消息其用意」。

「北苑夏山」「此本向在福山王氏，近聞入溗陽端尙書家，墨瀋淋漓，極濃厚之致，今節擬一過。」

「黃鶴秋風」「山樵眞蹟近年所見不少，青弁隱居圖其尤勝者也，此仿其大旨。」

「華原旅蹟」「范寬喜寫冬山，雪棧霜林，爲生平善構，此作北宗山，故取之爲師法也。」

此畫作于宣統元年（一九〇七），是年陸廉夫五十九歲，正精力充沛之時，題中所稱端尙書，即端方、端午橋也。

原稿
缺頁

原稿
缺頁

原稿
缺頁

原稿
缺頁

原稿
缺頁

原稿
缺頁

原稿
缺頁

原稿
缺頁

題大千居士七十自畫像

張羣

與君俱癖書畫奇，罕秘縱觀徧湖海。
前塵彈指四十年，長物隨身幸同在。
石濤八大雙頭陀，墨林千古霑餘波，
平生所好豈角勝，本非賣菜寧求多。
君今遠泛重洋楫，八德園中好風日，
人生七十方開始，漸白修髯頰猶赤；
胸中丘壑饒氣魄，卓矣知雄仍守黑。
藝進乎道通神明，槎枒老筆狐鬼驚，
大名寰宇誰不識，要為中華表人物。
期君亂定還蜀山，從君蕭散論癡頑，
蠡詩祝壽達而已，珍重素心澹如水。

張維翰

自寫其真信手成，通靈妙筆本天生，
是翁矍鑠人爭慶，七十從心眼更明。

程滄波

絕業丹青已早成，乾坤嘯傲數平生，
詩情畫意終今古，無盡千燈照眼明。

梁寒操

文詩書畫隨心寫，南北東西到處家。
仲眉昂首將何詣，賸有深情向杏花。

黃君璧

雄筆千秋集大成，飛揚世界快平生，
卅年老友真金石，青眼相看分外明。

高逸鴻

七十從心集大成，筵開八德樂長生，
模糊真得看山趣，他日還鄉萬象明。

李猷

手擘鴻濛汲趣深，平生妙筆重球琳，
雲游不覺髯將白，猶有當年伏虎心。

劉太希

吾髯名業早年成，四海環游會友生，
詩境已非人可及，何論畫邁宋元明。

曾紹杰

彌天四海一霜髯，畫筆能追晋宋前，
自寫鬚眉意飛動，傳神真欲到毫顛。

劉延濤

萬里投荒老畫人，栖栖一代豈為身，
衣冠未改中華舊，筆墨能融世界新。
七十精神猶旭日，三千弟子有傳薪，
平添韻事知多少，髯也堂堂美絕倫。

陳子和

氣吞雲夢化工成，呼指人天與寫生，
廿載交期見肝胆，更欽畫境動神明。

王壯為

渾沌毫芒任筆成，三千萬化逐心生，
古稀七十今稱始，百歲行看眼益明。

張穀年

大千世界放光明，錦繡河山腕底成，
無地立錐富敵國，吾宗道骨本天生。

林慰君

一代宗師畫壇王，四海揚名祖國光，
美髯飄飄目炯炯，瀟洒風流冠各方。
丹青數抹山水現，神筆一揮花草香，
詩詞古雅超李杜，書法奇逸勝子昂，
多才多藝又多子，仙猿降世壽無疆。

張目寒

此吾兄大千居士七十自畫像也。須顏白髮，風韻朗潤，比老聃之靜穆，跡莊生之逍遙，擾攘人間，有此散仙，足為乾坤生色。兄於神州畫苑，起八代之衰，發千載之秘，炳然如日星，巍然如麟鳳，舉世推尊，群倫共仰，將躋百年上壽，永為後生楷模。

林慰君自美國寄

大千居士七十自畫像

絕業丹青已早成
乾坤嘯傲數平生
詩情畫意從今古
世盡千燈照眼明
庚戌新春 酒波次韻

渾泠毫芒任筆成三千
萬化匯心生石稀七十今
稱觴百歲行看眼益明
壯為次韻

雄筆千秋集大成發揚世界快平生卅年
老友真金石青眼相看分外明

一代宗師畫壇王
四海揚名祖國光
美髯飄飄目炯炯
瀟灑風流冠各方
詩詞古雅超李杜
書法奇逸勝子昂
丹青數抹山水現
神筆一揮花草香
多才多藝又多子
仙猿降世壽無疆
辛亥仲秋 林慰君敬題

各家題詠

林慰君記

天橋之吃

中國之大，吃的學問也相當豐富，即以天橋而論，這些小吃就說不完、講不盡……

·張次溪·

大酒缸

當正午或夕陽將沒的時候，生意非常興旺。來酒缸吃飯的人，絕對不能講譜兒。這裏只有舊油桌子，和大缸的上面蓋着木蓋，人少的時候，還可以一兩個人佔一個桌或缸。如果生意好的時候，想隨便找個桌子角，也是很難的事。在不常去酒缸的人，以爲這太不方便，其實樂趣就在這不方便裏。幾個不相識的人，坐在一個桌子的周圍，只要燒刀子入肚，敢担保，三五分鐘內，便會談得斷熟。並且又有酒作怪，還是想起什麽說什麽，沒有一些避諱，所以在酒缸裏常常會交到眞摯的朋友。牆上貼滿了清水餃子、削麪、撥魚、失物不管。雖然大罐大罈的酒放在那裏，但是主顧裏，能喝半斤酒的，却不多見，普通每個人只喝二兩。佐酒的食物樣子很多，不但零星的酒菜如花生米、牛肉乾、蝦米、魚等等以外，還有各種炒菜，在春天的時候，更有黃花魚、對蝦等新鮮的海味，花錢很少，格外便當。如果，個人能常在一個酒缸裏吃飯，混熟了以後，更有意思，酒可以喝好的，並且經濟不充裕的時候，還可記賬，只要吃完了，便可吩咐一聲「抄」，夥計即可將帳算清後，說道：「記上」，在旁人看起來，即知道你是常跑酒缸的，老在行，不是很有面子的事麽？當你喝酒的時候，如感覺到缸裏的食品太少，還可以跑到缸外去，在門外的左右更有許多賣零食的，如水爆羊肚、燻猪頭肉、蘇糟肉……等，亦頗適口。

燒酒攤

天橋的燒酒攤是隨便支起一幕布棚，棚裏坐着許多人喝酒，非常便宜，酒的成分如何，姑置不論，而三杯下肚，頸漲臉紅則一也。喝酒最盛時期，約在傍晚，因爲冬季的傍晚，喝酒可以避寒，夏季的傍晚，飲酒不至於太熱。喝一口酒，嘆一口氣，彷彿不勝今昔之感者有之，有酒萬事足者亦有之。席地談天，位卑而言高，樂在其中矣。助酒的菜飯，有兩種特奇，特奇得不可捉摸的東西，其一爲水羹餃，肉餡不少，個兒又大，老是那麽個賣法，瞧着應該不夠本錢，可是他們却在這個裏面賺出了一家數口人的生活費。其二則是炸鷄蛋，他們炸的主兒竟把用油炸熟了的鷄蛋賣的比市價還便宜，這其間還是挺有趣味的秘密。因爲他們會將一個生的雞子分作兩個，熟能生巧，管保教吃的人看不出來，加上材料，也看不出來比原來的雞蛋小，或少些什麽。

小飯館

我們走到小飯館去吃飯，最容易使你領畧他們和氣生財的味道，還可以聽到許許多多的街語，和專用名詞，試舉一例：當你一邁進飯舘的大門，等你揀個座位坐下，就可以聽到了許多術語了，你吃什麽，來四張烙餅，一盤糖溜里肌，一會兒，堂倌喊起，四個家常，溜里肌——加糟，這樣通知竈上，家常乃是餅，糟乃是糖。一大碗下，十個鏟，是十個鍋貼，或十個褡褳火燒，大碗下，就是大碗餛飩。如果要粥而佐以糖，堂倌又要喊起：小碗粥帶沙子，糖至此不稱曰糖，又稱爲沙子了。醋不名曰醋，亦不若山西人之曰酸，而易以忌諱，大約忌諱者，乃是忌諱於吃醋的道理。擦桌布，並不叫手巾，而叫代手，如果你向堂倌要代手，而不要擦桌布，他知道你是一位行家，不敢慢待你。這一類的術語，也是行話，非常之多，只要你肯留心去聽，就可以調查得出來。等到你吃完了飯，揩了面，漱過口，堂倌照例向你客氣一句：讓我吧，一共多少，等你正賬連小賬付給他，於是堂倌又得說您多禮啦，謝謝您哪。等你走到門口，他們又拿您來啦，相對的一句話——您走啦或明天見，向你道別。

飯菜攤

所售主要食品，爲飯、餅、饅首、餅子、粥，如此種種，或以碗計，或以斤量計，價甚低微，以便大衆食用，至其菜蔬，則爲炒麻豆腐、豆兒醬、白菜、豆芽、醋溜白菜、炒茄絲，及一切素炒菜蔬，每碟菜價不等，湯菜如熬冬瓜、熬白菜、熬茄子等，價廉物美，粥有江米粥及小米粥，也很便宜。

茶館

本來天橋一帶的茶館可以分做兩種，第一種是和唱大鼓書有連帶關係的，那就是說在唱大鼓書的台下，擺了許多茶座，都是白色台布，白色椅墊，茶具也極精緻，和公園裏春明館的差不多，以便你在欣賞名角的藝術之餘，還可以泡壺香片或來碟瓜子、花生仁之類，好使你那大爺的派頭更神氣一些。第二種就是我所談的野茶館，這種茶館完全是供給一般勞動者工作完畢，或逛天橋者逛累了之後，來到這裏，泡壺茶，以休息他們的困乏的。這種茶館在天橋散佈的範圍極廣，裏面設備也和市內其他的茶館一樣，幾條長桌子和長凳子東倒西歪的擺着，還有一個眞正國產的大磚灶，上面放了幾隻碩大無朋的大銅壺，爐裏的火熊熊的燃燒着，使那銅壺裏的沸水發出有節奏的聲調，茶客們聽了，認爲是很好的伴奏樂。因此，老闆的胖臉上，也現出滿意的笑紋來。我可以報告這茶館一日的情形了，在每天天空剛發亮的時候，這些茶館裏便充滿了嘈雜的談話聲，原來是一些出殯時的抬槓的、打執事的，都聚集在這裏，等候他們的頭兒到來。頭目來了以後，便分派各人的職司，然後一窩蜂似的奔向辦喪事的人家去了。這可以算是一種臨時議場，這一批走了以後，接着又是住在附近的所謂老北京，提着鳥籠子，敞着衣襟出來蹓躂蹓躂，順便在這些茶館裏坐下，喝碗豆漿，吃套燒餅，甚至有人摸出包生蒜瓣來嚼嚼。正午，是他們生意最閒暇的時候，一點以後，逛天橋的人漸漸增多，於是他們的顧客也隨着增多，三點到五點，正是他們高朋滿座的時候，一天的財源，也全靠這兩個鐘頭了。過此以後，早晨那些幹活的人陸續回來了，有些人便買些油條大餅之類，在茶館裏吃，算作晚飯，如此如此，他們一天的營業便結束了。一個掌櫃的，三個伙計，便支撐着這一個館子，小茶館專賣清茶者甚少，大多數均係邀請說評書先生，演講評書，通常習慣，評書分爲日晚兩場，日場大約均是每日午後三點開書，五點半爲止，晚場大約均是每晚八點開書，十點半爲止。開書則不賣清茶，所講不外三國、水滸、施公案、楊家將、封神榜、聊齋等，收得顧客茶資，茶館方面例係當扣三成，說書例得七成，書說罷，立即結算，向不拖延。此項小茶館在天橋一帶最多，並且桌凳壺碗傢俱亦比較別處略爲清潔。淨賣清茶者固不少，兼唱大鼓與河南墜子者，亦所常有，一曲既終，歌者必按客索資，顧客如向歌者點曲，點曲錢例係茶館歌者兩方各分一半。

爆肚

作法有三種，所謂油爆、鹽爆、湯爆是也。油爆、鹽爆兩種只飯館中預備，街上小生意沒有賣的。湯爆則飯館街上都有，而作法也不大一樣，飯館中多用高湯，小生意則用白水，賣此者大致煤爐小鍋，鍋中有水，俟水沸後，將肚切碎入鍋微煑，水沸即成，所以名曰爆肚，爆者速快也。此本係吃火候之食品，工夫稍小即生，稍久即老硬咬不動了。吃時須蘸醬油、醋、芝蔴醬、香菜末、葱末等或加辣，爆肚之外兼賣散帶，但散帶較肚稍貴，所以恒用牛散帶頂替，這便算摻假，肚又分肚領、肚板等名目。味頗清芳適口，由沸水撈出就吃，於衛生亦無妨。天橋雜詠：「入湯頃刻便微温，佐料齊全酒一樽。齒鈍未能都嚼爛，囫圇下嚥果生吞。」

牛雜碎

這種食品雖然名曰雜碎，但多數只用牛腸，只把牛腸用白水碗煑熟，不加佐料煑好，再置較小之鍋中，担往各處去賣。賣此者多半是趕廟或熱鬧場所，如東西廟、土地廟、白塔寺、花市大街、天橋等處皆有之。吃時由鍋中撈出切成斷，加湯加鹽、辣椒等物，所以最爲便宜。因牛大腸用處極小，不但工業界沒有用處，飯館中也不用，所以大多數歸這種小生意售賣，因爲只用白水煑，不加其他佐料，所以煑出來顏色雪白，而鍋下有火，鍋中永遠開沸，於衛生也無妨礙，只切時手及案板難免有塵土耳。賣的時間總在下午，叫賣聲爲「肥腸開鍋。」

羊肚湯

骯髒無比，湯及羊肚羊血灌腸，均作灰色。塵土飛揚中，食者頗多，此亦生計艱難，有以致之。天橋雜詠：「縱使葷腥勝苦齏，充飢何必飲灰泥，清貧難得肥甘味，莫笑衛生程度低。」

蘇造肉

此味係以猪肉爲主，用醬汕紅糟煨炖，售時陳列釜中，下置温火，零切售賣，湯內另有火燒，用糟湯煨透，味頗酥香。後來街市上賣的滷煑小腸，即是蘇造肉的改做，所用材料，不如蘇造肉精緻，完全改用猪頭肉及猪下水，並用猪小腸內灌肉末香料，一鍋煑熟，湯內不加紅糟，只用桂皮、花椒、大料、醬油等作佐料，味亦香醇。近來製法更趨簡單，只是猪下水猪肉同煑，另有炸豆腐、火燒，在湯內煨爛，現在街頭賣的，全是此類。蘇造肉是北京很具歷史的街頭食物，在六十餘年前售此者，每於清晨設攤在東華門外，專備入昇平署員弁早點，故又名南府蘇造肉。

涮火鍋

羊肉鍋子，將羊肉切成薄片，愈薄才顯手藝，涮的時候易熟，選擇羊肉要後腿或是上腦，因爲此處最嫩，又能切出大片，腰窩則非但發老，還不好吃呢，所以講究吃羊肉，絕不要腰窩等地方。羊肉鍋子除去涮羊肉，還可以涮羊肝、涮羊腰子，味美異常，頗爲適口。鍋子涮羊肉，首要放些羊尾巴油。爲使湯兒透肥，假使吃膩了羊肉，並可放水粉條、凍豆腐、酸菜絲、白菜頭什麼的，吃到嘴裏尤覺鮮嫩，所以吃涮鍋子，這幾樣東西，必需預備，盛入盤中。無論吃什麼吧，離不開佐料。鍋子也不能例外，鍋子佐料更多，難以盡述，如白醬油、芝蔴醬、滷蝦油、韭菜末、辣椒油、糖蒜等，混合倒在小碗裏，蘸着涮羊肉，不惟鮮嫩，而且調和。

共和火鍋

設下一個大圓桌，中置火鍋，僅能涮羊肉，由火鍋至桌緣，劃分出數格坐席，（八格六格不等，因舖而異）而火鍋內也劃分成八格六格來。這自然專爲侍奉那些單身匹馬的食客的。然而大半都由火鍋作媒介，客與客之間，彼此交談起來，當酒過三巡，飽嚼涮肉之餘，他們會談論起亘古至今的趣事，甚至於高唱起西皮二簧，眞是既滿口腹，又飽耳福，故此吃共和鍋一事，亦不失爲雅人韻事。

烤羊肉

烤羊肉作法，用一鐵箄下燃劈柴或木炭，將羊肉切成片，以醬油葱末香菜末等物浸之，浸約一或半分鐘即拿出，置於箄上，翻轉三數次即成，就箄夾食之，味極清香且易消化，此本爲旗門中大家庭之食品，從前街上還有賣的，而飯館中則不備此，數十年來，因旗人生計蕭條，於是街上賣此者亦不多見，三十餘年前正陽樓添此，新來的北京人漸漸學食，乃日見發達，於是街上賣的又不少了，按爆羊肉亦頗清香，然比此尙嫌油膩。賣的時間與爆羊肉畧同，叫賣聲無非亦祗用鐵鏟敲箄子而已。

爆羊肉

羊肉切成片置鐺上加葱花薑蒜末醬油醋或豆腐滷爆之，轉瞬即成，就鐺食之，惟時間稍久，則老而咬不動了。按此亦爲家庭恒食之品，從前街上及小飯舖中賣的都很多，但爆法不一樣，街上的爆法與上邊所說的一樣，小飯舖的爆法，乃用杓加油而等於炒，爆成之後盛於盤中，端往桌上去吃。兩種作法，口味大不相同，其實若講究吃爆羊肉的，眞正風味還是街上爆好，就鐺吃好的多。所以近十餘年來各小舖中也都彷辦了，而街上賣的仍然不少，足見愛吃的人也日多一日，口味本極清香，又好消化，且就鐺食之，於衛生亦無妨害，故外國人愛吃的人也一天比一天多。賣的時間總在下午到夜晚。叫賣聲無，只用鐵鏟擊鐺，路人一聽聲音，便知其爲賣爆羊肉之處，且永將大葱高掛於架上，老遠看見，亦能知之。

爆牛肉

爆牛肉與爆羊肉之爆法吃法大致相同，在四五十年以前賣此者頗多，但專賣的却不多見，都是賣爆羊肉的帶賣，自前清末葉，愛吃的人日見其少，因其不及羊肉味鮮也。近幾年來，賣者已日見其多。按此本清香容易消化之品，北方鄉間之人多喜食之，北京則愛吃的人較少，近來亦似較多人嗜食了。其叫賣聲與爆羊肉同。

賣灌腸

賣灌腸子攤子散在天橋西市場的各處，多半都是一個挑子，一頭是一個矮爐子，上面放着個鐵鍋，一頭是一個有樑代座的方木盤，上面放着作料罐與碟子。作買賣時，將挑子往地下一放，分爲兩頭，挑上掛着一個小板凳，摘下來，放在地上，作爲賣灌腸的座位。照顧主的座位，都在賣灌腸的對面，是個比扁担並不寬的一個長條木板，兩頭有兩個矮木架架着。北京灌腸原有兩種，都是用猪腸子灌的，將猪腸子裏而原有的東西弄出來，弄乾淨了，往裏再灌東西，好一路的是肝兒肥油，壞一路的是粉子，灌完之後，將口用繩子捆，放在鍋內一煑，煑好取出來，即是灌腸的原料，吃時再將煑好的腸子，削成塊，用油一爆，爆得了，確是焦脆可口。那所謂好一路的灌腸，油膩甚大，賣的地方，多半是小飯舖，或單獨的灌腸攤，並不很多。壞一路的，腸內只有粉子、腸兒也較好一路的爲細，油膩也小，不過爆得了，焦焦的，再擱鹽水蒜腸，吃着也到另有個滋味兒。天橋雜詠：「猪腸紅粉一時煎，辣蒜鹹鹽說美鮮，已腐油腥同膩味，屠門大嚼亦堪憐。」

豆腐腦

這種食品，注重的不是豆腐而是滷，滷分兩種，一種是普通的，一種是清眞的，普通的是滷汁裏有猪肉，清眞的是口蘑和羊肉。豆腐全是一種，就是把黃豆泡了，磨成的漿子，煑沸後點上石膏就成豆腐。買的時候，小販先問要不要豆腐？這件事是很奇特的，既然是賣豆腐腦爲什麽要問要不要豆腐呢，可見老北京的事，多出乎人的意料，竟眞有祗吃滷而不要豆腐的。賣豆腐的，也是一條扁担，兩頭兩個擔子，一個擔子是放豆腐，一個擔子是放滷及蒜汁、辣椒油等佐料，和碗及洗碗的器具，吃燒餅、饅頭、火燒，用豆腐腦佐着吃，都是很好吃的。

老豆腐

賣老豆腐的，也是有兩個擔子，一個擔子裝老豆腐，一個擔子上放着佐料、碗及洗醬的器具。豆腐和賣豆腐腦的豆腐不一樣，賣豆腐腦的豆腐是用石膏點的，老豆腐的豆腐是用鹽滷點的。老豆腐的豆腐比豆腐腦的豆腐老些，大約老豆腐之名，就許是由這兒來的。佐料有香油、醬油、麻醬、胡蘿蔔絲、韭菜、芥末、辣椒油等東西。

回頭

爲一種煎餃之類，清眞教人多售者。回頭，蓋爲回飩之訛。天橋雜詠：「光明何處苦難求，前路茫茫正可憂，座客羣驚名目別，驀然聽得喚回頭。」

包子

包子種類甚多，有甜有鹹，有葷有素，回漢有售者，四時常有，美惡亦殊不同也。天橋雜詠中有詠包子：「包兒種類最繁多，新試聲聲現出鍋，葷素甜鹹別回漢，嘗來幾個味如何。」

餡餅

普通飯館通賣餡餅，因爲剩下的刀頭肉，除可作丸子外，去向很少，故此作餅餡甚是合宜，此點對於吃主，既經濟，又便宜。十個八個餡餅入肚，既果腹，又開胃，更省錢，豈非一舉三得，所以此種小吃，最受人歡迎。

燒餅蔴花

燒餅舖的買賣，向來沒有甚麽多大利，除去人工火耗、芝蔴等項，一斤麵賺不了多少錢。還不用說芝蔴醬，好比針尖兒削鐵一樣，單另租房就叫不行，故回教人多借用羊肉床子，大教人都歸蔴花舖，不然只能在街上擺攤，決不能爲賣燒餅現租房，即有單另租房者，亦必帶賣各種食物（如排叉、脆蔴花、蜂糕、粽子、元宵、包子等。）不然決計夠不上嚼穀。按燒餅在北京，向分兩種，一爲芝蔴醬，一爲吊爐，芝蔴醬用煤，吊爐用柴火，一取其焦，一取其脆，味道各有不同，吊爐現在沒有幾家，只有芝蔴醬的隨處皆有，仇即吾著一歲貨聲補中云：「天橋粥舖，每天清晨炸油炸果，午後賣水飯，賣時口唱吃粥咧，油炸的果咧，油又香，麵又高，放在鍋裏漂起來咧，白又胖咧；胖又白咧，賽過燒鵝咧，一個大的，油炸的果咧。」

褡子火燒 麥粉作衣，內實以餡，如三鮮、衛韭、薺菜、蟹肉等。長五寸，闊二寸，作成後，放鍋上用香油煎之，成淡黃色。食時外焦裏嫩，價甚廉。與餡餅、回頭爲姊妹行，現通常以猪肉青韭爲主，大衆化食品也。

肉火燒 此項食品類似燒餅畧小，猪肉或羊肉葱花作餡，食時油煎之，除天橋外，各巷中亦有挑担串街叫賣者。

肉　餅 用麵烙成餅，使之中空，另用肉剁成末，加醬油葱花雞子等拌成餡，灌於餅中，畧一翻轉即熟，味極濃香，亦極潔淨，從前無賣此者。且有背木櫃在胡同中售賣者者，因已放冷，口味太差，故銷不能旺也。賣的時間下午，叫賣聲爲燙手熱的肉餅。

爛肉麵 爛肉麵爲茶飯舖最賤的食物，向來是帶管澆滷，淨爛蒜砸就好幾斤，就不用問一天賣多少，下麵的永遠是頂着鍋煑，不歇氣，一要講究好幾十個，所以盛滷的傢俱，家家都用大缸盆。每當要麵時，從中分清滷、渾滷、扣滷。清滷是缸盆內的滷已賣淨後，再勾不夠團粉錢，故以醬油替代，名爲清滷，渾滷是按照規矩走，扣滷是爲少要滷，吃多，惟恐脹的慌。惟有懶滷一說，而今恐怕作不到，因爲爛肉麵例，頂碼兒，懶滷，照舊還得抓，合着的爛肉麵免滷淨要爛肉，另要一個小碗炸醬，比要麵脛兒上算的多。此外如爛吃肉熬豆腐等等，年輕跑堂的就沒趕上，爛肉都有這些名目，何況其他。

豆汁攤 天橋的零星食物之中，豆汁攤要算個大宗，攤子之多，竟至好幾十個。說起豆汁，要算北京的一個特產，這東西，出自粉房，即作粉皮乾粉的地方。製法是將豆子放在磨上一碾，隨碾隨兌水，同時這豆子就分成了三種東西，頂細的成了豆漿，用之作粉。頂稀的便成了汁兒，亦即是豆汁。至於那粗豆的渣子，用鍋一煑，就是所謂的麻豆腐。豆汁在粉房作得之後，本是生汁，當時又分老漿清漿兩種。老漿較稠，即是天橋所賣的豆汁的原質。清漿却較老漿還稀，熬時非往裏加小米或白米不能成功，通俗所說的豆汁粥、豆汁粥的，即是此種。賣豆汁的，將生豆汁由粉房買到手之後，升火用鍋一煑，即成豆汁矣。它的味道，酸溜溜的，甜不滋的。天橋的豆汁攤，多半是弄幾張條棹，或是支上一個長案子，在攤的四圍一圍，外面放上板凳，作爲主顧的座位。大點的攤子，在桌子的圈內，還另放上一兩張油桌，幾條板凳，上面也放一塊白布，就算雅座，以備局面點的顧主來坐。桌子後頭必都代着一個火，火上坐着豆汁鍋，老叫他開着。長桌之上的陳設，不外放筷子的瓷瓶幾個，鹹菜數盤，分着一擺。鹹菜白饒，要吃好醬菜都可，就得掏錢了。有人要喝時就可以向板凳上一坐，賣豆汁的自然就拿碗給你盛豆汁，豆汁一碗放在你眼前之後，跟着就會送來筷子一雙，鹹菜一小碟。按早年豆汁攤的鹹菜，都是放在大盤內，隨便取用。有那些個經濟家，眞能花錢喝碗豆汁，吃你半盤鹹菜，賣豆汁的瞧着乾瞪眼，也不能干涉，其後竟有人在餅子攤買兩餅子，揣着去喝豆汁，白就鹹菜，既得吃，又得喝，到是便宜之道，可就不管賣豆汁受得了受不了啦，後來賣豆汁的有鑒於此，才生出這每人一碟的辦法，既顯着衛生，又可以暗中限制這些討便宜的。

清醬肉 味殊佳，可以代替火腿，凡不喜火腿之陳味者，可以食此。天橋雜詠云：「故都肉味比江南，清醬醃成亦美甘，火腿金華廣東臘，堪爲鼎足共稱三。」

猪頭肉 有買猪頭肉者，煑而燻之。兼有燻魚，切時肉薄如紙，多夾其帶賣之火燒（餅類）中食之。天橋雜詠云：「猪頭不叫叫燻魚，巧手切來片如紙，夾得火燒堪大嚼，夕陽紅櫃走胡同。」

羊頭肉 是入秋以後最時興、最普通的一種食品，而且是極簡單的東西，天橋市場差不多都是很常見的，挑担的，背筐的都是。賣羊頭肉的小販，他所賣的這羊頭肉，也不僅限止於羊的頭腦，還加雜着有羊蹄羊筋等物，不過他的大宗兒貨就是羊臉子、羊舌頭這路玩藝兒，隨便拿他佐酒，或作爲吃飯的菜蔬，也無不可。可是這宗食品，大半於北京人爲最適宜，若南人食此，或不能得味，緣此種食品，似近於冷葷之類，其做法又同早年之湯羊做法一致，不過此種羊頭肉原即等於白煑之羊肉，俟其冷後切成片兒，然後加以花椒鹽末，多少隨食者之便，此固有其最相當之風味。惟在賣此肉者，幷無預定之價格，注重地點與時間，如在酒舖門前，或於子夜以後，是爲賣羊肉之好地方與好時間，且其要價還價相差亦似太遠，而其最能受人歡迎，則其割切之肉片，其薄如紙的是最高手段，其最可笑者，則爲零碎購買者，伊即以最薄片肉應付，若買成一塊，則伊切肉之片段又大又厚，似爲賣妥後即不肯再費此工夫也。

炒　肝 爲零食中一種，不過炒肝祗是徒有其名，原料確非猪肝，而並不用炒，很可說它一聲是名不副實。凡是作賣炒肝生意的，每日早晨六時前，即須入市，自猪肉槓購猪大腸買回到家裏，先洗後煑，熟後自能漂起浮油一層，賣炒肝的人，盛起浮油，只將大腸切碎，和以團粉香料醬油作料等，於是炒肝，即算作成。

瞪眼食 是早年勞動大衆下飯菜，清末民初時，盛行於市，近幾十年來，已不多見。賣瞪眼食的小販，躉貨是在肉市，整片子的，都讓猪肉槓，大車二車的拉走，餘下一些頭頭腦腦叫不上名兒的零碎，便由他來買，一總放在鍋中，煑熟後，用担子將鍋挑出，擺在熱鬧所在，做起買賣。所謂熱鬧，是指勞動大衆麕集之地而言，像門臉兒、東西四牌樓根底下、天橋、車站等處。大棚欄雖然熱鬧，却買不出來瞪眼食吃法是如此：鍋裏熱熱騰騰煑着許多小肉塊，有肥，有瘦，更有的連帶一塞厚皮，還點綴着一綹根根見肉的黑粗毛。吃主們，自己左手捧着好買的大餅、螺絲轉、火燒，右手持箸，蹲在鍋旁，由鍋裏夾肉，大也好，小也好，價錢是一塊一大，（制錢一文）而且先吃肉後給錢。可是，吃肉的人，不止一個，他連夾三塊，你夾兩塊，五六個人都這樣夾起來，放在嘴裏嚼嚼嚥下肚去，賣肉的腦子有限，讓我們想，末後算賬時，一定成個難題，然而他却另有妙計，賣肉小販自備下制錢些許，買主吃的時候，他瞪着眼釘住了他們的筷子，看他們夾一塊，便趕緊在一旁鍋蓋上面，打上一個大的碼兒，你再吃一塊，他就再加一大，買主總是接連不斷的吃，他的兩眼也總是瞪着，兩手不住打碼兒，不敢少歇，因謂之瞪眼食。所謂瞪眼食並不是吃的人瞪眼而是賣的人瞪眼。

刮骨肉

羊肉舖在夏季向例除買生羊肉外，帶售燒羊肉，所有頭、蹄、腱子、板筋、心、肺、肚子，以及羊骨等，連同羊肉加清醬五香肉料入鍋同煑，待熟後，羊肉再入滾油內煎炸一次，即謂之燒羊肉。頭、蹄、肚子、心、肺等，統稱之曰雜碎。至於羊骨，亦有排岔、羊蠍子、羊拐子各專名。一屆秋令，燒羊肉即收市，所有頭、蹄，由羊頭肉作坊躉去，腱子、板筋、拐子乾等，由賣風羊腱子的躉去，雜碎歸街頭推車賣醬雜碎的，所剩下的羊骨，便由賣刮骨肉的躉去，一面賣刮骨肉，再剩下的羊骨，由收買羊骨者買去。刮骨肉並無特殊製法，只將羊骨入大鍋中煑爛，羊骨上所附帶的筋肉碎骨等，用小刀括下，售時另灑以香鹽末，售此者，每在早晨穿巷叫賣，此種食品，沒有什麽味美可言，只有羊脊髓一味，買來後從新洗淨，用大油加醃雪裏紅、豆芽，烹炒之，佐餐下酒尚佳。

盆兒糕

盆兒糕原料，爲黃米麪、莞豆、棗兒等。製法先將黃米碾磨成麪，莞豆與棗兒煑熟，然後推車入市，將已煑熟之棗兒與莞豆盛入盆內，再加以磨得之黃米麪，將盆放在旺煤火之上，經過一小時，棗兒、莞豆、黃米麪俱已蒸熟，倒出盆來，用刀切成四塊，澆以涼水，用布按之。現賣現切，售價頗賤。用莞豆製作盆兒糕，較易得味，唯因價值較貴關係，頗有以黃豆替代莞豆者，惟無論莞豆黃豆，均富有滋養料，所以此項零食，最易受人歡迎。至於用盆兒糕替代午晚兩餐一類人家，多係從街頭浮攤購買回家，切成碎塊，用香油炸得，外加白糖，因售價較廉，比之自煑米飯麵食，便宜省事，是爲盆兒糕易於暢銷之絕大原因。

切糕

賣切糕的，多係外鄉人，推小車一，沿街叫賣。有江米黃米之分，而小豆紅棗，亦有優劣之別。蒸成大塊之糕，擺於車上，切塊零售，故名切糕。天橋雜詠云：「燕市推車賣切糕，白黃棗豆有低高，凉宜夏日冬宜熱，一塊一沽一奏刀。」

炸糕

炸糕馬往常售賣炸山藥，因此又稱山藥馬，此攤向係設在天橋，專製作帶餡兒江米麪與黃米麪之炸糕。糕兒有白豆、莞豆、橙沙、玫瑰糖等……數種，除炸糕以外，并兼售各種切糕。每日下午天橋遊人雲集之時，該攤交易特別發達，不過在天橋一帶擺設浮攤，腦筋必須靈活，此攤向於遊人雲集時，每塊炸糕畧貴少許，迨遊人畧少時即每塊便減價沽賣，候至薄暮遊人散去才收攤。

驢打滾

是一種豆麵糕，用黃米麵蒸熟，成零塊，攤開包以紅糖滷汁，然後捲成長捲，另用炒熟黃豆麵作面。零切售賣，隨切隨將乾麵揚起，灑在上面。如郊野驢打滾，揚起灰塵似的，故有是名。

蜂糕

爲米粉製，中多蜂窩故名。葷者黃色，中有脂油，及核桃仁，素者色白。回教售者均爲素糕，漢人售者，則黃白俱有，柔軟易消化，病人宜之。

黏糕

一作年糕，黃白兩花，象徵金銀，並有年年高之意，嵌紅棗者，無非盼早發財耳。

杏仁茶

以米粉及杏仁粉，同煑之即成。天橋雜詠云：「清晨市肆鬧喧嘩，潤肺生津味亦賒，一盌瓊漿眞適口，香甜莫比杏仁茶。」此品甚費工夫。

豆腐漿

爲植物之滋補品，成分幾同於牛奶，清晨多喜食。天橋雜詠云：「雲英不必擣元霜，應感淮南菽水香，食罷一甌眞如醉，香甜何異飲瓊漿。」

茶湯

有擺攤者，有挑担者，其惟一之標識，則大銅壺是也。此物尚甜，鹹食者殊少見，小兒多喜食之。天橋雜詠云：「大銅壺裏熾煤柴，白水清湯滾滾開，一盌冲來能果腹，香甜最好飽嬰孩。」

精米粥與麵茶

精米粥爲北京一種特別買賣，一出城圈兒就不多見。精者細也，言其好喝，或謂精米爲粳米，意思全都差不了多少，不過粳米和稻米講，粗細可是等等不一，這種買賣向來在一清早，暗含着就算過午不候，一到午後，粥挑子立刻就改賣麵茶。業此者以山東人居多數，雖然都在一個作坊住，他們可是誰不管誰。熬粥另有掌櫃的，熬得了才能分給大家，從前五百六十錢一個，賣多賣少聽其自由，能銷三個要三個，銷不了三個要兩個，分完之後，跟着就喊兌漿，因爲原粥太稠，可以任人隨便兌水，水爲涮鍋所盛，所以溫和不涼。出挑後各按自己的路線，分頭售賣，最好是不到自己的交界，不准隨便吆喝，遇買者也是照樣盛，可不能夠說不賣。帶蔴花是歸蔴花舖送，多少都有一定規矩，一碗粥泡兩個蔴花，味美經濟，以故人人都喜照顧，冬令喝下去還賺個煖和，如遇家裏有病人，尤喜食此物，在剛一挑出來，粥漿尚未十分的大開，病人喝下去，總不大合式，病人喝必須在八點以後，所兌的粥漿才能十分大開。不想由打糧米一貴，這行也受了絕大影響，即有賣者，亦甚寥寥，午後的麵茶雖有兩份兒，亦不多見，芝蔴醬既貴，倉米亦少見，賣者就不多了。

煎餅 傳說煎餅爲宜春，春間食之，今則不拘矣。天橋雜詠云：「傳聞煎餅是宜春，裹得蔴花味特新，今日改良多進步，一年四季市間陳。」

扒糕 熱天之扒糕，用蕎麵蒸成餅式，浸涼水中。售時以小刀割成小條，拌以醋蒜醬油等而食之。天橋雜詠云：「色惡於今屬扒糕，拖泥帶水一團糟，嗜痴有癖渾難解，醋蒜薰人辣欲號。」

涼粉 的做法很簡單，很容易，就是用團粉和水把它擱在鍋裏來煮。團粉在水裏溶化了之後，把它倒在碗裏，等它涼了，它自然就凝結在一起，用刀子把它切成一塊一塊的，放在涼水裏面，或是用冰來冰着它。他們賣的時候，是用瓜撓把它瓜成一絲一絲的，再擱上醬油，醋，芝蔴醬，葫蘆蔔絲，辣椒，這就所謂又酸又辣。瓜涼粉的瓜撓是紅銅製成的，是很薄一塊鐵片打成，鐵片上有許多小孔。

撥魚 用粉子做如魚形，碗盛蔴醬、清醬、醋鹹、葫蘆蔔絲，或爛蔴，或芥末，與冷粉同，賣者口唱撥魚來，又酸還又辣來。

硬麵餑餑 即火烙餅餌之類，惟多於夜間售賣。天橋雜詠云：「餑餑沿街運巧腔，餘音嘹亮透燈窗，居然硬面傳清夜，驚破鴛鴦夢一雙。」

乾餅兒 在北京買着很方便，差不多每個燒餅舖都代賣。這種食品的做法，是用半發酵的麪做成長條，蘸油盤成螺旋狀，烙熟，再放在火旁烘烤，迨其水汽全消，表面現金黃色時即成。此種食品，味甘而酥，普通用爲早點，吃一個乾蹦兒，喝一杯清茶，眞是樂事。北京有一種食品叫螺絲轉兒，做法與乾蹦兒相同，只是沒有烘烤的手續，所以製做比較省時間，但吃起來却遠不及乾蹦兒來的味厚。

燜爐燒餅 亦爲北京特製，餡有甜鹹葷素，種類極多，天橋雜詠云：「燒餅圓圓入悶爐，餡分什錦麪皮酥。金臺佳製名聞久，異地相充總不如。」

酥燒餅 味有甜鹹，形有方圓，脆薄生香，亦頗可食，天橋雜詠云：「乾酥燒餅味鹹甘，形有圓方貯滿籃，薄脆生香堪細嚼，清新食品說宣南。」

小吃食 用麪炸不盈寸的麻花排岔，用草紙包裝，加上紅商標，眞似早年送禮蒲包。這是小孩的玩物，又是小孩食物，名叫小吃食。在天橋有一老者專門售此，口唱：「買一包，饒一包，江西臘來，辣榛椒，大爺吃了會料跤，料私跤，料官跤，坎子坡脚大箍腰，大麻花，碎排岔，十樣錦的花，一大一包的炸食。」小孩聞之，多喜去買。

牛奶酪 以牛乳和糖，入盌凝結成酪，而冷食之。置盌於木桶中，担挑沿街叫賣。味頗美，製此者爲牛奶房也。天橋雜詠云：「鮮新美味屬燕都，敢與佳人賽雪膚。飲罷相如煩渴解，芳生兩頰潤於酥。」

冰碗 爲炎夏妙品，以潔白之果、鮮藕、杏仁、核桃仁、蓮子、菱角等，置於冰盌中，下襯以碧綠荷葉，一見即令人五內生涼，頓覺暑氣立消也。天橋雜詠云：「六月炎威暑氣蒸，擎來一盌水晶冰，碧荷襯出清新果，頓覺輕涼五內生。」

元宵 由每年十月上市，可以售至翌年二三月。本名圓子，亦名湯圓，後人因元宵煮之，遂呼圓子爲元宵。此物熟時，則浮於湯上。宋周必大有詠圓子詩。民國四五年，袁世凱竊國時，北京曾有不准吆喝元宵之令，蓋以元宵音同袁消也。天橋雜詠：「詩吟圓子溯前朝，蒸化熟時水上漂，洪憲當年傳禁令，沿街不許喊元宵。」

江米藕 製法以江米入藕孔中，蒸爛後，沿街叫賣，切成小片，蘸白糖而食之。售此者，多清眞教人。天橋雜詠云：「江米都塡藕孔中，新蒸叫賣巷西東，切成片片珠嵌玉，甜爛相宜叟與童。」

涼糕 江米煮熟，做成長方形，上下二層，中間加入芝蔴白糖餡，或豆沙餡，放在冰上一鎮，清涼適口，爲暑中妙品。

愛窩窩 是用江米研碎成粗糙之碎米，如切豆麵，外用江米乾麵撒上，內裝白糖，芝蔴，橙沙，棗泥，莞豆黃，各種甜蜜果品，食之亦甚香軟。賣這兩種食品的人，以清眞教爲多，不但所用的器具乾淨漂亮，所做的食品，亦極清潔，合乎衞生。賣愛窩窩分擺攤推車子兩種，凡擺攤賣的，有江米藕，油炸藕片，黃白切糕，元宵。推車子賣的也趕廟會，僅愛窩窩不代別的東西，個兒較比擺攤的大點，因爲一班人開銷小。

莞豆黃 分粗細兩樣，粗莞豆黃兒，把莞豆研爲細面，加以紅棗，合水擱在砂鍋內蒸之，蒸熟後晾涼，切爲斜方塊賣之。細莞豆黃兒，把莞豆去皮碾爲細麵，加玫瑰糖拌勻，攤約一寸來厚在方木盤中，入籠屜蒸之，蒸熟後在莞豆黃兒上面浮頭，加以青絲山渣瓜子之類，紅綠黃色，襯托鮮美。

菓子乾 係將柿餅以水浸透，手捏使之成泥，拌以煮熟之杏乾、鮮蘋片、梨片等，隔宿而成，洒以黑白糖、青紅絲、玫瑰、木樨等物。玫瑰棗又名木樨棗，即係將小紅棗用相當之火候煮熟，使出蜜汁，其味最甜。

冰糖葫蘆 爲北京名產，各樣鮮果均可穿蘸。早年抽籤之賭，北京不甚流行，惟售糖葫蘆者，率多帶有籤筒。天橋雜詠云：「葫蘆穿得蘸冰糖，果子新鮮滋味長，燕市有名傳巧製，籤筒移動興飛揚。」

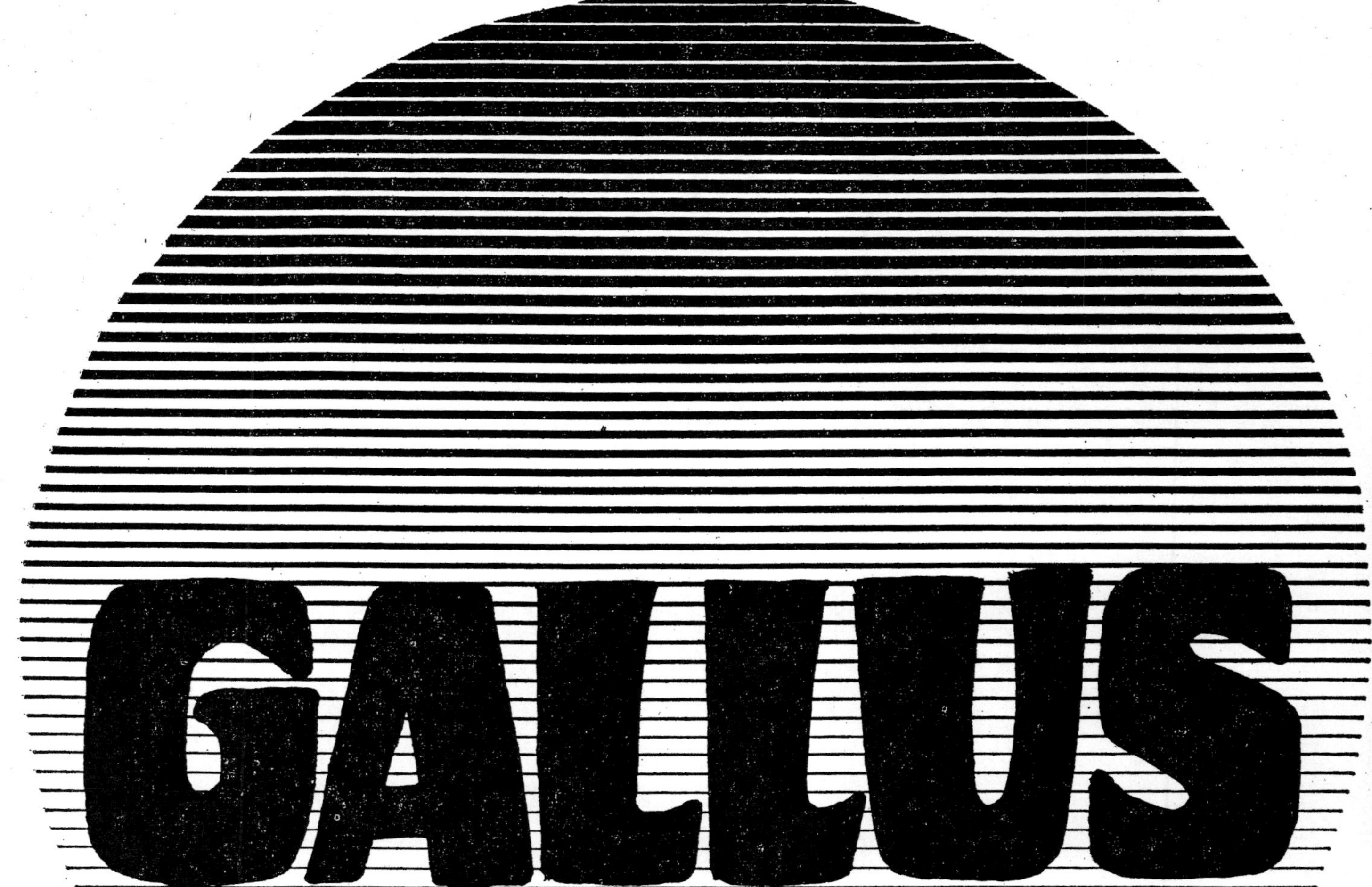

西德名廠男裝鞋

堅固耐用·名貴大方

大人公司 平價市場 人人百貨 大方公司 來路鞋公司有售

三請諸葛亮

【對口相聲】

·侯寶林·

甲　剛才這場戲演得不錯。

乙　要說票友能有這樣的水平就算難得。

甲　我看這個水平…（點頭思索）

乙　相當於內行的水平。

甲　起碼得保暖二十四小時。

乙　噢，暖水瓶啊！

甲　這是說笑話。票友當中是藏龍臥虎，眞有高人。我們這兒就有一位出了名的京戲票友，不敢說前無古人，可以說是後無來者。

乙　那一位？

甲　我。

乙　你呀！我看不出來。

甲　行家一伸手，就知有沒有。我亮個相兒，你看我夠不夠一位大名角兒？奔——登——倉！

乙　嗯，夠。

甲　像那位大名角兒？

乙　像一個糖三角兒！

甲　瞧不起人不是？我把拿手好戲唱兩句你聽聽：「曹孟德占天時兵多將廣……」

乙　唉，誰踩住這位的脖子啦？

甲　你的欣賞水平太低，你那兒懂，這句二黃原板裏頭，有的地方像馬連良，有的地方像楊寶森，有的地方像譚富英，有的地方像李少春；要是細一辨滋味，又全不像。我這是集中各派老生之長，結合我自己的特點，自成一派。

乙　這叫四不像！

甲　你這個人偏見太深！告訴你說，我不光唱得好，還擅長全面的京劇表演藝術，唱念作打，文武崑亂不擋。我常登台，大家送我外號「活諸葛亮」。

乙　「活諸葛亮」？聽說京劇界老前輩有個黃潤甫，外號叫「活曹操」，人家那是演曹操演活了出的名。

甲　我是演諸葛亮演活了出的名啊！這話是去年，東城票房大禮堂特請我演出『借東風』。

乙　請你一個人？

甲　一個人唱不了一台戲，得有班底——我們西城票房的。

乙　你不是也在西城票房嗎？

甲　沒有我，他們上那兒過戲癮去？都是將夠當底包的能耐。到演出那天，全團人馬先行。

乙　你還有點事兒？

甲　沒事。我不能早去，我不跑龍套！我演諸葛亮，我是主角兒！我要是早去，叫人看着失身份。等我到大禮堂一看，聽戲的人滿坑滿谷。頭一齣戲『打麪缸』。

乙　喜劇，有意思。二一齣？

甲　『三岔口』。

乙　武戲，好！這要沒有眞功夫的演不了。

甲　我看也不怎麼樣。

乙　那麼來那麼些人？

甲　大夥要聽第三齣『借東風』，衝我諸葛亮來的！

乙　別往臉上貼金啦！

甲　場上的『三岔口』要下了，我才搖搖擺擺進了後台。轉了一圈兒，你說奇怪不奇怪？

乙　什麼？

甲　挺大的後台，沒有諸葛亮的私人化裝室！

乙　好大譜兒！

甲　這還不算，招待人員拿過烟卷兒來，無名牌，

乙　無名牌不錯啦！

甲　我這兒屁股還沒坐熱哪，催我扮戲。

乙　本來不早啦。

甲　扮就扮。洗了臉，勒上水紗，換戲裝。戲裝還不錯，新護領，新彩褲，新道冠兒，新靴子，新八卦衣，新髯口，新羽毛扇，……喲，新八卦衣白白的水袖上，怎麼有一塊新髒的油印兒！

乙　那沒什麼。

甲　沒什麼？這要一上台，燈光底下，觀衆還不得說：諸葛亮剛抽完大烟呀！

乙　誰看得那麼仔細呀！

甲　我不管，反正我不能這樣兒上場。氣得我鬍子一摘，羽毛扇一扔，往椅子上一坐：「這兒票房誰負責？」

乙　別給人家東城票房找麻煩啦！

甲　人家東城票房主任趕緊過來了：「噢怎麼回事？……啊，可不是，水袖上有油，這怪我，事先沒有看過，現在拆下來洗也來不及啦，對不起，您將就點吧！」

乙　對付着用吧。

甲　我一聽更有氣啦：「將就？來吧！你穿上這個上場！」「我要會演，就不驚動你啦！」「這不結啦！不用多說廢話，給我換去！」

乙　上那兒換去呀？

甲　東城票房主任饒着不給我換去，倒跟我打官腔啦！

乙　不能吧？

甲　「先生，票房演戲嘛，就是爲了興趣。咱們這是戲迷，戲裝漂亮不漂亮，問題不大，大家欣賞的是您的藝術。」

乙　這話對，就爲欣賞您的藝術。

甲　「告訴你說，票友唱戲，不圖名，不圖利，受累出汗，自己貼車錢，爲了什麼？就爲滿足戲迷的要求？」

乙　噢，您是爲了自己出風頭！

甲　我這麼一吵，那位票房主任沒辦法啦，趕緊去打電話，到處借戲裝。都快晚上九點啦，他

上那兒借去？急得他東找西找，老打聽一個人。

乙　打聽誰？

甲　「勞駕，曹操在那兒那！」

乙　都叫你氣糊塗啦！

甲　曹操歸我們西城票房主任扮，他正在那兒勾臉呢。東城票房主任找着西城票房主任：「您團裏扮諸葛亮的那位，因為八卦衣袖上有油，說什麽也不上，您看怎麽辦？」西城票房主任說：「我瞧瞧去！」

乙　主任來了，您兒台階兒下吧！

甲　他也埋怨我：「戲裝沒處借啦，別難爲人，眼看『三岔口』都下啦，前台好幾百人等着看『借東風』。這不是大夥兒都扮上了嗎，別因爲一點兒小問題不顧大局呀！」

乙　有理！

甲　顧全大局？這是拿大帽子壓人，合着我陪着你們大夥兒玩兒來啦？沒那好事兒！我顧全大局，大局怎麽不照顧我呀？

乙　簡直不通情理啊！

甲　正搗亂哪，司儀下來了：「主任，前台休息十分鐘了，『借東風』上得了上不了？」

乙　叫人着急呀！

甲　「先墊一齣吧！」馬上有人墊了一齣「瞎子逛燈」。司儀接着問：「墊完了這齣怎麽辦？接着墊嗎？」

乙　老墊戲也不像話呀！

甲　我們主任沉得住氣：「告訴打鼓的，墊完這齣，准上『借東風』，有我哪！」我心裏想：瞧着你的，諸葛亮不上台，反正曹操不能借東風自己燒自己！

乙　『瞎子逛燈』墊完了。就聽前台鑼鼓點兒一起，黃蓋、甘寧起霸啦。這時候主任過來衝我作揖，說話還上韵哪：「啊，先生！」

乙　這是哪齣哇？

甲　我說：「曹操，你找龐統去吧，我不會獻連環，別求我！」

乙　人家求你快上場。

甲　主任剛才拿大帽子壓住我，這會兒又直衝我打恭作揖：「得啦，得啦，誰讓我事先沒跟人家票房說一聲呢！上等的茶葉，最好的烟捲兒，私人化裝室，第一流的戲裝，汽車接送，票房全體親自道辛苦，可有一樣，救場如救火，您是明白人，能見死不救嗎？您這兒來瞧瞧……」一把他就把我拉到上場門這兒來啦。

乙　叫你上場。

甲　那就由得了他啦？我扒着台簾縫兒往外一瞧，台上魯肅見過了周瑜，周瑜正叫他去請諸葛亮。

乙　該諸葛亮上啦。

甲　台上，魯肅衝上場門直使眼色：「有請諸葛先生！」

乙　你倒是上場啊！

甲　我點着了一根烟，抱着肩膀沒動窩兒。再一聽，台上魯肅聲兒都岔啦：「有——請——諸葛先生！」

乙　眞急啦！

甲　魯肅急啦，我也出台啦！

乙　你不是不上嗎？

甲　曹操這傢伙損透啦，他沒跟我商量，一頂我後腰，往外一推，順台簾縫就摔出去了：「別裝蒜啦，出去吧！」

乙　這麽出來的呀！

甲　我一出台，台底下嘩——

乙　鼓掌歡迎！

甲　哄堂大笑！

乙　怎麽？

甲　這曹操，你倒是看看我扮好了沒有再推呀，一推，出去啦！我還沒戴髯子哪！

乙　喝，諸葛亮的兒子出來啦！

甲　沒戴髯子小事，還刁着一根無名牌香烟哪！

乙　摩登諸葛亮！

甲　台底下一笑，臊得我一扭頭就回了後台，找個地方坐下，說什麽我也不出去嘍！

乙　台上呢？

甲　周瑜、魯肅、黃蓋、甘寧，打台上追着我全下來啦，後台的蔣幹、龐統、丁奉、徐盛、趙雲、闞澤，連我們主任曹操，全體龍套，前台的觀衆，後台的班底，一大羣人圍着我，好說歹說，讓我戴上髯子接着上台，我說什麽也不幹了。大夥都誇我，說我把諸葛亮演活了，一齣戲能唱成兩齣。

乙　不是『借東風』嗎？

甲　不，先唱的是一齣『三請諸葛亮』。

乙　唱不成，你一砸，大夥兒都跑到後台去啦！

甲　是啊，前台又成了『空城計』啦！

瞎子逛燈

張大夏

瞎子：未曾下雨先陰天，過了除夕就是年，聾子的耳朵聽不見，啞巴說話難上難，嘴裏吃飯肚子嘸，有屎不拉逼得我慌。

和尚：你算了罷，這個誰不知道呀？

瞎子：你們有眼的知道，我這沒眼的，都是算出來的。

望平街憶舊

申報與史量才

胡憨珠

史量才在申報五十周年紀念之前，他的爲人作風，業務行政，一切全由他自己作主。等黃炎培做了他的軍師之後，稱得上是言聽計從，任何事情，都唯黃炎培之言是從。許多人由黃炎培的汲引而認識了史量才，踏進了申報館，確實使史量才的申報更增鋒芒，甚至言論轉變，筆桿向鎗桿挑戰，但史量才之被狙擊，黃炎培是不能辭其咎的。

出版了中國分省地圖

史量才一向以來，對人們的口口聲聲，總以「提倡文化」與「普及教育」兩大工作任務爲己任。但吾人姑且假定以他接辦申報之日起，作爲他此項志願開始的出發點。若細作思量，詳加觀察，於二十年間的時日過程裏，實在感覺不能舉說得出他的什麼成績來。雖然，在民國十一年，申報舉行五十週年紀念的時候，出版過由黃炎培、李嵩生、康通一、汪英賓等諸人所共同編輯的「中國最近五十年」之一本巨型刊物。或許史量才本人，可能認爲對他工作任務，已經幹做成功一件有意義的事情，也可能他認爲這是空前無比一樁絕妙的成績。但不過對此本巨型刊物，與提倡文化問題的，有什麼利益可說，與普及教育工作的，有什麼幫助可言。說句老實話，在任何人的觀念中，非但一些串連不起來，而且也一點沾不上關係。所感到快意自豪的，恐怕祇有史量才一人而已。就是他們申報館裏同人，懷有同感的也不多，若世人購備此本巨型刊物，無不成爲書架上陳列的點綴品，其效用功能，祇能與古董玩器一例看罷了。

到了民國二十一年，當申報舉行六十週年紀念之日。在史量才的主持策劃之下，出版了一本「中國分省地圖」，與一張「中國新地圖」。這兩種出版的書本與圖品，對史量才說來，却是眞眞實實做到了提倡文化、普及教育的實效工作，也達成了任務中心的正確標的。原來這本「中國分省地圖」，聘由地質名家丁文江、翁文灝以及地輿研究專家曾世英三人共同編輯的聯合工作。其內容對每一行省的省份地域全圖面，概印以不同樣顏色的淺度色澤。即使是某一本省，與四周鄰省的交界毗聯之處，縱然犬牙錯綜，蠶眉些微，也無不印製得色彩顯明，紋痕清楚，只要一經翻開，畧予觀看，便能一目瞭然那裏屬於本省，那裏處於鄰省，某地有山脈層巒，某地爲河流湖泊。非僅此也，舉凡某一分省版圖內的府、道、郡、縣等鎮市的地區所在，以及山、嶽、江、河等的領域路線所經，也無不繪畫得線條明晰，里程周詳。即係舊時的驛道，現代的公路，亦都一一加以符號標記的明白指示。至於該分省整體的地理形勢，本土疆域的四面八方，其所誌的詳細示意，猶爲餘事。

在每一分省地圖的後邊一頁，即爲該分省調查的文字記述。大凡對於該分省疆域的廣濶圓幅，道路的短長里程，土質的肥腴貧瘠，物產的種類品質，山陵的地理形勢，江河的水利狀況，鑛產的蘊藏體積，人口的統計數字等等，都有詳盡的紀錄。總而言之，只要一編在手，對該分省的經濟、社會、產品、土地一切的一切，無異身歷其境，作了一次詳細考察，周密調查。如果我國國勢在强盛時代，對每個國民都該受此教育，理應對全國各省有關地理知識的認識。怎奈時在淞滬第一次對日抗戰的前夕，恰恰申報館爲六十週年紀念，特地出版發行這本中國分省地圖，實使對國家的有心人士見之，總感覺此書所記述各省調查的文字紀錄，與地圖的測繪編製，太於詳細靡遺。雖說此書無重大的軍用價值，但一旦落入於敵方之手，自會發生反作用的效果，不得不要添增無限杞憂了。因爲在現時代的立體戰爭，縱然遠在後方的各省地區，難保敵機不作竄飛擾亂的禍患呢。

同時，申報館所出版發行的一份整體大幅的中國新地圖，亦爲紀念申報六十週年之作。同樣，由丁文江、翁文灝、曾世英三人所主持編繪製圖的工作成品。該幅大地圖其測量的準確，繪畫的精細，以及標誌指示山河的形勢，城鎮的狀況，猶爲餘事。尤其對於交通路線，如鐵路與公路等等，無不繪畫得既週且詳，確爲近代中國地理學上的一件偉大無比的豪舉之事。所遺憾的是該「中國分省地圖」與「中國新地圖」的兩項印製品，關於彩印部份工作，並不是申報館自己從事印刷，全部交由日本最大的一家彩色印刷公司，承印製本完成後，再行運來上海交件完事。這可以說是一種諷刺，而諷刺之最大者，莫如正當舉行申報六十周年紀念，大事發行日本印製品的兩種地圖之際，日本海軍陸戰隊的士兵在「老靶子路上，突然向福生路十九路軍的哨兵開放第一槍，於是「一二八」第一次淞滬之戰的戰爭序幕，乃告揭開了。但不過事雖如此，史量才總算做成功一件有意義的事情，就是出版了這兩種精美印製品的地圖。因爲這兩種地圖確有助於國人增長有關地理學上的知識和學問，這倒是他實踐了提倡文化工作的一個環節。

史量才對於普及教育這個問題，所做的工作成績如何呢？老實說，在申報六十周年紀念以前的年代，是他從未幹做過甚麼「普及教育」工作之事，試問這工作成績如何表現得出怎麼實現得見啊。相信若充其極，至多在某些情不可却的狀況之下，每歲認捐若干學校經費，承担一席校董名義而已。大概他也是爲了紀念申報六十周年的關係吧？史量才即於是年一月份開始，決定出版「申報月刊」與「申報年鑑」兩種刊物，而這兩種刊物皆延請俞頌華、張梓生專責主持編務。「申報月報」每期出版一厚冊，所有執筆撰稿之人，無一不是以善文名於時。故其內容豐富，題材時新，足與商務印書館所出版的東方雜誌相抗衡爭長，一時爲讀者們所稱道嘉許。但這還不是他對普及教育問題上有所實際效用的工作表現，只是盡了一些倡導作用的自我厥責。因爲偶爾在「申報月刊」上發表數篇，當由幾位教育名家對這問題研究所得的心得之談，撰寫出來的那些讜言鴻論。所以世人們評說史量才對「普及教育」問題的實際工作，非但沒有成績可言，而且也並未做到一點，此項評論，亦不爲過。

至於「申報年鑑」對此問題的工作成績如何呢？這是事同一體，理同一例。當然的成績表現，演變成與「申報月刊」恰恰成爲『魯衛之政、兄弟也』的樣子。外表如此，本質亦然，實無顯著不同的特殊情形之可言。好在於「申報年鑑」那是每年出版一次的綜合性刊物，在民國二十一年申報六十周年紀念之日，作爲「申報年鑑」發行之初的從事準備工作的開始。於是搜集材料，編撰文章，及至印行出版已在民國二十二年的春間了。終於民國二十四年第三次的「申報年鑑」出版以後，即因史量才於上年的十一月十三日，在滬杭公路上突被狙擊逝世。該「申報年鑑」從此不再繼續出版，即月出一厚冊的「申報月刊」，亦改爲周刊，每期出版爲一小冊。是我感覺當年事業輝煌得如火如荼的申報館，因自史氏的去世就發生有如此巨大的變化，正令人對之，有不勝「人在政存，人亡政息」的無限悵惘和悼念。當申報於六十周年紀念之日起，史量才同時還出版了申報的「申報畫刊」，曾延聘戈公振主理編務。諒以戈氏當年爲狄楚青所主辦的時報，編輯時報畫刊，頗受時人的讚美，讀者的珍愛。此次戈公振最近遠遊歐洲，考察各國的新聞事業歸來，甫卸征衣，纔息遊塵，當時史量才爲網羅新聞事業專家，作爲申報事業的發展之助，是以他量才延聘竭力羅致。戈公振遂被邀任主理申報畫刊職務，不過此非他的本願所願爲。原來戈公振的投入申報，志在於主編某一版的新聞，以期發展他在國外考察所得的實驗心得和思想抱負，終以未獲得史量才的應諾而作罷。但是結果戈公振還是爲申報主理畫報周刊的編務，這是他爲要吃飯活命，作爲『慰情聊勝無』之心想而已。及至最後的結果，這申報畫刊也終因史氏的死亡，而成爲陪葬物般似的宣告停版，而戈公振也隨即脫離申報了。

根據前邊記述那些申報館出版多種各式的書本刊物，總會理解着史量才所做普及教育問題的工作，尙嫌做得不夠符合理想與出現實質成績。只能說對於提倡文化工作，差可近似，因爲這兩個問題有點脈絡相連的關係之故。但自申報六十周年紀念之日開始，史量才的慨斥金錢，耗却心力，所做成的幾件事情，確實對於普及教育這個問題，達到盡善盡美之正確標的。因爲當此時期，大地主的哈同洋行，把南京路（俗稱大馬路）與九江路（俗稱二馬路）所貫通的一條「飯店弄堂」（筆者按：飯店弄堂因該弄內的一條舊式街道左右兩邊，都開設本地幫或蘇錫幫的飯館，最早期約有近十家之多，故上海人概呼之爲飯店弄堂）老街上的四周房屋，全部收回轉來。交由大陸銀行墊欵，翻造建築成立體式的八層高樓房屋，名之爲大陸商塲。除地面層開設各業店舖外，樓上各層分別出租於人爲寫字間。史量才就於四層樓上租借房舍多間，開辦「量才補習學校」、「量才流通圖書館」、「量才婦女補習學校」。據傳說史氏爲要惠及遠方的無職失業之人，還兼辦「量才職業函授學校」，對此一說是否實現成功，因未證實，無從說起。但於此外，則設有讀書問答，附於申報的新聞欄內，專供學校與圖書館讀書者的書面問答之用。總之，在大陸商塲樓上所辦各種教育之事，一切均由李公樸主持之，並另行附刊有「婦女周報」則由沈茲九主編。平心而論，李公樸對於教育問題諸項工作，辦理得確有精神，是以成績斐然。史量才當時認爲深慶得人，錢化得值，對他大爲讚賞不已。但不過李公樸到了最後却做出一件失德失信、無廉無恥的事情來，那是他於史量才死後，即把他的名字改爲「李量才，號公樸」。並將此項字樣，印成名片，遇人分送。順便道說大陸商塲樓上所有量才各類教育事業，那全是爲我所有，只因與申報的史量才同名，外間不察，錯認爲他所有云云。其實李公樸欲施偸天換日的詭計，侵佔史量才在大陸商塲樓上的所有事業產物，謀爲己有。但此種行爲，非但遭申報館同人所反對，就是他的同路人也爲之搖頭太息，難表同情。

黃炎培善變神秘莫測

前邊已經說過申報六十周年紀念，正當舉行慶祝之際，恰巧與「一二八」第一次對日抗戰淞滬之戰同時爆發，遂揭開了中日戰爭的序幕。於是，在黃炎培的策劃安排之下，「上海市民地方維持會」就於炮聲與槍聲的交响聲裏，宣告成立。而以福煦路一八一號的那所巨大洋房作爲該會所的辦公地方，亦爲上海地方市民對十九路軍抗敵作戰，所捐贈慰勞物品金錢的收受站。竟使過去烏烟瘴氣的大賭窟所在，一變而爲對敵抗戰後方的一個重要據點。該會會中的所有會員多屬上海市金融、實業、教育、文化等各界名流，以及歐美各國洋行買辦的頭兒腦兒。於該會宣告成立之日，他們都熱烈踴躍地前來參加與會，眞正的是濟濟多士，畢集羣賢。旋經黃炎培的安排佈置，史量才即被公推承担會長一席，從而高踞於各界名流與洋行買辦一般的頭兒腦兒之上。說句想當然耳的話，當年當時的史量才獲得出長該會，實使他名成勢張，感覺這是件躊躇滿志、佔盡風光的事情。

可是從閘北的寶山路口起到吳淞炮台灣爲止，在這條曲曲折折的數十里戰線上，由十九路軍與第五軍並肩對敵作戰。縱然全線形勢地處平原田野，毫無一點險隘隱蔽之處，可作憑藉固守。純由前線將士們的慷慨用命，奮勇殺敵，浴血作戰，乃得不許敵人進越戰壕一步。終於經三閱月來的力戰之後，方始奉命撤退，堅守沿青暘港至沿長江的七丫口一線。因在該線得有較濶且深的河流險阻關係，是以敵人不敢挺進攻擊，遂致敵、我雙方形成休戰狀態。但不過在初期三閱月的抗敵戰役中，「上海地方市民維持會」所辦理各項抗戰時的後方工作，確屬幹辦得有聲有色。祇以當時，我國政府當局認爲抗戰尚未到達最後關頭，不願輕事犧牲。迄後由國際人士斡旋調停，於是有淞滬協定的簽訂成立，此爲衆所周知之事。據說只有一事恐猶未被國人所遍知，那是由該會以經募所得的餘欵，代十九路軍高級將領在法租界購置住宅。以此事與該會的抗敵後援無干，竟今有此事出現，其用意何在，當不免爲有心人所疑慮費解了。

這個「上海地方市民維持會」原爲淞滬抗戰中，所組織臨時性質的民衆團體。及至淞滬協定成立，中日戰事告終，理應解體結束，以符組織的體制章則。但是該會獨被黃炎培看中其意，認爲大有利用價值，無異魔術師手中的那枝魔術棍，得之可以變出許多魔術來。是以史量才當時欲將該會會長的名義和職權宣佈終了取消時，黃炎培却獨持異議，力表反對。他是狡猾多謀，善變莫測的一隻老狐狸，因此，他就以運用抗日的大題目向史量才表示反對的意見之外，而後分向會中一班性情躁急，理解力淺的會員，相約勸阻史量才打消辭去會長之意。另一邊再對各方遊說，提出共同主張該會改組爲「上海市地方協會」，使此一依法無據的團體，得以延續其存在。但是，仍然公推史量才爲會長，並將會址移設於靜安寺路，以便轉移局外人的目光。當申請改組的呈文公事投送市政府時，當局對批准此一改組案事，心有未甘。但終以史某人爲上海的報界巨頭，社會名流，不得不遷就事實，只得予以認可，准其所請。

這改組後的「上海市地方協會」，其會長與會員那是原封不動的「上海市民地方維持會」的全班人馬所蛻變。實際上他們於對敵抗戰時，固皆同仇敵愾，團結赴難，若在平時則各向其自己的事業，作專心一志的努力經營，對於會中的會務發展如何，任誰都懶得顧問，會長如此，會員亦然。但這樣的情勢所趨，環境所現，却給予黃炎培竊據地位權力的大好機會。因此，他即因利乘便，乃以該會的總秘書身份，一手總攬會務，包辦一切，正是得其所哉。回首數年以前，他佔據江蘇省教育會的舊時風光與聲勢，頓然有爲之恢復，重現眼前之感。原來黃炎培的政治資本，名流牌號，全部依賴在他一手所創辦位於南市陸家浜路的「中華職業教育社」。憑藉此半教育、半工業的一個特殊組織，以爲聯系工商各界人士和吸收一般青年子弟以外。而再以「江蘇省議會」與「江蘇省教育會」這兩個政治機構，彷彿爲他穩坐轎子的兩枝有力的轎槓。於是由他兩手緊握，把持操縱，二十餘年來竟成爲著名的東南學閥。當民國十五年國民革命軍在廣東誓師北伐，革命的勢力，於是自珠江流域發展到長江流域。上海地方經由北伐革命軍抵達以後，若論居住在南市華界上流社會的著名人物，最最遭受着倒霉厄運的該數是黃炎培了。那是有一次舉行上海市各界市民遊行大會，在行走到西門路林蔭路於遊行的行列中，突然有人喊出了「打倒土豪劣紳」與「打倒東南學閥」這兩句口號。要知「劣紳」與「學閥」正是黃炎培一生的兩大罪狀，因此，遊行的行列立在南市林蔭路「江蘇省教育會」的門前，就停止不行。於是，早由市民大會議决通過，把該會所擁有的那所建築得相當富麗堂皇的高大洋房，接收過來，交由上海市黨部應用。怎爲當時的所謂上海市民要對黃炎培施以如此不情的鄭重懲處呢？據說是：因爲他歷年以來與北洋軍閥齊燮元、孫傳芳勾結，憑藉軍閥勢力，相濟作惡。尤其是孫傳芳與革命軍力作抗戰以外，他的部下李寶璋（按：李寶璋爲孫軍盧香亭師之旅長時任上海戒嚴司令）飭令其手下大刀隊長張子元枉殺無辜市民。而被殺市民的罪證，那是手中持有一張所散發反對孫傳芳的傳單而已，但是一個市民的頭顱却被高高掛在陳英士的紀念塔上。此種仇恨軍閥已被打垮，只有對黃炎培施以報復，誰教他奔走權門、勾結軍閥的啊。

同時，這班所謂「上海各界市民」也者，還列隊遊行到尚文門（俗稱小西門）內的賈季英家。也把他自有租產所建造的三上三下相當舒暢而華麗的住宅房屋，接收過來，交由「上海學生會」應用，作爲會址。這位賈季英於清末年代起，一直任做龍門師範學堂的校長，那是西成小學賈粟香校長的兄弟。筆者童年曾在西成小學讀過書，所以知道賈氏四弟兄都從事文教工作，尤以賈季英的個性生得相當活動，除任做龍門師範校長以外，還替商務印書館編撰書本，所出版較爲著名的就是一本「中國經學史」。而他在上海「江蘇省教育會」裏的人物名次所列，却排在第十三名的行列位數。料不想名次如此低小落後的人物，竟亦遭到僅次於黃炎培之下的懲處，意者『匹夫無罪，有屋其罪』吧？賈季英既做了被香伙所趕出土地廟的和尚，只得帶同家人搬到租界中去租屋安身。就因爲這次黃炎培與賈季英都被趕走出屋與產權沒收的關係，一時使居於南市方面而有「西門破靴黨」之稱的黨人們，無不倉皇的搬場移家，避居到租界中去。此爲民國十六年，「西門破靴黨」慘被澈底消滅之事，固屬快意之事，但亦有不少黨徒傷心，因爲他們多屬該黨中的小嘍囉而已。

比較上，當然以該黨黨魁的黃炎培所受損失爲最大。自經此次民十六年北伐的挫折，是他只得避居法租界中，銷聲匿跡。他雖深抱戒心，但仍不甘寂寞，於是，久伏思動，故乘抗日的情勢機會，他就千般設計，萬種安排，竭力捧出史量才作爲他替身的出面人。而他自己則退隱幕後，甘願做個扯牽的提線者，其所以有如此周密的佈置所施，有這樣企圖的希望所寄，蓋欲假借上海各行各業的工商領袖，與各界各層的社會名流，運用他們聯合一起的力量，作無形間接的得遂他所欲行使的主張，藉以影響政府最高領袖對日抗戰的決策。但是一向以來，這位絕頂聰明、智慧超人的史量才，竟會被黃炎培邪說的誘惑，誑言的煽引。及到此時，把他一顆玲瓏透剔的頭腦，好像蒙上了一層油漆似的，是以有所作爲，任意恣肆，毫無避忌，以致爲當局所注目。

我的朋友對於史量才和黃炎培相處的情形，曾對我說出他的觀感和理解之話。他說：「在申報五十周年以前的時代，那是黃炎培聽命於史量才的。在申報六十周年以前的時代，那是史量才聽命於黃炎培了」。此話說得實屬見解清楚，判斷正確，從而可以測知黃炎培沾染了邪說的因素，那是於民國十一年以後的年月所開始。至於他把此項思想因素大量灌輸到史量才的腦系裏去，其實施日期，那該是民國二十一年的事了。但不過黃炎培確是個了不起的人才，他的灌輸思想方法，不但活學活用，而且隨機隨變。因此，他能克奏膚功，大見靈效，只是他清夜捫心，有否忖想到「我雖不殺伯仁，伯仁由我而死」的那兩句引咎自疚之話。

甜言蜜語使聞者動容

史量才實是個可欺以其方的君子人，但不過此說只是他對黃炎培一人而言，他就是非常聽信黃炎培所說之話，縱使是一句天大的謊言，可以毋需要他連說三遍，方使認爲眞話。當時他對黃說話的信任和着迷，其程度的高深，幾有令人難以置信之概。凡屬謊言誑語，只要出之於黃炎培之口，入於史量才之耳，就會變成事實。所以傳說中當「一二八」中日淞滬戰爭的序幕揭開之後，黃炎培就力勸史量才不要猶豫遲疑，挺身而出，帶頭領導。立即組織「上海地方市民維持會」作爲上海市民的民間力量，直接幫助十九路軍對日抗戰的大結合。他於說話的同時，便即探向懷中掏摸出他對該「維持會」所預擬就的組織法規與方畧大綱，請由史氏過目。其未卜先知有今日戰爭局面的到來，似乎早已在他籌策預料之中。正使人對之驚駭畏疑到無限的莫明畏敬，大有讀杜工部題諸葛武侯籌筆驛詩中那兩句「猿鳥猶疑畏簡書，風雲常爲護儲胥」的詩意感受。

據說黃炎培當時曾力勸史量才首先捐輸出一筆大數額的金錢，作爲對其他會員們的捐欵倡導之需。這筆大數額的金錢捐欵，亦即爲當年當時社會人士所交相爭譽史量才的慷慨解囊，捐助五十萬元對日抗戰的豪舉之事。但不過傳說黃炎培對「一二八」的戰局結果，對史量才進言得相當周詳而明確。他說：「此番中日之戰，相信日軍方面決不會膠戰持續下去，作長期的軍力消耗。只要我方軍隊撤出上海市區域的範疇之外就可停止進攻無形休戰。另一方面必有國際使節出面調停，雙方進行協商和議。而和議的條件所提，必然在上海市的區域之內，不得駐紮軍隊成爲非武裝的都市。其次一項的條件所提，可能把上海市改成爲自由貿易的商埠和港口。因爲這是國際方面人士所樂觀厥成的事情，也是日方所企求的一個想望。」黃炎培話說到此，更强調其語氣說：「如果上海成爲自由貿易的商埠以後，不但對市政府的現組織有重行改組之必要，而且對於市長一席也就有相繼變化的可能。因爲歐美各國有不少市長，都是由民選出來的，而不是由中央政府所委任的。爲此，我正在設計定策，想把我們這個「上海地方市民維持會」現有的組織機構，於停戰以後，變更其組織名稱，爲將來進行民選市長時發號施令的大本營。則選出來的民選正副兩市長，除掉你量才兄和月笙哥之外，問誰能担當這正副市長的大任呢！相信祗要由市民選舉出來的市長，國際人士自會支持擁護，而政府當局也會同意加委的了。」

以後事實證明，對於「一二八」淞滬中日戰爭的局面演變，一一如黃炎培所告訴史量才之話，這來龍去脈的關係，可說微妙之至了。當時的史量才眞要把黃炎培當作他的諸葛亮看待，確能料事如神，但黃炎培對戰場的看法果然如他所料，但對於所謂民選市長一事，却未能如黃炎培的願望，亦所謂智者千慮必有一失了。（二十四）

史量才的八字

韋千里

史量才先生貴造

光緒五年十一月廿一日巳時生

己卯
丙子
庚寅
辛巳

庚金生子月，死地也。好在庚寅煞印相生，引至時上長生，丙火己土並透，丙火獨煞爲權，故權重一時，爲報界之王。庚金衰退，運行金水之鄉，盛極一時，所重在印，土得水潤，乃能生金。至未運甲戌年，破己正印，被刺殞命。（徐樂吾評）

胡憨珠先生見示上列八字，爲先賢徐樂吾所評，按史造：己卯，丙子，庚寅，辛巳。拙輯「八字提要」（民國三十五年出版）庚日子月一節，有曰：『庚生子月，逢辛巳時，同氣相求，長生資生，爲泄弱之庚金所喜，苟再見丙戊出干，則殺印無不通根，傷官假之爲權，必成大器矣』。茲既月透丙火，已非池中之物。年透己土正印，雖不如透戊之有力，究爲「有心人」，而不失「斯文」。三十歲至五十歲，癸酉壬申廿年金水運程，庚得祿旺，財獲水生，盛極一時宜矣。未運甲戌年，己被甲困，爲人所害。廣告業鉅子鄭耀南先生，曾介紹史與先君相識，先君謂其相貌恢奇，如再眼有含蓄，竟可躋於「公卿」之列。

（編者按：韋千里先生尊翁，諱石泉，原籍浙江嘉興，道號遯道人，爲海上前輩命相專家，與楊了公、天台山農結爲盟兄弟，有「三友吟社」之設，其地點即在上海南京路大慶里之勤餘總會內。）

覆台北胡厚甫先生　承問台北與高雄都有機會，兩地何處爲善。按台造：壬戌，丙午，辛未，庚寅。夏金被火威脅，幸行運一路金水，可以致富。高雄爲海港，多水，有勝於台北也。

覆九龍李鈺女士　談命者均謂女士有好子。按台造：癸亥，甲子，辛酉，戊子。食神吐秀，何等清奇，「好子」之說，我亦云然。至於好到如何程度，則須視令郎本人之命運而決定矣。

覆新加坡陳添先生　令妹睡時，口開而不合。此乃出氣倍於入氣，其人稟受弱，或有遺傳病，亦防痼疾，難享大壽。

覆香港李元農先生　來書拜悉。先生命理精湛，弟望塵莫及，乃蒙下問，更增汗顏矣。承示畫家吳湖帆先生命造：甲午，庚午，丙午，壬辰。秀氣在於辰土，而金水不夠。雖非大富大貴，但其好學不倦，畫追宋元，書擅瘦金，爲一代之大手筆，良有以也。七十三歲丙午年，火旺欲焚，某日，正與人對奕，忽然倒地不起，延至七十五歲戊申年之六月，與世長辭，其實戊運戊申年，命理上不應萎謝，其咎仍在於丙午年耳。吳造絕非先生所云「戊子」時，蓋一子激動三午，與其身世不類，乃匹夫之勇，亡命之徒而已。

覆山打根魏友梅先生　承詢何故南人北相，或北人南相，相書謂爲貴格。按我國地廣人多，南方水多山少，其人物清秀者多，濁厚者少。北方山多水少，其人物濁厚者多，清秀者少。然則，南方人之濁厚，北方人之清秀，取其「以稀爲貴」耳。際茲交通便利，移民日見其多，原爲兩地之人，結爲夫婦，所生之兒女，乃「雜」而不純矣，肖父或肖母，亦有部分肖父，部分肖母，所謂南人北相，北人南相，在在皆是，未必都爲貴格也。

覆香港王大生先生　先生將與李小姐結婚，按照本刊廿二期所載，擬在今年農曆四月初二乙巳日舉行婚禮，但是日新郎或新娘屬豬者忌，而先生生於豬年，所以猶豫不決。好在尊造爲二十六歲十二月廿八日生，是年十二月二十六日，已交立春，乃爲「豬年，鼠命」，台造既非豬命，何害之有。

覆曼谷莊辛泉先生　來書謂去年正月初三日得一子，但去歲全年七顛八倒，傾家蕩產，得毋此子是敗命，而受其影響乎。余不得不大聲疾呼曰：『迷信迷信迷信！寃枉寃枉寃枉！』查令郎命造：庚戌，己丑，甲寅，丙寅。專祿、建祿，身財兩停，寒木向陽，好到極點。赤子無辜，無尤。

覆吉隆坡沈公俠先生　中國相法，以「麻衣石室賦」，「人倫大統賦」兩篇文章，最爲精當，但其文字深奧，非註解無法明白。今先奉答女相之「貴中賤」者，計九則。（一）五官端正，而皮膚粗糙者。（二）格局清秀而神流斜視者。（三）南岳（額部）豐隆，而一步三反顧者。（四）眉目長秀，而撓鬢支頤者。（五）五岳（額鼻頦及兩顴）敦厚，而見奇異輒驚者。（六）行坐端正，而常咬指甲者。（七）聲音宏亮，而神醉多笑者。（八）面部清奇，而肌膚冷滑者。（九）齒白如玉，而聲破多言者。

一、讀者函問請郵寄大人出版社轉交

二、如蒙垂詢須剪寄上圖及姓名地址

三、筆者業務繁忙答覆較遲幸勿催促

「通勝」專家蔡伯勵

·呂大呂·

由于看到了本刊二十二期「通勝與百庫全書」的一篇文章，使筆者想起了從前廣東全省編纂「通勝」的人，想起了現在香港出版「通勝」的編者。也想起了「通勝」的來曆和沿革，不辭續貂之嫌，在本期也來一篇「通勝」文章。

曆書何以名通勝

這裏說的「通勝」便是曆書。曆書一般稱作通書，「書」字變而爲「勝」，這是衆所週知的事，部份好賭的廣東人認爲書輸同音，因而把通書改稱「通勝」。粵俗，中秋節有賣「木魚書」來占吉凶的，他們在中秋節夜，沿街大叫「撞卦木魚贏」，這便是一例。前者改個書字爲「勝」字，後者索性稱爲「贏」字，更顯著，更來得爽快了。

但通勝的「勝」字解釋過了，爲什麽曆書又稱爲通書呢？這個通字又如何解釋？只因曆書是不會單獨刋載有關曆的方面便算，無論如何厚薄，總會附印着好些和曆沒有關係的文字。一本「特大號」的曆書，那些和曆無關的種種文字更多，它會多到比之與曆有關的簡直是十與一之比。司馬小先生拿「百庫全書」來形容它，可眞沒有錯。就因爲爲樣，這等于一部曆書便是一部通天曉、萬事通的書。曆只是佔其中一部份，因而便給人把曆書改稱爲通書。通書是一部由年初一看到年卅晚的書，迷信的人可不能由年初一至年卅晚也不離叫着輸書同音的書。便仿「撞卦木魚贏」例，拿一個勝字來代表，成爲「通勝」。却不叫它「曆勝」，也就是說，曆書老早就已改稱爲通書了。

曆書的流行是在淸代。這時候的曆書，是眞正名副其實的，除了有關曆的記載，幷無其他文字。因而這時候就沒有人把曆書稱爲通書，更不會稱「通勝」。當時的曆書，由北京的「欽天監」所編纂，木刻印就，分發全國。

欽天監編著曆書

由于交通不便，這欽定的京本曆書，每年抵達各省各縣，已經遲了，再由省縣分發到民間去就更遲。往往在二三月間，民間才有京本曆書應用。一般老百姓對此咸感不便，因而各地方人士，乃有仿京本編印之舉，使到民間得以不待京本到來，便可以獲得曆書使用。就中編纂得最爲完備的要算是廣東，這是爲了廣東出了一位以天文數學獲中秀才的人。上海人便把這種曆書，稱爲廣東曆本。

但這位以天文數學獲中秀才的人幷不是第一個在廣東編著曆書的，廣東最先編著地方性曆書的有兩家，後來加上了這位精通天文數學的秀才，便成爲在廣東一省地方就有三部曆書。換一句說，也就是共有三位編著曆書的人。因而地方性的曆書，便以廣東爲最完備，最鼎盛。

鼎足而三羅左蔡

有淸一代，許多遠離京師的省份都爲了京本曆書的抵達過遲，因而紛紛編印地方性的曆書。當時廣東就有兩個編著曆書的人各自編印在民間發售。這兩個人，一個名羅傳烈，一個名左桐軒。他們的出版地方性曆書，在淸朝中葉已經流行。直至淸朝末葉，依然由兩家曆書分佔着廣東的「曆書市場」。爲的是兩家的後人都繼承着這一編印曆書的事業。

就在淸朝末葉的時候，一個以天文數學而獲得爲秀才的奇士出現，他姓蔡，名綬綵，字最白，廣東順德縣龍江鄉人。讀書有學問，但文章憎命，屢試不第。他不相信自己的文章這樣不濟，自己不赴考而替人作「槍手」，結果那個請他頂名代考的人竟獲高中。經過「槍手」成功後，他相信命運了，從此不作功名想，致力于天文曆算，對干支陰陽五行之學，痛下功夫。事實上他平日做八股文的時候已經喜歡研究數學的了。

南皮張之洞督粵的時候，提倡科學數學。蔡最白不相信文章憎命會成爲「數學憎命」，便在張之洞督粵時再去應試，竟然以優等天文數學而獲中秀才。有淸一代的科舉以數學優異而獲儁的，可以說是鳳毛麟角。更少見的是他獲儁後，張之洞聘他到府學宮專任教授數學。府學宮是當時最高的學府，非有翰苑之才，可不夠資歷担任敎授。蔡最白却以秀才資格執敎，這是張之洞對專門學問的重視，史無前例的。

蔡最白對數學確是做到極深造的功夫。當時在府學宮有許多得意的門生。其中一位名吳鼎新的，在民國十三年時，他是國民大學校長，廣東省參議會主席。

蔡最白憑着他這天文數學而得意。他對曆書發生了興趣，也就以其心得來編著曆書，定名爲「七政經緯曆書」。所謂「七政」，是「日、月、土、木、火、金、水。」另外還有「四餘」，是「孛、羅、計、氣。」他推定了每天七政四餘的行度。另外還詳載每年的日月交食，每月合朔、弦、望。還有流年吉凶、方位、造葬、嫁娶吉期的示例、各省節氣時刻、太陽太陰到地平方位、十二個月陰陽曆宜忌等等，詳載無遺。他以「眞步堂」的名稱來刻印發行，便做成了廣東一省地方共有三本地方性而非京本的曆書，和羅傳烈、左桐軒鼎足而三。

自從眞步堂的七政經緯曆書刊行，由于「七政」、「四餘」的推算精密，當時三本不同編著的曆書併行于同一省份，因而在有了比較下，大家都認爲蔡最白的七政經緯曆書是後來居上。但由于先入爲主的關係，羅左兩家的曆書雖仍由他們的後代編著，却已比不上廣東第三位編印曆書的眞步堂版本，在清末民初間，這三本曆書都一樣流行，他們三大名家的出版，一直鼎足而三。

三大名家 碩果僅存

廣東三大名家的曆書編著人，最先的羅傳烈和左桐軒，在蔡最白的七政經緯曆書出時，他們都已先後歸道山，和蔡最白鼎足而三的只是他的後代。而到了民國三十年抗戰的時候，左桐軒的曆書就以後繼無人而沒有刊行。而羅傳烈的後人在二十年前，爲了環境關係也完了。時至今日，只有蔡最白的七政經緯曆書一枝獨秀，這便是今日香港的「通勝」。歷年編纂這本「通勝」的是蔡最白的裔孫蔡伯勵，爲的蔡伯勵來港開業，才會使這本七政經緯曆書得以繼續不輟。地方性的曆書，由清至民初，都以廣東爲盛，加上一本最老的「瑑文堂」曆書，一直也都有四家印行。到了後來，三大名家都先後以其所學傳給後代，三大名家歸道山後，都由其後代子孫繼續出版曆書。直至羅左的後人先後不再繼續以曆書出版，只有蔡最白的第三代，却在香港依然以眞步堂名義，出版七政經緯曆書。

蔡最白 生前死後

蔡最白創作了七政經緯曆書是在清末的時候。當時出版，極其審慎。由于有瑑文堂和兩大名家後人所出的三大曆書，他就覺得再加上了自己這七政經緯曆書，能不能在銷場上佔有一部份？因而頗爲遲疑。還是他的僅有業師黎維樅對他極力鼓勵，而且親爲作序。由于老師的嘉勉，他才付梓出版。在七政經緯曆書的第一年面世時，是刊有黎維樅老師的一篇序的。

「及門蔡生最白，肄業于學海堂爲專課生，究心天文曆算之學。嘗推步七政、四餘、黃赤道、地平經緯及氣、朔、弦、望、交食過宮、星度，悉遵曆象考成、協紀辨方諸書，而度數不差，晷刻不爽。詳核綜括，用于選擇，欲刊以問世，請序于予。予維生敦行樸學，夙稟庭訓，冠而孤露，舌耕養母。村居無儔，所學者皆以苦學深思得之。屢以算學見賞于學使，文覆考而不售。比以硯田瘠歉，欲託疇人之業，冀爲有用之資。其志亦可嘉矣！乃生于庭訓之外，未嘗從師，而獨師予。是書之序，不他人請，而獨于予請。毋亦以予知生最深，藉以爲數學相長之道，而因而發其平日之鬱積也。至于推步之詳，選擇之當，有異俗學，識者自能審之。」

末書「光緒十七年辛卯夏六月。南海黎維樅序」。由此而知，蔡最白的七政經緯曆書首次出版是在光緒十八年的壬辰年。這年是一八九二年。現在這本曆書一直沒有停過，計算起來，已經出版了八十一年了。

這位始創眞步堂七政經緯曆書的蔡最白，于民國十一年辛酉歸道山。他死後，由他的兩個兒子廉仿華仿繼承業務。民國十四年乙丑，次男華仿謝世，即由長男廉仿和姪兒等支持，仍用眞步堂名繼續一年一度刊行。直至民國廿四年，兩房子孫爲了析產分家，把眞步堂分爲兩館。不兩年，抗戰軍興，二房的眞步堂給一把火毀了，華仿的後人亦隨而轉業。到了這時，就只有長房廉仿主持的眞步堂繼續出版這本曆書，後來廉仿携着家人遷來香港。隨侍他的便是現在繼續出版七政經緯曆書的蔡伯勵。

蔡最白于民國十一年作古，他的得意門生吳鼎新，在民國十三年時爲國民大學校長、廣東省參議會主席。吳鼎新對蔡最白極其尊師重道，他對着蔡最白的遺象，題了一首象贊。這首象贊不特對蔡最白推崇備至，對蔡最白的兒孫能繼承其天文數學之業也有稱道。象贊是他親筆撰寫的，贊詞寫的是：

「綏綵夫子，究心天文。肄業學海，曆算惟勤。敦行樸學，邁衆軼羣。推步七政，不差晷分。選擇日課，遐邇聲聞。著書立說，啓發後人。蘭孫桂子，繼述情殷。壽逾古稀，德備福臻。式瞻遺像，色笑如親。留傳百代，永保家珍。」下署「民國十三年甲子，受業吳鼎新敬題」

生前由他的僅有業師替他作序，死後由他的得意弟子替他寫象贊。而當年三大名家的曆書，却又只餘他手創眞步堂的七政經緯曆書，繼續編纂印行。因之蔡最白的生前死後，倒是值得說的。而目前在香港繼承蔡最白、蔡廉仿的第三代裔孫蔡伯勵，可以說是目前僅有的一位曆法專家，而又精日者學、堪輿學的人。

第三代 曆書傳人

七政經緯曆書的創始人是蔡最白，傳至他的長子蔡廉仿，再傳至他的裔孫蔡伯勵。現在香港流行的所謂通勝，就只一本，這一本通勝便是蔡伯勵所編纂。他除了承祖業年年編纂通勝外，還印製一種通勝日曆，這是案頭日曆，除了具備着一般日曆所有的一切外，另外加上通勝上的「宜、忌、生年相冲」。使案頭上有上一個日曆，對普通通勝上的需要，可以無須去翻通勝才知道，這是他祖父和父親的上兩代在泉下所不知道的。

蔡伯勵早年的時候，隨父親蔡廉仿來港。就在這時候，他從蔡廉仿學習天文數學，協助蔡廉仿編輯曆書。後來抗戰勝利，蔡廉仿重回廣州去。蔡伯勵感到家學的未足，因而從遊當時在廣州負盛譽的數學家張兆駟習數學。同時又從曾任國立中山大學校長兼天文系主任的張雲研究天文數學。經過了一個時候，他的天文和數學都有了深造的認識，中西新舊，融滙貫通，就此奠定了他的曆法專家的地位而有今日。

蔡伯勵在他的父親蔡廉仿棄世後，即負起了眞步堂出版通勝的責任，以第三代傳人來編纂七政經緯曆書。後來他離開了廣州來香港開業。這

香港年銷八十萬冊的一本出版物——「通勝」的三代編著者：

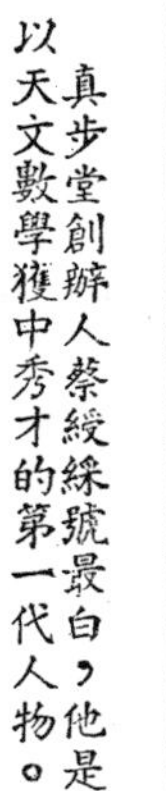

真步堂創辦人蔡綏綠號最白，他是以天文數學獲中秀才的第一代人物。

真步堂第二代人物蔡廉仿。

真步堂第三代人物蔡伯勵也是現行通勝的編著者。

才使到這本曆書成為香港人少不得的一本通勝，他的銷書數字，年達八十萬本，真的驚人。

通勝在今日，大概除了香港外，國內可不會有了。大約二十年前，廣州那裏，也曾有過幾年都有印行曆書。這時蔡伯勵來港已久，他在香港已經年年也編印曆書了。廣州當局派了人請他回去編纂曆書，好得在廣州出版，蔡伯勵只答應在香港編纂，編好後給他們在廣州印行。同時也獲得很高的代價。結果成為事實這一年，香港有通勝出版，廣州也有，完全一模一樣，都是蔡伯勵編纂的。

到了第二年，廣州當局又請蔡伯勵為他們繼續編纂。由于蔡伯勵要得代價更高，無法談成。蔡伯勵還有個兄弟在廣州，廣州當局便去找着他，請他編纂。結果是編纂成了，出版了，却是和蔡伯勵在香港出版的有着差異的地方，這便是月食和日食的日子不同。到頭來如何？證明香港出版蔡伯勵手編的推算沒有半點錯，而廣州出版的一本就剛好相差了一個月的日期。廣州當局為此，便又在隔了一年，怎樣代價高也要再請蔡伯勵編纂了。但祗有印行了一年便再也沒有繼續，這當然和廣州高唱着「破舊立新」有關係。而由此可知，編纂一本曆書不是一件容易的事。

日者學與堪輿學

蔡伯勵居港，除了每年編纂七政經緯曆書外，他的真步堂館還替人擇日立命，替人看陰陽宅風水。起初只不過為友好輩指點指點，後來求教的人多了，便設潤例以此為業。

他的編纂通勝，工作是相當繁劇的，因此他需要四五人為他助編才可以。而這種助編人才，為了研究這類學問的人日少，也就不容易求。蔡伯勵看到這艱鉅的情形，他預料到來日多艱，因之便在多年前即致力于日者學和堪輿學而有相當成就。以現在來說，香港目前的堪輿家，蔡伯勵算得是此道中一位好手。他每天的忙；都忙在這份事業上。差不多每天也要到新界，僕僕山頭，追龍尋穴。

他的擇日定時，他的追龍尋穴，有一樣是最為特別的，便是潤例的不二價。在他館裏訂下了潤例，決不稍減分文。尤其堪輿，如何改方向，如何點龍穴，潤例本來無定，要視乎當前事實的輕重，由着他口頭訂出了潤例。一經說出了數字，無論對方如何求減，多方託人關說，他也不肯遷就。他的道理便是講究風水的人，他不會是個窮人，何必要來減價？如果他會隨便索價，人們又會講價還價，這便不見得他的價值，而且不免于招致麻煩。試過對海有一位大廠商，由于事業的不如意，託他的好友蔡逢甲請他去看陽宅。蔡伯勵看過之後，認為風水大大不利，非大加改革不可。當時好像是要這位大廠商五千元潤金。這位大廠商捨不得，却是不夠多時，他的工廠起工潮了，這位大廠商不能不信，託了蔡逢甲去和蔡伯勵說情求減。蔡伯勵反勸蔡逢甲不要替此人關說，第一他不會破例，第二對此人這樣子，他很不高興。蔡逢甲只好對這大廠商說出來，勸他不要因小失大。這位大廠商逡巡不決。不數月，大廠商起了病，跟着是病死了。這是蔡逢甲先生親自對筆者說的一件事。

蔡伯勵爲人擇吉定時，爲人看風水，起初只是限于親友，不收什麽潤金。後來人多求教，而且他認爲曆書編纂工作，可能由于將來得不到助手人材，終有忍痛停止推算、不繼續出版之日，因而便打算從這兩件事來謀發展。因而便訂了潤例，却是這潤例訂得很低。結果使得他忙得不可開交，而收入却幷不可觀。

兩太史代訂潤例

這時江太史孔殷也避地香港。他和眞步堂三代相識，在香港有時到眞步堂去看蔡伯勵，他看見這位世姪終日忙得不可開交，又看到他所定潤例，未免菲薄。便對他說，你訂的潤例如此低廉，功夫却有此造詣，莫怪使你那裏其門如市？但徒然忙到窮于應付，收入所得，仍舊得一窮字，還是另訂潤例罷。他老人家自告奮勇，就此替蔡伯勵另訂卜算擇日的潤例，親筆寫好，讓蔡伯勵把他訂的潤例懸掛館中。他代蔡伯勵訂的潤例，寫的是：

「眞步堂主人蔡君伯勵，爲順德蔡最白嫡孫，廉仿先生長公子。早年最白先生爲山堂專課高材生，研精天文曆算，尤工日者術，著有七政經緯諏吉曆書、弧角圖算、各省立命表等書，風行海內。蓋其選擇深得乎天光下臨、地德上載之要竅。自哲嗣廉仿君篤守家學，至今文孫伯勵君，英年岐嶷，穎悟過人，纘承世業，新舊和融，尤多觸類旁通之妙，避凶趨吉，說易有言，不可失之交臂！向定潤例，菲薄太甚，不足供學者養廉。爰爲重訂，知音宜詳察之！」下署「南海江孔殷霞盦謹識」。

但日者課的潤例由江太史重訂了，堪輿課㕣潤例自然要跟着重訂。這堪輿潤例，也是由一位太史公代訂的。這位太史是桂南屏，久居香港。桂南屏也一樣親自把新潤例寫好，送給蔡伯勵在館內懸掛。他代蔡伯勵新訂的潤例，寫的是：「堪，天道也；輿，道地也。堪輿之學，重于巒頭與理氣，巒頭之形，通于星辰河嶽。而理者天地之數也，氣者三才滙合之生機也。以巒頭爲體，以理氣爲用，明其體用，合乎人事，于是吉凶禍福乃瞭如指掌。伯勵世講，精日者術，家學淵源，蜚聲宇內，而于堪輿之學，尤能精心研討，故對巒頭之體察，理氣之探求，別有心得。每見其爲友好指點一二，無不合乎趨吉避凶之旨，因而踵門求教者日繁。向之潤例，無以稱報瓊之心。爰爲代訂如左。大雅君子，幸垂察焉！」下署「南海桂坫謹識」。桂坫即桂南屏。坫其名南屏其字。亦曾爲蔡廉仿題象贊。

琢文堂與蔡伯勵

若干年前，廣東最流行的通勝是用琢文堂名義出版的。當時順德馬崗鄉有一個姓李的人，他鑒于京本曆書的遲到遲發，便遠道去到北京來學天文曆學，學成歸來，即以其所學爲編纂曆書，用琢文堂名義，交給一間書局木刻出版。可能由于他是最先印行曆書，而這位琢文堂主人又是從北京學成回來的人，因而他這本琢文堂曆書，倒能在當時鼎足而三的曆書中別樹一幟。後來這位姓李的人老了，他要使後一代得以繼承其業，像三位名家羅左蔡一樣，便以其心得來傳授給他的兩個兒子。這位姓李的人想得很週到，他要他的兩個兒子永遠和洽，永遠合作。因之他傳授他兩個兒子，便把他的功夫分成兩個部分傳給他們。

編纂曆書分天星和曆法兩大部門。這位姓李便來把上截的天星部份傳授給大兒子，另外把下截的曆法部份專教二兒子。好使將來編纂無長子的天星不成，無次子的曆法也不成。這樣下去，他李家這一大業就由兩個兒子永久合作，永久出版下去了。

這個方法果然使得，後來，姓李的死了，琢文堂這部通勝便由兩兒子的合作無間而繼續出版。直至羅左兩名家的後代已經別業，當時廣東的曆書就只有蔡廉仿主持的眞步堂七政經緯曆書和這本琢文堂的曆書並駕齊驅，同佔着這個市場。

却不想琢文堂的兩個兒子在事業上的合作是可以，在壽命上可沒法子一定合作得。那年，那專學上截天星功夫的長子先行去世。留下了次子，他只懂得下半截的曆法，自然無法子可以把一本曆書編成。當時出版琢文堂曆書的書局，士急馬行田，便來邀請蔡伯勵爲他補入上半截的天星部份。這時候的蔡伯勵正是學有所長，每年正協助着蔡廉仿編纂這本七政經緯曆書。對于這間書局的請求，照理他是沒有理由肯幫他們的，爲了這個，他便和他的父親蔡廉仿提出研究。

蔡廉仿很大量，他認爲應該扶植他，使這老牌子的琢文堂曆書不至因此不能刊行。如果在營業競爭上來說，七政經緯曆書正巴不得可以獨佔市場。但這是學術性的事業，不可能以生意論。蔡伯勵難得老父這樣。他本身正有此意。爲了這個，他立刻答應了書局，替琢文堂這本曆書補上了天星這一截，使這本曆書能成爲一本完整的曆書。依舊用琢文堂名義繼續出版。這樣的一件事，堪稱是義薄雲天之舉，使到姓李的次子，大感意外，而又大爲感激，知其事者無不交口稱譽。

這樣對琢文堂的拔刀相助，玉成其事也有好幾年。抗戰勝利後，木刻人手缺乏，琢文堂不再接編，主要也覺得長要眞步堂的補編上截，長要人這樣仗義幫忙，這應該是有個限度的。因之這位只曉曆法不曉天星的李姓次子，便另圖別業了。從此廣東的曆本，就只有眞步堂七政經緯曆書一枝獨秀。

由于木刻的工匠缺乏，蔡伯勵就在以第三代傳人出版七政經緯曆書的後期，改用電版作版，仍用仿宋字樣，和過去的曆書式樣一般無異。時至今日，蔡伯勵編纂曆書，不斷出版的已經三十多年了。不過蔡伯勵始終表示，如果助編的人手沒有後繼，他可能要在未來的時間中忍痛輟編。相信沒有眞步堂這本曆書出版，這曆書、通書和通勝都要成爲歷史的名辭了。

東戰場回憶錄

從杭徽路到仙霞嶺

圓慧

今天回憶在杭徽公道與仙霞嶺的兩夜竟不信那時候是不是我？平祖仁臨危有不凡表現，救人乃致自陷。常州西城殲日本憲兵一分隊，還穿插了一個香艷故事。

杭徽公路上掃雪

八年戰鬥生活中，經歷兩次驚險的黑夜行車，都是自討苦吃，原可以避免的。

四〇年一月，自皖南前線抽調主力，馳援浙東敵人「白衣渡江」的攻勢，同自黃山附近的太平啓程，我跳上一輛砲兵車，因爲車上只有一位司機，他看到我佩了長官部符號，又披着那件日本呢軍裝大衣，不用問上那兒，自然同是去金華了。

車子還在安徽境內行進時，寒夜的氣候越來越冷，走上杭徽公路，已過了午夜。這條公路自杭州至徽州，於戰前不到十年通車，公路沿新安江並行，到建德（嚴州）會合蘭江，再下去就是富春江錢塘江了。

我在這條江和這條路上，來來去去有六七次之多，從桐廬開始還曾行走三個省，先循杭徽路，再走已舖好路基尚未置軌的京贛鐵路，經浙皖贛三省的橫斷面而抵江西龍虎山附近的鷹潭（現爲中共所築鷹廈鐵路的起點），所以別的山川形勢不太熟悉，杭徽路的水陸通道，寬濶轉折，可說如數家珍。

但天不作美，車在蟹山爲路下瞰大江的險道上急駛時，大雪飛舞，漫天漫野，車前那塊玻璃上，雖有「水撥」，但隨撥隨掩，速力減低，加上寒氣逼人，手足不靈便，我不無躭心這輛車的命運了。

由於這位司機在途中沒和我講話（一是軍人的階級觀點作祟，二是限時到達目的地，前後車輛銜接，分不得心。）臨此一霎眼即可翻落幾十丈江中的危險，我不得不先鬆弛他的情緒說：「只要我們這輛車不掉隊，與大夥兒同時到金華，就沒大不了的事，好在迎面沒有車來，也用不到照顧後面的事，你開你的就是。」

他冷冷講了句我早就知道的任務：「上面限令天明前趕到金華。」

「不下雪也最多到達白沙，上車時我不是提醒過你嗎？」

這個人很固執；但也非常忠於職務，上面下令急行軍增援，可見局勢已分秒必爭，萬一逾時報到，貽誤軍機，罪名可大可小，他也知道不是玩的。

在此情形下，我的看法也很矛盾，今夜杭徽路上，車輛不絕，全是皖南沿江第一線上抽調下來負起另一任務的，砲兵與裝甲車打頭站，軍隊則分路並進，自然一部份也是車輛輸送，萬一這條路上有一輛車發生意外，豈非後面的車全被阻塞，欲進反退，這後果可不能想像了。

雪越來越大，車越開越慢，這條蜿蜒的車行長列上，不斷發出喇叭聲，每輛車上人的心煩意亂，與淞滬戰役撤退時的情景畧有相似。

說老實話，我已冷得牙齒發抖，這「寒意」是我從新安江上臥遊時仰望這條公路的輪廓，隨時有一失足成千古恨感染來的。正一百個不自在時，司機突然一聲「哎呀！」我也看到的，那擋雪的玻璃板外的「水撥」失靈不動了。雪球打來，一下子在玻璃上積得厚厚的，視線連車頭都看不到，左山右水，寸步難行，車才停下，後面的喇叭聲此起彼落，催得你乾脆跳下江去求個耳根清靜。

「怎麽辦？」我問。

「先讓後面的車子通過再說。」司機儘可能把車子向左邊緩緩靠去。

當機立斷，我告訴他：「修好那水撥也無濟於事，它已不能爲你清掃視野。來，給我一塊抹車的布，我坐在車頭上抹雪，你沉着的開車。」

事到如今，不是客氣時候，爲了任務，也爲了不阻塞後面的車，他遞給我兩塊毛巾，連手套也沒有，他在車上向後打了手勢，很快我爬上車頭，開始與風雪作戰。

車繼續行駛，迎着呼嘯的風聲，不停的抹玻璃，幾分鐘內，我是一個雪人了。這樣苦撑了二三小時，中間能鬆弛一下的，是車在轉進「內陸」，未與新安江並行的時候，路面較濶，不致意外，人幾乎靠着玻璃板躺在車頭上。

司機沉默無言，患難中，他沒表示「合作的感謝」，我反發現這個人「能當大任」。與初上車時他不與我交談的個性，並不因情勢變化而有不同，大抵很少講話的，做人的矛盾性也不重。

東方發白，車在白沙渡江，這木筏式的車輛渡船，整夜工作，我們這輛車雖不掉隊，却已是殿後部隊了。

雪已小下來，間接得自常州日本憲兵的呢大衣，見了功效，雖然與大雪作戰半夜，沒有濕透，也無一塊一塊水漬，隨時一抹，雪花滾落，很難在衣上溶化。

朝曦中趕路，車子已擺脫江的壓縮，渡過新安江，改向東南行，大約延遲了限期報到約三小時，半因天時，半因地理，決非人力可挽救，當然也不査究責任。

在金華與司機分手，他還是很不熱情的樣子，不過，他確是十分疲憊，金華仍不是他最終一站，浙東戰場的前線，正呈「一蹶不振」之勢，待援軍全開到後才可逆襲。我不想在金華呆下去，這個戰役，不同於皖南前線，處於被動與挨打，沒什麽值得一看的，於是傍晚跳上浙贛路車回上饒。

那時金華正在疏散，火車上擠得水洩不通，好容易在二等車廂中動腦筋，向乘客情商，把座位上面的行李架騰出五六尺地位，我就爬上去睡在那裏，行李架向內側，車行縱顛簸，也不致掉下。這一夜睡得特別甜，實在上一夜太辛苦。從金華到上饒，正好一個晚上，天亮下車，空襲警報沒有這樣早，還可在城內逗留幾小時，才回報社。

翻仙霞嶺戰死神

另一次奇異的行車，又是自討苦吃，那是三年後的一九四三年六月，距日軍發動打通浙贛路全綫然後又放棄所佔據點，退還原防地約一年。

前線日報經過一次「大流亡」，再從福建遷回上饒，五月間，溫州的陳範九計劃辦陣中日報，請我担任總編輯，他跟社方商量後，馬樹禮答應借用半年，換句話說，替陣中日報籌劃出版以及走上軌道，六個月可以「盡此友誼」。怱忙間，我只約了一位校對主任和一位副刊編輯，啓程上一晚，打了一夜牌，自恃年輕力壯，一夜兩夜不睡，視如家常便飯。

上車時，我呆了。陳範九用的是一輛大卡車，裝滿了辦報材料。事前他沒說，現在說也沒有用了，多此一舉，却又不能不說他肯化錢，竟通過他私人關係，車上加派了一班兵士，作爲護車隨行。

車內東西已裝得高高的，本來連司機五人，已有三人要擠在後面，這多出來的十二人加上武器，塞作一團，大熱天行車，不是活受罪嗎？

陳範九是「溫州大亨」，但較坐第一把交椅的翁來科、吳百亨等尙欠一點魄力，所以走「軍事」這條路了，與他初打交道，還不好意思「掏心挖肺」的講；可是他已看出我情緒了，故意客氣的說：「你坐司機旁邊的位，我在後面。」他是胖子，把他往車箱內一塞，車上雖有防雨防太陽遮蓬，怎可接受這建議，讓他送掉半條命呢？

謙讓結果，他當然還是往車前一坐，倒說了句眞心話：「我們輪流換位。」

中午出發，自上饒東行，經廣峯，穿過浙贛閩三省交界的仙霞嶺進入浙境，這是戰前共軍方志敏的根據地，一直是「兵匪不分」區，三省往還的公路樞紐，早成爲死結，商人寧可繞遠道，不走仙霞嶺的。抗戰軍興，浙東的共軍支隊，一一自動瓦解，有的則投奔新四軍，團結在太湖西岸的「茅山」脚下，但不明內情的，談虎色變，一聽到仙霞嶺，彷彿有死無生，不是送貨去，就趕上山去送命了。陳範九總算有胆的，肯在高山峻嶺上一拚，不管他是否摸清山上的底，有無匪踪，敢作「虎山行」，尙不失軍人本色。

傍晚時分進入浙境，前面是要爬豈止九彎十八折的山了，停車在路旁小憩，陳範九跟班長講話，無非指示遇匪時的措置。

一夜未睡，也無法蹉縮在車中閉過眼睛，一種感染性的心理威脅，彷彿眞的這輛車子上山後將有一場斷殺。我是喜歡痛痛快快的，最怕不死不活，所以準備開車時不客氣作了「迎擊部署」。首先說服了陳範九，他畢竟還是「外行軍官」（掛的是少將銜），我說：「這樣行車，要是碰上土匪，措手不及，要挨一輪射擊，十二條槍，萬一再減少實力，第二回合接戰時更寡不敵衆了。」不待陳範九發問，我連珠砲發的：「這車蓬不能卸，有槍有人等於沒有，要是我們先發制人，一路取主動，土匪可能看到我們有備，不打硬仗，臨陣退却。」

這小胖子笑了，以爲「書生談兵」，反問我：「行車時怎能制敵於先呢？」

「你打過仗嗎？」我也笑了問。

「什麽意思？」陳範九不好意思答。

「遇上了土匪，你不會留住我這條命，爲你辦報吧？我的意思是與其悶在車箱內挨打送死，不如讓我當一名斥堠。」

他的眼睛與我一夜不睡一樣，佈滿紅絲，睜也睜不開，顯然他還是摸不着頭腦。

不管他反應怎樣，我直接指揮在一旁聽我們講話的班長：「後面少擠一個人，你騰出一個位置，最好是你，把槍擱在車頭頂，我站在車頭的踏脚板上，一有風吹草動，我跳下車迎擊，你先掩護我，然後爭取時間，讓十一人下車，散開隊伍接戰，十幾條槍的火力，只要我們不先受損失，土匪不敢戀戰的。」

「這再好也沒有。」班長贊同我意見。

陳範九更無反對之理，望望我，再回頭看看停着的車子。司機也是軍人，大概他走過這條路，所以一直漫不關心前途是否危險。

天黑下來了，沒人知道我昨夜荒唐未曾睡過，班長跟弟兄們講了幾句話上車「佈置陣地」，同行的兩位辦報助手，也不聲不響上了車。司機坐上駕駛位，陳範九有感激莫名的表情；但他拙於辭令，於心不安的進了車頭，坐在司機之側。

仙霞嶺由西北向東南行的，左邊是澗谷，右面係鑿路而成的山壁，土匪隱伏之處與發槍方向，當然來自右邊，担任「隨車行進」的斥堠，視線在三十咪半徑的右前方，爲取得自身的安全，我當然站在車頭左邊的踏脚板上，右手勾住車窗的空框，生死全在於這條右臂上。

各就各位以後，我告訴司機：「站在車上我只是一條觸角，跳下車才能開槍，所以一發現土匪，你須煞車得快，相互掩護，爭取的時間，就只有一分一秒。」

車子動了，亮起了燈，事實上天還沒有完全黑。

越爬越高，左邊是深谷，現在是黑濛濛一片。打足精神，全力貫注於右臂，想閉下眼也不成，一失手，一失足，都要「我命休矣」的。司機在上山的路上不敢怠慢，經驗所得，土匪刧車通常是不刧下山車的，除非預先在前面毀路或用大樹阻塞。

過了午夜十二時，安全感隨時間增加，可又不能停車休息，再下去是下山路了。死神捉弄我似的，由於前半夜用打球術語形容「放得太盡」，精力全部透支，現在步步走向安全，而我却支持不住，終究已是一晚不睡，人非鐵打的，怎可再在車頭上立一夜？同時「英雄主義」的心又不死，爲山九仞，豈能先自氣餒，命司機停車鑽進車廂裏去的。更何況仙霞嶺的楓嶺關前仍是一段險路，山南的土匪等不着上山的商車，不一樣要刧山北來的下山車子？但無論什麽情景，我的眼睛已睜不大了，生命當然寶貴，開不得玩笑，睡眠在這時候似乎更重要；而車子下山又像吹奏一支輕音樂，孩子在長途車中好睡，就是這道理。現在的我，生死之外，只知睡眠是我的救星。

陳範九發覺我什麽的，有一句沒一句的跟我聊，就這樣一關復一關，在浙贛閩三省邊境又入福建，過楓嶺關行走在平地時，快馬加鞭似的一口氣衝到了浦城，天剛剛亮，城外找到一所民房，我借了兩條長櫈，人倒下去已死了一半。

今天回憶杭徽公路與仙霞嶺的兩夜，竟不信那時候是不是我？大概那個「年輕人」確是死了，筆下是一個夢，我在夢中追悼着自己。

平祖仁的不凡處

再回到血腥的現實中來，上次談到平祖仁，我是「全面看一角」，同時也根據平祖仁每天的地下電台報告，作見一概餘的批評。但在上海的看平祖仁的成就可不同了。他是一個出色的地下工作者，除供應情報外，還負實際的行政工作。

輕描淡寫，我說他是三戰區派在上海的情報組長，這組長屬「代名詞」，與站長畧有不同。如純以「組」來看職位，往往會誤解組是低於一般的主任、專員或部長，其實組的單位最具伸縮性，小組會議的組長，有時連一個文書上士都不如。中央的組級，却又高過方面大員了。

正確的說，平祖仁的職銜，屬於第三戰區的是軍事特派員，由江蘇省政府委派的是淞滬保安司令（十二個支隊），兼行政督察專員（轄蘇錫常松等六縣），與省府駐滬辦事處主任。那時省主席是韓德勤，省府設長江之北的泰縣，長官部對蘇北的軍政已鞭長莫及。其後皖南新四軍事件發生，陳毅起代葉挺，棄江南而在江北擴展實力，江蘇省政韓去李來，風雨飄搖中已名存實亡。

舉一個例，亦爲外人所不知者，以証實平祖仁的超卓不凡，當他被圍捕時，正値誕辰，賀客盈門，邏者衝入，所有人等向後園通隣室捷徑而走，平祖仁告其左右：速反道行，分散目標，不然將一網被擒。因救人而自陷絕境，出大門卒爲不知就裏的「巡捕」所逮，若亦隨衆越入隣屋，必可脫身。

常州城外的故事

在長江沿岸第一線周木森團長那裏，一位連長送我的日本憲兵穿的呢大衣，這位連長的輝煌戰史，我在勝利後在上海寫成一個短篇小說，串連三個女人的故事倒叙而出，現在則連主角的名字都忘了。（這小說交由徐慧棠，他主編的什麽刊物一時想不起）

那位連長那時屬於第二挺進隊，担任某一單位的分隊長，活動於金壇、丹陽、常州的小三角區，這個單位處境不利，當面敵人的日軍，在鐵路線隨時可出動掃蕩，他們的背後茅山，新四軍正虎視眈眈，時時要「大吃小」的吞沒你，因此求生存唯有先了解敵情，打得比別人早，逃得比別人快。那是冬天，常州城內，有無動靜已三天沒有情報，上面要這位分隊長帶幾位弟兄進城見機行事。他選了十人一律佩「快慢機」，在那時是最佳打游擊武器，可連發也可點發，化裝以後，講明了聯絡暗號，他打先走了，其餘的遙遙跟隨。進西城，遇上僞軍站崗，本來不一定搜身；但他出兵不利被喝住。好在他機警，也是準備拚一死了，竟大聲的說：「你們聽着，鬼子在一旁不懂話，別怕，我們混進城已經是三批人，趕快在我身上摸一摸，讓我走路，後面還有十多名弟兄，拜託你們了，要是城內一下子有事，不要呆在這裏，可先溜走。」

這僞軍給他「金鐘罩」一罩，眞的騙過了日本兵，假意搜了搜，揮手讓他進城。日軍其實不是站崗，他們巡邏過此歇息一下，根本沒注意那事，而這僞軍也是見到日兵才裝模作樣要搜身。如今弄假成眞，幾個僞軍打個照面，也相信游擊隊混進城內，他們看到巡邏日軍走了，乾脆連關口也不守，未有風吹草動，先已溜跑。

好像是西門大街有電影院，正在放映日本歌舞片，分隊長一使眼色，他是走上售票處買票。陸陸續續十一人進了戲院，機會來了，他看到末一排坐着七八名日本憲兵，分隊長很快傳達任務，那爲首的由他負責，其他的須在他一聲令下時一舉殲滅。

三三兩兩，包圍形勢已成，暗號一出，衆槍齊發，一剎間，倒了三四名，可是電燈亮了，分隊長想活捉那憲兵隊長，所以他不發槍而先一拳擊昏他，但日本憲兵的反應也快，除了中槍倒地死了的以外，傷得不重的都搶着佔有利地勢反撲，一個憲兵伏在座椅下向分隊長發槍，幸而倉卒間子彈卡住，被他們打死了。

唯一活着也不受傷的是憲兵隊長，一拳雖未擊昏，可已失了反抗力量，戲院裏亂作一團，分隊長很有把握活捉他出城，挾着俘虜走出戲院時，那售票員這時上來向分隊長輕輕說：「你來買票時我就看出你們是什麽人了，城裏的中國人都心向着你們，你們快快走吧，不會遇到一個中國兵的！」

可是這時那憲兵意會到不是拖出去槍斃，而要活捉他到游擊隊去，寧死不屈的武士道精神拿出來了，怎麽也不行一步，拖不動，拉不走，抬了他又不成，因爲遠遠有車聲，日本駐軍已出動。猶豫不得，分隊長給他腦門一槍，隨手剝了他的軍用大衣，與十名弟兄拔脚飛奔，一路上眞的沒遇到僞軍攔阻，後面的日兵車在城內開不快，所以很快出了西門，再分成三四小組，分散敵人目標，逃離現場。

這一役，雖拿不到城內敵情，俘虜又不克押解回營，但仍是殲滅了一小隊憲兵，這分隊長論功行賞，還譽爲最勇敢的軍人。

一星期後，常州的僞組織首要投向這個單位，那是日軍調查了前因後果，發覺僞軍的不可靠，在未取行動前，他率領了幾名心腹改邪歸正。

故事中還有若干細節，已記憶不起，就像間諜電影一樣，分隊長的每過一關，他自己不覺得危險，而處處都是僞軍首腦在代他張羅，可見淪陷區的人心，是如何希望幫助國軍打勝仗。

勝利後住在常州一個女人，一度洗盡鉛華穿藍布旗袍，忽然一夜間成爲上海首富（第一個買辦階級的家族）的外室。這位傳奇的女人曾約我去常州，那是勝利的第二年，我住在車站附近的旅店內，她陪我溜了一轉，似乎未發現常州有城，西門也不見得最熱鬧。第二天我們到鎮江，爲的是陪她去見行政督察專員，替她找事做，在鎮江玩了三天；但她又不喜那地方，空着爲她留的職位，趕來上海。

她是常州人嗎？正與那位送我日本呢大衣的勇敢軍人一樣，我連她的籍貫也不記起來了。

大坑道上第三家

女人背後，往往躲着政治性人物。從常州鎮江而止於上海的那個戰時在東戰場呼風喚女的藝術女人，她的起落，她的貧富，她的剛柔，以及三年失踪，無一不與幕後操縱她的政治與半政治的人物有關。

在我抗戰後期任美軍對日心戰華人主管，赴皖南部署工作時，第一個要見的就是這女人，而剛下車在屯溪車站不期而遇的則是曹聚仁。

傳奇性的這女人的事留待將來叙述，現在先說一下正在臥病中的曹聚仁近況。

與他訂交三十多年，屯溪舊的黃山旅館，前臨公園，後傍新安江，他送我的一首詩，末句「長纜取次收」，即以江上所見，有感而作。

四個月前在灣仔相值，他向我要了李秋生的電話號碼（現在始知他要這電話不是隨便的問一句），此後曾託朋友約他過，但只知病了，聯繫不到。三月底，一家雜誌的宴會上，徐訏告訴我有關他的病情，第二天我就摸上大坑道去看他。

進門是一道石級，隔隣的紅花艷過牆，變作了迎客松，那幢房子已在拆卸，走四層樓梯，灰濛濛中盤旋而上，不相信自己的眼睛會成了拍恐怖片而製造出不恐怖的鏡頭。頂層平台上躺着一頭狗，與天天看到附近那座白塔的人一樣，有睦隣教養，隨便吠一二行標點符號，由着你越過牠的「聲的半徑」了。

曹聚仁患的是風濕症，只是不能下床而已，每天仍可寫兩篇稿，精神很好，把他當作病人看，那你先有了「病眼」。

我們談了兩小時，中間有人來看他，我一迴避避到平台上「面塔而思」，單是看這個塔，不覺俗，謝謝附近的新樓，掩蔽了塔的基層簇擁着的一組組建築物。

談得最多的不是緬懷往事（戰時與他一起訪問過上官雲相、王敬久、唐雲山，以及在同一行程中，獲得轟動全國的第一手消息，在唐雲山師內發現了女兵唐桂林），也非當前問題，而是未來局勢。

一個待結的未知數，期以十年，或可寫出「大坑道之會」他所啓示的一個謎，這謎的伸縮性很大。不過，今天我仍是一無所得的「出函谷關」了。

約了一星期後再見，因爲拆屋，輪廓變化大，他不能懸空在那裏，既下不得床，這個家怎麽搬呢？計劃是住到澳門去，幫不了「整理」的忙，也不能代他找出一個「思想總路線」，朋友是談的朋友，再見時自然又是談，也不致再「相看兩不厭」的僅僅兩小時。

隨手他在床上遞一本「大江南綫」給我，一個影子掠過，他第一次題贈我的書是商務版的「文筆散策」，那時已是商務版的孤本了，收集了一篇歷史小說。當汪精衛於河內發表「舉一個例」動搖抗戰必勝心理時，第一次我寫了個歷史小說「陳東之死」打擊求和派，這小說附於「夢外集」內，戰時出版，可是我連一冊「夢外集」都沒有保存。

安步當車步下大坑道，破了一個例：這回不是「看撲克牌面孔」玩籌碼上山的，除了去過兩家摸牌以及探曹聚仁病又將離港外，大坑道上沒第三家可去了。

曹聚仁在他的「秦淮感舊錄」前記中，曾經提到熊貓，當年徐鍾珮寫的電訊說：當熊貓運到新德里時，路透社的電訊如何報導；它到開羅時，倫敦各大報記者如何趕往迎接；到利物浦碼頭時，趁專車而來的百餘位記者怎樣搶鏡頭；一到了倫敦，萬人空巷的盛況，更不必說了，那一天熊貓駕臨，連邱吉爾也黯然無光了！本期封面，得快先覩，因引老友之言如上，以代說明。

馬永貞 眞實故事

跑龍套：文

嚴以敬：圖

「馬永貞」的真實故事，有如下述。我們提供此一「山東馬永貞」故事，歡迎任何影片公司，採作資料。

距今七十餘年前，上海英租界南京路一洞天茶樓裏，發生一件社會謀殺案件的慘鬧故事。而此故事中的主角，即爲就地圈打圍場，以出賣武藝爲活的山東人馬永貞。至於其死因所種，與仇恨所結，那是他專向一班「關外幫」的馬販子以挾其武藝脅迫，勒索銀錢。於一年多來，馬販子實不堪其無理壓迫。遂於憤怒之下，暗事密謀，集合鉅欵，買得上海幫的流氓多人，對馬永貞加以殺害。此爲「馬永貞被刺」本事之眞實情形，亦爲該兇殺慘案之確切原因。

誠然，當馬永貞之死的慘案發生之日，着實轟動上海整個社會。一時茶館酒肆中的座客們，鬧哄哄地無不以此案事，作爲閒話資料。非僅此也，就是那班賣梨膏糖的「小熱昏」、賣畫報的「賣朝報」這兩門小販。也無不以此案事，作爲他們兜售物品之前號召顧客的題材。（筆者按：凡現在行年五十歲以上的上海人，都可能知道唱小熱昏的賣梨膏糖。但對於知道賣朝報的一事，則非七十歲左右的人們不可，而這朝報之朝字，須唸作潮字音。蓋當時社會間如發生重大案事，自有這種純圖畫以油光紙墨色印成的朝報發行。所一件整個案事分成十格繪成，如現今此間報上所連載之漫畫。賣朝報的報販邊打小鑼，邊說唱案事情形，每份售價銅元一枚。）總算僥倖的給我趕上這一個時代，所以對於馬永貞被殺害的事件，尚有一點見聞之可言。不過是我所感遺憾的是究竟年紀還夠不上，家又遠居城裏。親眼看不着馬永貞被石灰包洒瞎了眼睛，還能在一洞天茶樓上怎樣與上海流氓打鬥的現場情狀而已。

所以每次跟家大人出城，到「夷場」上帶鈎橋下的寶善街，去我家所開設的錦源帽莊處理店務時。或者是去北誠信與第一樓這兩家大烟間吸烟時，我則往往會不告而行，偸偸離去。儘管自尋快樂，遊蕩夷場，享受耳目之娛，着實造成幾次三番睫眼不見我這個人的惶急和煩惱。但不過是我總能安然歸來，從不發生迷途失道等情事，所以後來家大人就不理我在不在他身邊的這回事了。可是我自幼兒生成一種行爲，那即是對於聽見過曾經發生什麼案事的現場地方，始終懷着定要前去巡視一番，求取印証辯認的堅定心念。是以當年的我，曾以一個年甫束髮垂髫的童子，胆敢隻身走到南京路去，省視一下一洞天茶樓的現狀情況。現在自經觀看兩次電影以後，便勾引起我舊日對馬永貞其人其事，所見所聞的追憶迴想。正是：欲將過往事，說告眼前人，莫道嘮叨話，應知語語眞。

單槍獨刀 闖蕩江湖

傳說中的馬永貞，那是山東德州西北隅的地方人氏，他所生長居住的村落名稱叫做「馬家窪子」。「馬家窪子」距離江湖馳名的「吳橋」鎮不滿三十里路程，而其村落地名却是沒沒焉無聞。原來這吳橋鎮之所以在江湖上馳名，就因爲鎮上的男女居民於練習基本的國術武藝以外，首要的則爲馬背上的表演技藝。是以家家戶戶所生下的男女孩子，自呱呱墮地到三四歲時，其家人就爲之嚴事訓練各種表演的武藝和技術，以期紮實「幼功」。他們所表演的武藝雜技，名目繁多，如走繩索、戲花缸、爬高梯、盤立竿、擲飛刀、舞鐵丸等等。以及少女少男的演員於怒馬驅馳中，交換坐騎，此外，她們又能矗立馬背上的騰踔飛躍、藏身馬腹下的閃縮避躲。眞正所搬演的是花樣百出，驚險萬狀，至於表演拳脚刀槍的技擊國術，更不在話下。這樣的馬戲班，或技術團於組織訓練成功，都是一副副的、一班班的由吳橋鎮向外輸出，到全國各地去謀求生活發展。他們和她們的賣藝獻技，弋取金錢，使男女老少一夥十幾個人，非但既温且飽，得以生存活命。而且還可以月有盈餘，歲有積蓄，直到相當時日，方作倦飛知還的歸鳥。所以早期的江湖流浪人們，凡在各地發見這種打圍賣解的，毋需詢問，已知他們來自山東德州吳橋地方的了。

這個馬家窪子地方的所有村民，也都是以耕種田地，練習武藝爲傳家過活的。合村不滿二十戶人家，却係聚族而居，竟無一家是外姓之人。非僅此也，他們在村中的馬家宗祠裏，附設有一個專事學練武術機構的「武廠」，以爲作育武學人材之所。原來在齊魯方面各地的所謂武廠，等於此間海隅喚作武館一樣，概由成名投老的國術高手就地設廠授徒。他們對前來就學之徒總是來者不拒，以期廣植門牆桃李，藉以博取束修，養家活口，送老餘年。惟獨這所馬氏武廠的授徒法規所訂，完全與人不同，就是決不收敎一個外姓子弟。要知馬氏武廠的廠長一席，原是由他們的輩份最大的族長兼任，負責主持廠務。即使是族長女兒的親生之子，亦即屬於廠長系統的「宅相」之甥，也不可能進廠學練武藝，其立法峻嚴公正，可以想知。至於廠中的武術教師亦不向外延聘，這大概他們馬氏自有一套秘不外傳的武藝絕學，是以教師就由自族中人擇其武藝精通的善者，大家事以師禮。因此，造成小輩傳授長輩，年輕教導年長的畸形狀況，所以他們武廠的門上就貼有兩句似對聯、非對聯的口號，其句是「有武藝不在年高，沒能耐枉長百歲」。其實馬家窪子的這班村民，他們的前代祖先爲了希望其後代子孫好好練武謀取正當職業，是以所以訂立的傳統規矩定例，也完全與吳橋地方不同，本質亦屬異樣。因爲吳橋人的所練武藝，側重於表演雜技的藝術方面。其間雖對於技擊國術的部份表演，也仍是拳打脚踢，刀砍槍刺的一招一式，一接一解之間。雙方的攻守進退，表演得無不緊湊密實，巧妙萬分。既花俏美觀，又靈活俐落，只不過按之實際效率，似乎毫無功用之可言，無非花拳綉腿，供人欣賞消遣而已。與馬家窪子所練成的國術技擊，不論武藝的本質和效能，完全差別不同。他們是講究實際與人打鬥時，對拳脚的一招之所施，對兵刃的一式之所展，無不要使對方非死即傷，爭取勝利。所以他們的謀食出路，不是投身鏢局，護隊走鏢，即是受富貴人家的聘請，任做護院把式。

馬永貞在上海六馬路廣場賣藝

到了清代的同（治）光（緒）年間，這馬家窪子的武廠裏，却教練成一個武藝卓越、武功精通的人物出來。其人非他，就是在光緒二十五年，被上海流氓密謀殺害在南京路一洞天茶樓上的馬永貞。只不過當年的馬永貞以武藝高深、腿勁堅强，被稱譽於民間社會一般人士口中。但他最後結果，還是慘死非命，那正合上了「瓦罐不離井上破，將軍難免陣前亡」的那兩句老話了。究竟馬永貞的武藝功夫，修練成高超精深到何種的程度，倒有現實例子可以作援引舉說的。原來馬氏武廠對於保持武藝聲譽，非常珍惜認眞，是以特別立有一項條規。那即是凡教練成功的子弟，如要外出就業，不論是外來的延邀，或者是自己的謀求。必須要舉行過一次比武式的甄別考選，經公衆認可，對評判各項武藝功夫已夠水平以上，方准外出就業。馬永貞就是經過考選及格，以應開設在本省濟南城中一家鏢局的聘請，任當一名普通鏢師，每月只有五兩幾錢銀子的薪酬可得。是他一連走了三年多時日的鏢，對鏢貨的路線所放，雖有遠近的不同，但鏢隊的行程所經，却無驚險之可言。只以這種待遇微薄、生活平凡的鏢師職業，豈爲喜愛刺激，心向繁華的馬永貞，所願意的甘服幹做。於是，在他展望前途，盱衡將來的思考以後，決定向總鏢頭辭職離去鏢局。就携提自己使用慣了中國所傳統古老武器的一條纓槍、一柄單刀，並且把他的隨身衣包，繫掛在槍桿上邊。就此登程上路，闖蕩江湖，開拓他另一個世界的生活環境去了。

關外馬販獨佔市場

「北人善於騎馬，南人精於駕舟」，這兩句流傳人口已成定律的古老成語。那是說明我們中國南北兩地民衆，對於交通工具的駕駛控制，其技能力量却是各擅勝場、分耀千秋。上海地方位於東南地區的一個縣治，論地勢則瀕臨海濱，談地形則港河紛歧。是以民間社會載人運貨的交通工具，在傳統上和習俗上，對於海上方面的全仰仗於船隻海船，對於內地方面的概憑藉於蚱蜢小舟。因此，千數百年的歲月，邅遞以來，不管官人家與農工民間，似乎對馬匹這一類的牲畜，大家都以爲毫無用場可派，懶於設廐豢養，一致的認爲養馬是件徒耗糧食之事。及至有清政府的道光年間，自從中英的鴉片烟戰爭發生以後，英方對和議條約所訂，當提出五口通商的要求。而以上海開闢租界，建設成爲五口通商中的第一個商埠，此即世傳中英所訂的南京條約是也。上海一經租界宣告成立，租界當局即行着手興建現代都市，於是對界內所有的溝渠河床，全部進行夜以繼日的施加塡沒築路工程。今日上海長短不等、廣狹不同的各條馬路，其前身固無一不是溝渠的河床呢。

上海租界地區於塡溝築路的施工完成之後，以往民間社會所有載人運貨的交通工具，只得放棄舟楫，改用車馬。尤其是租界中的商業繁榮，居民衆多，大有日長夜大之概。蓋緊跟隨他們越界築路的侵署政策，怎樣進展而進展，怎麽旺發而旺發。從此以後租界區域內的土地所佔，越佔越廣濶，路線所放，越放越遙遠。爲了交通工具，對馬匹的需要供應，也因之其功用越來越繁重而迫急，其數量也越來越廣大而殷切了。如所衆知中國的產馬地區不能說少，如雲南、貴州、四川、廣西等省，皆產馬匹。比較上以內蒙古與東三省兩處地方所產之馬，不但數量衆多，而且體質優良。前者名之爲「口外馬」，這口者係指張家口之謂，諒以馬市場設在張家口那裏的關係。後者稱之爲「關外馬」，這關者是指山海關之稱，而馬市場則設在熱河的承德。可是這兩幫馬販子的經營販馬業務方針，却各不相侔，大異其趣。口外幫的馬販子在張家口販得馬匹，向中原地區沿途出賣，但祗賣到駐馬店地方爲止，不再南下。惟有關外幫的馬販子在承德販得馬匹，不論匹數的多寡，却是全數運到上海作傾銷，所以說上海的馬市場，竟是關外幫馬販的天下。

怎爲上海對馬匹的銷售去路，有這樣不管好壞優劣，總是馬到即盡的美好生意呢？實因此時牠的用途太廣，供不應求，這都與租界商業市面的興旺繁榮，有連串的密切關係。尤其是西人方面雅好體育，酷愛賽馬，且於春秋佳日定有競賽跑馬之舉，以事提倡。因此，凡稍具面子的富有西商，無不建立馬房，豢養馬匹。竟致有對馬匹的大批豢養，以炫耀其財產的衆多，與氣派的豪華。當起初時期的西人，不論對挽車的，與競賽的馬匹，儘數購買產自非洲國家和阿拉伯國家的所謂「洋馬」。不料在稍後的年月，此種養馬、騎馬、練馬、以及賽馬的種種風氣，已由西人傳染到富有的華人社會方面。無可否認中國人對於化錢一門，自有其經濟方略，任他的財富多到何種程度，但在化起錢來時，還是精打細算，知慳識儉，不願輕負做了「洋盤」之名。所以華籍社會中人的豢養馬匹，却改變計劃專買中國國產的「關外馬」。其原因不外下列三點：（一）是洋馬的來源稀少不多。（二）是洋馬每匹售價要一千二三百兩銀子。（三）是洋馬固然生來高大肥壯，毛光身滑，這祇佔得外表形狀的漂亮美觀一點而已。蓋若論騁馳的速率和勁道，頗多國產的關外馬，只要相馬有術，選購有方。縱不可能獲得千里名駒，但對驍勇善跑的良馬，時可發現購得。非但與洋馬能並駕齊驅，甚或有過之而無不及，可是牠每匹代價只有一百幾十兩的銀子。終於華人社會都養了國產馬，後來有些西人也漸漸改變豢養洋馬爲中國關外馬了，因此上海馬市場遂造成爲關外幫馬販子的所獨佔。

象鼻嘴角 用武有地

在光緒初葉到中葉年代的二十多年裏，正是關外幫馬販子的黃金時代。只要馬羣趕運到上海，不論匹數多少，本質的好壞。一經進入「馬客棧」之後，毋需多日，就會競賣一空。因爲馬販主們，個個懂得相馬之術，也各懷有選馬之能。他們把馬羣的馬匹仔細鑒別，分成三等，定價出售。第一等那是上乘之選的良馬，係專門供給跑馬廳裏的「跑馬總會」中西會員們的選擇購買，價格當然高貴許多。次等的馬匹，則減價賣給馬車行，作爲駕駛乘人的車輛之需。至於第三等的劣馬，這如俗諺所謂下駟之材，只配供他們做野鷄馬車、垃圾馬車的挽拖之用而已。就因他們的馬分等級，價別貴賤，更其是貨眞價實，薄利傾銷。所以能於短促日期裏，脫馬變財，滿載歸去，而後再販馬來，這便造成關外幫馬販子的黃金時代。但不過世事一切，冥冥中自有主宰，不可能好景常留。因此，時到其間，他們命運中的尅星惡魔，也突然來到上海。此人是誰，就是山東馬永貞。

原來馬永貞憑着單槍獨刀闖蕩江湖，只因此時的上海一地，早已成爲全國人們心目中的黃金世界。當他在走鏢期間，所到之處，他已經聽得人們多以上海作爲談話中心的話題。好像上海遍地黃金，俯拾即是，誰知他到達上海以後，方始明白那班讚美上海是好地方之人，都是在「王老大說夢」。（按：王老大說夢是一齣新劇的戲目，鄭正秋在廣西路笑舞台時代所編演。）蓋在當時的上海，雖成爲中國第一商埠，但却不是跑江湖賣藝人的好去處。就因爲沒有空曠之地的大廣場，供作平民大衆的娛樂場所。試想偌大的整個上海灘上，僅得兩處地方，一在城內城隍廟的後花園，另一在美租界「鐵馬路橋」（亦名天妃宮橋）下的天后廟裏。馬永貞對於這兩處地方，都去「踩過盤子」，眼看這兩處現場地的情形感覺地窄人多，不能插身進去。這倒是正合上了「英雄無用武之地」的那句話，幸而他於到來上海之時，心想找尋一處像北方「下處」的場所不得。結果在六馬路格致書院斜對面的一家小客棧，租得一個小房間，作爲棲息之所。總算是他命運所注定的徼倖，也可說是上天所着意的安排，那就是距離他所寓六馬路不遠，有一處地方被名爲「象鼻嘴角」的曠地，那裏早已形成爲露天的大衆平民娛樂地方。

這「象鼻嘴角」曠地在那裏？就是在西藏路與愛多亞路交叉點的十字路上。這一縱一橫兩條長浜的浜基，時在光緒三十年年代以前，尚未填沒興建馬路的原地名稱。蓋在西北方面的浜岸轉角處，此間有一處坭土地方，墳然隆起，特別伸出浜中。若站於斜對岸「大湖絲棧」（即大世界前地址的舊名）方面望之，其地勢形狀的確有點像一隻大笨象的頭部，因此，人們遂以「象鼻嘴角」一名其地。該處曠地所佔的畝數甚大，只要步過橫架於西藏路浜上一座西式平面小板橋，折向南行，即爲進入曠地的尾閭通道。這幅土地除掉面對跑馬廳建有一幢小洋房與沿龍門路一帶的舊市屋外，全是曠地荒土，其場之廣可知。每天到了午後，此間便變成魚龍曼衍、百戲雜陳的露天游樂場了。不管吃的、瞧的、聽的、玩的事事物物，只要屬於大衆平民化的，却不限南北東西地方區域，倒是應有盡有，而且品種繁多。於是馬永貞弄槍舞刀，使拳踢腿的武藝表演，也成爲此間游藝之一種。別小覷了他單槍獨刀的個人表演，頗有不少熱烈擁護他的一班年輕的觀衆，這班差不多都是跑馬廳的外廐馬房裏的小馬伕。他們對馬匹服務的工作時間，祇有上午半天，可是薪給報酬並不十分菲薄，到了午後便都來捧馬永貞的場了。此外，還有一班喜歡練習武藝的青年人，因爲馬永貞每一次拳脚刀槍的表演，總要分成快慢兩次。惟獨對於慢動作表演所使的一招一式，無不詳加解釋，說明它對克敵致勝的效用，所以凡來瞧看他表演武藝，無異上了他一課武藝教課。因此，他把這班全場的捧場人緊緊拉住，每天總有千把文的制錢收入，這點該說是馬永貞的智慧過人之處。

在起初半年多的時日過程裏，馬永貞所度的賣武生活，却是循規蹈矩，寧靜樂業。只因他的本質，並不生成是若何的良善之輩，兼之，上海地方自從闢設租界以來，那民間固有所具純樸篤實的風範，逐漸消失蕩焉無存。社會情況變化的吸誘力量，早已成爲一隻改染色澤的大染缸，不可能習於善則善，習於惡則惡。尤其是當年上海的六馬路地方，被人們稱爲「現代梁山泊」，那班「六馬路弟兄」的流氓們恰也成爲人見人怕的梁山好漢。馬永貞長處其間的小客棧裏，同時他又以一家老虎灶的小茶館作爲他消磨朝夕間無聊時光的場所。對他們每天惹是生非的「尋開銷」，所作所爲的怎樣「裝筍頭」，如何的「講斤頭」以及怎樣「過血」，怎樣「劈把」等等各項行爲動作。於半年多來的耳濡目染、心領神會之餘，覺得他們對「拆梢」一門事情，正有目送飛鴻，手揮絲桐的微妙。難怪他們可以不勞而獲，天天過着吃吃白相相的快樂日子，就是這樣啓發了馬永貞走向這條不勞而獲的路徑上去，終於導致他專對付關外幫馬販子們，施行流氓勒索敲詐拆梢的行爲。

陰損馬匹 威脅馬販

這說來也該是上天於冥冥中有意的所安排，或者是該說馬永貞在命宮裏生命應遭毀滅的所註定。如果吾人按事順理畧作思考，就會恍然而悟他怎爲棲息在六馬路地區，怎爲賣藝在象鼻嘴角廣場，怎爲他所表演各項武藝功夫，極獲得所有小馬伕們的醉心愛戴，熱烈擁護。凡此種種的自然因素，無形定律，正像一線聯繫，綿綿不絕。就因爲他與這班小馬伕們以相處日久，又是天天見面的關係。已經把他們捧場的和被捧場的之間，這份間隔感情的籬笆拆除一空，雙方情好似乎打成一片。在馬永貞賣藝打圍的開場與收場前後，大家總是相聚一起閒聊，小馬伕們向他所要請教的話，當然屬於武藝方面的拳脚招式之類。可是馬永貞向小馬伕們所詢問的，却是無非有關於馬販子、馬客棧方面的各種情形。原來此時此際他的思想腦筋，指標已經動向在馬販子們的身上，要想打他們錢的主意了。因爲聽見小馬伕們所談的上海馬價，每匹可以賣到二三百兩銀子之間，這就是啓發他敲詐勒索之心。蓋當馬永貞在跟隨總鏢頭大夥兒護隊走鏢時候，這家濟南鏢局子的鏢隊鏢旗，曾到過張家口的口外綏遠各盟旗地區，也到過山海關方面長城內外的東三省各縣市地方，對於這兩地馬市場的交易情況，也都親眼目覩，知道一切頗詳。所有馬市場就在場中曠地上建立起一個個木柵欄的馬圈子，每個所圍築露天的馬圈子內各圈禁一百匹有零未經訓練、野性猶存的馬羣。只要賣買雙方論定馬價，就可任憑馬販主所具的相馬技能、甄別眼光，自己隨意選擇。一經選定以後，即由他的「馬驃子」加上羈勒，牽離馬羣，繫留別處。這樣的隨揀隨牽，不管匹數多少，總以馬販子認爲選無可選、揀無可揀爲止。那就宣佈今天停止選擇，明天再來鑒別優劣。

馬永貞陰損馬匹嚇倒馬販子

原來馬市場賣買的交易時間所定，祗有一個上午的半天時間。所謂明天再來選擇購買，並不是把選擇過的馬羣，全部更換一過。只不過由馬主人把未曾入選的新馬，插入數匹以補足被選去之數，這也是馬市場與馬主人所抱定「揀完賣完」的政策，也是狡猾無比的營業計劃。所以有許多馬匹昨天未被馬販子選去，今天反而入選，亦有在數天之前被認爲下駟，未曾獲選。但於數天之後的今日，竟會被視作良駒，是以俗諺所謂「馬落市場，錢入賭場，讀書人進考場」的三句比喻說法。那是說明人與物的本身本質，必須備具有優異完美的條件之外，大前提首要須有僥倖無比的機運，就是這個意思。這馬市場是個居間商的地位，對於馬價的價格貴賤，概由馬主人與馬販客直接論定，場主只向雙方抽收百分之「幾」的佣金而已。因此，馬永貞深知在馬市場裏對客賣買的馬價，論定的價格不高，每匹只有十兩左右銀子，現經販運到了上海出售，馬價竟高達到二三百兩銀子之多。他總覺得馬販子所得到的利潤，數目太於優厚，所以便想出專向馬販子們打主意，非要分我一杯羹不可，認爲這是非理所得之財，應該大家分用才是道理。

只因爲他早向小馬伕們對馬販子的所有一切情形，探聽得詳詳細細，瞭同指掌。知道關外幫的馬販子中以一個姓赫連的和一個姓欒的兩人，爲此中巨擘，非但兩人資本一樣的雄厚充足，而且稟性也同樣的規矩老實。尤其是他倆每次販馬進關，南來上海，總數有近百匹左右之多。所以兩人中只要有一人的馬羣到來，就把所有「馬客棧」租借一空，這次恰巧姓欒的販運馬羣來到。當下馬永貞已由小馬伕們的向他紛紛報告，他早已定下了「要錢先要馬」的對策。因此他便假充要購買最好馬匹的買主，向該馬販子所寓的馬客棧，施施然前來作望門投止。那姓欒的馬販子聽說來找尋他的是位買馬顧主，慌忙走下樓來親自接待，談論價格。之後，還陪同馬永貞到設在樓下的馬房中去，選擇得一匹定價三百二十兩銀子的第一等好馬。爲了討好主顧起見，親自把馬特地牽到溜馬的小廣場裏，讓給他做個仔細的審察觀看。因此時此際的馬永貞，倒像京戲中那齣「天霸拜山」的黃天霸，見到御馬於大讚好馬之餘，翻身上馬；可是當前馬永貞的身手，却比黃天霸要高明得多，他也是連讚好馬之餘，便即雙脚畧點，縱身胯上馬背。同時，並不徵求得該馬販子的同意，只在嘴裏自管自說道：「試試牠起步後的勁力如何？」話未說完，脚尖輕輕在馬腹之下一點，那馬果然展開四蹄飛也似向前驅馳。就在這溜馬塲上繞跑三匝，將要跑完之時，當被馬永貞腿勁暗運，左右兩腿運勁地用力一夾，那馬腹部份的兩邊肋骨，立即折斷數根，受傷甚重，不能再跑。接着這匹傷馬發出極悽厲的長嘶一聲，滿口白沫，頓時倒在地上。

據說當時騎在這匹馬背上的馬永貞，就乘馬兒將要倒下去之時，輕輕便便地縱身橫向傍邊跳跨一步，站立地上。他對馬兒的突變事件，既不顯露一般的驚訝疑懼之色，也不表示一點的歉疚之意。並且還昂頭四顧，若無其事似的，也輕描淡寫地的自言自語說着話，他說道：「怎爲有這麽不濟事的馬匹，跑不上多少路，竟會栽倒在地。索價却要三百二十兩銀子，馬兒的不濟如此，定價又高到這般，那不是太豈有此理了。但是俺却不信，喂，您這位『大馬頭兒』（按：這馬頭兒名詞，那是關外或口外的當地人們對馬販子的尊敬稱謂）再到馬房去找匹好馬出來，給俺試騎一下。便可知道你的馬兒，究竟濟事不濟事了。」馬永貞這樣的說話動態，正是他每天孵在老虎灶茶館裏，對六馬路弟兄所見習得來的「裝筍頭」、「尋開銷」那種流氓們的拆梢行徑。可是他今天却把見習得來的經驗和心得，居然作實踐的表演起來，而且表演得有聲有色，威武之極。却不知道這個姓欒的馬販子，其外貌和內心都生得忠厚老實，一見面便知是個關外的莊稼漢。但其家累代却是幹做這門子的販馬賣買，尤其是他於少年時代，就跟他老爺子走關東，闖關西的販運馬匹。直到今日之下，他已經成了一個鬚眉如雪，頭白皤然的老人。可是他在過去的數十年來，對於江湖上的一切情形，正是見多識廣，洞明暢曉，實實在在是個「老江湖」的身份。

料不想這次會遇上了馬永貞，他却便做了倒綳嬰兒的老娘，最後結果，只落得自認晦氣與合該倒霉。原來當馬永貞假充顧主，前來買馬時，他看他貌相的英俊挺秀、舉止的溫文大方。再看他身上的衣着穿的只是一襲英國產品深灰色的洋布大褂，非但剪裁入時，縫工精細而且修短稱身、寬緊合度。只覺得這襲灰布大褂在他身上看來，比之一般人所衣爲竟體綢緞綾羅的，反而顯出他的氣派端莊，風度矜重。聽他對於養馬之事又能說得頭頭自道，尤其是他所操說的却是一口山東話，越發增加他信心他必定是山東籍做武官人家的貴公子。所以他對他非常重視，親自陪伴着到馬房去選擇馬匹，還牽到溜馬塲，給他作仔細的審察觀看。直到馬永貞縱身上馬的這份身手顯現，頓教這個老於江湖的馬販子，內心陡然感到萬分疑懼，覺得此人定非善良之輩，因是雙眼就留心注視，不作他顧少瞬。及至馬永貞高騎在無鞍蹬的馬背之上，飛跑三匝將了時候，一眼望見他兩腿運勁，力夾馬腹。知道已經着了這個强盜扮書生之人的道兒，幾乎驚叫出聲。可是事實發生果然，這匹頭等好馬，不待停蹄止步，便長鳴一聲倒在地上。

這一位老江湖的「馬頭兒」，畢竟是個老江湖了，所以對馬匹的受傷倒地，毫無憐惜表示。反而抱拳搶步，跑到馬永貞面前頻致歉意似的說：「大爺，累您受驚了，你老身上沒有受着什麽損傷吧！」同時也不理會他對他所說再度選馬試騎之話，只是續說：「大爺，這兒不是咱倆講話之所，就請您同到樓上房間裏去，咱們做個商討的長談，可好？」這正是對馬永貞說來，所謂「不敢請耳，固所願也」之事，也是他安排此來所希望的目的和步驟。於是上樓入坐之後，雙方即行開始談判。實因欒老頭兒的氣度，豪爽率直，慷慨異常。一經談話開始，他便開門見山，單刀直入的溫和問話。詢問馬永貞今日尊駕之來，所事爲何，不妨實言告知，敢不竭力效命。他更以很誠懇的言詞續說：「因爲兄弟數十年來，對於江湖，爲了販賣馬匹博取微利。對於江湖義氣，奔走江上交情，從不慳吝漠視。只要力之所及，决無二言，定當唯命自從。」馬永貞被他誠懇篤實的神情和說話，倒是大爲感動，便老實不客氣的坦白直說。對關外馬羣，運到上海銷售，不管多少不分好壞，概要收取每匹三十兩銀子的保護費。從此收費以後，俺就負責保護馬匹，决不使牠損傷一根毫毛。

該老馬頭只得把馬羣的來價，加上各項開支的費用，以及分等出賣馬價的折耗，實收利益，所餘無多。於是在横說情，竪道苦之下，結果講定以每匹繳付十兩銀子的保護費。但以現存馬客棧中的馬羣，作爲計算保護費的標的，共付出了七百多兩銀子，總算買得一個太平無事。及該老馬頭的馬羣銷售一空，携同幾個馬驃子的夥計們，北上歸去。繼承其後到來的馬羣那是姓赫連雙姓的馬頭兒所有，他此來販運到的馬羣，却有一百多匹。因有欒姓老馬頭的前例可援，他只得乖乖的繳出一千多兩銀子的保護費完事。不過比較上與欒老頭兒作比，他却佔得了「前車之鑑」的便宜。因爲前者是被馬永貞爲要引用殺一儆百之計，把一匹頭等好馬，活生生的以兩腿夾斷左右馬腹的數根肋骨而死。這使前者平白無故又犧牲了三幾百兩銀子的代價，但是他却沒有遭受着這個損失。原來欒老頭兒於北上出關的歸家途中，就與該赫連馬頭所販南下上海的馬羣，迎面相遇。他們兩人是關外長白山下的同鄉，又是以販馬為業的同行。相遇之後，當然會詳細告知他上海地方，新近產生有個專對咱們馬販子强暴勒索的山東流氓馬永貞之事，包括兩腿夾斷馬肋骨在內。是以他的馬羣一到上海，落了馬客棧，乖乖而迅速的繳出了保護費，交換得太平無事。

結怨仇殺 血濺茶樓

馬永貞自得到這兩筆鉅額的保護費之後，可說是無端端的發達，亦且躊躇滿志的了。便也因此，他對他自己的生活環境，要大大的予以變遷改善。從此他不再到象鼻嘴角的荒地上去賣拳頭，獻武藝了。其次把所寓客店，也拋棄了六馬路的小客棧，遷居到二馬路高等旅館裏去了。同時在六馬路孵慣了老虎灶小茶館也改孵到南京路一洞天的大茶樓上去了，因為那裏距離他所居的旅館甚近之故。總之，馬永貞這樣的環境所改、生活所享，當然感到心滿意足，快樂優遊。美中不足，所遺憾的就是這姓欒和姓赫連的兩個大馬販子，永不再販大批馬羣到上海來。所來的都是零星小幫的馬販子，他們的馬匹數字，大為減少，每次關外馬的販運到來，只有十頭八匹。而馬頭有的是一人獨資獨做，有的是兩人合夥合營。這種小幫的馬販子之來，雖然此來彼去，相當熱鬧。但他們的經濟狀況，個個都窘迫得要命，可是對馬永貞的保護費又被壓迫得勢所不能不付。因此，馬永貞為了勒索搾取這些保護費，便也造成許多結怨樹敵的不愉快事件，甚至如馬販子的馬被牽走以及馬匹遭受損傷等等。在當年當時的一般中國人，賦性多是忠厚老實，胆量細小。最怕的是出面告狀，見官見府，更怕的是對租界中所謂進入「洋衙門」和看見「洋大人」。尤其這班來自關外的馬販子們，恐怕得更為厲害，凡受委曲祇有吞聲隱忍而已。如此這般，遂給馬永貞法外逍遙，專做壞事的機會，所以一年多的時日過程裏，是他安樂的環境所享，和豐富的生活所度，全都靠托在這班關外幫的小馬販子身上。

在清代光緒二十五年的初夏時際，有某一天的晨間，傳說中大約在九、十點鐘的時候。馬永貞從他二馬路所寓的旅館出來，前往南京路一洞天茶樓實踐其吃早茶，孵茶館的生活享受了。此種行為，就是上海人俗語叫做「吃板茶」，以言其飲茶時間像刻板文章一定不易之謂。馬永貞養成此種「吃板茶」和「孵茶館」的習慣，那該說是他自到上海入居六馬路小客棧之後所開始的。而這家一洞天茶樓的前身，原是一家演唱徽班戲的戲館館址。須知道上海在早期年代，全是徽班戲的天下。自從英租界關設成功，為了振興商業市面，有人在這條南京路的所謂「大英大馬路」上。就有兩家徽班戲館開設，即為「一洞天」和它斜對面的「全羽春」茶樓樓址便是。後來因五馬路上林里的「滿庭芳」，及石路上的「天仙茶園」等京戲館，先後絡續開設，徽班戲從此逐漸沒落到無人要看的時候。於是，一洞天就改為純然賣茶的大茶館，它的房屋門面那是三開間的。當年上海任何一家大茶館門面的樓下佈置，必定中間入門處即安裝一座廣濶而堅固的大樓梯，以便茶客們上落。而左右兩間餘屋，亦必出租於人，分營烟紙店與生煎饅頭舖，這兩門行業，這樣安排，早已成為大茶館定型的形式。

一洞天茶樓樓頭的樓梯缺口處，於正面作為茶客登樓上落的所在。其餘的三面概行裝置着堅牢結實的木欄杆，整個全樓面則安設座頭，招待茶客。是以那天馬永貞前來吃早茶，便是如往日一樣的緩跨梯級，徐步上樓。不料他尚未跨完梯級，走登樓頭。只有他上半身的全部，已與樓板地層形成水平線以外，脚步至少有四五級樓梯未曾跨完。但聽得樓上有人驀然發出「來了」的一聲暗號之後。此時迎面對他的，和分立欄杆左右兩邊對他的三方面石灰包，早已不偏不倚地紛紛向馬永貞劈頭迎面的集中擲來。他們以據高臨下的形勢，又是距離密邇的關係，這倒可以說是他們石灰包的包無虛發，包包命中。遂於霎眼之間，頓把馬永貞自頂至踵蒙滿石灰，變成一個像雪人般的白色之人。因為這種的石灰包那是一種風化石灰，黏性甚重，刺激力大。尤其雙眼部份，只要石灰飛沾着一些些，不但眼睛被刺痛到難於忍受，而且張不開眼成為盲人。如果馬永貞當時

馬永貞尚未跨完一洞天梯級，石灰包便已向他迎面擲來。

緊閉兩目，返身向樓下逃去，或可能保得殘命，即充其極至多成爲瞎子的殘廢人而已。但是他計不及此，此時他的兇性已發，殺心頓起。其反擊意志，急切報仇之故，認爲要加害他的敵人們全在樓上，所以他縱身跨步上樓，就向迎面張開兩手撲去，却不料撲了一個空。同時在他背後又聽得一片雜沓歷亂的脚步之聲，料知是敵人們向前樓方面逃走時所發生的聲响，所以他忙即轉身再向前樓追擊。沒奈何他的雙目已盲，因是拳打脚踢，所接觸着的都是那些紅木製成的枱子和椅櫈。只不過使人看見驚心怵目的是凡被他拳脚所及的椅桌，無不折斷毀壞、破碎稀爛。試想他兇悍蠻勇如此，任何人若被抓住或觸及，那還有命可活麽，當然必死無疑的了。就因他此時理智失去控制，行動已成瘋狂，既盲了目，也盲了心。竟會對每天來吃板茶的一洞天前樓，那是面臨南京路的「大英大（按：此大字上海人口音中唸作陀字音）馬路」所在。裝置有一列系矮度的木欄杆，以供茶客們憑欄飲茶，俯賞馬路間的各種景物。可是馬永貞對此點阻欄的裝置物，却也忘記得乾乾淨淨，儘管猛力向前衝走過去。及覺得面前有物阻擋時，竟亦罔然不覺，它爲前樓盡頭的欄杆。因此，仍事拳打掌劈，脚踢腿飛，實在他的武藝功深，氣力强大。於是，這一帶所裝置得堅固異常、結實非凡的木欄杆，都在被他的拳脚交揮，掌腿共舞之下。頓時爲之横樑中斷，欄杆分飛，而樓頭敞開，攔阻無物。當時馬永貞本人的衝勢勁力，過於猛烈向前，欲待留住脚步，穩定身軀，無奈他因重心已失，難於控制，所以他像脫離了强弓弦上的流矢飛箭一般，即便是頭重脚輕直撲向南京路的當馬路投墮下去。

關外馬頭 醜金買兇

且說馬永貞頭重脚輕的墜落在南京路馬路上邊。其結果後來如何呢？那他是當場受傷甚重，早已昏暈仆在地上，如同死去一般，只是尚在呼吸未會氣絕而已。原來當年南京路的馬路，還沒有現今的整齊開濶，凡路面濶處則今日的馬路雛形已成，狹處仍是數十年前的老街舊狀。尤其是馬路路面，此時亦未經哈同洋行大班猶太富翁哈同捐獻木材重建。因爲該哈同心想要增高身份而要進入英國的國籍，同時，還想爭取什麽爵紳之類的名義，情願捐助非洲所產的「水紅木」鋸成方塊，用作整條南京路的舖砌路面，再澆柏油成功平坦結實的柏油馬路，作爲報效入籍的代價。惜乎此事實現，還要押後數年，如果馬永貞墜在這種平坦的木頭柏油路上，或不致於傷重斃命的。偏偏早了數年，是他墜在原始的石塊馬路上，可說墜非其時和其地了。因爲這種石塊當年英租界工部局當局認爲興建南京路，屬於有歷史關係的一件鄭重其事的築路工程。是以特別由石匠鑿成，約爲三寸濶，七寸長的長方形的老山石石塊舖成整條馬路路面。而此老山石塊的本質又是凝固得非常堅硬結實，大有逾於鐵塊之概。而且每塊石頭的表面部份，畧形隆起之故。該主持築路工程人員的對於設計之周密可知，但不過却遺害了馬永貞。因他從高樓衝墜下來時，其頭部的前腦部份，恰巧觸撞在石塊中間。於是，腦壳破碎、腦漿飛濺，不及舁送仁濟醫院救治，已告氣絕身死。要知馬永貞在上海因沒有親屬故舊，死於非命以後，當然無人前往請求領尸。所以他的屍體經過會審公堂法官的驗尸落案之後，判定交由善堂棺殮埋葬完事。是以生前一個武藝高强，狠天狠地的人物，便像黃浦江上的一粒浮沙，被隨潮浪捲淘得無踪沒影了。

至於要加害馬永貞的主兇是誰呢？究竟爲何事所結的仇恨如是之深呢？凡此一連串的疑問，都爲英租界警務處當局所欲知的內幕情形，而以承辦該案華籍的所謂「經手包打聽」爲尤甚。只因這班要謀害馬永貞之人，都是一洞天茶樓於開門營業時開始，就三三兩兩的上樓來吃早茶了。而且他們對座頭的選擇，無不靠近在樓梯畔的三方面，似乎有意形成爲堵塞有人上樓來路的一個包圍網。同時，還把這間樓面的幾隻枱子，都由一二人佔據了去，使後來的茶客只得別處覓座。大概這個負責指揮的却是謀深慮遠的能人，知道馬永貞的身壯力大，武藝高强。難於與他明槍交戰，祇有暗箭予以傷害，所以使用這個石灰包撒瞎他眼睛的毒辣殘酷之計。但也料定他雙眼被石灰撒瞎後，必要不辨是非的瘋狂殺人作爲心理報復。爲了免使無辜茶客遭受池魚之殃，因此，多佔幾隻吃茶枱子，無形使茶客爲之遠離。後來事實果然，馬永貞被石灰包撒瞎眼睛以後，獸性大發，殺心頓起。他的拳打脚踢，如瘋若狂，終於折斷樓頭欄杆，衝身墜樓而死。所有投擲石灰包的行兇之人，早已雜入茶客羣裏，下樓逃去無踪。在七十多年前的上海像謀殺馬永貞的慘案，實屬罕見。是以警務當局，萬分重視，着令「經手包打聽」專案辦理，必須破案方休。後經該「經手包打聽」作了個廣泛而周密的偵查，結果給他打聽出該馬永貞被殺案件的內幕情形。那是死者與關外幫的馬販子們所結仇恨，多而且深，衆而且廣。料必是馬販子們前來報復怨仇所造成的謀殺案件，但是他們都遠處關外，不知其家何在，並且近數月來已不再販馬到上海來經銷。所以對主兇人犯爲誰，實屬無法能包打聽得出云云。試思以這樣一份全案報告送到警務處長手上，也教他斷絕破案的心念！只得永遠的成爲總巡捕房檔案間裏的一件懸案。直到一年多的後來時日，跑馬廳的馬伕幫口中，方才傳出這樣一個眞實而秘密的消息。據說：「馬永貞出事的半年多以前，有一個姓哈的馬販子，販着八匹新馬到上海來銷售。這個馬販子原先是那個姓欒的大馬頭手下的馬驃子，自從該大馬頭在上海受到馬永貞的兩腿夾死良馬，還要勒索鉅欵的兩大恥辱。在忿怒與惜財交織之下，出關歸去，決定從此洗手停業，居家納福。這個哈姓的馬驃子獲得一筆較大的遣散費，不過他既覺失業後的無事可爲，又感販馬還是一門賺錢賣買。所以他把歷年積蓄作爲販馬資本，不足之數，再以借借湊湊販得八匹頭等好馬到上海來。原指望到上海以後，一經脫馬變財，便可大獲其利。恰巧他的馬匹到時，跑馬總會自己派人到張家口馬市場所選買來的口外馬恰巧到達，因此，便堵塞了他馬匹的銷路。原來該跑馬總會的中西會員（一）因鑒於關外馬近來有大批販到，（二）因惑於口外馬的跑力有超勝於關外馬之說。是以有派人親到張家口，採辦口外馬之舉，追溯根源，都是出之於山東馬永貞。首當其衝蒙受禍害影响的却是這個姓哈的小馬販。實因他被馬永貞追索八十兩銀子的保護費，壓迫到走投無路，同時，還受盡種種難忍的侮辱。其最後結果，只得降級減價，才把他的馬匹賣去，這樣一來，非但賺不到大錢，反而大蝕其本。可是他對於每一事件的恩怨是非，却理解得非常清楚。認定關外幫的販馬業務，年來所受沉重打擊，皆為馬永貞一人導致造成。這姓馬的實是個害羣之馬，覺得此馬不除，來日大難。所以他出關歸去以後，任何事情概不幹做，就是矢志設誓的專做「除馬」運動。凡屬關外幫的大小馬販，是他無不登門拜訪，並作辭行，說明願憑他自身一人之力，再去上海求人幫助，要除却馬永貞這人。為咱們關外幫販馬的同行，剪除前途荊棘，好使大家重振販運大批馬匹，進關到上海去銷售的業務云云。關外幫的大小馬販，總數不滿十人，可是他們的家道却屬殷實富有，而他們的賦性却也仗義輕財。因此大小馬販們聽到他的訴述，都覺得他此去上海除滅馬永貞之行，既壯其志，又欽其胆。於是紛紛自願幫助大數額的銀錢，名義所贈送的那是壯其行色的贐儀，實際却是釀金集資幫助他作為收買主兇，滅除馬永貞的經費。

一洞天變成裘天寶

總算這個姓哈不負他所要除滅馬永貞的諾言，也不曾負一班馬販釀金相贈的義舉。終於他把携進關來的這筆巨額銀錢，託一家馬客棧的老年伙計保管，當馬永貞為要逼取八十兩銀子的保護費時，對姓哈的所施種種侮辱，這個老人看了大不服氣，對他表示非常同情。因此，這姓哈的便認定他是個正義感頗重的人物，是以就去找他仔細研商和鄭重請託。不過這老人所介紹一個上海流氓頭子，還是懾於馬永貞的武藝高强，氣力巨大。在事前申明，對於這件事情的承辦，祗能做到他的雙目視力，成為殘廢無用之人為止。實無把握能夠做到毀滅破壞他的武藝功夫，與損傷身體。但最後的結果，馬永貞還是墜樓而死，只可說是天奪其魄，讓一個專做惡事的壞人作自己毀滅。

不過對馬永貞之死的這件案事說來，實在當年的佈置周密，守秘力强到最高度。終使英租界警務當局無法破案，時至七十餘年的今日，所收買的主兇為誰，該案仍屬一件未結的懸案。入民國後，聽到「家門裏」幾個朋友傳言，他們都說季雲卿這個人眞正了不起。他在關外的名氣之响，聲望之大，怕他老頭子曹（幼珊）三爺對之，亦當自嘆弗如。尤其是對於關外幫的馬販子方面，若提起季雲卿的名字，幾乎有誰人不知、那個不曉之概。當我聽到這種流言之後，不由得引起萬般疑念，因為季雲卿究竟不像謝葆生的小馬伕出身。是他一經出道，上海這一碼頭的淸幫，正是「通」字輩當家的時候，而季雲卿恰巧是四個當家人中之第一人。所以他始終蹲在上海這個碼頭上，處理「家門裏」的事情，正有忙到透不過氣來之感。試想他既不是小馬伕出身，又不曾到關外去當過什麽差使，那他在關外的名氣聲望從何而來？更其是關外幫的馬販子們，都知道上海地方有季雲卿其人，則更覺是件奇怪事。因此，便忖測到一洞天茶樓上對馬永貞丟擲石灰包的所謂「上海幫流氓」，這揑手人和指揮人可能就是季雲卿。否則他與馬販子相知相識的關係，實是串連不起來，這却不是自詡為「光棍玲瓏心」之話。後來與季雲卿成了相識的朋友時，有機會相聚一起，常想對此問題做個證實，總因礙於在座有人，不便開口動問。有一次，就於無意之間，立在南成都路他家的弄堂口，與他夫人「金寶師娘」的兒子許儀楨談話。適巧他回家來看見，定要留我到他家裏去閒坐聊天，覺得這正是向他動問的好機會。誰知經我遠兜遠轉，傍敲側擊的問話以後，季雲卿却笑而不答，既不承認，也不否認，使此事至今仍是一個謎？

至於當時的一洞天茶樓如何呢？因被馬永貞拳打脚踢的瞎鬧一場，破壞程度頗為重大，從此該茶樓主人無意經營，宣告永遠停業。於稍後時日，其地產物業，就由甯波鎭海的裘墅富商裘家價買而去。這裘家向以經營裘天寶銀樓起家，其發展之廣，與業務之盛，凡國內較大的都市，無不有裘天寶銀樓的開設，而上海的裘天寶銀樓就開在小東門內。自購入南京路的地產以後，即建造立體式的一座高樓房屋，經營其分支聯號的裘天寶銀樓。無人再知其前身為一洞天茶樓，亦不知為山東馬永貞的畢命所在地，至於一洞天的徽戲館之話，更無人道說的了。祗有一次，聽到黃金榮老闆講說他童年時故事，曾牽涉到一洞天徽班戲館。據黃老闆說：當他十四歲那年，一個人從城內張家弄裏出來，到夷場上去走白相。只因走在大英大馬路上，於經過一洞天徽班戲館的門前，樓上正在做戲，非常鬧猛。此時還不知道看戲是要化錢買籌的，總認為也同聽說書一樣，只要立在冷落角裏聽，就無問題，所以放胆走上樓去。誰知身未立定，那戲館裏的伙計已經走來，伸手一把抓住我的後衣領，連拖帶拉的趕下樓來。於是我在歸家路上，自己立誓，將來有天開設戲館，對於沒錢看戲的貧苦小孩子，一概放他們進來免費看白戲。後來我果然開設了共舞台戲館，所以關照前台人員不管日戲夜戲。只要演到中軸子的全武行戲時，就放他們進來看戲，因我知道小孩子都喜歡瞧看武戲的云云。特為附記於此，一則以記黃老闆的少年立志，終於實踐其言，一則作為一洞天滄桑所經的歷程又一證明。

民鳴社編演馬永貞

民鳴新劇社（按：新劇爲清代光緒末葉年間所興起的一種戲劇，這所謂「新」以示與中國傳統的舊劇有別。當時上海人俗語則稱之爲「文明戲。」及國民政府成立以後，對全國各劇種的統一名稱起見，才改爲「話劇」這個名詞。准此爲言，那話劇該說是法定的劇種名詞了。）爲浙江上虞人經營三所開設，社址就在大新街三馬路口，亦即是孟淵旅館的正對面。那裏場地寬大，坐位很多，所以後來以包觀音閣碼頭「鏡花園」紹興戲館的茶堂發財的沈少安。胆敢於繼民鳴新劇社之後，租借下來，開辦「亦舞台」京戲館，就因爲場地寬與坐位多之故。但不過當年民鳴新劇社的成立，那是從鄭正秋所主辦的新民新劇社（按：新民新劇社的社址，在石路老天仙京戲茶園原址）分裂出來的幾個人所發起組織。當然，連同經營三的外甥張石川也在內，於是由張石川指出他有錢娘舅來投資，遂得告成。新民新劇社的演出場地，原向京劇演員四盞燈（即周詠棠）轉租而來，却是三房客的身份。也許二房東的四盞燈對於房租不能按月付清，總要拖欠數月。大房東於盤算之下，覺得這所戲館房屋所獲利益，遠不及市面房屋的利益爲鉅大。恰巧有人要開鴻運樓菜館，願出高價租金與頂費，於是大房東就以翻造市屋爲理由，終止租賃權並收回房屋。這一來却苦了鄭正秋，因爲他的新民新劇社是辦得最成功的一家新劇戲館，房租分文未欠。却好了四盞燈，欠租就此拉倒，分文未繳。

鄭正秋的新民新劇社終於在不久的時日，即與民鳴社宣告合併了。兩班人馬併成一班，兩個團體合攏一個，事實上人員雖多，但實用上並不嫌多。因爲當此時際民鳴社所定的業務方針，與所走的戲劇路線有了一個大變換，過去戲路所走多爲家庭劇，現今則改爲宮闈劇。時在辛亥革命成功，遜清政府剛被推倒之後，戲貴當令，事取新鮮。是以宮闈歷史所選擇的即爲「清宮」，而劇中主角的中心人物，即爲歷經侍奉過人與受人侍奉的咸豐、同治、光緒三代皇帝的西太后那拉氏。當民鳴社着手編排這「部」「西太后」的清宮秘史，在該劇本登場的男女人物甚多，而扮演人勢所不能缺少。所以對兩班人馬的支配角色，分派承扮，就會只覺其少而不嫌其多了。原本這「西太后」三個字的名稱，已經可以轟動世人之心，可以約畧分成兩點。第一點她本來是個一代尤物，凡屬天生麗質，定多風流艷迹，已成一種定例。其次點，是她被選進入清宮以來，有數十年的政治歷史關係。是以她對於清廷朝政的腐敗失修，宮苑帷薄的穢迹昭彰，皇族生活的驕奢糜爛，官守吏治的貪污無能。以及國際外交的迭遭失敗，國家形勢的危險窮蹙等等。總之，一切的一切，不管是她主動的，或被動的，這種政治歷史史實，皆成爲戲劇大好題材。因此，民鳴社都把它一樁樁、一件件地歸納編排於「西太后」劇中，搬上舞台。一本接一本的編排演出這本連台戲，編演到三十餘本之多，這一炮却給民鳴社打中了，而且賺了大錢。

到了民國三年的某一個時期，這本「西太后」連台戲，却「打住」停演了。它的打住，不是該戲的題材告絕，而是重要演員顧無爲却給華界警察廳長徐國樑派遣爪牙逮捕去了。原來有那麽一天，顧無爲爲了吃他同班旦角凌憐影的喜酒，特地跑進向來絕跡不到的華界三牌樓張家弄來。爲因凌憐影的家就在那裏一所老房子裏，房屋寬敞廳堂巨大。所以結婚行禮，請客設席，全在家裏舉行。筆者與凌憐影是榛苓學堂的同班小同學，（凌憐影的學名爲凌文泉，蘇州人）亦去吃喜酒的賀客之一。故對顧無爲秘密被捕去後的至多於十分鐘內就得知詳細消息了。因爲凌憐影對於他民鳴社的一班後台同人，爲要上戲關係，特別提前先開數桌。以便他們吃完喜酒開步就走，方不致於有上戲誤場之事發生。誰知他們一夥人於散席趕場，當走到侯家浜路上時，就被警察廳的幾個偵緝隊員，攔住去路，於人羣裏認出顧無爲加以逮捕而去。總算他們還講法理人情，對其他之人一概放行，好去趕場上戲。自從顧無爲被捕以後，民鳴社忙即邀請到王无恐來補顧無爲之闕。這王无恐也是南京人，長得又高又大，眞像個齊魯燕趙之士。民鳴社爲捧新角兒上台打炮，由鄭正秋、鄭鷓鴣、周劍雲等特別編出轟動上海十六年前的一洞天茶樓兇殺馬永貞的舊案子來。戲碼名稱就是「馬永貞被刺」，因爲民鳴社對戲中主角被謀害而死的故事編成戲劇，戲名題取多用「被刺」字樣。如吳祿貞、馬新貽、恩銘等等都是，這馬永貞之死，當不例外。

也許當年鄭正秋等不敢十分欺騙觀衆，雖說戲劇脫不了虛構藝術，但還算編得未曾太於離譜。所以王无恐一經打炮演出，大賣鋼鈿，非但人紅，且也戲紅，連演達兩個月之久。過去曾聽聞過這件案事的一班上海人，如今眼見在台上搬演，越發令他們看了有親切眞實之感。尤其此戲最賣噱頭的地方，那是「戲中戲」這個串插。只因當時民鳴社的演員頗多能表演歌唱雜藝，如王无能、張冶兒、陸嘯梧等人。每逢到劇中有「戲中串戲」的場面，他們便南腔北調的演唱一番，熱鬧非凡。爲要牽引出這戲中的串戲，因之，編劇本的祇得把馬永貞安排成爲一個大嫖客。於是，引朋呼友在妓院裏「擺枱面」、「吃花酒」的當筵席上，大叫堂差，大唱堂會。這個噱頭賣得十足以後，一時編不出足以相繼其後的新劇本出來。據傳說由最後周劍雲想出一個極法子，那是「馬永貞被刺」的續集，揑造了馬素貞爲兄報仇的一段情節。其中穿插還有馬永貞托夢，馬素貞女扮男裝，親手殺却白鬍鬚、跑龍套、吐血四官那些謀殺他兄長的仇家，那些人名、渾號，都是編劇人揑造出來的。但第一砲響了，第二砲却叫座力不強，這且不去說它。但不過此戲終成爲新劇界中的傳統老戲，憑着一份幕表和提綱，你演我演，大家都演，也着實轟動一時呢！

Wearing Levi's is better than wearing pants!

馬場三十年

老吉

上期談到孫麟方兄的寶駒「金谷鈴」，在距今十八年前，在本港馬會大出風頭，但是對於此馬的一切，尚未能提及，因為孫君的買進「金谷鈴」，因何緣故，必有理由，在此時孫君已養了二十四左右的馬匹，何以要再多買一匹「金谷鈴」。還有，當年時時有中意養馬與想養馬的馬主，出錢請第二位老友記會員申請馬匹，執到之後再送這位老友記一筆欵項，馬主名字慢慢換；可是，這位老友如果可靠，那末除了這匹馬的贏、位獎金由馬會給他之後，他當然交回給出錢的眞正馬主，同時，過了一個時期，便寫信給馬會，將此馬轉名給眞正馬主。可是，如果這位老友記一切都不理，原馬主便奈何他不得，因而孫君買馬，一買就在新馬配定之時買進，然後立即轉馬主名及改馬名，以免將來麻煩。但這辦法現在馬會已立例不准了。

大約十多年前，因出錢的眞馬主，請老友記執馬，却夠運地「執到」了，可是這位假馬主以後却置之不理，出錢者多次與他接洽，他連講多一句都費事，出錢者忍無可忍，到警署與馬會去投訴，可是「事出有因，查無實據」，馬會與警署都無法受理，結果馬會當然將此事存案，因有了私相授受的實據，這位出錢馬主與不出錢馬主，從此之後，馬會拒絕了他們申請配馬，他們倆便再無香港馬主可做。現在，這位不出錢馬主早已逝世，而這位出錢的眞馬主而馬名簿上的馬主却不是他的，就是大名鼎鼎的慈善伶王新馬師曾鄧永祥老弟。

時間是在一九五四年秋季配新馬時，新馬師曾出錢，他的老友陳君，也是會員，於是除了新馬師曾自己之外，他還替這位陳君出錢向馬會入紙申請馬匹。他們之中，如何協議，我是局外人，無從詳知，因為我與他們兩位都在當時，時有來往，所以知道他們共同申請馬匹；不過，我知道新馬師曾不是主動，而主動的是陳君。第一，他與新馬師曾那時來往頻頻，第二，他知道新馬師曾喜歡賽馬，投其所好，當然一說即合。

結果，新馬師曾攪珠脫空，而陳君則執到了JC. A94馬，因為當時大家都是娛樂界人士，所以英文馬名取為Amusement（娛樂），中文名則為「明敏」，馬主名字，當然是陳君了。

這匹「明敏」交由現已退休的皮洛夫練馬師豢養，騎師是鄧肇垣。鄧兄現在患有嚴重的哮喘病，但對賽馬仍有十分興趣，如果天氣好，現在在馬會會員席舊樓五樓，依舊可以看見他策杖而來；可是因為喘病關係，步行與講話都不能不慢吞吞了。

「明敏」在一九五五年一月十五日週年大賽第一天第三場初次出場，獨贏票祇負卅一張，（比牠還要少的是林國强騎的「青山」，祇有廿二張，在當年不出奇，如果是現在，可謂奇之又奇了。）結果這一場賽事，現在「福來」的馬主吳松坤兄有股份的「福星」由藺飛上陣是大熱門，而因放到直路大外避失機，為「大鷄」林國樑騎的「銀翼」贏了頭馬，鄧肇垣騎的「明敏」，當然是陪隊之馬了。

「明敏」第二次上陣，仍由鄧肇垣主騎，出遺材賽半哩一七〇碼，跑了一個冷門第三位置，可惜頭、二馬皆是大熱門，頭馬是韋耀章騎的「狂歡」，二馬是阿圖茂騎的「喜獲福」，「明敏」位置，祇派得七元七角耳。

「明敏」第三次上陣，出遺材賽一哩，仍由鄧肇垣上陣，這一次成為第二熱門，因為已經跑過一次第三，得過一千二百五十元獎金，所以要負一五二磅，未跑過第三者，即未得過獎金者負一四七磅，結果第一熱門阿圖茂騎的「眞美馬」落第，「明敏」第二，頭馬是未得過獎金由鄭鴻鈞騎的「奇蹟」，獨贏派彩五十三元正。

頭一季「明敏」出了三次，得了一次第二，一次第三，得獎金一千五百元加一千二百五十元，共為二千七百五十元。當時頭馬獎金祇有三千元，現在已增加到一萬元了。

當然，這一筆獎金除了馬房打賞及雜費之外，應該由陳君交給新馬師曾的，因為他纔是眞正的馬主，而陳君不過出個名的馬主耳。

可是陳君推三阻四地並未將獎金交給新馬師曾，自然，新馬師曾也不會立即和他反面的。

第二季，「明敏」大出風頭，得了兩次頭馬以及數次二、三馬，再得獎金九千五百元，而升上了第三班。這一年度，頭馬獎金增加為四千元，二馬獎金為二千二百五十元，三馬獎金為一千七百五十元，可是拉頭馬的仍是陳君而不是新馬師曾，是年度連上年度已共得獎金一萬二千二百五十元正，但是仍未有分文交到新馬師曾手中。

第三年度，亦即一九五六至五七年，「明敏」祇得了一次第三，當然陳君更沒有錢給新馬師曾了。

第四年度，亦即五七至五八年，「明敏」祇跑得兩次第三，因爲已降至第五班，但全部獎金已達到一萬七千五百元了。

這時候，新馬師曾眞是忍無可忍，所謂佛都有火了，於是乎便發生了到警署控訴和向馬會投訴等事件，可是陳君戰前已是後備警察的幫辦，對法律方面，熟悉到萬分，他那裏會留下一些證據呢？所以控訴與投訴祇能令警署與馬會存案，而無法採取行動，可是馬會却因明白了他們兩位私相授受，有違條例，陳君固然以後休想再向馬會申請新馬，連新馬師曾也因此而被馬會把此事記錄在案了。

「明敏」到一九六〇年四月廿七日因足疾難愈而被殺滅，牠由五五年上陣，一共賽跑了五季，由新馬編第四班，升上了第三班，再由第三班降到第六班，五季中，共得獎金二萬四千七百五十元，可是眞正的馬主鄧永祥老弟却分文都未曾到手，可謂「谷氣」之至。

孫麟方兄，原籍安徽，他的先人在無錫創業，他來香港養馬，買進就易名「皇家」旗下，從來不肯買進了不易名，我知道他曾有一次也曾做過出錢而不出名的眞馬主，可是執得此馬的馬主，和他生意上有來往，而且爲人誠實，過了一年，便把馬名過戶轉用「皇家」爲記，可是祇此一遭，並未有過第二次。

「金谷鈴」原名 Mount Everest，麟方兄知道這匹一九五四年的八十五號馬是一匹出類拔萃的好馬，原因是麟方兄雖然有了二十匹舊馬，可是連第二、三班好馬都沒有，因而我們這一班時時和他在一起吃午餐的朋友，總希望他能設法養一匹第一班第一流好馬，如果能夠贏一次「打比」賽，也不枉在香港養馬一場，於是乎麟方兄便託馬房中人，當然是練馬師等打聽五四年那一匹是有資格爭「打比」者，結果練馬師等一致認爲八十五號馬頂有資格。麟方兄於是託人向這位新馬主游說，願出巨金立即購進此馬，這位新馬主並不對馬匹有十二分興趣，而且是第一次得馬，賣出八十五號，如能得高價，至多以後馬會當局認爲你得馬就賣，對他不再配馬，而他也至多以後不申請認購新馬算數，於是一開口就討價三萬五千元，在當時幣値，以這樣鉅金買進一匹從未跑過的新馬，確乎有多少危險性，可是麟方兄毫不遲疑，立即開支票將此馬買下。

當年，新馬如未曾出賽過而易主，可以改名，因而，麟方兄爲了這匹八十五號改名，眞是傷足了腦筋。記得他有一天在午夜三、四點鐘時，忽然給我一個電話，和我商量這匹新馬易名之事，足足講了一個鐘頭，原來他英文名已預備用 Jingle Bell，而中文名字却無法決定，他遍翻了許多賽馬書藉，取了七、八個中文名字，和我商量，決定用那一個。

講了一個鐘頭的電話，仍舊無法決定，我因爲第二天一早要到馬場看晨操，便對他言明，我明天下午到他加多利山住宅去再商量決定。

翌日下午，我到了孫宅之後，麟方兄搬出了很多參考書藉，我們兩個人詳細討論和研究，結

Race. 6
愛達娜 ① Eleanor
太子芍葯 ② Prince Dahlia
光亮 ③ Kwong Leung
東南風 ④ Southeast Wind
19. Jan. 1952 Rough Proof.

（一九五二年，西人「肥佬」杜烈（MR. R. DRAKE），他是英文馬名簿（RACING FORM）的發刊人，（杜君現已逝世，馬簿也隨而停刊），他第一個發明拍馬匹終點照片，每張售價二元，而且要預定，不像現在各種馬簿上的附送「走位圖」這樣進步，當時定購的人很多。這裏刊出一張一九五二年一月十九日第六場的紀念圖片，其中的西文是杜烈寫的，中文名是本文作者現在塡上去的，此圖的右下角，還寫着「草樣」，因爲他先印一套，由購者定妥之後，然後再添印送交的。（注意照片中連馬場觀衆都拍了進去）。

果又費了兩個多鐘頭，才決定這匹八十五號馬改名爲「金谷鈴」。

可惜麟方兄已經棄世，否則他一定會看見我這篇蕪文，回想當年，爲了一匹新馬馬名，要費了這許多時候，翻了許多書籍，纔能決定，眞可謂緊張之至，也無怪乎後來「金谷鈴」贏了「打比」之後，麟方兄要鄭重其事，在石塘咀金陵酒家（現已改建了大廈），大宴馬友了。

決定了馬名之後，我便在孫宅晚飯（講句笑話，我不吃飯已有卅多年，其實是喝酒和吃菜也）。閒談中，又講起騎師問題，我以爲既有好馬，一定要有好騎師，麟方兄亦以爲然，我乃提起請莊洪康老弟爲「金谷鈴」執轡，當時莊洪康在快活谷中，當時得令，而且爲人忠實聽話，麟方兄雖也認識莊洪康，却不大熟悉，我乃自告奮勇，願作曹邱。

過了兩天，我約好了孫麟方和莊洪康二位在告羅士打酒店地下「飲下午茶」，當然一說即合，同時再關照「金谷鈴」的練馬師王筱紅，此馬本已在王馬房中，後來並未轉廐，筱紅聽說已請定了莊洪康，開心得不得了，此後，「金谷鈴」便由莊洪康主持晨操。

「金谷鈴」是先生馬，體力並不十分强，王筱紅主張週年大賽不報名，當時此馬四歲，因爲王筱紅對此馬期望甚高，認爲大有機會，奪得「打比」榮譽，所以對牠小心翼翼，當然，用兩個小馬伕來伏侍牠，是必然的事；每一匹馬，馬會祇供給一名小馬伕管理，如果用多一個，薪水方面，完全由馬主負担，練馬師的話自然是不會錯的，因而「金谷鈴」在一九五四年週年大賽，並不出場。

週年大賽第一天贏新馬一哩「希望賽」的，第一組是「再博」（與「博落」同主），第二組是「戰士」，第三組是「豐之珠」，前兩駒由蔡克文老弟執轡，後一駒則由已故的司馬克君策騎，那一天，孫麒方兄名下的「沙城」，由劉家麟君贏了六化郎，已經喜事開頭了。

第二天贏「山谷賽」六化郎的，第一組是「莫息駕」，馬主是現在馬會的業務秘書威林臣君，此馬贏了這一場後，再跑了一次一哩一七一碼第三，此後便因傷被燬滅。第二組是「金萬鎰」，第三組則是「海龍王」，「金谷鈴」如果在此中上陣，當然定有頭馬可得，其所以不報名上陣之故，惜馬也。

「金谷鈴」第一次上陣，是一九五四年三月廿七日，距週年大賽兩個月零四天，這場賽事是一哩路程，新馬得過獎金者，不准報名，當時有十五駒報名，不料到上陣之時，祇有兩匹馬跑，原來都被「金谷鈴」的大名嚇得不敢出場了。

「金谷鈴」與「又能」（司馬克）對抗，「又能」當然不是它的對手，結果前者一路輕鬆放到，後者也輕鬆跟到，一點也沒有刺激，「金谷鈴」獨彩，祇派六元五角。

隔了三星期，新馬爭「聖佐治碟」一哩，「金谷鈴」負一五四重磅上陣，大熱門又是輕易得勝，獨贏派彩更少，祇有六元正，兩次贏馬的時間，都是一分四十八秒一，何其巧哉。

當時跑「打比」，不是像近三年在週年大賽的尾天就跑，而是在季末最後第二天跑的，與週年大賽相隔幾乎有三個多月。

一九五四年五月八日，第十一次賽馬的第二天第六場新馬「打比」賽，又是大搖彩票開獎賽，五十四報名馬，八匹上陣，「金谷鈴」是一面倒的大熱門，麟方兄的戰畧，是用同廐劉家麟兄騎的「鐵塔」（巧得很，與現在第九班中的「鐵塔」中、英文名完全相同），開路窮放，「金谷鈴」跟在第三、四位，逐步推進，路程是一哩半，不是現在的一哩一七一碼，一圈跑完，到下大石鼓後，莊洪康鬆韁一催，「金谷鈴」脫穎而出，直路上輕易贏了第二名的「雪蹄仙」好多個馬位，總時間二分四十二秒三，末段廿五秒三，跑如此長途而末段能做進廿六秒時間，在當年眞是大不容易了。

麟方兄夫婦，當然高興非常，頒「銀馬」獎後，這是馬會第一次改銀杯爲銀馬的照片，上期已經刋出，這張照片，名苑照相舘的温鐸兄（已故），拍得特別好，後來麟方兄的府上，便永遠懸掛着，因爲當時還未有七彩照片，所以拉馬頭進大門的照片，還是用人工加上顏色，眞可謂「威水」之至。

寫到這裏，我尋出了一張十年前關於「打比」賽的舊報，現在不妨轉載出來請各位參考。

「尚有十天便是一九六一年的「打比日」，而以「打比」爲名，則其重要性可知。事實上世界上各地賽馬，均以「打比」爲最重要錦標賽，此例亦不自快活谷始，今年度新馬羣中，質素特別優秀的「賽神仙」，竟于賽前約三週以肩傷聞，無法上陣，于是這場「打比大賽」，可能成爲近六七年來最熱鬧和競爭得最劇烈的一次。

快活谷中所用的澳洲混種馬，韌力有限，十居其九不耐捱長途。近十年來，每次舉行「打比」，當年度新馬翹楚，最低限度有一半以上是裹足不前的，深恐賽來搏鬥過度，有傷年青駿馬元氣，站在馬主和練馬師本身立場來說，這一出發點未可厚非，觀乎「夜遊人」、「喜力寶」、「龍章」之流，皆因在第一年避戰「打比」，才收以後耐跑之効，益信以往一哩半遙遙長路的「打比大賽」，是不少駿馬的墳墓，遠的不要說了，「成吉思汗」就是近年來一有力明證。

由今季起，打比的路程已縮短了百多碼的十一化郎六十五碼，這不失爲本年度馬會當局明智措施之一，以後每年的打比賽，可能吸引到較多一點的馬匹上陣。

回溯打比大賽自第二次世界大戰後馬會復辦以來，已一共舉行過十四屆，最初三屆是在每年度的週年大賽內跑的，但自一九五〇年以來，便將賽期押後，使新馬有過兩三次出賽經驗之後才上陣參加這場重要賽事。」（二十三）

「法國香妃」九月來港

·馬行空·

三月下旬，香港電影界又鬧出一場「爭奪戰」，情況之熱烈，得未曾有，那就是「梁山一百單八將」大戰李小龍了。

「嘉禾」決定在復活節前推出「精武門」，那部片子是他們公司的「鎮山之寶」，新春期內，都不肯拿出來公映，特地拖到復活節時大顯威風。「邵氏」大概有鑑於强敵當前，所以特選一部由公司裏的全體基本男明星（「水滸傳」中祇有何莉莉與凌玲兩名女演員，而且佔戲不多）合力演出的「水滸傳」，作爲對抗。說他們是準備與「嘉禾」打一場硬仗也可以，但是如果說這僅是一個巧合，倒也不無理由，因爲任何公司都不會在假期以內，故意推出「水片」的也。

龍爭虎鬥好看煞人

此次「邵氏」使用的是「先下手爲强」的戰畧；「水滸傳」比「精武門」早映約莫八天，果然先嘗了一點甜頭。三月十九日，「水滸傳」創下來一日售座近三十萬的驚人紀錄，强如「精武門」，想來亦不免暗暗吃驚。「水滸傳」演過一個星期，輕易的突破百萬大關，那是早在大家的意料之中的紀錄，所以並未能引起任何特別重視。接着「精武門」上映了，首天的總收是三十二萬九千餘元，使「水滸傳」顯然的屈居下風了。

「水滸傳」唯一女主角何莉莉

在這兩部片子都沒有上映之前，外界已經曉得了將要「打對台」的消息，於是一個個伸長了頭頸等候看好戲。沒想「梁山好漢」並未能和「截拳道掌門人」作正面的衝突；「精武門」上映之時，「水滸傳」已成强弩之末，孰勝孰敗之形勢，很快的就明朗化了，對於一幫喜歡「隔山觀虎鬥」的人們說來，好像戲碼不夠熱鬧，不夠刺激似的。

「水滸傳」映了兩個星期，總收一百六十餘萬元，也就沒法再支持下去了。這個票房紀錄，給予任何一位獨立製片家，都能歡喜得幾天幾夜睡不着覺，好似叫化子拾到了黃金的一般，但這部「水滸傳」可不是泛泛的獨立製片出品，而是香港「影壇霸主」的「邵氏」傾全力之作，祇能做到這個數字，就使「影城」中人頗感失望了。

「水滸傳」應該大叫其座的理由很多；大導演張徹剛在不久之前，亦即新春假期內祇用一名新人陳觀泰拍成的「馬永貞」，居然造成了二百萬的輝煌紀錄，因之而聲勢更盛，此其一也。此片把「邵氏」旗下所有的男星一網打盡，而且還把最叫座的姜大衛、狄龍、陳觀泰等都包括在內，「人海戰術」，銳不可當，此其二也。此片邀得日本巨星丹波哲郎與黑澤年男助陣，爲國語片中的創舉，深受影迷們的注意，此其三也。此片是我國最著名的通俗演義小說的改編，家喻戶曉，老幼咸知，此其四也。此片的佈景與場外搭景，盡善盡美，不惜工本，拍出來相當壯觀，此其五也……總之；此片的售座紀錄假如不能超過二百萬元以上，就可以算是一次不成功的嘗試了。

「邵氏」當局，對於這部「水滸傳」相當重視，所以在公映之時，除了本身原有的十一家戲院之外，並且拉攏「海運」、「新都」等九家戲院，許以優待的條件，組成一條二十家戲院聯映的堅强戰線，可見該公司對於此片的期望之高矣。外界人士解釋「邵氏」那次的「大舉進攻」，共有三個原因：一、希望打破「唐山大兄」創下的三百十九萬八千元的最高紀錄。二、就算不能突破三百萬大關，至少也要打破「唐山大兄」一日收入三十七萬二千元的成績。那就是說：總收或者不及「唐山大兄」，但憑着二十家聯映的優勢，倘能於某天做到了三十七萬以上的日收，到底也算是出了一口氣矣。三、「邵氏」的「大堆頭」鉅片，除了這部「水滸傳」之外，後面還有一部全體女星合演的「十四女英豪」，所以一定要先把「水滸傳」給煊染得如火如荼，用意是爲「十四女英豪」舖起路來也。「邵氏」是否有這種企圖？我們當然不得而知，但結果這三個希望都未能達到目標，誠然出乎一般人的意料以外。

放下「邵氏」，再談「嘉禾」。李小龍的一部「唐山大兄」，創立香港開埠百年以來的電影放映最高紀錄，那是「嘉禾」中人在事先連做夢都未曾想到的。現在輪到李小龍第二部「精武門」上場了，倒反而使「嘉禾」患得患失起來，因爲「唐山大兄」的驚人紀錄，實在有一種高不可攀的感覺，「精武門」如果能夠「更上一層樓」，當然再好沒有，如果與「唐山大兄」不相上下，倒也罷了，但如果不及「唐山大兄」，而且距離太遠的話，則對於李小龍的前途就大有影響了！以上談過了「嘉禾」公司本身也沒有想到「唐山大兄」會得竄得那麽老高的。當然，李小龍的拳脚了得，演技亦佳，具有其叫座的條件，但「唐山大兄」究竟算不得是什麽煌煌巨鑄，而居然能把西片「仙樂飄飄處處聞」都給蓋過去，大家嘴裏不言語，可心裏都存有這麽一個想頭，認爲此中多少總帶點幸運的成份在內。

那麽，「嘉禾」就要仔細的想上一想了：幸運之神是否永遠跟在李小龍的身旁呢？不錯，「精武門」拍得比「唐山大兄」講究得多，叫座的條件不是沒有，但香港影片的叫座標準，普通都是以超過一百萬元，就算很不錯的成績了，並非一定要突破二百或三百萬不可，所以「嘉禾」在私下認爲「精武門」又是一場賭博，開出來是「大」是「小」？是「紅」是「黑」？誰也沒有那個未卜先知的本事，萬一幸運之神此次來個「缺席」，其後果就十分可慮了。

筆者曾經親耳聽見「嘉禾」一位大員說道：「精武門嘛，大概賣二百五十萬元上下吧？」這一句話，可以代表了「嘉禾」中人對於「精武門」並無太大把握的看法。

嘉禾花招層出不窮

新春期內，「嘉禾」沒有打出王牌「精武門」，據該公司的宣稱，好像有許多理由，但據外界人士的判斷，則彷彿祗有一條理由，那就是不願意與「邵氏」的「馬永貞」硬拼，情願閃身避過一招的，何況「馬永貞」裏的陳觀泰！既屬新人，又是頭一部的主演，用李小龍去和他對抗，勝之不武，敗則可恥，這筆賬實在不劃算也。

這次「精武門」在復活節之前，與「水滸傳」交上了手，從種種跡象看來，似乎是「邵氏」方面主動的先燃起戰火來的，而「嘉禾」則在無可奈何的情形之下，祗可硬起頭皮來迎戰，所以「嘉禾」決定使出種種花招，希望先在「牙較」上取得優勢。我們可以從「嘉禾」的廣告句裏看得出來；差不多每天都有隱隱約約針對「水滸傳」的字句出現於報章之上，挖空心思，異想天開，倒也算得是廣告術裏的新奇之作。

就在「精武門」尚未公映之前，「嘉禾」又小心翼翼的先安排了幾個午夜塲與特別早塲，無非是探試觀衆的擁護程度而已。結果：生意之好，幾有勝過「唐山大兄」之勢，而每家戲院門口的黃牛黨之猖獗，也可以証明了李小龍號召力量之强大。經此之後，「嘉禾」中人稍微放下一點心來，擦拳磨掌，祗等公映之後與「水滸傳」分一個强弱高下了。

就在那時，「嘉禾」突然使出一個史無前例，一反常規的「怪招」，使對方的「邵氏」、全體電影界，以及千千萬萬的影迷們，都有如「丈二的和尚」摸不着頭腦。

「精武門」映過特別塲與午夜塲了，人山人海，盛况空前，所以大家都急於要曉得票房紀錄如何。沒想到的事是：電影售座日報表上沒有「精武門」，報紙上也找不出一點線索來，經過調查之下，這纔曉得是「嘉禾」的主意，命令所有的戲院不得把票房紀錄洩露出去，誠乃聞所未聞的咄咄怪事也！

按照常理：一部影片如果賣座鼎盛的話，出品公司一定要大肆宣傳，把那個驕人的票房紀錄，盡其可能的公諸於世，敲鑼打鼓，惟恐他人不知。這次的「嘉禾」，偏偏就「反其道而行之」，把「精武門」的售座數字，給瞞成鐵桶的一般，這一招，奇中透奇，怪中又怪，哪怕諸葛亮復生，劉伯温再世，也猜不着他們的袖裏乾坤。

這裏頭就有那個與「嘉禾」比較接近的新聞記者們，在暗中去向「嘉禾」中人探詢此次的「保密」原因。不想所得到的答覆仍是含含糊糊的：「我們暫時不把數字宣佈出來，怕的祗是被競爭者曉得了內情虛實，以後就不好辦事了。」等於沒說的一樣。「嘉禾」中人又說：「遲早總歸要揭曉的，你們放心好了。」這更是廢話連篇了，難道能夠瞞上一輩子不成？

「精武門」映到第五天上，大概「嘉禾」也實在忍不住了，於是特地刋出一幅廣告，專爲報告票房紀錄：七個特別塲與午夜塲，再加上正式公映五天，總收是二百零三萬一千元！李小龍自己打破了自己的紀錄；因爲「唐山大兄」要映到第八天上，始能冒出二百萬也。這項紀錄，實在足以驕人，難怪「嘉禾」寫字樓裏一片喜氣洋洋，大家都面有「與有榮焉」的得色矣。

「精武門」的走勢，非常之凌厲，跨過二百萬大關之後，在第二週放映之中，頭五天一直保持十七至十九萬的優異紀錄，所以很隨便的又闖出三百萬元去，早已就把「唐山大兄」的三百十九萬八千元的紀錄給拋在身後了！

「精武門」映罷兩週——也就是筆者撰稿之時——總收高達三百五十八萬二千元！此後還有一個週末與兩個假期，（除了星期日，再加一個清明節），售座情形，不會差到哪裏去的。總而言之：「精武門」再創四百萬元以上的高不可攀新紀錄，已經是不成問題的一件事了，而外界還有人預測四百五十萬元之數哩，由此可見一般人對於此片的擁護之狂熱。

導演羅維的頭銜，在這個短短的半年之中，竟然改換了三次；由「羅百萬」而成爲「羅三百」，由「羅三百」而又將升爲「羅四百」了，造成他在香港唯我獨尊，睥睨一切的地位，端的可喜可賀。李小龍的下一個步驟，是準備拍攝他自己那部「猛龍過江」的，說是他的「協和」出品，其實還是與「嘉禾」合作，現在因爲劇本趕不及殺青，趁此空檔，他準備仍與羅維拍檔，到日本去拍一部「冷面虎」。將來的羅維是否能夠步步高升的成爲「羅五百」、「羅七百」，甚至「羅一千」，現在誰都不敢說無此可能，因爲在「唐山大兄」映過之後，有許多人已經肯定的判斷，那是國語片售座的最高峯了，是沒有法子再往雲端裏鑽的了。可是「精武門」一出，眞應了俗語裏「一山還有一山高」的那句老話，「唐山大兄」馬上退居第二位，這就証明了羅維與李小龍的「手氣」仍然極順，自摸了「雙辣」之後，還有機會可以自摸「三辣」的也。

擁邵擁嘉 各有一說

現在，我們又要談到「嘉禾」爲什麼要把頭五天的紀錄給保密起來的原因了。

在香港，電影圈子以外的所謂「消息靈通人士」，也分爲兩派：一派是擁護「嘉禾」的，而另一派是向着「邵氏」的，這就好比幾十年前的戲迷一般；既然有了「梅黨」，自然也就產生了對立的「程黨」。

擁護「嘉禾」的一派說：票房紀錄的保密，是萬不得已而爲之，因爲「邵氏」有一個可以虛報數字（廣東話叫做「報大數」）的有利條件，所以「嘉禾」不得不把票房數字隱瞞起來，否則的話，「邵氏」「嘉禾」可以漫無止境的虛報下去，在競爭上說來，「嘉禾」是未免吃虧的了。

一幅前所未見的電影廣告

「邵氏」到底具備何等的有利條件呢？據「擁嘉派」指出：「邵氏」擁有三家自己的影院，即是「翡翠」、「娛樂」與「荷里活」，這三家直接聽命於「影城」，他們所發表的售座紀錄，可以隨意增加，祇消「影城」裏打出一個電話命令下來，這三家戲院，是不敢不遵的。

「擁嘉派」還振振有詞的提出幾點証明來：有時當一部片子已經接近尾聲之時，旁的戲院的售座成績都疲不能興，祇有這三家却相反的在日報表上直線上漲，這是一個絕對不可能的現象，要說其中沒有毛病，很難使人置信。

「擁嘉派」還提出一個最近的例子來。據說：當「水滸傳」已經映到最後幾天，自然各家戲院的售座情形都很差勁了，但是在某日的影院售座日報表上，却出現了一個奇怪的現象，就是銅鑼灣地區的「翡翠」與「新都」，近在咫尺，而且上映的同是「水滸傳」，「新都」的日收祇有八百餘元，可算得甚慘！「翡翠」的報數則是八千多元！兩家隣近的影院，放映相同的影片，但在售座上竟有十倍上下的差別，理由殊爲難明，唯一的解釋，就是「翡翠」是「邵氏」的私有影院，而「新都」則不是而已。

本來「商場如戰場」，爲了營業上的競爭起見，或許有些不擇手段的行爲，其實也不足爲奇。「邵氏」既然可以「報大報」，那麼「嘉禾」爲什麼不可以呢？「擁嘉派」對於此點亦有解釋，據云：放映「嘉禾」影片的「皇后」、「文華」等十三家影院，其中沒有一家是屬於「嘉禾」私有的，所以無法命令與指揮，就算想「報大數」也無此可能。言下之意：「嘉禾」是清清白白的，毫不取巧的，至於對方，這話就很難講了。

以上是「擁嘉派」的看法，至於另外一幫「擁邵派」怎麼解釋呢？

「擁邵派」對於那個「報大數」的指摘，表示了嗤之以鼻，不屑答辯的態度。他們的說法是：「邵氏」雖然擁有自己的影院，但如果要命令影院虛報數字的話，恐怕也不見得就那麼簡單。因爲影院所公佈出來的售座數字，並不是僅僅對於新聞界或影迷們負責的，此數字並且還牽涉到應付稅額，以及商業道德等等問題上去，胡編亂造，或信口開河，都會對於戲院發生不良的影响，豈是可以隨便瞎來一陣的？

談到「水滸傳」與「精武門」之爭，「擁邵派」表示了「勝固可喜，敗亦欣然」的泱泱大度。他們說：一開頭「精武門」就顯然處於上風了，「水滸傳」是無論如何都追不上的，那麼，既然這個形勢已經明朗化，「邵氏」又何必費那個氣力去報什麼大數？查所謂「報大數」者，按照普通常識說來，報足了亦不過三五萬元的差別，總不能一下子報多個一兩百萬吧？「邵氏」不致於那麼愚蠢，其理甚明，而「嘉禾」之指摘，則似屬「無的之矢」矣。

這兩派人士的說法，都很入情入理，眞叫做「公說公有理，婆說婆有理」，使我們外人頗有「清官難斷家務事」的感覺。不過，在這次的「對台」之中，導演張徹却表現了一次良好的風度，値得提出來報告。

有人故意問張徹道：「你看這次的勝負如何？」張徹微笑的答道：「我們是判輸來打，輸少當贏。」這麼簡單的兩句話，但講來不卑不抗，光明磊落，而且充份的表現了可敬的「運動員精神」，値得喝采●

在過去，假使有人問起張徹，有關他所導演影片的售座成績之時，他一定傲然的答道：「我祇知道導好一部片子，至於售座情形我是概不過問的！」這次他居然一改過去的舊作風，實出大家的意料以外，恕筆者以老氣橫秋的口吻在此帶上一筆：張徹近來在做人方面，的確有了長足的進步了！

推出水滸　實屬失策

有些觀察家們，認爲「邵氏」不應該在復活節前推出「水滸傳」，用以來與「精武門」對抗，而情願像春節期內的「嘉禾」，巧妙的避開了「馬永貞」之鋒，以免萬一遭到什麼收入上的損失。賭徒在打「沙蟹」時有一句口號，叫做「避紅打黑」，其實影片之發行，每每帶點賭博性質，引用打「沙蟹」之原理，說來並無不合。

觀察家的理由是：經過「唐山大兄」之後，「邵氏」應該曉得「精武門」是絕對可以叫座的。固然，「水滸傳」亦非弱者，在事先似有能夠與「精武門」力拼之實力，但因爲演員衆多，而且還有日本大明星之參加，所以就算勝了，也難免「以衆凌寡」之譏，敗了則更不談矣。「影城」以內，有的是片子，祇消選出一部夠水準的來，例如繼「水滸傳」之後上映的「吉祥賭坊」就很不錯，先用以來與「精武門」週旋一陣，但等「精武門」映到「筋疲力盡」之時，再以雷霆萬鈞之勢，從斜刺裏殺出「梁山一百單八好漢」，雖然未必勝得過「精武門」，但售座之總數，很可能是不止一百六十萬的。這種說法，是不是「馬後砲」？姑且不去討論它，但「水滸傳」如果與「吉祥賭坊」對調，則的確有利而無弊；觀察家們並非完全沒有根據的也。

由那麽許多位明星主演，而且還是大導演張徹的精心之作，祇收一百六十萬元，的確似乎嫌少了一點。但以筆者個人的看法：「水滸傳」受「精武門」的影響不大，因爲各人有各人的忠實觀衆，是互相沒法拉得過去的也。「水滸傳」的未能達到預期的理想，以筆者個人的看法說來，純粹是因爲選擇題材之不當。

張徹曾經說過一番話：「拍攝『水滸』故事，是我最後一次的嘗試，如果僥倖獲得成功，也許『三國』、『岳傳』等都可以上得銀幕，但如果不幸失敗了，那就証明古裝片已經响起喪鐘，那我又何必去做那種吃力不討好的工作呢？」

此話講得甚是；如今「水滸傳」顯然算不得成功，以後還有兩部已經拍得的「快活林」與「蕩寇誌」，情形亦頗爲可慮，張她的完全放棄古裝片，大致上不會發生搖動；除非「快活林」與「蕩寇誌」出現奇蹟，請看他現在所拍的「年輕人」，與他即將開鏡的「四騎士」，可不都是時裝片嗎？

四百萬大導羅維

自從拳脚片大行其道之後，刀劍片已感不支，大袍大甲當然更不容易討好了。因爲觀衆要看的是眞實感，拳脚片比較容易做得到此一點，刀劍片則多少可以看得出一些破綻，至於大袍大甲，尖刀長槍的陣前交鋒，老實說來，任憑導演與武術指導如何的去費盡心血，絞盡腦汁，總沒法做到像眞的地步。就因爲這個緣故，「水滸傳」吃了很大的虧，此片如果在三年以前出現，可能創造三百萬元的紀錄亦不出奇，可惜現在時代改變了，觀衆的眼光與以前大不相同了，所以張徹此次的「扒逆水」，實在是失策之至。

「水滸傳」得到的批評不少，在散場的時候，還聽見一名粵藉觀衆，說了一句什麽「江郎才盡」之類的話，那都是不太公平的。導演張徹在「水滸傳」裏並未失去平時的水準，怎奈他自己選擇的這個「題目」，實在太難解答了，所以會得在「總分數」上打了一個折扣，這就叫做「作繭自縛」，怨不得旁人。

湊巧「水滸傳」的吃虧之處，也正是「精武門」的佔便宜的地方。李小龍是正式的拳師，伸拳出脚，本來就逼眞得很，再加上導演與武術指導的運用技巧與加以修潤，所以在銀幕上顯得拳拳到肉，脚脚不空，難怪觀衆要連聲喝采了。「水滸傳」裏，丹波哲郎與黑澤年男都是好演員，打鬥時的身手也不凡，可惜一個執長棍，一個挺大戟，他們倆縱有天大的本事，也沒法打得像「李三脚」那麽靈活，此乃故事題材之過，非演員之罪也。

日本香妃　業已放棄

張徹雖說不再拍古裝片了，可是在本年的秋季裏，他還要拍一部淸裝戲，（可算半古裝）那就是宣傳已久的一部「香妃」了。

這部「香妃」，曾經被人稱爲「樓梯响」，因爲在「响」了許多日子之後，始終看不見「人下來」也。好久以前，久遠得已經不記得日子了，「邵氏」曾經宣佈聘請印尼前總統蘇加諾的日籍夫人根本七保子來主演「香妃」，而根本七保子也在消息之後的不多久，翩然飛抵香港，並赴淸水灣道上的「影城」裏參觀，由邵逸夫親自招待，好像已經很接近了似的。

根本七保子在香港住了幾天，突然飛到歐洲去了，「邵氏」對於「香妃」的攝製消息，也就因爲女主角一飛而頓告杳然。一個月一個月過得飛快，寒來暑往的大家也就漸漸把這件事給淡忘了。幾個月以前，報上刊出有關根本七保子的新聞與照片，原來這位「前總統夫人」在歐洲某地的滑雪勝地裏，遇上一名西班牙靚仔，也叫做「千里姻緣一線牽」，他二人一見鍾情，馬上訂婚。香港的影迷們，看到這段消息之時，都一致認爲「邵氏」的「香妃」肯定是無疾而終的了。

誰想絕對不然；「邵氏」從來沒有過放棄「香妃」的意思，劇本早已寫好，佈景服裝的圖樣也早已畫好，現在正由導演保管之中，一待女主角決定，馬上就可以開鏡的。

「邵氏」沒有放棄「香妃」，但在無如之何的情況之下，悄悄的決定放棄根本七保子了，倒不是因爲她在歐洲結了婚，最怕的是怕她拿不定主意也。

人言女人善變，但這位「前總統夫人」可以說是「女人中的女人」；他要是變起主意來，眞個快如閃電，莫可捉摸。「邵氏」就曾經因爲她的模稜兩可態度，而幾乎自己「亂了陣脚」，說起來倒也十分有趣哩。

根本七保子參觀「影城」的那天，千眞萬確在總裁室裏與邵逸夫簽了一紙密約，這是事實，絕非對外宣傳。不過，她所簽的祗是草約而已，內容十分簡單，無非是「邵氏」聘請「夫人」拍戲，而「夫人」亦同意參加而已，至於什麼片酬、期限等，都未曾決定，說好了是在「香妃」開鏡之前，另簽一紙正式合約的。

根本七保子飛離香港之後，曾在花都巴黎寄來一函，信中念念不忘於「香妃」，而且很有點希望早日開鏡的意思。「邵氏」收到此函，自然大爲興奮，張徹馬上通知製片部門，要他們把準備功夫完全做好，然後由英文秘書打了一封回信給她，請她隨時來港，言明到達後即可開鏡。那一陣子，「影城」以內上上下下的確忙得不可開交，因爲「香妃」乃是「邵氏」的製片計劃之中最宏偉的一部，各部門的工作人員，都戰戰兢兢的不敢稍有怠慢也。

「邵氏」的覆信寄到巴黎，套一句北方的歇後語，叫做「肉包子打狗」，有去無回。「邵氏」等候得實在不耐煩了，再發第二封信去催促，此次原件退回，理由是收信人已經離開了法國！偌大的一片歐洲大陸，人海茫茫，叫「邵氏」到哪裏去找這位「日本香妃」呢？祗可按捺性子，繼續等候下去。

幾個月之後，根本七保子又來信了，地址已經改爲西德，信中所說的話，與巴黎寄出的那一封大同而小異。此次「邵氏」學了一個乖，當天就把覆信寄出，而且還補發了一紙電報，表示得十分鄭重其事。不想完全沒用，航空信與急電，照樣有如石沉大海，就此沒有了下文！「邵氏」製片部門又算是白忙一陣，端的十分掃興。

就這樣的重複了好幾次，這位「夫人」也實在的會玩，從倫敦，從羅馬，從里斯本……在每個地方都給「邵氏」來過一封信，等「邵氏」覆信寄回去，照例是訊息杳然，眞不懂她在鬧的是什麼玄虛？「邵氏」與這位「夫人」捉過幾次迷藏，上過了幾次「狼來了」的當，興趣爲之大減，邵逸夫雖然沒有說什麼，但腹內却早已就把這位「日本香妃」給放棄了。

法國香妃導演圈定

根本七保子既然說來又不來，則香妃一角，非得另外物色不可。某日下午，張徹到總裁室裏去請示一件事情，討論完畢之後，邵逸夫又談起那部「香妃」來。張徹獻計道：「在抗戰期內，我到過西北一帶，發現新疆的維吾爾族女子，差不多都是碧眼玉膚，與洋人無異，祗頭髮是黑色的而已。假如老板有意請一位國際女星來担任此角，據我看來，也並沒有什麼不妥。」邵逸夫一聽，非常歡喜，立刻發出一函給一名歐洲的電影經紀，叫他代爲物色女主角，並且寫明了要第一流的紅女星，次等的「貨色」不談！由此可見邵逸夫對於「香妃」的特別重視矣。

那名經紀很快的就從巴黎寄來覆信，信中提出四位女星，據他說是都可以羅致到手，請「邵氏」在四位之中挑選一名，以便進行。那信中推薦的四位女星是：一、烏蘇拉安德絲，二、麗歌蕙珠，三、愛雲芬芝，四、嘉芙蓮丹露。果然都是目前歐洲影壇上最走紅的人物，那名經紀的確有點辦法，使邵逸夫閱信後喜之不勝。

但是當張徹看到名單中的前三位之時，不禁一個勁的搖頭，因爲那三位都是肉彈型的性感女星，叫她們去演一名玉潔冰清，寧死不屈的香妃，豈非削足就履，格格不入乎？張徹認爲祗有第四名的嘉芙蓮丹露，具有秀外慧中的氣質，是一個最理想的香妃人選。邵逸夫當然以導演的意見爲意見，急函歐洲經紀，叫他去向嘉芙蓮丹露探詢拍片條件。

嘉芙蓮丹露是歐洲首席女星之一，地位既高，架子亦自然不小。她的答覆來到，拍片可以，但先要依她三個條件：一、先要看過劇本。二、還要看過張徹導演過的片子。三、她要九月裏方始有功夫到香港來。至於片酬與拍片期限等問題，則需要在這三個先決條件都圓滿解決之後，另外簽訂合約時再談。

到目前爲止，此事尚未有進一步的發展，不過「邵氏」已經把「香妃」劇本譯成法文，寄到巴黎去了。至於張徹所導影片的拷貝，在歐洲地區的還有幾套，請嘉芙蓮丹露隨時試看可也。關於拍片的日期，「邵氏」更無所謂，九月也好，十月亦無妨。總之：祗要嘉芙蓮丹露首肯，萬事俱好商量就是了。

說起來了，「邵氏」近來好像對於聘請外國明星發生了很濃厚的興趣似的：先有「馬永貞」裏的澳洲摔角明星馬蘭奴，後有「水滸傳」裏的日籍明星丹波哲郎與黑澤年男，不多日子以前，邵逸夫與荷里活男星安德烈馬基士簽了一部片子的合約，邀請他在張徹導演的「四騎士」中參加演出，而正在進行談判但尚未有結果的，又有「

香妃」中的嘉芙蓮丹露。外國演員，紛紛打入「影城」，看這個趨勢，很明顯的是邵逸夫仍然念念不忘的想要打開國際市場，那就不必細說了。

嘉芙蓮丹露如果答應參加「香妃」，當然是再好也沒有的人選，但有些人很担心她的片酬問題。「水滸傳」裏的丹波哲郎與黑澤年男的待遇是：每週四千美元，共拍五週，也就是每人的片酬共計美金二萬元正，再加上每人每天的零用錢美金一百元，以及在第一流酒店裏的食宿等等，「邵氏」在他二人身上所費不會超過美金六萬元，可算便宜已極。但嘉芙蓮丹露就大大不同了；有人作如此的估計，大概單單她的片酬就要二三十萬美元之鉅！假如這個估計是不錯的，那麽「香妃」的攝製成本豈不要嚇壞了人？

筆者曾經向張徹提出過這個問題，他祇那麽淡淡的一笑，滿不在乎的答道：「我想我們老板總應該有這個心理準備吧？」筆者又問：「萬一嘉芙蓮丹露不來便怎麽辦？」張徹很堅決的回答道：「這部『香妃』還是要拍的，至多用中國女星就是了！」

有人講笑話道：「萬一法國香妃不來，而逼得張徹祇好在『邵氏』女星中選一名中國香妃的話，那你們寫稿人就有福了，因爲李菁與何莉莉的那一場爭奪戰，一定會演出得緊張刺激，萬分精采的，豈不是你們又有了借題發揮的資料了嗎？」

講完笑話，附帶的在最後還要報告一段有趣的插曲。就在張徹剛剛開拍他那部「年輕人」的時候，外面傳出了一項流言，都說「邵氏」已經簽了麗歌蕙珠，參加在「年輕人」裏演出。這自然是一個很轟動的消息，後來越傳越像眞的了，竟然有幾張報紙給予披露，使影迷們奔走相告，喜形於色。

有幾位與「邵氏」比較接近的娛樂記者，爲了此事，特地趕到「影城」裏去向宣傳部大興問罪之師，認爲如此的重要消息，爲何反而「肥水落入外人田」裏去了，實在太不夠義氣了！各位娛記這麽一問，倒使宣傳部裏一個個目瞪口呆，因爲他們實在沒有聽說過有這麽一碼事也。

娛記們還不肯相信，以爲宣傳部又在玩那套「保密」的把戲，所以不由分說，一起擁進製片部，直接去向袁秋楓提出詢問。袁秋楓也被他們弄得莫名其妙，搔頭發笑道：「對不起，假如確有此事，那麽我這個製片部經理就實在太飯桶了，消息還不及你們各位靈通呢。」

衆娛記們半信半疑的退出製片部，仍然不肯心死，湊巧那天下午張徹在棚中有戲，大家商議下來，認爲祇有直接去問導演，那就一定沒錯了。張徹看見這幾位來到，還以爲又出了什麽事了呢，急忙問道：「各位有何貴幹？」娛記們把來意說明之後，張徹仰天大笑，搖首說道：「不要說絕無此事，我個人連麗歌蕙珠女士的影子都沒有想到過，你們這種虛無飄渺的消息，是從哪裏聽得來的？」

張徹又解釋道：「我的這部『年輕人』整個講述的是一羣青年男女的生活情形，當中夾進去一個外國大肉彈，那算是怎麽一回事呢？你們祇消仔細的想上一想，就曉得此事的不可能了。」

看來此次「邵氏」絕對不是保密了，但奇怪得很；外面傳說得千眞萬確，這股子「來風」是從哪一個「空穴」裏吹出來的呢？

事後，張徹也與娛記們一樣的覺得好奇起來，於是他就在「影城」以內明察暗訪一番，結果，居然被他訪出一條線索來：毛病出在那位歐洲經紀人的一封來信上。

不知哪位職員，因公到秘書室裏去時候，發現秘書的桌上擺着一封英文信，他也沒來得及細讀，祇在中段裏掃到了一個麗歌蕙珠的名字，不禁砰然心動，以爲公司要請這位肉彈來拍戲了。那名職員，想來想去祇有張徹在最近向外借過演員，而張導演目前準備開拍的是一部時裝片「年輕人」，於是他就「閉門造車」的把幾種原因湊在一起，認定了麗歌蕙珠是來參加「年輕人」的了。那名職員到外面去對朋友們談起，於是一傳十，十傳百，到最後連新聞記者都曉得了，鬧出一場天大的笑話來！由此可見記者們的有聞必錄，也不一定完全可靠也。

「法國香妃」嘉芙蓮丹露

澳洲「金牌」純羊毛氈

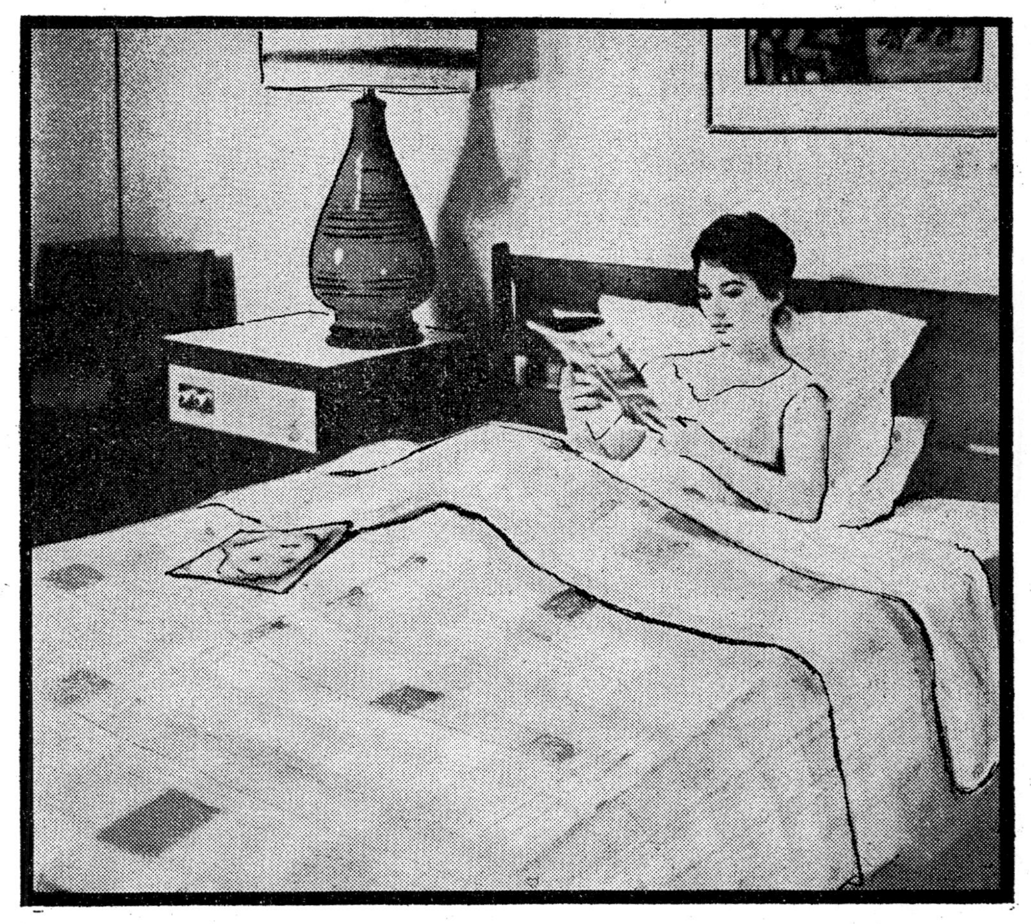

大人公司有售

國劇教育在台灣

·李浮生·

平劇，儘管它是農業社會的產物，在現時代的觀衆們，再也沒有那些閑情逸致，閉着眼睛靜聽台上角兒唱出的字是否正？腔是否圓？但終因它是所謂傳統國粹，仍然有少數觀衆樂此而不疲，說實話，一個民族或國家，自有獨特的音樂、歌舞、戲劇和美術。平劇爲吾國代表性的戲劇，取高弋、崑曲代之而後，風行大江南北，已有數百年歷史；而且流傳到海外僑居地，遠如美國東西部，近如星馬菲律賓諸地，那裏雖沒有職業劇團，却有不少票房、票友作不定期的演出，香港亦不例外。

按理，要談平劇，離不開大陸，但今日大陸，傳統的平劇已不復存在，先則改成現代劇，而今稱爲樣板戲，無論演出形式與內容，早已另具面目。於是好多戲迷說今日要看平劇，近則香港，遠則台灣。尤其台灣劇團多，新人輩出。例如，前年來香港，加盟嘉禾公司拍電影的茅瑛（復靜），去冬和春間應邀來港協助趙培鑫演出的劉復雯、余嘯雲、孫麗虹等，盡屬由台灣培植出來的新人。而且藝事成就高於彼等的多的是。此外，另有一個現象，台灣有六、七個劇團，眼前還有四個戲劇學校，但說也奇怪，票房紀錄「大班」賣不過「小班」，於是本文以「國劇教育在台灣」爲撰述題材。所謂「小班」，有小大鵬（大鵬戲劇職業學校）、小陸光（陸光戲劇訓練班）、小海光（海光國劇訓練班）、復興戲劇學校。這些班校，有一個相同制度：公開招生，男女兼收，報名資格爲年滿九歲，讀過國民小學三年級，一律住校，七年畢業後再實習二年。入學期間，不收學雜費外，免費供應膳宿及制服內衣，那就是家長將孩子送進班校後，毋須繳納任何費用，既能學習戲劇藝術，又可取得普通學校中學資格。由於這些學校，學科術科並重，不像舊制科班那樣，只是學戲而不讀書的。

以校舍及設備而言，無論小陸光也好，小大鵬也好，校舍的面積都在三萬方呎以上，復興戲校則有六萬方呎之寬大。他們都有衆多的教室、學生宿舍、食堂、圖書室、浴室、操場、大禮堂等。曾經有過一個非正式的統計，教育一個戲校學生，年耗新台幣一萬二千元，如果經常保持一百個學生，每年就得耗費新台幣一百二十萬元，一期七年，要花去八百四十萬元；而戲箱的購置與常年消耗折舊，尚未計算在內。

走筆至此，讀者要問，辦一個平劇訓練班校，花那麽多錢，由何人支持？其作用何在？

台灣的平劇班子，自民國四十二年顧正秋劇團解散後，民間已沒有一個劇團，軍中劇團則一枝獨秀，絕大多數的平劇從業人員，都轉入了軍中劇團服務。於是空軍有大鵬劇團，陸軍有陸光劇團，海軍有海光劇團，聯勤總部有明駝劇團。陸軍方面還有軍團級的大宛、龍吟、干城三個劇團，總共軍中有過七個平劇團隊，他們主體作業爲勞軍，但亦經常在台北國軍文藝活動中心作對外公演。爲了培植第二代人才，也爲他們自己團隊的補充，因而設置訓練班，首先成立的爲空軍大鵬的小大鵬，而後陸軍陸光有小陸光，海軍海光有小海光，既由軍中創立，一切經費當然由軍中負担。只有復興戲劇學校，初時由名票王振祖君私人創設，由各界解囊支持，但自改爲國立後，全部經費已由教育部撥付。

有這麽多訓練班校，何來那麽多師資？這倒不用躭心。雖然大牌名伶，多數留在大陸，但在台灣的平劇從業人員，無一不出身於科班或戲校。有富連成的，有鳴春社的，有中華戲劇學校的，有上海戲劇學校的，有山東省立劇院的，有夏聲戲劇學校的，可說集大陸各地科班劇校畢業生之大成。誠然，他們雖非大紅大紫的名伶，但都受過七年以上的嚴格訓練，以他們所學的傳授給第二代，堪以勝任愉快。

軍中劇團辦的平劇訓練班，由軍中劇團成員兼任教師，乃屬順理成章之事；未服務於軍中劇團名伶，被聘爲客座教師，亦不乏其人，如朱琴心（已故世）、章遏雲、白玉薇、賈斌侯（即賈寶山，蓋派武生，亦已去世）、馬述賢、戴綺霞、秦慧芬等。不去學校教戲，在家收學生爲金素琴和杜夫人姚玉蘭女士。金素琴收的學生爲出身小大鵬的梅派青衣嚴蘭靜。正式列入杜夫人門下的爲小陸光唱老旦的吳陸芳；畢業於復興戲校的崔復芝，雖未正式拜師，却也向杜夫人學了一齣「斬黃袍」。

上述那幾位專任教師，以章遏雲較爲輕鬆，他只教小大鵬，別無兼職，而況教的是程派青衣，從學者並不太多。最忙的爲白玉薇，她是當年北平戲校「四玉」之一，又有「文藝坤伶」之譽。遠在民國三十六年，就隨夫到台灣，卸却歌衫，不再粉墨登場。直到台灣各戲劇訓練班校成立，才應聘參加，專任教戲。小大鵬、小陸光、復興戲校，身兼三個班校教職，可說桃李滿門；因白兼通英語，所以洋學生也不少，算得忙人之一。秦慧芬出身厲家班，原名厲慧芬。前些年在軍中劇團搭班，自嗓子出了毛病後改任教師，青衣花旦都教，以小陸光為根據地，在家中也收了不少學生，舊年歲暮來過香港的余嘯雲，就是拜在她門下的。

台灣各國劇學校以成立先後為序，首先要記述的是小大鵬，亦即大鵬戲劇職業學校。若從收第一個學生算起，那是民國四十一年春。這時尚未設班，有一位年方十一歲名叫徐露的小妹妹，經人介紹進入大鵬劇團學戲。而今日的徐露，已成為台灣第二代首屈一指、文武崑亂不擋的旦角人才。她自學藝起，在大鵬劇團就了十五個年頭，直到民國五十五年結婚後方才離開大鵬，相夫教子，放棄紅氍毹生活，直到半年前，經筆者之促成，東山再起，加盟明駝平劇隊充任台柱，另一方面，也常出現在台灣電視公司的電視劇場節目中。

小大鵬之第二期學生亦僅收七人，為張富椿、馬九齡、陳良俠、楊丹麗、鈕方雨、古愛蓮、嚴莉華，時為民國四十四年九月。其後民國四十六年第三期，招收女生七名，男生十七名。四十七年又開第四期，招收女生十七名，男生十名。就從那時起，正式定名為大鵬國劇訓練班，獨立對外公演，小大鵬之名由之而起。今日在小大鵬受業的學生屬於第八期，總共約計招生二百五十餘名，男女各半。

這八期學生中，七、八兩期因未畢業難作定論外，人才以一、二、三、五各期最佳。一期中僅徐露成就最高。第二期的程派青衣古愛蓮，用功不輟，去秋去了美國，聞將擇人而事不再唱戲。鈕方雨學花旦，紅極一時，但自改拍電影後，藝事似有退化跡象。張富椿雖非武生全材，但在同輩中，算得上差強人意的一位年青武生。在第五期學生中有兩位最突出的新人：一為嚴蘭靜，梅派青衣，嗓子有水音，響亮寬潤，一為郭小莊，學花旦，扮相既美，做表亦佳，這兩位小女伶如日正中，惜乎前者最近已結了婚，後者則有時喜愛演電視話劇，最近還拍電影，雖然她們還在大鵬劇團搭班，前程則或許到此為止。

郭小莊演「扈家莊」之一　文青

小大鵬還有幾個人才不能不提，學程派青衣的邵佩瑜，私底下臉蛋之美，台灣小女伶無有出其右者。扮上了戲反而並不動人，嗓音低弱，難望出人頭地，但她演電視話劇則成就不凡。另一人為姜竹華，他學的是武旦，在小大鵬時期並不得意，加入今日世界麒麟劇團後，青衣花旦刀馬，什麼戲都唱，竟然大為吃香，走上了鴻運。而今在大鵬嶄露頭角的梅派青衣有廖苑芬，程派青衣張安平，武旦楊蓮英等。

小大鵬，有一個令人費解的問題，他們從未出過老生。只出了幾個小生，又屬女扮男的。如楊丹麗、程燕齡、高蕙蘭、以及最近來過香港的孫麗虹。正因為他們不出老生，慫恿復興戲校的老生劉復良「過堂」。劉復良在復興戲校本為當家老生，但跳槽到小大鵬後一蹶不振，倒嗓淪為班底；而今大鵬的女老生崔復芝，亦屬由復興戲校轉過去的。

復興戲劇學校，創立於民國四十六年三月十二日，由青衣名票王振祖任校長，由王君聘請董事，組織董事會負學校經濟責任。其實，等於王君私人經營。成立雖後於小大鵬，但台灣正式戲劇學校，自始只有復興戲劇學校一家。有組織，一切符合學校規章。第一期招生就招足一百二十名，有獨立的校舍，第一流的師資，且向政府立案登記，教學認正，進度快。記得該校成立不到半年，已能演出「八五花洞」帶大開打。經筆者推介，演出於台北市記者公會，慶祝九一記者節遊藝節目中，那時尚未購置衣箱，以綢布包頭和穿着練工衣褲登場，就從那次起予觀衆以深切印象，第二年正式公演時即轟動台灣，小大鵬為之黯然失色。

復興戲劇學校，一如富連成科班、上海和北平戲劇學校，對學生均題藝名，以字輩分期。該校以復興中華四字順序排行。第一期為復字，第二期為興字。第一期獲得盛名的旦角有王復蓉、沈復嘉、周復嬌、趙復芬、茅復靜、程復琴，生角有劉復良、葉復潤、張復建、毛復海、曲復敏、程復慧、崔復芝、盧復蘭等。去年來香港的劉復雯，在校時期還輪不到唱主角，畢業後離校回到他父親身邊，才有了成就。蓋她本屬梨園世家，小劉玉琴乃是其姑母、父親劉玉麟為台灣第一小生，搭班於海光平劇隊。她本工學的是武旦，加入海光後，一邊唱戲，一邊學戲，天份高，成就快，於是藝事大進。

復興戲劇學校崛起於台灣菊壇，不能不說乃屬王振祖之功。無奈第一期的學生即將卒業之時，連續不斷的發生糾紛。有好事者從中挑撥，鼓勵學生跳槽，或者領回家退學，某些學生家長眼

小大鵬出身的旦角姜竹華演「七星廟」

看自己的孩子紅了，幫着學校裏賺錢，要求學校補助家用。有人惡作劇地到學校大門口叫罵，也有人上法院告狀，總而言之，鬧得鷄犬不寧，校長王振祖為之啼笑皆非。

於此姑舉一例，筆者寫了一篇有關該校鬧糾紛述評稿子刊於民族晚報，自問立場公正，絕不偏袒於任何一方。對學校有人謀不臧、管理不善之責。部份家長興風作浪，橫生事端，亦屬非是。後來竟有幾個家長在法院控我以誹謗之罪，要求賠償十萬元名譽損失。這倒不足謂怪，有罪無罪，應否賠償，聽候法院判決。所怪的開庭那天，他們集合十多名糾糾武夫，待我退出庭外時，在法院走廊上準備向我動武，幸而法警見狀後保護我離開法院；官司則以不起訴處分，我受了一場虛驚，他們一無所獲。舉一反三，由此可概知該校糾紛迭起之原因，而王振祖的校長確屬不好當，眞難為他。

該校問題最嚴重的時期為民國五十三年九月應邀赴美國演出返台後，第一期的部份學生家長要清算王振祖，且涉訟於法院，學生跑的跑，溜的溜。第二期學生則剛開始教學，公演既全部停止，收入全無，東借西貸，困難萬分。此一難關直到民國五十七年三月十二日，由私立改為國立，仍由王振祖任校長，經費由政府負担。學校還附設一個實驗劇團，已畢業的學生願留校者，即加入實驗劇團，每月得支領薪酬，未畢業的在校學生為三、四兩期，共一百二十名。

小陸光，全名應為陸光戲劇學校，由於迄今立案手續尚未辦竣，暫稱陸光國劇訓練班。直屬陸軍總部陸光藝工大隊，成立於民國五十二年十月，第一期招生男女共四十名。二年前招第二期學生男女三十八名。歷史雖淺，但以今日台灣各小班的票房紀錄和觀衆之擁戴，小陸光後來居上，小大鵬，復興戲校等都望塵莫及。它的成功因素：一，兼班主任洪濤能力强，長袖善舞，不愁經費缺乏。二，門戶開放主義，師資人才，大陸光的演員只佔少數，相反的，空軍大鵬劇團演員有被請在小陸光教學者。三，立有一個優良制度，老師教戲，訂明進度表，一齣戲教完後由上級派員「驗收」，教師待遇高，教學認眞，學生學習態度良好。

小陸光的學生也以藝名字輩分期。第一期學生為「陸」字，第二期為「光」字。為觀衆深知，已享盛名的如旦角胡陸蕙、林陸霞、潘陸琴、李陸齡、溫陸華、吳陸君、老生李陸俠、張陸龍、朱陸豪，武丑程陸賜，小生劉陸嫺、王陸瑤等，這一期學生已於前年畢業，除潘陸琴、歐陽陸鳳二人搭班其他劇團外，都留在該班深造，每月每人得領七百元津貼。第二期學生尚未單獨演出，但第一期學生公演時，該期學生也插演幾齣戲。其中有一位學老生的譚光啓，已有相當的叫座力，由於今日台灣第二代老生什九為女性，男老生反甚少見。

說來亦許讀者不予置信，當前叫好叫座的戲

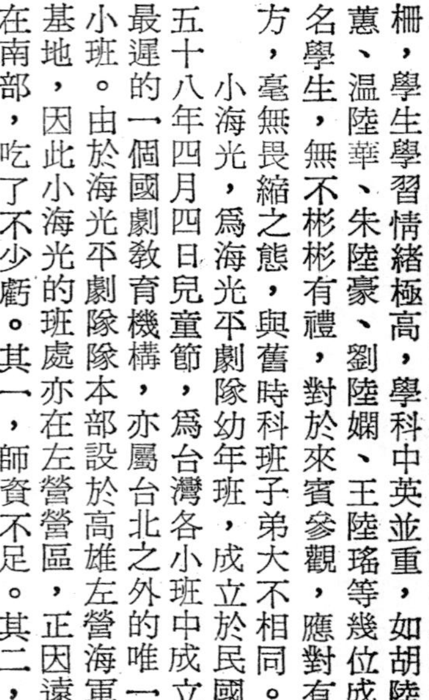

班，不是各大班劇團，而是小陸光，該校地處木柵，學生學習情緒極高，學科中英並重，如胡陸蕙、溫陸華、朱陸豪、劉陸嫺、王陸瑤等幾位成名學生，無不彬彬有禮，對於來賓參觀，應對有方，毫無畏縮之態，與舊時科班子弟大不相同。

小海光，為海光平劇隊幼年班，成立於民國五十八年四月四日兒童節，為台灣各小班中成立最遲的一個國劇教育機構，亦屬台北之外的唯一小班。由於海光平劇隊隊本部設於高雄左營海軍基地，因此小海光的班處亦在左營營區，正因遠在南部，吃了不少虧。其一，師資不足。其二，

小陸光武生朱陸豪演「花蝴蝶」

缺少觀摩機會，不像台北各班校，各大班演出時由老師率領前往參觀，增廣不少見聞。其三，台北有經常作實習演出的場地，在南部除非勞軍，很少有機會公演；但亦有好處，教師全屬海光平劇隊伶人，大小海光在一起，教學時間多。宿於斯，食於斯，師生打成一片。

該班第一期招收的學生，女生二十四，男生十六，共計四十名。以海字作第一期學生的排行。開學雖未滿三足年，基本武功底子均已打好。自第三學年實施分科教育，也就是生旦淨丑，各盡所長。半年前曾來台北，假國軍文藝活動中心作初次公演，戲目多半爲武戲，演技雖未熟練，口碑則甚佳。最難能可貴的，自開鑼至終場，每齣戲都有份，甚至在一齣戲中趕扮幾個角色，統共只有四十個學生，有時前場戲中，包括主角武將武行上二十個人，而下一場戲裏也得二十來個人，他們只有拚命地在後台改扮，却絕不影响下一齣戲上場。

本文執筆時筆者聽到一個好消息，海光藝工大隊、海光平劇隊即將遷來台北。屆時小海光亦必隨之北遷，果能如此。那四個平劇班校集中於台北，小海光得地理之利，定可與小大鵬、小陸光並駕齊驅，由於師資缺乏問題迎刃而解，觀摩和演出的機會亦可增多。

小陸光花旦胡陸蕙演「釵頭鳳」

除了這四個班校，台灣還有兩個附設於大專學校的平劇專修科。一爲國立藝術專科學校，該校成立於民國四十三年，第一屆招生時，就有四十二名學生報名攻讀平劇專修科。但畢業後此一專修科即告停辦，原因之一，該校報考學生因修畢初中課程，年齡均在十三歲之上，學習平劇基本武功已不適合。原因之二，該校與梨園界毫無關係，畢業的學生出路大成問題。時至今日，那四十二名學過平劇的畢業學生，沒有一個學以致用，在各劇團搭班的。

另一個爲中國文化學院的戲劇專修科，一如國立藝專。初中畢業生入學，修滿五年畢業，學術科並重。每期收學生一班，已辦了三期，教師多半在小大鵬、小陸光等班校任教。這個五年制的戲劇專修科，入學的學生有極少數人由小大鵬、復興戲校轉過去的，其餘爲普通初級中學畢業的學生，對平劇劇藝一竅不通。他們之所以報考這一門科目，無非想學得一技之長，作爲終身職業，且能博一個專科畢業的資格。衆所週知，台灣大專院校入學考試採聯合招生聯合考試制度，入學之難，猶似金榜題名。這種五年制的戲劇專修科，報考的學生既少，還能利用人情關係入學。於是每期招生，每期有人報考，但畢業的學生能學以致用而加入劇團演戲，乃屬鳳毛麟角。

結論一，台灣雖然有那麽多培植平劇第二代人才的班校，仍然有一個顯著矛盾，各劇團的舊人乏人接棒，而某些花了苦工的畢業學生却又搭不到班。

二，這些班校只培植旦角，不側重其他各行。男扮女，或女扮男，早已不合時代，而這些班校訓練出來老生、小生多半女性。二十年來，男性老生和小生，稍有成就，今日仍然在獻藝者，老生僅有葉復潤，小生只有曹復永，皆爲復興戲校出身。

小陸光最小的老生譚光啟演「黃金台」

三，電影電視，促使某些第二代人楚材晋用，好些學習武戲的學生，造詣不深，難以搭班，拍武俠片成爲唯一出路，有些在搭班的武生也在武俠片做幕後英雄。女性學生則以上電視演話劇作轉業途徑。拍電影、上電視，收益都比搭班演戲高，又何樂而不爲呢。

四，這些戲劇訓練班，或已正名爲戲劇職業學校，雖經政府核准登記立案，依據教育法令，畢業的學生除非再參加一次考試，不能升入其他學校進修。由於補習性質的這些班校，是沒有正式學籍的，復興戲校之家長與學校鬧糾紛，學生學籍問題即爲導火線之一。

五，一個可喜的現像，比諸舊制科班已大有改進。不體罰，老師以啓發方法誘導學生上進，除術科外，與普通學校無異，學生能讀能寫，畢業後即令不從事戲劇工作，亦等於完成了普通中學教育，這是爲舊時的科班教育所不及的。

，最大遺憾是旦角都夠水準，而鬚生缺乏人才，在台灣最規矩的老生爲李金棠，他應該教些學生出來，也是義不容辭的事情。

記稚青女士

·葦窗·

現在在香港提起稚青女士，知道的人定然不多，但在二十三四年前的上海，提到她恐怕是「誰人不知、那個不曉」的！

稚青女士姓魏，湖北襄陽人，我第一次認識她是在一位四川名醫兼詩人葉古紅家。當時葉古紅賃居上海福煦路慕爾鳴路口一宅小洋房裏，其地後來曾被周世勛兄開過小舞廳。葉古紅從南京到上海，很好客，那次請客，他是要向大家介紹她的「愛人」魏新綠，我一聽新綠兩字，就知道這是被葉老先生以古紅兩字作的對仗；我更知道葉古紅最出名的一件事，那是他應南京中國日報的徵聯，「易君左閒話揚州，引起揚州閒話，易君、左矣！」那付「林子超主席國府，連任國府主席，林子、超然。」的下聯，就出於葉古紅的手筆。

那天和我同去的有名評劇家蘇少卿先生，蘇少卿告訴我：魏新綠在南京頗有艷名，她是唱老生的，曾和褚民誼合演「空城計」，司馬懿殺進城去，她在城樓上大呼「秘書長，別開玩笑」的人，就是她，因爲那時正是褚民誼當中政會的秘書長時期。但我看他並不漂亮，矮矮胖胖的，但人很大方，談吐十分得體。

從這一次看見魏新綠以後，過了幾年，再看見她，已然稱爲「稚青女士」了。我想稚青、新綠還是一樣，不過在他傍邊的老者葉古紅已經回四川去了，隨侍他左右的是一位小生名票吳澤舟，恂恂儒雅，挾着一只公事包，到處跟着她走。稚青女士在電台講戲、教戲，有時夜深人靜，聽她用國語娓娓清談，嘴裏唸着鑼鼓經，夾着道白，還眞是一檔值得欣賞的節目，當時她這節目的廣告客戶是「蝶霜」，因爲陳定山先生也是很贊賞她的。

和平日報在上海舉行海天之友清唱，稚青女士打電話給我，一定要請我去，並說：「我要介紹我的老師給你認識。」我說：「你的葉老師、吳老師我都認識，不用介紹了！」她說：「不是不是，他是我做文章的老師。」原來她要介紹我認識易君左先生，從此訂交，亦將近三十年了。

稚青女士在南京時，時常登台，「轅門斬子」、「失空斬」是她的拿手戲，到上海後，便很少漏演，她說：「上海的地方，藏龍臥虎，我的個子不夠，扮出來不好看，不如藏拙罷。」有一次，她給我看一套她拍的戲照「武昭關」，共計十幅，那是她在南京時代，由葉淺予代她設計的，每張照片都是三十六寸大的，從便妝、畫眉、勒水紗、穿靴、帶護領、紥靠、披肩、紥靠旗、一直到帶髯口、扮好戲爲止，經外交部編製英文詳細說明，轉送加拿大温哥華國際文化展覽會陳列，獲得奬狀。我稱讚她這是有心人提倡國劇之舉，她說要不是葉淺予先生從傍鼓勵，全局計劃，她是做不到這樣完美的。

稚青女士扮演「武昭關」之伍子胥

我那時在上海，常有朋友來拜託我在電台中辦京戲清唱節目，有幾次大規模的，陣容都很堅強，我每次總請稚青女士担任全部節目介紹，她必一諾無辭，因爲她懂戲，又和名伶名票熟識，不會說外行話。事畢以後，我必送她點錢，她隨即示意吳君收入公事包中，從不談論錢的多少，有時，她還嫌我給多了，她總說：是朋友，就不該提錢，大有羲皇之風。

民國三十六年，她應電台聽衆的要求，出版一本談戲的書，名爲「國劇津梁」。我曾代她請我的舅父徐凌雲先生爲她作一篇序，易君左先生也做了一篇，此書大有可觀，我還記得她自己作的序言中說：「……最可慮的是戰後人心陷溺，道德淪亡，如同洪水一般，假定無法搶修，任其泛濫，眞入萬刧不復之境，而且單靠家庭和學校教育來挽救，已經覺得遠水救不了近火，更不是

加拿大温哥華國際文化展覽會給稚青女士的奬狀

把『禮義廉恥』懸空在屋頂上，便算了事……」因為那時的國際飯店二十四層樓上，正掛着紅色的霓虹燈，寫着「禮義廉恥」四個大字呢。

一九四九、五〇之間，大陸上的電台全部改為公營，她的電台教戲生活也隨之而告一段落，為了生活，她在國際飯店樓下，主辦了一個「清音桌」，遍請名票名伶前去「消遣」清唱，我也應邀去唱過兩次，辦了沒有好久又因故停辦了。

一九五〇年四月下旬，我準備南下香港，她託我到香港為她打打路子，等我自己部署稍定，為她在電台求職，希望仍能在電台說戲之類，當時麗的呼聲電台曾經有意請她來香港，要我和她通信聯絡，但幾次去信，都如石沉大海，一點回音都沒有，引為憾事！

我曾多次和易君左先生提起稚青女士，我說這是一位傳奇人物，你何不寫她一篇呢？君左先生說：我和她確乎很熟，從前寫過一篇「白門雙柳記」，就是講她和陶默厂兩人的，等我回憶一下，最好你能找到稚青女士出版的「國劇津梁」，其中我有篇序，寫得還滿意，我說：「我的搜羅戲劇書籍，算得既多且廣，但這本書我是直到去年託已故書商許晚成才幫我找到的。」

稚青女士勒頭上裝

今年春天我去台灣小游，曾請君左先生在名丑吳兆南所設的「烤肉鄉」吃烤肉。過了兩天，君左先生一定要回請我在人和園吃雲南菜，名畫家黃君璧聞訊欣然參加，席間二次提到稚青女士。飯後又同到君璧先生的新寓白雲堂吃咖啡，方才盡歡而散，這也是我和君左先生的最後一面。

這裏我把君左先生的序言載在文末，和稚青女士的舊作「談嗓音」一并刊出，也是表示一點念舊追悼之意。

『遠在戰前廿六年春，我們江蘇文藝協會組織了一個天風劇社，把舊劇的「問樵鬧府」、「四郎探母」等各有修正，而且自編了幾齣短劇，作小規模的演出，這是我參加改革戲劇運動的開始。那時我們在鎮江，同時首都方面國立戲劇音樂院建築工竣，其中有紅遍大江南北的女名票，為籌備委員之一，就是現在編這本「國劇津梁」的稚青女士。

平劇自有其不可磨滅的價值，平劇第一個特點即象徵，平劇用象徵做它的特點有什麼作用呢？就是要縮短人、事、時、物的距離。這是一種最藝術的手法，不了解此點的，往往即藉以攻擊，說平劇太抽象，然而為什麼我們看平劇並不感覺空虛呢？這是由於它在抽象中有具體，在象徵中有現實，比如揚鞭，並沒有馬，似乎是抽象的了，但我們看去，知道那鞭子一揚，確係打馬，決非打人，這就是具體的表現，也就是現實的表現。如果真正帶上一匹真馬，舉起鞭子抽，試問有何興趣，而且大違藝術的技巧了。

我看平劇在技巧的原則上沒有什麼多修正的地方，倒是意識上和文學上還有許多可以斟酌的，平劇的思想型態在鼓吹忠孝節義。忠孝節義是中國的美德，無可訾議，但平劇的封建意識太重有些愚忠愚孝，蔑視女權，養成奴才，提倡迷信的腳本，實在可以把它們改改。還有，一些似通不通的詞句兒，在文學及教育的意義下，也應該加以修改。有些較整齊的劇本如「慶頂珠」，在反封建意義上，即在戲劇本身結構上，確比他戲好。而如「四郎探母」，有識為帶點漢奸意識的，也不為無因。本來，整個平劇全是歷史劇，歷史是人生的寶鑑，戲劇是人生的紀錄，而人生悲歡離合，總不離這些玩意兒，且往往免不了矛盾，戲劇是常常寫矛盾的現象，要從這矛盾裏指出一條應該走的道路，因之，意識和思想便決定藝術的主題。

但無論擁護平劇也好，反對平劇也好，首先必須了解平劇，了解平劇是一種什麼東西，若連這一點都不懂，則擁護與反對皆失其依據。然而平劇本身就不大容易了解。像揚鞭，普通一點說任何人都能懂，玄妙一點說只有詩人才懂。像抖袖、理髯口等等小動作，都有它的藝術和生活的兩種意味。以此而推論及平劇之整個理論系統及其所以根深蒂固堅強地存在之理由，就需要我們更多的知識、更深的了解了。據我看：平劇不但不會沒落，一定更蒸蒸日上，但要提醒一句：平劇若不能兼顧其歷史與時代的兩種藝術意義，則殊有動搖的可能。

稚青女士這本書，很科學化、文學化，不失為一本最好的指南書。坊間不能說沒有這一類書，可是自「國劇津梁」出，其他均將黯然無色。我更希望熱心舊劇的藝人，進一步地發揚平劇的優點而修正其弱點，以表達人生的意義，並完成其歷史的使命。

民國三十六年三月十三日』

談嗓音

·稚青女士·

嗓音之不同，有如人面，同一京戲，同一格調，什麽人歌之，韻味各別，無一類同，此京戲之特長，其引人入勝歷久不衰之原因亦在此。夫京戲既以唱詞與道白為主體，而唱白以運用嗓音為必要條件，內行喻嗓音為本錢，本錢充足，而又善於經營，則無往而不利，故討論嗓音，實為初學者入門之階，毫無疑義。下錄已故名伶劉鴻聲故事一則，以證吾說之非妄。

已故名伶劉鴻聲初非劉姓，在北京某刀舖學徒，舖長劉延修收伊為養子，遂姓劉，每日赴各街巷售刀，人莫不愛其呼賣聲之悅耳，樂於購買，生涯頗盛，到處皆有「小刀劉」之外號。彼時票友中有祥雲甫其人者，外號「大廢物」，唱花臉，知劉嗓音甚好，遂教以唱戲。劉戲癮大發，漸至荒棄刀業，窮困之餘，曾一度轉入戲班中管彩匣子。幾費周折，始拜花臉常二莊門下，初搭慶春班，同台名伶無不加以白眼，獨小生馮惠林知其前途無量，借錢相助，劉之得以成名，實馮之所賜。至劉嗓音之佳，百代舊片中，有斬子、斬黃袍兩齣，響遏行雲，為其代表作。

第一節　練嗓

票友初學，往往無所適從，性喜何種角色，自恨限於天賦為之興嘆，不知京劇戲路甚廣，生旦淨丑之中，且包括各種不同角色在內，不宜於此者或宜於彼，苟有志向學，不患無可學。又京戲與崑曲不同，崑曲格調謹嚴，規定音譜不許任意高下，京戲可依其嗓音酌定調門，唱者有自由伸縮之餘地，故京戲易學，受人歡迎，惟其自由，故極難工，不可不知也。

學者嗓音合於戲中何種角色，最要者本人須拋棄成見，苟高窄之嗓，缺少寬音，其人宜學老旦，加以功力，必能出色當行。然一般票友抱風頭主義，以鬚生登台受人歡迎，老旦處配角地位，即有正戲，亦在開鑼頭幾齣，不屑學之，遂至大好老旦人才，列於非驢非馬之老生行中，未免可惜。老旦龔雲甫在北京亦懸首牌，賣座始終不衰，孰謂老旦不足學耶？依據上述，學戲者宜如何虛心自省，究學戲中何角為宜，既經胸有成竹，即將唱腔純正之唱片接連聽之，及既耳熟，大聲附和之，或挽友操琴，畧歌一小段，或求教名家試音，代為裁決，求得本人嗓音學何角有幾分近似之處，然後延請名師指導，如此循序以進，不斷研究，假以時日，不難收獲也。唱片因時間限制，減詞漏句，習以為常，僅可作參考，「留學生」不足為也。

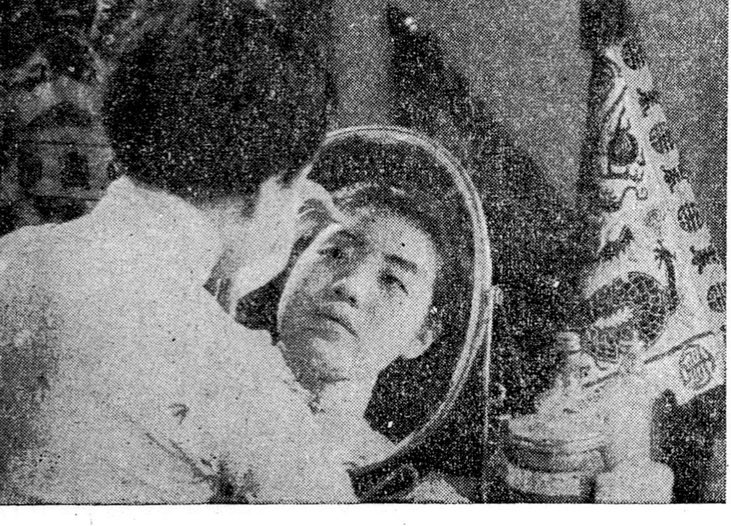

本文作者稚青女士對鏡化裝準備演出

嗓音因性別關係，大抵男剛而女柔，女性習鬚生成名者少，坤票歌鬚生，如無雌音已屬上乘；反之男性學旦角，非經苦練不為功，決無女性成功之易。至嗓音雖屬天賦，亦仗功夫，始能垂久，試嗓時，固尚談不到，茲就劇中應具何種嗓音分別列述如下。

生角之部：

（一）鬚生須用本嗓，唱宜圓潤，高音不可太尖，尖則刺耳，低音以寬亮、底氣充沛為上選，（紅生音較鬚生稍窄，宜高不宜低，沙音根本不夠資格）。

（二）武生亦用本嗓，有時偶用假嗓，專重白口，唱則次要，以清脆響亮為佳，楊小樓一連環套」之唱片，可為楷模。

（三）小生中扇子生與窮生重做不重唱，惟雉尾生着重唱白，須表示年少英俊之氣，最忌脂粉氣，唱時全用假嗓，虛而有力，與旦角截然不同，白口以本嗓假嗓並用，往往吃力不討好，故人才奇缺。

旦角之部：

（一）青衣全用小嗓虛音，學者工力不逮，往往能高不能低，故以能高低音齊備者為上選，發音宜清而兼柔，最忌濁膩，以嗓音而論，四大名旦中，推梅蘭芳為標準。

（二）花旦嗓音佳者，青衣而兼花旦，否則只能專攻花旦，因此行角色，大半偏重於做功說白，唱則無關宏旨也。

（三）老旦在戲中亦女性，故雖用本嗓實較鬚生為細窄，高音且多小腔，低音根本不寬。

淨角與丑角：

（一）淨角純用寬嗓，氣力不充沛者，決難勝全齣戲之重任，以前戲班中有「千軍易得，一淨難求」之諺。

（二）丑角端賴白口，以滑稽態度出之，有時可唱可不唱，觀衆不予苛責，「戲迷傳」、「拾黃金」、「丑表功」等劇，雖作丑角打扮，實爲多才多藝之生角戲，自作別論；白口清脆純熟，爲丑角必要條件，不但須有滑稽突梯之態度而已。

關於學戲應具何種嗓音，學何種角色，實爲先決條件。有此標準，抉擇自易；倘舍近就遠，行不由徑，非但勞而無功，甚且罔顧一切，有害健康，智者勿取。眞嗓佳者宜學男角，善假音者宜飾女角，其理甚明。惟小生一行，在男角中別具一格，眞假音並用，眞嗓無武生之猛，假嗓純用寬音，而無旦角之柔。茲有人焉，假嗓具旦角之美，眞嗓亦能運用自如，則應以扮相個性爲斷，專學一門，不可自恃淵博，結果非驢非馬。昔海上名伶呂月樵、毛韻珂等，嗓音宜生宜旦，而呂始終唱生。毛於晚年改行，情非得已。近代名伶李少春等僅於生行中文武不擋，已被識者非議，長此以往，恐終爲盛名之累。名伶如此，票友焉能爲法。就事論事，嗓音固爲學戲者選擇之準則，第因各人習慣性或生理變遷之不同，亦値得爲吾人研究者，備述如下。

煙嗓　內外行中輒謂譚鑫培之成名，得力於鴉片，是說也似是而實非，且屬荒謬之談。蓋一般學譚者藝不如譚，而鳩形鵠面，氣如遊絲，使譚復生，亦將望而却步，驚嘆後生可畏，青出於藍焉。要知譚生於鴉片盛行時代，既有此惡癖，愈吸嗓音愈佳；反之，不吸煙則絲毫不能振作，正其病態。學譚伶票，不察譚氏當年練功之苦，及其成名之由，徒迷信吸烟以求神似；其愚不可及也，抑尤進者，即使譚之嗓音爲烟嗓，要亦譚之特點；他人之嗓，未必均具此種條件，而有此需要。譚之嗓音行家稱謂「雲遮月」，愈唱愈亮，無衰竭之象，全由用功而來，所謂久練成鋼。學譚者不此是務，先學吸烟，體力已感不勝，何來佳嗓。人謂高慶奎因戒烟而倒嗓，我謂高慶奎而不吸烟，何至倒嗓，烟嗓云何哉！

酒嗓　酒嗓亦特殊情形之一，聞伶人有以酒飲場之怪事。鄙意度之，烟酒爲物，有强烈之刺激性；嗓音悶鎖者，經過刺激，遂生反應，唱時反覺痛快逾恆，何足爲訓，惟飲酒爲害尙淺，豪於飲者，未必盡屬敗嗓，嗓音甜潤者，大多滴酒不飲，其意可思矣。

動嗓　梨園中人常有持鳥籠赴曠郊遊行者，謂之溜蹚；所以舒胸襟運丹田，使嗓音無悶鎖之病。嘗見埋頭工作或閱讀過久之人，强其引吭高歌，往往啞不成聲，須稍唱一二段，嗓音始復，漸入佳境，此動嗓之說，不爲無因。

靜嗓　演唱之前，本宜平心靜氣，不與外事；否則不獨嗓音有礙，即演出方面，亦必減色。唱戲不管事，管事不唱戲，名伶大抵如此。票友嗓音缺少功夫，靜嗓居多，偶爾登台，常因爭戲碼，爲行頭生氣，因此嗓音失潤者，數見不鮮。爲娛樂而受罪，大不値得；有則改之，無則加勉，方可以談藝術。

餓嗓　內行中有「飽吹餓唱」之說，言其飽食之後，胸滿腹脹，嗓音發膩，運氣不易；普通人大抵如此，不獨內行爲然。

飽嗓　飽嗓適與餓嗓相反。某次友人某名票登台，扮戲時手足發軟無力，連盡饅頭數枚，尙呼餓不可耐；迨其出台，發音短促，與平時迥乎不同，敷衍下場；嗣後每逢堂會，必先飽餐一頓，出場聲容並茂，非同凡響。此事曾親見之，即所謂飽嗓。

左嗓　此種嗓音浮而不實，高低音均在弦外，內行所謂荒腔，怪聲刺耳，根本不合音樂原理，出於天賦，無可奈何。即使內行，最多充任配角；欲求出人頭地，戛戛乎難哉！

倒嗓　人由童年達於成人時期，嗓音隨之變化。此係生理上之變態，爲人生必經之階段。發音岔亂，心不由己；拔高如雛雞司晨，抑低若牛鳴然，童年佳嗓，一旦變啞，或一生不能恢復；亦有倒嗓後一變而爲佳嗓者，李少春可以爲例。總之倒嗓關係歌者命運甚大，有幸有不幸。防衛之法，對於護嗓一層必須倍加注意。至中年忽然倒嗓，內行謂之塌中；此則歌者命運，從此註定，無可挽救。困於烟酒色欲之人，常遭此厄運，可不愼歟！

第二節　試嗓

嗓音雖曰天賦，開發在乎人力；猶如土地肥瘠，成自天然，開墾拓植，非工程莫辦。試嗓後即經擇定擬學戲中何種角色，即須愼延名師，開蒙學戲，戲路務必純正，切忌苟且速成；蓋先入爲主，基礎不固，日後覺悟更改，較學一新戲爲尤難，不可不知，一面實行練嗓，練嗓應用兩種步驟，則喊嗓與調嗓是也。

喊嗓　喊嗓一事，非獨學戲爲然，西人面對海水，大聲演講，其理一也。喉部有膜，專司發音，亦名音帶。初時緊小狹窄；喊之經久，便能收放自如，且增韌性，不易破裂。伶界中人，每於黎明赴郊外空曠之處，如呼乙五吓等音，再練習念白引子若干遍。吐納唇喉，收發清濁；嚴冬數九，喊之尤勤。經此苦練，善爲保養，自可立於不敗之地；行家所謂功夫嗓，伶人之至寶也。票友對此工作視爲畏途，有之亦難持之以恆，故少成就。天賦佳嗓，未經鍛鍊，雖高而飄浮，雖宏而不遠。人力可勝天，於茲益信。夫習字練拳，未必爲將來賣拳鬻字；票友爲學戲喊嗓，亦並非預備下海也。

調嗓　調嗓二字，即內行所謂吊嗓子，倦勞抑鬱之際，振聲長嘯，神體爲之舒和。唱法由琴師操弦，能佐以鼓板尤佳。初學者應唱

慢板入手，三眼一板，循規蹈矩，苟能氣足神完，原板便易如反掌。唱二六板不易見好；快板尤難，口勁與底氣並用，換氣有準處，天衣無縫；故聽之如疾風驟雨，而歌者無力竭聲嘶之弊。每逢調嗓時間，宜以整齣為度，一氣呵成，不可畏難任意越過；否則他日登場，倖免遺忘，亦必慌張失措，其不僨事者幾希。票友中有戲詞未熟，一面參閱戲考，一面調嗓，心已兩用，腔調板眼，均非所顧，遑論韻味。故生戲寧可不吊，熟後始能生巧而見進步。胡琴調門初依唱者嗓音而定，譬如嗓音夠六字調，即以六字調為標準，不得抑低。經若干時期水漲船高，以唱至正工，最多工半調為止，再高便成偏嗓，不足取也。又調嗓須有定時，每日一次已足，面壁立唱，有回聲者，明於自辨其音，對鏡而歌，可自覩其面，有無怪狀，避免他日登台製成笑料，事雖微末，亦調嗓時應予注意之點也。

調嗓與喊嗓相互並用，已盡練嗓之能事，如於調嗓時發現缺少何種聲音，學張口、閉口等音，喊嗓時應特別訓練，以求完善，此則屬於音韻一項，又是一門學問矣。

稚青女士化裝既畢穿着登場

言菊朋學譚鑫培，與余叔岩殊途同歸，為一時瑜亮。當其全盛時期，余叔岩且有不及。中年時期，患熱病，頭部腫大，即俗名大頭瘟者。一病以後，嗓大差，不得已，將許多舊戲的腔都改變了，但字音準確，無可疵議。或有譏其為怪腔怪調者，他笑而不言，退以語人：「我死後十年，我道必然大行，大家學我，唯恐不及。」每日晨起，必揚喉發音，遍及十三道轍，咿咿呀呀，家人竊笑之，不顧也，其實是極合理的訓練嗓音方法。大約名角之中，壞了嗓子而能自己克服自己療治的，只有言菊朋是第一人。

第三節　護嗓

人之起居、動作、飲食，及精神方面，往往足以左右嗓音。練嗓甚難，毀之極易，故研究護嗓，宜自攝生始。茲將事物直接影響嗓音者，列舉如下：

（一）忌縱色慾　縱情色慾，斲傷人體，不獨唱戲為然，過去多少名伶。因此身敗名裂，遺聞軼事不知凡幾。此則伶人未受良好教育有以致之，蓋當童伶時代，教師看管甚嚴，專用高壓手段，對於男女生理上之組織，諱莫如深，遂存神秘觀念；一旦登台還我自由，被外界之誘惑，猶如脫韁之馬，罔顧職業上之危險，造成種種罪惡，伊誰之咎？昔之舉辦戲劇學校者，對此嚴重問題，未聞有所建議，抑又何也？

（二）忌烟酒　烟酒有害於嗓音，盡人皆知。惟能戒絕固佳，否則如捲烟、板烟等已成普遍吸品，伶票嗜吸者衆，應擇品質較高者，少吸無妨。酒類刺激過甚，黃酒酸性，收斂嗓音，飲久敗嗓無疑。

（三）忌生冷　嗓音遇冷則縮，過度之刺激，唱前固宜避食，唱後尤忌，嗓音立刻全啞，烙紅之鐵，驟投冷水中，厥狀似之。

（四）忌睡眠不足　失眠患者語言含糊，無清脆爽利之音。狂賭終宵，翌晨嗓枯音啞，其理甚顯。伶人晏起，常因戲碼關係而成習慣，睡眠固不虞不足也。

關於日常生活，水菓一項，如夏日西瓜，冬季蘿蔔，清肺氣，除痰垢，伶人每喜啖之，餘以少酸性汁多者均於嗓音有益。清晨飲淡鹽湯一碗，有清音之功，常服生鷄蛋白，滋補潤嗓；惟世俗所傳食生鷄蛋多枚，能化敗嗓為佳嗓，實無稽之談，不足信也。飽食之後，飲清茶一盞，功同洗嗓，確屬有效。名伶重視飲茶，且自備茶具，蓋恐同行嫉妬，遭人暗算。筆者以為自備茶具，合乎口腔衛生，票友可以為法。

以上所指起居飲食，直接關於嗓音而言；至精神方面，凡悠然自得者，常有驚人之音，抑鬱寡歡者，常犯嗓音悶鎖之病；躁急易怒者，氣易衰而音枯澀。此又屬於養性之學，談何容易。

第四節　治嗓

據老伶工謂，蟬衣泡茶，有發音本能，以茅朮、冰糖代茶，治療嗓瘖有特效。又有所謂鐵笛丸者，梨園中人常沿用之，使嗓音嘹亮，藥性和平，無其他副作用，故將原方轉錄如左：

薄荷四錢　桔梗二錢五分　連翹二錢五分
川芎一錢　砂仁一錢　製軍一錢
百藥煎二錢　訶子肉一錢　甘草二錢五分

共研末和鷄子清加蜜，搓成菉豆大之丸，每服二錢。

以上中藥，僅係治療嗓瘖之良方。西藥潤喉藥片，亦頗有效，名目繁多，不勝枚舉。如嗓音失潤起因，發覺疼痛時，則喉占人體首要部分，性命常出入於俄頃，應宜急就專家診治，勿稍延誤為是。

童伶與成人倒嗓期間，最忌性急蠻唱，恐喉膜破裂，無法挽救。平時謹起居，慎飲食，清心寡慾，勤於練功，術無餘矣。

大人合訂本　第三集。

總目錄

第十八期目錄　一九七一年十月十五日出版

第十九期目錄　一九七一年十一月十五出版

第二十期目錄　一九七一年十二月十五出版

狗仔嘜皮鞋

Casual Shoes

（註冊商標）

猄皮男鞋
軟皮男鞋
童庄皮鞋
軟皮涼鞋
對對保証
好着耐用

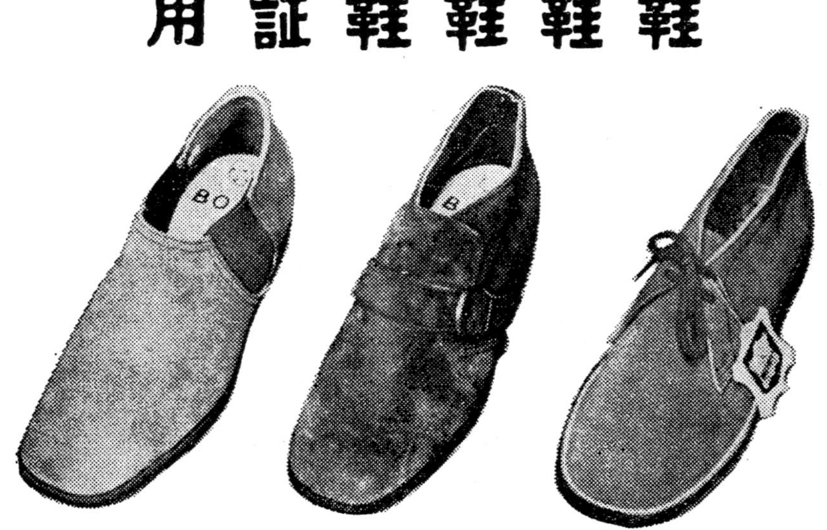

大人公司　平價市場　人人百貨　大方公司　來路鞋公司有售

大人總目錄

第一期（一九七〇年五月十五日）：

第二期（一九七〇年六月十五日）：

第三期（一九七〇年七月十五日）：

第四期（一九七〇年八月十五日）：

第五期（一九七〇年九月十五日）：

第六期（一九七〇年十月十五日）：

第七期（一九七〇年十一月十五日）：

第八期（一九七〇年十二月十五日）：

第九期（一九七一年一月十五日）：

第十期（一九七一年二月十五日）：

第十一期（一九七一年三月十五日）：

第十二期（一九七一年四月十五日）：

第十三期（一九七一年五月十五日）：

第十四期（一九七一年六月十五日）：

第十五期（一九七一年七月十五日）：

第十六期（一九七一年八月十五日）：

第十七期（一九七一年九月十五日）：

第十八期（一九七一年十月十五日）：

第十九期（一九七一年十一月十五日）：

第二十期（一九七一年十二月十五日）：

第二十一期（一九七二年一月十五日）：

第二十二期（一九七二年二月十五日）：

第二十三期（一九七二年三月十五日）：

第二十四期（一九七二年四月十五日）：

第二十五期（一九七二年五月十五日）：

第二十六期（一九七二年六月十五日）：

第二十七期（一九七二年七月十五日）：

第二十八期（一九七二年八月十五日）：

第二十九期（一九七二年九月十五日）：

第三十期（一九七二年十月十五日）：

第三十一期（一九七二年十一月十五日）：

第三十二期（一九七二年十二月十五日）：

第三十三期（一九七三年一月十五日）：

第三十四期（一九七三年二月十五日）：

第三十五期（一九七三年三月十五日）：

第三十六期（一九七三年四月十五日）：

第三十七期（一九七三年五月十五日）：

第三十八期（一九七三年六月十五日）：

第三十九期（一九七三年七月十五日）：

第四十期（一九七三年八月十五日）：

第四十一期（一九七三年九月十五日）：

第四十二期（一九七三年十月十五日）：

大人（六）

數位重製・印刷　秀威資訊科技股份有限公司
http://www.showwe.com.tw
114 台北市內湖區瑞光路 76 巷 65 號 1 樓
電話：+886-2-2796-3638
傳真：+886-2-2796-1377
劃　撥　帳　號　19563868　戶名：秀威資訊科技股份有限公司
讀者服務信箱：service@showwe.com.tw
網　路　訂　購　秀威網路書店：https://store.showwe.tw
網路訂購：order@showwe.com.tw

2017 年
全套精裝印製工本費：新台幣 30,000 元（不分售）

Printed in Taiwan　ISBN: 978-986-326-369-2　CIP: 078

本期刊僅收精裝印製工本費，僅供學術研究參考使用

讀者回函卡

感謝您購買本書，為提升服務品質，請填妥以下資料，將讀者回函卡直接寄回或傳真本公司，收到您的寶貴意見後，我們會收藏記錄及檢討，謝謝！如您需要了解本公司最新出版書目、購書優惠或企劃活動，歡迎您上網查詢或下載相關資料：http:// www.showwe.com.tw

您購買的書名：________________________________

出生日期：________年________月________日

學歷：□高中（含）以下　□大專　□研究所（含）以上

職業：□製造業　□金融業　□資訊業　□軍警　□傳播業　□自由業

□服務業　□公務員　□教職　□學生　□家管　□其它_____

購書地點：□網路書店　□實體書店　□書展　□郵購　□贈閱　□其他

您從何得知本書的消息？

□網路書店　□實體書店　□網路搜尋　□電子報　□書訊　□雜誌

□傳播媒體　□親友推薦　□網站推薦　□部落格　□其他__________

您對本書的評價：（請填代號　1.非常滿意　2.滿意　3.尚可　4.再改進）

封面設計____　版面編排____　內容____　文／譯筆____　價格____

讀完書後您覺得：

□很有收穫　□有收穫　□收穫不多　□沒收穫

對我們的建議：________________________________

____

____

____

請貼
郵票

11466
台北市內湖區瑞光路 76 巷 65 號 1 樓

秀威資訊科技股份有限公司 收

BOD 數位出版事業部

....

（請沿線對折寄回，謝謝！）

姓　　名：＿＿＿＿＿＿＿＿　年齡：＿＿＿＿　性別：□女　□男

郵遞區號：□□□□□

地　　址：＿＿＿＿＿＿＿＿＿＿＿＿＿＿＿＿＿＿＿＿＿＿＿＿

聯絡電話：(日)＿＿＿＿＿＿＿＿＿＿＿(夜)＿＿＿＿＿＿＿＿＿＿＿

E-mail：＿＿＿＿＿＿＿＿＿＿＿＿＿＿＿＿＿＿＿＿＿＿＿＿